Holger Backhaus-Maul · Christiane Biedermann
Stefan Nährlich · Judith Polterauer (Hrsg.)

Corporate Citizenship in Deutschland

PARITÄTISCHE
Freiwilligendienste Sachsen gGmbH
Freiwilligendienst aller Generationen
Am Brauhaus 8 • 01099 Dresden
Tel. 0351/ 4 91 66-25
Fax 0351/ 4 91 66 14

Bürgergesellschaft und Demokratie
Band 27

Herausgegeben von
Ansgar Klein
Ralf Kleinfeld
Frank Nullmeier
Dieter Rucht
Heike Walk
Ulrich Willems
Annette Zimmer

Die Schriftenreihe wird unterstützt von Aktive Bürgerschaft e.V. (Berlin).

Holger Backhaus-Maul
Christiane Biedermann
Stefan Nährlich
Judith Polterauer (Hrsg.)

Corporate Citizenship in Deutschland

Bilanz und Perspektiven

VS VERLAG FÜR SOZIALWISSENSCHAFTEN

Bibliografische Information Der Deutschen Nationalbibliothek
Die Deutsche Nationalbibliothek verzeichnet diese Publikation in der
Deutschen Nationalbibliografie; detaillierte bibliografische Daten sind im Internet über
<http://dnb.d-nb.de> abrufbar.

1. Auflage 2008

Alle Rechte vorbehalten
© VS Verlag für Sozialwissenschaften | GWV Fachverlage GmbH, Wiesbaden 2008

Lektorat: Frank Schindler

Der VS Verlag für Sozialwissenschaften ist ein Unternehmen von Springer Science+Business Media.
www.vs-verlag.de

Das Werk einschließlich aller seiner Teile ist urheberrechtlich geschützt. Jede Verwertung außerhalb der engen Grenzen des Urheberrechtsgesetzes ist ohne Zustimmung des Verlags unzulässig und strafbar. Das gilt insbesondere für Vervielfältigungen, Übersetzungen, Mikroverfilmungen und die Einspeicherung und Verarbeitung in elektronischen Systemen.

Die Wiedergabe von Gebrauchsnamen, Handelsnamen, Warenbezeichnungen usw. in diesem Werk berechtigt auch ohne besondere Kennzeichnung nicht zu der Annahme, dass solche Namen im Sinne der Warenzeichen- und Markenschutz-Gesetzgebung als frei zu betrachten wären und daher von jedermann benutzt werden dürften.

Umschlaggestaltung: KünkelLopka Medienentwicklung, Heidelberg
Druck und buchbinderische Verarbeitung: Krips b.v., Meppel
Gedruckt auf säurefreiem und chlorfrei gebleichtem Papier
Printed in the Netherlands

ISBN 978-3-531-15959-1

Inhalt

I. Einleitung

Holger Backhaus-Maul, Christiane Biedermann, Stefan Nährlich und Judith Polterauer
Corporate Citizenship in Deutschland. Die überraschende Konjunktur
einer verspäteten Debatte ... 13

II. Sozial- und wirtschaftswissenschaftliche Debattenstränge

Jeremy Moon, Andy Crane and Dirk Matten
Citizenship als Bezugsrahmen für politische Macht und Verantwortung
der Unternehmen ... 45

Thomas Beschorner
Corporate Social Responsibility und Corporate Citizenship: Theoretische
Perspektiven für eine aktive Rolle von Unternehmen ... 68

Josef Wieland
Corporate Citizens sind kollektive Bürger ... 87

Peter Ulrich
Corporate Citizenship oder: Das politische Moment guter
Unternehmensführung in der Bürgergesellschaft ... 94

Markus Beckmann
Corporate Citizenship als Ordnungsverantwortung ... 101

André Habisch
Unternehmensgeist in der Bürgergesellschaft. Zur Innovationsfunktion
von Corporate Citizenship ... 106

Anja Schwerk
Strategisches gesellschaftliches Engagement und *gute* Corporate
Governance ... 121

III. Empirische Forschungsarbeiten

Judith Polterauer
Unternehmensengagement als „Corporate Citizen". Ein langer Weg und ein weites Feld für die empirische Corporate Citizenship-Forschung in Deutschland ... 149

Stefan Nährlich
Tue Gutes und profitiere davon. Zum Nutzen von Corporate Citizenship-Aktivitäten ... 183

Jörn Lamla
Varianten konsumzentrierter Kritik. Wie sollen Verbraucher an der Institutionalisierung einer ökologisch und sozial verantwortungsvollen Wirtschaft mitwirken? ... 201

Julia Egbringhoff, Gerd Mutz
Corporate Social Responsibility und Corporate Citizenship. Die Rolle der Arbeitnehmervertretung und Auswirkungen auf die Beschäftigten ... 219

Henry Schäfer
Ratings im Dienste des Corporate Citizenship – eine Sichtweise basierend auf geld- und marktwirtschaftlichem Verhalten von Anspruchsgruppen ... 237

Jens Prinzhorn
Mythos oder Realität: Win-win Situationen in Civil-Private Partnerships mit Unternehmen aus der Perspektive von europäischen Nonprofit-Organisationen ... 255

IV. Strategien und Instrumente

Rudolf Speth
Corporate Citizenship als strategische Partnerschaften, Lobbying, Regierungsbeziehungen ... 277

Christiane Biedermann
Corporate Citizenship als strategische Unternehmenskommunikation ... 291

Christoph Mecking
Corporate Giving. Unternehmensspende, Sponsoring und insbesondere Unternehmensstiftung ... 307

Inhalt 7

Gabriele Bartsch
Corporate Volunteering – ein Blickwechsel mit Folgen 323

V. Engagierte Unternehmen und ihre medialen Beobachter/innen

Engagierte Unternehmen

Horst Erhardt
Win-Win-Win-Strategie: Gemeinsame Werte am Ende der
Wertschöpfungskette 337

Silke Ramelow
Mit Engagement gewinnen? 345

Dieter Heuskel
Soziale Verantwortung und strategische Ziele: Warum sich
unternehmerisches Engagement nicht auf Moral, sondern auf –
beiderseitigen – Nutzen gründen muss 352

herwig Danzer
Corporate Citizenship aus der Sicht der Möbelmacher 356

Josef Zotter
Innovationsherd der Schokoladenwelt 363

Paul Albert Deimel
Das genossenschaftliche Unternehmen als Unternehmensbürger 367

Antje von Dewitz
VAUDE übernimmt Verantwortung 375

Hans Wall
Corporate Citizenship der Wall AG 379

Uwe Franke
Unternehmensverantwortung verbessert die Wirtschaftlichkeit 382

Sandra Suppa
Engagement von Faber-Castell 387

Mediale Beobachter/innen

Christian Ramthun
Die Macht des Guten — 395

Jürgen Schultheis
CSR und CC – ein schwieriges und unterschätztes Thema in den Medien — 399

Uwe Jean Heuser
Corporate Citizenship: Was ist ein gutes Unternehmen? — 411

Volker Bormann
Anständig Profit machen — 414

Thomas Ramge
Eine Frage der Glaubwürdigkeit. Beobachtungen eines Wirtschaftsjournalisten — 417

Peter Frey
Corporate Citizenship durch Fernsehen? Öffentlich-rechtliches TV als ‚guter Bürger'? — 420

Martin Küper
Wozu „gut" gut ist — 423

Susanne Kuhrt
Gesellschaftliches Engagement von Unternehmen? — 426

Thomas Roth
Zeit für Wolkenschieber — 430

VI. Gesellschaftspolitische Analysen und Perspektiven

Kathrin Ankele, Jana Gebauer
Erfolgsvoraussetzungen für Corporate Citizenship in Deutschland — 437

Birgit Riess
Unternehmensengagement – ein Beitrag zur gesellschaftlichen Selbststeuerung zwischen Markt und Staat — 442

Bradley K. Googin, Steven A. Rochlin
Corporate Citizenship in den USA — 454

Inhalt 9

René Schmidpeter, Martin Neureiter
Corporate Citizenship in Österreich – Unternehmen als organisierte
Bürger 481

Frank W. Heuberger
Transnationale Trendsetter. Kommunikative Rationalität und Ethik als
Erfolgsfaktoren für Corporate Citizenship 497

Warnfried Dettling
Wirtschaft als kulturelle Veranstaltung. Über die gesellschaftliche
Verantwortung von Unternehmen 513

Angaben zu den Beiträgen 523

Autorinnen und Autoren 533

I. Einleitung

Holger Backhaus-Maul, Christiane Biedermann, Stefan Nährlich und Judith Polterauer

Corporate Citizenship in Deutschland. Die überraschende Konjunktur einer verspäteten Debatte

1 Unternehmen und Gesellschaft

Zwischen Ablehnung und Verantwortungszuweisung

Über Unternehmen wurde und wird in Deutschland in der Öffentlichkeit häufig gesprochen. Seit einigen Jahren erfreuen sich „die" Wirtschaft und „die" Unternehmen geradezu einer gewissen Popularität, die mit einer eigenartigen Mischung aus öffentlicher Aufmerksamkeit, Ablehnung und Verantwortungszuweisung einher geht (vgl. Gazdar/Kirchhoff 2004).

Nach dem Zweiten Weltkrieg richtete sich im kritischen Teil der Öffentlichkeit der alten Bundesrepublik das Augenmerk auf die politische Mitverantwortung von Wirtschaft und Unternehmen. Zeitgleich wurden in der DDR Groß- und Mittelunternehmen aufgrund weltanschaulicher Präferenzen verstaatlicht und nach der Vereinigung standen ostdeutsche Betriebe zunächst vor existenziellen Herausforderungen. In der alten Bundesrepublik wurde mit der Studentenbewegung den späten 1960er und frühen 1970er Jahre kapitalistisches Wirtschaften grundlegend diskreditiert und dann mit den Mitteln eines investigativen Journalismus „demaskiert". Diese grundlegend ablehnende Haltung gegenüber Wirtschaft und Unternehmen hat sich in Teilen der deutschen Öffentlichkeit bis heute gehalten (vgl. auch Nolte 2006). Begriffe wie „Neo-Liberalismus" und „Heuschrecken" markieren die vorläufigen Endpunkte dieser Diskussionen. Passend dazu tragen namhafte Unternehmen in Deutschland durch ihr Handeln und Unterlassen - sei es in Siegerpose oder in Feudalherrenart - mit dazu bei, dass der Öffentlichkeit und den Medien die Themen und Anlässe nicht ausgehen.

Gleichzeitig zeigt sich seit Ende der 1990er Jahre in Deutschland ein wachsendes Interesse an wirtschaftlichen Fragen und unternehmerischen Entwicklungen. Mit dem offensichtlichen Bedeutungsverlust staatlichen Handelns und Entscheidens einerseits und der bis ins Alltagsleben von Bürgern wirkenden Globalisierung des Wirtschaftens andererseits rücken Wirtschaft und Unternehmen – etwa gegenüber Politik und Parteien - in den Mittelpunkt öffentlichen Interesses (vgl. Dettling 1998).

Damit wird die grundsätzliche Frage nach der Rolle von Unternehmen in der heutigen Gesellschaft virulent. Während die einen auf neue – international gebräuchliche - Begriffe, wie Corporate Citizenship oder Corporate Social Responsibility, verweisen, erinnern sich andere gerne an spezifisch deutsche Traditionen und Gepflogenheiten einer sozialen Marktwirtschaft und Sozialpartnerschaft zwischen Unternehmen und Gewerkschaften.

Gewohnte Sichtweisen und neue Perspektiven

Angesichts fortwirkender Traditionen und neuer globaler Herausforderungen war für die Herausgeber/innen bei der Konzeption des Bandes die Vorstellung leitend, dass nicht einfach gewohnte Sichtweisen bedient werden sollten, sondern dass ein in Deutschland sozialwissenschaftlich und gesellschaftspolitisch über Jahrzehnte relativ vernachlässigter Gegenstandsbereich in neuer Art und Weise erschlossen werden sollte:

- Die vielerorts übliche, dem Gegenstand aber sachlich nicht angemessene Trennung nach Wissenschaftsdisziplinen und Subdisziplinen sollte durch die Zusammenführung von *sozial- und wirtschaftswissenschaftlichen Analysen* und Forschungsarbeiten konstruktiv vermieden werden.
- Die veränderte Rolle von Unternehmen in der Gesellschaft wurde zuerst von einigen innovativen Unternehmen experimentell erprobt und von einzelnen Medienvertretern zeitnah beobachtet. Derart *engagierten Unternehmen und ihren medialen Beobachtern* sollte ein besonderer Stellenwert im Band eingeräumt werden.
- Die Zusammenschau von *wissenschaftlicher, konkret gegenstandsbezogener und gesellschaftspolitischer Expertise* ermöglicht „am Ende des Anfangs" der Diskussion über die Rolle von Unternehmen in der Gesellschaft eine zugleich differenzierte und umfassende Auseinandersetzung mit dem Thema.

Die vorliegenden Beiträge sind das Ergebnis umfangreicher Recherchen und ertragreicher Gespräche mit Autorinnen und Autoren in den thematisch relevanten Bereichen Wissenschaft, Unternehmen, Medien und Gesellschaftspolitik. Der Band verspricht insofern eine gehaltvolle Zwischenbilanz über die aktuell in Deutschland geführte – internationale - Debatte zum gesellschaftlichen Engagement von Unternehmen.

Internationale Bezüge

Der im Mittelpunkt dieses Bandes stehende Corporate Citizenship-Begriff hat seine Wurzeln in den USA, von wo aus er – über Großbritannien und etwas später über die Niederlande und Dänemark – Eingang in die Diskussion über die Rolle von Unternehmen in Deutschland gefunden hat. Der Begriff des Corporate Citizenship gründet in einem liberal-freiheitlichen US-amerikanischen Gesellschaftsverständnis (vgl. Backhaus-Maul 2005), demzufolge staatliche Befugnisse auf Kernaufgaben, wie die Sicherung des staatlichen Gewaltmonopols und die Landesverteidigung, zu begrenzen sind sowie Unternehmen eine weitgehende Freiheit zu wirtschaftlicher Betätigung eröffnet und organisierten Bürgern bzw. der Zivilgesellschaft Möglichkeiten zur Selbstorganisation und zum Protest garantiert werden sollen. In diesem Kontext ist das gesellschaftliche Engagement von Unternehmen eine freiwillige Angelegenheit, die im Kontakt und auch in der Auseinandersetzung mit der Zivilgesellschaft zustande kommt und Gestalt annimmt. Sowohl Zielsetzung und Gegenstand als auch die konkrete Ausgestaltung des gesellschaftlichen Engagements von Unternehmen obliegen weitgehend den Selbstregelungskompetenzen der beteiligten Unternehmen und Nonprofit-Organisationen; Staat und Kommunen haben dabei allenfalls in ihren hoheitlichen Aufgabenbereichen, wie der Steuer- und der Bildungspolitik, die Möglichkeit, Rahmenbedingungen für Corporate Citizenship zu setzen.

Vor diesem Hintergrund überraschen weder der Pluralismus und der Eigensinn, noch die Selektivität des unternehmerischen Engagements in den USA. Die Mehrzahl der engagierten Unternehmen lehnt unter Bezug auf steuerliche Begünstigungsregeln insbesondere eine Unterstützung dezidiert politischer und konfliktbehafteter Aktivitäten ab und orientiert sich stattdessen an mehrheitsfähigen und unstrittigen Themen. So wirkt – aus einer europäischen Perspektive betrachtet – manch eine unternehmerische Aktivität in den USA, seien es Armenspeisungen, Müllsammelaktionen oder Renovierungen und Unterrichtseinsätze in Schulen bisweilen auf den ersten Blick wie eine zwar löbliche aber doch schlichte Kompensation für fehlendes (sozial-) staatliches Handeln. In einer derart oberflächlichen Betrachtung konkreter „Fürsorge"-Projekte werden die – gesellschaftspolitisch höchst relevanten – sozial-moralischen Grundlagen des Engagements auf Unternehmens- und Mitarbeiterseite, d.h. u.a. in Respekt und Anerkennung gegenüber „Fremden", der Wahrnehmung von Freiheit und Verantwortung in der Community sowie der Pflege von Entrepreneur- und Selbstorganisationskompetenzen, leicht übersehen (vgl. Bellah u.a. 1991, Walzer 1980).

Deutscher Kontext

In Deutschland hingegen trifft die Suche von Unternehmen nach einer neuen Rolle in der Gesellschaft auf ein traditionsreiches, (sozial-) staatlich geprägtes Verständnis von Gesellschaft, das Unternehmen eine staatlich definierte Rolle zuweist, derzufolge sie im Gesetzgebungsverfahren beteiligt sind, Tarifverträge mit Gewerkschaften aushandeln, sich im dualen Ausbildungssystem engagieren, mit einer gewissen Priorität Menschen mit Behinderungen beschäftigen sowie in erheblichem Umfang Beiträge an das System der sozialen Sicherung abführen und – mit einer gewissen Variationsbreite – Steuern zahlen. Vor diesem Hintergrund gerät oft in Vergessenheit, dass sich Klein-, Mittel- und Großunternehmen in beachtlichem Umfang freiwillig mit Geld-, Sach- und Dienstleistungen gesellschaftlich engagieren (vgl. Bertelsmann Stiftung 2005, FORSA 2005, Maaß 2002, Seitz 2002).

Gesellschaftliches Engagement von Unternehmen ist in Deutschland einerseits (immer noch) staatlich reguliert und andererseits – für einen nennenswerten Teil deutscher Unternehmen - eine in der Unternehmenstradition und -kultur begründete Selbstverständlichkeit. Vor dem Hintergrund eines nach wie vor staatsorientierten Engagementverständnisses in Deutschland wurde die internationale Debatte über das gesellschaftliche Engagement von Unternehmen, die unter Begriffen wie Corporate Citizenship und Corporate Social Responsibility geführt wird, zunächst schlicht ignoriert oder als modische Erscheinung ohne substanziellen Neuigkeitswert interpretiert (vgl. Backhaus-Maul 2006). Mit dem ritualisierten Verweis auf sozialstaatlich geprägte Engagementtraditionen in Deutschland wird – gesellschaftspolitisch äußerst folgenreich - der skizzierte kritisch-liberale und zivilgesellschaftliche Gehalt der Corporate Citizenship-Debatte US-amerikanischer Prägung ausgeblendet.

Aber es gibt tatsächlich Neuigkeiten. Die gesellschaftlichen Rahmenbedingungen wirtschaftlichen und unternehmerischen Handelns befinden sich im Umbruch. Angesichts globaler wirtschaftlicher Prozesse und entsprechend tätiger Unternehmen erodieren die Handlungsspielräume von Nationalstaaten, die Teile ihrer staatlichen Entscheidungs- und Steuerungsfähigkeiten abgeben oder verlieren und zunehmend Private mit der Erbringung öffentlicher Aufgaben beauftragen oder zumindest daran beteiligen (vgl. Leibfried/Zürn 2006). Vor diesem Hintergrund stehen auch die Sozialpartnerschaft und die soziale Marktwirtschaft insgesamt als kostenträchtige, Löhne und Unternehmensgewinne belastende Faktoren zur Disposition. Insofern verliert die soziale Marktwirtschaft als konsensorientiertes Verteilungsverfahren volkswirtschaftlicher Gewinnerwartungen und als normativer politischer Integrationsmodus in Deutschland an Bedeutung (vgl. Windolf 2002).

Grundsätzlich betrachtet können sich Unternehmen aber nicht einfach auf ihr wirtschaftliches Kerngeschäft zurückziehen, da sie nach wie vor wirtschaftliche Organisationen in je spezifischen, sich dynamisch wandelnden Gesellschaften sind. Zweifelsohne ist die wirtschaftliche Tätigkeit Ausgangs- und Bezugspunkt unternehmerischen Handelns. Der wirtschaftliche Erfolg eines Unternehmens entscheidet über dessen Aufstieg und Bestand. Gegenüber diesem wirtschaftlichen Primärziel ist gesellschaftliches Engagement für Unternehmen nachrangig, gleichwohl aber nicht als „schmückendes Beiwerk", „gelebtes Brauchtum" oder „Organisationsfolklore" fehl zu deuten.

Mit dem sukzessiven Bedeutungswandel und Steuerungsverlust von Nationalstaaten stehen Unternehmen vor der Herausforderung, eigene Beiträge zur Human- und Sozialkapitalbildung sowie zur Gestaltung von Gesellschaft insgesamt zu leisten. So kann das Wirtschaftssystem nicht mit der gleichen Selbstverständlichkeit wie früher einfach davon ausgehen, dass das Bildungs- und das Erziehungssystem in für Unternehmen ausreichender Menge und Qualität Human- und Sozialkapital bereitstellen; vielmehr fällt dem Wirtschaftssystem selbst sukzessiv Mitverantwortung für die Reproduktion seiner eigenen sozialkulturellen Grundlagen erfolgreichen wirtschaftlichen Handelns zu. Darüber hinaus eröffnet gesellschaftliches Engagement Unternehmen – jenseits der bekannten Pfade politischer Einflussnahme - neuartige gesellschaftliche Möglichkeiten der Mitentscheidung und Mitgestaltung, die - zumindest punktuell - dazu beitragen können, Steuerungsdefizite des politischen Systems zu kompensieren (vgl. Speth 2006).

2 Engagierte Unternehmen - gesellschaftliche Akteure im wohlverstandenen wirtschaftlichen Eigeninteresse

Gesellschaftliche Selbstregelungskompetenzen

Die internationale Debatte über die neue Rolle von Unternehmen in der Gesellschaft bricht mit der konventionellen Sichtweise, dass Unternehmen rein wirtschaftliche Organisationen sind. Stattdessen verweisen zunehmend mehr Einzelunternehmen auf ihr Selbstverständnis und ihre Expertise als eigenständige und eigensinnige wirtschaftliche Organisationen, die bestrebt sind, sich in ihrer gesellschaftlichen Umwelt zu verorten. Der Corporate Citizenship-Begriff bringt genau diese Suchbewegung von Unternehmen nach ihrer aktuellen Rolle in der Gesellschaft zum Ausdruck. Die Vorstellung von Unternehmen als Corporate Citizen steht in einer liberalen, wirtschaftlich geprägten - US-amerikanischen Gesellschaftstradition. In diesem wirtschaftszentrierten Gesellschaftsverständnis wird – aus europäischer Perspektive betrachtet – dem Staat eine eher geringe und der organisierten Zivilgesellschaft demgegenüber eine relativ hohe Bedeutung beigemessen. Im Unterschied zu den eher staatsgeprägten europäischen Gesellschaftsmodellen sind im US-amerikanischen Gesellschaftsmodell wirtschaftliche Interessen und Akteure sozialkulturell prägend und gesellschaftspolitisch von entscheidender Bedeutung. Aufgrund ihrer gesellschaftlichen Machtposition und angesichts eines relativ schwachen Staates fällt wirtschaftlichen Akteuren erhebliche gesellschaftspolitische Verantwortung zu, die sie aber nur punktuell und entsprechend eigener Prioritätensetzungen wahrnehmen. Insofern überrascht es nicht, wenn von zivilgesellschaftlichen Akteuren und sozialen Bewegungen die Unternehmen zugeschriebene Verantwortung bisweilen geradezu eingefordert werden muss.

Unternehmen werden als „organisierten Bürgern" (Corporate Citizen) weit reichende Mitentscheidungs- und Mitgestaltungskompetenzen in gesellschaftlichen Angelegenheiten zugewiesen. Das unternehmerische Engagement unterliegt zwar staatlichen Rahmensetzungen, aber in konkreten politischen Auseinandersetzungen und Aushandlungen ist nicht der „residuale" Staat, sondern die organisierte Zivilgesellschaft das Gegenüber gesellschaftlich engagierter Unternehmen. Dabei ist zu bedenken, dass die US-amerikanische Zivilgesellschaft kein wohlorganisiertes, einheitliches und machtvolles, sondern ein eher fragmentiertes und instabiles Gebilde ist (vgl. die Beiträge in Skocpol/Fiorina 1999, Putnam 2001).

Unter diesen Bedingungen machen Unternehmen in den USA von ihrer Freiheit zur gesellschaftlichen Mitgestaltung und -entscheidung entsprechend eigener Präferenzen im Rahmen bestehender Gesetze Gebrauch. Diese gesellschaftspolitische Freiheit impliziert selbstverständlich auch das Recht und die weit verbreitete unternehmerische Praxis zur Enthaltsamkeit in allen gesellschaftlichen Angelegenheiten, die nicht in unmittelbarem Zusammenhang mit dem wirtschaftlichen Kerngeschäft des Unternehmens stehen. Dabei ist zu bedenken, dass über Art und Umfang des gesellschaftlichen Engagements von Unternehmen in den USA und auch deren Attentismus bisher keine umfassenden wissenschaftlichen Befunde vorliegen; gleichwohl stehen erfahrungsgesättigte Trendbeobachtungen und ausgewählte Befunde zur Verfügung (vgl. den Beitrag von Bradley Googins und Steven Rochlin in diesem Band und CCCD 2007).

Diejenigen Unternehmen aber, die sich als Corporate Citizen in den USA gesellschaftlich engagieren, schöpfen aus der gesamten Spannbreite von Engagementinstrumenten, die von den verschiedenen Varianten der Geld- und Sachspende bis hin zu vielfältigen Formen der Dienstleistungserbringung reichen (vgl. Backhaus-Maul 2004).

Zusammenfassend betrachtet entstammt der Corporate Citizenship-Begriff einer wirtschaftlich geprägten Gesellschaft mit einem residualen Staat sowie einer pluralistischen und fragmentierten Zivilgesellschaft. In diesem - wirtschaftlich und politisch - liberalen Kontext hebt der Corporate Citizenship-Begriff die gesellschaftlichen Selbstregelungskompetenzen von Unternehmen hervor.

Corporate Citizenship und Corporate Social Responsibility

Im europäischen und vor allem deutschen Kontext steht das gesellschaftliche Engagement von Unternehmen in einer grundlegend anderen Tradition. Im Zuge der Industrialisierung hat die gesellschaftspolitische Enthaltsamkeit der Wirtschaft die Herausbildung nationaler Sozialstaaten begünstigt. Gleichzeitig haben sich einzelne Unternehmen, insbesondere protestantische Unternehmerpersönlichkeiten, karitativ und im Rahmen betrieblicher Sozialpolitik engagiert. Die Herausbildung nationaler Sozialstaaten sowie von Demokratie und Rechtsstaat in Europa haben sozial-, arbeits- und umweltrechtliche Standards in die betrieblichen Wirtschaftsprozesse und –strukturen implementiert. Insofern tragen europäische Länder mit ihren grundlegenden rechtlichen Regulierungen des Wirtschaftens der anderenorts – etwa in den USA - geforderten gesellschaftlichen Verantwortung von Unternehmen im Sinne einer Corporate Social Responsibility bereits in vielfacher Art und Weise Rechnung. Darüber hinaus gibt es ein freiwilliges, selbstverständliches und im jeweiligen unternehmerischen Eigeninteresse begründetes gesellschaftliches Engagement von Unternehmen (Corporate Citizenship), das über die unmittelbare Sphäre des Wirtschaftens hinausgeht und im Mittelpunkt des vorliegenden Bandes steht. Dieses unternehmerische Engagement als Corporate Citizen wird von den Beteiligten zumeist als selbstverständlich angesehen und in der Regel nicht direkt mit dem wirtschaftlichen Kerngeschäft des Unternehmens in Verbindung gebracht. Vor diesem Hintergrund liegt die Vermutung nahe – entsprechende empirische Vergleichsuntersuchungen gibt es leider auch hier nicht, dass europäische und insbesondere deutsche Unternehmen sowohl innerbetrieblich als auch darüber hinaus in vielfältiger Art und Weise gesellschaftlich engagiert sind. Einen internationalen und vor allem auch transatlantischen Vergleich bräuchten deutsche Unternehmen nicht zu scheuen, vorausgesetzt sie würden sich dieser Herausforderung stellen (vgl. Seitz 2002: 13).

Das gesellschaftliche Selbstverständnis und das entsprechende Engagement von Unternehmen – so wäre zu bilanzieren, schlägt sich einerseits in der Ausgestaltung betrieblicher Prozesse und Strukturen (Corporate Social Responsibility) und andererseits in einem darüber hinaus gehenden gesellschaftlichen Engagement von Unternehmen nieder (Corporate Citizenship). Hierbei handelt es sich um zwei Seiten derselben Medaille: Ein gesellschaftlich engagiertes Unternehmen kann nur dann mit gesellschaftlicher Akzeptanz rechnen, wenn es sich sowohl innerhalb als auch außerhalb seiner Betriebe engagiert. Das Engagement eines Unternehmens in der Gesellschaft als Corporate Citizen wäre nicht glaubwürdig, wenn die in der Europäischen Union als üblich angesehen sozial-, arbeits- und umweltrechtlichen Standards innerbetrieblich nicht eingehalten werden würden.

In Kenntnis dieser beiden sich ergänzenden Dimensionen des gesellschaftlichen Engagements von Unternehmen und ihrer Wechselwirkungen, steht im vorliegenden Band das Engagement von Unternehmen *in* der Gesellschaft im Mittelpunkt. Unternehmen werden prioritär in einer zivil- bzw. bürgergesellschaftlichen Perspektive als Corporate Citizen beobachtet, beschrieben und analysiert. Damit rückt die sozialwissenschaftliche Frage in den Mittelpunkt, welche Rollen und Funktionen privatgewerbliche Unternehmen in der Gesellschaft übernehmen. Folglich interessieren sich die Autorinnen und Autoren für das unternehmerische Selbstverständnis als Corporate Citizen, das zugrunde liegende oder zumindest durchschimmernde Gesellschaftsverständnis, die praktizierten Engagementformen und –instrumente sowie die Interaktionen zwischen Unternehmen und zivilgesellschaftlichen Organisationen.

In der deutschen Gesellschaft betreten Unternehmen als Corporate Citizen durchaus Neuland und begeben sich damit - selbst gewählt - in Situationen erhöhter Unsicherheit und besonderer Herausforderungen (vgl. Baecker 1999). So engagieren sich Unternehmen außerhalb ihrer eigentlichen Domäne - dem Wirtschaftssystem – in sozialen, pädagogischen, kulturellen, sportlichen und ökologischen Bereichen. Sie tun dieses – wohlgemerkt jenseits ihrer wirtschaftlichen Kompetenzen – quasi als Laien, in Kenntnis des latenten Risikos des Scheiterns einerseits und mit der Aussicht auf neuartige Erfahrungen und Erkenntnisse, die wiederum die Grundlage für produktions- und organisationsbezogene Innovationen sein können, andererseits.

Damit stellt sich die grundlegende Frage, warum sich Unternehmen nicht auf ihre klassische Rolle als Wirtschaftsakteure beschränken, sondern das Wagnis eingehen, sich gesellschaftlich zu engagieren. Das skizzierte Phänomen des Corporate Citizenship ist – so unsere Einschätzung – angesichts der offensichtlichen Leistungsgrenzen und Probleme von marktwirtschaftlicher und staatlich-hierarchischer Gesellschaftssteuerung - als Suche nach Auswegen aus diesem Dilemma zu verstehen. Anstelle wechselseitiger Verantwortungs- und Schuldzuweisungen zwischen Staat und Markt („Staats- und Marktversagen") eröffnet Corporate Citizenship

Corporate Citizenship in Deutschland 21

neue Möglichkeiten der Interaktion und Kooperation zwischen Unternehmen und Nonprofit-Organisationen. Diese werden zugleich mit der „Hoffnung" verbunden, dass neue Potenziale gesellschaftlicher Selbststeuerung entstehen könnten, wobei die Einschätzungen von Beteiligten und Beobachtern von erregter Euphorie und latenter Hoffung bis zu kritischer Zurückhaltung und reflexartiger Ablehnung reichen.

3 Facetten der deutschen Corporate Citizenship-Diskussion: Beobachter, Akteure und Verläufe

Ein früher Essay ...

Der skizzierte dynamische gesellschaftliche Wandel und die neuen Herausforderungen an die gesellschaftliche Rolle von Unternehmen werden seit einigen Jahren von unterschiedlichen Beobachtern beschrieben, kommentiert und forciert.

Die gesellschaftlichen Suchbewegungen von Unternehmen wurden in den 1990er Jahren zunächst von einzelnen Engagementexperten und Unternehmensberatern (vgl. Westebbe/Logan 1995; Janning/Bartjes 1999) identifiziert und in ihrer Bedeutung umrissen: In einem frühen Essay schrieben Achim Westebbe und David Logan: „Corporate Citizenship ist das gesamte über die eigentliche Geschäftstätigkeit hinausgehende Engagement des Unternehmens zur Lösung gesellschaftlicher Probleme. Es ist der Versuch, ein Unternehmen auf möglichst vielfältige Weise positiv mit dem Gemeinwesen zu verknüpfen, in dem es tätig ist. Das Unternehmen soll sich wie ein guter Bürger für die Gemeinschaft engagieren, es soll ein good Corporate Citizen sein" (Westebbe/Logan 1995: 13; vgl. Habisch 2003).

Stiftungen

Führende operative Unternehmensstiftungen griffen derartige Beobachtungen auf. Die Robert-Bosch-Stiftung legte als erste ein Kurzgutachten vor, das einige gesellschaftspolitische Facetten und Potenziale dieses Themas auslotete (vgl. Janning/Bartjes 1999). Die transatlantisch ausgerichtete Körber-Stiftung präsentierte anschließend eine Zusammenschau US-amerikanischer Expertisen zum Thema Corporate Citizenship einerseits und illustrative Beispiele unternehmerischer Engagementaktivitäten in Deutschland andererseits (vgl. Schöffmann 2001). Erst zehn Jahre nach dem Essay von Achim Westebbe und David Logan und nach der internationalen Unternehmensstudie von Bernhard Seitz (vgl. Seitz 2002) führte die

Bertelsmann Stiftung eine Führungskräftebefragung in Deutschland durch (vgl. Bertelsmann Stiftung 2005). Diese Studie legt den Schluss nahe, dass Führungskräfte gesellschaftliches Engagement ihres Unternehmens als Selbstverständlichkeit in der traditionellen Vorstellung von Sozialpartnerschaft und sozialer Marktwirtschaft verstehen. Folglich stehen – unter der Prämisse gesellschaftlicher Verantwortung – die Gestaltung von betrieblichen Prozessen und wirtschaftlichen Rahmenbedingungen sowie der Beziehungen zu Mitarbeitern und Kunden im Vordergrund. Die Studie kommt zu dem Ergebnis, dass sich das gesellschaftliche Engagement von Unternehmen unmittelbar aus der Unternehmenstradition und der wirtschaftlichen Tätigkeit ergibt, während umgekehrt der Einfluss organisierter gesellschaftlicher Akteure auf das gesellschaftliche Unternehmensengagement als ausgesprochen gering eingeschätzt wird (vgl. Bertelsmann Stiftung 2005: 11). Dieser Befund deckt sich mit der von Bernhard Seitz bereits im Jahr 2001 durchgeführten vergleichenden Länderuntersuchung: „Im Vergleich zum globalen Durchschnitt und insbesondere gegenüber den USA ist an verschiedenen Stellen eine größere Mitarbeiter-, Umwelt- und Staatsorientierung feststellbar; die Zusammenarbeit mit sonstigen sozialen Akteuren und Non Governmental Organizations ist dagegen weniger stark ausgeprägt (vgl. Seitz 2002: 31). In diesem Sinne erscheint das gesellschaftliche Engagement von Unternehmen als rein unternehmerische Angelegenheit und frei von organisierter gesellschaftlicher Einflussnahme. Letztlich wird die gesellschaftliche Verantwortung von Unternehmen von den Interviewten in der Tradition sozialer Marktwirtschaft als Verpflichtung gegenüber staatlichen Erwartungen und als Freiheitsspielraum für private Philanthropie verstanden.

Medien

Einen besonders wichtigen Trendbeobachter stellen die Medien dar, deren Berichterstattung in den vergangenen Jahren zugenommen hat – sicher begünstigt auch dadurch, dass Kommunikations- und Marketingabteilungen in Unternehmen das Potenzial des Themas entdeckt haben. Dabei lassen sich in den Medien unterschiedliche Sichtweisen ausmachen. Der Tenor in der Mehrzahl der Beiträge ist positiv. Berichtet wird überwiegend über gute Taten von Unternehmen, die zumeist keinen Bezug zum wirtschaftlichen Zweck des Unternehmens erkennen lassen und auch beim gesellschaftlichen Engagement zumeist konventionellen, als bewährt erachteten Pfaden folgen. Typische Beispiele sind Artikel von der Übergabe eines Schecks einer Bank an einen Kindergarten oder eines Kleinbusses vom örtlichen Autohändler an eine Seniorenrichtung. Im Gegensatz zum skizzierten Mainstream in der Berichterstattung sind aber auch kritische Darstellungen auszumachen. Sie präsentieren das gesellschaftliche Engagement von Unternehmen als Versuch der Kompensation für gesellschaftlich inakzeptables Fehlverhalten. Als Beispiele hierfür sind etwa Medienbeiträge über Zigarettenhersteller und Fast-Food-Ketten zu nennen, die sich in der Kinder- und Jugendarbeit engagieren, oder Unternehmen, deren Produkte stark umweltbelastend sind und die zugleich ökologisches Engagement fördern. Im Verständnis einer kritisch-distanzierten Medienberichterstattung sind seit einigen Jahren wiederum Berichte entstanden, die – wirtschaftlich informiert – das gesellschaftliche Engagement von Unternehmen als ein strategisches Investment aus wohlverstandenen Unternehmensinteressen präsentieren. In diesen – noch seltenen Berichten – werden wirtschaftliche Unternehmenstätigkeit und gesellschaftliches Engagement von Unternehmen miteinander in Beziehung gesetzt und auf ihr Passungsverhältnis und ihre Glaubwürdigkeit hin thematisiert. Das Finanzinstitut, das sich zugunsten von Bürgerstiftungen engagiert und damit sowohl sein eigenes Ansehen vor Ort erhöht, als auch zur Verstetigung der lokalen Bürgergesellschaft beiträgt, oder der Generikahersteller, der Kundenbindung und Gesundheitsförderung miteinander verknüpft, sind hierfür typische Beispiele. Letztlich sind die Medien ein wichtiger Beobachter des gesellschaftlichen Engagements von Unternehmen, bilden einen starken Resonanzboden für entsprechende Entwicklungen und schaffen mediale Aufmerksamkeit und Bedeutung für ein sich in der deutschen Gesellschaft erst entwickelndes Thema.

Berater

Welche Bedeutung dem Thema gesellschaftliches Engagement auf Unternehmensseite beigemessen sowie ob und wenn ja in welcher Art und Weise es interpretiert und implementiert wird, hängt maßgeblich von Führungskräften in Unternehmen und den von ihnen gegebenenfalls beauftragten Unternehmensberatungen ab. Unternehmensberatungen haben einen maßgeblichen Einfluss auf die Beförderung des Themas und seine qualitative Ausprägung. Insofern überrascht es nicht, dass sich einige Unternehmensberatungen und auch Kommunikationsagenturen gleich zu Beginn an der Corporate Citizenship-Diskussion in Deutschland beteiligt und das Thema für sich selbst erschlossen haben. Aber erst nachdem das Thema Anklang bei Unternehmen gefunden hat, haben einzelne Unternehmensberater und später auch namhafte Unternehmens- und Kommunikationsberatungen damit begonnen, dessen wirtschaftliche Potenziale auszuloten und mögliche Risiken zu minimieren. Insofern haben sich Beratungsagenturen in Deutschland in der Regel nicht als engagementpolitische Avantgarde, sondern anfänglich eher als interessierte Diskutanten und risikoaverse Kaufleute betätigt. Letztlich dürften sie mit ihrem fachlichen Deutungen und Kompetenzen das unternehmerische Bild von Corporate Citizenship maßgeblich mitgeprägt haben. Ihr in erster Linie immer (noch) betriebswirtschaftliches Beratungswissen dürfte sich deutlich auf das etablierte Corporate Citizenship-Verständnis auswirken, demzufolge sozialtechnologische Nutzenerwägungen für das Unternehmen im Mittelpunkt stehen, während die Frage der gesellschaftlichen Effekte und Wirkungen abgedunkelt wird. Professionelle Defizite in sozialwissenschaftlichen Kompetenzbereichen und die Dominanz betriebswirtschaftlicher Erwägungen tragen dazu bei, dass die Gesellschaft – um die es beim Thema Corporate Citizenship eigentlich geht, – nicht nur von Beratungsagenturen – auf das Artefakt eines „business case" reduziert bzw. „künstlich verschlankt" wird.

Wissenschaft

Und wie rezipieren und diskutieren die Wirtschafts-, Sozial- und Politikwissenschaften dieses Thema? Für die Wirtschaftswissenschaften, insbesondere die Betriebswirtschaftlehre, sind Unternehmen ein zentraler Forschungsgegenstand. Im Mittelpunkt stehen dabei innerbetriebliche Entscheidungen und Verfahren; Umwelt- bzw. Gesellschaftsbezüge werden dabei als Beziehungen zwischen Unternehmen und spezifischen Stakeholdergruppen, wie Lieferanten, Mitarbeitern und Konsumenten, definiert. Gesellschaft wird insofern als eine Beziehung zwischen Unternehmen und organisierten Spezialinteressen konstruiert. So werden einerseits „Instrumente" von Corporate Citizenship, wie Spenden, (Sozial-) Sponsoring, ethisches Marketing oder Mitarbeiterengagement mit einem jeweils instrumentellen Interesse betrachtet, etwa wie und in welcher Form gesellschaftliche Verantwortungsübernahme bei gesellschaftlichen Gruppen aufgenommen wird und damit die Reputation des Unternehmens oder die Mitarbeitermotivation beeinflusst (vgl. Eberl/Schwaiger 2004, Paar 2005, Thor-McCarthy 2003, Pinter 2006, zum Management z.B. Fabisch 2004). Hier dominieren Abschlussarbeiten und Dissertationen, die allerdings nicht in größere Forschungsprojekte eingebunden sind. Die Frage ob und inwiefern Konsumenten auf ein gesellschaftlich verantwortungsvolles Unternehmensverhalten Wert legen und damit für die Unternehmung beispielsweise beim Marketing eine Entscheidungsgröße bilden, wird in der Sponsoringforschung betrachtet (siehe zum Kultursponsoring z.B. Jacob/Schnurbein 2004), aber auch im Kontext der Konsum- und Marketingforschung (vgl. z.B. Schrader/Halbes/Hansen 2005, 2006). Andererseits gibt es Ansätze vor allem im Umwelt- bzw. Nachhaltigkeitsmanagement, die auf einer allgemeinen Ebene die Rolle von Unternehmung analysieren und dabei interdisziplinär, insbesondere mit der Betriebswirtschaftslehre und der Soziologie, zusammenarbeiten (vgl. Hahn 2002, Weiß 2002, Amthor 2005). Die Wirtschaftsethik versucht mit einem normativ und ordnungspolitisch anspruchsvollen Konstrukt von Gesellschaft eine gesellschaftspolitische Leitorientierung zu entwerfen (vgl. Ulrich 2002, Wieland 2002, Habisch 2003, Brinkmann/Pies 2005), um den in der Betriebwirtschaftslehre etablierten und – sozial- und politikwissenschaftlich betrachtet - verengten Gesellschaftsbegriff zu überwinden. Demgegenüber erweisen sich die theoretisch und empirisch gesättigten Gesellschaftsbegriffe der Soziologie als gehaltvoller, zumal sie Aussagen zu den Leistungen, Funktionen und Entwicklungsdynamiken moderner Gesellschaften treffen (vgl. Mutz/Korfmacher 2003, Backhaus-Maul 2004, Polterauer 2005, Hiss 2006). Hinzu kommt, dass die traditionsreiche Wirtschafts- und die neuere Organisationssoziologe, Unternehmen als organisierte Akteure modelliert, die kollektiv bindende Entscheidungen herbeiführen und darüber mit gesellschaftlichen Organisationen kommunizieren. Auch die Arbeitssoziologie und die Soziologie industrieller Beziehungen haben die gesellschaftliche Rolle von Unternehmen im Blick, fokussieren aber stärker die gesellschaftliche Verantwortungsübernahme z.B. im Rahmen von Verhaltenskodizes (vgl. Brandl 2005) und die Bedeutung von Unternehmen für Individuen in posttraditionalen Gesellschaften (vgl. Behr 1995). Die Politikwissenschaft ist in diesem Zusammenhang von Interesse, wenn es um die „nationale" Ausgestaltung der Rolle von Unternehmen in modernen Gesellschaften geht bzw. die Frage, inwieweit die nationalstaatliche Ebene für wirtschaftliche Prozesse überhaupt noch bedeutsam ist. Insofern überrascht es nicht, dass in der Politikwissenschaft vor allem Arbeiten zu internationalen Corporate Citizenship-Initiativen wie dem Global Compact und deren Steuerungsleistungen zu finden sind (vgl. Rieth 2003, Schorlemer 2003 und auch Fichter/Sydow 2002).

Unternehmen

Damit stellt sich die Frage, wie sich – jenseits der skizzierten Beobachterperspektiven – die „reale Welt" des gesellschaftlichen Engagements von Unternehmen darstellt. Das Engagement von Unternehmen in der Zivil- oder Bürgergesellschaft liegt global im Trend und gründet in Deutschland in einer langen und reichen Unternehmenstradition in allen Größenklassen und Branchen. Unter dem Begriff Corporate Citizenship wurde über diese Seite des unternehmerischen Engagements bereits Ende der 1970er Jahre in den USA berichtet und diskutiert. Aber erst in den 1990er Jahren fand dieser Begriff auch Eingang in die entsprechenden Debatten in europäischen Ländern, allen voran Großbritannien, zeitgleich gefolgt von den Niederlanden und Dänemark. In Deutschland wurde dieser Begriff publizistisch erstmals 1995 verwendet (vgl. Westebbe/Logan 1995), aber es sollte noch einige Jahre dauern, bis er in der entsprechenden deutschen Fachöffentlichkeit Aufmerksamkeit fand. Mittlerweile werden – wie eingangs erläutert - Corporate Citizenship und Corporate Social Responsibility weltweit als Begriffe zur Beschreibung von zwei unterschiedlichen, sich ergänzenden Dimensionen des gesellschaftlichen Engagements von Unternehmen verwandt, wobei die jeweiligen Deutungen und Definitionen die erheblichen länderspezifischen Besonderheiten und Akzentsetzungen zum Ausdruck bringen.

Aber warum sollten sich international tätige Großunternehmen überhaupt in Deutschland gesellschaftlich engagieren, wenn Deutschland nur noch einer von vielen Betriebsstandorten ist? Und ist unter dieser Prämisse ihr gesellschaftliches Engagement in China oder Russland nicht viel vordringlicher, um dort erst einmal menschen-, arbeits- und sozialrechtliche sowie ökologische Mindeststandards zu etablieren? So ist zu bedenken, dass ein international tätiges Unternehmen in Deutschland engagementpolitisch als „vaterlandsloser Geselle" diskreditiert werden kann, während es anderenorts maßgeblich zur Steigerung der gesellschaftlichen Wohlfahrt beiträgt. Besonderes Augenmerk verdienen dabei globale Finanzdienstleister, deren Handeln oder Unterlassen erhebliche gesellschaftliche Effekte hat. Aber es sollte auch nicht aus dem Blick geraten, dass eine Vielzahl von Großunternehmen und insbesondere Mittel- und Kleinunternehmen auf Dauer eng an nationale, regionale und lokale Betriebsstandorte und Absatzmärkte gebunden ist.

In Deutschland verfügt das gesellschaftliche Engagement von Unternehmen – so erste empirische Untersuchungen (vgl. Bertelsmann Stiftung 2005, forsa 2005, Seitz 2002) über eine lange Tradition und weist einige charakteristische Besonderheiten auf. So sind es vor allem inhabergeführte Unternehmen, die sich in der Tradition eines deutschen Pfades von Corporate Citizenship verorten, wie etwa Faber-Castell, Henkel oder Otto, um nur einige bekannte Namen exemplarisch zu nennen. Seit kurzem agieren auch kapitalmarktfinanzierte Unternehmen, allen voran betapharm und auch die Deutsche British Petrol, als profilierte Corporate Citizen. Gleichzeitig scheinen sich aber wohlbekannte und hoch gelobte Unternehmen aus den Anfängen der deutschen Corporate Citizenship-Debatte, wie etwa die Deutsche Telekom, Siemens oder auch Ford, schon wieder stillschweigend verabschiedet zu haben. Generell ist zu bedenken, dass die Nennung bekannter Namen im Bereich des Corporate Citizenship bisweilen eine tatsächlich wichtige Gruppe von Unternehmen, d.h. Kleinunternehmen und hierbei insbesondere Handwerksbetriebe, in den Schatten stellt (vgl. Maaß 2005). Aber gerade diese Unternehmen sind es, die sich wie selbstverständlich im Gemeinwesen mit Geld- und Sachspenden sowie Dienstleistungen engagieren. Gelegentlich schließen sich diese Einzelakteure auch zu engagementbezogenen Unternehmensnetzwerken – wohlgemerkt ohne Beteiligung der konventionellen Unternehmens- und Arbeitgeberverbände – zusammen. Das Engagement dieser Corporate Citizen erstreckt sich im Wesentlichen über die Bereiche Soziales, Sport, Kultur, Bildung und Ökologie. Betrachtet man die Engagementpraxis eingehender, so fällt zunächst auf, dass die klassischen Geld- und

Sachspenden nach wie vor im Mittelpunkt stehen. Engagementformen wie Sponsoring und auch Stiftungen sowie insbesondere das von Unternehmen unterstützte Mitarbeiterengagement gewinnen aber an Bedeutung.

Mangels qualitativer und quantitativer Untersuchungen sind wir zur Beurteilung dieser Phänomene immer noch auf gesättigte Erfahrungen und routinierte Expertise angewiesen. Geradezu irritierend ist dabei die Beobachtung, dass in der Regel das gesellschaftliche Engagement eines Unternehmens und dessen wirtschaftliche Betätigung fein säuberlich von einander getrennt sind, gänzlich unterschiedlichen Logiken folgen und sich nicht wechselseitig zu beeinflussen scheinen. So kommt der im wirtschaftlichen Handeln Dynamik und Innovation stiftende Wettbewerb beim Corporate Citizenship nicht zum Tragen und anstelle der im wirtschaftlichen Handeln vielgepriesenen Professionalität zeichnet sich das gesellschaftliche Engagement von Unternehmen bisweilen durch Laienhaftigkeit und Dilettantismus – oder ist es doch eher Experimentierfreudigkeit – aus.

Stellt man in Rechnung, dass Corporate Citizenship – wie eingangs beschrieben – Ausdruck einer freien unternehmerischen Entscheidung ist, so überrascht es nicht, dass das gesellschaftliche Engagement von Unternehmen eigenwillig, spontan und punktuell erfolgt. Für die von zivilgesellschaftlichen Akteuren gepflegte Erwartung, dass das gesellschaftliche Engagement von Unternehmen ebenso wie deren wirtschaftliche Betätigung als ein „strategisches Investment" verstanden wird, gibt es keine empirischen Anhaltspunkte.

Die Realität des gesellschaftlichen Engagements von Unternehmen ist in Deutschland mangels entsprechender wissenschaftlicher Untersuchungen nur unzureichend erfasst. Bemerkenswert ist aber, dass das Thema gesellschaftliches Engagement in Unternehmen nicht oder nur unzureichend implementiert ist. So fehlt es zumeist an entsprechenden Zuständigkeitsregelungen sowie adäquaten Personal- und Sachressourcen, obwohl Experten einhellig darauf hinweisen, dass dieses Thema nur Aussicht auf Erfolg hat, wenn es in der Unternehmensspitze personell, sachlich und kulturell verankert ist (siehe u.a. Bertelsmann Stiftung 2005, Habisch 2003, Lunau/Wettstein 2004). Vor diesem Hintergrund gibt das gesellschaftliche Engagement von Unternehmen Anlass zu Nachfragen, wenn dieses Engagement Praktikanten, befristet angestellten Teilzeitkräften, betriebswirtschaftlich „überflüssigen" Mitarbeitern oder Neueinsteigern überantwortet wird oder als willkommener „Aufmacher" für die Kommunikations- und Marketing-Abteilung angesehen wird.

Geradezu irritierend ist die erfahrungsgesättigte Beobachtung, dass bewährte Verfahren und Standards wirtschaftlichen Handelns (siehe Bröckling 2004) im Geschäftsfeld „gesellschaftliches Engagement" faktisch bedeutungslos zu sein scheinen. Dynamisierende und innovationsfördernde Faktoren, wie etwa Wettbewerb und Professionalität, kommen in der Regel nicht zur Anwendung. Stattdessen werden gefällig wirkende Wettbewerbe und Rankings ins Leben gerufen, die nachvollziehbare Auswahlkriterien und entsprechende Begründungen zumeist vermissen lassen. Und die im wirtschaftlichen Kerngeschäft erwartbare Professionalität des Handelns weicht beim gesellschaftlichen Engagement von Unternehmen bisweilen einem „selbstgebastelten Tun" oder der forschen Behauptung, dass Unternehmensmitarbeiter/innen zugleich auch kompetente Erzieher, Sozialarbeiter und Handwerker seien.

Noch weniger wissen wir aber über den Anlass und das Ziel dieses unternehmerischen Engagements, d.h. wie Unternehmen Gesellschaft deuten und wie sie ihre eigene Rolle darin sehen (vgl. Polterauer 2005, 2006). Die bisher vorliegenden empirischen Untersuchungen und konzeptionell theoretischen Arbeiten blenden diese zentrale Fragestellung zumeist weitgehend aus. So bleibt das Bild, das Unternehmen von sich als Corporate Citizen und ihrer Rolle in der Gesellschaft haben, merkwürdig blass und diffus. Und entgegen der rasant zunehmenden Zahl von Redebeiträgen über Partnerschaften und Win-win-Interaktionen zwischen Unternehmen und Nonprofit-Organisationen sind derartige Kooperationen in der Zivilbzw. Bürgergesellschaft nach wie vor die Ausnahme.

4 Engagement für die Bürgergesellschaft

Reformbedarf

Gesellschaftliches Engagement von Unternehmen findet überwiegend in oder zugunsten jenes gesellschaftlichen Bereiches statt, der als "Dritter Sektor" oder Zivilgesellschaft vor rund drei Jahrzehnten als eigenständiger gesellschaftlicher Bereich jenseits von Markt und Staat "entdeckt" wurde und seitdem auch in Deutschland steigende Aufmerksamkeit findet. Seit Anfang der 1970er Jahre, als der Soziologe Amitai Etzioni (1973) seine Kritik an der Leistungsfähigkeit rein marktlicher und rein staatlicher Lösungen formulierte und erstmals auf das gesellschaftliche Reform- und Innovationspotenzial des „Dritten Sektors" aufmerksam machte, hat der semantisch schillernde Begriff - mit Verspätung - auch in Deutschland eine steile Karriere vom "neuen Ehrenamt" über die "Freiwilligenarbeit" bis hin zum "bürgerschaftlichen Engagement" erlebt. Heute wird bürgerschaftliches Engagement als Oberbegriff für die einfache Mitgliedschaft und ehrenamtliche Tätigkeit in Vereinen und Verbänden ebenso verwendet, wie für die freiwillige unbezahlte Mitarbeit in karitativen oder gemeinwohlorientierten Einrichtungen, wie etwa Krankenhäusern,

Schulen, Museen, Sportvereinen und Bibliotheken. Gleichzeitig finden sich auch die verschiedenen Formen direkt-demokratischer Bürgerbeteiligung vom Volksentscheid bis zur Planungszelle hier ebenso wieder wie gesellschaftspolitisch motivierte Protestaktionen neuer sozialer Bewegungen, von der Friedensbewegung bis zu globalisierungskritischen Gruppen.

Bürgerschaftliches Engagement ist mit zahlreichen wichtigen „Reformbaustellen" in der deutschen Gesellschaft verbunden. Unter dem Stichwort „Bürgerarbeit" hat es sowohl im Rahmen der Diskussion über die inhaltliche Neubestimmung von Arbeit und die „Krise der Arbeitsgesellschaft" eine wesentliche Rolle gespielt, als auch gegen Ende der - gemessen an ihrem Anspruch gescheiterten - Reform der Kommunalverwaltungen unter dem Leitbild des neuen Steuerungsmodells. Anstelle der ursprünglichen Vorstellung vom "Konzern Stadt" sollte im weiterentwickelten Konzept der "Bürgerkommune" bürgerschaftliches Engagement nicht nur einer attestierten „Politikverdrossenheit" entgegenwirken, sondern durch die Delegation von kommunalen Aufgaben an Vereine, Stiftungen und andere gemeinnützige Organisationen sollen auch gravierende Haushaltsprobleme der Städte und Gemeinden reduziert werden (vgl. Bogumil/Holtkamp/Schwarz 2003).

Insbesondere jedoch der Umbau der Finanzierung sozialer Dienstleistungen hat bürgerschaftliches Engagement und gemeinnützige Organisationen in das Zentrum der öffentlichen Aufmerksamkeit gerückt. Dies lag sowohl daran, dass der größte Teil des Dritten Sektors in Deutschland von diesem Umbau der Finanzierung betroffen war, als auch daran, dass wesentliche bis dahin geltende Interaktionsformen zwischen Staat und Kommunen einerseits und Drittem Sektor andererseits in Frage gestellt und teilweise verändert wurden. So setzte in den 1990er Jahren die grundsätzliche Umstellung der Finanzierung vom Selbstkostendeckungsprinzip auf prospektive Leistungsentgelte die gemeinnützigen Organisationen der freien Wohlfahrtspflege unter betriebswirtschaftlichen Reform- und gesellschaftspolitischen Legitimationsdruck (vgl. Backhaus-Maul/Olk 1994). Im „dualen System" der wohlfahrtsstaatlichen Dienstleistungserstellung wurden die Wohlfahrtsorganisationen bis dahin aufgrund des Subsidiaritätsprinzips in der Sozialgesetzgebung sowohl vor Konkurrenz als auch aufgrund der Finanzierung ihrer Leistungen nach dem Selbstkostendeckungsprinzip vor dem wirtschaftlichen Risiko ihrer Tätigkeiten geschützt. Eben dieses Prinzip wurde in den Zeiten knapper werdender öffentlicher Mittel als „Kostentreiber" identifiziert und unter anderem für die ansteigenden Sozialausgaben mit verantwortlich gemacht. Verbunden mit der darauf folgenden Optimierung innerbetrieblicher Leistungs- und Managementprozesse gewannen in den Wohlfahrtsorganisationen auch Fragen des ideellen Selbstverständnisses, der Abgrenzung zu staatlichen und privatgewerblichen Anbietern und des verstärkten Einsatzes freiwilligen Engagements und privater Spenden höhere

Bedeutung (vgl. Nährlich 1998, Liebig 2005). Dieses geschah nicht zuletzt auch angesichts der Befürchtung, die stärkere Betonung des sozialen Dienstleistungsbereiches einerseits und die von der EU vorangetriebene Liberalisierung des Waren- und Dienstleistungsverkehrs andererseits, könnte zu einem Verlust der steuerlichen Besserstellung für gemeinnützige Organisationen führen (vgl. Wissenschaftlicher Beirat beim Bundesministerium der Finanzen 2006). Gemeinsam ist allen Diskursen, dass bürgerschaftliches Engagement in diesem Zusammenhang als Synonym für eine tendenzielle Verschiebung der Verantwortlichkeit für die Erstellung öffentlicher Leistungen von Staat und Kommunen auf die Gesellschaft steht.

Vor diesem Hintergrund erfährt seit einigen Jahren nunmehr auch das gesellschaftliche Engagement von Unternehmen (Corporate Citizenship) als „unternehmerisches bürgerschaftliches Engagement" steigende Aufmerksamkeit (vgl. Enquete-Kommission 2002). Erstmalig wird damit versucht privatwirtschaftliche Firmen und Betriebe systematisch in den Kontext von Bürgergesellschaft und bürgerschaftlichem Engagement zu stellen. Traditionell hatte sowohl die gesellschaftliche Arbeitsteilung des "rheinischen Kapitalismus" der alten Bundesrepublik (vgl. Castellucci 2001: 22) als auch die vor allem im "sozialen Ehrenamt" oder in den "neuen sozialen Bewegungen" sozialkulturell geprägte Bürgergesellschaft ihren Teil dazu beigetragen, dass Gesellschaft und Wirtschaft als Gegensätze verstanden wurden, während das Verhältnis zwischen Staat und Kommunen einerseits sowie gemeinnützigen Vereinen, Verbänden und Stiftungen andererseits als Kooperation und Verflechtung aufgefasst, gepflegt und propagiert wurde.

Potenziale und Orientierungsmuster des Bürgerengagements

Es war nicht zuletzt das Verdienst des international vergleichenden sozialwissenschaftlichen Johns Hopkins Comparative Nonprofit Sector-Projektes (vgl. Anheier u.a. 1997, Priller/Zimmer 2001, Zimmer/Priller 2004), erstmals das organisierte Bürgerengagement in seinen Ausmaßen systematisch untersucht zu haben. Über 600.000 eingetragene Vereine und mehr als 14.000 rechtsfähige Stiftungen bilden heute die institutionellen Kerne der Bürgergesellschaft. Auf knapp 70 Mrd. € beliefen sich im Jahr 2000, dem letzten Erhebungszeitpunkt, die Ausgaben aller gemeinnützigen Organisationen in Deutschland, was etwa 4% des Bruttosozialproduktes entsprochen hat (vgl. Zimmer/Priller 2004: 56). Entgegen der landläufigen Meinung, dass gemeinnütziges Engagement durch private Spenden, Mitgliederbeiträge und Kapitalerträge von Stiftungen finanziert wird, spielen die sogenannten philanthropischen Gelder nur eine untergeordnete Rolle und tragen im Durchschnitt lediglich mit einem Anteil von 3,4 Prozent zur Gesamtfinanzierung bei. Die Spannweite dieses Mittelwertes reicht allerdings von 0,1% im Gesundheitswesen bis 40,9% im

Bereich internationaler Aktivitäten. Hauptsächlich werden die Ausgaben der gemeinnützigen Organisationen jedoch zu knapp zwei Dritteln mittelbar oder unmittelbar aus öffentlichen Haushalten finanziert, weitere rund 30% werden durch eigene Einnahmen aus Gebühren gegenfinanziert (vgl. Zimmer/Priller 2004). Fast drei Millionen Menschen sind im Jahr 2000 sozialversicherungspflichtig bei gemeinnützigen Vereinen, Verbänden und Stiftungen beschäftigt gewesen. Die Anzahl ehrenamtlich bzw. bürgerschaftlich Engagierter wird von verschiedenen Studien insbesondere aufgrund unterschiedlicher Messkonzepte mit Werten zwischen 20 Prozent und knapp 40 Prozent der deutschen Bevölkerung angegeben (vgl. Kistler/Noll/Priller 1999, Gensicke/Picot/Geiss 2006).

Das finanzielle und personelle Volumen des „Dritten Sektors" wird ganz wesentlich durch die großen gemeinnützigen Wohlfahrtsverbände bestimmt, die in Deutschland historisch gewachsene Anbieter sozialer Dienstleistungen sind und jahrzehntelang mit staatlicher Finanzierungsverpflichtung und geschützt vor Konkurrenz auch prägend für die Entwicklung, Wahrnehmung und Auseinandersetzung mit ehrenamtlichem Engagement waren. Kennzeichnend für diesen Bereich gemeinnützigen Engagements ist seine staatsnahe Einbettung und verrechtlichte Beziehungsstruktur, die über den hohen Anteil öffentlicher Zuwendungen zwar einerseits zur Bestandsgarantie und Planungssicherheit der Wohlfahrtsorganisationen beigetragen hat, auf der anderen Seite jedoch auch zu einer parteipolitischen, verwaltungsadministrativen und fiskalpolitischen Steuerungs- und Einflussnahme geführt hat. Neben diesem „staatsnahen" Teil der Bürgergesellschaft steht aber auch ein mehr „zivilgesellschaftlicher" Teil, der hauptsächlich aus den Bereichen Kultur, Sport, Umwelt- und Naturschutz aber auch Stiftungswesen und internationale Aktivitäten besteht, in dem bürgerschaftliches Engagement und private Spenden zumindest in Teilbereichen eine größere Rolle spielen. Aber auch dieser „tendenziell eher zivilgesellschaftliche" Teil der deutschen Bürgergesellschaft ist kaum vergleichbar mit der „Civil Society" angelsächsischer Prägung. So weist Leipold (2000) darauf hin, dass das bürgerschaftliche Engagement in den USA Ergebnis und Ausdruck der kulturgeschichtlichen Entwicklung einer Gesellschaft ist, die im Grunde staatskritisch sozialisiert ist und mit staatlichem Handeln, mit „Big Government", Probleme und nicht Lösungen verbindet.

Während in den USA wie Leipold schreibt, der Staat als „gesellschaftliche Veranstaltung" angesehen wird, wird er in Deutschland eher im Hegelschen Sinne als „Wirklichkeit der sittlichen Idee" verstanden. Insofern ähnelt die deutsche Bürgergesellschaft der angelsächsischen Civil Society zwar in ihrer deskriptiven Ausprägung von gemeinnützigen Organisationen, ehrenamtlich Engagierten, Stiftern und Spendern, weist aber gravierende Unterschiede in ihren soziokulturellen Grundlagen und Handlungsmustern auf. Ob sich die Konjunktur bürgerschaftlichen Engagements in Deutschland zugunsten gesellschaftlicher Selbstorganisation auswirkt, oder es sich nur um eine „kluge" staatliche Taktik handelt, in Zeiten leerer öffentlicher Kassen brachliegende Ressourcen zu aktivieren (vgl. Zimmer/Nährlich 2000), ist nach wie vor eine offene Frage. Gleichwohl zeigt sich vielerorts die Absicht von Politik und Verwaltung, bürgerschaftliches Engagement wenn schon nicht mehr wie in bisherigem Maße staatlich zu finanzieren, so doch weiterhin z.B. über Bundes- und Landesnetzwerke, kommunale Stabsstellen, Aktionsprogramme, Initiativen und Kampagnen zu regulieren und zu steuern.

Die erfahrungsgesättigte Expertise „ohne Moos nichts los" lässt jedoch erwarten, dass tradierte Orientierungsmuster in Politik und Verwaltung zwar langsam aber doch stetig an Attraktivität verlieren. Gleichzeitig wandelt sich das organisierte Bürgerengagement in weitaus stärkerem Maße, als es sich am Aufkommen einiger neuer Formen bürgerschaftlichen Engagements wie Freiwilligenagenturen, „Tafel" oder Bürgerstiftungen ablesen lässt (vgl. Nährlich u.a. 2005). Viele gemeinnützige Organisationen sehen sich bei knapperen finanziellen Mitteln gleichzeitig mit neuen und größeren Anforderungen konfrontiert. Privatisierungen öffentlicher Aufgaben von Städten und Gemeinden gehen nicht nur in Richtung Wirtschaft, sondern auch in den gemeinnützigen Bereich. Zunehmend reicht es daher für bürgerschaftliches Engagement nicht mehr aus, nur auf Probleme aufmerksam zu machen, gefragt ist vermehrt die Übernahme kommunaler Aufgaben. So betreiben Sportvereine vermehrt Sportanlagen oder Bäder, übernehmen Kulturvereine ehemals kommunale Büchereien oder betreiben Kultureinrichtungen. Fundraising, Sponsoring, strategische Partnerschaften und effizientes Management stehen zur Bewältigung der neuen Aufgaben ganz oben auf der Agenda vieler Vereine, Verbände und Stiftungen. Auch intern sehen sich zahlreiche gemeinnützige Organisationen mit neuen Herausforderungen konfrontiert. Mitglieder und ehrenamtliche Engagierte, aber auch Spender, Medien und Öffentlichkeit stellen heute höhere Anforderungen an gemeinnützige Organisationen. Erwartet wird eine solide Organisationsführung, transparenter und seriöser Umgang mit Finanzmitteln, Mitgestaltungsmöglichkeiten für engagierte Bürgerinnen und Bürger und ein effektiver Einsatz der Ressourcen. Der in der Wirtschaft diskutierte Begriff der "Corporate Governance" hat längst auch in den Dritten Sektor Eingang gefunden (vgl. Schuhen 2005).

Daneben wirken sich Struktur- und Motivwandel des klassischen Ehrenamtes auf das bürgerschaftliche Engagement aus. Langfristige Bindungen werden durch zeitlich begrenzte Engagements ersetzt. Vor allem die traditionsreichen Großorganisationen wie Wohlfahrtsverbände und Kirchen verloren mit der Erosion sozialer Milieus ihre soziokulturelle Einbindung und damit ein ihnen fast automatisch zufließendes Potenzial ehrenamtlich Engagierter. Dagegen profitieren vom insgesamt gestiegenen bürgerschaftlichen Engagement diejenigen gemeinnützigen Organisationen, deren Strukturen und Verhalten Freiräume für bürgerschaftliches Engagement bereithalten und Selbstorganisation und Eigeninitiative von Engagierten belohnen und fördern (vgl. Beher/Liebig/Rauschenbach 2000).

So sehen sich viele gemeinnützige Organisationen in Deutschland großen Herausforderungen und starkem Veränderungsdruck gegenüber, sich sowohl unternehmerischer als auch kunden- und mitgliederorientierter auszurichten, neue Finanzierungsstrategien und -instrumente zu entwickeln ohne dabei ihre "normative Besonderheit" (Arbeitskreis Nonprofit-Organisationen 1998) als Nonprofit-Organisation aufzugeben und damit sowohl ihre gesellschaftliche (und fiskalische) Legitimation als auch ihren Ressourcenzugang zu ehrenamtlichem Engagement und privaten Spenden zu gefährden. Dabei gewinnen Kooperationen mit Unternehmen mittlerweile durchaus an Attraktivität, nicht nur als Fundraisingstrategie für neue Finanzierungsmöglichkeiten, sondern auch im Hinblick auf ihre Kompetenzen als ressourcenstarke, markterfahrene und häufig innovative Akteure (vgl. Braun 2007). Zwar gehören die Parolen vom vermeintlichen "Verkauf der Ideale", mit denen noch vor einem Jahrzehnt vor einer „Kommerzialisierung" gemeinnützigen Engagements gewarnt wurde, überwiegend der Vergangenheit an, doch bleibt die Welt privatgewerblicher Unternehmen immer noch für manch einen bürgerschaftlichen Akteur fremd und verdächtig, steht die Überwindung "gepflegter und professionalisierter Kulturgrenzen" (Backhaus-Maul 2004: 30) noch aus. Neue Ressourcen und Verbündete suchen aufgeschlossene gemeinnützige Organisationen heute bei Unternehmen und Betrieben, die ihrerseits wiederum ihre neue Rolle als Corporate Citizen in der Gesellschaft erproben.

5   Zur Anlage des Bandes

Begriffsverständnisse und Forschungsarbeiten

Insgesamt entwickelt sich die Corporate Citizenship-Diskussion über die neue Rolle von Unternehmen in der Gesellschaft in Deutschland relativ spät und bemerkenswert zögerlich, obwohl - oder vielleicht auch gerade weil - Unternehmen in Deutschland auf eine jahrzehntelange Engagementtradition im Kontext nationaler Sozialstaatlichkeit zurückblicken können.

Der vorliegende Band umfasst Beiträge aus den thematisch besonders relevanten Bereichen Sozial- und Wirtschaftswissenschaften, Unternehmen, Medien und Gesellschaftspolitik. Den Autorinnen und Autoren sei an dieser Stelle für ihre Bereitschaft, ihr Engagement und ihre Geduld gedankt, im Rahmen einer derart anspruchsvollen Publikation mitzuwirken. Ein besonderes Dankeschön gebührt in diesem Zusammenhang unserem bewährten Supervisor Franz-Josef Saiblinger und vor allem Yvonne Schwartz für die vorzügliche und engagierte redaktionelle Mitarbeit an diesem Band. Den zahlreichen in diesem Band versammelten Autorinnen und Autoren danken wir für ihr Engagement und ihre Bereitschaft dazu beizutragen, ein in Deutschland immer noch relativ neues Themenfeld in einem wissenschaftlichen Kontext zu erschließen und zu vermessen. Die im weitesten Sinne wissenschaftliche Diskussion über die neue gesellschaftliche Rolle und das Engagement von Unternehmen speist sich aus unterschiedlichen wissenschaftlichen Disziplinen. Der vorliegende Band soll dazu beitragen, diese unterschiedlichen Diskussionsstränge in einer Gesamtschau erstmals zu präsentieren und produktive Interdependenzen aufzuzeigen.

Konzeption

Das Thema Corporate Citizenship ist in Deutschland in den einschlägigen wissenschaftlichen Disziplinen nicht etabliert. Und außerhalb von Wissenschaft wurden in den letzten Jahren unzählige Begriffe und Worthülsen in hektischer Abfolge weitgehend unreflektiert produziert und bereits kurze Zeit später wieder verworfen. Die wissenschaftliche Debatte zum Thema Corporate Citizenship befindet sich in Anerkennung wirtschaftswissenschaftlicher, insbesondere wirtschaftsethischer Arbeiten, und der gesellschaftspolitischen Tradition der Sozialen Marktwirtschaft erst am Anfang. Folglich verdienen die wissenschaftlichen Bemühungen um ein adäquates Begriffsverständnis und die Arbeiten an einer empirischen Erforschung dieses Gegenstandsbereiches besondere Aufmerksamkeit. Angesichts dieser wissenschaftlichen Ausgangslage wird im vorliegenden Band theoretisch-konzeptionellen Überlegungen und empirischen Forschungsarbeiten zum Thema Corporate Citizenship besondere Priorität beigemessen.

Die Beiträge des vorliegenden Bandes erschließen in ihrer Verschiedenartigkeit und Vielfalt eine bislang unübersichtliche Gemengelage und ein zugleich viel versprechendes Themenfeld. Beides wären gute Gründe für eine konventionell angelegte wissenschaftliche Publikation. Gleichwohl haben wir uns bei der Konzeption dieses Bandes nicht in erster Linie vom „Lob der Routine" leiten lassen:

- So wird das Thema des Bandes gleichberechtigt aus *sozialwissenschaftlicher und aus wirtschaftswissenschaftlicher Perspektive* bearbeitet (Kapitel II-III).
- Der Band vereint nicht nur wissenschaftliche, d.h. theoretisch-konzeptionelle und empirische Beiträge, sondern auch *konkret gegen-standsbezogene Arbeiten*

über Strategien und Instrumente, Vorstellung ausgewählter engagierter Unternehmen und Einschätzungen medialer Beobachter zum Thema „Corporate Citizenship" (Kapitel IV-V).
- Und nicht zuletzt wird der *gesellschaftspolitische Gehalt* des Themas analysiert und perspektivisch diskutiert (Kapitel VI).

Der vorliegende Band führt damit in Deutschland erstmals und umfassend sozial- und wirtschaftswissenschaftliche Debatten, fachliche Expertisen sowie gesellschaftspolitische Analysen zum Thema „Corporate Citizenship" zusammen.

Themen des Bandes

Im Mittelpunkt des an diese Einleitung anschließenden zweiten Kapitels stehen *sozial- und wirtschaftswissenschaftliche Analysen*, die die grundlegende Frage erörtern, inwiefern Unternehmen als kollektive gesellschaftliche Akteure zu verstehen sind. In den Beiträgen von Dirk Matten, Andrew Crane und Jeremy Moon sowie von Thomas Beschorner wird die Akteursqualität und politische Verantwortung von Unternehmen systematisierend herausgearbeitet. Die Beiträge von Josef Wieland, Peter Ulrich, Markus Beckmann und André Habisch erörtern den gesellschaftlichen, politischen, ordnungsstiftenden und innovationsgenerierenden Gehalt der Rolle von Unternehmen als Corporate Citizen in der Gesellschaft, während Anja Schwerk unter dem Stichwort Corporate Governance die Diskussion über die Steuerungsfähigkeit von Unternehmen aus unternehmerischer Binnenperspektive rekonstruiert.

Vor dem Hintergrund dieser theoretisch-konzeptionellen Überlegungen werden in Kapitel III erste *empirische Forschungen* zum Thema Corporate Citizenship präsentiert. Die Sekundäranalyse von Judith Polterauer gibt einen grundlegenden Überblick über den Stand der empirischen Corporate Citizenship-Forschung in Deutschland. Stefan Nährlichs Arbeit vertieft diese Sekundäranalyse anhand der zentralen Kategorie des Nutzens, in dem er vorliegende Corporate Citizenship-Studien auf die zugrunde liegenden Nutzenvorstellungen und die erwarteten Effekte untersucht. Die Beiträge von Jörn Lamla, Julia Egbringhoff und Gerd Mutz sowie von Henry Schäfer und von Jens Prinzhorn arbeiten den Stellenwert relevanter Stakeholder bzw. Anspruchsgruppen für die Entwicklung von Corporate Citizenship heraus. Jörn Lamla analysiert die Einflussmöglichkeiten kritischer Konsumenten, Julia Egbringhoff und Gerd Mutz die Gestaltungsmöglichkeiten von Beschäftigten und Arbeitnehmervertretungen und Henry Schäfer den Stellenwert von Ratings. Das Forschungskapitel schließt mit einer Untersuchung von Jens Prinzhorn, der sich mit den Mythen, Risiken und Chancen von Kooperationen zwischen Unternehmen und Nonprofit- Organisationen auseinandersetzt.

Im Anschluss an diese sozial- und wirtschaftswissenschaftliche Grundlegung erfolgt in den Kapitel IV und V eine Vertiefung und Konkretisierung des Themas. Ausgewiesene Expertinnen und -experten präsentieren und bewerten relevante *Strategien und Instrumente* des Corporate Citizenship (Kapitel IV). Eingangs verortet Rudolph Speth die häufig als „neu" etikettierten Strategien und Instrumente in der Tradition des politischen Lobbying und der Pflege von Public Affairs. In den daran anschließenden Beiträgen von Christiane Biedermann, Christoph Mecking und Gabriele Bartsch werden relevante Corporate Citizenship-Instrumente und Strategien, wie Unternehmenskommunikation, Unternehmensspenden und –stiftungen sowie Corporate Volunteering, vertiefend diskutiert.

In Kapitel V wird das Thema anhand *reflektierter Selbstdarstellungen ausgewählter Unternehmen sowie spezifischer Beobachtungen relevanter Medienvertreter* in seinen konkret gegenstandsbezogenen Facetten entfaltet. Bei der Auswahl der sich präsentierenden Unternehmen wurde besonderer Wert auf den spezifischen Innovationsgehalt der jeweiligen Corporate Citizenship-Aktivitäten gelegt. Die Beiträge von Horst Erhardt, Silke Ramelow, Dieter Heuskel, Herwig Danzer, Josef Zotter, Paul A. Deimel, Antje von Dewitz, Hans Wall, Uwe Franke und Sandra Suppa bringen die hohe Bedeutung von Mittel- und Kleinunternehmen, die unterschiedliche Reichweite lokal, regional, national und global ausgerichteter Unternehmen sowie den bemerkenswerten Branchenmix engagierter Unternehmen, der u.a. Handel, Industrie, Handwerk und Dienstleistungen umfasst, zum Ausdruck. Bei aller Unterschiedlichkeit machen die Beiträge deutlich, dass Corporate Citizenship für die ausgewählten Unternehmen Lernprozesse und Suchbewegungen bedeutet, die mit Chancen und Risiken einhergehen. Bemerkenswert ist dabei – soviel sei vorweggenommen, dass sich die ausgewählten Unternehmen ihre Rolle als Corporate Citizen weitgehend eigenständig und bisweilen auch eigenwillig und eigensinnig erschließen.

Das Engagement von Unternehmen trifft in den Medien, insbesondere den Printmedien auf kritisch-aufgeschlossene Beobachter, wie die Beiträge von Uwe Jean Heuser, Jürgen Schultheis und Thomas Ramge verdeutlichen, während sich die Repräsentanten des einflussreichen öffentlich-rechtlichen Fernsehens, wie Peter Frey, Martin Küper, Susanne Kuhrt und Thomas Roth aufgeschlossen zeigen, aber erst langsam und bisweilen persönlich diesem Thema nähern.

Die mit diesem Band vorgelegte Bestandsaufnahme zum Thema Corporate Citizenship in Deutschland wird in Kapitel VI durch *gesellschaftspolitische Analysen und Perspektivbeschreibungen* von anerkannten Expertinnen und Experten abgerundet. Im Beitrag von Kathrin Ankele und Jana Gebauer werden die gesellschaftspolitischen Facetten und Argumentationsstränge von Corporate Citizen-ship einleitend skizziert. Jenseits konventioneller Pfade staatlicher und marktlicher Steuerung sieht Birgit Riess in diesem gesellschaftlichen Engagement von Unternehmen einen zunehmend wichtiger werden Beitrag zur gesellschaftlichen Selbststeuerung.

Diese wachsende Bedeutung von Unternehmen für die Steuerung und Koordination von Gesellschaften wird gerade auch im internationalen Bezug deutlich, wie die Beiträge von Bradley K. Googins und Steven A. Rochlin sowie von René Schmidpeter und Martin Neureiter zeigen. Vor dem Hintergrund professioneller Expertise und empirisch gesättigter Erfahrung arbeiten Bradley K. Googins und Steven A. Rochlin institutionelle Verlaufsmuster und Trends am herausragenden Beispiel des Corporate Citizenship in den USA heraus, die global - und insbesondere für Deutschland - eine engagementpolitisch wichtige Referenzgesellschaft ist, die mittlerweile eine über 30jährige Corporate Citizenship-„Geschichte" vorweisen kann. Österreich als das zweite, im Beitrag von René Schmidpeter und Martin Neureiter präsentierte Länderbeispiel macht deutlich, welche eine Dynamik das Thema Corporate Citizenship - bei einer mit Deutschland weitgehend vergleichbaren Ausgangssituationen – entfalten kann. In Kenntnis nationaler Besonderheiten kommt – so Frank W. Heuberger in seinem Beitrag – in Begriffen wie Corporate Citizenship und Bürgergesellschaft ein innovativer internationaler Trend zur Neuordnung von Staat, Markt und Bürgergesellschaft zum Ausdruck, dem sich wirtschaftlich führende Gesellschaft nicht entziehen können.

In den wissenschaftlichen Debatten, fachlichen Expertisen, unternehmerischen Darstellungen, medialen Beobachtungen und gesellschaftspolitischen Diskussionen zum Thema Corporate Citizenship geht es – so Warnfried Dettling in seinem bilanzierten Abschlussessay – um nicht mehr und weniger als die Neuinterpretation und die Revitalisierung der sozial-kulturellen Grundlagen moderner Gesellschaften und den bisher unterschätzten und spürbar wichtiger werdenden Beitrag von Unternehmen hierzu.

An dieser wichtigen Diskussion möchten wir Sie - als Leser/innen des in Ihren Händen liegenden Bandes - sehr gerne beteiligen.

Literatur:

Amthor, Olaf Gerrit: Gesellschaftliches Engagement in der Elektrizitätsversorgungsindustrie. Eine Analyse unter besonderer Berücksichtigung seiner Begründung und seiner strukturpolitischen Wirkung. Berlin: Weißensee-Verlag, 2005

Anheier, Helmut K./Seibel, Wolfgang/Priller, Eckhard/Zimmer, Annette (Hrsg.): Der Nonprofit-Sektor in Deutschland. Berlin: Edition Sigma, 1997
Arbeitskreis Nonprofit-Organisationen (Hrsg.): Nonprofit-Organisationen im Wandel. Das Ende der Besonderheiten oder Besonderheiten ohne Ende? Stuttgart: Kohlhammer, 1998
Backhaus-Maul, Holger: Engagementförderung durch Unternehmen in den USA. Über die produktive Balance zwischen Erwerbsarbeit, Familienleben und bürgerschaftlichem Engagement. In: Enquete-Kommission "Zukunft des Bürgerschaftlichen Engagements" des Deutschen Bundestages (Hrsg.), Bürgerschaftliches Engagement und Unternehmen. Opladen: Leske und Budrich, 2003, S. 85-147
Backhaus-Maul, Holger: Corporate Citizenship im deutschen Sozialstaat. In: Aus Politik und Zeitgeschichte. (2004) 14, S. 23–30
Backhaus-Maul, Holger: Corporate Citizenship - liberale Gesellschaftspolitik als Unternehmensstrategie in den USA. In: Adloff, F./Birsl, U./Schwertmann, P. (Hrsg.): Wirtschaft und Zivilgesellschaft. Theoretische und empirische Perspektiven. Jahrbuch für Europa- und Nordamerika-Studien. Wiesbaden: Leske und Budrich, 2005, S. 225-243
Backhaus-Maul, Holger: Gesellschaftliche Verantwortung von Unternehmen in der Bürgergesellschaft. In: Aus Politik und Zeitgeschichte, (2006) 12, S. 32-38
Backhaus-Maul, Holger/Braun, Sebastian: Gesellschaftliches Engagement von Unternehmen in Deutschland. Theoretische Überlegungen, empirische Befunde und engagementpolitische Perspektiven. Erscheint in: Olk, T./Klein, A./Hartnuss, B. (Hrsg.): Engagementpolitik. Die Entwicklung der Zivilgesellschaft als politische Aufgabe. Wiesbaden: Verlag für Sozialwissenschaften, 2007
Backhaus-Maul, Holger/Olk, Thomas: Von Subsidiarität zu „outcontracting": Zum Wandel der Beziehungen zwischen Staat und Wohlfahrtsverbänden in der Sozialpolitik. In: Streeck, W. (Hrsg.): Staat und Verbände. Wiesbaden: Westdeutscher Verlag, 1994, S. 100-135
Baecker, Dirk: Die Form des Unternehmens. Frankfurt: Suhrkamp, 1999
Beckert, Jens: Wer zähmt den Kapitalismus. In: ders./Ebbinghaus, B./Hassel, A./Manow, P. (Hrsg.): Transformation des Kapitalismus. Frankfurt a. M./New York: Campus, 2006, S. 425-442
Beher, Karin/Liebig, Reinhard/Rauschenbach, Thomas: Strukturwandel des Ehrenamts. Gemeinwohlorientierung im Modernisierungsprozeß. Weinheim: Juventa, 2000
Behr, Michael: Regressive Gemeinschaft oder zivile Vergemeinschaftung? Ein Konzept zum Verständnis posttraditionaler Formen betrieblicher Sozialintegration. In: Zeitschrift für Soziologie. 24 (1995) 5, S. 325–344
Bellah, Robert N./Madsen, Richard/Sullivan, William M./Swidler, Ann/Tripton, Steven M.: The Good Society. New York: Knopf, 1991
Bertelsmann Stiftung (Hrsg.): Die gesellschaftliche Verantwortung von Unternehmen. Gütersloh: Bertelsmann Stiftung, 2005
Bogumil, Jörg/Holtkamp, Lars/Schwarz, Gudrun: Das Reformmodell Bürgerkommune. Leistungen - Grenzen - Perspektiven. Berlin: Edition Sigma, 2003
Brandl, Sebastian: "Deutsches Modell" oder globalisiertes Arrangement? Transformation industrieller Beziehungen und soziale Nachhaltigkeit . Berlin: Edition Sigma, 2006

Braun, Sebastian 2007: Corporate Citizenship und Dritter Sektor. In: Forschungsjournal Neue Soziale Bewegungen. 20 (2007) 2, S. 186-190

Brinkmann, Johanna/Pies, Ingo: Corporate Citizenship: Raison d'être korporativer Akteure aus Sicht der ökonomischen Ethik. Diskussionspapier 05-01.Wittenberg: Wittenberg-Zentrum für globale Ethik, 2005

Bröckling, Ulrich 2004: Unternehmer. In: ders./Krasmann, S./Lemke, T. (Hrsg.): Glossar der Gegenwart, Frankfurt: Suhrkamp, S. 271-276

Castellucci, Lars: Zur Zukunft des "Rheinischen Kapitalismus". In: Aus Politik und Zeitgeschichte. (2001) 6/7, S. 20-26

CCCD: Center für Corporate Citizenship Deutschland 2007: Gesellschaftliches Engagement von Unternehmen in Deutschland und im transatlantischen Vergleich mit den USA, Berlin: Eigenverlag

Dettling, Warnfried: Wirtschaftskummerland. Wege aus der Globalisierungsfalle, München: Kindler, 1998

Eberl, Markus/Schwaiger, Manfred: Die wahrgenommene Übernahme gesellschaftlicher Verantwortung als Determinante unternehmerischer Einstellungsziele. Ein internationaler kausalanalytischer Modellvergleich. In: Schriften zur Empirischen Forschung und Quantitativen Unternehmensplanung, Heft 20, 2004

Enquete-Kommission „Zukunft des Bürgerschaftlichen Engagements" des Deutschen Bundestages (Hrsg.): Bürgerschaftliches Engagement und Unternehmen. Opladen: Leske und Budrich, 2003

Enquete-Kommission „Zukunft des Bürgerschaftlichen Engagements" des Deutschen Bundestages (Hrsg.): Auf dem Weg in eine zukunftsfähige Bürgergesellschaft. Bericht. Opladen: Leske und Budrich, 2002

Esping-Andersen, Gösta: The Three Worlds of Welfare Capitalism. London/Thousand Oaks/New Dehli: Sage, 1993

Etzioni, Amitai: The Third Sector and Domestic Missions. In: Public Administration Review. 33 (1973) 4, S. 314-323

Fabisch, Nicole: Soziales Engagement von Banken. Entwicklung eines adaptiven und innovativen Konzeptansatzes im Sinne des Corporate Citizenship von Banken in Deutschland. München: Hampp, 2004

Fichter, Michael/Sydow, Jörg: Mit Hilfe von Netzwerken zu globalen Arbeitsstandards? Zur Organisation von sozialer Verantwortlichkeit in weltumspannenden Produktionsketten. In: Industrielle Beziehungen: Zeitschrift für Arbeit, Organisation und Management. 9 (2002) 4, S. 357–380

forsa/Gesellschaft für Sozialforschung und statistische Analysen: „Corporate Social Responsibility" in Deutschland. Berlin: Eigenverlag, 2005

Gazdar, Kaevan/Kirchhoff, Klaus Rainer: Unternehmerische Wohltaten: Last oder Lust? Von Stakeholder Value, Corporate Citizenship und Sustainable Development bis Sponsoring. München/Unterschleißheim: Luchterhand, 2004

Gensicke, Thomas/Picot, Sibylle/Geiss, Sabine: Freiwilliges Engagement in Deutschland 1999-2004. Ergebnisse der repräsentativen Trenderhebung zu Ehrenamt, Freiwilligenarbeit und bürgerschaftlichem Engagement. Wiesbaden: Verlag für Sozialwissenschaften, 2006

Googins, Bradley: The Journey towards Corporate Citizenship in the United States. In: Journal for Corporate Citizenship. 5 (2002) 1, S. 85-101
Habisch, André: Corporate Citizenship. Gesellschaftliches Engagement von Unternehmen in Deutschland. Berlin/Heidelberg/New York: Springer, 2003
Hahn, Tobias: Gesellschaftliches Engagement von Unternehmen. Reziproke Stakeholder, ökonomische Anreize, strategische Gestaltungsoptionen. Wiesbaden: Deutscher Universitäts-Verlag, 2005
Halbes, Silja/Hansen, Ursula/Schrader, Ulf: Konsumentenorientierte Kommunikation über Corporate Social Responsibility (CSR). Ergebnisse einer schriftlichen Befragung von verbraucherpolitischen Akteuren und Unternehmen in Deutschland. Lehr- und Forschungsbericht 55. Hannover Universität Hannover/Lehrstuhl Marketing und Konsum, 2006
Hiss, Stefanie: Warum übernehmen Unternehmen gesellschaftliche Verantwortung? Ein soziologischer Erklärungsversuch. Frankfurt a. M./New York: Campus, 2006
Imbusch, Peter/Rucht, Dieter: Wirtschaftseliten und ihre gesellschaftliche Verantwortung. In: Aus Politik und Zeitgeschichte. (2007) 4/5, S. 3-10
Jacob, Frank/Schnurbein, Marie-Thérèse von: Kultursponsoring und gesellschaftliche Verantwortung von Unternehmen. Steigt durch Kultursponsoring die von Konsumenten wahrgenommene gesellschaftliche Verantwortung eines Unternehmens? In: Stiftung & Sponsoring. (2004) 6, S. 31-24
Janning, Heinz/Bartjes: Heinz: Ehrenamt und Wirtschaft. Internationale Beispiele bürgerschaftlichen Engagements der Wirtschaft. Stuttgart: Robert-Bosch-Stiftung, 1999
Kistler, Ernst/Noll, Heinz-Herbert/Priller, Eckhard (Hrsg.): Perspektiven gesellschaftlichen Zusammenhalts. Empirische Befunde, Praxiserfahrungen, Meßkonzepte. Berlin, Edition Sigma, 1999
Leibfried, Stephan/Zürn, Michael (Hrsg.): Transformation des Staates. Frankfurt: Suhrkamp, 2006
Leipold, Helmut: Die kulturelle Einbettung von Wirtschaftsordnungen: Bürgergesellschaft versus Sozialstaatsgesellschaft. In: Wentzel, B./Wentzel, D. (Hrsg.): Wirtschaftlicher Systemvergleich Deutschland – USA. Stuttgart: UTB, 2000, S. 1–52
Liebig, Reinhard: Wohlfahrtsverbände im Ökonomisierungsdilemma. Analysen zu Strukturveränderungen am Beispiel des Produktionsfaktors Arbeit im Licht der Korporatismus- und der Dritte Sektor-Theorie. Freiburg: Lambertus, 2005
Lunau, York/Wettstein, Florian: Die soziale Verantwortung der Wirtschaft. Was Bürger von Unternehmen erwarten. Bern: Haupt, 2004
Maaß, Frank: Corporate Citizenship. Das Unternehmen als „guter Bürger". Wiesbaden: Gabler, 2002
Maaß, Frank: Corporate Citizenship als partnerschaftliche Maßnahme von Unternehmen und Institutionen. Eine Untersuchung der Erscheinungsformen und Determinanten von Kooperationen im zivilgesellschaftlichen Bereich. In: Institut für Mittelstandsforschung Bonn (Hrsg.): Jahrbuch zur Mittelstandsforschung. Wiesbaden: Deutscher Universitäts-Verlag, 2005, S. 67–129
Mutz, Gerd/Korfmacher, Susanne: Sozialwissenschaftliche Dimensionen von Corporate Citizenship in Deutschland. In: Backhaus-Maul, H./Brühl, H. (Hrsg.): Bürgergesellschaft und

Wirtschaft - zur neuen Rolle von Unternehmen. Berlin: Deutsches Institut für Urbanistik, 2003, S. 45–62

Nährlich, Stefan/Strachwitz, Rupert Graf/Hinterhuber, Eva M./Müller, Karin: Bürgerstiftungen in Deutschland. Bilanz und Perspektiven. Wiesbaden: Verlag für Sozialwissenschaften, 2005

Nährlich, Stefan: Innerbetriebliche Reformen in Nonprofit-Organisationen. Das Deutsche Rote Kreuz im Modernisierungsprozeß. Wiesbaden: Gabler, 1998

Nolte, Paul: Riskante Moderne. Die Deutschen und der neue Kapitalismus. München: Beck, 2006

Paar, Simone: Die Kommunikation von Corporate Citizenship. Zugl. Dissertation Universität St. Gallen. Bamberg: Difu-Druck, 2005

Pinter, Anja: Corporate Volunteering in der Personalarbeit. Ein strategischer Ansatz zur Kombination von Unternehmensinteresse und Gemeinwohl? Lüneburg: Universität Lüneburg/Center for Sustainability Management, 2006

Polterauer, Judith: Corporate Citizenship - Systemfunktionalistische Perspektiven. In: Adloff, F./Birsl U./Schwertmann P. (Hrsg.): Wirtschaft und Zivilgesellschaft. Theoretische und empirische Perspektiven. Wiesbaden: Verlag für Sozialwissenschaften, 2005, S. 97–126

Polterauer, Judith: Gesellschaftsbilder von Unternehmen. Ein Systematisierungsvorschlag zum Verhältnis von Unternehmen und Gesellschaft. In: Blätter der Wohlfahrtspflege - Deutsche Zeitschrift für Sozialarbeit. 153 (2006) 4, S. 137–139

Priller, Eckhard/Zimmer, Annette (Hrsg.): Der Dritte Sektor international. Mehr Markt - weniger Staat? Berlin: Edition Sigma, 2001

Putnam, Robert D. (Hrsg.): Gesellschaft und Gemeinsinn. Gütersloh: Bertelsmann Stiftung, 2001

Rieth, Lothar: Deutsche Unternehmen, Soziale Verantwortung und der Global Compact: ein empirischer Ueberblick. In: Zeitschrift für Wirtschafts- und Unternehmensethik. 4 (2003) 3, S. 372–391

Schöffmann, Dieter (Hrsg.): Wenn alle gewinnen. Bürgerschaftliches Engagement von Unternehmen. Hamburg: edition Körber, 2002

Schorlemer, Sabine von: Multis in der Pflicht. Der Globale Pakt der UN auf dem Prüfstand. In: Internationale Politik. 58 (2003) 7, S. 45–52

Schrader, Ulf/Halbes, Silja/Hansen, Ursula: Konsumentenorientierte Kommunikation über Corporate Social Responsibility (CSR). Erkenntnisse aus Experteninterviews in Deutschland. Lehr- und Forschungsbericht 54. Hannover: Universität Hannover/Lehrstuhl Marketing und Konsum, 2005

Schuhen, Axel: Kontrollprobleme in Nonprofit-Organisationen und Lösungsansätze. In: Hopt, K./Hippel, T. von/Walz, R. (Hrsg.): Nonprofit-Organisationen in Recht, Wirtschaft und Gesellschaft. Tübingen: Mohr, 2005, S. 221-241

Seitz, Bernhard: Corporate Citizenship. Zwischen Idee und Geschäft. In: Wieland, J./Conradi, W. (Hrsg.): Corporate Citizenship. Gesellschaftliches Engagement – unternehmerischer Nutzen. Marburg: Metropolis, 2002, S. 23-195

Skocpol, Theda/Fiorina, Morris P. (eds.): Civic Engagement in American Democracy. Washington DC: Brookings/Russel Sage Foundation, 1999

Speth, Rudolf: Lobbyismus als Elitenintegration? Von Interessenvertretung zu Public Affairs-Strategien. In Münkler, H./Straßberger, G./Bohlender, M. (Hrsg.): Deutschlands Eliten im Wandel. Frankfurt a. M./New York: Campus, 2006, S. 221–235

Thor-McCarthy, Christine: Wahrnehmung der sozialen Verantwortung durch Unternehmen, von Investoren und der Öffentlichkeit am Beispiel der pharmazeutischen Industrie. Unveröffentlichte Dissertation an der Freien Universität Berlin. Berlin: Freie Universität, 2003

Ulrich, Peter: Republikanischer Liberalismus und Corporate Citizenship. Von der ökonomischen Gemeinwohlfiktion zur republikanisch-ethischen Selbstbindung wirtschaftlicher Akteure. In: Münkler, H./Bluhm, H. (Hrsg.): Gemeinwohl und Gemeinsinn. Zwischen Normativität und Faktizität. Berlin: Akademie-Verlag., 2002, S. 273–291

Walzer, Michael: Pluralism: A Polical Perspective. Harvard: Harvard University Press, 1980

Weiß, Ralf: Unternehmensführung in der Reflexiven Modernisierung. Global Corporate Citizenship, Gesellschaftsstrategie und Unternehmenskommunikation. Marburg: Metropolis-Verlag, 2002

Westebbe, Achim/Logan, David: Corporate Citizenship. Unternehmen im gesellschaftlichen Dialog. Wiesbaden: Gabler, 1995

Wieland, Josef: Corporate Citizenship-Management. Eine Zukunftsaufgabe für die Unternehmen? In: Wieland, J./Conradi, W. (Hrsg.): Corporate Citizenship. Gesellschaftliches Engagement - unternehmerischer Nutzen. Marburg: Metropolis, 2002, S. 9–22

Windolf, Paul: Die Zukunft des Rheinischen Kapitalismus. In: Allmendinger, J./Hinz, T. (Hrsg.): Organisationssoziologie. Sonderheft 42 der Kölner Zeitschrift für Soziologie und Sozialpsychologie, Wiesbaden: Westdeutscher Verlag, 2002, S. 414-442

Wissenschaftlicher Beirat beim Bundesministerium der Finanzen (Hrsg.): Die abgabenrechtliche Privilegierung gemeinnütziger Zwecke auf dem Prüfstand. Gutachten des Wissenschaftlichen Beirats beim Bundesministerium der Finanzen. Berlin: Eigenverlag, 2006

Zimmer, Annette/Nährlich, Stefan (Hrsg.): Engagierte Bürgerschaft. Traditionen und Perspektiven. Opladen: Leske und Budrich, 2000

Zimmer, Annette/Priller, Eckhard: Gemeinnützige Organisationen im gesellschaftlichen Wandel. Ergebnisse der Dritte-Sektor-Forschung. Wiesbaden, Verlag für Sozialwissenschaften, 2004

II. Sozial- und wirtschaftswissenschaftliche Debattenstränge

Jeremy Moon, Andy Crane and Dirk Matten

Citizenship als Bezugsrahmen für politische Macht und Verantwortung der Unternehmen[1]

Summary

This paper applies the metaphor of citizenship to business – society relations because the former brings concerns with *power* and *responsibility* two major themes in contemporary business – society relations. After exploring and explaining these themes, we investigate the application of the citizenship metaphor to corporations in three ways: corporations as citizens; corporations deploying government-like powers in relation to human citizens; and corporations as arenas for stakeholders to act in citizenship-like ways. We illustrate how citizenship *status, processes* and *entitlements* of corporations themselves, of human members of societies, and stakeholders of corporations are structured. We consider the usefulness of our approach for future research.

1 Business-society relations as an arena for citizenship[2]

This paper applies the metaphor of citizenship to business-society relations. We chose this metaphor because it raises important questions of power and responsibility which are in turn central to the developing agendas of business-society relations in the context of innovation.

Whilst many studies which apply the idea of citizenship to corporations to business – society relations adopt a single perspective, that of corporate citizenship or membership of society, we adopt a three dimensional perspective by analysing corporations: as if they were people-type citizens; as if they were governments in

---

[1] Dieser Aufsatz wurde zuerst mit dem Titel: "Corporate Power and Responsibility: a Citizenship Perspective" in Responsible Organization Review veröffentlicht. Der Abdruck erfolgt mit freundlicher Genehmigung von S. Kebabtchieff.
[2] This chapter draws on our *Corporations and Citizenship* 2005. It incorporates and develops our thinking in: Crane, Matten and Moon 2004; Matten and Crane 2005; Moon 1995; Moon, Crane and Matten 2004.

relation to people as citizens; and as if they create an arena for people to enact citizenship. Through these conceptualisations we examine the different ways in which corporations possess and structure citizenship status, entitlements and processes. We do so in the context of two important and seemingly contradictory contemporary developments in business-society relations: the nature and appropriateness of increasing business power and the new claims being made by firms about their being socially responsible.

We use the concepts of citizen and citizenship in their metaphorical sense.[3] As mentioned, we apply them to corporations in three ways: corporations as citizens who participate in political communities and authorise governments to rule therein; corporations ruling political communities through deploying government-like powers and responsibilities; and corporations creating opportunities or arenas for their stakeholders to act in citizenship-like ways. There will always be debate about citizenship's meaning, merits, and appropriateness. There are internal dynamics to this debate as new models of citizenship are developed against which practices are judged. As Marshall observed of the political concept of citizenship:

> Societies in which citizenship is a developing institution create an image of an ideal citizenship against which achievement can be measured and towards which aspiration can be measured (1950: 29)

For corporations, the nature of these debates reflects social and business contexts within firms, among firms, within countries and among countries. Recognizing that, like its related political concepts, the metaphor of citizenship for corporations is essentially contested (Gallie, 1956) does not, of course, obviate the need for closer investigation into its theoretical appropriateness.[4]

Corporations are generally regarded as the most prominent organisations of contemporary capitalism in part because of the employment, production, investment and wealth that they account for. They are now generally understood to be non-governmental profit-making business enterprises owned by shareholders who control the overall firm policy but managed by the agents of the owners. Their legal identity is distinct from that of their members and their internal governance regimes reflect government regulation and wider features of their national business systems. (Albert, 1991; Whitley, 1999) However, numerous big businesses are known as privately-owned in that the shares in the company are not traded

---

[3] See Moon, Crane and Matten 2004 for a discussion of the use of metaphors in the analysis of business.
[4] See Moon, Crane and Matten 2004 for a discussion of essentially contested concepts.

through stock exchanges. These remain a particularly important form of big business in parts of the world particularly Asia. Other big businesses are exclusively institutionally-owned (e.g. by banks, governments), a common form of business organisation in Rhenish capitalism of Germany, Austria and Switzerland, for example. The wider definition also brings in cooperative businesses, particularly prominent in Southern Europe. Colloquially, the word corporation is generally used to denote any form of big, private business devoted to profit-making. This is the definition that we will use as the key issues of power and responsibility link to the size, ownership and purpose of the firm, rather than to one particular feature, albeit a very important one, of ownership and control.

1.1 Business-society relations

In the last decade or so there have been some radical developments in the agenda of business-society relations. These reflect changes in the corporations themselves and changes in the social and political context of business. Consideration of these developments has not simply been in the forums of university seminars and academic journals, nor of the pages of the financial media, nor yet in the agitprop media of the critics of corporations. The social status and impact of corporations has also been the subject of films (e.g. *The Corporation, Roger and Me*), of documentaries (e.g. *The End of Politics, Supersize Me*) and 'airport literature' (e.g. *No Logo*).

These and other forms of media coverage have brought to mass attention a whole range of issues which reflect or address business activities. For example, the role of Shell in Nigeria and the extent of its responsibilities for the social, political and economic status of the Ogoni people has raised questions about the extent to which a corporate presence is an implicit endorsement of governmental actions and the extent to which corporations should bring pressure to bear on governments. Conversely, the role of oil companies in benefiting from the US invasion of Iraq and the subsequent political settlement has animated anxieties about such close involvements with government. Recent concerns about obesity in western countries have raised the question of the role and responsibility of fast-food businesses for the health and well-being of their consumers, echoing debates about tobacco companies', governments' and personal responsibilities for cigarette consumption and attendant health risks. The publication of the 2005 Nike Social Report in which its suppliers are named and their working pay and conditions independently audited and reported represented a new landmark in the extent to which a western-based retailer is prepared to take responsibility for its supply chain.

Bringing some of these themes together we can see two simultaneous and seemingly contradictory trends. On the one hand there is a critique of what is deemed excessive business *power* such that the rights of citizens and the powers of governments (assumed in this critique to be protective of citizens' interests) are weakened. On the other hand there are claims by businesses that they are taking more *responsibility* for society, or as acting as 'corporate citizens', and there are more clearly articulated expectations by citizens and governments that corporations should take greater responsibility for society.

The view that corporations are assuming excessive power is manifest in various ways. At the level of political practice, this is evident in the anti-globalisation movement. This is a very heterogeneous movement, in terms of philosophy, organisation and tactics, but united in a main target of corporate operations across a range of countries. Their central critique is not simply that corporations have power but that this is magnified by the 'global' nature of multi-national corporations, or MNCs. In some cases anti-globalisation reflects hostility to the cultural referents of particular brands, as in the attack on McDonald's outlets in France. In other cases it reflects a critique of the business practices of major corporations through, for example, the terms and conditions of employment in the third world subsidiaries or supply chains of western clothing and sports equipment companies, the concerns of various fair trade movements. As discussed earlier, a number of aspects of the innovation process in companies and their use of technology to address, or not address, global problems is a frequent topic of critics from this movement. In other cases it reflects a general critique of the political power that goes with global economic power and the way in which this compromises the position of governments, particularly in developing countries, in their deciding the terms of inward investment of such MNCs. Hence MNCs are accused of escaping tax law, of extracting excessive benefits from developing countries and of making improper payments to secure investment opportunities. These perspectives have also been witnessed in a new literature which is critical of the activities of particular corporations and corporate activity. (e.g. Hertz, 2000; Korten,1995; Monbiot, 2000)

Contemporaneously, corporations have been claiming that they are acting more responsibly. Even sceptics of the idea that businesses should compromise their core market activity have noted this trend. Martin Wolf, Chief Economics Commentator of the *Financial Times*, commented that there is a sense that corporate social responsibility is 'an idea whose time has come' (2002: 62) and Clive Crook, Deputy Editor of *The Economist* observed that 'over the past ten years or so, corporate social responsibility has blossomed as an idea, if not as a coherent practice' (2005: 3).

At the nominal level, corporations claim to be acting more responsibly through the adoption of such terms and self-descriptions as corporate citizenship, corporate social responsibly, business ethics and sustainable business. In many cases, corporations go beyond the mere adoption of sociable labels, they also seek to integrate their responsibility into their brands (e.g. BP claims to be a green energy company). Reflecting the fundamental openness to accept responsibility for the societal role of his company Jean-Pierre Garnier, CEO of the pharmaceutical multinational GlaxoSmithKline argued in a recent interview:

> I don't want to be the CEO of a company that caters only to rich countries. I'm not interested. (*Financial Times*, 22.VII.2005)

Whilst there may well be certain business advantages to the use of images of corporate responsibility in marketing and branding, this can also be a source of cynicism. Critics may well ask what lies behind the brand?

In many cases this can be substantiated by organisational manifestations of new forms of responsibility. Many companies have now developed organisational resources and processes to reflect their increased social commitments, be it defined as corporate citizenship, corporate responsibility or sustainability. Sometimes these are free standing and in other cases they are housed in larger functional units. Some companies are assigning board level responsibilities for these new social relations. Another manifestation of new social relations is that many companies are developing programmes and policies to substantiate their commitments and organisational innovations. These range from community involvement, through concern with responsibility in the products and processes, to attention to their labour relations. Community involvement to some extent reflects a traditional commitment to philanthropy on the part of companies, whether reflecting religious and ethical commitments or more functional concerns with labour force loyalty and productivity.

However, today corporations are viewing community involvement in much more systematic rather than discretionary fashion and doing so in a way that reflects a more self-conscious stakeholder approach. Concern with the products and processes reflects a decision to ensure that goods and services reflect various social expectations in their composition, in the ways in which they are produced, and in the social and environmental externalities thereby created. Sometimes this includes securing third party audits and verification. Thirdly, many companies are also investing greater resources in workplace conditions and even in the extra-work circumstances of their staff, reflecting new demands in the area of work-life balance and new attitudes to and expectations of employment.

In some cases these new areas of company activity have been complemented by self-regulation. An obvious means to this end is through the use of external or internal corporate codes to guide and benchmark responsible behaviour of corporations and their employees. Although these are often criticised for their lack of wider accountability, they do bring opportunities for corporations to develop policies which reflect and complement their own range of commercial activities. Moreover some companies are developing codes which provide for independent verification and certification, often in collaboration with stakeholder organisations.

Another manifestation of greater company concern with their social relations is their preparedness to join business associations whose purpose is to encourage and develop the social face of business. For example, in the UK over 700, mainly large, companies are members of Business in the Community (BITC). BITC provides a variety of services and awards in the area of socially responsible business through its national and regional offices, though it emphasises that membership itself should be a step to a more reflective and proactive style of engagement with society. There are similar association in the USA (e.g. Business and Society). Internationally there are other business associations to encourage more responsible business. CSR Europe, the International Business Leaders' Forum. Membership of the UN Global Compact entails commitment to ten principles covering human right, labour standards, the environment and corruption.

Another important development has been the growth of social reporting, be it within general company communications, in dedicated social responsibility reports, or within their annual reports. Some go so far as to legitimise their reports through external verification and stakeholder engagement (e.g. British American Tobacco, Nike). Various indicators of business responsibility have also been developed and adopted in tandem. Some of these reflect agreement among corporations about appropriate reporting norms (e.g. Global Reporting Initiative).

A new burgeoning of CSR consultants suggests that companies are prepared to pay for advice about their CSR (Fernandez Young, Moon and Young, 2003). There have also emerged new responsible business professional networks (e.g. CSR Chicks, Lifeworth, Association of Sustainability Professionals). A new business media on socially responsible business is also emerging. This includes dedicated media outlets (e.g. *Ethical Corporation*, *Ethical Performance*) as well as greater attention to these themes in the mainstream media, illustrated by the *Financial Times'* employment of a CSR correspondent and recent special supplements of corporate social responsibility in *The Economist* (22.I.2005), *The Independent* (23.III.2005) or the *Financial Times Deutschland* (7.XII.2005).

So, in conclusion, there is plenty of evidence that corporations are at least keen to be regarded as behaving more responsibly and there is also plenty of evidence of

Citizenship als Bezugsrahmen für politische Macht und Verantwortung der Unternehmen 51

resources being invested in organisational developments consistent with this. What explains these developments?

1.2 Recent shifts in business-society relations towards the political

Having sketched something of the changing nature of business – society relations we now turn to providing some explanation for the trends that we have identified. This section is divided into two parts, the first addressing the drivers of business power and the second addressing the movement for corporate social responsibility.

Corporations are acquiring an increasingly conspicuous and, in some respects, contentious profile. There are various reasons for this. Corporations have acquired a greater share of economic participation following widespread privatisations; they have created new consumer markets; their cross border activities appear to have increased; and they have assumed greater roles in the delivery of public goods.

First, corporations have acquired more commercial opportunities. In many parts of the world this results from the waves of privatisations in what were already capitalist economies witnessed over the last quarter century (e.g. in Australia, New Zealand, the UK, the USA). Elsewhere this has resulted from more abrupt shifts following the collapse of communist regimes. As a result corporations have become responsible for more facets of citizens' lives than they used to be. In many communities, what was once delivered, for better or for worse, by governmental organisations (e.g. telecommunications, energy, water, mass transport) is now delivered by private corporations. Although governments have tended to retain regulatory, fiscal and organisational capacities, the tides of privatisation have not only had the effect of increasing the corporate sector's share of gross national product and employment but also of yielding to corporations pivotal roles in policy areas previously regarded as fundamentally political (e.g. investment in and performance of transport and utility companies; access to and use of such natural resources as water, oil and gas).

Secondly, corporations appear more conspicuous because they have created new consumer markets. This is most obviously true where there have been recent increases in the range and availability of consumer goods (e.g. China). However, it also reflects longer-term shifts in western societies from 'the politics of production' to 'the politics of consumption'. The increasing commodification of life is evident in such domestic activities as home improvements, gardening and sports.

Thirdly, corporate cross-border activities have grown. Thus, corporations are often more conspicuous simply because they are large and foreign rather than small or medium and local. This is manifest in vast increases in national foreign direct investment and international intra-and inter-company trade. This is in turn predicated on trade liberalisation facilitated by political reforms, increased access to developing economies, technological change, economies of scale and scope, and cultural homogenisation. For corporations, globalisation thereby offers opportunities to increase growth, stabilise performance, exploit new investment opportunities and increase market power.

Fourthly, there is evidence of wider changes in patterns of societal governance such that governments have reduced some modes of exercising their authority. (see Moon 2002) In addition to the effect of the privatisation of governmental responsibilities in creating new market opportunities for business (see above), another corollary is that governments have actually encouraged corporations to contribute to wider governance activities. Similarly, many western companies operating in developing countries undertake such responsibilities in lieu of governmental provision be it in the provision of pensions, education, worker rights and opportunities and environmental responsibility. This expansion of corporate profile thus in part reflects regulatory failure and regulatory vacuums.

At the same time as these powerful drivers of increased business power have gathered pace other contemporary phenomena have encouraged corporations to behave more responsibly. We divide these drivers into market, social regulation and government regulation: they amount to trends towards a socialisation of markets.

A number of market drivers for more responsible business behaviour have emerged. There are new consumer demands for products and processes which reflect more socially responsible practices. Although some of the public opinion data on consumers' preparedness to punish irresponsible retailers may disguise the effect of price in their actual spending choices, certain new niche markets reflect new social values (e.g. as met by The Body Shop, Green Mountain, ethical trade systems) and of periodic occasions when consumers can be mobilised in consumer boycotts (e.g. boycotts of American sports wear companies' Bangladesh suppliers employing child labour).

There is also evidence of a greater impact of investors on the agenda of corporate social responsibility. This in part reflects the development of systems of socially responsible investment (SRI) and also the expansion of SRI agendas into wider investment criteria. Although, SRI funds still only account for a relatively small share of total investments (about 15% in the USA, 5% in the UK), these are growing and becoming more engaged with companies. Moreover, general investment funds have also taken an interest in SRI criteria, from risk and corporate governance perspectives.

Employees' expectations are also informing corporate social responsibility. This in part reflects new assumptions about their employers' responsibilities in the work-life balance. In addition, companies are regarding their social responsibilities as part and parcel of being a good employer, both in order to attract and retain employees. Some companies regard the composition of their workforce as linking their social responsibility with their market orientation.

Business customers are increasingly imposing supply chain assurance and auditing systems, particularly international branded businesses which are in turn responding to social regulation of western NGOs (see below). Moreover, competitors can also be a driver of greater business responsibility as they use their social involvement as a feature of their competitive branding.

Turning to social regulation, NGOs have emerged as prominent shapers of social agendas which articulate social expectations of business. NGOs such as Greenpeace, the World Wildlife Fund, Amnesty International, Oxfam have developed critiques of individual businesses and types of business practice rather than just of governments and capitalism in general. Whereas initially these NGOs tended to take an adversarial perspective on corporations, there are now instances of more cooperative relationships such as Amnesty International's collaboration with the International Business Leaders' Forum in developing a Human rights road map. The impact of NGOs on business responsibility agendas has been assisted by IT developments enabling ready communications between developing world and western NGOs and by the interest of the western media in bringing NGO concerns to wider public attention. Thus, issues such as the working conditions in developing country suppliers of western countries have become familiar with wide sections of western societies.

Governments themselves have also taken an interest in encouraging increased business responsibility. Although some of definitions of corporate social responsibility would appear to exclude activities that are required by law or regulation, many governments have sought to use various forms of soft regulation to encourage business to take greater responsibility for social agendas through mandating, partnering, facilitating and endorsing (Moon, 2004). The Australian Prime Minister's Business Leaders' Roundtable and the UK Minister for Corporate Social Responsibility illustrate governmental interest in endorsing greater corporate social responsibility. OECD governments have sought to facilitate multinational corporations to comply with the OECD Guidelines for Multinational Enterprises by acting as a national contact point to support companies seeking to conform to the standards set out in the Guidelines. The UK government's Ethical Trade Initiative and the CSR Academy illustrate the readiness of government departments to bring their fiscal and organisational resources to partnerships with business and non-governmental organisations in order to advance social agendas in business.

1.3 Corporate Power and Responsibility

Some of the key issues that arise concerning corporations and citizenship derive from both their relationship to other sources of power and from the significance of their power relative to that of others in society. As in other institutions such as governments, churches and trade unions, the power of corporations is itself a resource for irresponsibility, corruption and deception and thus there has been an interest in finding appropriate balances between enabling corporations to fulfil their claimed purposes of meeting demands, employing people and returning profits to owners with restraining them from exploiting the powers that go with these purposes inappropriately. This has been an abiding theme in debates about corporations and society from Charles Dickens' stories of early nineteenth century British capitalism through to more recent debates about the allocation of responsibilities for the Enron and Parmalat collapses and measures to prevent repetitions.

Hence, we take the view that consideration of corporations and citizenship should be contextualised by the themes of power and responsibility. After all, the whole significance of the broader concept of citizenship: it is about identifying, allocating, delineating, restraining, relating and operationalising power and responsibility. Thus political debates have raged about who is or who should be a citizen because of the opportunities that political power affords and the responsibilities that citizens either expect to be shown to them or which are expected of them. Corporations, like people, both have power and are subject to power. They are both attributed responsibility and they claim responsibility. Clearly, power and responsibility are closely related. The possession of power is often a pre-requisite to the ability to take responsibility, yet its possession is also regarded as a reason for which its custodians, users and beneficiaries are expected to exercise responsibly.

Most debates about corporations and power revolve around evaluations of corporations' own power and estimations of appropriate constraints upon them that can be affected by the application of governmental including judicial power (i.e. regulation) or mutual power (i.e. self-regulation). These impositions of power on corporations are often designed to protect investors, employees and societies from the abuse of corporate power. But they also extend to meeting collective business (and arguably societal) interests of enabling fair and free competition among corporations. Debates about corporations and responsibility also revolve around the relative responsibilities that corporations owe to their owners and to their other stakeholders such as their investors, employees and customers, and wider societal interests. This introduces powers afforded by systems of corporate governance. Debates persist here, particularly over who should have power over the corporation and to whom are its executives responsible. This is most vividly illustrated in the somewhat caricatured attribution to Milton Friedman that the responsibilities of managers are solely to the company owners[5] which is pitted against the various applications of stakeholder theory to corporations' responsibilities.

The concept of citizenship enables examination of the ways in which corporations deploy or temper their power to exercise responsibility, to who and why. This can be applied in three ways, first in the ways in which corporations can be considered as citizens. Secondly, certain new roles of corporations are akin to those of governments and therefore raise the question of citizenship rights of people who are affected by corporate activities. Thirdly, and relatedly, following the logic of stakeholder power and arguments about corporate responsibilities to their stakeholders, corporations create arenas for stakeholders to act as citizens, both in respect to the corporations themselves but also in wider societal governance.

It could be argued that our threefold distinctions are rather artificial. We would concede that, from an Aristotelian perspective these distinctions might seem otiose: the three perspectives could be regarded as mutually reinforcing facets of citizenship. However, for the purposes of evaluating corporations this approach brings the advantages of general conceptual clarity in a field where this is sometimes lacking, and of underlining the political significance of our dimensions of corporate citizenship. By distinguishing the different power relations and responsibility roles that corporations adopt, we are better able to identify the dynamic qualities of corporations in context. As a result, our findings can be addressed to wider questions of institutional review in global governance. Of course, the three general conceptualisations of corporations and citizenship that we adumbrate are differentially experienced according to the respective societal and corporate governance systems that different political communities have developed.

2 Applying Citizenship to Corporations

We argue that the concept of citizenship is appropriate for consideration of the power and responsibility of corporations for several particular reasons. First, the

---

[5] He specified that this should be within customary ethics and the law, and also acknowledged the mutual benefits of corporate community investment even though he thought that this should be better described as corporate self-interest rather than responsibility (Friedman 1970)

very fact that corporations use the term corporate citizenship as one of several synonyms for their greater social responsibility warrants taking seriously. This enables us to evaluate corporations in part on their own terms. Secondly, citizenship is a concept which is expressly concerned with social relations of power and responsibility which, as we have suggested, enframe many of the current debates about contemporary business-society relations. More specifically, citizenship is an organising principle for aligning powers and responsibilities *among* members of political communities (i.e. on a horizontal dimension), and *between* them and other institutions wielding power and responsibility (i.e. on a vertical dimension).

Thirdly, the concept of citizenship is at the heart of wider debates about societal governance of which corporations form a key part. Thus, critiques of corporate power are often underpinned by a view that citizenship autonomy and choice are being structured by corporate agendas. Alternatively, there is the view that these citizenship pre-requisites are being undermined as the key institutional representatives of citizens, democratic governments, are being superseded by corporate power. Yet more broadly, there is concern that the contemporary forces of globalisation and the undermining of national governments are also inimical to effective citizenship. Although this latter point does not necessarily directly relate to corporations, by virtue of their role as agents of globalisation (e.g. through foreign direct investment, global supply chains) they are implicated in broader political debates about citizenship. Paradoxically, this point parallels other broader citizenship themes as globalisation raises questions of changing and even multiple citizenship through new patterns of migration and political identity. Perversely, perhaps, the view that governments are becoming increasingly ineffective, be it because either of globalisation or corporations, is also associated with the view that citizenship is endangered by the evidence of voter apathy in many developed political systems (though not, it seems in places where democracy is relatively new such as South Africa, Ukraine, Iraq).

We adopt T.H. Marshall's definition of citizenship as comprising three types of rights: civil, political and social (1965). However, we adapt his classification from simply being rights based and follow the Aristotelian assumption about duties of citizenship, to each other and to the polity as a whole. Civil rights consist of those rights that provide freedom from abuses and interference by third parties (most notably governments), among the most important of which are the rights to own property, exercise freedom of speech, and engage in "free" markets. We refer to these rights and corresponding duties as citizenship *status*. In contrast to these more passive rights (which government respects or actively facilitates) the second category of political rights moves beyond the mere protection of the individual's private sphere and towards his or her active participation in society. This includes the right to vote or the right to hold office and, generally speaking, entitles the individual to take part in the process of collective will formation in the public sphere. We refer to these rights and duties as citizenship *processes*. Thirdly, Marshall's social rights consist of those rights that provide the individual with the freedom to participate in society, such as the right to education, healthcare, or welfare. We refer to these rights and duties as citizenship *entitlements*. In the next section, which fleshes out our three dimensions of citizenship, we will outline different configurations of status, processes and entitlements of citizenship.

3 Three Conceptions of Corporations and Citizenship

As the changing roles of corporations in business-society relations are complex and multi-faceted, rather than cram all of these relationships into a single conception of citizenship, we present three different ways in which the concept of citizenship illumines the powers and responsibilities inherent in business-society relations. In each of these conceptions, we distinguish different roles and relations for *corporations*, for *governments* and for *citizens*, by which we also refer to what others describe as the third sector, or societal NGOs.

3.1 Corporations as citizens (see Figure 1)

The first conception focuses on corporations as citizens that are ruled but also participate in the functioning of the overall political community. Thus, there are ways in which corporations, like other citizens in democracies are members of communities and engage with other members to enhance the social fabric. In addition, like other citizens, corporations periodically bring their interests and values to the formal governmental processes of law making, implementation and adjudication within their political community. In this conception corporations are on a similar horizontal relationship with other corporate citizens and human citizens. Like human citizens, corporate citizens are also a vertical relationship of power with government in which the citizens 'author' the authority of government, most obviously through elections, and thus governments are responsible to these citizens. However, within the parameters of their legitimate authority, governments are also empowered to govern all citizens. Corporations can be considered as if they were citizens in as much as they work 'with' and participate 'in' society and in bringing their concerns to government and reacting to government legislation and executive action. The focus here, then, is on how corporations share status and process elements of citizenship (for details see Moon, Crane and Matten 2005).

Fig. 1:   Corporations as citizens

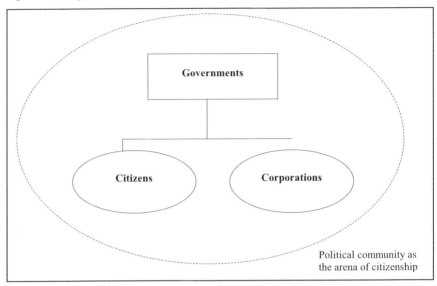

Arguments about corporations being like citizens can have a number of sources, though these are not necessarily mutually consistent. Since medieval times, European business people engaged in citizenship-like ways through their membership of and participation in their guilds, the forerunners of business associations, which provided systems of governance within individual trades and forms of mutual support. In early phases of representative politics, business ownership enabled people to meet a property franchise. Secondly, corporations could be considered as part of society in that their members, be they owners, managers or employees are human members of societies. Relatedly, traditions of industrial paternalism or industrial philanthropy speak of the social face of business. Theories of business legitimacy are often premised on the need for corporations to win the approval of society for their individual and collective existence and success. Some theories identified social objectives with normal business activity:

> Building a better community; improved education; better understanding of the free enterprise system; an effective attack on heart ailments, emphysema, alcoholism, hard chancre or other crippling disease; participation in the political party of choice; and re-

newed emphasis on regular religious observances are examples of such further goals. (Galbraith 1974: 184)

The idea that corporations could be considered as if they were citizens can also draw on the slightly different sort of argument, that corporations have a distinct functional identity: they are praised or blamed, they make deals, enter into contracts and develop internal decision-making system and structures independent of the people within the company. A further variant is the significance of corporations' distinct legal identity. In essence, incorporation presumes that the businesses is recognised as being capable of acting il/legally and as having duties and rights of legal protection and compensation. Businesses can enter into legal agreements, own property, employ workers, sue and be sued. As a result a company can be treated in the eyes of the law as if it is an 'artificial person'. More generally, the application of the citizen metaphor to corporations can draw on the argument that 'every large corporation should be thought of as a *social enterprise*; that is, as an entity whose existence and decisions can be justified only insofar as they serve public or social purposes'. (Dahl, 1972: 17)

Although there are clearly limits to the application of the citizenship metaphor to corporations particularly regarding their *status* (e.g. they do not vote or sit on juries), nonetheless they participate in various *processes* of citizenship. First, corporations engage in various forms of lobbying, be it of governments or of business associations or of the media. This is akin to pressure group activity, justified in liberal democratic politics as an extension of participation through voting. Secondly, corporations participate within community processes of decision-making and mobilization. This might include membership of 'social' partnerships with non-profit and governmental organizations. These might be concerned with such matters as local economic development, education or environmental concerns. Thirdly, corporations can align their activities with broader social agendas as captured in the terms sustainability and 'triple bottom line' thinking, with its commitments to social justice, environmental responsibility, and economic development (Elkington, 1999). Corporations may even open their own processes to social engagement as in systems of stakeholder reporting and in deliberation over the targets of corporations social investments. Moreover, corporations can enjoy *entitlements* which are akin to those of citizens such as protection under the law and eligibility for subsidies under various public policy regimes (e.g. for training programmes).

3.2 Corporations as governments (see Figure 2)

Here we refer to the ways in which corporations are acting as if they were governments and are responsible for the delivery of public goods and for the allocation, definition and administration of rights. This could either be in substitution for government, in the absence of government, or in areas beyond the reach of governments, specifically internationally. Such developments raise important questions for the governing of citizenship even though the cases of corporations replacing citizens entirely are rare (e.g. 'company towns', corporations' health and education systems in developing countries). In such a conception the corporation shares a horizontal dimension with government and is vertically aligned with human citizens within a political community. The focus here, then, is how corporations inform the status, processes and entitlements of people as citizens (for details see Matten and Crane 2005).

Fig. 2: Corporations as governments

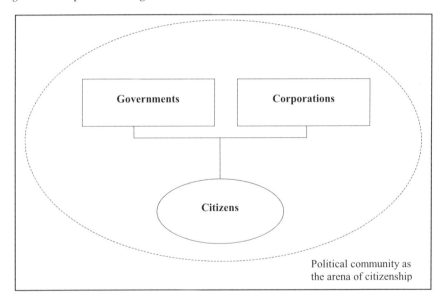

First, corporations might become involved in governing citizenship where *government ceases to do so*. This situation mostly occurs as a result of institutional failure and new political ideology in liberal democracies, and in the shift from communist to capitalist systems in transitional economies. This may happen either when corporations have opportunities to step in where once only governments acted or where corporations are already active but their role becomes more pronounced if governments retreat.

Thus corporations can become more responsible for citizen *entitlements* of former public services. We see corporations increasingly active in the takeover of former public services, such as public transport, postal services, healthcare or education. In fact, many so-called 'corporate citizenship' initiatives are fundamentally equivalent to corporate philanthropy and targeted at reinvigorating (or replacing) the welfare state, such as improving deprived schools and neighbourhoods, sponsoring university education or the arts, or setting up foundations for health research.

Although the *status* of citizens is generally the preserve of governments in developed countries, corporations become directly involved in the ways citizens can claim status by their participation in labour and product markets and in downsizing industries where governments may have taken responsibility. Similarly, civil rights of prisoners are increasingly a corporate responsibility as correctional and security services are privatized. Governmental failures in developing or transforming countries shift the focus to corporations as Shell found in Nigeria when it was implicated in the failure of the state to maintain the protection of the civil rights of the Ogoni people. It is now suggested that corporations should 'step in' when the status of citizens is threatened in such circumstances.

In terms of *citizenship processes*, corporate roles appear more indirect in that they can help facilitate, enable, or block certain political processes in society, rather than directly taking over formerly governmental prerogatives. Thus many political issues are now directed at corporations rather than at governments (e.g. anti-corporate protests, consumer boycotts). Hence, rather than replacing governments, corporations here could be said to have provided an additional conduit through which citizens could engage in the process of participation.

Second, corporations become active in the citizenship arena where government has not as yet assumed the task of governing. Historically, this was the situation that gave rise to paternalistic employee welfare programmes by wealthy industrialists in the nineteenth century. More recently, exposure to this situation for multinationals is particularly a result of globalization, where lack of local governance in developing countries presents corporations with a choice as to whether to step in as 'surrogate' governments. Corporations such as Nike, Levi Strauss and others which have ensured employees a living wage, and finance the schooling of child laborers have entered into relationships concerning *entitlements* with citizens of developing countries. This possibility may be extended by TRIPPS agreement in which large pharmaceutical companies undertake obligations to provide free or discounted drugs where governments are unable to provide them.

In the case of *citizenship status*, there is evidence that corporations can encourage or discourage oppressive regimes extending citizenship status as under the apartheid period of South Africa and more recently in Burma, Chad, Uganda and Sudan. More widely a new range of civil rights and other status issues are emerging, in particular, issues of privacy and protections of basic freedoms, surrounding new IT and biotechnology industries. These responsibilities often emerge because governments have not worked out their preferred regulatory regime but nevertheless, can have massive implications on life choices of citizens. Similarly, in *processes* of citizen participation, corporations can act as a default option in the absence of government responsibility as in Burma where citizens dispossessed of rights to vote might turn to lobby corporations.

Third, corporations become involved where the governing of citizenship is beyond the reach of the nation state. These situations are a result of the globalization of business activities, an increasing liberalization and deregulation of global economic processes, and escalations in trans-border activity by corporations in which citizen status, entitlements and processes are associated with supranational or *deterritorialized* entities such as global markets or the ozone layer.

Corporations can impact on *entitlements* through their leverage for "favorable" conditions for foreign direct investment which can translate into low social standards, depressed wages, and limited regulation of working conditions. Accordingly, it can become incumbent upon the actions of MNCs to protect (or not protect) social rights, such as through the introduction of global codes of conduct. Due to the globalization of certain financial markets nation states have only limited ability to protect certain aspects of *citizenship status*, particularly property rights over pensions and insurance.

Current changes in global governance have given impetus to corporations' role in governing *processes of citizenship* particularly with self-regulation through programs such as the Chemical Industry's Responsible Care or the Apparel Industry Partnership. Also corporations are playing an increasingly prominent role in such global regulatory bodies as the WTO, GATT or the OECD that have significant impacts on the way governments all over the world govern their relations with their citizens.

Citizenship als Bezugsrahmen für politische Macht und Verantwortung der Unternehmen   63

3.3 Stakeholders as Citizens (see Figure 3)

Our third conception of citizenship introduces a rather different perspective upon corporations as it envisages circumstances whereby corporate activity itself can shape opportunities for corporations' stakeholders to act as if they were citizens in relation to the corporation. In this conception, corporations are aligned in vertical relations with a variety of stakeholders in the context not of governing the political community (as in our first and second conceptions) but of the corporation (or, of corporate governance). The focus here, then, is on how corporations constitute an arena in which people can engage in citizenship processes, which may include engagement concerning the definitions of their status and entitlements (for details see Crane, Matten and Moon 2004).

Fig. 3:   Stakeholders as citizens

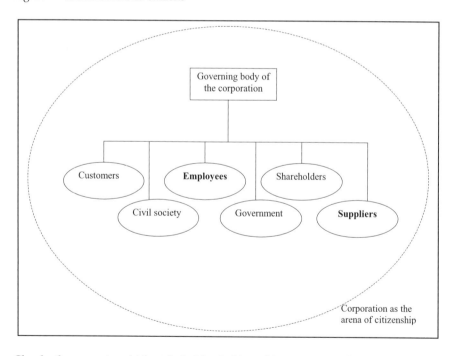

Clearly the ways in which stakeholders' citizenship status, entitlements and processes elate to corporations varies enormously among individual stakeholder types such as investors (or owners), employees, customers and societal groups, and among national business systems, but generally the issue of rights has been central to stakeholder relations both in the normative (Donaldson & Preston, 1995) and strategic variants (Freeman, 1984).

Although the ownership relationship of investors to corporations is at one level a simple economic one, it does also raise issues of power and accountability which are not unlike certain citizenship issues. This political dimension is most evident in the notion of *shareholder democracy*, which presumes that a shareholder is entitled to have a say in corporate *processes* rather than simply accepting blindly managers' decisions (e.g. over executive pay, board membership). Social responsible investment funds now increasingly engage in extended dialogue with corporate leaders over issues such as human rights, diversity and labour standards

Employees are the stakeholders that are most frequently conceptualised in citizenship terms (Organ, 1988) even though the usage has tended to emphasise solidarity rather than rights and duties. Even the *Harvard Business Review* countenanced the idea of 'building a company of citizens' through the Athenian model of citizenship as a new democratic model of management (Manville & Ober, 2003). However, employees also enact processes of participation through engagement with financial (through shareholding) and operational engagement, ranging from the most explicit in cases of negotiations about down-sizing to the, usually, more humdrum in the implementation of regulation and self-regulation. These *processes* clearly vary among national business systems but, again depending on those systems, these can also go to the heart of employee *status* and *entitlements*. In some cases we have seen evidence that corporations encourage some aspects of employee citizenship (e.g. solidarity with the firm) but at the same time discourage other aspects (e.g. *status* of unions).

The idea of consumer sovereignty, central to justifications for markets, literally embraces the language of citizenship, reflecting freedom and authority. Although this is conventionally associated with the quality, price, and availability of product offerings, 'ethical' or 'political' values of consumers have also featured not only in purchasing decisions but also in the mobilisation of these values through NGOs which engage in more direct citizenship *processes* with corporations. In the cases of some aspirational goods, consumers can also acquire some citizenship-like status of certain branded corporations through their solidarity with the product / brand (e.g. Harley-Davidson). Clearly, the relationships between 'consumer' and 'citizen' role are difficult to disentangle, especially when citizens are increasingly being encouraged by governments to behave like consumers!

The combination of corporate global power and expectations of responsibility have brought the supply chain into new sharp relief as part of the arena of corporate governance. The power to purchase brings responsibilities to suppliers especially where purchasers are moving away from short-term, adversarial relationships. This can afford some suppliers, most obviously in the Japanese model, greater 'insider' status and with it the informal, partial, and voluntaristic nature of partnerships which may enable protection of *status* even though this might inhibit wider *processes* of supplier 'democracy'.

Finally, civil society organisations have often been corporations' greatest critics in purporting to represent the interests of sections of society, society in the round and even the environment. Thus they may sometimes resemble human citizens at their most disgruntled. More broadly, they have been welcomed as an adjunct to formal modes of political citizenship because they offer avenues for self-development, active involvement in the community, as well as a form of collective representation to, or resistance to, government and other powerful actors through associations. On the other hand, they are the least formally engaged of the stakeholders we have considered, which inhibits the clarification of their *status*, *process* and *entitlement* relations with corporations.

4 Conclusions: Citizenship and corporate responsibility for innovation

Through consideration of the different citizenship relations of corporations we have attempted to signal how a host of powers and responsibilities which corporations have acquired or are attributed contribute to a full understanding of the social and political underpinnings of their market operations. Rather than see corporate social responsibility, corporate power and corporate stakeholders as entirely distinct topics, as they are often treated in the literature, we have seen them as reflecting different aspects of these power and responsibility relations. Moreover, all three perspectives have illustrated how roles of corporations do not reflect only their economic operations but also their social and political context. Changes in systems of societal governance and in social demands and expectations have clearly informed the development of corporate roles, for better or for worse. These roles can bring different citizen status, process and entitlements for corporations, citizens, and business stakeholders.

Our contribution is thus far mainly conceptual and suggestive of a research agenda which would, first, encourage greater focus on the political aspects of business – society relations alongside the economic. Secondly, it would encourage analysis which considers both power and responsibilities which attend any particular business – society relationship. Thirdly, our distinction of the ways in which business – society relations structure and reflect different citizenship status, processes and entitlements offers a ready framework for research. Fourthly, our approach brings with it normative considerations, particularly concerning the appropriate balances of powers and responsibilities for corporations and other economic, social and political actors.

Bibliography

Albert, Michel: Capitalisme contre capitalisme. Paris: LeSeuil, 1991

Attaran, Amir: How do patents and economic policies affect access to essential medicines in developing countries? Health Affairs, 23(3), 2004, S. 155-166.

Barton, John H.: TRIPS and the global pharmaceutical market. Health Affairs, 23(3), 2004, S. 146-154.

BBC: Safety urged for child web users. www.bbc.co.uk/news, 2005a, 18 April 2005.

BBC: Yahoo 'helped jail China writer'. www.bbc.co.uk/news, 2005b, 9 July 2005.

Bendell, Jem: "Civil regulation: A new form of democratic governance for the global economy?" in Terms for endearment: Business, NGOs and sustainable development, Jem Bendell, Ed. Sheffield: Greenleaf, 2000

Bondy, Krista/Matten, Dirk/Moon, Jeremy: Codes of conduct as a tool for sustainable governance in multinational corporations. In Benn, S./Dunphy, D. (Eds.): Corporate governance and sustainability - Challenges for theory and practice: forthcoming. London: Routledge, 2006

Crane, Andy/Matten, Dirk/Moon, Jeremy: 'Stakeholders as citizens? Rethinking rights, participation, and democracy' Journal of Business Ethics 53(1), 2004, S. 107 – 122

Crane, Andy/Matten, Dirk/Moon, Jeremy (forthcoming): Corporations and Citizenship. Cambridge: Cambridge University Press

Crane, Andy/Matten, Dirk: Business ethics - A European perspective. Managing corporate citizenship and sustainability in the age of globalization. Oxford: Oxford University Press, 2004

Crook, Clive: 'The good company'. The Economist 22.1.2005, S. 9

Dahl, Robert: 'A Prelude to Corporate Reform'. Business and Society Review, 1972

di Norcia, Vincent: Ethics, technology development, and innovation. Business Ethics Quarterly, 4(3), 1994, S. 235-252.

Donaldson, Thomas/Preston, Lee E.: "The stakeholder theory of the corporation: concepts, evidence, and implications". Academy of Management Review, 20 (1), 1995, S. 65-91.

Elkington, John: Cannibals with Forks : Triple Bottom Line of 21st Century Business London: Capstone Publishing, 1999

Freeman, R. Edward: Strategic management. A stakeholder approach. Boston: Pitman, 1984

Friedman, Milton: 'The Social Responsibility of Business is to make Profits' New York Times Magazine (September 13), 1970

Galbraith, John Kenneth: The new industrial state. 2nd ed.. Harmondsworth: Penguin, 1974

Gallie, Walter: 'Essentially Contested Concepts' Proceedings of the Aristotelian Society 56(2), 1956, S. 187 – 198

Harris, John: Biotechnology, friend or foe? Ethics and controls. In Dyson, A./Harris, J. (Eds.): Ethics and biotechnology. London: Routledge, 1994, S. 216-229

Häyry, Matti: Categorical objections to genetic engineering - A critique. In Dyson, A./Harris, J. (Eds.): Ethics and biotechnology. London: Routledge, 1994, S. 202-271

Hertz, Noreena: The Silent Takeover. London: Heinemann, 2001

Korten, David C.: When corporations rule the world. 2nd ed. Bloomfield, CT, 2001

Langford, Duncan (Eds): Internet ethics. New York: St. Martin's Press, 2000

LSE/Wellcome Trust: The new landscape of neglected disease drug development (A report from the Pharmaceutical R&D Policy Project). London: London School of Economics/Health and Social Care, 2005

Manville, Brook/Ober, Josiah: "Beyond empowerment: building a company of citizens". Harvard Business Review (January), 2003, S. 48-53.

Marshall, Thomas H.: Class, Citizenship and Social Development. New York: Anchor Books, 1965

Matten, Dirk/Crane, Andy: 'Corporate Citizenship: Toward an Extended Theoretical Conceptualisation' Academy of Management Review 30(1), 2005, S. 166 – 179

Monbiot, George: Captive State: The Corporate Takeover of Britain. London: Pan, 2000

Moon, Jeremy: 'The Firm as Citizen: Corporate Responsibility in Australia' Australian Journal of Political Science 30(1), 1995, S. 1-17.

Moon, Jeremy: 'Business Social Responsibility and New Governance' Government and Opposition 37(3), 2002, S. 385-408

Moon, Jeremy: 'Government as a Driver of CSR' ICCSR Working Papers No. 20 Nottingham: Nottingham University Business School, 2004

Moon, Jeremy/Crane, Andy and Matten, Dirk: 'Corporations and Citizenship' Business Ethics Quarterly 15(3), 2004, S. 429-453

Organ, Dennis W.: Organizational citizenship behavior: the good soldier syndrome. Lexington, Mass.: Lexington Books, 1988

Renn, Ortwin/Webler, Thomas/Wiedemann, Peter M. (Eds.): Fairness and competence in citizen participation. Dordrecht: Kluwer, 1995

Taunton-Rigby, Alison: Bioethics: the new frontier. Business and Society Review, 106(2), 2001, S. 127-142.

Whitley, Richard: Divergent capitalisms. The social structuring and change of business systems. Oxford: Oxford University Press, 1999

Wolf, Martin: 'Response to "Confronting the Critics"' New Academy Review 1(1), 2002, S. 62-65

Zadek, Simon: The civil corporation: the new economy of corporate citizenship. London: Earthscan, 2001

Thomas Beschorner

Corporate Social Responsibility und Corporate Citizenship: Theoretische Perspektiven für eine aktive Rolle von Unternehmen[1]

1 Einleitung

Der Begriff „Corporate Social Responsibility" (CSR) hat in den letzten Jahren große Aufmerksamkeit im Bereich des Managements und der Managementtheorie erregt. Mit ihm verbindet sich die Vorstellung, dass Unternehmen *mehr* sein sollen als ökonomische Akteure, die Gewinne erzielen, Arbeitsplätze schaffen und Konsumenten und Konsumentinnen mit preiswerten Gütern und Dienstleistungen versorgen. Die gesellschaftliche Aufgabe von Unternehmen reduziert sich mithin nicht nur auf Friedmans Maxime „the social responsibility of business is to increase its profits" (Friedman 1970). Doch was zeichnet dieses "Mehr" aus?

Ein anderer, dem der sozialen Verantwortung affiner, Begriff drückt dieses „Mehr" noch einmal präziser aus: Corporate Citizenship (CC). Es geht um ein bürgerliches Engagement von Unternehmen in der modernen Gesellschaft, indem an zentraler Stelle die *Berücksichtigung allgemeiner Interessen,* und nicht mehr nur das Partikularinteresse der Gewinnerzielung durch Unternehmen, als Grundlage eines friedlichen Miteinanders hervorgehoben wird. CC knüpft also explizit an eine bürgerliche Tradition der liberalen Bürgerpflichten und der republikanischen Bürgerrechte, an. CSR, so will ich es hier verstehen, ist dabei ein wichtiger – vielleicht der zentrale – Modus, weil der Begriff der Verantwortung ein (über Kant und andere frühe Aufklärer hinausgehendes) dialogisches Moment betont. Dieser Dialog (nach fairen Regeln) betrifft aus normativer Sicht dabei die Notwendigkeit eines Hinterfragens, Redens, Deliberierens über alle Belange der Rolle von Unternehmen in der Gesellschaft, also einer „Teilhabe der Unternehmung an gesellschaftlicher Gover-

---

[1] Zuerst erschienen in Hoffmann, Esther et al. (Hrsg.): Gesellschaftliches Lernen und Nachhaltigkeit. Marburg: Metropolis-Verlag, 2007. Mit freundlicher Genehmigung von Verlag und Autor(en).

nance. Solche Vorstellungen sprengen natürlich den alten ökonomischen Denkrahmen, bei dem Produktionseffizienz dominierte und schon Kommunikationsintelligenz von peripherer Bedeutung war. Es geht auch nicht primär um gesellschaftliches Engagement von Unternehmen via Sponsoring" (Pfriem 2004: 190), in den Worten Peter Ulrichs (1997: Kap. 10) um eine „karitative Unternehmensethik", sondern auch um die Erweiterung ethischer Fragen auf das Kerngeschäft der Unternehmen (insbesondere Produkte, Produktionsprozesse, Marketing) (dazu auch: Zadek 2001; McIntosh et al. 2003; Schrader 2003: bes. 60 ff.; Zadek 2004; Beschorner 2005; Matten/Crane 2005).

Soziale Verantwortung von Unternehmen ist jedoch keine Erfindung von Wissenschaftler/innen. Sie fußt auf konkreten Problemen unternehmerischer Praxen und „verdankt sich vor allem dem steigenden moralischen Legitimationsdruck, dem sich Unternehmen in der Praxis weltweit ausgesetzt sehen" (Steinmann/Löhr 2002: 513). Spektakuläre Unternehmensskandale trugen und tragen dazu bei, dass die Gesellschaft für die verschiedensten Formen unmoralischen Verhaltens, seien es Korruptionsfälle, die Produktionsbedingungen in Entwicklungsländern, Kinderarbeit, die Verletzung von Menschenrechten, Finanzskandale, moralischer Zynismus in der Werbung oder gravierende ökologische Folgen, die aus unternehmerischen Aktivitäten resultieren, um nur einige Beispiele zu nennen, sensibilisiert ist (Steinmann/Löhr 2002: 513). Diese zunehmende Sensibilisierung der Öffentlichkeit ist im Besonderen drei zusammenhängenden Umständen geschuldet: 1. Dem *abnehmenden Einfluss des Nationalstaates* und der daraus resultierenden 2. *Zuschreibung von Verantwortung von Unternehmen* durch eine kritische Öffentlichkeit sowie 3. einer zunehmend *professionalisierten Zivilgesellschaft,* die insbesondere durch Nichtregierungsorganisationen repräsentiert wird (Wieland 1999: 16; Steinmann/Scherer 2000: 93; Beschorner 2002; 2004a; Sales/Beschorner 2005).

Aus dieser knappen Skizze ergibt sich in einem ersten Schritt die Frage: Wie lassen sich unternehmensethische Problemkomplexe in sinnvoller Weise strukturieren? Es wird zur Beantwortung dieser Frage vorgeschlagen werden, Unternehmensethik als wichtiges Bindeglied zwischen einer Mitarbeiterethik einerseits und einer Ordnungsethik andererseits zu betrachten (Abschnitt 2) und ihr dabei eine zweifache, aber zusammenhängende Aufgabe zu geben: Erstens, die Untersuchung der „Ethik der Organisation", die im besonderen Maße ihr Augenmerk auf institutionelle Mechanismen innerhalb des Unternehmens richtet (Abschnitt 3). Zweitens, die Untersuchung der „Ethik des organisationalen Feldes", die das Spektrum einer verantwortungsvollen Unternehmensführung auf Fragen einer gesellschaftlichen und ordnungspolitischen Mitverantwortung erweitert (Abschnitt 4).

2 Mitarbeiterethik, Unternehmensethik und Ordnungsethik

Wir können Unternehmensethik auf einer mittleren analytischen Ebene, zwischen personaler Mitarbeiterethik (Führungsethik, value-based leaderships etc.) einerseits und einer systemisch-angelegten Ordnungsethik andererseits verorten. Es handelt sich dabei um eine methodische Trennung. Realiter besteht ein enger Zusammenhang zwischen allen drei Ebenen, und nur in ihrem Zusammenwirken sind überhaupt erst praktische Lösungen denkbar (Steinmann 2004a: 105).

Der Zusammenhang zwischen Manager- und Unternehmensethik ist unmittelbar einleuchtend: Managementpraktiken finden nicht im Vakuum statt. Sie sind in organisationale Strukturen eingebettet, wie auch Managementpraktiken selbst zu einer Strukturbildung in Unternehmen beitragen. Auch noch so moralische Mitarbeiter/innen können nur in mäßiger Weise moralisch handeln, wenn die gegebenen Organisationsstrukturen dies nicht ermöglichen, wie umgekehrt „moralische Anreizsysteme" in einem Unternehmen voller Opportunisten zu kurz greifen müssen.

Das Verhältnis zwischen Unternehmensethik und Wirtschaftsethik stellt sich im Grunde ganz ähnlich dar. Es besteht Konsens darüber, dass eine ausschließliche ordnungspolitische Steuerung (eine Ausgestaltung der Spielregeln) nicht hinreichend für eine umfassende wirtschaftsethische Konzeption ist, da politische *Rahmenordnungen aus systematischen Gründen unvollständig sind*, d.h. dass eine vollständige Internalisierung von negativen externen Effekten durch staatliche Regulierungen unmöglich ist und zunehmend unmöglicher wird (Homann/Blome-Drees 1992: 112 ff.). Dafür können insbesondere die folgenden Gründe angeführt werden:

1. Staatliche Regulierungen greifen aufgrund der Komplexität von Wirtschaft und Gesellschaft nicht bei allen sozialen und ökologischen Defiziten.
2. Staatliche Eingriffe erfolgen immer reaktiv und korrigieren unerwünschte Erscheinungen erst nach deren zeitlichen Auftreten.
3. Die Zunahme globaler marktmäßiger Interdependenzen sowie die dynamische Entwicklung der (Welt-)Gesellschaft führen zu einem gesetzlichen Regelungsbedarf in immer kürzeren Abständen, der durch den Gesetzgeber im-mer unvollständiger wahrgenommen werden kann.
4. Die Spieler (insbesondere international tätige Unternehmen) können sich in Zeiten der Globalisierung ein Stück weit den Spielregeln (des Staates) entziehen.

Es wird damit deutlich, dass neben der Analyse und Gestaltung der ordnungspolitischen Spielregeln, auch den Spielzügen der Spieler, z.B. Unternehmen, Aufmerksamkeit zu schenken ist. Selbst Wirtschaftsethiker, die ihr Hauptaugenmerk auf ordnungspolitische Fragen legen und den systematischen Ort der Moral auf der Ebene der Rahmenordnung legen (besonders Karl Homann und Mitarbeiter), erkennen, dass es einer eigenständigen Unternehmensethik bedarf. Die Rahmenordnung ist für Homann et al. zwar der systemische, aber eben nicht der einzige Ort einer umfassenderen Wirtschaftsethik.

Wir wollen gegenüber der Argumentation von Homann et al. jedoch noch einen Schritt weiter gehen, indem die Auffassung eines strikt hierarchischen Verhältnisproblems von Wirtschaftsethik und Unternehmensethik kritisiert wird (dazu eingehender Beschorner 2004b; Steinmann 2004a; 2004b): Homann et al. (1992) argumentieren vor dem Hintergrund einer bestimmten staats- und rechtstheoretischen Auffassung, nämlich: die formulierten Spielregeln sind unabhängig von den Spielzügen der Spieler zu sehen. Sie entstehen in autonomen politischen Entscheidungsprozessen, die in Demokratien normativ gerechtfertigt sind. Wir sind gegenüber einer solchen Sichtweise eher skeptisch: Staatliche Regulierungen sind keine rein externen Größen regulierender Akteure. Sie stellen empirisch vielmehr das Ergebnis gesellschaftlicher Kommunikations-, Entscheidungs- und Aushandlungsprozesse zwischen *regulierenden* und *regulierten* Akteuren dar. Was sich damit andeutet, ist für eine Unternehmensethik in theoretischer wie in praktischer Hinsicht von zentraler Bedeutung: Unternehmen nicht als passive Empfänger von Regulierungen zu begreifen und damit das als hierarchisch konzipierte Verhältnisproblem von Wirtschaftsethik und Unternehmensethik zu überwinden, ermöglicht es überhaupt erst von einer eigenständigen Theorie der Unternehmensethik zu reden, die dann eben mehr ist als Surrogat einer unvollständigen Rahmenordnung. In praktischer Hinsicht führt eine solche neue Verhältnisbestimmung zu wichtigen Forschungsdesideraten im unternehmensethischen Kontext:

1. Es kann nun danach gefragt werden, welchen *aktiven* Beitrag Unternehmen zu einer gerechten Gesellschaft leisten (können). Durchaus berechtigte und wichtige Fragen zur Vermeidung von „bad practices" (z.B. Korruption, Bilanzfälschungen, etc.) werden durch ebenso wichtige Fragen von „good practices" ergänzt.
2. Jenseits der Frage einer geeigneten Fremdsteuerung von Unternehmen durch staatliche Regulierungen werden die Bedingungen und der Prozess des Zustandekommens von *Selbstbindungen* thematisiert.
3. Allgemeiner kann damit die Bedeutung *interorganisationaler privater Regime* als wichtige Strukturelemente zur Koordination wirtschaftlicher und politischer Aktivitäten erhellt werden, die jenseits einer traditionellen Ordnungstheorie und -politik anzusiedeln sind.

4. Die politischen Organisationen des Staates werden nicht ihrer ordnungspolitischen Aufgaben enthoben. Die Betrachtungsweise führt vielmehr zur Notwendigkeit eines Funktionswandels des Staates; ihm kommen damit *auch* Orientierungs-, Koordinierungs- und Moderationsaufgaben in der Gesellschaft zu.

Wir können also zusammenfassend drei Ebenen einer allgemeinen Wirtschaftsethik unterscheiden: Managerethik, Unternehmensethik und Ordnungsethik. Unternehmensethik nimmt dabei eine zentrale Zwischenposition ein: Sie ist einerseits verbunden mit einer *Ethik der Organisation* im engeren Sinne (*intra*organisational), indem mit ihr Fragen einer angemessenen institutionellen Ausgestaltung der betrieblichen Organisation verbunden sind. Sie ist andererseits bezogen auf die institutionell-vorstrukturierten, *inter*organisationalen (Rahmen-) Bedingungen, wir sprechen hier von der *Ethik des organisationalen Feldes*, einer gerechten Wirtschaftsweise, denen Unternehmen aber nicht bloß als Regelempfänger passiv ausgeliefert sind, sondern die sie zugleich auch mitgestalten.

Die nachfolgende Abbildung 1 veranschaulicht diesen Zusammenhang noch einmal und deutet ferner zwei wichtige Spannungsverhältnisse an, die beide im Weiteren sowohl aus ökonomischer als auch aus ethischer Perspektive behandelt werden sollen.

Abbildung 1: Strukturierung von Unternehmensethik

Quelle: eigene Darstellung

3 Die Ethik der Organisation

Nur Personen können ethisch handeln. Organisationen, z.B. Unternehmen, koordinieren immer „nur" die individuellen Handlungen von Personen. Welche Instrumente sind in der betrieblichen Organisation denkbar, um auch ein ethisches Handeln der Mitarbeiter zu fördern? Eine moderne Unternehmensethik begnügt sich nicht damit, lediglich an das Gute im Menschen zu appellieren (Individual- oder Tugendethik). Ihr geht es vielmehr um die Schaffung institutioneller Arrangements in der Organisation, in deren Rahmen moralisches Handeln stattfinden kann (Institutionenethik). Diese institutionellen Vorkehrungen, so soll im Folgenden deutlich werden, können sowohl aus ökonomischer als auch aus ethischer Sicht *nicht als strikte Regelbefolgungen* (Compliances) konzipiert werden.

Der Konstanzer Ökonom Josef Wieland steht paradigmatisch für eine – nach meiner Einschätzung prinzipiell durchaus in die richtige Richtung gehende – institutionentheoretische Herangehensweise zu unternehmensethischen Fragen. Unter Bezugnahme und in Weiterführung des Transaktionskostenansatzes von Oliver E. Williamson plädiert Wieland für die Entwicklung angemessener Governancestrukturen, die kooperatives Verhalten ermöglichen sollen. Wieland differenziert zwischen dem *Prozess* und der *Form* einer Organisation. Während bei ersterem die Tugenden der Akteure zum Tragen kommen, lokalisiert sich die Form *dieser* Prozesse jenseits tugendethischer Argumente, und genau in der Gestaltung dieser Form(en) wird die Aufgabe von Unternehmensethik als Governanceethik gesehen: „Der systematische Ort der Management-Tugend ist der Prozeß der Unternehmung, der systematische Ort der Governanceethik ist die Form der Unternehmung" (Wieland 1999: 50).

Wie aber ist diese Form sinnvoll zu gestalten? Wieland differenziert in diesem Zusammenhang zwischen ökonomischen Anreizsystemen, deren Relevanz sich aus der Bezogenheit von Unternehmen auf das Wirtschaftssystem ergibt sowie moralischen Anreizsystemen und moralischen Anreizen. Es geht ihm primär um die Wirkungsweisen der Mechanismen moralischer Anreizsysteme. Auf der Grundlage der Unterscheidung zwischen formalen, kodifizierten und informalen, nicht kodifizierten Regeln legt Wieland sein Augenmerk insbesondere auf letztere. Es stellt damit auf die informalen gesellschaftlichen moralischen Werte ab (Wieland 1999: 60 ff.). Die Betrachtung dieser Werte wird von der folgenden Einschätzung geleitet: „Im Prinzip ist zwar klar, was mit ihnen gemeint ist, aber im konkreten Anwendungsfall verwischen sich die Grenzen des Gemeinten und Zulässigen. Moralische Werte werden in der Gesellschaft kommunikativ bevorzugt, aber eben nicht in anwendungsspezifischer Form" (Wieland 1999: 61).

Wielands Vorschlag läuft darauf hinaus, die informalen Werte z.B. durch einen „Code of Ethics" festzuschreiben, um die moralische Unsicherheit in sicherere organisationale Selbstbindung durch Regeln und Werte zu überführen und damit eine Definition, Überwachung und Durchführung auf der Ebene der Organisation zu bewirken. Eine Organisation muss sich also gegenüber ethisch unerwünschten Handlungen – zum Beispiel Korruptionen – zu schützen lernen, indem Betriebsabläufe transparent gemacht werden. Einige konkrete Vorschläge zielen u.a. auf Standardisierungsprozesse im Unternehmen ab. So wird dafür plädiert, ein Wertemanagement-System zu installieren, das für alle Mitarbeiterinnen und Mitarbeiter klar deklarierte Werte enthält und damit nicht-ethisches Handeln ausschließen soll. Wir können einen solchen Vorschlag, der US-amerikanischen Autorin Lynn Sharp Paine (1994) folgend, als Compliance- also Regelbefolgungs-Ansatz bezeichnen (vgl. zu dieser Diskussion mit Bezug zur Bankenethik auch aktuell: Thielemann 2005).

Die *positiven moralischen Implikationen* eines solchen Ansatzes liegen auf der Hand: Wenn es gelingt, ein klar formuliertes Wertemanagement-System in der betrieblichen Organisation zu installieren, kann die Wahrscheinlichkeit eines Eintretens einer Vielzahl von unternehmerischen „bad practices", wie Korruptionen, Betrugsfälle, Bilanzfälschungen u.v.a.m., verringert werden. Und auch die *ökonomischen Vorteile* solcher Vorkehrungen leuchten unmittelbar ein: Erstens, eine Koordination über „weiche Faktoren", wie Fairness, Ehrlichkeit usw., hat Transaktionskostenvorteile gegenüber einer strikt hierarchischen Handlungskoordination über Beherrschungs- und Überwachungssysteme (dazu besonders Beyer 1993). Zweitens, es wird die Wahrscheinlichkeit reduziert, dass Unternehmen Opfer „negativer Aufmerksamkeit" eben durch die Verursachung unmoralischer Praxen werden, d.h. die Governanceethik reagiert auf die „Progression in der Zurechnung von moralischer Verantwortung auf Unternehmen durch die Gesellschaft" (Wieland 1999: 16). Drittens führt Wieland ein weiteres wichtiges ökonomisches Argument für die Einführung von Wertemanagement-Systemen an: Er erkennt eine durch Globalisierung hervorgebrachte Kehrseite globaler Wettbewerbsfähigkeit in Form der Notwendigkeit einer „globalen Kooperationsfähigkeit" durch Unternehmen. Die Herausbildung neuer Organisationsformen (Fusionen, strategische Allianzen, Netzwerke etc.) verdeutlichen die Notwendigkeit zur Kooperation, womit die Kooperationsfähigkeit zu einer spezifischen unternehmerischen Kompetenz wird, die durch Wertemanagement-Systeme gewährleistet werden kann.

So wichtig die auf Vermeidung unmoralischer Handlungen abzielende Compliance-Perspektive auch ist und so wichtig institutionelle Arrangements allgemein zur Koordination individueller Handlungen auch sind, so sehr führt eine Überbetonung einer solchen Perspektive jedoch in die Irre (was Wieland auch prinzipiell einsieht, vgl. Wieland/Becker 2000). Auch dafür können ethische und ökonomische Argumente hervorgebracht werden: Aus ethischer Sicht ist an einem strikten Compliance-Ansatz zu kritisieren, dass von einer Ethik der Governance nicht wirklich gesprochen werden kann, wenn man den in der Moralphilosophie gebräuchlichen Begriff der Ethik – insbesondere in Abgrenzung zum Begriff der Moral – ernst nimmt (dazu beispielsweise Pieper 1991: Kap. 1). Während nämlich Moral als Ordnungsbegriff lediglich erst einmal die in einer bestimmten Wertegemeinschaft *gültigen* Werte beschreibt, also hinsichtlich der Qualität bestimmter Handlungsweisen neutral ist, richtet sich eine Ethik auf die Verbesserung von Moral. Der Ethik geht es ausdrücklich nicht um die Beschreibung des Gültigen in einer Wertegemeinschaft, sondern um die Herausarbeitung einsichtiger und „guter", *gelten sollender Werte*. Ethik hat also an zentraler Stelle etwas mit Reflexionsprozessen über die Qualität (immer) vorhandener Moralvorstellungen zu tun. Gerade diese ethischen Reflexionen werden jedoch bei dem Regelbefolgungsansatz untergraben (man befolgt die Regel, reflektiert aber nicht über ihre ethische Richtigkeit). Ich halte es aufgrund des (noch) fehlenden normativen Forschungsprogramms bei dem derzeitigen Entwicklungsstand des Ansatzes von Josef Wieland für angemessener von einer Governancemoral, nicht aber von einer Governanceethik zu sprechen (dazu ausführlicher Beschorner 2002: 125 ff.).

Wir hatten oben erwähnt, dass Wielands Governanceethik im besonderen Maße auf der Transaktionskostenökonomik, der wohl bedeutsamsten Strömung im Kontext der Neuen Institutionenökonomik, aufbaut. Dieser Ansatz ist in den vergangenen Jahren insbesondere von der Evolutorischen Ökonomik dahingehend kritisiert worden, dass die Analyse des Produktionsprozesses in der Unternehmung, und hier insbesondere die Produktion von Wissen als Voraussetzungen für Innovationen, nicht untersucht werden (kann). Der Transaktionskostenansatz richtet sein Augenmerk stattdessen auf Aspekte einer effizienten Vertragsgestaltung und entwickelt auf dieser Grundlage Vorschläge für institutionelle Arrangements innerhalb der Organisation und zwischen Organisationen. Der wichtigste Hinweis von Seiten der Evolutorischen Ökonomik lautet dabei, dass die von der Transaktionskostenökonomik vorgeschlagenen (moralischen) Anreizsysteme der Innovationsfähigkeit von Unternehmen konträr gegenüberstehen, sie also behindern können (dazu allgemein beispielsweise: Winter 1991; Langlois/Foss 1999; mit Bezug zur Unternehmensethik: Beschorner 2002). Dieses Argument kann in gleichem Maße gegenüber einem strikten Regelbefolgungsansatz formuliert werden: Striktes Compliance unterminiert per Definition die Lern-, Entwicklungs- und Innovationsfähigkeit von Unternehmen, denn Innovationen setzen (kreative) Freiräume, „organizational slacks" voraus, die aufgrund gegebener Regeln gerade nicht gegeben sind.

Integrity-Ansätze zeichnen sich gegenüber Compliance-Ansätzen insbesondere dadurch aus, dass sie ihr Augenmerk in viel konsequenterer Weise auf die genannten Aspekte und damit auch auf Fragen der Transformation der Gesellschaft durch unternehmensethisches Handeln richten (grundlegend: Paine 1994). Es geht dabei eben nicht nur um die moralpositivistische Anpassung an bestehende Rechtsnormen, „die opportunistische Anpassung an vorherrschende (…) Moralauffassungen" der Gesellschaft und die „Sicherstellung der ‚gewünschten Entwicklung der Organisation in ihrer Umwelt'", sondern um Reflexionen über die Bedeutung der Unternehmung in der Gesellschaft, einschließlich der Umsetzung in eine proaktive Unternehmenspolitik in postkonventioneller Manier (Thielemann 2005).[2]

Wir können also soweit festhalten, dass es sowohl aus ethischer als auch aus ökonomischer Perspektive einer angemessenen Balance institutioneller Ausgestaltungen in Unternehmen hinsichtlich der Festschreibung moralischer Regeln (Compliances) und der Ermöglichung reflexiver Freiräume (durch Intergrity-Ansätze) bedarf.

4 Die Ethik des organisationalen Feldes

Für eine umfassende Unternehmensethik sind nicht nur Aspekte der Ethik der Organisation von Relevanz, wie sie im vorangegangen Abschnitt behandelt wurden. Es stellt sich vielmehr weitgehender die Frage nach der Einbettung, ja Einbindung von Unternehmen in gesellschaftliche (nicht nur wirtschaftliche) Prozesse, wie es in Abschnitt 2 angedeutet wurde. Wie können wir das Verhältnis von Unternehmen und anderen gesellschaftlichen Gruppen angemessen beschreiben?

Die traditionelle Managementtheorie und traditionelle Unternehmensethik versucht diese Frage durch den so genannten Stakeholder-Ansatz zu beantworten, der von R. Edward Freeman 1984 entwickelt wurde und in den zurückliegenden 20 Jahren einen erheblichen Einfluss auf die Management-Praxis und -Theorie ausgeübt hat.[3] Der Grundgedanke des Anspruchsgruppenmodels ist einfach: Es wird

---

[2] Vgl. für konkrete Umsetzungsvorschläge auch Paine (1994), besonders die Synopse der Charakteristika sowie der Implementationsstrategien von Compliance- und Integrity-Ansätzen (S. 113).
[3] Vgl. dazu besonders die Ausgabe Stakeholdermanagement und Ethik, Heft 5/3 (2004) der Zeitschrift für Wirtschafts- und Unternehmensethik (zfwu). Freeman unternimmt in dieser Ausgabe einen kritischen Rückblick auf die Rezeption seiner Überlegungen. Hansen et al. kommentieren diesen Artikel insbesondere vor dem Hintergrund der deutschsprachigen Diskussion. Siehe http://www.zfwu.de

vorgeschlagen nicht nur die Ansprüche der Anteilseigner, der Stockholder, im Rahmen des betrieblichen Entscheidungsprozesses zu berücksichtigen, sondern auch die Anliegen weiterer Stakeholder in diesen einzubeziehen. Strategisches Stakeholder-Management wird damit als kontinuierliche Aufgabe eines Ausgleichs und einer Integration von Stakeholderinteressen zum Zwecke des dauerhaften Überlebens eines Unternehmens gesehen. Zur systematischen Realisierung praktischer Konsequenzen in Unternehmen schlägt der Stakeholder-Ansatz ein Unternehmensmodell vor, das die bilateralen Stakeholderbeziehungen in den Mittelpunkt des Interesses rückt. Wir wollen dieses hier als Planet-Satelliten-Modell bezeichnen: Im Zentrum des Stakeholder-Modells stehen das betrachtete Unternehmen und dessen Ziele. Das Unternehmen fungiert jedoch nicht als isolierter Akteur, sondern dessen Aktivitäten nehmen Einfluss auf und werden beeinflusst von verschiedenen Stakeholdern. Anspruchsgruppen können durch ihre Aktivitäten unterstützenden oder gefährdenden Einfluss auf die Erreichung der Unternehmensziele nehmen.

Der Stakeholder-Ansatz hat wesentlich dazu beigetragen, dass in weiten Teilen der betriebswirtschaftlichen Theorie und Praxis ein Bewusstseinswandel dahingehend stattgefunden hat, neben Marktinteressen auch nicht-marktliche Ansprüche an Unternehmen prinzipiell zu berücksichtigen. Er stellt damit einen ersten und wichtigen Schritt zur Öffnung des Unternehmens gegenüber der Gesellschaft dar.

Der traditionelle Stakeholder-Ansatz blendet jedoch wichtige Dimensionen aus, die sowohl für ein strategisches Management als auch für Aspekte der sozialen Verantwortung von Unternehmen wichtige Erweiterungsoptionen bieten. Die Schwächen des Stakeholder-Ansatzes sehen wir u.a. (zu dieser Kritik ausführlicher Beschorner/Lindenthal/Behrens 2004; Beschorner/Osmers 2005), erstens, in der Betonung von *bilateralen Beziehungen* zwischen dem Unternehmen und seinen Anspruchsgruppen. Theoretisch nicht behandelt werden kann das *Interdependenzgefüge* der Stakeholder in einem Feld. Zweitens, und mit ersterem zusammenhängend, werden *unternehmensethische Probleme aus unternehmerischer Sicht behandelt* – der Planet, nicht die Satelliten sind bei dieser Sichtweise wichtig ("how the firm can effect the environment as well as how the environment may effect the firm" (Freeman/McVea 2001: 193). Normativ geboten ist es jedoch, gesellschaftliche, nicht einzelwirtschaftliche ethische Fragen in den Mittelpunkt des Interesses zu stellen; nicht die Wirkungsmächtigkeit von Anspruchsgruppen auf Unternehmen und die „Vermeidung negativer Aufmerksamkeiten" ist zentral. Es muss vielmehr (auch) danach gefragt werden, welchen aktiven Beitrag Unternehmen für eine nachhaltige Gesellschaft leisten können.

Es geht also in dieser doppelten Hinsicht um eine Ergänzung der durch den Stakeholder-Ansatz bereitgestellten gesellschaftlichen Unternehmenslehre durch eine unternehmensorientierte Gesellschaftslehre. Die moderne Organisationstheorie, besonders der soziologische Neo-Institutionalismus (dazu der grundlegende Sammelband von: Powell/DiMaggio 1991) stellt Instrumente für einen solchen Perspektivwechsel bereit, indem nicht mehr nur nach den Strukturen und Prozessen innerhalb von Organisationen (intraorganisational) gefragt wird, sondern die Beziehungen zwischen *verschiedenen (Typen von) Organisationen in organisationalen Feldern* (interorganisational) behandelt werden. Bei organisationalen Feldern handelt es sich, so kann man vereinfacht sagen, um netzwerkartige Figurationen wirtschaftlicher und gesellschaftlicher Akteure aus disparaten sozialen Systemen (Wirtschaft, Politik, Zivilgesellschaft, Wissenschaft, Medien usw.). Sie sind loser gekoppelt als formale Netzwerke, wie Unternehmens- oder Innovationsnetzwerke, teilen aber mit einer klassischen Netzwerkbetrachtung die Fokussierung der Interdependenzen zwischen Akteuren.

Auf der Grundlage der Definition des organisationalen Feldes, also der Identifikation der für die Problemlage relevanten Akteure, können in einem *zweiten Schritt institutionelle Mechanismen* hinsichtlich der unternehmensethischen Fragestellung untersucht werden. Aus der Literatur des soziologischen Neo-Institutionalismus ist bekannt, dass insbesondere drei institutionelle Mechanismen von besonderer Relevanz sind: 1. Institutionalisierung durch Zwang, 2. durch mimetische Prozesse und 3. durch normative Prozesse (dazu ausführlicher: Beschorner 2004b).

Ad 1.: *Institutionalisierung durch Zwang* zielt in besonderem Maße auf gesetzliche Regelungen zur Institutionalisierung bestimmter Praktiken ab. Dabei kommt insbesondere – und trotz Globalisierungstendenzen – staatlichen Organisationen weiterhin eine herausragende Bedeutung zu. Die Wirkungsmächtigkeit von wirtschaftlichen Rahmenbedingungen, wie sie insbesondere im Ansatz von Karl Homann herausgearbeitet wurde, wird damit unterstrichen. Isomorphismus durch Zwang deutet damit einerseits auf eine *Fremdsteuerung*. Neben Fremdsteuerung sind gesellschaftliche Steuerungsmechanismen von Relevanz, die durch *Selbstbindungen* der Akteure vorgenommen werden. Ein Beispiel für solche Selbstbindungen sind ethische Branchenvereinbarungen, wie wir sie beispielsweise in der chemischen Industrie durch das Responsible-Care-Programm kennen.

Ad 2: *Institutionalisierung durch mimetische Prozesse* tritt im ethischen Kontext in besonderem Maße dann auf, wenn große Unsicherheiten hinsichtlich (un-)ethischer Praktiken herrschen, die entweder bezüglich der Handlungsfolgen oder bezüglich der diesen Praktiken zugrunde liegenden Werthaltungen in der Gesellschaft nicht kalkulierbar sind. In solchen Fällen beobachten Organisationen andere Organisationen genau und imitieren *best-practices*. Forschungsinstituten und Universitäten, die in der Regel an der Entwicklung von solchen Musterpraktiken mitwirken, aber mitunter auch Stiftungen, die Forschungs- und Praxispreise vergeben, kann eine wichtige Funktion bei solchen Prozessen zukommen. Erleichtert werden mimetische Prozesse durch *Standardisierungen*, z.B. Umwelt- und Sozialstandards (wie EMAS, ISO 14000, SA 8000, AA 1000, Global Compact), durch soziale oder ökologische Produktlabel (den Blauen Engel, Energiepässe für Häuser, etc.), aber auch durch standardisierte Ethik- oder Wertemanagementsysteme, wie sie auf nationaler Ebene, vgl. besonders das WerteManagementSystem^{ZfW} des Konstanzer Instituts für Wertemanagement (KIeM) (hierzu besonders: Wieland 2004) und internationaler Ebene entwickelt werden (vgl. dazu McKavuc/Cregg 2003; Sacconi *et al.* 2003). Standardisierungen kommt eine doppelte Funktion zu: Zum einen werden Unsicherheiten von (un-)ethischen Praktiken reduziert, indem relativ klare Orientierungspunkte für praktische Umsetzungen markiert werden. Zum anderen wird es Unternehmen durch die mit diesen Standardisierungen verbundenen *labels* ermöglicht, ihr ethisches Engagement an ihre organisationale Umwelt zu kommunizieren und damit die notwendige Legitimation für wirtschaftliches Handeln zu erlangen. Nichtregierungsorganisationen können im besonderen Maße zur Einrichtung von Standardisierungen beitragen. Des Weiteren sind insbesondere *Beratungsunternehmen* für die Institutionalisierung unternehmensethischer Aspekte durch mimetische Prozesse relevant. Unternehmensethische Beratungen können dazu beitragen, dass unternehmensethische Aspekte über verschiedene Unternehmen und verschiedene Branchen hinweg rascher diffundieren. Es ist zu vermuten, dass die Entwicklung einer eigenständigen unternehmensethischen Beratungsbranche mit der erfolgreichen Etablierung geeigneter (Management-)Standards einhergehen wird.

Ad 3: *Institutionalisierung durch normative Prozesse* bezieht sich auf Denkhaltungen von Professionen als mögliche Träger von Institutionalisierungsprozessen. Im unternehmensethischen Kontext erscheinen uns dabei insbesondere *Betriebswirte und Juristen* als diejenigen Professionen, denen eine zentrale Rolle bei der Umsetzung ethischer Praktiken in Unternehmen zukommen kann. Zum jetzigen Zeitpunkt muss jedoch festgestellt werden, dass diese Klientel aufgrund der an Hochschulen weiterhin sehr traditionell vermittelten *Lehrinhalte* eher der Entwicklung einer praktischen Unternehmensethik im Wege stehen, als dass sie von ihnen gefördert wird. Es wird hinsichtlich der Institutionalisierung durch normative Prozesse ferner das Augenmerk auf die Bedeutung unternehmensethischer Kenntnisse bei *Einstellungsverfahren durch Unternehmen zu legen sein*. In Assessment-Centers oder anhand von Professionsvereinigungen entwickelter Empfehlungen o.ä. könnten diese Kenntnisse überprüft werden.

Eine Untersuchung der drei genannten institutionellen Mechanismen kann soweit erst einmal dazu beitragen, den Problemkomplex der unternehmensethischen Fragestellung besser zu verstehen und die hemmenden ebenso wie mögliche problemlösende Institutionen in den Blick zu bekommen. Die Abbildung 2 verdeutlicht überblicksartig noch einmal mögliche relevante Institutionen und Akteure.

Abbildung 2: Institutionen und Akteure

		Institutionen	**Akteure**
Institutionalisierung durch …	Zwang	▶ Fremdbindung über Gesetze und Verordnungen ▶ Selbstbindung über Selbstverpflichtungen, z.B. Branchenvereinbarungen	▶ staatliche Organisationen ▶ Unternehmen ▶ Unternehmensverbände ▶ NGOs ▶ Medien
	mimetische Prozesse	▶ best practices ▶ Forschungs- und Praxispreise ▶ Standardisierungen (Sozial- und Umweltstandards, Produktstandards, standardisierte Ethik- oder Wertemanagementsysteme ▶ *labels* ▶ ethische Beratungsleistungen	▶ Unternehmen ▶ Forschungsinstitute und Universitäten ▶ Stiftungen ▶ NGOs ▶ Beratungsunternehmen
	normative Prozesse	▶ Lehr- und Lerninhalte ▶ Personalselektion durch *Assessment-Centers* ▶ Habitus von Professionen	▶ Schulen, Hochschulen und Akademien ▶ Unternehmen ▶ Professionenvereinigungen

Quelle: eigene Darstellung

Einen Schritt weitergehend gilt es nun, die Akteure, z.B. Unternehmen, in ihrer Rolle für die Problemlage zu betrachten. Von besonderer Bedeutung sind in diesem Zusammenhang so genannte institutionelle Entrepreneurs, die sich dadurch auszeichnen, dass sie dem Anpassungsdruck des institutionellen Settings widerstehen. Institutionelle Entrepreneurs können Unternehmen oder andere Organisationstypen, wie politische Organisationen, Nichtregierungsorganisationen, Verbraucherorganisationen etc. sein. Sie haben einen großen Einfluss auf das jeweilige organisationale Feld, ein Eigeninteresse an institutionellen Veränderungen und werden in der Regel durch andere Interessengruppen bei ihrem Vorhaben unterstützt. Die Besonderheit von institutionellen Entrepreneurs ist darin zu sehen, dass sie nicht nur Veränderungen in der eigenen Organisation bewirken, sondern *diese Veränderungen auf Prozesse und Strukturen im organisationalen Feld ausstrahlen.* Für die Untersuchung unternehmensethischer Fragen wird vorgeschlagen, mögliche institutionelle Entrepreneurs anhand ihrer Größe und Wirkungsmächtigkeit in einem organisationalen Feld zu bestimmen, um damit ein prinzipielles Wirken *können* zu gewährleisten. Dabei ist im besonderen Maße den Ergebnissen der vorangegangenen Untersuchung der institutionellen Mechanismen Rechnung zu tragen. Zeigt die empirische Analyse beispielsweise, dass Institutionalisierungsprozesse durch Standardisierungen vergleichsweise wenig vorangeschritten sind, die Entwicklung von Sozialstandards jedoch beispielsweise einen wichtigen Beitrag zur Vermeidung von Kinderarbeit in Entwicklungsländern leisten kann, so sind diesbezüglich relevante Organisationen als institutionelle Entrepreneurs zu priorisieren. Dieser Arbeitsschritt basiert auf einer strikt sozialwissenschaftlichen Analyse – einschließlich der Untersuchung eines möglichen institutionellen Wandels – des organisationalen Feldes bezüglich des betreffenden Problemkomplexes.

Auf dieser Grundlage ist dann zu fragen, welche Handlungsveränderungen durch die identifizierten Organisationen wünschenswert sind und zu welchen Konsequenzen diese Handlungsveränderungen *im organisationalen Feld* führen würden (diese Fragen haben also eine stärker normative Konnotation). Was das Wirken können betrifft, geht es damit um ein „Können" im doppelten Sinne: die *Wirkungsmächtigkeit* des institutionellen Entrepreneurs und seine prinzipielle *Fähigkeit*. Aus dieser Bestimmung lassen sich ökonomische/strategische Vorteile für die Organisation einerseits und normative Anforderungen an die Organisation andererseits ableiten, die nicht den einzelwirtschaftlichen Interessen entsprechen.

Ökonomische/strategische Vorteile: Wenn sich aus der vorgeschlagenen Betrachtungsweise ökonomische/strategische Vorteile für die jeweiligen Akteure, z.B. Unternehmen, ergeben, so bedürfen diese aufgrund ihrer gleichzeitigen Verfolgung von Eigeninteressen keiner weiteren institutionellen Stützung.[4] Ethisch Wünschenswertes und ökonomisch Vorteilhaftes treffen in diesen Fällen zusammen. Eine solche Argumentation ist auch aus ethischer Sicht völlig unverfänglich, worauf u.a. Peter Ulrich (1997; 2002) und Horst Steinmann (2004a) hinsichtlich begrün-

---

[4] Das strategische Handlungspotential von Unternehmen hat Oliver (1991) in einer Studie ausführlich untersucht. Sie geht in ihrem Beitrag davon aus, dass das Aktivitätsniveau von Organisation in institutionellen Kontexten variiert und kann unter Verwendung von ressourcenbasierten Ansätzen eine 5-stufige Typologie von Handlungsrepertoires entwickeln, das von der passive Übernahme institutioneller Praktiken bis hin zu manipulierenden Aktivitäten des institutionellen Umfeldes reicht. Vgl. zum Verhältnis von neoinstitutionalistischer Organisationstheorie und strategischem Management auch Walgenbach (2002).

dungstheoretischer Fragen schon öfter hingewiesen haben. Die einzelwirtschaftliche Logik ist jedoch in diesen beiden dialogischen Varianten einer Unternehmensethik ebenso wie in dem hier vorgeschlagenen Vorgehen nicht die „ultima ratio".

Normative Anforderungen: Es geht aus einer normativen Perspektive nicht um Partikularinteressen einzelner Akteure, sondern um die Interessen aller Betroffenen (siehe dazu Abschnitt 1). Ob und inwieweit es sich dabei um berechtigte Interessen handelt, damit beschäftigen sich begründungstheoretische Ansätze verschiedener Façon. Welche institutionellen Maßnahmen in praktischer Hinsicht zur Umsetzung bestimmter gesellschaftlicher Werte beitragen können, ist damit jedoch noch nicht beantwortet. Das vorgeschlagene Vorgehen ermöglicht es, normative Anforderungen an Unternehmen zu formulieren, wie sie durch konkrete Handlungsoptionen einer gesellschaftlichen und ordnungspolitischen Mitverantwortung nachkommen können. Ordoliberales Engagement, wie es bei aller Unterschiedlichkeit der einzelnen Ansätze von allen wichtigen Vertretern der deutschsprachigen Wirtschaftsethik eingefordert wird (zum Überblick Beschorner 2002: 148), bleibt bei dieser Vorgehensweise nicht (nur) eine „regulative Idee" (ein Sollen), sondern wird durch Handlungsoptionen konkretisiert. Diese normativen Anforderungen betreffen nicht nur ein gesellschaftliches Engagement von Unternehmen, sondern können auf eine Vielzahl von Akteuren bezogen werden, wie die Abbildung 2 oben verdeutlicht hat. Es gilt ferner zu beachten, dass institutionelle Veränderungen für ein gerechtes Wirtschaften nur sehr selten durch einzelne Akteure hervorgebracht werden können, sondern vielmehr gerade das Wechselspiel verschiedener Organisationen von zentraler Bedeutung für Veränderungen ist.

Die Abbildung 3 fasst die Vorgehensweise der Untersuchung einer Ethik des organisationalen Felds noch einmal systematisch zusammen. Es handelt sich dabei um einen allgemeinen Analyserahmen, der lediglich eine erste grobe Orientierung für die Untersuchung unternehmensethischer Fragestellungen darstellt und den es für diese zu konkretisieren und zu modifizieren gilt.[5]

---

[5] Für eine empirische Anwendung sei hier auf unsere Studie „Institutionalisierung von Nachhaltigkeit" in den organisationalen Bedürfnisfeldern Bauen & Wohnen, Mobilität und Information & Kommunikation verwiesen (vgl. Beschorner, et. al. 2005) .

Abbildung 3: Prozessmodell für unternehmensethische Analysen aus gesellschaftlicher Perspektive

Prozessmodell für unternehmensethische Analysen aus gesellschaftlicher Perspektive

1. Definition und Explikation der gewählten **Problemstellung** sowie Definition des **organisationalen Felds**
   - ▶ Identifikation der hemmenden und fördernden Akteure
   - ▶ Welche Organisationen sind für den unternehmensethischen Anwendungsfall relevant?

2. Untersuchung der **institutionellen Mechanismen**:
   - ▶ Institutionalisierung durch Zwang
   - ▶ mimetische Institutionalisierung
   - ▶ normative Institutionalisierung

3. Untersuchung der **institutionellen Entrepreneurs**:
   - • Bestimmung wirkungsmächtiger Organisationen zur Verbesserung *defizitärer* institutioneller Mechanismen (auf der Grundlage der Untersuchung unter 2.)
     - ▶ Verfolgung institutioneller Reformen aus Eigeninteresse
     - ▶ Formulierung normativer Anforderungen als konkrete Handlungsoptionen für ein ordoliberales Engagement

4. Maßnahmen für institutionelle Reformen unter **Einbeziehung weiterer Akteure**

Quelle: eigene Darstellung

5 Zusammenfassung

Wir haben vorgeschlagen, Unternehmensethik auf einer mittleren analytischen Ebene, zwischen einer Mitarbeiterethik einerseits und einer Ordnungsethik andererseits, zu verorten. Ihre Aufgabe ist darin zu sehen, dass sie, *erstens*, für Mitarbeiter in Unternehmen handlungsleitend ist, indem die Wahrscheinlichkeit des Auftretens von unethischen Handlungen in Unternehmen reduziert wird. Eine Möglichkeit der Realisierung dafür bieten klar deklarierte Werte, die es in Form eines Ethik- oder Wertemanagementsystems zu koordinieren gilt. Es wurde jedoch deutlich, dass eine allein auf Regelbefolgungen abstellende Unternehmensethik (Compliance-Ansatz) sowohl aus ökonomischer als auch aus ethischer Sicht erhebliche Schwächen zeigt, da für sie (ethische) Lernprozesse von geringer Bedeutung sind und damit (ethische) Reflexionen und kreatives Handeln – als Grundvoraussetzung von

Innovationen, mit Überlebensnotwendigkeit von Unternehmen – unterminiert. Er wurde daher argumentiert, dass einem Compliance-Ansatz ein Integrity-Ansatz zur Seite zu stellen ist, der sich dadurch auszeichnet, dass er die Notwendigkeit von „organizational slacks" und damit von ethisch-reflexiven Freiräumen in stärkerem Maße berücksichtigt. Dadurch werden überhaupt erst die organisationalen Voraussetzungen geschaffen, Unternehmen und Unternehmensethik aus einer passiven Anpasserrolle (an vermeidlich gegebene) Rahmenbedingungen zu emanzipieren, indem auch danach gefragt werden kann, welchen aktiven Beitrag Unternehmen für eine gerechte Wirtschaft und Gesellschaft leisten können, ja inwieweit und wie sie Wirtschaft und Gesellschaft dahingehend (mit-)transformieren können. Unternehmensethische Fragen beziehen sich aus unserer Sicht daher nicht nur auf einzelwirtschaftliche Probleme von Unternehmen, sondern auf gesellschaftliche Problemkomplexe, zu denen Unternehmen beitragen bzw. zu deren Bewältigung Unternehmen einen Beitrag leisten können. Zur Annäherung an diese Fragestellung wurde vorgeschlagen, die Aktivitäten von Unternehmen in „organisationalen Feldern" zu betrachten und unter Beachtung der gewählten Problemstellung den Prozess der Institutionalisierung zu untersuchen. Aus dieser Perspektive können sowohl strategische Hinweise für eine ökonomisch kluge Unternehmensführung als auch normative Anforderungen an Unternehmen formuliert werden.

Literatur

Beschorner, Thomas: Ökonomie als Handlungstheorie. Evolutorische Ökonomik, verstehende Soziologie und Überlegungen zu einer neuen Unternehmensethik. Marburg, 2002

Beschorner, Thomas: Unternehmensethiken. Eine theoretische Einführung. 2004a. In: Beschorner, T./Schmidt, M. (Hrsg.): Integritäts- und Umweltmanagement in der Beratungspraxis, München/Mering, S. 151-178

Beschorner, Thomas: Unternehmensethische Untersuchungen aus gesellschaftlicher Perspektive. Von der gesellschaftsorientierten Unternehmenslehre zur unternehmensorientierten Gesellschaftslehre. 2004b. In: Zeitschrift für Wirtschafts- und Unternehmensethik (zfwu), Jg.5, Heft 3, S. 255-276

Beschorner, Thomas: Corporate Social Responsibility, Corporate Citizenship, Corporate Governance. Schillernde Begriffe und ihre Deutung. In: Ökologisches Wirtschaften, Jg.2005, Heft 3, S. 40-42

Beschorner, Thomas/Behrens, Torsten/Hoffmann, Esther/Lindenthal, Alexandra/Hage, Maria/Thierfelder, Barbara/Siebenhüner, Bernd: Institutionalisierung von Nachhaltigkeit. Eine vergleichende Untersuchung der organisationalen Bedürfnisfelder Bauen & Wohnen, Mobilität und Information & Kommunikation. Marburg, 2005

Beschorner, Thomas/Lindenthal, Alexandra/Behrens, Torsten: Unternehmenskultur II. Zur kulturellen Einbettung von Unternehmen. In: FUGO - Forschungsgruppe Unternehmen und gesellschaftliche Organisation, U. O. (Hrsg.): Perspektiven einer kulturwissenschaftlichen Theorie der Unternehmung, Marburg, 2004, S. 273-308

Beschorner, Thomas/Osmers, Henning: Jenseits einer Unternehmensethik des Stakeholder-Managements. Von der gesellschaftsorientierten Unternehmenslehre zur unternehmensorientierten Gesellschaftslehre. In: Schmidt, M./Beschorner, T. (Hrsg.): Werte- und Reputationsmanagement, Mering/München, 2005, S. 83-119

Beyer, Heinrich: Interne Koordination und Partizipatives Management. Marburg, 1993

Freeman, R. Edward: Strategic Management: A Stakeholder Approach. Marshfield, 1984

Freeman, R. Edward/McVea, John: A Stakeholder Approach to Strategic Management. In: Hitt, M. A. (Hrsg.): The Blackwell Handbook of Strategic Management, Oxford, 2001, S. 189-207

Friedman, Milton: The Social Responsibility of Business Is to Increase its Profits. In: The New York Times Magazine, September 13, 1970, Heft 32-33, 1970, S. 122-126

Homann, Karl/Blome-Drees, Franz: Wirtschafts- und Unternehmensethik. Göttingen, 1992

Langlois, Richard N./Foss, Nicolai: Capabilities und Governance: The Rebirth of Production in the Theory of Economic Organization. In: Kyklos, Jg.52, Heft 2, 1999, S. 201-218

Matten, Dirk/Crane, Andrew: Corporate Citizenship: Towards an Extended Theoretical Conceptualization. In: Academy of Management Review, Jg.30, Heft 1, 2005, S. 166-179

McIntosh, Malcolm/Thomas, Ruth/Leipziger, Deborah/Coleman, Gill: Living Corporate Citizenship. Strategic Routes to Socially Responsible Business. London; New York; et al., 2003

McKague, Kevin/Cragg, Wesley: Compendium of Ethics Codes and Instruments of Corporate Responsibility. Toronto, 2003

Oliver, Christine: Strategic Responses to Institutional Processes. In: Academy of Management Review, Jg.16, Heft 1, 1991, S. 145-179

Paine, Lynn Sharp: Managing for Organizational Integrity. In: Harvard Business Review, Jg.72, Heft 2, 1994, S. 106-117

Pfriem, Reinhard: Ein pluralistische Feld von Governancekulturen. In: Wieland, J. (Hrsg.): Governanceethik im Diskurs. Marburg, 2004, S. 183-212

Pieper, Annemarie: Einführung in die Ethik. Tübingen, 1991

Powell, Walter W./DiMaggio, aul.: The New institutionalism in organizational analysis. Chicago, 1991

Sacconi, Lorenzo/Colle, Simone de/Baldin, Emma/Wieland, Josef/Oakley, Rosalind/Zadek, Simon/Cohen, Jonathan: Developing a CSR Framework to Integret Q-RES and Other Social and Ethical Standards. Castellanza, 2003

Sales, Arnaud/Beschorner, Thomas: Societal Transformation and Business Ethics. The Expansion of the Private Sector and its Consequences. In: Stehr, N./Henning, C./Weiler, B. (Hrsg.): The Moralization of Market, New Brunswick, New Jersey, 2005, S. 227-254

Schrader, Ulf: Corporate Citizenship. Die Unternehmung als guter Bürger? Berlin, 2003

Steinmann, Horst: Begründungsprobleme einer Unternehmensethik, insbesondere das "Anfangsproblem". In: Die Unternehmung, Jg.58, Heft 2, 2004a, S. 105-122

Steinmann, Horst: Unternehmensethische Untersuchungen aus "gesellschaftlicher Perspektive"? Korreferat zum Beitrag von Thomas Beschorner. In: Zeitschrift für Wirtschafts- und Unternehmensethik (zfwu), Jg.5, Heft 3, 2004b, S. 277-283

Steinmann, Horst/Löhr, Albert: Unternehmensethik - Zur Geschichte eines ungeliebten Kindes in der Betriebswirtschaftslehre. In: Gaugler, E./Köhler, R. (Hrsg.): Entwicklungen der Betriebswirtschaftslehre. 100 Jahre Fachdisziplin - zugleich eine Verlagsgeschichte, Stuttgart, 2002, S. 509-535

Steinmann, Horst/Scherer, Andreas Georg: Freiheit und Verantwortung in einer globalisierten Wirtschaft. In: Hungenberg, H./Schwetzler, B. (Hrsg.): Unternehmung, Gesellschaft, Ethik. Erfahrungen und Perspektiven, Wiesbaden, 2000, S. 93-115

Thielemann, Ulrich: Compliance und Integrity - Zwei Seiten ethisch integrierter Unternehmensführung. Lektionen aus dem Compliance-Management einer Großbank. In: Zeitschrift für Wirtschafts- und Unternehmensethik (zfwu), Jg.6, Heft 1, 2005, S. 31-45

Ulrich, Peter: Integrative Wirtschaftsethik. Grundlagen einer lebensdienlichen Ökonomie. Bern [u.a.] 1997

Ulrich, Peter: Ethics and Economics. In: Zsolnai, L. (Hrsg.): Ethics in the Economy. Handbook of Business Ethics, Bern, 2002, S. 9-37

Walgenbach, Peter: Neoinstitutionalistische Organisationstheorie - State of the Art und Entwicklungslinien. In: Schreyögg, G./Conrad, P. (Hrsg.): Managementforschung 12, Wiesbaden, 2002

Wieland, Josef: Die Ethik der Governance. Marburg, 1999

Wieland, Josef (Hrsg.): Handbuch Wertemanagement. Erfolgsstrategien einer modernen Corporate Governance, Hamburg, 2004

Wieland, Josef/Becker, Marcus C.: Methodologische Grundlagen der Neuen Organisationsökonomik. Berührungspunkte und Differenzen zwischen Neuer Institutionenökonomik und Evolutorischer Ökonomik. In: Beschorner, T./Pfriem, R. (Hrsg.): Evolutorische Ökonomik und Theorie der Unternehmung, Marburg, 2000, S. 25-50

Winter, Sidney G.: On Coase, Competence, and the Corporation. In: Williamson, O. E./Winter, S. G. (Hrsg.): The Nature of the Firm. Origins, Evolution, and Development, Oxford [u.a.], 1991, S. 179-195

Zadek, Simon: The Civil Corporation: The New Economy of Corporate Citizenship. London, 2001

Zadek, Simon: The path to corporate responsibility. In: Harvard Business Review, Jg.82, Heft Dezember, 2004, S. 125-132

Josef Wieland

Corporate Citizens sind kollektive Bürger[1]

1 Begriffsübungen

Die deutsche Diskussion zum Thema Corporate Citizenship (CC) hat in den letzten Jahren zur Lokalisierung verschiedener Aufgabenfelder geführt, die dem bürgerschaftlichen Engagement von Unternehmern und Unternehmen zugerechnet werden. Dazu gehören das weite Feld der betrieblichen Sozialleistungen ebenso wie philanthropisches Engagement in Kunst und Kultur, traditionelles Sponsoring von Sport oder Bildung, aber auch gesellschaftliches Engagement auf kommunaler oder nationaler Ebene und schließlich das politische und sozialpolitische Engagement auf globaler Ebene (vgl. hierzu ausführlicher Wieland 2002a).

Man erkennt auf den ersten Blick, dass hier ein sehr schillerndes Phänomen angesprochen ist. Denn Sponsoring von Bundesligafußball und Auftritte von Opernstars haben wohl eher mit Marketing als mit bürgerschaftlichem Engagement zu tun, während die gleiche Aktion für den Trikotsatz der F-Jugend des 1. FC Bullerbü und das Jahreskonzert der Sängergemeinschaften ökumenischer Chöre durchaus mit dem Prädikat „bürgerschaftlich" ausgezeichnet werden könnte. Wo aber liegt die Differenz? In der fehlenden Professionalität oder dem nicht vorhandenen Erwerbsgedanken? Warum aber sollte die Wirtschaft solche Haltungen sponsern mit einem CC-Programm, das sich selbst nicht karitativ versteht, sondern den Gedanken des berechtigten Eigeninteresses fördern will? Und was hat das alles mit betrieblich vereinbarten Sozialleistungen (für die der Betriebsrat zuständig ist) oder der Abschaffung von Kinderarbeit bei Lieferanten in Anatolien zu tun? Liegt das wirklich alles auf einer Ebene?

Der naiven Buntheit der Bereiche möglichen Engagements entspricht die nicht vorhandene Präzision des Begriffs. Das muss kein Nachteil sein, sondern ist gelegentlich eher die Bedingung dafür, dass überhaupt ein Anliegen oder ein gesell-

---

[1] Erschienen in: Behrent, M./Wieland, J. (Hrsg.): Corporate Citizenship und strategische Unternehmenskommunikation in der Praxis. München/Mering: Hampp, 2003. Der Abdruck erfolgt mit Genehmigung des Autors.

schaftliches Problem öffentlich kommuniziert werden kann, das anderenfalls keiner verstünde, weil es an den Grenzen schon vorhandener Begriffe und Tatsachen zerschellte. Denn was genau ist denn der Unterschied von CC zu den deutschen Traditionen der Sozialpartnerschaft, Sozialen Marktwirtschaft und dem Engagement in der Gemeinde? Wer sich hier um Begriffsschärfung bemüht, zerstört unweigerlich Möglichkeiten der Kommunikation. Nicht nur, aber auch solche, die naiv sind oder strategisch. Welcher Sachverhalt aber wäre als Referenzpunkt einer solchen Klärung geeignet? Ich schlage vor, dass man in dem Begriff nicht nur den Aspekt der Citizenship ernst nimmt, sondern auch, dass es sich um Handeln und Verhalten einer Corporation handelt, das sich in Managemententscheidungen und deren Umsetzung materialisiert. Was eine leistungsstarke Definition von CC demnach leisten müsste, wäre deren konzeptionelle Andockung an Managementsysteme. Schauen wir, was gängige Definitionen unter diesem Gesichtspunkt anbieten.

Eine erste Möglichkeit, den Begriff zu definieren, stellt auf die Integration von Stakeholder-Interessen in Geschäftsentscheidungen ab (vgl. Davenport 2000). In diesem Zusammenhang wird CC häufig gegen einen verengten Shareholder Value in Stellung gebracht und das Unternehmensziel durch die Befriedigung multipler Stakeholder-Ansprüche definiert. Einmal abgesehen von ideologischen Folien, die hier Wirkung zeigen, besteht das wissenschaftliche (und damit praktische) Problem darin, dass bis heute kein Entwurf für ein Stakeholder-Management vorliegt, das intersubjektive Kriterien dafür liefert, welche Stakeholder-Interessen aus welchen Gründen bedient und welche aus welchen Gründen nicht bedient werden. Auch gibt es die Frage nach der Grenze, bis zu der es Unternehmen überhaupt möglich ist, sich selbst mit berechtigten und zugelassenen Interessen zu beschäftigen. Unter dem Gesichtspunkt von Managemententscheidungen über Ressourcen bietet daher der Stakeholder-Ansatz in der gegenwärtigen Verfassung wenig operationalisierbare Ansatzpunkte.

Die zweite Möglichkeit stellt auf die Bildung von Sozialkapital (vgl. Coleman 2000) durch CC ab und verweist auf die unbestreitbar nützliche Funktion dieses Gutes für Demokratie, Marktwirtschaft und Unternehmen. Es scheint demnach eine win-win-Situation plausibel, wenn und insofern Unternehmen in CC investieren. Dieses Argument wird in Deutschland von Teilen der christlichen Sozialethik und Unternehmerverbänden vorgetragen, weil es die Fortschreibung der deutschen korporatistischen Tradition in einer ökonomischen Vernunftcodierung verspricht. Dagegen erheben sich allerdings massive Bedenken. Wenn Unternehmen in CC als Sozialkapital investieren, dann stellen sie damit ein öffentliches oder ein organisationsöffentliches Gut zu Verfügung (vgl. Wieland 1998). Warum aber sollten sie dies tun, wenn bei öffentlichen Gütern nicht angegeben werden kann, wie hoch die Rendite für die individuell getätigte Investition ist oder sein wird? Wie sieht die

Aufwand-Ertrags-Relation dieser Investition aus? Wo liegt die optimale Investitionshöhe? Wie geht man mit dem allseits bekannten Trittbrettfahrerproblem um, ohne den Staat zu bemühen? Solange sich hinter dem Begriff „Sozialkapital" nur semantische Innovationen sammeln, die auf Legitimation durch Pseudo-Ökonomisierung des tradierten deutschen Sozialkonsens hinauslaufen, ist für Managemententscheidungen wenig gewonnen.

Eine dritte Variante unterstellt, dass CC synonym mit dem Begriff Corporate Social Responsibility (CSR) ist, so wie er von der EU im Gefolge des Lissabon-Prozesses geprägt und gefördert wurde. Unter CSR wird die Wahrnehmung sozialer und ökologischer Verantwortung durch Unternehmen verstanden, die über die jeweilige nationale rechtliche Verpflichtung hinausgeht (vgl. Grünbuch der Europäischen Kommission 2001). Dieses Abstellen auf „Freiwilligkeit" ist mehr als problematisch. Erstens werden damit die Unterschiede in den nationalen Rechtsstandards betont und problematisiert. Um nur ein Beispiel zu nennen: So verweisen deutsche Unternehmen nicht ohne Recht darauf, dass fast alle aktuellen Beispiele für die CSR-Bewegung in Großbritannien insofern irrelevant sind, als deren Errungenschaften schon seit Jahr und Tag in Deutschland als Rechtsansprüche zu haben sind. Zweitens könnte, so jedenfalls die Befürchtung der Gewerkschaften, die Betonung der „Freiwilligkeit" genutzt werden zur Schwächung deutscher sozialpartnerschaftlicher Strukturen, zur Legitimation weiterer Steuerentlastungen für Unternehmen und zur Umwandlung von Rechtsansprüchen in jederzeit zurücknehmbare einseitige Leistungen. Drittens schließlich lässt sich damit eine Deregulierungsrhetorik von Interessensverbänden kombinieren, so etwa der Vorwurf von NGOs, die auf eine Instrumentalisierung moralischer Versprechen hinauslaufe. All diese Gesichtspunkte erklären, warum CSR als Bewegung für „Freiwilligkeit" sich in Deutschland nicht durchsetzen konnte (und auch nicht durchsetzen wird) und damit auch nicht zur Begründung von CC herangezogen werden sollte.

Die geringe konzeptionelle Konsistenz des Stakeholder-, Social Capital- und CSR-Ansatzes hat in der deutschen Öffentlichkeit zu der Vermutung geführt, dass sich hinter CC nichts anderes als eine weitere Amerikanisierung der deutschen Wirtschaft verberge und eine Zunahme der von Unternehmen und Managern zu beherrschenden Anglizismen. Hinzu komme, dass in Deutschland nur ein Individuum Bürger sein könne, nicht aber eine kollektive Person, was in den U.S.A. aus historischen und rechtlichen Gründen anders bewertet werde. Dass Unternehmen seit geraumer Zeit mehr und mehr sozial- und gesellschaftspolitische Aufgaben zur Bearbeitung und Lösung zugewiesen werden, ist das Einzige, was aus der bisherigen Diskussion erhellt. Aufgaben, von denen sie gestern noch gar nicht wussten, dass sie heute für deren Lösung zuständig sind.

2 Das Unternehmen als Bürger

Auf seiner 41. Sitzung im Dezember 2002 hat der Economic and Social Council der UN sich mit dem Verhältnis des öffentlichen und privaten Sektors entwickelter Gesellschaften auseinandergesetzt. Diese Diskussion hat eine auf Differenz abstellende Definition von CC und CSR erbracht, die mir weiterführend scheint:

> „68. Corporate social responsibility is a widely used concept to describe specific decision-making policies of the business community that are: linked to ethical values; in fully compliance with existing legal requirements; and show respect for people and the priorities of local communities, including environmental protecting. This social responsibility, combined with corporate responsibility to a range of stakeholders, notably consumers, employees and their representatives, investors and shareholders, is assessed in terms of meeting a growing range of standards.
> 69. Corporate citizenship entails a similar approach, and is often used interchangeably with corporate social responsibility, although, it is potentially wider in scope, implying an active role for private sector entities as "citizens", having both rights and responsibilities. In addition to adopting the business policies and practices of corporate social responsibility, corporate citizenship is geared, in particular, to maximizing private sector contributions to social development without undermining business practices. The concept of corporate citizenship goes beyond focusing on compliance, responding to external scrutiny or simply minimizing negative impacts, thereby engaging the private sector in a more proactive way to actively search out and pursue ways to promote social development."

Auf einen Nenner und auf eine Definition gebracht: CSR ist ein werte- und normengeleitetes Management zur Lösung sozialer und ökologischer Problemlagen. Die Definition dessen, was eine solche Lage auszeichnet, vollzieht sich über Stakeholder und gesellschaftliche Standards. CC wird demgegenüber demokratietheoretisch angesetzt, nämlich als die Rechte und Pflichten des Unternehmens als moralisch proaktiver kollektiver Bürger.

CSR ist demnach ein problemgetriebenes Wertemanagementkonzept, CC stellt auf Rechte und Pflichten des Unternehmens als Bürger ab. Aber Bürger ist hier weniger als ein rechtlicher Status zu verstehen, sondern vielmehr als ein „concept of citizenship-as-a-desireable-activity" (Wood/Logsdon 2004). CSR ist ein notwendiger Bestandteil von CC, aber CC erschöpft sich nicht in CSR. CC ist damit das umfassendere Konzept und dominant gegenüber CSR. Durch die Zuweisung des Bürgerstatus an Unternehmen über ein erwünschtes Niveau proaktiver und gesellschaftliche Entwicklung fördernder Aktivitäten durch dieses, wird CC anschlussfähig an das Problem von Managemententscheidungen überhaupt. Es geht um die wert- und wertegetriebene Zuweisung unternehmerischer Ressourcen zur Bearbeitung gesellschaftlicher Problemlagen durch die Handlungen der Wirtschaft. Dies ist zugleich ein wesentlicher Beitrag zur Entwicklung gesellschaftlicher Kooperation in Auseinandersetzung mit den Interessen der Stakeholder auf der Grundlage von Standards guter Unternehmenspraxis und des Managementverhaltens. Diese zugleich umfassende und integrative Sicht auf das moralische Engagement von Unternehmen in der Gesellschaft ist, und dies sei hier am Rande erwähnt, exakt die Grundlage des WerteManagementSystems^{ZfW} (vgl. Wieland 2002, 2003; Wieland/Fürst 2003).

Ich habe an anderer Stelle ausführlicher die Dimensionen des Unternehmens als kollektiver moralischer Akteur analysiert und möchte hier nur darauf verweisen (vgl. Wieland 2001). Stattdessen möchte ich die Ursachen für die in Abschnitt 1 skizzierte Zunahme der Zuweisung moralischer Verantwortung auf Unternehmen und den in Abschnitt 2 dargelegten Zusammenhang von CSR und CC als umfassendes Wertemanagement eines kollektiven Bürgers beleuchten. Dabei lassen sich, völlig analog zum bisherigen Gang der Argumentation, eine ökonomisch grundierte Managementbegründung und eine gesellschaftspolitische Argumentation unterscheiden.

Die ökonomische Begründung stellt auf die größere Effektivität und Effizienz von Unternehmen bei der Lösung sozialer und gesellschaftlicher Moralprobleme ab. Parallel dazu wird ein abnehmender Einfluss nationalstaatlicher Regulierungskraft und das Fehlen global politischer Institutionen festgestellt. Unternehmen wird also vermehrt moralische Verantwortung zugewiesen, weil bei ihnen superiore Lösungskompetenz für Probleme dieser Art vermutet wird. Dies ist, gemessen an den Vorstellungen der ausgehenden 1960er und beginnenden 1970er Jahre, eine völlige Inversion der moralischen Wahrnehmung (vgl. hierzu Wieland 2003).

Die gesellschaftspolitisch gesteuerte Lokalisierung von Ursachen für diese Entwicklung unterstreicht das neuartige Abhängigkeitsverhältnis der Gesellschaft von den Leistungen der Unternehmen (vgl. Paine 2002). Die Menschen des alten Europas sahen das Gelingen ihres Alltags abhängig von göttlichem Segen und feudaler Rechtschaffenheit und Gnade. Die Menschen der Moderne wissen, dass sie spätestens mit dem Beginn des 20. Jahrhunderts alle Mittel des Lebens unternehmerischen Leistungen verdanken und dass sie von deren Integrität bei der Erbringung dieser Produkte und Dienstleistungen direkt abhängig sind.

Aus dieser Diagnose folgt als zentrale Botschaft, dass Unternehmen und Gesellschaft ein vermehrtes und gemeinsames Interesse an Transparenz, Kontrolle und Einbezug haben müssen. Die Unternehmen haben ein Interesse an Transparenz und Kontrolle ihrer Transaktionen, weil sie nur so das Problem der Corporate Governance lösen können. Sie haben ein Interesse am Einbezug in die Gesellschaft, weil dies gesellschaftliche Legitimation und Reputation und damit die Sicherstellung ihrer „licence to operate and grow" bedeutet. Die Gesellschaft hat ein Interesse an Transparenz und Kontrolle wirtschaftlicher Transaktionen, weil sie ein Gegengewicht zur existierenden fundamentalen Abhängigkeit ihres Lebens von Unternehmensleistungen bilden. Auch sie müssen, und sei es auch nur aus den gleichen Gründen, einen Einbezug der Unternehmen in die Gesellschaft betreiben, weil sie nur so moralischen Druck auf Unternehmen ausüben und moralische Verantwortung zuweisen können. Wären Unternehmen wirklich die „outlaws" der Gesellschaft, wie gelegentlich vermutet wird, dann wären sie dieser nichts schuldig – vor allen Dingen keine CSR und keine CC.

Wir wären damit bei folgendem Fazit der bisherigen Diskussion: Ein „good corporate citizen" definiert sich nicht alleine und nicht einmal in erster Linie über seine angebbaren und über Indikatoren bewerteten einzelnen ökonomischen, rechtlichen, sozialen, ökologischen und moralischen Leistungen für die Gesellschaft. Hier lauert immer die auf Proaktivität abstellende Öffnungsklausel für den Leistungskatalog. Gute Arbeit als Corporate Citizen wird daher nur zu einem führen: zu vermehrter Arbeit. Wer diese nicht zu befriedigende und zur Befriedigung führende Inflationierung der Ansprüche vermeiden will, muss seine Bürgerrolle offensichtlich anders definieren. „Good Corporate Citizenship" ist dann die von materiellen und moralischen Ressourcen gestützte Bereitschaft und Fähigkeit von Unternehmen, immer dort moralische Verantwortung zu übernehmen, wo dies von ihren Ressourcen her möglich und von der Sache her sinnvoll ist. CC ist demnach nicht die verengte Kommunikation von moralischer Performance, sondern die Demonstration von moralischer Haltung und Kompetenz. Nicht die moralische Leistung eines Unternehmens steht daher im Vordergrund der Betrachtung, sondern seine Eigenschaften als kollektiver Bürger.

Literatur

Coleman, James: Foundations of Social Theory. Cambrigde/MA: Belknap Press (of Harvard UP), 2000

Davenport, Kim: Corporate Citizenship: A stakeholder approach for defining corporate social performance and identifying measures for assessing it. In: Business and Society, 3 (2), 2000, S. 210-219

Europäische Kommission: Grünbuch Europäische Rahmenbedingungen für die soziale Verantwortung der Unternehmen. KOM (2001) 366, Brüssel, 2001

Paine, Lynn Sharp: Value Shift: Why Companies Must Merge Social and Financial Imperatives to Achieve Superior Performance. New York: McGraw-Hill, 2002

Wieland, Josef: Kooperationsökonomie. Die Ökonomie der Diversifität, Abhängigkeit und Atmosphäre. In: Wegner, G./Wieland, J. (Hrsg.): Formelle und informelle Institutionen der Ökonomie. Genese und Evolution. Marburg: Metropolis, 1998

Wieland, Josef: Die Tugend kollektiver Akteure. In: Wieland, J. (Hrsg): Die moralische Verantwortung kollektiver Akteure. Heidelberg: Physica, 2001

Wieland, Josef: Corporate Citizenship-Management: Eine Zukunftsaufgabe für die Unternehmen? In: Corporate Citizenship. Gesellschaftliches Engagement – unternehmerischer Nutzen (hrsg. gemeinsam mit W. Conradi). Marburg: Metropolis 2002

Wieland, Josef: Wertemanagement und Corporate Governance. 2002b. In: Organisationsentwicklung, Heft 4/2002, S. 84-90

Wieland, Josef: ValuesManagementSystem[ZfW]: A New Standard for Values Driven Management. In: Standards and Audits for Ethics Management Systems – The European Perspective, Heidelberg: Springer, 2003

Wieland, Josef/Fürst, Michael: WerteManagementSysteme in der Praxis. Erfahrungen und Ausblicke. Empirische Ergebnisse einer Längsstudie. KIeM Working Paper Series No. 04, 2003

Wood, Donna J./Logsdon, Jeanne M.: Business Citizenship: From Individuals to Organizations. In: Freeman, R.E./Venkataraman, S. (Hg.): Ethics and Entrepreneurship, The Ruffin Series (Society for Business Ethics), Vol. 3, 2002

Peter Ulrich

Corporate Citizenship oder: Das politische Moment guter Unternehmensführung in der Bürgergesellschaft

Wir leben in einer Zeit, in der die Strategen der „Öffentlichkeitsarbeit" Begriffe fast nach Belieben verwenden. Kommen neue Ausdrücke aus dem angelsächsischen Raum, so fällt das umso leichter. Die Gefahr ist groß, dass dieses übliche Schicksal auch den Begriff der *Corporate Citizenship* ereilt, wenn er allzu rasch den PR-Abteilungen der Firmen überlassen wird und darüber hinausgehende Orientierungsgesichtspunkte fehlen. Wie die Farben in der Mode werden dann die Worthülsen ausgetauscht, etwa als Überschriften mehr oder weniger einschlägiger Abschnitte in Geschäftsberichten, in denen es irgendwie darum geht, was das Unternehmen mit oder neben seinem geschäftlichen Erfolgsstreben für die Gesellschaft an Gutem tut. War da vorletztes Jahr vielleicht von *Sustainability* und letztes Jahr von *Corporate Social Responsibility (CSR)* die Rede, so diesmal für mehr oder weniger dieselben Inhalte eben von *Corporate Citizenship* oder umgekehrt.

Nun gut, die PR-Abteilungen vor allem größerer Unternehmen machen damit eben ihren *Job*. Noch beklagenswerter ist es, wenn der begrifflichen Beliebigkeit auch in der Wissenschaft, insbesondere in Management- bzw. Betriebswirtschaftslehre, gehuldigt wird, indem mit dem Verweis auf eben diese herrschende Praxis sogleich der synonymen Verwendung insbesondere der zwei Begriffe der CSR und der Corporate Citizenship das Wort geredet wird.[1] Dann nämlich erfüllen Wissenschafter gerade *ihren Job* nicht, der zuallererst in sauberer „Begriffsarbeit" und der Klärung der präzisen Bedeutung neuer Ausdrücke besteht. Nur auf dieser Basis lassen sich innovative Reflexionshorizonte praktischen Tuns gewinnen.

Das wirklich neue handlungsorientierende Potenzial des Begriffs *Corporate Citizenship* steckt durchaus im wörtlichen Begriffsverständnis. Es kommt gerade darauf an, dieses gegen das herkömmliche Vorverständnis von der Rolle eines Unternehmens in der Gesellschaft ernst zu nehmen und zu Ende zu denken. Des Pudels

---

[1] So beispielsweise auch in der ansonsten guten Übersicht von Reimer (2004: 3)

Kern steckt offenkundig im bürgerschaftlichen Horizont – aber nicht nur in diesem *per se*, sondern vor allem in seiner Anerkennung als umfassendem Reflexionszusammenhang der Unternehmenspolitik. Mit andern Worten: Das Verhältnis zwischen dem Unternehmen und seinem bürgergesellschaftlichen Umfeld wird bewusst in den Orientierungshorizont „guter" Unternehmensführung einbezogen und – potenziell – von Grund auf neu durchdacht. Dabei bietet sich die Chance, drei sonst kaum je in Frage gestellte, aber im guten Sinne frag-würdige Selbstverständlichkeiten aufzuweichen: das separative, das privatistische und das funktionalistische Vorverständnis von praktizierter gesellschaftlicher Verantwortung des Unternehmens.

Vom separativen zum integrativen Verständnis

Unternehmen sind institutionelle Zwitter: Einerseits, als Subsysteme des marktwirtschaftlichen Systems, unterliegen sie den Sachzwängen der ökonomischen Selbstbehauptung im immer härteren Wettbewerb; dabei Erfolg zu haben, ist im Kern der strategische Gesichtspunkt der betriebswirtschaftlichen (Nutzen/Kosten-) Logik. Andererseits aber, als gesellschaftliche Wertschöpfungs- und -verteilungsveranstaltungen, stehen Unternehmen unter vielfältigen „Ansprüchen" an ihre Lebensdienlichkeit und dabei immer öfter mitten im Brennpunkt gesellschaftlicher Wert- und Interessenkonflikte; diese tragfähig zu lösen, stellt jedoch eine ethische Herausforderung dar, die in ökonomischen Kategorien nicht bewältigt, ja noch nicht einmal verstanden werden kann. Symptomatisch zeigt sich das noch immer allzu oft im wenig hilfreichen oder für das Ansehen des Unternehmens sogar schädlichen, also unklugen Umgang mit dieser Seite guter Unternehmensführung.

Es lässt sich immerhin als erster Schritt der Bewusstseinserweiterung verstehen, wenn zu einem zuvor auf die „Positionierung" des Unternehmens im marktwirtschaftlichen Wettbewerb beschränkten Konzept guter Unternehmensführung zunächst einfach *additiv* die Wahrnehmung einer darüber hinausreichenden sozialen Verantwortung hinzukommt. Es geht dann vermeintlich nur darum, *neben* dem „normalen" geschäftlichen Erfolgsdenken, außerhalb des Marktes und jenseits seiner Logik, humanitär, sozial und kulturell Gutes zu tun. Das systematische Resultat ist *Spendenethik* – oder wie in Firmendokumenten bisweilen zu lesen ist: man erklärt sich bereit, aus dem zuvor erarbeiteten unternehmerischen Gewinn „der Gesellschaft etwas zurückzugeben". Wie dieser Gewinn erwirtschaftet worden ist, bleibt ausgeblendet. Man sollte sich daher nicht wundern, wenn skeptische Beobachter rasch einmal argwöhnen, es könnte sich teilweise um Ablenkungsmanöver handeln. Die empirischen Indizien sind nicht ganz von der Hand zu weisen, dass solches „Gutes-Tun" im Quervergleich verschiedener Branchen auffallend mit der gesellschaftlichen Umstrittenheit ihrer Geschäftsmodelle zu korrelieren scheint (mit Spitzenreitern wie Tabakindustrie, Pharma, Banken ....).

Fast schon grotesk wäre es, auch noch unter der Flagge der Corporate Citizenship oder des bürgerschaftlichen Engagements des Unternehmens nichts als seine Spendenaktivitäten hochzuhalten. Doch genau dies geschieht in vielen Selbstdarstellungen von Firmen – bisweilen geradezu unter dem impliziten oder sogar expliziten Credo, glaubwürdige Corporate Citizenship könne mit fast allem zu tun haben, nur nichts mit den branchentypischen Problemen des eigenen Kerngeschäfts und seiner Rahmenbedingungen.

Das Gegenteil dieses *separativen* Konzepts trifft zu: Spendenethik ist gut, aber sie ist nicht gut genug. Wohlverstandene Corporate Citizenship beginnt da, wo die Bereitschaft, etwas gesellschaftlich Sinnvolles und Gutes zu tun, in das Geschäftsmodell des Unternehmens *integriert* wird und an den Kernkompetenzen ansetzt, die seine Stärke im „Kerngeschäft" ausmachen. Einfach irgendwie Gutes zu tun wäre ja nicht nur uferlos, sondern oft auch eher ineffektiv, verstehen doch Geschäftsleute, wie auch sonst jedermann, nicht unbedingt von allem so viel wie von ihrer professionellen Tätigkeit. Das integrative Moment von Corporate Citizenship kommt dann in den Blick, wenn ihr Fokus auf die *Geschäftsintegrität* gerichtet wird, und das meint ganz wörtlich: darauf, dass das strategische „Geschäftsmodell" nicht vom gesellschaftlichen Verantwortungsbewusstsein abgespalten, sondern selbst noch hinsichtlich seiner Legitimität und Sinnhaftigkeit reflektiert wird. Unternehmen, die sich als Corporate Citizens verstehen, dürfen und sollen sehr wohl geschäftstüchtig sein – aber sie *wollen* von vornherein nur mit solchen Produkten und Vermarktungsmethoden „Geld machen", die sie vor allen Beteiligten und Betroffen, auch vor der kritischen Öffentlichkeit, mit guten Gründen ver-*antwort*-en können. Je besser das einer Firma gelingt, umso weniger braucht sie für ihre gesellschaftliche Anerkennung auf Spenden- und Sponsoringaktivitäten zu setzen, die sich möglichst weit weg vom Kerngeschäft bewegen.

Vom privatistischen zum republikanisch-ethischen Verständnis

Schubkraft verliehen hat der CSR-Bewegung von Anfang an – keineswegs nur, aber eben auch – das Motiv des „Wir machen das schon; haltet uns bloß den Staat draußen!". Ganz in diesem Sinn war schon in den 1960er und 1970er Jahren vom „eisernen Gesetz der sozialen Verantwortung" die Rede: „Auf die Dauer verliert jede Institution jene Macht, die sie nicht verantwortungsvoll einsetzt" (Davis/Blomstrom 1975: 50). Wiederum ist, analog zur Spendenethik, solcher Bereitschaft zu autonomer Selbstverantwortung an sich nichts vorzuwerfen; sie ist nicht nur klug, um staatlicher Regulierungsbedürftigkeit oder –wut vorzubeugen, sondern auch ethisch geboten. Der Pferdefuss steckt aber natürlich im impliziten Machtanspruch. Aus bürgergesellschaftlicher Perspektive kommt es an den Tag: In einer wohlgeordneten Gesellschaft freier und gleicher Bürger soll es keine Macht geben, die sich vor eben diesen Bürgern nicht zu legitimieren hätte. In Bezug auf staatliche Macht waren sich dessen alle Anhänger einer freiheitlich-demokratischen und rechtsstaatlichen Grundordnung stets bewusst. Die Gretchenfrage lautet jedoch, wie wir es mit der heutigen privatwirtschaftlichen Investitions- oder Desinvestitionsmacht im „Standortwettbewerb" halten. Dient solche Macht dazu, sich den Spielregeln der Bürgergesellschaft zu entziehen oder sie gar nach eigenem Gusto bestimmen zu wollen, also letztlich die *res publica* oder die öffentliche Ordnung privaten Partikulärinteressen unterzuordnen, so wird sie gesellschaftspolitisch bedenklich.

Wäre es von daher nicht grotesk, wenn ausgerechnet im Namen von Corporate Citizenship auf jene anti-etatistische, halbierte Lesart des Begriffs der Zivilgesellschaft zurückgegriffen würde, welche *civil society* von der Idee republikanischer (Rechts-)Staatlichkeit abkoppelt und sie ihr fälschlicherweise geradezu als Gegenpol entgegenstellt, als ob der Staat prinzipiell der Gegner der bürgerlichen Freiheit wäre? Nein, zunächst einmal ist er der Garant der allgemeinen Bürgerfreiheit, d.h. der gleichen Freiheit aller! Wer, wenn er „Freiheit" sagt, wirklich die rechtsstaatlich verfasste allgemeine Bürgerfreiheit und nicht bloß die Willkürfreiheit der Starken meint, der wird ganz selbstverständlich den Primat der „zivilisierenden" politischen Rahmenordnung vor der Privatwirtschaft anerkennen. Solcher *republikanischer* Liberalismus lässt sich nicht auf puren Wirtschaftsliberalismus reduzieren (vgl. Ulrich 2002: 273-291). Nicht eine absolut „freie", sondern eine im buchstäblichen Sinn *zivilisierte Marktwirtschaft* (vgl. Ulrich 2005) ist somit vernünftigerweise zu befürworten: Die Marktkräfte sind in die bürgergesellschaftliche Ordnung einzubinden, nicht voraussetzungs- und grenzenlos aus ihr freizusetzen.

Corporate Citizenship meint von daher eine politisch-ethisch orientierte, *republikanische* Unternehmensethik. Es geht für ein verantwortliches Unternehmen nicht nur darum, sich wie ein guter Bürger in seinem Privatleben zu verhalten, sondern ebenso sehr darum, die öffentliche Ordnung der Bürgergesellschaft, von der die Privatwirtschaft ihre ideelle „Licence to operate" erhalten hat, zu respektieren und aktiv mitzutragen. Auch in dieser Hinsicht kommt es darauf an, *integer* (d.h. ungespalten!) zu bleiben und sich auf die Seite jener verantwortungsvollen Staatsbürger zu stellen, die den Primat der öffentlichen Sache einer wohlgeordneten Gesellschaft freier und gleichberechtigter Bürger vor mächtigen Partikulärinteressen jeder Art, auch wirtschaftlichen, verteidigen. Wahrhaftige Corporate Citizens halten die Prinzipien und Leitideen einer wohlgeordneten Bürgergesellschaft hoch und übernehmen in ihrem Lichte *ordnungspolitische Mitverantwortung* für die Rahmenbedingungen des eigenen Erfolgsstrebens und des Wettbewerbs, statt politischen Lobbyismus nur als Fortsetzung des Geschäfts mit andern Mitteln zu betrachten und zu betreiben.

Vom funktionalistischen zum prinzipiengeleiteten Verständnis

Nach wie vor große Verwirrung ist sowohl in der Praxis als auch in der akademischen Diskussion bezüglich des Verhältnisses zwischen unternehmerischer Ethik und Erfolgslogik zu beobachten. Der gewohnten geschäftsstrategischen Erfolgslogik entsprechend, herrscht ein funktionalistisches oder instrumentalistisches Konzept verantwortlicher Unternehmensführung vor: Was letzten Endes zählt, ist der so genannte *business case* auch noch von CSR. Gemäß diesem Denkmuster ist es zwar richtig und wichtig, dass Unternehmen den Vorrang gewisser außerökonomischer Gesichtspunkte der Human-, Sozial- und Umweltverträglichkeit ihres Wirtschaftens beachten und eine dementsprechende Selbstbegrenzung ihres Gewinnstrebens pflegen. Doch die entscheidende Begründung dafür wird nicht im ethischen Eigenwert solcher Gesichtspunkte gesehen, sondern darin, dass kurzfristiger Erfolgsverzicht sich längerfristig auszahlt – in „nachhaltigem" Erfolg. Oder auf neudeutsch: „Sound ethics is good business in the long run", ein Statement, dem in zahlreichen Studien bis zu 99% der befragten Führungskräfte ohne Zögern zugestimmt haben (vgl. Ulrich/Thielemann 1993: 879-898; vgl. Ulrich/Thielemann 1992).

Einmal mehr ist an sich nichts gegen solches „nachhaltiges" Erfolgsdenken einzuwenden; es ist allemal besser als blindes kurzfristiges Maximierungsdenken. Solange das *ethisch* Gebotene mit *kluger* Langfristökonomie übereinstimmt, mag es auf das Motiv – also das, was uns zum konkreten Handeln bewegt – nicht ankommen. Das Problem ist jedoch, dass das funktionalistische Konzept genau an jener Weggabelung, wo die ethische Orientierung und der betriebswirtschaftliche Weg zum Erfolg sich trennen, versagt. Denn ihm gemäß ist es ja die entscheidende Bedingung und damit das Definitionsmerkmal von „sound ethics", dass sie sich rechnet. Der „business case" ist an diesem Punkt nur mehr auf Kosten des ethischen Gehalts zu haben. Nicht in dieser Welt, sondern nur in *Nirvana Economics* geht das ethisch Gebotene stets im ökonomischen Erfolg auf, wie langfristig man diesen auch rechnen mag.

Wiederum mutet es daher grotesk an, wenn – zum Glück nur selten – auch noch unter der Flagge von Corporate Citizenship vor allem dem „business case" das Wort geredet wird, um die Idee zu verkaufen. Damit leistet man ihr möglicherweise einen Bärendienst, konterkariert das doch die grundlegende Einsicht in die ganz andere normative Logik einer wohlgeordneten Gesellschaft freier und gleichberechtigter Bürger, zu der die Anerkennung der klaren Zweistufigkeit von öffentlicher Ordnung („res publica") und privater Sphäre gehört. Die öffentliche Ordnung *konstituiert* nämlich überhaupt erst den je gleichen Privatraum aller Gesellschaftsmitglieder, in dem sie tun und lassen können, was sie wollen. Dabei findet die Freiheit des Einzelnen, mithin auch die Wirtschaftsfreiheit, ihre legitime Grenze in der gleichberechtigten Freiheit der Anderen. Das Legitimitätskriterium privaten bzw. privatwirtschaftlichen Handelns besteht somit nicht darin, ob es für irgendwelche Dritte vorteilhaft ist oder irgendwie das diffuse Gemeinwohl befördert, sondern ob es die unantastbaren legitimen Ansprüche aller von diesem Handeln direkt oder indirekt Betroffenen und die so verstandene Gerechtigkeit ihres Zusammenlebens wahrt. Dies ist nichts anderes als das *liberale Prinzip*, wie es schon der klarsichtigste Vordenker des politischen Liberalismus im 19. Jahrhundert, John Stuart Mill, begriffen hat (vgl. Mill 1974: 16; vgl. Ulrich 2006: 253-282). Bürger, die sich wechselseitig als Freie und in dieser Hinsicht Gleiche anerkennen, achten dieses Prinzip. Und wer es achtet und verstanden hat, kann nicht gleichzeitig dem „business case" einer ökonomisch bedingten Pseudo-Unternehmensethik frönen. Vielmehr erkennt und begreift er, dass es vernünftige Prinzipien des Zusammenlebens in einer freiheitlichen Bürgergesellschaft gibt, die – der Begriff besagt es – um ihrer selbst willen den unbedingten Vorrang vor allen ökonomischen Nutzen/Kosten-Kalkülen verdienen.

Ein dementsprechend *prinzipiengeleitetes Unternehmertum* ist im Übrigen keineswegs unvereinbar mit solidem Geschäftserfolg im Markt; vielmehr macht es sich die *Business Principles* buchstäblich zur tragenden „Geschäftsgrundlage". Damit wird das unternehmerische Erfolgsstreben der Legitimitätsbedingung unterstellt, dass das Unternehmen stets den unbedingten Vorrang der Grundsätze des gleichberechtigten Zusammenlebens freier Bürger respektiert. Ein Unternehmen, das sich konsequent an entsprechende Geschäftsprinzipien bindet, wird sich damit auf die Dauer den schwer imitierbaren Wettbewerbsvorteil einer *verdienten Reputation* erarbeiten, die sowohl bei der Gewinnung qualifizierter Mitarbeitender als auch der Akquisition von Kunden durchaus zum Erfolg beitragen kann.

Fazit

Die umrissene politisch-philosophische Dimension fehlt der heutigen Debatte zum Verhältnis von Wirtschaft und Gesellschaft noch immer weitgehend. Dieses Defizit erklärt manche gängigen Verirrungen des Zeitgeists in Richtung eines rezenten politischen Ökonomismus.[2] Es ist aus dieser Sicht wohl kein Zufall, dass der Begriff der Corporate Citizenship gerade heute aufkommt. Er signalisiert die allmähliche Rückkehr eines öffentlichen Bewusstseins für den unauflöslichen, schon von Aristoteles begriffenen Begründungszusammenhang von Ethik, Politik und Wirtschaft – in dieser Reihenfolge. Erst von da her ist ein besseres Verständnis der aktuellen wirtschafts- bzw. unternehmensethischen Herausforderungen im Spannungsfeld zwischen den unüberbotenen Leitideen einer freiheitlichen Bürgergesellschaft und der Eigendynamik entfesselter (Welt-)Märkte zu gewinnen. Corporate Citizenship bietet den begrifflichen Ansatzpunkt, um sich der ethisch-politischen Legitimitätsvoraussetzungen guter Unternehmensführung bewusst zu werden. Entscheidend ist die Einsicht, worauf es in einer wohlgeordneten Gesellschaft freier und gleicher Bürger wirklich ankommt und wie eine zivilisierte Marktwirtschaft in sie einzubetten ist.

Literatur

Davis, Keith/Blomstrom, Robert L.: Business, Society and Environment: Social Power and Social Response, 3d ed., New York, 1975, S. 50

Mill, John Stuart: Über die Freiheit, hrsg. v. M. Schlenke. Stuttgart, 1974, S. 16.

Reimer, Sabine: Corporate Citizenship in Diskussion und Praxis. In: Aktive Bürgerschaft (Hrsg.): Diskussionspapiere zum Nonprofit-Sektor. Nr. 26, 2004, S. 1-18

Ulrich, Peter/Thielemann, Ulrich: Ethik und Erfolg. Unternehmensethische Denkmuster von Führungskräften – eine empirische Studie. Bern/Stuttgart, 1992

Ulrich, Peter/Thielemann, Ulrich: How Do Managers Think about Market Economies and Morality? Empirical Enquiries into Business-ethical Thinking Patterns. In: Journal of Business Ethics 12, 1993, S. 879-898

Ulrich, Peter: Integrative Wirtschaftsethik. Grundlagen einer lebensdienlichen Ökonomie. 3. rev. Aufl., Bern/Stuttgart/Wien, 2001, S. 165ff.

Ulrich, Peter: Republikanischer Liberalismus und Corporate Citizenship. In: Münkler, H./Bluhm, H. (Hrsg.), Gemeinwohl und Gemeinsinn, Bd. IV: Zwischen Normativität und Faktizität. Berlin, 2002, S. 273-291

Ulrich, Peter: Zivilisierte Marktwirtschaft. Eine wirtschaftsethische Orientierung. 2. Aufl., Freiburg i.B., 2005

Ulrich, Peter: John Stuart Mills emanzipatorischer Liberalismus. Die allgemeine Bürgerfreiheit und ihre sozialökonomischen Implikationen. In: Ulrich, P./Assländer, M. S. (Hrsg.): John Stuart Mill – Der vergessene politische Ökonom und Philosoph. Bern/Stuttgart/Wien, 2006, S. 253-282

---

[2] Für eine Erhellung der dogmengeschichtlichen Hintergründe solcher ökonomistischer Verkürzung von Gesellschaftspolitik vgl. Ulrich 2001: 165ff.

Markus Beckmann

Corporate Citizenship als Ordnungsverantwortung

Seit etlichen Jahren entfalten Unternehmen (darunter viele äußerst erfolgreiche Unternehmen!) in zunehmendem Maß bürgerschaftliches Engagement – und verhalten sich damit völlig entgegen den Lehrbüchern der traditionellen Wirtschaftswissenschaft. Corporate Citizenship erwies sich in der herkömmlichen ökonomischen Theoriebildung als blinder Fleck: Wissenschaft dachte nicht ‚vor', sondern ‚nach'. Sie hinkte hinterher.

Der Grund, warum Unternehmen als Corporate Citizens aktiv werden, liegt darin, dass sie durch ihr bürgerschaftliches Engagement auf *Probleme* reagieren. Eine Theoriediskussion muss sich daher zuallererst über die eigentliche Problemstellung von Corporate Citizenship verständigen. Aus interaktionsökonomischer Sicht[1] besteht dieses Problem darin, vorhandene oder potentielle Konflikte zwischen unternehmerischem Gewinnstreben und Moral befriedigend zu lösen. Solche Konflikte, denen Unternehmen in der Realität nach innen wie nach außen wiederholt begegnen, sind in der klassischen Ökonomik nicht denkbar: Eine geeignete Rahmenordnung sorgt annahmegemäß dafür, Gewinnstreben so zu kanalisieren, dass es automatisch in den Dienst gesellschaftlicher Anliegen genommen wird.

In der Realität ist die Rahmenordnung jedoch nie perfekt, sondern stets unvollständig. Institutionen und Verträge sind immer ‚offen'. Steuerschlupflöcher sind ein Beispiel dafür, wie sich Unternehmen aufgrund von Schwachstellen in Institutionen vor den Konflikt gestellt sehen, zwischen höheren Gewinnen oder aber der Erfüllung gesellschaftlicher Erwartungen zu wählen. Es sind folglich Lücken in der Rahmenordnung, die zu Konflikten zwischen Gewinn und Moral führen.

Ohne eine Überwindung solcher Konflikte ist langfristig die soziale Akzeptanz des unternehmerischen Handelns gefährdet. Diese Legitimität oder *licence to operate* ist jedoch unabdingbar, um im Wettbewerb um Kunden, Geldgeber und Mitarbeiter auch zukünftig erfolgreich sein zu können. Eine Konzeption von Corporate

---

[1] Zur Konzeption der Interaktionsökonomik vgl. etwa Homann und Suchanek (2000) mit Verweisen auf weitere Literatur.

Citizenship muss sich daher daran messen lassen, wie sie vermeintlich gegebene Konflikte zwischen Gewinn und Moral produktiv auflösen kann. Unter Wettbewerbsbedingungen ist hierfür die Weiterentwicklung der Rahmenordnung der systematische Ansatzpunkt (Homann 1993/2002: 7): Nur durch eine Verbesserung der Spiel*regeln* können Anreize so gesetzt werden, dass die beteiligten Akteure moralische Anliegen aus Eigeninteresse in ihren Spiel*zügen* berücksichtigen.

Im herkömmlichen Paradigma betrachteten Unternehmen Spielregeln als exogen gegebene Größe. Eine solche Perspektive versteht privatwirtschaftliche Akteure als reine Regel*nehmer*; Ordnungsverantwortung für die Regel*setzung* kommt dagegen alleinig dem Staat zu. Diese starre Trennung zwischen dem Staat als einzigem Gestalter der Rahmenordnung und den handelnden Akteuren als reinen Regelnehmern erweist sich zunehmend als differenzierungsbedürftig. Eine interaktionsökonomische Perspektive begreift das Unternehmen in *Interaktion* mit seinem Umfeld, dessen Rahmenbedingungen durch die beteiligten Akteure (mit-) gestaltbar sind. Diese Sichtweise trägt dem gesellschaftlichen Wandel hin zur *Bürgergesellschaft* Rechnung, in der auch Privatbürger, zivilgesellschaftliche Akteure und Unternehmen aktiv an der Gestaltung des Gemeinwesens partizipieren.

Der Wandel hin zur Bürgergesellschaft hat Konsequenzen für das (Selbst-) Verständnis der Privatwirtschaft. Unternehmen agieren nicht mehr nur als wirtschaftliche, sondern auch als *politische* Akteure. Angesichts einer unvollständigen Rahmenordnung geht es nicht mehr (ausschließlich) darum, Gewinne unter *gegebenen* Bedingungen zu maximieren. Vielmehr übernehmen Unternehmen als Bürger auch Ordnungsverantwortung für die Mit*gestaltung* jener Regeln, die die eigenen Handlungsanreize prägen. (Brinkmann und Pies 2003: 201) Corporate Citizenship als Unternehmensbürgerschaft fokussiert damit auf den Beitrag, den ein Unternehmen zur Weiterentwicklung der Rahmenordnung leistet. Die für das Unternehmen relevante Rahmenordnung umfasst hierbei Regeln, die wechselseitig vorteilhafte Interaktionen sowohl innerhalb der Unternehmung (mit internen Stakeholdern) als auch im Unternehmensumfeld (mit externen Stakeholdern) ermöglichen. Dabei können Regeln durch formale Institutionen gestützt werden („geschriebene Regeln" wie z.B. Gesetze) oder aber auf informalen Institutionen ruhen („ungeschriebene Gesetze" wie z.B. Unternehmenskultur). Abbildung 1 illustriert diese Unterscheidung schematisch.

Abbildung 1: Elemente der für eine Unternehmung maßgeblichen Rahmenordnung (vgl. Beckmann et al. 2004)

Die Weiterentwicklung der (Wettbewerbs-)Spielregeln kann gewöhnlich nicht durch das Engagement eines einzelnen Corporate Citizen geleistet werden. Im Wettbewerb werden daher Verfahren *kollektiver Selbstbindung* vorzugswürdig: Konkurrierende Unternehmen binden sich hierbei gemeinsam an Regeln, die verhindern, dass Konkurrenten durch das Unterlaufen erwünschter Standards einen Wettbewerbsvorteil erzielen können.[2] Branchenverpflichtungen, die Zusammenarbeit mit NGOs oder dem Staat in Form von Public-Private-Partnerships sowie Politiknetzwerke können hierbei helfen, solche Formen kollektiver Selbstbindung zu finden, die derartige Konflikte *wettbewerbsneutral* auflösen.

Die Notwendigkeit *kollektiven* Handelns für wettbewerbsneutrale Regeländerungen läuft jedoch nicht auf eine pauschale Verantwortungsentlastung des Einzelunternehmens hinaus. Damit nämlich konkurrierende Unternehmen gemeinsame Selbstbindungen etablieren oder Unternehmen Partnerschaften mit NGOs aufbauen können, wird gegenseitiges Vertrauen im Sinne einer „Nichtausbeutungserwartung" (Beckmann et al. 2005: 62) wichtig. Vertrauen heißt hierbei, dass ein Unternehmen verlässliche Erwartungen ermöglicht – und sich damit an bestimmte Verhaltensweisen glaubwürdig *bindet*, obwohl andere Handlungen durchaus möglich wären. Kollektive Selbstbindungen setzen mit anderen Worten *individuelle* Selbstbindungen voraus. Mögliche Formen individueller Selbstbindungen sind vielfältig. So etabliert die Einführung eines „Verhaltenskodex" im Unternehmen eine Bin-

---

[2] Hier denke man nur an Menschenrechts-, Umwelt- und Sozialstandards oder an Integritätsstandards zur Korruptionsbekämpfung.

dung an formale Regeln (z.B. Nichtannahme von Geschenken). Der Aufbau einer entsprechenden Unternehmenskultur (z.B. offener und konstruktiver Umgang mit Kritik) schafft informale Regeln, an die sich ein Unternehmen und seine Mitarbeiter binden.

Unternehmen *können* Ordnungsverantwortung übernehmen, indem sie durch Selbstbindungen zu Regelsetzungsprozessen beitragen. Eine Pointe von Corporate Citizenship besteht darin, dass derartige Bindungen, richtig verstanden, auch im *Interesse* eines Unternehmens liegen: Funktionale Bindungen sind kein Opfer, sondern Investition. Erst durch die vermeintliche Freiheitseinschränkung durch Regeln werden hoch differenzierte Kooperationsbeziehungen möglich.[3] Funktionsfähige Regeln erweisen sich daher als zentraler Vermögenswert. Kollektive Selbstbindungen stellen in diesem Sinne Investitionen in *gemeinsame* Vermögenswerte dar. Individuelle Selbstbindungen stiften dem Unternehmen dagegen *privaten* Nutzen: Sie stärken die Kooperations- und Lernfähigkeit korporativer Akteure.

Die Kooperations- und Lernfähigkeit eines Unternehmens ist Ausdruck der Qualität seiner Interaktionsbeziehungen. Diese Beziehungen beruhen auf zum Teil äußerst offenen Verträgen.[4] Offene Verträge führen jedoch dazu, dass Tauschpartner nur bedingt verlässliche Erwartungen bezüglich der jeweiligen Gegenleistung bilden können. Es besteht die Gefahr, dass beide Seiten aus Angst vor Ausbeutung nur eingeschränkt in die gemeinsame Kooperation investieren – und dadurch unter ihren Möglichkeiten bleiben. Individuelle Selbstbindungen des Unternehmens etablieren vor diesem Hintergrund zusätzliche „Spielregeln". Diese formalen und vor allem informalen Regeln flankieren und stützen offene Verträge – und erhöhen so wechselseitige Erwartungssicherheit. Selbstbindung zielt somit auf die Schaffung einer produktiven Interaktionsatmosphäre, die Vertrauen, Risikobereitschaft und Innovation in der Zusammenarbeit ermöglicht.

Die Weiterentwicklung der Rahmenordnung durch Selbstbindung verknüpft folglich Konfliktlösungen mit der Erschließung neuer Chancen. Dieses Potential ist am größten im Kerngeschäft, an dessen Ausübung sich in der Regel potentielle Konflikte entzünden. Philanthropische Hochglanzprojekte, die keinerlei Auswirkung auf Kerngeschäftsprozesse haben, können diese Konflikte daher kaum lösen.

---

[3] Ein Beispiel hierfür sind Garantie- oder Haftungsregelungen. Diese scheinbaren ‚Einschränkungen' unternehmerischer Freiheit ermöglichen, dass Kunden auch unter Unsicherheit Käufe tätigen, die sonst unterblieben.
[4] Man denke hier etwa an einen modernen Arbeitsvertrag: Die eigentlich zentralen Tauschleistungen (bspw. das Einbringen eigener Ideen durch den Arbeitnehmer oder die Schaffung eines der persönlichen Entfaltung angemessenen Arbeitsumfeldes durch den Arbeitgeber) werden im Vertrag meist gar nicht genannt, da sie schlichtweg nicht justiziabel sind.

Selbstbindungen im Kerngeschäft ergänzen dagegen die Rahmenordnung und stärken genau jene Interaktionsatmosphäre, die für den Unternehmenserfolg zentral ist.

Corporate Citizenship setzt nicht nur systematisch am Kerngeschäft an, sondern definiert es grundlegend neu: In einer Bürgergesellschaft wird Ordnungsverantwortung, verstanden als Management von Selbstbindungen, zum konstitutiven Bestandteil einer erfolgreichen Unternehmensstrategie. Corporate Citizenship macht wirtschaftliche Akteure zu guten Unternehmen, indem sich diese zu guten Bürgern entwickeln. Dabei bemisst sich ein guter Unternehmensbürger nicht an der Höhe seiner Spenden, sondern daran, wie die eigene Selbstbindungsfähigkeit für sich und zum Nutzen der Gesellschaft zur Geltung gebracht wird.

Mit dieser Herausforderung stehen wir in den kommenden Jahren vor einem dreifachen Lernprozess. Einerseits werden Corporate Citizens noch besser lernen (müssen), durch *kollektives* Handeln zur Verbesserung gesellschaftlicher Rahmenbedingungen beizutragen. Andererseits steht die individuelle organisatorische Verankerung von Corporate Citizenship als Teil einer Unternehmensstrategie erst noch am Anfang. Schließlich wird drittens auch einem unterstützenden gesellschaftlichen Umfeld eine zentrale Bedeutung zukommen. Erst ein solches *enabling environment* schafft die Voraussetzungen für nachhaltige Partnerschaften – und honoriert den Lernprozess, bürgerschaftliches Engagement als Kerngeschäftsaufgabe mit der gleichen Professionalität zu betreiben wie die Organisation des Beschaffungswesens, die Planung der Produktion oder die Logistik des Vertriebs.

Literatur

Beckmann, Markus/Brinkmann, Johanna/Schuster, Valerie: 10 Thesen zu Corporate Citizenship. Diskussionspapier 04-12 des Forschungsinstitutes des Wittenberg-Zentrums für Globale Ethik in Zusammenarbeit mit dem Lehrstuhl für Wirtschaftsethik der Martin-Luther-Universität Halle-Wittenberg und der Sektion Wirtschaftswissenschaften der Stiftung Leucorea in Wittenberg, Wittenberg, 2004

Beckmann, Markus/Mackenbrock, Thomas/Pies, Ingo/Sardison, Markus: Vertrauen, Institutionen und mentale Modelle. In: Normative und institutionelle Grundfragen der Ökonomik, Jahrbuch 4, Reputation und Vertrauen, Marburg: Metropolis, 2005, S. 59-83

Brinkmann, Johanna/Pies, Ingo: Der Global Compact als Beitrag zu Global Governance. In: Czada, R. und Zintl, R. (Hrsg.): Politik und Markt. Politische Vierteljahresschrift, Sonderheft 34, Wiesbaden 2003, S. 186-208

Homann, Karl (1993/2002): Wider der Erosion der Moral durch Moralisieren. In: Karl Homann: Vorteile und Anreize, hrsg. von Christoph Lütge, Tübingen: Mohr Siebeck, 2002, S. 3-20

Homann, Karl/Suchanek, Andreas: Ökonomik. Eine Einführung. Tübingen: Mohr Siebeck, 2000

André Habisch

Unternehmensgeist in der Bürgergesellschaft. Zur Innovationsfunktion von Corporate Citizenship

1 Der Kontext: Deutschland in der Globalisierung

Die mitteleuropäischen Gesellschaften stecken mitten in einer tief greifenden Transformation. Der EU-Beitritt der mittel- und osteuropäischen Länder macht die vieldiskutierte Globalisierung bis tief in die mittelständische Wirtschaft hinein zu einer erfahrbaren Realität. Der Globalisierungsprozess bringt neue Chancen für diejenigen, die sich auf ihn einstellen. Er stellt aber die europäischen Länder zugleich vor ungeheure Herausforderungen. Denn hier droht nicht nur der Verlust von Arbeitsplätzen auch in prinzipiell (noch) wettbewerbsfähigen Unternehmen. Hier steht auch die Aufgabenteilung zwischen privaten und öffentlichen Trägern auf dem Prüfstand, die die mitteleuropäische Gesellschaftsordnung der Nachkriegszeit geprägt hat. Bildung und Soziale Sicherung, die Erstellung einer funktionsfähigen Verkehrsinfrastruktur, eine effektive Kriminalitätsbekämpfung und die Wahrung der öffentlichen Ordnung – alles das konnten Bürgerinnen und Bürger, konnten auch die Unternehmen im 20. Jahrhundert in Deutschland vom Staat und seinen Institutionen erwarten. Allen - teilweise ideologischen - Debatten zum Trotz wird man festhalten müssen, dass der Staat diese Aufgaben gerade im deutschsprachigen Raum im internationalen Vergleich sehr befriedigend gelöst hat. Die genannte Aufgabenteilung hat im Großen und Ganzen funktioniert und hat dadurch nicht zuletzt zum ungeheuren Aufschwung nach dem 2. Weltkrieg beigetragen.

Im beginnenden 21. Jahrhundert kommt dieses Gleichgewicht nun in Bewegung:
- Durch das Zusammenwachsen der nationalen Wirtschaftsräume entstehen neue Ordnungsprobleme. Hier sind Fragen der sozialen Sicherung und die Wahrung von Menschenrechten von Leih- und Wanderarbeitern, internationale ökologische Fragen, grenzüberschreitende Bekämpfung der organisierten Kriminalität etc. zu nennen.

- Die demografische Entwicklung erhöht die Zahl der Anspruchsberechtigten und senkt die Zahl der Beitragszahler. Das bringt die Sicherungssysteme des Wohlfahrtsstaates noch zusätzlich unter Druck.
- Die gesellschaftspolitischen Problemlagen des 21. Jahrhunderts weisen eine neue Dimension auf. Hier sind es nicht mehr finanzielle Engpässe, sondern komplexe Desintegrationsprobleme bestimmter Gruppen (Alleinerziehende, Kinder und Jugendliche aus Migrantenfamilien), die sozialpolitische Herausforderungen markieren. Finanztransfers – die probaten Instrumente des klassischen Wohlfahrtsstaates – reichen in dieser Situation nicht mehr aus. Notwendig ist eine „aufsuchende Sozialpolitik", die letztlich nicht ohne bürgerschaftliches Engagement funktionieren kann (vgl. Enquete-Kommission 2003).

In dieser Situation werden die Grenzen der im 20. Jahrhundert eingespielten Arbeitsteilung zwischen Staat, Wirtschaft und Bürgergesellschaft offenkundig. Der Staat kann nicht mehr die Rolle eines „Monopolisten" in Sachen öffentlicher Güter spielen, er ist nicht länger die große „Serviceagentur der Gesellschaft". Es fehlen ihm die Mittel, aber auch die nötige Expertise, für die entsprechenden Interventionen.

Neue Möglichkeiten liegen im Bereich einer „aktiven Bürgergesellschaft" (vgl. Damm/Lang 2001, Schöffmann 2002, Enquete-Kommission 2002, Backhaus-Maul/Brühl 2003, Habisch 2003, Glück/Magel/Röpke 2004). Schon heute zeigt ein realistischer Blick auf die soziale Sicherung, dass das staatliche System diesbezüglich keine Alleinverantwortung trägt. Vielmehr sind es Netzwerke von Institutionen und engagierten Bürgerinnen und Bürgern, die grundlegende Leistungen im Bereich der Reintegration in den Arbeitsmarkt, sozialer Dienstleistungen und der regionalen Erstellung öffentlicher Güter erbringen. Die internationale Diskussion um die Bedeutung „sozialen Kapitals" für Bildung, Soziale Sicherheit und Integration weist auf die Rolle bürgerschaftlicher Netzwerke hin (vgl. dazu Habisch 1999). Was zeichnet die Bürgergesellschaft dabei besonders aus? Was unterscheidet sie von Markt und/oder Staat?

2 Chancen und Grenzen einer aktiven Bürgergesellschaft

In der – insgesamt noch vergleichsweise spärlichen – sozialwissenschaftlichen Literatur zur Bürgergesellschaft taucht häufig der Begriff des Dritten Sektors auf (vgl. Strachwitz 1998). Diese Bezeichnung fokussiert auf den Unterschied zu Markt und Staat als den beiden großen Systemen gesellschaftlichen Handelns und sozialer Kooperation. Der Austausch auf Märkten wird durch Geldströme koordiniert. Ökonomen wie F.A. von Hayek haben auf die vielfältige Funktionalität der Steuerung über Märkte hingewiesen: Hohe Profite haben eine Signalfunktion für (potenzielle) Konkurrenten, um in eine profitträchtige Produktion zu investieren. Dadurch entsteht neues Angebot, das bei konstanter Nachfrage tendenziell zu einer Senkung der Preise – und damit der Unternehmensprofite – führt. Märkte koordinieren so die (dezentralen) Produktions- und Investitionsentscheidungen und gehen sparsam mit dem knappen Gut „Information" um. Motor der Kooperation auf Märkten ist das Gewinnziel, Sanktionsmechanismus ist der Anbieterwechsel (grundlegend Homann/Suchanek 2000).

Die Grenzen des Marktes als sozialem Koordinationsmechanismus sind in der Theorie der öffentlichen Güter formuliert worden (vgl. Samuelson 1954, Musgrave/Musgrave/Kullmer 1993). Bestimmte Produktionsprozesse (z.B. für Güter im Bereich der Infrastruktur, der sozialen Sicherung, der Verteidigung und inneren Sicherheit) lassen sich nur schwer marktförmig organisieren, da letztlich derjenige Nutzer, der die Zahlung verweigert, nicht oder nur zu hohen Kosten von der Nutzung des Gutes ausgeschlossen werden kann. Nur für private Güter, von deren Nutzung Nichteigentümer vollständig ausgeschlossen werden können, kann aber auf Märkten ein Preis erzielt werden. Infrastrukturelemente – seien sie physisch oder sozial – weisen nahezu durchgängig Merkmale öffentlicher Güter auf: Sie werden auf Märkten nicht spontan zur Verfügung gestellt, nehmen aber für die nachhaltige wirtschaftliche Entwicklung des Gemeinwesens eine Schlüsselrolle ein.

Autoren wie der Ökonomie-Nobelpreisträger J. Buchanan (ders. 1984) haben auf den Unterschied von „Handeln unter bestehenden Spielregeln" und „Gestaltung von Spielregeln" hingewiesen. Die Gestaltung von Spielregeln ist für die Leistungsfähigkeit von Wirtschaft und Gesellschaft elementar; zugleich kann aber niemand von der „Benutzung" besserer Spielregeln ausgeschlossen werden. Investitionen in ihre Weiterentwicklung werden auf Märkten nicht prämiert, weil Verbraucher lieber „kostenlos mitnutzen" als sich an Erstellungskosten zu beteiligen. Es kommt zu „Marktversagen" bei Spielregeln als „öffentlichem Gut".

Anders als Anbieter auf Märkten verfügen Staat und Verwaltung über Möglichkeiten, das Zusammenwirken verschiedener Sektoren zur Lösung eines bestimmten Ordnungsproblems zu erzwingen und so Spielregeln weiterzuentwickeln. Sie erheben zudem – zwangsbewehrt - Steuergelder und können aus diesen Mitteln bestimme Gemeinwohlinteressen verfolgen. Zudem verfügen sie über ordnungsrechtliche Instrumente. Allerdings zeigen sich auch – wie oben gesehen – die Grenzen des Staates heute in aller Deutlichkeit: Der Wettbewerb der nationalen Steuersysteme beschränkt die (notwendigerweise territoriale) Steuerhoheit, die Komplexität der Probleme und die Geschwindigkeit der Innovationen überfordert die Regulierungsfähigkeit zentraler Systeme. Anhaltend hohe Verschuldung öffentlicher Haushalte weist auf strukturelle Störungen im modernen Gemeinwesen hin. Offenbar stehen die Erwartungen, die westliche Gesellschaften an ihren öffentlichen Sektor richten, in keinem Verhältnis zu den finanziellen Möglichkeiten, mit denen dieser in Zeiten der Globalisierung und Verflechtung der Wirtschaftsziehungen ausgestattet ist.

Der „Dritte Sektor" - die Bürgergesellschaft - zeichnet sich gegenüber Markt und Organisation durch eine durchgängige Freiwilligkeit der Zusammenarbeit aus. Er wird deshalb auch als ‚freiwilliger Sektor' bezeichnet. Freiwilligkeit bezeichnet eine Stärke: Bürger bringen ihre Kompetenzen, ihre Informationen und auch ihre privaten Mittel freiwillig in ihr gesellschaftliches Engagement mit ein. Sie sind „intrinsisch motiviert" (Frey/Goette 1999). Dies senkt die Gefahr von Opportunismus und Ausbeutung. Im Mangel an Sanktionsmechanismen liegt aber auch die Schwäche und das Kooperationsproblem der Bürgergesellschaft. Keiner der Partner kann die anderen zwingen, ihren vereinbarten Kooperationsbeitrag zu erbringen. Das Zustandekommen der Ergebnisse bleibt durchgängig auf „Freiwilligkeit" und die Beständigkeit der sie tragenden endogenen Motivation angewiesen. Formale Sanktionsmechanismen wie Anbieterwechsel (Markt) oder Blockade/Entlassung (Organisation) existieren nicht (vgl. Habisch/Schmidpeter 2001). Die spieltheoretische Figur des Gefangenendilemmas („prisoner's dilemma") weist auf die grundlegende Problematik: Eine Kooperationsbeziehung mag potentiell für alle Beteiligten von Vorteil sein – sie kommt dennoch nicht zustande, wenn die Partner fürchten müssen, dass die Mitspieler einen für das Zustandekommen des Kooperationsertrages notwendigen Beitrag nicht erbringen - und sie selber mithin ausgebeutet werden. In der Bürgergesellschaft gibt es keine Möglichkeit, einen Beitrag zu erzwingen, wenn die freiwillige Bereitschaft dazu (nicht mehr) besteht.

Kann also die Bürgergesellschaft, kann gesellschaftliches Engagement von Unternehmen die Lücke schließen, die sich durch die zunehmend beschränkten Handlungsmöglichkeiten des Staates öffnet? Treten Selbstregulierungen an die Stelle staatlicher Gesetze und Auflagen? Kommen die Gelder für Bildungs- und Sozialeinrichtungen demnächst in steigendem Maße aus den Kassen mittlerer und großer Unternehmen? Überzogenen Erwartungen und Forderungen sollte sich die gerade erst anlaufende Diskussion um die mögliche Rolle der Bürgergesellschaft auf jeden Fall entgegen stellen. *Engagierte Bürger, Nonprofit-Organisationen und auch Unternehmen alleine werden die Ordnungsprobleme des 21. Jahrhunderts nicht lösen können.* Gerade weil ihr Engagement freiwillig bleibt (und bleiben muss), darf es nicht für den laufenden Betrieb etwa im Bildungs- und Sozialsystem „verplant" werden. Ein Unternehmen – wie jeder freiwillig Engagierte - muss sich auch aus Projekten wieder zurückziehen können, ohne dass dies seine öffentliche Glaubwürdigkeit oder die Funktionsfähigkeit des entsprechenden gesellschaftlichen Teilsystems beschädigt. Wenn unternehmerisches Engagement staatliches Handeln aber auf absehbare Zeit nicht ersetzen kann und wird, wo liegt dann überhaupt sein gesellschaftlicher Wert? *Bürgerschaftliche Netzwerke haben eine Pfadfinder- oder Innovationsfunktion in Bezug auf bedürfnisnahe Problemlösungen.* Die Bürgergesellschaft ist in diesem Sinne ein *Forschungslabor* des Gemeinwesens. Hier werden zunächst auf dem begrenzten Raum einer Projektkooperation neue Wege beschritten, die dann in den Raum von Öffentlichkeit und Politik zurück gespiegelt werden können. Arbeitet ein Unternehmen etwa mit einer Bildungseinrichtung zusammen, erprobt auf Projektbasis neue Formen interaktiven Unterrichts oder sensibilisiert für bestimmte Probleme der schulischen Sozialarbeit, so entstehen hier auf dem begrenzten Raum des Projektes innovative Modelle. Sollen diese aber auf breiter Basis umgesetzt werden, so müssen sie in Zusammenarbeit mit den Kultusbehörden in Lehrpläne und didaktische Materialien eingespeist und weitergegeben werden – hier reicht bürgergesellschaftliches Handeln alleine nicht mehr aus.

Fassen wir zusammen: Die gesellschaftlichen Koordinationsmechanismen Markt, Staat und Bürgergesellschaft weisen keine substitutiven, sondern von ihrer Funktionsweise her eher komplementäre Funktionsweisen auf. Damit ist der Handlungsrahmen für gesellschaftlich engagierte Unternehmen abgesteckt. Als Teil der Bürgergesellschaft wollen und sollen sie staatliches Handeln nicht ersetzen. In Kooperation mit ihren Partnerorganisationen erarbeiten Sie vielmehr innovative Modelle, die in einem weiteren Schritt die Grundlage für die Weiterentwicklung gesellschaftlicher Institutionen bilden kann. Diese gesellschaftliche Funktion gilt es nun in Hinblick auf die Unternehmen näher zu bestimmen.

Tabelle 1: Funktionsweisen gesellschaftlicher Koordinationsmechanismen

	Markt	**Staat**	**Bürgergesellschaft**
Koordination durch	Austausch/Wettbewerb	Recht	Interesse
Erfolgskriterium	Umsatz/Gewinn	Responsivität ggb. Öffentlichkeit	Reziprozität, wechselseitige Anerkennung
Sanktionsmechanismus	Anbieterwechsel	Vollstreckungsgewalt	Misstrauen / Vertrauensentzug, Protest
Allokation	Private Güter	Öffentliche Güter	Clubgüter / Öffentliche Güter
Stärke	Flexibilität / Bedürfnisorientierung	Kontinuität / flächendeckende Versorgung	Innovative bedürfnisnahe Konzepte

3 Unternehmen als Akteure in der Bürgergesellschaft

Das Konzept „verantwortliche Unternehmensführung", wie es gegenwärtig etwa durch die Europäische Kommission und andere internationale und nationale Instanzen vertreten wird (vgl. dazu jüngst EU-Kommission 2006), zeichnet sich in der oben skizzierten Architektur durch eine eigenartige Schnittstellenposition aus. Unternehmen agieren primär am Markt. Der Erhalt und die Steigerung ihrer Wettbewerbsfähigkeit gibt hier die entscheidende Orientierung. Gelingt es ihnen nicht, private Güter und Dienstleistungen entsprechend der Bedarfe ihrer Kunden zu produzieren, so ist mittelfristig die Existenz des Unternehmens in Frage gestellt. Alle betrieblichen Funktionen – also nicht nur die unmittelbar im Kontakt mit den Kunden stehenden – sind mithin an diesem übergeordneten Ziel der innerbetrieblichen Wertschöpfung und am Erhalt und der Steigerung der Wettbewerbsfähigkeit orientiert.

Neben ihrem dominanten Aktionsraum des Marktes agieren Unternehmen aber auch als Teil der Gesellschaft. Sie gestalten die Arbeitsbedingungen ihrer Mitarbeiterinnen und Mitarbeiter, gehen mit natürlichen Ressourcen um, sind als gewichtiger Faktor im gesellschaftlichen Umfeld ihrer Standorte präsent. Unter welchen Bedingungen werden sich Unternehmen (dann noch) auf „bürgerschaftliches Engagement" einlassen und sich als Partner von Politik und/oder Sozial-, Bildungs- und Kultureinrichtungen für die Bearbeitung von Ordnungsproblemen engagieren, wie es etwa das Konzept „verantwortliche Unternehmensführung" der EU-Kommission explizit formuliert?

In der internationalen Fachliteratur ist es zunächst umstritten, inwiefern Unternehmen im Konzept des „Corporate Citizenship" selbst als „Bürger" begriffen werden sollten oder lediglich als Einflussgrößen, die die Bürgerrechte ihrer Mitarbeiter strukturieren. Matten/Crane haben hier eine individualistische Lesart vorgeschlagen, die das „Engagement des Unternehmens" lediglich als strukturierende Größe des Engagements einzelner Personen im Unternehmenszusammenhang zu verstehen erlaubt (so etwa Crane/Matten 2004). Aus gesellschaftspolitischer Perspektive spricht allerdings einiges dafür, Unternehmen gerade nicht nur als Akkumulationen von Einzelbürgern, sondern selbst als „korporative Akteure" zu modellieren. Denn in der Öffentlichkeit werden Unternehmen genau in dieser Weise adressiert und wahrgenommen, wie das Beispiel des Generika-Herstellers betapharm zeigt, der auch dann noch als engagierter Unternehmensbürger gilt, wenn die Person des Geschäftsführers oder auch die Eigentümer der Gesellschafteranteile wechseln. Aus einer solchen Sicht erscheint eine individualistische Perspektive als Verengung des Corporate Citizenship-Konzeptes. In Bezug auf die gesellschaftlich engagierte Einzelpersönlichkeit ist das eigene Interesse als konstitutiv für gesellschaftliches Engagement herauszustellen. Da die Bürgergesellschaft keine formalen Sanktionsmechanismen (wie z.B. Anbieterwechsel am Markt, Vollzugsgewalt in Staat und Verwaltung) kennt, ist diese („intrinsische") Motivation geradezu konstitutiv für die Stabilität von Netzwerken gesellschaftlichen Engagements. In Bezug auf Unternehmen als Bürger bedeutet dieses, dass gesellschaftliches Engagement dem (vorrangigen) Bezug des Unternehmens auf sein Marktumfeld nicht widerspricht bzw. die Wettbewerbsfähigkeit nicht beeinträchtigen darf. Positiv gesagt: Das gesellschaftliche Engagement eines Unternehmens wird umso stabiler und nachhaltiger sein, je stärker es z.B. von der Auswahl der Themen, der Projekte und der Partner mit den „strategischen" Interessen des Unternehmens abgestimmt ist (vgl. dazu Porter/Kramer 1999/2007).

Widerspricht eine solche Orientierung an den *Wettbewerbsinteressen* des Unternehmens nicht aber der notwendigen Orientierung am *Gemeinwohl*, wie sie konstitutiv für Bürgerengagement in der Demokratie ist? So hat etwa die Enquete-Kommission des Deutschen Bundestages bürgerschaftlichen Engagement folgendermaßen charakterisiert: „Für die Kommission ist die Kennzeichnung „bürgerschaftlich" verknüpft mit der Betonung von bestimmten Motiven und Wirkungen wie etwa der Verantwortung für andere, dem Lernen von Gemeinschaftsfähigkeit oder dem Aktivwerden als Mitbürger (…). Das heißt: Bürgerschaftliches Engagement ist freiwillig, nicht auf materiellen Gewinn gerichtet, gemeinwohlorientiert, öffentlich und wird in der Regel gemeinschaftlich ausgeübt" (dies. 2002: 15)

Betriebliches Eigeninteresse und Gemeinwohl werden häufig als Gegensätze wahrgenommen und konzipiert. Eine derartige dualistische Perspektive, die zwischen „bloßem Eigeninteresse" und Moral streng differenziert, hat in der deutschen Geistesgeschichte seit Immanuel Kant eine lange Tradition; sie ist aber keineswegs denknotwendig. So hat etwa die empirische Werteforschung für den Bereich individuellen gesellschaftlichen Engagements durchaus eine Konvergenz von instrumentalistischen und am Gemeinwohl orientierten Zielen festgestellt (vgl. etwa Klages 1998). Aus gesellschaftspolitischer Sicht ist klar, dass ein Engagement auf das gesellschaftliche Umfeld umso positiver einwirkt, je nachhaltiger und „ernsthafter" dieses Engagement ist. Eine hohe Motivation der Engagierten ist also kein Mangel, sondern geradezu eine Voraussetzung für ein ernsthaftes und damit auch wirkungsträchtiges Engagement: Sie ist notwendige Voraussetzung dafür, dass bürgerschaftliche Netzwerke und Initiativen (überhaupt) einen nennenswerten Problemlösungsbeitrag zu erbringen vermögen.

Übertragen auf das bürgerschaftliche Engagement von Unternehmen bedeutet dies: Ein hohes (Eigen-)Interesse des Unternehmens an einem bestimmten gesellschaftlichen Ziel ist nicht nur aus unternehmensinterner, sondern auch aus gesellschaftlicher Perspektive geradezu erwünscht. In der Sprache der praxisorientierten

Managementdiskussion wird dieser Zusammenhang folgendermaßen ausgedrückt: Der „business case" des CR- Engagements ist konstitutiv auch für die Nachhaltigkeit des gesamten Engagements und damit den „social case". Denn nur die innerbetriebliche „Stimmigkeit" eines Engagements sichert auch seine Nachhaltigkeit (über die Amtsdauer bestimmter gesellschaftlich sensibler Managementpersönlichkeiten hinaus) und breite Basis (also unternehmensintern die Beteiligung möglichst vieler Abteilungen und betrieblicher Funktionsbereiche). Nur wenn auch unternehmensintern das Engagement nicht nur als „Hobby" bestimmter Entscheidungsträger erscheint, sondern in seinem betrieblichen Nutzen unmittelbar einleuchtet, wird es die notwendige breite Unterstützung finden. Dies stellt hohe Anforderungen an die Auswahl von Themen, Projektformen und –partnern mit deren Abstimmung mit den strategischen Zielen des Unternehmens. Damit ist ein zentrales Desiderat gesellschaftlichen Engagements von Unternehmen formuliert: Die Notwendigkeit professionellen Managements, das nicht nur auf externe Impulse und Anfragen reagiert, sondern autonom Konzepte gesellschaftlichen Engagements entwickelt und sich dabei sowohl an relevanten Problemen des gesellschaftlichen Umfelds als auch an den (Wettbewerbs-) Interessen des Unternehmens orientiert.

4 Gesellschaftliches Engagement aus betrieblicher Sicht

„Unternehmensnutzen durch (ordnungs-)politische Mitverantwortung" – ist das nicht nur graue Theorie? Wo kann der konkrete Wertschöpfungsbeitrag gesellschaftlichen Engagements für die Unternehmen liegen? Wertsteigerung muss nicht Umsatzsteigerung bedeuten, sie kann auch als Kostensenkung oder Stärkung wichtiger Ressourcen wie der Glaubwürdigkeit des Unternehmens nach innen und außen realisiert werden. Dies geschieht etwa,

- wenn in schwierigem Umfeld plötzlich gut ausgebildete Nachwuchskräfte zur Verfügung stehen;
- wenn Mitarbeiterinnen und Mitarbeiter sich mit ihren Familien am Standort wohl fühlen und sie stolz sind, für dieses Unternehmen zu arbeiten und sich entsprechend engagieren;
- wenn im Unternehmen beschäftigte Eltern Familie und Beruf miteinander vereinbaren können;
- wenn das umfeldsensible Unternehmen frühzeitig wichtige Informationen und „Rückmeldungen" bezüglich seiner Außenwirkung erhält;
- wenn nach einer Fusion die beiden Betriebsteile eine gemeinsame Unternehmenskultur entwickeln;

- wenn wichtige Kunden oder Personengruppen durch eine gemeinsame Aktivität an das Unternehmen gebunden werden;
- wenn Branchenprobleme wie schlechtes Image oder rechtliche Risiken gemildert werden;
- wenn der Zwang zu Korruptionszahlungen – und damit das Reputationsrisiko für das Unternehmen - geringer wird;
- wenn sich das gesellschaftliche Bewusstsein für den Wert aber auch die Notwendigkeiten unternehmerischen Handelns erhöht;
- wenn Spannungen und Diskriminierungen in der Belegschaft nachlassen;
- wenn Forschungs- und Entwicklungsabteilungen kostengünstig von Vorlieben und Interessen ihrer Kunden erfahren;
- wenn die Umweltbelastung am Standort nachlässt;
- wenn Anwohner bei Störfällen nicht nur nach der Polizei rufen;
- wenn die Leistungsfähigkeit der eigenen Produkte und Dienstleistungen ohne große Werbekosten einer relevanten Öffentlichkeit bekannt werden.

Diese Liste möglicher Wertschöpfungsbeiträge gesellschaftlichen Engagements ließe sich noch weiter fortsetzen (vgl. dazu systematisch Habisch/Neureiter/Schmidpeter 2007). Oft sind derartige Wirkungen nur schwer zu messen; sie sind aber für die Lösung betrieblicher Alltagsprobleme und in diesem Sinne nachhaltigen unternehmerischen Erfolg deshalb nicht weniger wichtig.

Für viele Unternehmen, die über eine Tradition gesellschaftlichen Engagements verfügen, standen solche Vorteile lange Zeit nicht im Vordergrund. Der ursprüngliche Impuls zum Einstieg in ein gesellschaftliches Engagement war häufig ein ethischer – etwa bestimmten Menschen oder Gruppen konkret zu helfen oder etwas für sein gesellschaftliches Umfeld zu tun. Das Bewusstsein der ökonomischen Vorteilhaftigkeit gesellschaftlichen Engagements erweist sich als sinnvoll und zweckmäßig – schon um auch in „schlechten Zeiten" gegenüber Geldgebern zu argumentieren und eine „Kultur des Engagements" in der Wirtschaft zu stärken. Zugleich wird deutlich: Viele der genannten Vorteile stellen sich nur ein, wenn gesellschaftliches Engagement *mit transparenter und qualitativ hochwertiger Aufgabenerfüllung im Unternehmensalltag selbst* verbunden wird. Gemeinwohlrhetorik und Aktivismus in der Außenkommunikation, die dem alltäglichen Erleben von Mitarbeiterinnen und Mitarbeitern deutlich widersprechen, werden eher Ablehnung und Zynismus als Identifikation und Motivationssteigerung befördern. Engagement für die Wahrung der Menschenwürde im gesellschaftlichen Umfeld muss auch mit der Achtung der Würde von Mitarbeiterinnen und Mitarbeitern korrespondieren. Engagement für die Lösung von Umweltproblemen wird auch zu sparsamem Ressourceneinsatz im Produktionsprozess selber führen; Hilfen für Probleme bestimm-

ter Kundengruppen müssen auch damit einher gehen, entsprechende Geschäftspraktiken im eigenen Haus zu überdenken oder die Produktqualität zu erhöhen.
Allerdings wirkt dieser Zusammenhang in beide Richtungen. Gesellschaftliches Engagement gewinnt nicht dann erst seine Glaubwürdigkeit, wenn unternehmensintern alle Probleme gelöst und Interessenkonflikte überwunden worden sind. Gesellschaftliches Engagement nach außen kann vielmehr auch zum Signal an die eigenen Mitarbeiter und Führungskräfte werden, bestimmte Werte intern ernst(er) zu nehmen und auch im betrieblichen Alltag konsequent(er) umzusetzen. Engagement ist in diesem Sinn immer Kommunikation nach innen und außen: Kohärenz des Verhaltens bewirkt Glaubwürdigkeit, aber eine „öffentliche Selbstbindung" kann auch intern ethische Standards erhöhen und kritische Reflexionen der eigenen Praxis auslösen – gerade weil nur durch solche Konsistenz Glaubwürdigkeit entsteht. Ein solches gesellschaftliches Engagement wird zum Instrument strategischer Unternehmensführung.

5 Professionalisierung gesellschaftlichen Engagements als Desiderat für Unternehmen, Öffentlichkeit und gesellschaftspolitische Akteure

Gesellschaftliches Engagement im Raum der Bürgergesellschaft ist durch eine durchgängige Freiwilligkeit des Handelns gekennzeichnet. Hier fehlen formale Sanktionsmechanismen wie sie in den anderen Systemen „Staat" und „Markt" verfügbar sind (s.o.). Gerade deshalb ist es im Bereich des gesellschaftlichen Engagements von zentraler Bedeutung, die Orientierung an Gemeinwohlinteressen und den Erhalt bzw. die Steigerung der Wettbewerbsfähigkeit des Unternehmens dauerhaft miteinander zu verbinden.

Hier liegt die schöpferisch-kreative Unternehmensleistung eines jeden „Corporate Citizen": Er bringt seine Potenziale in die Suche nach besseren Lösungen für eine gemeinsame Zukunft ein – und versteht es, durch dieses Engagement auch seine eigene Wettbewerbsfähigkeit zu steigern. Stehen die Rationalität des Unternehmers und die Rationalität des Bürgers nicht im Widerspruch zueinander sondern sind sie prinzipiell miteinander vereinbar, dann muss sich diese Rationalität auch im Unternehmensalltag klar zum Ausdruck bringen. Dann wird etwas notwendig, was fast wie ein Selbstwiderspruch anmutet, nämlich *Professionalisierung des ehrenamtlichen Engagements* von Unternehmen. Denn auch hier, im Bereich des gesellschaftlichen Engagements, sind ökonomische Rationalitätsgesetze nicht außer Kraft gesetzt. Auch hier geht es darum, mit knappen Mitteln *mehr* Wirkung und

Effekt zu erzeugen – und zwar für Unternehmen *und* Gesellschaft. Vorstände und Unternehmensführer werden dann gesellschaftliches Engagement in der Weise mit ihrem Kerngeschäft zu verbinden versuchen, dass der Raum des „Win-win", der „Zugewinngemeinschaft" von Unternehmen und Gesellschaft, möglichst groß ausfällt. In diesem Sinne muss operatives Management insbesondere Projekte intern und extern möglichst breit kommunizieren, möglichst viele Mitarbeiterinnen und Mitarbeiter in die Projektumsetzung integrieren, die Ressourcen und Potenziale des Unternehmens möglichst umfassend nutzen und mit möglichst kompetenten externen Gruppen und Organisationen zusammen arbeiten.

Leitfragen dafür sind (vgl. dazu ausführlich die Beiträge in Gazdar/Habisch/Kirchhoff/Vaseghi 2006):

a) unternehmensintern:

Passt ein Engagement zum Unternehmen, seinen Geschäftsfeldern und Kompetenzen aber auch zu seinen Netzwerkpartnern und langfristigen Interessen? Macht das Engagement mithin – sowohl gesellschaftlich als auch unternehmerisch – Sinn? Wird ein Wertschöpfungsbeitrag für das Unternehmen erbracht?

Wie kann sichergestellt werden, dass das Engagement von möglichst vielen Mitarbeiterinnen und Mitarbeitern mitgetragen wird, und entsprechende positive Identifikationspotenziale entstehen?

Nutzt das Engagement die Potenziale des Unternehmens (Fähigkeiten der Mitarbeiterinnen und Mitarbeiter; Zugang zu Informationen, Netzwerken und Distributionskanälen) umfassend oder wird „nur" Geld gespendet?

b) unternehmensextern:

Ist ein relevantes Ordnungsproblem der Gesellschaft adressiert?

Organisiert das Unternehmen sein Engagement „im Alleingang" oder nutzt es das Problemwissen und die Kontakte von Partnerinstitutionen wie Bildungs- und Sozialeinrichtungen, Nichtregierungsorganisationen und Netzwerken?

Werden die Erfahrungen und innovativen Lösungswege in die politische Öffentlichkeit zurückgespiegelt (z.B. in der Bildungspolitik), um sie „auf Dauer zu stellen"? Erbringt das Unternehmen in diesem Sinne einen Beitrag zur nachhaltigen Strukturverbesserungen seines Lebens- und Wirtschaftsstandorts?

Gesellschaftliches Engagement von Unternehmen ist nicht Ausdruck einer irrationalen Orientierung, die in unzeitgemäßen Moralvorstellungen verhaftet geblieben ist; vielmehr spiegelt es unter den veränderten Bedingungen des 21. Jahrhunderts mehr denn je überragende unternehmerische Rationalität wider. Gerade deshalb ist dieses Engagement auch offen für eine *Professionalisierung*, wie sie jede unternehmerische Rationalität kennzeichnet. Gerade weil es durchaus auch ökonomisch Sinn machen kann, einen Beitrag zum Gemeinwesen zu erbringen, gerade deshalb sollten Unternehmen darum ringen, einen *möglichst wirksamen* Beitrag zu erbringen. Wenn in der augenblicklichen Diskussion um „Corporate Responsibility" ausgerechnet liberale Kämpfer für Markt und Wettbewerb beklagen, dass hier ein Wettbewerb zwischen Unternehmen entsteht und Anbieter von CSR-Beratungsleistungen Geschäfte machen wollten, so ist dem entgegen zu halten: Mehr marktwirtschaftlicher Wettbewerb um das gelungenste gesellschaftliche Engagement und eine höhere Professionalität bei Managern und Beratern sind einer höheren gesellschaftlichen Wirksamkeit entsprechender Praktiken gerade dienlich.

Doch solche Marktmechanismen werden sich – wie in anderen Bereichen auch – nicht „spontan – evolutiv" entwickeln; sie können vielmehr durch die Gestaltung eines entsprechenden institutionellen Ordnungsrahmens im politischen Raum angeregt und inhaltlich strukturiert werden. Hier ist eine gesellschaftspolitische Praxis gefordert, die nicht nur an Konzepten, sondern auch an der Aktivierung entsprechender Akteure orientiert ist. Zu einer entsprechenden Professionalisierung und Intensivierung der Praxis gesellschaftlichen Engagements von Unternehmen können etwa Rankings, Preisverleihungen und öffentliche Würdigungen beitragen. In jenen europäischen Ländern, in denen ein entsprechender institutioneller Ordnungsrahmen besteht und deren nationale Öffentlichkeit ihre Unternehmen im Hinblick auf deren gesellschaftliches Engagement beobachtet, ist dieses Engagement auch am deutlichsten ausgeprägt - und zwar sowohl hinsichtlich der Ausrichtung auf zentrale gesellschaftspolitische Problemstellungen (z.B. Bekämpfung von Langzeitarbeitslosigkeit) als auch hinsichtlich der Professionalität der unternehmensinternen Umsetzung (vgl. dazu die Beiträge in Habisch/Jonker/Wegner/ Schmidpeter 2005). Dies sind im europäischen Kontext insbesondere etwa Großbritannien, Irland, Dänemark, Österreich und die Niederlande. Doch auch in südeuropäischen Ländern wie Italien und Spanien gewinnt die Diskussion um gesellschaftliches Engagement von Unternehmen an Dynamik.

Ein internationaler Vergleich bestätigt die Wirksamkeit und Notwendigkeit entsprechenden gesellschaftspolitischen Handelns: Denn international tätige Unternehmen – bzw. ihre jeweiligen Tochtergesellschaften - scheinen sich in entsprechend sensibilisierten nationalen Gesellschaften stärker zu engagieren als in jenen nationalen Kontexten, die ihrem gesellschaftlichen Engagement weniger bzw. keine Aufmerksamkeit widmen. Viele deutsche Konzerne mit internationalem Tätigkeitsfeld haben sich jedenfalls mit der Möglichkeit eines professionellen gesellschaftlichen Engagements erst dann auseinander gesetzt, als sie sich an ausländischen

Standorten mit der Forderung konfrontiert sahen, als „Corporate Citizens" ordnungspolitische Mitverantwortung zu übernehmen.

Ein wichtiges Element einer intensiveren Begleitung und Beobachtung unternehmerischen Handelns in diesem Bereich besteht in der Entwicklung von Aus- und Weiterbildungskapazitäten. Professionalisierung gesellschaftlichen Engagements zur Steigerung seines Wirkungsgrades sowohl für die Unternehmen selbst als auch für das gesellschaftliche Umfeld bedarf *eigener spezialisierter Qualifikationen als Teil der Aus- und Weiterbildung zukünftiger Fach- und Führungskräfte.* Dabei müssen Teilaspekte anderer Themenbereiche der Managerausbildung – wie etwa Marketing und Unternehmenskommunikation, aber auch „Personal und Organisation" sowie Controlling - integriert und auf ihre Berührungspunkte zum gesellschaftlichen Engagement hin analysiert werden (vgl. dazu ausführlich unsere Überlegungen in Habisch 2003: 203ff).

Ein weiterer wichtiger Aspekt ist die Professionalisierung der Partnereinrichtungen im Bildungs-, Kultur-, Umwelt- und Sozialbereich. Hier müssen verstärkt Kompetenzen des Umgangs und der operativen Zusammenarbeit mit wirtschaftlichen und Unternehmenspartnern aufgebaut werden. Gerade für das gesellschaftliche Engagement kleiner und mittelständischer Unternehmen, die in allen europäischen Volkswirtschaften die Mehrzahl der Arbeitsplätze stellen und flächendeckend präsent sind, ist es unerlässlich, von außen auf ein effizientes gesellschaftliches Engagement hin angesprochen zu werden. Der Impuls dazu wird häufig von (potenziellen) Partnereinrichtungen ausgehen, die diesen Unternehmen Vorschläge für Partnerschaftsprojekte machen. Dabei wird die Überlegung ausschlaggebend sein, welches Projekt nicht nur für den sozialen, sondern auch für den Unternehmenspartner Sinn machen würde, weil es auf dessen strategische Interessen abgestimmt ist, seine Mitarbeiterinnen und Mitarbeiter motiviert und seine spezifischen Kommunikationsbedürfnisse befriedigt. Wenn ein Projektvorschlag derartige Fragen beantworten kann, dann ist die Chance, vom Unternehmenspartner (auch wirklich) akzeptiert zu werden, bedeutend größer als bei traditionellen und routinierten Kontaktversuchen, die primär auf finanzielle Unterstützung abzielen.

Professionelles Management gesellschaftlicher Verantwortung nicht nur auf Seiten der Unternehmen, sondern auch der Unternehmenspartner sind eine Voraussetzung dafür, dass entsprechendes Engagement von Unternehmen in Deutschland auf breiter Basis gesellschaftlich relevante Effekte hervorrufen kann. Hier liegen die Herausforderungen, aber auch die Chancen, für die Wiederbelebung einer bürgergesellschaftlichen Tradition, wie sie das 19. Jahrhundert in Deutschland stark bestimmt hat und in den Katastrophen des 20. Jahrhunderts teilweise in Vergessenheit geraten ist.

Literatur

Backhaus-Maul, Holger/Brühl, Hasso (Hrsg.): Bürgergesellschaft und Wirtschaft - zur neuen Rolle von Unternehmen. Berlin: Deutsches Institut für Urbanistik, 2003

Buchanan, James M.: Die Grenzen der Freiheit – Zwischen Anarchie und Leviathan. Tübingen: Mohr/Siebeck, 1984 (amerik. Orig. 1975)

Crane, Andrew/Matten, Dirk: Business Ethics. A European Perspective. Managing Corporate Citizenship and Sustainablity in the Age of Globalization. Oxford: Oxford University Press, 2004

Damm, Diethelm/Lang, Reinhard: Handbuch Unternehmenskooperation. Erfahrungen mit Corporate Citizenship in Deutschland.Berlin: Unternehmen – Partner der Jugend, 2001

Enquete-Kommission "Zukunft des Bürgerschaftlichen Engagements" des Deutschen Bundestages (Hrsg.): Bericht: Bürgerschaftliches Engagement: auf dem Weg in eine zukunftsfähige Bürgergesellschaft, Opladen: Leske und Budrich, 2002

Enquete-Kommission "Zukunft des Bürgerschaftlichen Engagements" des Deutschen Bundestages (Hrsg.), Bürgerschaftliches Engagement von Unternehmen. Opladen: Leske und Budrich, 2003

EU-Kommission: Umsetzung der Partnerschaft für Wachstum und Beschäftigung: Europa soll auf dem Gebiet der sozialen Verantwortung der Unternehmen führend werden, Brüssel. EU-Kommission, März 2006

Frey, Bruno S./Goette, Lorenz: ‚Does Pay Motivate Volunteers?' Universität Zürich, Institute for Empirical Research in Economics (IEW), Working Paper Series No. 7. 1999.

Gazdar, Kaevan/Habisch, André/Kirchhoff, Klaus/Vaseghi, Sam: Erfolgsmodell Verantwortung. Heidelberg-Berlin: Springer, 2006

Glück, Alois/Magel, Holger/Röbke, Thomas (Hrsg.): Neue Netze des Bürgerschaftlichen Engagements. München: Hütig/Jehle/Rehm, 2004

Habisch, André: Corporate Citizenship. Gesellschaftliches Engagement von Unternehmen in Deutschland. Heidelberg/Berlin: Springer, 2003

Habisch, André: Social Responsibility, Social Capital and SMEs [Small and Medium Enterprises]. In: Spence, L./Habisch, A./Schmidpeter, R. (eds.), Responsibility and Social Capital. The World of Small and Medium Sized Enterprises. London: Palgrave, 2004

Habisch, André/Schmidpeter, René: Social Capital, Corporate Citizenship and Constitutional Dialogues – Theoretical Considerations for Organisational Strategy. In: Habisch, A./Meister, H. P./Schmidpeter, R. (Hrsg.): Corporate Citizenship as Investing in Social Capital. Berlin: Logos Verlag, 2001, pp. 7–13

Habisch, André/Jonker, Jan/Wegner, Martina/Schmidpeter, René (eds.): Corporate Social Responsibility across Europe. Heidelberg/New York/Berlin: Springer, 2005

Habisch, André/Moon, Jeremy: Social Capital and Corporate Social Responsibility. In: Jonker, J./de Witte, Marco (eds.), 'The challenge of organising and implementing CSR'. London: Palgrave, 2005

Habisch, André/Neureiter, Martin/Schmidpeter, René: Handbuch Corporate Citizenship. Corporate Social Responsibility für Manager. Heidelberg/Berlin: Springer, 2007 (i.E.)

Homann, Karl/Suchanek, Andreas: Ökonomik - Eine Einführung. Tübingen: Mohr/Siebeck, 2000

Klages, Helmut: Werte und Wertewandel. In: Schäfers, B./Zapf, W.: Handwörterbuch zur Gesellschaft Deutschlands. Opladen: Leske+Budrich, 1998, S. 698-709

Musgrave, Richard. A./Musgrave, Peggy B./Kullmer, Lore: Die öffentlichen Finanzen in Theorie und Praxis. Bd. 2., 5. aktualisierte Auflage. Tübingen, 1993

Porter, Michael E./Kramer, Marc R.: Philanthropy's New Agenda: Creating Value. In: Harvard Business Review 77 (1999) 6, pp 51-63

Porter, Michael E./Kramer, Marc R.: Wohltaten mit System. In: Harvard Business Manager 1 29 (2007) 1, S. 16-34

Samuelson, Paul A.: The pure theory of public expenditure. In: Review of oeconomics and statistics. (1954) Nr. 36, pp. 332-338

Schöffmann, Dieter (Hrsg.): Wenn alle gewinnen. Bürgerschaftliches Engagement von Unternehmen. Hamburg: Edition Körber, 2002

Strachwitz, Rupert Graf (Hrsg.): Dritter Sektor - Dritte Kraft. Versuch einer Standortbestimmung. Stuttgart: J. Raabe, 1998

Anja Schwerk

Strategisches gesellschaftliches Engagement und *gute* Corporate Governance

1 Einführung

Bürgerschaftliches Engagement oder gesellschaftliche Verantwortung von Unternehmen wird häufig mit den Begriffen *Corporate Social Responsibility* (CSR), *Corporate Responsibility* (CR) und *Corporate Citizenship* (CC) gleichgesetzt. Eine einheitliche Definition hat sich in der Literatur bisher nicht durchgesetzt. In diesem Beitrag wird nach Davis unter gesellschaftlicher Verantwortung Folgendes verstanden:

> „... the firm's consideration of, and response to, issues beyond the narrow economic, technical, and legal requirements of the firm to accomplish social [and environmental] benefits along with the traditional economic gains which the firm seeks." (Davis 1973: 312).

Damit stehen Fragen nach der Rolle des Unternehmens in der Gesellschaft und die Beziehungen zwischen dem Unternehmen und verschiedenen Interessen- bzw. Anspruchsgruppen (Stakeholder) im Mittelpunkt der Analyse. Im Zuge der Debatte um ein verstärktes gesellschaftliches Engagement von Unternehmen steht die Betriebswirtschaftslehre vor einer nicht ganz neuen jedoch momentan verstärkt diskutierten Herausforderung. Es wird wiederholt kritisch gefragt, ob die ökonomische Theorie in ihren Modellen die veränderten Rahmenbedingungen berücksichtigt, mit denen sich Unternehmen aufgrund der Globalisierung und anderer Einflussfaktoren auseinander setzen müssen.

Der folgende Beitrag hat das Ziel, den Einfluss der wissenschaftlichen Debatte über das gesellschaftliche Engagement von Unternehmen auf ein traditionell ökonomisches Forschungsgebiet – die *Corporate Governance* (CG) - aufzuzeigen.

Es wird zunächst modellhaft dargestellt, was unter gesellschaftlicher Verantwortung zu verstehen ist, welche Ziele damit verbunden werden und welche Strategien zur Verfügung stehen.

Anschließend wird der Frage nachgegangen, welche Auswirkungen die aktuelle Debatte über die gesellschaftliche Verantwortung von Unternehmen auf die Forschung zu Leitungs-, Kontroll- und Anreizstrukturen im Unternehmen, die Corporate Governance (CG), hat.

Dieser Beitrag betritt damit Neuland, da - abgesehen von einigen Ausnahmen[1] - bisher kaum Versuche einer integrativen Betrachtung der Forschungsstränge von CSR/CC und CG getätigt wurden.

Fazit bildet die These, dass eine integrative Betrachtung beider Forschungsstränge hilfreich ist, um einerseits eine *gute* CG zu verwirklichen und andererseits die Debatte über die Verantwortung von Unternehmen zu befruchten. Als *gute* CG wird dabei eine Unternehmensführung verstanden, welche die Interdependenz bzw. gegenseitige Anhängigkeit von Unternehmen und Gesellschaft erkennt und Entscheidungen trifft, die langfristig beiden Seiten nutzen. *Gute* CG führt zu guter Unternehmensperformance aus finanzieller, sozialer und ökologischer Perspektive. Eine gesellschaftliche Perspektive auf der Ebene der Unternehmensführung ist somit unumgänglich.

2 Modell der Unternehmensverantwortung

Der Begriff *Corporate Citizenship* (CC) (unternehmerisches Bürgerengagement) ist im deutschen Sprachgebrauch noch relativ jung. Hintergrund einer Reihe von Vertretern der CC-Bewegung bildet eine gesellschaftspolitisch geführte Debatte um Rechte und Pflichten einzelner Akteure der Zivilgesellschaft, die vorrangig in den USA und Großbritannien geführt wurde und in den neunziger Jahren nach Deutschland übergriff (vgl. Backhaus-Maul 2004: 26). Theoretisch lässt sich die CC-Debatte stärker in der Soziologie und Politologie verorten, jedoch gestehen zunehmend auch Ökonomen den Unternehmen ein ordnungspolitisches Potential zu (vgl. z.B. Homann 2005:8). Das zugrunde liegende Modell einer *assoziativen Bürgergesellschaft* geht von einem kooperativen Verhältnis zwischen Bürgern, Staat und Unternehmen aus, die – idealtypisch betrachtet – ihre jeweiligen Ressourcen sowie Fähigkeiten Gemeinwohl orientiert in den sozialen und politischen Prozess einbringen.[2] Letztlich geht es im Rahmen dieses als *Neuer Gesellschaftsvertrag* bezeichneten Arrangements um eine Neuverteilung von Rechten und Pflichten zwischen Bürgern,

---

[1] Vgl. z.B. Jones (1995), Becker (2004), Mackenzie (2004), van den Berghe/Carchon (2003), Wieland (2002) und Schwalbach/Schwerk (forthcoming).
[2] In Deutschland wurde mit dem Kabinettsbeschluss vom 1. Dezember 1999 dieses Modell zum offiziellen Leitbild der Bundesregierung erhoben (vgl. Enquete-Kommission 2002: 242).

Staat, Unternehmen und gemeinnützigen Organisationen sowie um die Entfaltung ihrer assoziativ vernetzten Kooperationsbeziehungen (vgl. Backhaus-Maul/Brühl 2003: 11). Der CC-Gedanke betont damit den Aspekt der politischen Verantwortungsübernahme durch Unternehmen (vgl. z.b. Schneider 2004: 30ff.). Aus diesem Verständnis heraus grenzen einige Autoren CC klar von CSR ab, so z.b. Behrent und Wieland:

> „CSR ist ein werte- und normengeleitetes Management zur Lösung sozialer und ökologischer Problemlagen. Die Definition dessen, was eine solche Lage auszeichnet, vollzieht sich über Stakeholder und gesellschaftliche Standards. CC wird demgegenüber demokratietheoretisch angesetzt, nämlich als Rechte und Pflichten des Unternehmens als moralisch proaktiver kollektiver Bürger." (Behrent/Wieland 2003: 17)

Häufig wird die genaue Abgrenzung zwischen CC und CSR jedoch vermieden oder sie werden gleichgesetzt (vgl. z.b. Carroll/Buchholtz 2006: 56). In diesem Beitrag werden die Begriffe *Corporate Responsibility* (CR) oder CSR verwendet. Damit soll das Problem einer zu engen Definition, die häufig mit dem Begriff CC einhergeht und lediglich die Beziehung zwischen Unternehmen und Gesellschaft (am Standort) fokussiert, umgangen werden. Die Bezeichnung CR bzw. CSR soll dementsprechend die drei Verantwortungsbereiche Soziales, Ökologie *und* Ökonomie sowie die Verantwortung für die interne strategische Verankerung im gesamten Unternehmensprozess zum Ausdruck bringen.

Das CR-Konzept zeichnet sich durch eine hohe Komplexität aus. Zur Ableitung praktischer Implikationen für die Unternehmensstrategie bzw. -leitung müssen verschiedene Aspekte wie die Ausgangsparameter eines Unternehmens und die verschiedenen CR-Maßnahmen in Abhängigkeit von den zu erreichenden Zielen Berücksichtigung finden. Das folgende Modell (Abb. 1 und 2) gibt einen Überblick. Basis bilden u.a. die Überlegungen von Porter und Kramer (2006) zur strategischen Umsetzung von gesellschaftsrelevanten Maßnahmen. Ausgangspunkt ist die These, dass langfristiger Unternehmenserfolg und soziale/ökologische Erfolge kein Nullsummenspiel darstellen. Eine CR-Strategie beschränkt sich jedoch nicht nur auf Maßnahmen, die sich mittel- bis langfristig direkt messbar auf den Unternehmenserfolg niederschlagen und damit eng an die Kernkompetenzen des Unternehmens angegliedert sein müssen. Auch die Pflege von Beziehungen am Standort und die Vermeidung von negativen externen Effekten sowie der Aufbau einer Reputation als fairer nach bestimmten Werten agierender (Geschäfts-)Partner und Nachbar sind Elemente einer CR-Strategie, die sich jedoch erst sehr langfristig und indirekt auf den Unternehmenserfolg niederschlagen.

Abbildung 1: Modell der Unternehmensverantwortung (eigene Darstellung)

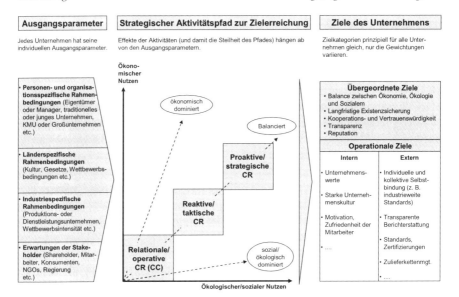

Den Startpunkt des Modells bilden die Ausgangsparameter, die von Unternehmen zu Unternehmen variieren können. In dem Modell von Porter und Kramer werden diese Ausgangsparameter nicht berücksichtigt. Personen- und organisationsspezifische Rahmenbedingungen beschreiben die Ausstattung des Unternehmens mit spezifischen Ressourcen, die Unternehmenshistorie, -struktur und -kultur. Unternehmen können in Abhängigkeit von ihren spezifischen Ressourcen sehr unterschiedliche Beiträge im sozialen und ökologischen Bereich leisten. Bedeutend sind auch die Eigentumsstrukturen eines Unternehmens. Bei einem Familienunternehmen entscheiden die Eigentümer selbst über die CR-Strategie, während bei einem börsennotierten Unternehmen Manager im Namen der Eigentümer entscheiden. Mit den länderspezifischen Bedingungen wird z.B. der Tatsache Rechnung getragen, dass die Unternehmenstätigkeit an verschiedenen Standorten unterschiedliche negative oder positive Konsequenzen haben kann (z.B. durch kulturelle oder infrastrukturelle Besonderheiten). Bestimmte Werte oder Standards können nicht immer von einem ins andere Land übertragen werden, eine Anpassung der CR-Strategie an lokale Bedingungen ist notwendig. Auf Basis der industriespezifischen Rahmenbedingungen kann schließlich zwischen Produktions- und Dienstleistungsunternehmen und den damit einhergehenden Anforderungen an die Verantwortungsbereiche unterschieden werden. So unterscheidet sich die CR-Strategie einer Bank wesentlich von der eines Energieunternehmens. Die Erwartungen der Stakeholder sind schließlich die letzte wichtige Komponente der Ausgangsparameter. Die Bedeutung unterschiedlicher Stakeholder geht vor allem auf Freeman (1984) zurück. Zu den Stakeholdern gehören sowohl Eigentümer als auch Mitarbeiter, Konsumenten, Zulieferer, die Regierung bzw. die politischen Entscheidungsträger, Verbände oder Nichtregierungsorganisationen (NGOs).

Bevor der strategische Aktivitätspfad (mittlerer Teil der Abb.1) genauer erläutert wird, soll näher auf die Ziele eingegangen werden, die Unternehmen mit einer CR-Strategie verfolgen (rechter Teil der Abb.1). Es kann zwischen übergeordneten Zielen und operationalen Zielen unterschieden werden. Die übergeordneten Ziele wie langfristige Existenzsicherung, Steigerung der Reputation, Transparenz, Kooperations- und Vertrauenswürdigkeit sind grundsätzlich für alle Unternehmen unabhängig von den Ausgangsparametern gleich. Die operationalen Ziele können jedoch in ihrer Gewichtung variieren. Ein Unternehmen bevorzugt z.B. die individuelle Selbstbindung in Form von selbstauferlegten Verhaltensstandards, während ein anderes Unternehmen die kollektive Selbstbindung bevorzugt (z.B. durch Übernahme der OECD-Principles for Multinational Enterprises oder durch Beitritt zum UN Global Compact).

Der strategische Aktivitätspfad beschreibt schließlich den Weg, den Unternehmen unter Berücksichtigung ihrer Ausgangsparameter beschreiten, um die Ziele zu erreichen. Die CR-Strategie eines Unternehmens setzt sich aus drei unterschiedlichen Kategorien von Aktivitäten zusammen. Die Kategorien variieren in Anlehnung an das Modell von Porter und Kramer (2006) in Bezug auf die zugrundeliegende Motivation, die konkreten Maßnahmen, die organisationale Zuständigkeit und Verankerung im Unternehmen, die zeitliche Orientierung und die mit ihnen verbundene Wirkung. Die Abb. 2 gibt einen Überblick über die Maßnahmen, Mittel und Charakteristika der drei Kategorien.

Abbildung 2: Relationale, reaktive und proaktive CR-Strategien (eigene Darstellung)

Relationale/operative CR	Reaktive/taktische CR	Proaktive/strategische CR
Maßnahmen: Mildtätige Maßnahmen, z.B. Renovierung eines Kindergartens, Unterstützung eines lokalen Sportvereins etc.	**Maßnahmen:** Minimierung negativer externer Effekte durch Unternehmenstätigkeit, Erfüllung der Stakeholder-Erwartungen	**Maßnahmen:** Innovative *ethische* Produkte/ Dienstleistungen; Schaffung neuer Märkte für sozial schwache Bevölkerungsgruppen, Schaffung von optimalen Arbeitsbedingungen, Unternehmenswerte/-kultur
Organisationale Einbettung: Kommunikation, PR, Personal	**Organisationale Einbettung:** Kommunikation, PR, Produktion, F+E, Investor Relations, Einkauf, Unternehmensleitung	**Organisationale Einbettung:** Unternehmensleitung (*gute* Corporate Governance), Integration in alle Funktionsbereiche und gesamten Unternehmensprozess
Mittel: Spenden, Sponsoring, PPP, Corporate Volunteering, Stiftungen etc.	**Mittel:** Stakeholderdialog, Emissionen, Prozessoptimierung, PPP etc.	**Mittel:** Einsatz unternehmensspezifischer Ressourcen, F&E, PPP etc.
Charakteristika: *to be a good citizen*, Reputationssteigerung im Umfeld, Motivation der Mitarbeiter, kaum Beziehung zu den Kernkompetenzen des Unternehmens	**Charakteristika:** Aufbau und Erhalt des Wohlwollens der Stakeholder (Erhalt der *licence to operate*), Risikoprävention, Kostenersparnis (z.B. durch Senkung des Energieverbrauchs),	**Charakteristika:** Maximale Steigerung von ökonomischem, ökologischem + sozialem Nutzen; Verbesserung des Wettbewerbsumfelds, Erzielung des größtmöglichen Hebels durch Einsatz von Kernkompetenzen
Zeitrahmen: kurzfristig (operational)	**Zeitrahmen:** mittelfristig (taktisch)	**Zeitrahmen:** langfristig (strategisch)

Auf einem idealtypischen (balancierten) Aktivitätspfad sind der ökonomische und soziale/ökologische Nutzen gleichgewichtig maximiert. In der Realität variieren jedoch die Ausgangsparameter. Die gleichen Maßnahmen können daher in China einen anderen Effekt als in Deutschland haben. Der Grenznutzen einer Maßnahme ist in China eventuell stärker ökologisch als ökonomisch ausgeprägt, während es für die gleiche Maßnahme in Deutschland umgekehrt sein kann. Für die Formulierung einer CR-Strategie ist es daher von entscheidender Bedeutung, die Ausgangsparameter genau zu analysieren.

Welche Folgen das im Modell geschilderte strategische Verständnis von gesellschaftlichem Engagement oder CR für die CG eines Unternehmens hat und was vor diesem Hintergrund unter einer *guten* CG zu verstehen ist, wird im vierten und fünften Kapitel thematisiert. Im nächsten Kapitel folgt zunächst eine kurze Darstellung der CG-Literatur.

3 Theorie und Praxis der Corporate Governance

Die CG ist ein unumstrittenes Forschungsgebiet der Betriebswirtschaftslehre mit einer interdisziplinären Schnittstelle zur Rechtswissenschaft. Die sog. *Prinzipal-Agenten-Theorie* stellte in der ökonomischen Forschung über Jahrzehnte die dominante Forschungsperspektive dar. Sie geriet jedoch insbesondere in den letzten Jahren in die Kritik, da im Mittelpunkt der Analyse nicht die Interessen verschiedener Gruppen des Unternehmens stehen, sondern verstärkt das Eigentümerinteresse bzw. das Verhältnis zwischen Eigentümern und Managern betrachtet wird. Die Frage ist daher, ob das durch die ökonomische Theorie geprägte Gebiet der CG durch die Debatte um die gesellschaftliche Verantwortung beeinflusst wurde oder werden sollte.

Um dem Leser ein Verständnis für das Forschungsgebiet der CG zu ermöglichen, werden zunächst zwei alternative Definitionen vorgestellt. Es folgt ein kurzer historischer Überblick über die Entwicklung der CG-Literatur. Im vierten Teil dieses Beitrags wird auf die Schnittstellen zwischen CR und CG eingegangen.

3.1 Definition von Corporate Governance

Das übergeordnete Erkenntnisobjekt der CG ist die Wirkung von Leitungs-, Kontroll- und Anreizstrukturen auf die Unternehmensperformance. Es ergeben sich folglich zwei zentrale Fragen: Wer soll die Entscheidungen im Unternehmen treffen und sie beeinflussen? Und wie können Manager so kontrolliert werden, dass Sie mit ihren Handlungen tatsächlich den wie auch immer definierten Unternehmenszweck verfolgen (vgl. Schmidt 2001: 65)? Im Detail beschäftigt sich die (ökonomische) CG-Literatur mit Modellen zur optimalen Vertragsgestaltung bzw. Vergütung von Managern oder Teammitgliedern sowie der Struktur von Leitungssystemen.

Für die Schnittstelle zur CSR-Literatur spielt die Definition von CG eine entscheidende Rolle. In der Literatur wird zwischen einer *engen* und einer *weiten* Definition unterschieden. Der enge Begriff wird häufig mit dem angelsächsischen CG-System in Verbindung gebracht, während der weitere Begriff in Teilen Europas und Japans gebräuchlich ist. Die Unterscheidung der beiden Definitionen spiegelt gleichzeitig die verbreitete Diskussion über *Shareholder-* vs. *Stakeholder-Value* wider.

"Corporate governance deals with the ways in which suppliers of finance to corporations assure themselves of getting a return on their investment." (Shleifer/Vishny 1997: 737).

Der Fokus dieser engen Definition liegt auf der Trennung zwischen Eigentum und Kontrolle und auf Regelungen und Sachverhalten, die gewährleisten, dass Manager sich im Sinne der Aktionäre bzw. Eigentümer der Unternehmung verhalten.

Die weite Definition berücksichtigt neben Eigentümern und Managern auch andere Stakeholder bzw. stellt ihre Interessen explizit heraus. Ein solches Verständnis der CG beinhaltet daher die grundsätzliche Frage, welche Interessen überhaupt in die Zielfunktion des Unternehmens eingehen sollten und welche Konsequenzen die Entscheidungen von Managern auf die Wohlfahrt anderer Stakeholdergruppen haben.

> „I will, perhaps unconventionally for an economist, define corporate governance as the design of institutions that induce or force management to internalize the welfare of stakeholders" (Tirole 2001: 4).

Die Definition stammt von dem Industrieökonomen und Spieltheoretiker Jean Tirole und zeigt, dass in jüngster Zeit auch Ökonomen für eine weite CG-Definition plädieren.

3.2 Theoretische Ansätze der Corporate Governance

Die *Prinzipal-Agenten-Theorie* (P-A-Theorie) bildet bis heute das dominante theoretische Paradigma der CG-Forschung. Gründe dafür liegen in der Einfachheit der Theorie, da Probleme der Unternehmenspraxis auf zwei Parteien – Prinzipal (Eigentümer) und Agenten (Manager) - reduziert werden (vgl. Daily et al. 2003: 372) und im starken Praxisbezug (vgl. Shleifer/Vishny 1997: 737).

Jensen und Meckling (1976) gelten als die wichtigsten Vertreter der P-A-Theorie. Eine der zentralen Annahmen ist die des rationalen den eigenen Nutzen maximierenden Entscheiders. Aktionäre werden zu Prinzipalen, wenn sie mit Managern bzw. Agenten Verträge zur Führung ihres Unternehmens abschließen. Ein Manager ist dementsprechend rechtlich und moralisch verpflichtet, den Gewinn des Aktionärs zu maximieren. Dabei ist der Manager zusätzlich durch die Möglichkeit motiviert, seine eigenen Interessen zu verwirklichen (vgl. Davis et al. 1997: 22).

Solange die Interessen beider Parteien nicht divergieren, treten keine sog. *agency costs* (Kontrollkosten) für den Eigentümer auf. Die Wahrscheinlichkeit für opportunistisches Verhalten des Managers ist in der Theorie jedoch sehr hoch. Erschwerend kommt für den Aktionär hinzu, dass er ex ante nicht weiß, ob sich der Manager in seinem Sinne verhält (vgl. Williamson 1985). Die Aktionäre sorgen daher für interne Kontrollmechanismen bzw. *internal governance mechanisms* (vgl. Jensen/Meckling 1976).

Der Markt für externe Unternehmenskontrolle wird relevant, wenn die internen Mechanismen versagen. *External governance mechanisms* wirken über Markttransaktionen und den Preismechanismus. Feindliche Übernahmen sind ein Beispiel für einen externen Kontrollmechanismus, da das *schlechte* Management nach der Übernahme abgelöst wird. In Deutschland spielt im Gegensatz zu den USA dieser *market for corporate control* allerdings eine untergeordnete Rolle.[3]

Es wird deutlich, dass bei einer P-A-Betrachtung, die auf einer engen Definition von CG beruht, die Interessen der Eigentümer im Mittelpunkt der Analyse stehen. Die zu maximierende Zielgröße ist somit das Shareholder-Value. Es wird davon ausgegangen, dass die anderen Stakeholder durch Verträge und Gesetze oder durch Ausweichmöglichkeiten, die der Markt ihnen bietet, abgesichert sind. Außerdem wird angenommen, dass eine Übertragung von Entscheidungs- und Kontrollrechten auf andere Anspruchsgruppen als die Shareholder zu einem Effizienz- und Zeitverlust aufgrund von Abstimmungsproblemen führen könnte. Auch wenn daher in der Realität nie vollkommene Verträge und Märkte vorliegen, kann aus ökonomischer Sicht das rein shareholderorientierte CG-System zu besseren Ergebnissen für alle Stakeholder führen als ein pluralistisches Stakeholder-System (vgl. Schmidt 2003: 8).

Viele Kritiker der P-A-Theorie sind der Meinung, dass Interessen anderer Stakeholder bedingt durch die Unvollkommenheiten von Verträgen, Gesetzen und Märkten nicht ausreichend abgesichert sind. Die noch junge *Theorie der Teamproduktion* von *Blair* und *Stout* (2000, 1999; Blair 1995, 2003) setzt an der Kritik der P-A-Theorie an.[4] Sie wendet sich z.B. gegen die These, dass die Maximierung des Shareholder-Value gleichzeitig zu einer Maximierung der allgemeinen Wohlfahrt führt. Laut Blair und Stout tätigen nicht allein die Aktionäre firmenspezifische Investitionen, die vertraglich nicht abgesichert sind. Insbesondere Arbeitnehmer tragen ebenfalls ein hohes Risiko, z.B. durch Investitionen in firmenspezifisches Know-how. Aus diesem Verständnis heraus ist ein Unternehmen auf Kooperation und Partizipation verschiedener am Unternehmen Beteiligter ausgerichtet, und es müssen Rahmenbedingungen geschaffen werden, die kooperatives Verhalten und damit Vertrauen und Transparenz fördern.

Die Theorie der Teamproduktion schlägt daher vor: „... that the norms and standards established for corporate directors and other corporate participants – the mutual expectations of trustworthy behavior – may be at least as important to corporate performance as laws and institutional arrangements" (Blair 2003: 72).

---

[3] Externe CG-Mechanismen wie Übernahmen werden teilweise durch fragwürdige Managementpraktiken behindert. Zu den bekanntesten gehören die sog. *poison pills* und *golden parachutes* und der Insiderhandel (zur Erläuterung vgl. Carroll/Buchholz 2006: 615). Ob diese Maßnahmen jedoch tatsächlich zu einer Verhinderung von Übernahmen führen, ist empirisch umstritten.
[4] Dabei knüpfen sie an die Teamtheorie von Alchian/Demsetz (1972) an.

Eine weitere CG-Theorie ist ebenfalls aus der Kritik an der P-A-Theorie entstanden: Die *Stewardship-Theorie* (vgl. Donaldson/Davis 1991; Davis et al. 1997) ist durch die soziologische und psychologische Theorie geprägt. Das Bild des Managers als *homo oeconomicus*, der opportunistisch handelt und nur die eigenen Interessen verwirklicht, lehnt sie ab. Die Stewardship-Theorie geht stattdessen davon aus, dass Manager kollektiv handeln und intrinsisch motiviert sind. Extrinsische Kontroll- und Anreizsysteme sind demnach zu vermeiden, da sie das pro-soziale Verhalten eines *stewards* (Managers) einschränken.

Der kurze Überblick hat gezeigt, dass die Prinzipal-Agenten-Theorie die Beziehungen zwischen Managern und Eigentümern in den Mittelpunkt der Analyse stellt. Andere Stakeholder werden nicht berücksichtigt bzw. es wird angenommen, dass durch die Wahrung der Interessen der Eigentümer automatisch die langfristige Unternehmensperformance gesteigert und dadurch der Kuchen für alle Stakeholder vergrößert wird. Kurzfristige negative externe Effekte bzw. die Auswirkungen auf andere Stakeholdergruppen werden nicht untersucht. Fragen nach der ordnungspolitischen Verantwortung der Unternehmung und der Rolle in der Gesellschaft aufgrund veränderter Rahmenbedingungen finden ebenfalls keine Berücksichtigung.

Die Theorie der Teamproduktion bezieht dagegen neben den Eigentümern die Stakeholdergruppe der Mitarbeiter zusätzlich in ihre Analyse ein. Die Stewardship-Theorie hebt schließlich die moralische Prädisposition der Manager hervor, das Richtige zu tun, und stellt externe Kontroll- und Anreizsysteme infrage.

Vor dem Hintergrund der wachsenden Anforderungen an Unternehmen durch veränderte Erwartungen der Stakeholder, ein verändertes Wettbewerbsumfeld und eine teilweise defizitäre Rahmenordnung ist zu fragen, ob die Perspektive der CG-Forschung nicht erweitert werden müsste. Fragen nach der Legitimität der Unternehmensaktivitäten, der Akzeptanz durch verschiedene Stakeholdergruppen (nicht nur der Shareholder) und der Transparenz und Integrität sollten ebenso in den Fokus rücken wie die interdependente Wirkung von sozialen, ökologischen und finanziellen Aspekten auf die Unternehmensperformance. Die Art und Weise, wie Unternehmen aus Sicht diverser Stakeholder geführt werden, hat Rückwirkungen auf die Unternehmensperformance. *Schlechte* CG in einem der genannten Aspekte der Unternehmensperformance wird langfristig zu höheren Transaktionskosten, einer geringeren Effizienz, einem Vertrauensverlust in die Unternehmensführung und damit zu einem Wettbewerbsnachteil führen.

Das folgende Kapitel gibt zunächst einen kurzen Überblick über die Entwicklung der CG in der Praxis.

3.3 Corporate Governance in der Praxis

Es gibt eine große Anzahl von empirischen Studien zur CG. Einen Schwerpunkt bildet die Frage, welches CG-System leistungsfähiger ist bzw. welcher statistische Zusammenhang zwischen CG-Regeln und Unternehmensperformance besteht. Die vergleichenden empirischen Ergebnisse der Governance-Systeme sind jedoch nicht eindeutig. Vielmehr wird angenommen, dass Unternehmen und ihre Akteure (Manager, Eigentümer, Mitarbeiter etc.) in verschiedene länderspezifische institutionelle Systeme (Finanzsystem, politisches und gesetzliches System etc.) eingebettet sind (*embeddedness*) und sich daher zwangsläufig unterschiedlich entwickeln (vgl. Aguilera/Jackson 2003). Ein System, das in einem Land gute Ergebnisse erzielt, muss daher nicht in einem anderen Land erfolgreich sein.

In der Literatur werden auf Basis der unterschiedlichen Charakteristika der CG-Systeme Unternehmen aus Europa (ausgenommen UK) und Japan häufig als Stakeholder orientiert, Unternehmen aus den USA als Shareholder orientiert bezeichnet. Die Frage, ob europäische und japanische Unternehmen verantwortungsbewusster handeln, ist dagegen nur schwer empirisch nachweisbar. US-amerikanische Unternehmen nutzen häufiger Verhaltenskodizes (vgl. Langlois/Schlegelmilch 1990) und das Spendenaufkommen ist höher (vgl. Bennett 1998). Die Folgen unterschiedlicher Governancestrukturen auf die CSR-Strategie müssen daher weiter erforscht werden.

Eine Vielzahl empirischer Studien geht der grundsätzlichen Frage des Zusammenhangs zwischen einer guten CG und der Unternehmensperformance nach. Häufig zitiert wird die Studie *Global Investor Opinion Survey* von McKinsey (vgl. Coombes/Watson 2000), bei der 201 Investoren aus 31 Ländern befragt wurden. Die Ergebnisse zeigen, dass eine große Mehrheit der Investoren bereit ist, für Unternehmen mit einer guten CG eine Prämie zu zahlen.[5] Diese Prämie würde z.B. gezahlt, wenn die Mehrzahl des *board of directors* von außerhalb des Unternehmens stammt und tatsächlich unabhängig ist sowie gleichzeitig wesentliche Unternehmensanteile hält, ein formales Bewertungssystem der *directors* vorliegt, ein wesentlicher Anteil der Vergütung an den Aktienkurs gebunden ist und große Transparenz hinsichtlich CG-Anfragen von Seiten der Investoren besteht.

Auffällig ist, dass wiederum die spezifische Stakeholdergruppe der Investoren im Mittelpunkt der Studie stand. Welche Auswirkung eine gute oder schlechte CG auf andere Stakeholdergruppen hat bzw. wie die finanzielle bzw. ökonomische,

---

[5] Diese Prämien schwankten in den USA und Westeuropa zwischen 12 und 14 Prozent und in Asien und Lateinamerika zwischen 20 und 25 Prozent. In Osteuropa und Asien lagen sie sogar bei über 30 Prozent (vgl. Coombes/Watson 2002).

ökologische und soziale Unternehmensperformance dadurch beeinflusst wird, wurde bislang kaum untersucht.

Vor diesem Hintergrund ist eine weitere McKinsey-Studie interessant. Von 4238 befragten CEOs aus 116 Ländern waren 84% der Meinung, Unternehmen sollten eine Balance zwischen ihrer Verantwortung gegenüber den Shareholdern und der Gesellschaft herstellen (vgl. McKinsey 2006).

Die Meinung darüber, was in der Praxis unter einer *guten* CG zu verstehen ist, variiert in Abhängigkeit von der theoretischen Perspektive und den institutionellen firmen-, industrie- und länderspezifischen Rahmenbedingungen. Hier ist klar eine Brücke zu der empirischen CR-Forschung zu erkennen, die ebenfalls von unterschiedlichen CR-Strategien in Abhängigkeit von den institutionellen Rahmenbedingen (länderspezifische Kultur, Erwartungen der Konsumenten, politisches System, Charakteristika der Manager etc.) ausgeht (vgl. z.B. Husted/Allen 2006).

Nicht zuletzt durch die Welle von Unternehmensskandalen, Reputationsschäden und Insolvenzen wurde eine Reihe von teils freiwilligen, teils gesetzlich vorgeschriebenen Reformen in Gang gesetzt. In Deutschland ist der 2002 von einer Regierungskommission erarbeitete *Deutsche Corporate Governance Kodex (DCGK)* als wichtigster Standard zu nennen. Er richtet sich an deutsche börsennotierte Unternehmen und verpflichtet Vorstände und Aufsichtsräte, jährlich zu erklären, welchen Verhaltensregeln des Kodex gefolgt wurde und welchen nicht (*comply or explain*).[6] Wesentliche Regelungsinhalte beziehen sich auf die Pflichten gegenüber den Aktionären und der Hauptversammlung, Informations- und Berichtspflichten des Vorstands gegenüber dem Aufsichtsrat, der Forderung nach verstärktem Einsatz variabler Vergütungssysteme und Offenlegung der Vorstands- und Aufsichtsratgehälter sowie strengere Auswahlkriterien für Aufsichtsratmitglieder. Der Kodex enthält auch die Forderung nach der Steigerung des nachhaltigen Unternehmenswertes und richtet sich damit gegen eine kurzfristige Maximierung des Shareholder-Value. Trotz dieser Forderung wird jedoch deutlich, dass den Anteilseignern als Hauptrisikoträgern aus Sicht des DGCK eine Vorrangstellung im Kreis der Stakeholder eingeräumt wird (vgl. v. Werder 2002: 804).

Auf internationaler Ebene wurde ebenfalls eine Reihe von Maßnahmen eingeleitet. In Großbritannien erschien 1992 der *Cadbury-Report*, der die Basis für viele CG-Verhaltenskodizes in anderen Ländern bildete. Auf europäischer Ebene wurden 1998 erstmalig die *OECD- Principles of Corporate Governance* publiziert, die 2004 aktualisiert wurden. Sie richten sich nicht nur an die westlichen Industrienationen, sondern vornehmlich auch an Länder in Asien, Osteuropa und Lateinamerika. Die

---

[6] Für diese und folgende Ausführungen zum Deutschen Corporate Governance Kodex vgl. v. Werder/Talaulicar (2003) und v. Werder et al. (2005).

fünf Grundsätze der OECD zum Schutz der Aktionäre in ihren Rechten und zu ihrer Gleichbehandlung, zur Rolle der verschiedenen Stakeholder, zur Offenlegung und Transparenz sowie zu den Pflichten des Aufsichtsrats sind in den einzelnen Ländern sehr unterschiedlich verwirklicht.

2002 verabschiedete der US-amerikanische Kongress den *Sarbanes-Oxley Act.* Ein Gesetz, das 2002 als Antwort auf diverse Unternehmensskandale erlassen wurde. In diesem Gesetz werden die Unternehmen unter anderen dazu aufgefordert, einen *Code of Ethics* zu erlassen, die Stelle eines *Ethics Administrator* zu schaffen, sowie die Mitarbeiter in moralisch korrektem Verhalten zu schulen.

Der kurze Praxisüberblick hat gezeigt, dass es vom Gesetzgeber unterstützte Tendenzen gibt, die Transparenz und Rechenschaftspflicht von Unternehmen zu erhöhen. Bei diesen Maßnahmen kommt jedoch - wie in der Prinzipal-Agenten-Theorie – dem Schutz der Eigentümer eine besondere Bedeutung zu. Wie der folgende Abschnitt zeigen wird, stellen viele Forscher die einseitige Fokussierung auf die Interessen der Eigentümer infrage und fordern eine stärkere Integration von Stakeholderinteressen in die CG-Forschung.

4 Integrative Betrachtung von Corporate Social Responsibility/Corporate Citizenship und Corporate Governance

Es gibt bisher wenige wissenschaftliche Arbeiten, die sich intensiv mit einer Integration von CG und CR (CSR, CC und Unternehmensethik) auseinandersetzen.[7] Die meisten Arbeiten analysieren lediglich Teilaspekte bzw. Schnittstellen. In den nächsten Abschnitten werden einige empirische und theoretische Schnittstellen beleuchtet.

4.1 *Empirische Bezüge*

Die Popularität der Diskussion um CR wird wiederholt auf folgende Einflussfaktoren zurückgeführt: Globalisierung, Unternehmens- und Umweltskandale, Umbau

---

[7] Ansätze, die sich auf der Schnittstelle zwischen CG und CR bewegen, laufen daher grundsätzlich Gefahr, von der einen oder anderen Seite aufgrund ihres fehlenden ethisch-normativen Kerns oder ungenügenden formal-methodischen Vorgehens und einer zu starken Ad-hoc-Argumentation kritisiert zu werden.

und teilweise Abbau des Sozialstaates und fehlende ordnungspolitische Rahmenbedingungen (vgl. z.B. Carroll 1996). Ähnliche Einflussfaktoren werden in Zusammenhang mit der Forderung nach einer effizienten und transparenten Unternehmensführung im Rahmen der CG-Debatte genannt (vgl. z.B. v. Werder 2003: 5).

Eine Schnittstelle zwischen CG und CR bildet die Bedeutung des Kapitalmarktes. Während die Bedeutung des Kapitalmarktes für die CG-Debatte unbestritten ist, beginnt der Markt für sog. *Social Responsible Investments* (SRI) erst langsam zu wachsen. In den USA wuchs das Fondsvolumen für SRI von 12 Mrd. Dollar im Jahre 1995 auf 178,7 Mrd. im Jahre 2005; ebenso wuchs die Anzahl der Fonds von 55 auf 201 (vgl. Social Responsible Investment Forum 2005: 4). Laut einer imug-Umfrage stieg die Anzahl nachhaltiger Investmentfonds in Deutschland zwischen 1999 und Mai 2003 von 20 auf über 70 mit einem Fondsvolumen in Höhe von 500 Mio. Euro (1999) auf über 2,1 Mrd. Euro (Mai 2003) (vgl. imug 2003). Der Zuwachs sog. *Nachhaltigkeitsindizes* wie der Dow Jones Sustainability Index (DJSI), der Financial Times for Good (FTSE4Good), der Naturaktienindex (NAI) und die Domini Social Index Serie bildet den Trend zu SRI ab.

Ähnlich wie in der CG-Forschung gibt es eine Reihe von Studien, die den Zusammenhang zwischen CSR-Maßnahmen und der Unternehmensperformance untersuchen.[8] Häufig ist zu lesen, dass Nachhaltigkeitsindizes wie der DJSI einen entsprechenden Benchmarkindex *outperformen* (vgl. z.B. Reents 2005). Allerdings ist diese Darstellung unter Experten u.a. wegen der Rückrechnung des DJSI nicht unumstritten. In einer Metastudie werteten Margolis und Walsh insgesamt 95 empirische Studien zwischen 1972 und 2000 zum Zusammenhang zwischen CSR und Unternehmensperformance aus (vgl. ebenda 2001). Die überwiegende Mehrheit der Studien zeigte einen positiven Zusammenhang. Allerdings wurden große methodische und theoretische Probleme festgestellt, so wurde die Unternehmensperformance in den 95 Studien mit 70 unterschiedlichen Maßen gemessen.

Die Ergebnisse zeigen wiederum eine Parallele zur CG-Erfolgsforschung. Wie in Abschnitt 3.3 gezeigt, ist auch dort der Zusammenhang nicht eindeutig.

---

[8] Beispiele von Studien zum Zusammenhang zwischen CSR und Unternehmensperformance sind Cochran/Wood (1984), McWilliams/Siegel (2000), Preston./O'Bannon (1997) und Roman/Hayibor/Agle (1999). In weiteren Studien wurde das Kaufverhalten von Konsumenten in Bezug auf Produkte mit ethischen Charakteristika untersucht (vgl. z.B. Roberts 1996, Folkes/Kamins 1999) bzw. der mögliche Aufpreis den Konsumenten bereit sind, für diese Charakteristika zu zahlen (z.B. Auger et al. 2003, 2004).

4.2 Theoretische Bezüge

Der Ansatzpunkt für eine theoretische Schnittstelle zwischen beiden Forschungsrichtungen ist in der Kritik an der P-A-Theorie zu suchen bzw. der Debatte zwischen Shareholder- versus Stakeholder-Ansatz.[9]

Grundsätzlich ist zu dieser Debatte zu konstatieren, dass es kaum Vertreter der einen oder anderen Seite gibt, die kategorisch eine Extremposition vertreten (vgl. Dunfee 1999: 4). Betrachten wir zunächst die ökonomische Literatur:

So stellt der Industrieökonom Tirole fest: *„Managerial decisions do impact investors, but they also exert externalities on a number of 'natural stakeholders' who have an innate relationship with the firm: employees, customers, suppliers, communities, where the firm's plants are located, potential pollutees and so forth. ... The provision of managerial incentives and the design of a control structure must account for their impact of the utilities of all stakeholders (natural stakeholder and investors) ..."* (Tirole 2001: 3f.)

Leider gibt es bisher kein formal-analytisches Modell, das die Konsequenzen verschiedener Zuordnungen von Entscheidungs- und Einflussrechten für alle Stakeholder mit seinen Auswirkungen auf die Qualität von Entscheidungen abbildet. Die Ermittlung der optimalen CG wäre dann nur eine Rechenaufgabe (vgl. Schmidt/Weiß 2003: 120). Auch empirische Studien zeigen keine eindeutigen Befunde. Es kann somit resümiert werden: Die ökonomische Theorie erkennt an, dass es legitime Ansprüche auf Entscheidungs- und Kontrollrechte im Unternehmen gibt, eine letztendliche Aussage über die Gestaltung ist jedoch (noch?) nicht möglich.

Schmidt und Weiß (2003: 112) versuchen, sich dem Problem mit einer rein ökonomischen Argumentation zu nähern. Sie formulieren folgende Anforderungen an eine *gute* Corporate Governance: (1) Macht und Einfluss sollte denjenigen zukommen, die möglichst viel zur Entstehung des (langfristigen) ökonomischen Wertes beitragen. (2) Ökonomische Werte dürfen durch Entscheidungskonflikte nicht zerstört werden. (3) Bei der Verteilung der zu schaffenden Werte sollte berücksichtigt werden, dass weiterhin die Ressourcen so eingebracht werden, dass ein maximaler, verteilbarer Wert entsteht. Da die anderen Stakeholder stärker als Shareholder an einer stetigen Entwicklung und stetigem Wachstum des Unternehmens interessiert sind, kann es zu Interessenkonflikten kommen. Damit andere Stakeholder nicht vor Investitionen in das, bzw. der Partizipation am Unternehmen zurück schrecken, schlagen Schmidt und Weiß Einflussrechte für die Wahrung ihrer Interessen vor. Sie interpretieren die CG als relationalen gedanklichen Verfassungsver-

---

[9] Eine interessante Debatte zum Thema Shareholder- versus Stakeholder-Sicht führen Sundaram/Inkpen (2004a, 2004b) und Freeman/Wicks/Parmar (2004).

trag zwischen allen Stakeholdern (inklusive Shareholdern). Einzelnen Stakeholdern werden durch diesen Vertrag gewisse Rechte eingeräumt (Informations- und Vetorechte). Die Grundstruktur des CG-Systems, also die Ausrichtung auf den Shareholder-Value bleibt jedoch erhalten. Es werden lediglich zusätzliche Anreize für andere Anspruchsgruppen neben den Eigentümern gesetzt.

Osterloh und Frey (2005) verfolgen ebenfalls eine Begründung auf ökonomischer Basis, bauen jedoch auf der Theorie der Teamproduktion auf und nutzen empirische Erkenntnisse der psychologisch-ökonomischen Theorie bzw. der verhaltenswissenschaftlichen Managementtheorie. Die sogenannte *Legitimationsfrage*, also die Frage nach der Legitimation der Interessen, die durch die Unternehmung berücksichtigt werden sollen, wird ökonomisch durch transaktionsspezifische Investitionen begründet. Der Ansatz unterscheidet sich von der Theorie der Teamproduktion in Bezug auf die Gestaltung der formalen Entscheidungsstruktur (*Organisationsfrage*).

Die Bedeutung von ethischen Normen und moralischen Sanktionen zur Lösung von CG-Problemen steht auch bei dem Beitrag von Mackenzie (2004) im Mittelpunkt. Anhand der Spieltheorie kann gezeigt werden, wie durch Normen ein kooperatives, kollektiv nutzenmaximierendes Ergebnis erzielt werden kann, das ohne das Vorhandensein von Normen nicht realisiert worden wäre, da die Individuen ihr unkooperatives individuell-rationales Eigeninteresse verfolgt hätten. Aus Sicht der Theorie der sozialen Normen stellen Normen soziales Kapital dar, da sie die Wahrscheinlichkeit für *socially efficient outcome* erhöhen (vgl. Coleman 2003: 153).

Aus der deutschen Wirtschafts- und Unternehmensethik können diverse Ansatzpunkte für die Schnittstelle zwischen CSR und CG abgeleitet werden. Die Zuweisung von gesellschaftlicher Verantwortung an die Unternehmen ist unstritig (auch wenn sie sehr unterschiedlich begründet wird). So wird von vielen Vertretern die Rolle der Unternehmen als politischer Akteur sowie die Bedeutung der individuellen Selbstbindung in Form von (überprüfbaren) Verhaltenskodizes betont. Darüber lässt sich aus den Arbeiten von Ulrich (2000, 2002) und Steinmann und Kollegen (vgl. Steinmann/Löhr 1995; Steinmann/Oppenrieder 1985; Steinmann/Scherer 2000) die Empfehlung zum Stakeholder-Dialog ableiten. Schließlich gibt Wieland mit seinem *Ethikmanagementsystem* konkrete Hinweise für *Governancestrukturen und –mechanismen* in Unternehmen (vgl. Wieland 2002, 2004). Wieland (2005: 77) ist der Meinung, dass „*...only a comprehensive and integrative understanding of corporate gover-nance is capable of providing a link between questions of business and corporate ethics, and strategic and operative management of firms."*

Und er bemerkt zutreffend, dass auch sehr gute formale CG-Systeme nicht vor Unternehmensskandalen schützen wie an den Fällen von Enron und WorldCom deutlich wurde. Leider kann ähnliches für ethische Verhaltenskodizes behauptet werden. Enron verfügte über einen hoch gelobten Ethikcode (vgl. Rudolph 2005: 18). Es ist daher zu vermuten, dass ethische Checklisten nicht zu dem gewünschten Erfolg führen, wenn die entsprechende Unternehmenskultur auf höchster Ebene nicht gelebt wird.

Der letzte Ansatz von Becker (2004), der vorgestellt wird, ist besonders durch die Berücksichtigung verschiedener *governance mechanisms* von Interesse. Becker (2004) geht eklektisch vor, indem er sich auf die Erkenntnisse verschiedener Theorien stützt. Aus seiner Sicht müssen für eine *integrative theory of economic governance* zwei Aspekte in die Analyse einbezogen werden: Einerseits müssen mehr Dimensionen und andererseits mehr *governance mechanisms* Berücksichtigung finden. Neben den vor allem in der ökonomischen Analyse vorrangig behandelten Dimensionen Kosten, Risiko und Verfügungsrechte sollten unter anderem Wissen, Stakeholder-Wahrnehmung und Unternehmensethik als weitere Dimensionen bzw. Analyseeinheiten in die CG-Betrachtung mit einbezogen werden. Die traditionellen Governance-Mechanismen sind Autorität, Preismechanismus und Verträge. Diese Mechanismen sollten laut Becker um (1) psychologische Verträge (*relational governance*), (2) Reputation, (3) Aufbau einer *Makrokultur* und (4) glaubhafte Zusicherungen durch einen Pfand ergänzt werden. Psychologische oder relationale Verträge wirken sozial bindend und entstehen bei wiederholter Interaktion durch eine emotionale Loyalität (vgl. Becker 2004: 228). Eine Makrokultur erleichtert die Kommunikation zwischen unabhängigen Akteuren, da Wissen, Annahmen und Werte geteilt werden. Becker gibt keine konkreten Hinweise zur Ausgestaltung der CG-Struktur in der Praxis. Er selbst sieht in seinem Ansatz jedoch eine erste Grundlage für weitere Forschungsarbeiten.

5 Balancierter Ansatz von Corporate Governance und Corporate Responsibility

Die bisherigen Erörterungen haben gezeigt, dass die Forschung zu einer Integration von CG und CR noch am Anfang steht. Im Zentrum der Definition einer *guten* CG, also einer CG, die Aspekten der gesellschaftlichen Verantwortung von Unternehmen Rechnung trägt, steht die Frage, welche Folgen die Berücksichtigung von diversen Stakeholdern und das Ziel einer langfristigen ökonomischen, sozialen und ökologischen Unternehmensperformance für interne und externe Anreiz-, Kontroll- und Sanktionsmechanismen (*governance mechanisms*) hat?

Das im 2. Kapitel beschriebene Modell der strategischen Unternehmensverantwortung zeigt deutlich, dass die Grundlage eines zielgerichteten gesellschaftlichen Engagements eine umfassende CR-Strategie sein muss. CR ist damit integraler Bestandteil der Unternehmenspolitik auf höchster Ebene. Auch wenn die Maßnahmen der zwei Kategorien der relationalen/operationalen und der reaktiven/taktischen CR grundsätzlich auch von einzelnen Abteilungen bzw. *bottom-up* konzipiert werden können, können Maßnahmen der dritten Kategorie (proaktive/strategische CR) nur von der Unternehmensleitung durchgesetzt werden.

Die P-A-Theorie hat bisher wichtige Fragen, die im Zusammenhang mit der Rolle der Unternehmen in der Gesellschaft gestellt werden, nicht thematisiert. Die Wirkung von anreizkompatiblen Verträgen wird lediglich auf finanzieller/ökonomischer Ebene analysiert, ökologische und soziale Aspekte und die Lösung möglicher Dilemmasituationen blieben bislang unberücksichtigt. In diesem Beitrag wird daher ein balanciertes Verständnis von CG vorgeschlagen. Außerdem sollten weitere vorrangig empirische Forschungsanstrengungen zum Aufbau und der Wirkung zusätzlicher Governance-Mechanismen unternommen werden. Eine so verstandene *gute* CG ist daher weit definiert und drückt die Gesamtheit der Sachverhalte, der institutionellen Gegebenheiten und der Governance-Mechanismen aus, die bestimmen, wie Leitung und Kontrolle im Unternehmen zur Erzielung einer langfristig hohen ökonomischen, ökologischen und sozialen Unternehmensperformance ausgestaltet werden müssen. Dabei werden neben den Shareholderinteressen auch andere relevante Interessen berücksichtigt. Da durch die traditionelle CG vorrangig die Transparenz gegenüber Shareholdern und Investoren erhöht werden sollte, wird bei der weiten CG-Definition diese Forderung auf mehr Transparenz, Rechenschaft und Integrität gegenüber anderen Stakeholdern ausgeweitet. Nur so können Informationsasymmetrien abgebaut werden und entsprechende externe Sanktionsmechanismen wie Kaufentscheidungen, *Signaling* durch reputationswirksame Boykottmaßnahmen oder nachhaltige Investitionsentscheidungen verwirklicht werden. Inwieweit eine Standardisierung bestimmter Werthaltungen bzw. ein CSR-Maßnahmenkatalog für Unternehmen sinnvoll sind, lässt sich vor dem Hintergrund kultureller Unterschiede und weltweit unterschiedlicher Rahmenbedingungen nicht eindeutig bestimmen. Flexibel gehaltene Standards und kollektive Selbstbindung in Form von strategischen Partnerschaften können dagegen dazu beitragen, Transaktionskosten bei der Informationsbeschaffung zu senken und höhere Kooperationsrenditen zu generieren.

Die Abb. 3 setzt sich aus drei Bestandteilen zusammen. Im ersten, linken Teil sind die traditionellen Stakeholder und Governance-Mechanismen aufgeführt. Der rechte, zweite Teil zeigt die Ausdehnung der CG auf weitere Aspekte, wie ökologische und gesellschaftliche Einflüsse sowie die Berücksichtigung weiterer Stakeholder und Governance-Mechanismen, also die Balancierung der vorher einseitig orientierten CG. Der dritte Teil stellt schließlich die Entwicklung eines Unternehmens zu einer *guten* CG dar. Eine gute CG ist damit gewährleistet, wenn möglichst viele Elemente des Teils 2 der Abbildung berücksichtigt werden. Hat eine Unternehmung die letzte Entwicklungsstufe erreicht, wird sie ihrer veränderten Rolle in der Gesellschaft gerecht und erreicht damit eine langfristig hohe ökonomische, soziale und ökologische Unternehmensperformance.

Abbildung 3: Balancierter Ansatz von Corporate Governance und Corporate Responsibility (eigene Darstellung)

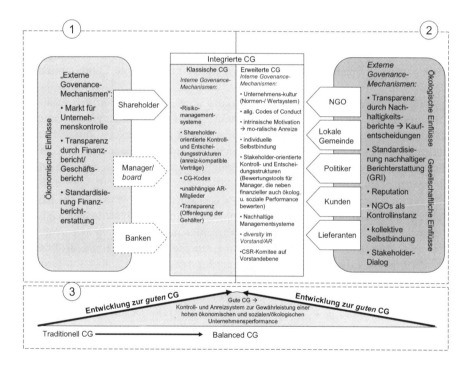

6 Zusammenfassung

(1) Es liegt im langfristigen Interesse des Unternehmens und ihrer Stakeholder, langfristige hohe ökonomische, ökologische und soziale Unternehmensperformance zu erzielen. Um dies zu ermöglichen, müssen Manager Entscheidungen treffen, die

ihre Beziehungen an den unterschiedlichen Standorten verbessert (relationale CR), negative externe Effekte vermeiden und auf die Erwartungen verschiedener Stakeholdergruppen eingehen (reaktive CR) sowie die langfristigen Bedingungen der Gewinnerzielung und damit das (Wettbewerbs-)Umfeld verbessern und innovative Produkte mit hohem gesellschaftlichem Nutzen entwickeln (strategische CR). Die Entwicklung und Implementierung einer CR-Strategie erfordert die Berücksichtigung der spezifischen Ausgangsparameter des Unternehmens.

(2) Ökonomische Modelle der CG, die sich ausschließlich mit dem Verhältnis zwischen Shareholdern und Manager beschäftigen, greifen zu kurz. Im Mittelpunkt der Analyse müssen vielmehr multiple Interaktionsbeziehungen zwischen verschiedenen Stakeholder stehen bzw. Anreiz- und Kontrollmechanismen müssen auf ihre Wirkung hinsichtlich unterschiedlicher Stakeholderinteressen analysiert werden. Dabei sei betont, dass die langfristige Optimierung des Shareholder Value durchaus im Einklang mit den Interessen der anderen Stakeholder stehen kann, da diese Entscheidungsregel den *Kuchen für alle* vergrößert (vgl. Sundaram/Inkpen 2004: 371).

(3) Der teilweise heftig geführte Diskurs über die Integration von Ethik und Ökonomik oder Shareholder- und Stakeholder-Sicht[10] ist größtenteils auf Missverständnisse und gegenseitiges Unverständnis zurück zu führen. Die Integration der Perspektiven bietet dagegen die Chance, neue Erkenntnisse über die Rolle der Unternehmen in der Gesellschaft zu erlangen und gesellschaftlich verantwortliche Strategien zu formulieren.

(4) Eine eingehende Betrachtung der Gestaltung interner Kontrollmechanismen hätte den Rahmen des Beitrages gesprengt. Grundsätzlich sollten jedoch neben den in der traditionellen P-A-Theorie betrachteten Mechanismen wie Autorität, Preismechanismus, Verträge und monetäre Anreize auch weitere Kontrollmechanismen und die Erhöhung der Transparenz für verschiedene Stakeholdergruppen Berücksichtigung finden.

(5) Die Befolgung des Deutschen Corporate Governance Kodex (DCGK) ist ein wichtiger Schritt, um eine *gute* CG zu gewährleisten. Der DCGK konzen-triert sich jedoch weitgehend auf die Beziehungen zwischen den Unternehmensorganen (Vorstand, Aufsichtsrat, Hauptversammlung und Wirtschaftsprüfer) und gibt daher keine Hinweise in Bezug auf andere Stakeholder des Unternehmens. Daher ist zu überlegen, inwieweit der DCGK Verpflichtungen zu mehr Informationstransparenz auch anderen wichtigen Stakeholdern gegenüber beinhalten sollte.

---

[10] Dem Leser sei hier die außerordentlich interessante Debatte zwischen Sundaram/Inpken als Vertreter der Shareholder-Value-Maximierung und Freeman et al. als Vertreter der Stakeholder-Theorie in der Zeitschrift *Organizational Science* von 2004 empfohlen.

(6) *Gute* CG fördert den langfristigen ökonomischen, sozialen und ökologischen Unternehmenserfolg und stellt damit gesellschaftlich verantwortungsvolles Handeln des Unternehmens dar. Die Globalisierung und der nachlassende Einfluss des Staates stellen neue und vor allem situations- und umfeldbedingte Anforderungen an die CG. *Gute* CG bedeutet ein balanciertes Verhältnis zwischen ökonomischem, ökologischem und sozialem Nutzen, verschiedenen Stakeholdern, klassischen und erweiterten CG-Mechanismen sowie relationalen, reaktiven und proaktiven CR-Maßnahmen.

Literatur

Aguilera, Ruth V./Jackson, Gregory: The Cross-national Diversity of Corporate Governance: Dimensions and Determinants. In: Academy of Management Review 28 (2003) 3, S. 447-465

Auger, Pat/Burke, Paul/Devinney, Timothy/Louviere, Jordan: What Will Consumers Pay for Social Product Features? In: Journal of Business Ethics 42 (2003) 3, S. 281-304

Auger, Pat/Devinney, Timothy/Louviere, Jordan/Burke, Paul: Consumer Assessment of Social Product Features: An Empirical Investigation Using Choice Experiments. In: Journal of Public Policy and Marketing, forthcoming (2004)

Backhaus-Maul, Holger/Brühl, Hasso: Bürgergesellschaft und Wirtschaft – zur neuen Rolle von Bürgern, Verwaltung und Unternehmen. In: Backhaus-Maul, H./Brühl, H. (Hrsg.): Bürgergesellschaft und Wirtschaft – zur neuen Rolle von Unternehmen, Deutsches Institut für Urbanistik. Berlin: Deutsches Institut für Urbanistik, 2003, S. 9-16

Backhaus-Maul, Holger: Corporate Citizenship im deutschen Sozialstaat. In: Das Parlament, Beilage Aus Politik und Zeitgeschehen, B14 (2004), S. 23-30

Becker, Markus C.: Towards an Integrated Theory of Economic Governance. In: Wieland, J. (Hrsg.): Governanceethik im Diskurs. Marburg: Metropolis-Verlag, 2004, S. 212-251

Behrent, Michael/Wieland, Josef (Hrsg.): Corporate Citizenship und strategische Unternehmenskommunikation in der Praxis. München/Mering: Hampp, 2003

Bennett, Roger: Corporate Philanthropy in France, Germany, and the U.K.: International Comparisons of Commercial Orientation Towards Giving in European Nations. In: International Marketing Review 15 (1998), S. 458-475

Blair, Margaret M.: Ownership and Control: Rethinking Corporate Governance of the Twenty-First Century. Washington, D.C.: The Brookings Institution, 1995

Blair, Margaret M. (2003): Shareholder Value, Corporate Governance, and Corporate Performance. In: Cornelius, P. K./Kogut, B. (Hrsg.): Corporate Governance and Capital Flows in a Global World. New York, Oxford: Oxford University Press US, 2003, S. 53-82

Blair, Margaret M./Stout, Lynn A.: A Team Production Theory of Corporate Law. In: Virginia Law Review 85 (1999) 2, S. 246-328

Blair, Margaret M./Stout, Lynn A.: Trust, Trustworthiness and the Behavioral Foundations of Corporate Law. In: University of Pennsylvania Law Review 149(2000)6, S. 1735-1810

Carroll, Archie B.: A Three-dimensional Conceptual Model of Corporate Social Performance. In: Academy of Management Review 4 (1979), S. 497-505

Carroll, Archie B.: Business and Society - Ethics and Stakeholder Management. Cincinnati, Ohio: South-Western-Pub., 1996

Carroll, Archie B./Buchholtz, Ann K.: Business and Society - Ethics and Stakeholder Management. Australia, Canada et al: Thomson South-Western, 2006

Cochran, Philip L./Wood, Robert A.: Corporate Social Responsibility and Financial Performance. In: Academy of Management Journal 27 (1984), S. 42-56

Coleman, James S.: Norms and Social Capital. In: Ostrom, E./Ahn, T. K. (eds.): Foundations of Social Capital. Cheltenham et al.: Edward Elgar Publishers 2003, S. 136-155.

Coombes, Paul/Watson, Marc: Global Investor Opinion Survey on Corporate Governance. McKinsey & Company, 2000 und 2003.

Crane, Andy/Matten, Dirk: Corporate Citizenship: Toward an Extended Theoretical Conceptualization. In: Academy of Management Review 30 (2005) 1, S. 166-179

Daily, Catherine M./Dalton, Dan R./Cannella Jr., Albert A.: Corporate Governance: Decades of Dialogue and Data. In: Academy of Management Review 28 (2003) 3, S. 371-382

Davis, Keith: The Case for and Against Business Assumption of Social Responsibilities. In: Academy of Management Journal 16 (1973), S. 312-323

Davis, James H./Schoorman, F. David/Donaldson, Lex: Toward a Stewardship Theory of Management. In: Academy of Management Review 22 (1997) 1, S. 20-47

Donaldson, Lex/Davis, James H.: Stewardship Theory or Agency Theory: CEO Governance and Shareholder Returns. In: Australian Journal of Management 16 (1991), S.49–64

Dunfee, Thomas W.: Corporate Governance in a Market with Morality. In: Law and Contemporary Problems 62 (1999), S. 129-158. (URL: http://lgst.wharton.upenn.edu/dunfeet/Documents/Articles/Corporate%20Governance%20Market%20with%20Morality.pdf, Zugangsdatum: 11.04.2006)

Folkes, Valerie S./Kamins, Michael A.: Effects of Information About Firms' Ethical and Unethical Actions on Consumers' Attitudes. In: Journal of Consumer Psychology 8 (1999) 3, S. 243-259

Freeman, R. Edward: Strategic Management - A Stakeholder Approach. Boston: Pitman, 1984

Freeman, R. Edward/Wicks, Andrew C./Parmar, Bidhan: Stakeholder Theory and "The Corporate Objective Revisited". In: Organization Science 15 (2004), S. 364-369

Googins, Bradley: The Journey Towards Corporate Citizenship in the United States Leader or Laggard? In: Journal of Corporate Citizenship 5 (2002), S. 85-101

Homann, Karl: Unternehmensethik und Korruption. In: Zeitschrift für betriebswirtschaftliche Forschung (ZfbF), Vol. 49 (1997) 3, S. 187-209.

Homann, Karl: Gesellschaftliche Verantwortung der Unternehmen. In: Schneider, U./Steiner, P. (Hrsg.): Betriebswirtschaftslehre und gesellschaftliche Verantwortung. Wiesbaden: Gabler Verlag, 2004, S. 1-16

Homann, Karl: Globalisierung aus wirtschaftsethischer Sicht. In: Homann, K./Koslowski, P./Lütge, C. (Hrsg.): Wirtschaftsethik der Globalisierung. Tübingen: Mohr-Siebeck, 2005, S. 7-15

Homann, Karl/Blome-Drees, Franz: Wirtschafts- und Unternehmensethik. Göttingen: Vandenhoeck & Ruprecht, 1992

Husted, Bryan W./Allen, David B.: Corporate Social Responsibility in the Multinational Enterprise: Strategic and Institutional Approaches. In: Journal of International Business Studies, 37 (2006), S. 838-849.

Imug: Themenspot Nachhaltige Geldanlage (2003), URL: http://www.ethisches-investment.de/download/download.htm, Zugangsdatum: 03.04.2006

Jensen, Michael C./Meckling, William H.: Theory of the Firm: Managerial Behavior, Agency Costs and Ownership Structure. In: Journal of Financial Economics 3 (1976), S. 305-360

Jones, Thomas M.: Instrumental Stakeholder Theory: A Synthesis of Ethics and Economics. In: Academy of Management Review 20 (1995) 2, S. 404-437

Langlois, Catherine C./Schlegelmilch, Bodo B.: Do Corporate Codes of Ethics Reflect National Character? Evidence from Europe and the United States. In: Journal of International Business Studies 21 (1990), S. 519-539

Küpper, Hans-Ulrich: Analytische Unternehmensethik als betriebswirtschaftliches Konzept zur Behandlung von Wertkonflikten in Unternehmungen. In: Zeitschrift für Betriebswirtschaft (ZfB) 75 (2005) 9, S. 833-857

Maignan, Isabelle/Ralston, David A.: Corporate Social Responsibility in Europe and the U.S.: Insights from Businesses' Self-presentations. In: Journal of International Business Studies 33 (2002) 3, S. 497-514

Margolis, Joshua Daniel/Walsh, James Patrick: People and Profits? The Search for a Link Between a Company's Social and Financial Performance. Mahwah, New Jersey, London: Management Revue, 2001

Mirvis, Philip/Googins, Bradley K.: Stages of Corporate Citizenship: A Developmental Framework. A Center for Corporate Citizenship at Boston College Monograph: 2006

McKinsey: Global Survey of Business Executives. In: McKinsey Quarterly January 2006, S. 1-10

McWilliams, Abagail/Siegel, Donald: Corporate Social Responsibility and Financial Performance: Correlation or Misspecification? In: Strategic Management Journal 21 (2000), S. 603-609

Osterloh, Margit/Frey, Bruno S.: Corporate Governance: Eine Prinzipal-Agenten-Beziehung, Team-Produktion oder ein Soziales Dilemma? Universität Zürich und CREMA (Center for Research in Economics, Management and the Arts). Link to pdf: http://www.iou.unizh.ch/orga/n_publikationen.htm, 2005

Porter, Michael E./Kramer, Marc R.: Wohltätigkeit als Wettbewerbsvorteil. In: Harvard Business Manager 3 (2003), S. 40-56

Porter, Michael E./Kramer, Marc R.: The Link Between Competitive Advantage and Corporate Social Responsibility. In: Harvard Business Review, Dec. (2006), S. 1-16

Prahalad, Coimbatore K./Hart, Stuart L.: The Fortune at the Bottom of the Pyramid. In: Strategy and Business, 26 (2002) 1, S. 2-14.

Preston, Lee/O'Bannon, Douglas: The Corporate Social-financial Performance Relationship. In: Business and Society 36 (1997) 4, S. 419-429

Reents, Heino: Mit gutem Gewissen Geld verdienen. In: Beilage der Financial Times Deutschland, 7. Dezember (2005), S. A7

Regierungskommission Deutscher Corporate Governance Kodex: Deutscher Coporate Governance Kodex in der Fassung vom 21. Mai 2003

Roman, Ronald/Hayibor, Sefa/Agle, Bradley R.: The Relationship Between Social and Financial Performance. In: Business and Society 38 (1999) 1, S. 109-125
Rudolph, Philip: CR and Governance - Corporate Culture is what counts. In: Corporate Responsibility Management 2 (2006) 1, S. 16-19
Schmidt, Reinhard H.: Kontinuität und Wandel bei der Corporate Governance in Deutschland. In: Laßmann, G. (Hrsg.): Neuere Ansätze der Betriebswirtschaftslehre - in memoriam Karl Hax. Düsseldorf, Frankfurt: Schmalenbach, 2001, S. 61-87
Schmidt, Reinhard H./Weiß, Marco: Shareholder vs. Stakeholder: Ökonomische Fragestellungen. In: Hommelhoff, P./Hopt, K. J./Werder, A. v. (Hrsg.): Handbuch Corporate Governance. Stuttgart: Schäffer-Poeschel, 2003, S. 107-127
Schneider, Ursula: Governance statt Government? In: Schneider, U./Steiner, P. (Hrsg.): Betriebswirtschaftslehre und gesellschaftliche Verantwortung. Wiesbaden: Gabler, 2004, S. 17-44
Schwalbach, Joachim/Schwerk, Anja: Corporate Governance und die gesellschaftliche Verantwortung von Unternehmen. In: Habisch, A./Schmidpeter, R./Neureiter, M. (Hrsg.): Handbuch für Corporate Citizenship. Springer Verlag: forthcoming.
Shleifer, Andrei/Vishny, Robert W.: A Survey of Corporate Governance. In: Journal of Finance 52 (1997) 2, S. 737-783
Social Responsible Investment Forum: 2005 Report on Socially Responsible Investing Trends in the United States. Washington: 2006
Steinmann, Horst/Löhr, Albert (1995): Unternehmensethik als Ordnungselement in der Marktwirtschaft. In: Zeitschrift für betriebswirtschaftliche Forschung (ZfbF) 47 (1995) 2, S. 143-174
Steinmann, Horst/Oppenrieder, Bernd: Brauchen wir eine Unternehmensethik? In: Die Betriebswirtschaft (DBW), 1985, S. 170-183
Steinmann, Horst/Scherer, Andreas G.: Corporate Ethics and Management Theory. In: Koslowski, P. (ed.): Contemporary Economic Ethics and Business Ethics. Berlin/Heidelberg/New York: Springer, 2000, S. 148-192
Sundaram, Anant K./Inkpen, Andrew C.: Stakeholder Theory and "The Corporate Objective Revisited": A Reply. In: Organization Science 15 (2004a) 3, S. 370-371
Sundaram, Anant K./Inkpen, Andrew C.: The Corporate Objective Revisited. In: Organization Science 15 (2004b) 3, S. 350-363
Ulrich, Peter: Integrative Economic Ethics - Towards a Conception of Socio-Economic Rationality. In: Koslowski, P. (ed.): Contemporary Economic Ethics and Business Ethics. Heidelberg: Springer, 2000, S. 37-54
Ulrich, Peter: Integrative Wirtschaftsethik. Grundlagen einer lebensdienlichen Ökonomie. 3. Auflage, Bern: Paul Haupt, 2001
Van den Berghe, Lutgart/Carchon, Steven: Redefining the Role and Content of Corporate Governance from the Perspective of Business in the Society and Corporate Social Responsibility. In: Cornelius, P. K./Kogut, B. (eds.): Corporate Governance and Capital Flows in a Global World. New York, Oxford: University Press, 2003, S. 481-490

Werder, Axel von/Talaulicar, Till: Der Deutsche Corporate Governance Kodex: Konzeption und Konsequenzprognosen. In: Zeitschrift für betriebswirtschaftliche Forschung (ZfbF), Sonderheft 50 (2003) 3, S. 15-36

Werder, Axel von/Talaulicar, Till/Kolat, Georg L.: Compliance with the German Corporate Governance Code: an Empirical Analysis of the Compliance Statements by German Listed Companies. In: Corporate Covernance 13 (2005) 2, S. 178-187

Wieland, Josef: Wertemanagement und Corporate Governance. Konstanz Institut für Werte-Management (KIEM), Working Paper Nr. 03/2002. Konstanz: 2002

Wieland, Josef: Governanceethik im Diskurs. Marburg: Metropolis-Verlag, 2004

Wieland, Josef: Governanceethik und moralische Anreize. In: Beschorner, T./Hollstein, B./König, M./Lee-Peuker, M.-Y./Schumann, O. J. (Hrsg.): Wirtschafts- und Unternehmensethik Rückblick - Ausblick - Perspektiven. München/Mering: Hampp, 2005, S. 251-280

Williamson, Oliver E.: The Economic Institution of Capitalism. New York: Free Press, 1985

III. Empirische Forschungsarbeiten

Judith Polterauer

Unternehmensengagement als „Corporate Citizen". Ein langer Weg und ein weites Feld für die empirische Corporate Citizenship-Forschung in Deutschland

In der Diskussion über Corporate Citizenship (CC) und dem oftmals synonym verwendeten Begriff Corporate Social Responsibility (CSR) wurde in den letzten Jahren ganz grundsätzlich nach deren Neuigkeitswert gefragt. Da der englische Begriff meist mit „bürgerschaftlichem Engagement von Unternehmen" (vgl. stellvertretend Enquete-Kommission "Zukunft des Bürgerschaftlichen Engagement" 2002: 456ff) umschrieben wurde, lag die Frage auf der Hand, was CC im Vergleich zum traditionellen sozialen Engagement von Unternehmen bedeutet. Die Einführung eines neuen Begriffs ist dann gerechtfertigt, wenn damit die reale Praxis *besser* als mit den bereits eingeführten Begriffen wie Mäzenatentum, sozialem Engagement oder Philanthropie beschrieben werden kann oder wenn mit dem Begriff ein *neues* Phänomen abgebildet wird (vgl. zur Bedeutung der englischen Begriffsverwendung bei Corporate Volunteering Sprengel 2005a: 48). Andernfalls müsste man „Corporate Citizenship" als Mode (vgl. Ringlstetter/Schuster 2003) oder „Marketing-Trick" interpretieren, dem man in der wissenschaftlichen Forschung bestenfalls unter diesem Blickwinkel Beachtung schenken dürfte.

Parallel zu diesen Überlegungen wurde die Frage nach dem Status Quo des gesellschaftlichen Engagements von Unternehmen laut: Welche und wie viele Unternehmen engagieren sich, in welchen Bereichen und auf welche Art und Weise? Schnell wurden Zahlen geliefert, wie etwa die Ergebnisse der ersten quantitativen Studie in Deutschland „Corporate Citizenship – das Unternehmen als „guter Bürger"" (Maaß/Clemens 2002). Laut dieser Studie engagieren sich hochgerechnet 82,4% aller deutschen Unternehmen für wohltätige Zwecke (Maaß/Clemens 2002: 61). Die aus dem Jahr 2005 stammende Studie von forsa, die von der Initiative Neue Soziale Marktwirtschaft (INSM) in Auftrag gegeben wurde und den Titel „Corporate Social Responsibility in Deutschland" trägt, findet sogar heraus, dass „94 Prozent aller inhabergeführten Unternehmen (bzw. deren Inhaber) mit einem Jahresumsatz von mindestens 100.000 Euro in den vergangenen zwölf Monaten auf irgendeine Art und Weise gesellschaftliche Aufgaben übernommen oder finanziert" haben (forsa 2005: 9). Bei Unternehmen mit einem Umsatz von 5 Millionen Euro und mehr sind sogar 100% der Unternehmen „auf mindestens eine Art engagiert" (forsa 2005: 13).

Diese Zahlen machen nur sehr eingeschränkt Aussagen über den Anteil der als Corporate Citizen engagierten Unternehmen in Deutschland. Neben methodischen Problemen, zum Beispiel erfüllt die Rücklaufquote von 6% im ersten Fall (Maaß/Clemens 2002: 53) die Anforderungen an verallgemeinerbare Aussagen nicht hinreichend, kommt vor allem die Auseinandersetzung über die Bedeutung von Corporate Citizenship zu kurz. So beinhaltet die Engagementquote von 94% bzw. 100% der forsa-Studie 70% bzw. 91% nicht genauer bestimmte „Geldspenden des Unternehmens" und 49% bzw. 74% Geldspenden aus Privatvermögen (forsa 2005: 13). Obwohl dieses Engagement, sowie beispielsweise die dort auch mitgezählten Spenden für die Tsunami-Opfer, zweifellos Anerkennung verdient, handelt es sich dabei, so die hier vertretene These, *nicht* um bürgerschaftliches Engagement von Unternehmen im Sinne von Corporate Citizenship.

Corporate Citizenship wird in Deutschland vor allem im Kontext der Diskussion um die Aufgabenverteilung von Staat, Gesellschaft und Wirtschaft und der Idee einer „Bürgergesellschaft" debattiert. So wie die Bürgergesellschaft eher die Vision eines bestimmten Typs der modernen Gesellschaft denn die Beschreibung eines Realzustandes ist – oder anders ausgedrückt: „die normativ-theoretische Ebene der Imagination […] [mit] sinnstiftender Funktion" (vgl. Simsa 2001:43) – steht auch „Corporate Citizenship" für die Idee einer explizit formulierten gesellschaftlichen Rolle von modernen Unternehmen (vgl. z.B. Backhaus-Maul 2006, Habisch 2003, Schrader 2003, Polterauer 2004). In diesem Sinne ist Matten/Crane/Moon zuzustimmen, die Corporate Citizenship als Metapher verstehen, deren Gültigkeit und Umsetzung diskussionsbedürftig ist (vgl. dies. 2003).

Von Unternehmen wird der Begriff des Corporate Citizen verwendet, um sowohl ihr gesellschaftliches Engagement als auch das Unternehmen selbst als gesellschaftlich anerkannten Akteur zu symbolisieren. CC wird zudem von unterschiedlichen gesellschaftlichen Akteuren befördert, die eine engagierte Rolle von Unternehmen konkretisieren wollen. Dies geschieht sicherlich aus finanziellen Überlegungen verschiedener Agenturen und sozialer Organisationen: Corporate Citizenship findet beispielsweise als Fundraising-Methode zunehmend Eingang in die einschlägigen Kursangebote. Die Diskussion um Corporate Citizenship wird aber auch aufgegriffen, um über traditionelle Engagementformen und Rollen hinweg konzeptionell zu neuen, innovativeren Kooperationen zwischen wirtschaftlichen und gesellschaftlichen Akteuren zu gelangen. Nicht zuletzt wird das Bild eines (good) Corporate Citizen außerdem verwendet, um ein „gesellschaftlich verantwortliches Verhalten" von Unternehmen stärker einfordern zu können.

Das bürgerschaftliche bzw. gesellschaftliche Engagement von Unternehmen dient dazu, diesen Status eines Corporate Citizen zu erreichen (vgl. Polterauer 2005). Auf dieser Handlungsebene (Engagement), die sich von der Ebene des Symbols bzw. Status (Corporate Citizenship) unterscheidet, kann man also das Corporate Citizenship-Engagement (CC-Engagement) als eine Beschreibung des realen gesellschaftlichen Engagements von Unternehmen verstehen. Empirische Forschung zum Status Quo des gesellschaftlichen Engagements von Unternehmen als Corporate Citizen bezieht sich dann auf diese zweite Ebene.

Offensichtlich bewegt sich das Thema Corporate Citizenship zwischen Selbst- und Fremdzuschreibungsprozessen und dem konkreten Handeln von Unternehmen. Eine Begriffsbestimmung und -abgrenzung, die sich, so argumentieren Matten/Crane/Moon in diesem Band, an den Dimensionen „Verantwortung" und „Engagement" orientieren müsste, wird allerdings in der Praxis und der Forschung selten durchgehalten. Ob dies bestimmten Interessen geschuldet ist oder als Suchbewegung des sich noch im Anfangsstadium befindlichen praktischen und wissenschaftlichen Diskussionsprozesses zu verstehen ist, kann sicherlich nicht pauschal beantwortet werden. Gleichwohl wäre eine Abgrenzung, das heißt eine *Klärung der Begriffe* sowie deren *Beziehung zueinander* nicht nur aus forschungsmethodischen Gründen wichtig. Gerade im Hinblick auf Handlungsformen und die daraus entstehenden Konsequenzen – etwa im Bereich der politischen Regulierung – sind Unterschiede zu erwarten.[1] Ob Unternehmen möglicherweise eine gewisse Form sozialer Verantwortung im Sinne von CSR zuerst erfüllen müssen, um sich (dann) glaubwürdig als Corporate Citizen engagieren zu können, wird zwar diskutiert (vgl. z.B. Googins/Mirvis 2006), ist aber empirisch nicht belegt.

In dieser Übersicht über den Stand der Forschung zur Art und Weise von CC-Engagement in Deutschland werden aufgrund der fehlenden Differenzierung zwischen den Begriffen CSR und CC auch solche Studien berücksichtigt, die Engagement unter dem Begriff der gesellschaftlichen Verantwortung von Unternehmen (CSR) untersuchen, zumal das gesellschaftliche Engagement von Unternehmen

---

[1] Pommerening (2005) schlägt vor, neben dem Wirkungsbereich auch den Verpflichtungsgrad als Unterscheidungsmerkmal zu verwenden. CSR bezieht sich dann auf die Unternehmensverantwortung im Geschäftsbereich, die von konkreten Erwartungen der Gesellschaft geprägt wird; CC meint das Engagement über die Geschäftstätigkeit hinaus, das sich an gesellschaftlichen Wünschen orientiert. Ein ähnliches Verständnis liegt diesem Band zugrunde (vgl. Einleitung).

auch als eine Form oder eine Subkategorie von CSR interpretiert wird (z.B. Mutz/Korfmacher 2003).

Corporate Citizenship als gesellschaftliches Phänomen bewegt sich also in einem unbestimmten Verhältnis zur Unternehmensverantwortung und zwischen den beiden Ebenen Konzept/Symbol und Selbstbeschreibung und der konkreten Handlung, was die empirische Fassbarkeit zusätzlich erschwert. Um Aussagen über die Art und Weise des CC-Engagements von Unternehmen machen zu können (Abschnitte 2-4), ohne dies mit Spenden und Sponsoring oder dem sozialen, traditionellen Engagement gleichzusetzen, werden zunächst charakteristische Merkmale definiert (folgender Abschnitt).

1 Merkmale von Corporate Citizenship-Engagement

Unter dem CC-Engagement[2] von Unternehmen soll als erste Annäherung das *gemeinnützige, kontinuierliche* Engagement von *privatwirtschaftlichen* Unternehmen verstanden werden, das *freiwillig* erbracht wird, *über den engen Unternehmenszweck hinausgeht*, aber – und das ist ein entscheidender Punkt – *in Bezug zur Unternehmenstätigkeit* steht.[3] Die Bezugnahme zur Unternehmenstätigkeit ist nicht nur aus unternehmensstrategischen Überlegungen zentral, denn nur so ist ein „Nutzen" für Unternehmen im Sinne der oft unterstellten „Win-win-Situation" realisierbar, sondern auch weil sich Corporate Citizen mit ihren spezifischen unternehmerischen Kompetenzen in einem gesellschaftlichen Bereich engagieren. Insofern unterscheidet sich das CC-Engagement besonders von kommunikationspolitisch einsetzbarem Sponsoring: Es geht nicht um die Vergabe von Geld-, Sachmitteln oder Dienstleistungen gegen die Gewährung von kommunikativen Nutzungsrechten (vgl. z.B. Bruhn 2003), sondern um die Beteiligung an gesellschaftlicher Problemlösung mit Hilfe unterschiedlicher Unternehmensressourcen. Diese können zwar finanzielle und materielle Güter beinhalten, erschöpfen sich aber nicht darin. Das organisierte Einbringen von unternehmerischen Kompetenzen (bspw. „Unternehmergeist"), unter Umständen von Personal und von Fach- und Kontaktwissen, macht auch den Un-

---

[2] Im Folgenden werden die Begriffe CC-Engagement und bürgerschaftliches Engagement von Unternehmen synonym verwendet. „Gesellschaftliches Engagement von Unternehmen" fasst unterschiedliche Engagementtätigkeiten zusammen, also auch einmalige Spenden, Sozial-Sponsoring, traditionelles Mäzenatentum etc.
[3] Vgl. hierzu auch die Einleitung in diesem Buch.

terschied zu Mäzenatentum deutlich.[4] Dieser spiegelt sich auch darin wider, dass der handelnde Akteur nicht die Unternehmer*person*, sondern das Unternehmen als Organisation ist. Das Engagement mit und für zivilgesellschaftliche Akteure kann vertraglich geregelt sein, (z.b. Spenden, Social-/Ökosponsoring etc.), beinhaltet aber auch den informellen Austausch und geht vor allem über den Einsatz einzelner Instrumente hinaus.

Mit dem bürgerschaftlichen Engagement von Unternehmen ist also ein im engeren Sinne freiwilliges bzw. selbst bestimmtes Engagement gemeint, bei dem Unternehmen über ihre eigentliche Geschäftstätigkeit hinaus gesellschaftliche Prozesse mitgestalten. An diesem Punkt wird die Nähe von bürgerschaftlichem Unternehmensengagement zum Lobbying deutlich (vgl. den Beitrag von Rudolph Speth in diesem Band). Dieses inhärente Spannungsverhältnis spiegelt sich in der spezifischen Agenda des Engagements wider, das heißt in der Balance zwischen gesellschaftlichen und unternehmerischen Interessen (vgl. z.B. Polterauer 2006, Schwertmann 2006) und muss dementsprechend auch in der Erforschung von CC berücksichtigt werden. Einen Abgrenzungsversuch verschiedener Engagementformen unternimmt André Habisch, indem er erfolgreiches CC-Engagement nach formalen Kriterien unterscheidet (Zusammenarbeit, Dauerhaftigkeit, Wirkung, Kompetenz) und die Partnerschaft als spezifischen Typ hervorhebt (2003: 93ff).

2 Stand der empirischen CC-Forschung

Forschungsstand

Empirische wissenschaftliche Forschung zum Thema CC gibt es in Deutschland noch kaum. Zwar gibt es in den Forschungstraditionen der verschiedenen Fachbereiche durchaus Arbeiten, die Ausschnitte und Überschneidungen zum Thema CC aufweisen. So verfügt beispielsweise die Eliteforschung über Arbeiten zu Gesellschaftspolitik und Unternehmern (vgl. z.B. Schmucker 2005, Speth 2006, auch Martens 2007, zum Thema Gesellschaftliche Verantwortung auch Rucht/Imbusch 2007), die Politikwissenschaft diskutiert das Thema politischer Steuerung und Selbstorganisation (vgl. stellvertretend Mayntz/Scharpf 1995) und in der Betriebswirtschaftslehre, verstärkt auch im Kontext der Umweltschutzdebatte, wird über gesell-

---

[4] Vgl. dazu z.B. Habisch 2003: 58ff. Außerdem wird in einzelnen Untersuchungen zu Corporate Citizenship der Einsatz von Personal im Rahmen des Unternehmensengagements als Unterscheidungsmerkmal oder auch Sonder- oder Spezialform von CC verstanden (vgl. Maaß 2005, Pinter 2006, den Beitrag von Julia Egbringhoff und Gerd Mutz in diesem Band).

schaftsorientierte Management- und Unternehmenspolitikansätze diskutiert (z.B. Stizel 1977, Czap 1990, auch Raffée/Wiedmann 1989).

Zum Thema Corporate Citizenship wird aber an deutschen Hochschulen nur mit ganz wenigen Ausnahmen empirisch geforscht. Als einen möglichen Indikator für das vergleichsweise unbedeutende wissenschaftliche Forschungsgeschehen kann die Förderung durch die Deutsche Forschungsgemeinschaft interpretiert werden. Forschungsvorhaben über Corporate Citizenship bzw. das bürgerschaftliche/gesellschaftliche Engagement von Unternehmen wurden bislang nicht gefördert, Corporate Social Responsbility wird aktuell als ein Teilprojekt im Rahmen des Sonderforschungsbereichs 700 (Governance in Räumen begrenzter Staatlichkeit: Neue Formen des Regierens?) untersucht.[5]

In den letzten drei bis fünf Jahren zeigt sich insbesondere in der Betriebswirtschaftslehre im Rahmen von Qualifizierungsarbeiten[6] ein gewisses Interesse am Thema. Arbeiten aus dem Bereich der Umwelt- und Nachhaltigkeitsforschung, die den Anspruch eines interdisziplinären Forschungsvorgehens hat, sind instruktiv (v.a. Carl von Ossietzky Universität Oldenburg und Leuphana Universität Lüneburg). Das Erkenntnisinteresse der empirischen Arbeiten liegt vor allem in der Ausarbeitung von Empfehlungen für die Umsetzung von CC/CSR innerhalb oder an der Analyse der Wirkungsmechanismen einzelner Instrumente für Unternehmen (z.B. Kommunikation von CC (z.B. Paar 2005, Eberl/Schwaiger 2004, kritisch Wittke 2003), Corporate Volunteering (z.B. Pinter 2006), Unternehmensführung (z.B. Schmitt 2005, Fabisch 2004, Thieme 2005)). In der empirischen Forschung der klassischen Sozialwissenschaften stößt das Thema bisher kaum auf Beachtung. Auch hier wird zwar in einzelnen Magister-, Diplom- oder Doktorarbeiten mittels explorativer Fallstudien die Verbindung von unternehmerischen und gesellschaftlichen Interessen betrachtet (z.B. Reimer 2002, Polterauer 2004) oder die Rolle verschiedener deutscher Bundesländer in der politischen Praxis von CC skizziert (Barth 2007). Eher verbunden mit dem Begriff CSR wird die Rolle von Unternehmen in Räumen begrenzter Staatlichkeit thematisiert (z.B. Rieth/Zimmer 2004, Feil et al. 2005, Wolf 2006, auch Hiß 2006, Curbach 2007 i.E.). Aus dem Bereich der Umwelt- und Nachhaltigkeitsforschung werden neben Managementansätzen (z.B. Schaltegger 2004) das Unternehmensengagement auch auf seine strukturpolitische Bedeutung unter-

---

[5] Vgl. die Datenbank der DFG geförderten Projekte unter http://gepris.dfg.de/gepris.
[6] Das Management-Institut der Humboldt-Universität präsentiert zum Beispiel Zusammenfassungen der am Institut abgeschlossenen Diplomarbeiten zum Thema CSR/CC auf seiner Homepage. UPJ – Unternehmen Partner der Jugend – stellt auf der eigenen Homepage im Bereich Service/ Forschung neben Informationen zu kommerziellen Forschungsarbeiten auch Hinweise über Abschlussarbeiten zur Verfügung.

sucht (im Bereich des ökologischen Engagements Schneidwind 1998, darauf aufbauend Amthor 2005) oder auf Basis von Ergebnissen aus der experimentellen Wirtschaftsforschung differenzierte Stakeholdermodelle konzipiert (Hahn 2005).

Auffällig ist die immer größer werdende Anzahl an quantitativen Studien, die von PR- und Unternehmensberatungsfirmen durchgeführt werden. Auch hier stehen neben der Deskription von engagierten Unternehmen Fragen nach der Wirkung verschiedener CC- oder CSR-Instrumente auf das Unternehmen im Vordergrund, allen voran der Reputationsgewinn. Außerdem wird nach Aussagen über den Zusammenhang von Unternehmenserfolg und CC/CSR gesucht und die Anforderungen von Seiten der „Stakeholder" an das Unternehmen werden betrachtet.[7]

Merkmale

Die in diesem Text im Fokus stehende Zusammenfassung der Forschung über die Art und Weise des CC-Engagements wird vor allem durch drei Gründe erschwert: (1) *Fehlende* bzw. *intransparente* Definition, Konzeptualisierung und Operationalisierung von CC, (2a) *unklare/fehlende Forschungsfrage* und (2b) Vorherrschen von eher *politischem* als wissenschaftlichem *Erkenntnisinteresse*, sowie (3) *forschungsgegenstandsbedingte* Einschränkungen der Repräsentativität von quantitativen Studien.

(1) Das weiter oben bereits erörterte Fehlen einer Definition von CC erschwert die empirische Forschung erheblich. Aufgrund der fehlenden Konzeption können beispielsweise bei quantitativen Befragungen Untersuchungsergebnisse stark beeinflusst werden, wenn Formen des bürgerschaftlichen Engagements nicht berücksichtigt werden oder die Antwortkategorien unvollständig sind. Über diese grundsätzlichen Einschränkungen hinaus bleibt aber häufig sogar die in der konkreten Untersuchung verwendete Definition und Operationalisierung von CC unklar. Dies gilt v.a. in Abgrenzung zu Corporate Social Responsibility (CSR), aber auch in Bezug zu unternehmenspolitischen Instrumenten wie Spenden, Sponsoring, Marketing oder klassischer PR sowie zu traditionellem Mäzenatentum. Außerdem stellt die Analyse von Unternehmen, also *Organisationen*, besondere Herausforderungen an die empirische Forschung (vgl. z.B. Allmendinger/Hinz 2002), etwa wenn Gründe für das Verhalten eines Unternehmens („Motive") erforscht werden.[8]

---

[7] Siehe hierzu den Beitrag von Stefan Nährlich in diesem Band, sowie die Beiträge zu den einzelnen Praxisformen von CC.
[8] Soll beispielsweise die Motivation für das Unternehmensengagement erforscht werden, geben die Einschätzungen von Geschäftsführern Einblick in das Unternehmensgeschehen. Allerdings ist hier das methodische Problem der Beantwortung von Fragen aufgrund sozialer Erwünschtheit zu erwarten. Zudem spiegelt sich in dem Antwortmuster zwar die Einschät-

(2a) Auch das Erkenntnisinteresse bzw. die Forschungsfragen sind in den meisten Fällen weder klar formuliert noch spezifisch genug, um der Komplexität des Themas entsprechende Ergebnisse präsentieren zu können.

(2b) Diese die Aussagekraft der Untersuchungen einschränkenden Mängel liegen vermutlich im eher gesellschaftspolitischen denn wissenschaftlichen Interesse der vorliegenden Studien begründet. Das in der Einleitung bereits beschriebene, sehr weit gefasste, qualitativ unbestimmte Verständnis von unternehmerischem sozialen Engagement in der von der Initiative Neue Soziale Marktwirtschaft im Jahr 2005 in Auftrag gegebenen forsa-Studie „Corporate Social Responsibility" kann als Interesse interpretiert werden, eine möglichst große Zahl von Unternehmen als „engagiert" bzw. verantwortlich identifizieren zu wollen. Auch das Verwenden von Meinungsfragen („was wäre wenn"-Fragen) produziert eher politische Mitteilungen denn wissenschaftlich haltbare Ergebnisse. Zum Beispiel werden in der genannten Studie die Unternehmensinhaber/innen nach deren „Kenntnis" gefragt zu „Beispielen für Aktivitäten und Einrichtungen, die dem Gemeinwohl dienen, und die eingestellt werden müssten, wenn sie nicht von Unternehmen unterstützt würden" (forsa 2005: 6).

(3) Zudem stellt das Ziel quantitativer Studien, repräsentative Aussagen zu Corporate Citizenship für die Grundgesamtheit der jeweiligen Unternehmen machen zu können, besondere gegenstandsbezogene Herausforderungen, die in den vorliegenden Studien kritisch reflektiert und bei der Analyse berücksichtigt werden müssen. Neben den Einschränkungen der Aussagekraft bei allgemein niedrigen Rücklaufquoten bzw. Ausschöpfungsquoten, sind folgende CC-spezifische systematische Fehler zu erwarten, die zu Verzerrungseffekten führen. Erstens ist anzunehmen, dass vor allem solche Unternehmen an Umfragen teilnehmen, die sich engagieren (vgl. Seitz 2002: 27). Zudem dürfte der Effekt der „sozialen Erwünschtheit" eine Rolle spielen: Besonders bei Umfragen, die explizit das Thema CC/CSR im Fokus haben, wird implizit die Erwartung transportiert, dass sich Unternehmen engagieren sollen. Aus diesen Gründen kann man davon ausgehen, dass das Unternehmensengagement bei den Studien prinzipiell *überschätzt* wird. Ein weiterer systematischer Fehler dürfte zu Verzerrungen bei Vergleichen zwischen Unternehmen verschiedener Größenklassen führen. Insbesondere aufgrund fehlenden

---

zung einer entscheidenden Unternehmerperson wider, gleichwohl kann daraus nicht die Ursache für ein spezifisches Unternehmenshandeln gefolgert werden. Seitz (2002) versucht dieses insbesondere in der Organisationsforschung virulente Problem mit der Analyse auf mehreren Unternehmensebenen in den Griff zu bekommen und anhand der Antworten zu Entscheidungsprozessen, Themensetzung etc. nachzuvollziehen, worin die Motivation bzw. das Motivationsbündel und Auslöser für CC bei Unternehmen liegt.

(Fach)Personals dürften Umfragen bei kleineren Betrieben eher unbeantwortet bleiben als bei größeren Unternehmen mit spezialisierten Abteilungen (vgl. auch Maaß/Clemens 2002: 54, 60). Zudem dürften bei KMU die Begriffe Corporate Citizenship bzw. Corporate Social Responsibility auf weniger Interesse, wenn nicht sogar Ablehnung stoßen, als bei großen, international tätigen Unternehmen. Dies würde eine *systematische Unterschätzung* von Unternehmensengagement kleinerer Unternehmen verursachen.

Die Bedeutung dieser Überlegungen wird deutlich, wenn man nun versucht, die bereits weiter oben thematisierte Frage nach der Anzahl der als Corporate Citizen engagierten Unternehmen anhand von zwei Studienergebnissen zu beantworten. Sowohl Maaß (2005) als auch die forsa-Studie machen dazu Angaben bei inhabergeführten Unternehmen in Deutschland in den Unternehmensgrößenklassen 250.000 Euro bis 50 Mio Euro Umsatz. Die von Maaß errechnete Engagementquote beträgt knapp 40%. Dem stehen 96% bis 100% gesellschaftlich aktive Unternehmen in der forsa-Studie gegenüber (Maaß 2005: 78, forsa 2005: 13). Maaß stützt sich auf Ergebnisse der MIND Studien von 2001 und 2003. Dort werden verschiedenste Bereiche wirtschaftlicher und gesellschaftlicher Aktivitäten mittelständischer Unternehmen abgefragt: Neben „Unternehmen in der Gesellschaft" auch Bereiche wie Strategie, Planung, Personalwirtschaft, Internationalität, bis hin zum Verhältnis zu Kammern und Verbänden. Maaß wertet aus, wie viele Unternehmen die Frage „In welcher Weise kommen Sie persönlich dieser [gesellschaftlichen] Verantwortung [von Unternehmen] nach?" mit den vorgegebenen Antwortmöglichkeiten „durch politisches, kulturelles, soziales, religiöses Engagement, Schaffung sicherer Arbeitsplätze, gar nicht" bejahen. Bei der forsa-Studie steht laut Titel der Studie das Thema Corporate Social Responsibility im Fokus. Hier wurde nach den verschiedenen Formen des Engagements gefragt z.B. nach Spenden, Ehrenamt des Inhabers/der Inhaberin und des Partners/der Partnerin und Kooperation mit der öffentlichen Hand bei der Durchführung öffentlicher Aufgaben etc.

Diese Einschränkungen aufgrund unterschiedlicher Herangehensweisen und Operationalisierungen berücksichtigend, bieten die hier genanten Studien dennoch erste Anhaltspunkte für Aussagen über die Art und Weise und den Gegenstandsbezug von gesellschaftlichem Unternehmensengagement in Deutschland.[9]

---

[9] Bei Bedarf werden zur Beantwortung der hier im Fokus stehenden Fragen auch Auswertungen der Studien im Einzelfall betrachtet (siehe die Übersichtstabelle am Ende des Textes).

3 Forschungsstand zur Art und Weise des CC-Engagements in Deutschland

Die Art und Weise des gesellschaftlichen Engagements von Unternehmen in Deutschland wird anhand von drei verschiedenen Aspekten betrachtet: Erstens die *Engagementformen*, d.h. v.a. Instrumente, mittels derer sich Unternehmen engagieren. Zweitens gibt die *unternehmensinterne Umsetzung von CC* Auskunft über Bestimmungsmerkmale des gesellschaftlichen Engagements von Unternehmen. Drittens interessiert der *Gegenstandsbereich* des Engagements – auch in der gesellschaftspolitischen Debatte - weil er Auskunft über die Interessen der Unternehmen geben kann.

Tabelle 1: Gliederung der Zusammenfassung der Forschungsergebnisse zum CC-Engagement von Unternehmen in Deutschland

Art und Weise des CC-Engagements

Engagementformen
- *Instrumente*: Spenden, Freistellungen, weitere Instrumente
- *Kooperationen*
- *Merkmale*: Kontinuität und Institutionalisierung

Unternehmensinterne Umsetzung
- *Organisatorische Verankerung* und *Verantwortlichkeit*
- *Planung* und *Umsetzung*
- Geldwerte *Aufwandquote*

Gegenstandsbereich
- *Engagementbereiche*
- *Auswahlprozesse*
- *Einflussfaktoren*

Engagementformen: Verschiedene Instrumente

Zur empirischen Untersuchung der Engagementformen bieten sich vor allem konkrete Handlungsformen zur Betrachtung an. Die forsa Studie differenziert in 13 verschiedene Engagementformen, die die Bandbreite des Engagements widerspiegeln. Vergleicht man die Ergebnisse der dazu vorliegenden Studien (Maaß/Clemens 2002, forsa 2005) zeigt sich übereinstimmend eine klare *Dominanz der Engagementform „Spende"*, insbesondere der Geldspende. Produkt- und Warenspende sowie die kostenlose Erbringung von Dienstleistungen folgen (Maaß/Clemens 2002: 5, forsa

2005: 10). Die Nutzung von Infrastruktur sowie die Freistellung von Mitarbeitern werden deutlich seltener als Engagementart von Unternehmen (vgl. forsa 2005) bzw. Maßnahme (vgl. Maaß/Clemens 2002) angegeben.

Tabelle 2: Formen des Engagements in den letzten zwölf Monaten (forsa 2005: 10, Mehrfachnennungen)[10]

Geldspende des Unternehmens	70%
~~Geldspende aus Privatvermögen~~	~~56%~~
kostenlose Überlassung von Produkten oder Waren	38%
eigene Übernahme von ehrenamtlichen Tätigkeiten	*33%*
~~Übernahme ehrenamtlicher Tätigkeiten durch Partner~~	~~22%~~
kostenlose Erbringung von Dienstleistungen	22%
kostenlose Nutzungsüberlassung von Einrichtungen und –geräten (z.B. Firmengelände, Räume, Möbel, Computer, Telefon etc.)	18%
Freistellung von Mitarbeitern für ehrenamtliche Tätigkeiten	16%
Veranstaltung oder andere Kontakte mit „Stakeholdern"	7%
Spendenaktion, bei der ein festgelegter Teil des Verkaufserlöses gespendet wurde	6%
~~Kooperation mit der öffentlichen Hand bei der Durchführung öffentlicher Aufgaben~~	~~4%~~
Einrichtung oder Finanzierung einer Institution als Mäzen	1%
Gründung/Finanzierung einer Stiftung oder eines Förderverein	1%

---

[10] Die in der Tabelle durchgestrichen Zeilen sollen deutlich machen, welche Engagementarten unter Berücksichtigung der hier gegebenen Definition *nicht* als Form von gesellschaftlichem Engagement des *Unternehmens* berücksichtigt werden können: Die *Kooperation mit der öffentlichen Hand bei der Durchführung öffentlicher Aufgaben* muss demnach eher als „Public-Private-Partnership" verstanden werden (vgl. auch Maaß 2005: 74) und kann in dieser Form nicht von öffentlichen Aufträgen unterschieden werden. Sowohl die *Geldspende aus Privatvermögen*, als auch das *Engagement des Partners/Partnerin* sind eher als traditionelle Engagementformen im Sinne von Mäzenatentum denn als CC-Engagement zu verstehen. Auch die *Übernahme von ehrenamtlichen Tätigkeiten durch die Unternehmensinhaber* sollte nur dann als Unternehmensengagement im Sinne von CC verstanden werden, wenn das Engagement des Inhabers auch im Rahmen der CC Agenda stattfindet. Auch an dieser Stelle soll nochmals in Erinnerung gerufen werden, dass mit dem Ausschluss verschiedener Engagementformen keine Abqualifizierung oder Geringschätzung einhergeht, sondern der Versuch einer qualitativen Unterscheidung vorgenommen wird!

Freistellungen bzw. Mitarbeiterengagement

In der Diskussion um Corporate Citizenship werden in der Regel zwei verschiedene Formen der Freistellung von Beschäftigten unterschieden: Einerseits die Freistellung von Beschäftigten für eine bestimmte Zeit (z.B. Stunden/Monat, Tag(e)/Jahr), um sich für gemeinnützige Projekte oder Themen zu engagieren, die im Rahmen eines unternehmensweiten Programms organisiert oder koordiniert werden (Corporate Volunteering). Andererseits werden Freistellungen auch als Angebot der Unternehmen genutzt, um das privat initiierte Engagement des Beschäftigten zu unterstützen. Versteht man CC als *freiwilliges* Engagement des Unternehmens ist allerdings einschränkend zu berücksichtigen, dass Freistellungen teilweise auch verpflichtend sind (z.B. für die Dienste bei der Freiwilligen Feuerwehr) oder in der Jugendarbeit (vgl. Enquete-Kommission 2002: 800ff)).[11]

Projekte, bei denen Mitarbeiter im Rahmen der Personalentwicklung zur Stärkung von sozialen und personalen Schlüsselqualifikationen in gemeinnützigen Einrichtungen mitarbeiten (z.B. Programme wie SeitenWechsel, Blickwechsel/Key, switch) sind eine Sonderform des Engagements von Beschäftigten, die in der CC-Debatte häufig angeführt werden, aber nicht mit Freistellungen gleichgesetzt werden sollten. Gleichwohl können in diesem Kontext auch Freistellungen eine Rolle spielen, wenn sich Beschäftigte in der Folge der Personalentwicklungsprogramme weiterhin engagieren. In der CC-Debatte sind diese personalwirtschaftlichen Engagementformen außerdem relevant, wenn es um Formen zivilgesellschaftlichen Lernens geht, das als eine Voraussetzung für gesellschaftsorientiertes Handeln thematisiert wird (Korfmacher/Mutz 2003).

Weitere Instrumente

In den Studien zum Unternehmensengagement werden die Engagementformen i.d.R. isoliert voneinander betrachtet. Instrumente, die *im Rahmen* einer Corporate Citizenship-Agenda genutzt werden können, werden in den Befragungen dann oft nicht berücksichtigt, wie beispielsweise Umwelt- oder Sozialsponsoring oder For-

---

[11] Im 2. Freiwilligensurvey, der u.a. nach der Unterstützung des Arbeit*gebers* für gesellschaftliches Engagement fragt, geben die Beschäftigten an, insbesondere in den Bereichen „Betriebliche Interessensvertretung" und „Freiwillige Feuerwehr/Rettungsdienste" vom Arbeitgeber unterstützt zu werden (BMFSFJ 2005). Da im Freiwilligensurvey allerdings nicht nach Unterstützungs*formen* unterschieden wird, bleibt unklar, ob es sich hauptsächlich um Freistellungen oder andere Unterstützungsformen handelt. Das Freiwilligensurvey zeigt aber auf, dass die Befragten „Freistellungen" und „Nutzung von Infrastruktur des Unternehmens" als die beiden wichtigsten Unterstützungsformen durch den Arbeitgeber ansehen.

men des ethischen Marketings (vgl. Dresewski 2004, der von einem Corporate Citizenship Mix spricht). Während einerseits damit ein großer Teil von Unternehmensressourcen, die in den Dritten Sektor fließen, unbeachtet bleibt, erfordert das Merkmal der Gemeinnützigkeit den Ausschluss jener Engagementformen.[12] Zu diskutieren ist deswegen, inwieweit die Gemeinnützigkeit als konstitutives Merkmal für CC-Engagement sinnvoll ist, bzw. wie CC-Engagement als „gesellschaftliches Engagement" von betriebswirtschaftlichem Engagement unterschieden und operationalisiert werden kann.

Kooperationen als spezifische CC Form

Nicht als Instrument, sondern als spezifische CC-Engagementform wird in unterschiedlichen Untersuchungen die Kooperation oder Partnerschaft zwischen Unternehmen und gesellschaftlichen Akteuren, z.B. Vereinen thematisiert (vgl. Habisch 2003: 93, Heuberger/Oppen/Reimer 2004, Maaß 2005: 93ff, Sprengel 2005b, auch Brinkmann 2004 und Budäus 2005). Frank Maaß untersucht in seinem Sample engagierter Handwerksunternehmen die Bedeutung von Kooperationen. Zwar muss aufgrund der Datenlage in seiner Untersuchung die Bedeutung der Kooperation in Handwerksunternehmen im Allgemeinen unbeantwortet bleiben, gleichwohl weist er darauf hin, dass das Gros der *CC-Pioniere* über Erfahrungen in der partnerschaftlichen Zusammenarbeit verfügt (Maaß 2005: 94, ähnlich auch Heuberger/Oppen/ Reimer 2004: 4,11).

Bernhard Seitz untersucht die von Unternehmen *angestrebte* Rolle bei gesellschaftlichen Aktivitäten. Dafür unterscheidet er zwischen Antworten der CEOs (Chief Executive Officers), die über die Bereitschaft zur Kooperation Auskunft geben und den Antworten des mittleren Managements, die zur faktischen Einbindung von Interessensgruppen befragt werden. Die CEOs deutscher Unternehmen geben an, eine im internationalen Vergleich hohe Bereitschaft zu haben, eine partnerschaftliche Rolle (im Vergleich zur führenden oder unterstützenden Rolle) bei gesellschaftlichen Aktivitäten einzunehmen (Seitz 2002: 50, 52). Die Wahl der angestrebten Rolle zwischen „Führer", „Partner" oder „Unterstützer" hängt dabei von der Nähe des gesellschaftlichen Themas zur Unternehmenstätigkeit ab: Bei unternehmensnahen Themen wie z.B. der Verfügbarkeit gut ausgebildeter Arbeitskräfte

---

[12] Sponsoringleistungen werden als Betriebsausgaben behandelt und implizieren laut Definition eine Gegenleistung für den Sponsernden (i.d.R. Werbeleistungen). Um Sponsoringgelder zu akquirieren ist die Anerkennung der Gemeinnützigkeit einer Organisation nicht notwendig und das Merkmal der Selbstlosigkeit, das für gemeinnütziges Engagement notwendig ist, wird ebenfalls nicht erwähnt.

wollen ein etwa gleicher Anteil Unternehmer eine führende oder eine partnerschaftliche Rolle spielen. Geht es um die Stabilität und förderliche sozioökonomische Bedingungen präferieren 2/3 der befragten CEOs eine Partnerrolle (Seitz 2002: 50). Versteht man also CC als gesellschaftspolitisches Engagement, das über die enge Unternehmenstätigkeit hinausgeht, kann man von einer hohen Bereitschaft zur Partnerschaft im Vergleich zur Führerschaft mit anderen Akteuren sprechen. In der Befragung des mittleren Managements zeigt sich, dass in deutschen Unternehmen seltener eine strukturierte Einbindung von Interessensgruppen erfolgt als im internationalen Vergleich. Soweit diese stattfindet, werden v.a. Gruppen im Umweltbereich einbezogen; beim „sozialen Engagement" lassen sich keine Schwerpunkte feststellen (Arbeit/Arbeitslosigkeit, Gesundheit, Menschenrechte) (Seitz 2002: 129).

Die Studie der Bertelsmann Stiftung fragt nach der Zusammenarbeit mit Dritten im Rahmen des gesellschaftlichen Engagements der Unternehmen und findet eine geringe Bedeutung zivilgesellschaftlicher Gruppen. Bürgergruppen, Umwelt- und Nichtregierungsorganisationen sind auffällig seltener als Kooperationspartner genannt, während über die Hälfte der Unternehmen im Rahmen ihrer gesellschaftlichen Aktivitäten mit Unternehmensverbänden/anderen Unternehmen zusammenarbeitet. Allerdings gibt auch über die Hälfte der Top-Entscheider an, mit karitativen Organisationen zusammenzuarbeiten (Bertelsmann Stiftung 2005: 18).

Merkmale des Engagements: Kontinuität und Institutionalisierung

In der Untersuchung von Maaß/Clemens wird die Kontinuität des Engagements direkt thematisiert, wenn sie die Häufigkeit des Einsatzes von CC-Maßnahmen in den letzten 5 Jahren erfragen und zwischen „einmal", „sporadisch" und „regelmäßig" unterscheiden (2002: 67). Auch wenn beispielsweise regelmäßiges Spenden noch kein Indikator für CC-Engagement sein muss, kann mit solch einer Fragestellung der Kontinuität des Engagements Rechnung getragen werden.

Ein Indikator für kontinuierliche Engagementformen kann die Institutionalisierung des Engagements sein. Diese kann zum Beispiel in Form von gemeinnützigen Vereinen, gGmbH oder gemeinnützigen Stiftungen geschehen. Die Studie von forsa fragt in diesem Sinne nach Engagement innerhalb der letzten 12 Monate mittels der „Einrichtung oder Finanzierung einer Institution als Mäzen" und der „Gründung/Finanzierung einer Stiftung oder eines Fördervereins?" (forsa 2005: 10, siehe weiter oben Abb. 2). Maaß/Clemens ermitteln die „Gründung einer Stiftung für gesellschaftliche/soziale/kulturelle Zwecke innerhalb der letzten 5 Jahre" (Maaß/Clemens 2002: 141). Bernhard Seitz erhebt die Anzahl der Unternehmen, die eine Stiftung gegründet haben oder dies planen (Seitz 2002: 140) und in der CSR-

Studie der Bertelsmann Stiftung wird nach der Bedeutung und Umsetzung von „Unternehmensstiftungen" gefragt (Bertelsmann Stiftung 2005: 17).[13]

Als absolute Zahlen sind diese Angaben über die institutionellen Engagementformen jedoch kaum interpretierbar, da ganz unterschiedliche Themen damit abgefragt werden. Erstens ist die Gründung einer Organisation im Vergleich zu Spenden nicht in derselben Weise wiederholbar. Eine zeitliche Eingrenzung in der Fragestellung wie sie in der forsa-Studie vorgenommen wurde und für die Erfassung von Spenden etc. wichtig ist, ist auf Organisationsgründungen nicht in gleicher Weise übertragbar. Damit ist die Quote von institutionellen mit anderen Engagementformen nicht direkt vergleichbar. Jedoch ließen sich Aussagen über die Gründungen von gemeinnützigen Stiftungen oder anderen zivilgesellschaftlichen Organisationen im Zeitvergleich möglicherweise als Indikator für eine Veränderung des Unternehmensengagements verstehen. Zweitens kann die Finanzierung einer Einrichtung qualitativ sehr unterschiedlich ausfallen (einmalig/mehrmalig, große/kleine Summen) und sagt deswegen nur begrenzt etwas über die Qualität des Engagements aus. Drittens muss insbesondere bei Stiftungen genau betrachtet werden, inwiefern sie als CC zu verstehen sind. Eine Unternehmensstiftung, die beispielsweise zur Sicherung des Unternehmensbestehens gegründet wird, muss von einer gemeinnützigen Stiftung unterschieden werden, die z.B. Bürgerengagement fördert oder sozialen Zwecken dient.

Unternehmensinterne Umsetzung von Corporate Citizenship: Strategie?

Die Verbindung von Corporate Citizenship und Unternehmensstrategie ist ein Hauptunterscheidungsmerkmal gegenüber anderen Engagementformen. Zwei Überlegungen liegen hier zugrunde. Mit der Idee von bürgerschaftlichem Engagement wird weniger karitatives Handeln verbunden, sondern gesellschaftliche Mitgestaltung. Das impliziert ein gesellschaftspolitisches Interesse des Unternehmens, das *im Zusammenhang* mit der Unternehmenstätigkeit steht. Hierin spiegelt sich insbesondere das Verständnis von *Unternehmens*engagement im Vergleich zum Engagement einer *Unternehmerperson* wider (vgl. dazu Polterauer/Nährlich 2008 i.E.). In der Regel wird dies als strategisches Unternehmensengagement beschrie-

---

[13] Karsten Timmer stellt in der StifterStudie (2005) fest, dass der Löwenanteil der seit 1990 gegründeten Stiftungen von juristischen Personen, also Unternehmen, Vereinen und öffentlichen Körperschaften etabliert wurde (Timmer 2005: 18). Anhand der Daten kann allerdings nicht unterschieden werden, welchen Anteil Unternehmen unter den juristischen Personen ausmachen und ob es sich um gemeinnützige Stiftungen handelt.

ben. Von dieser Einbindung erwartet man gleichzeitig eine Stabilität des Engagements, weil das Unternehmen sich nicht abgelöst von der Geschäftstätigkeit engagiert, sondern mit dem Engagement ein bestimmtes, *auch* für das Unternehmen relevantes Ziel verfolgt. Damit stellt sich für die empirische Forschung vor allem die Frage nach der unternehmensinternen organisatorischen Umsetzung von CC. Anhand der jeweiligen Studien kann dies durch die Merkmale der organisatorischen Verankerung, der Analyse von strategischer Planung und operativer Umsetzung sowie der Aufwandsquote für das Engagement betrachtet werden.

Organisatorische Verankerung und Verantwortlichkeit

Insbesondere die Untersuchung von Bernhard Seitz analysiert organisatorische Prozesse von CC-Engagement, indem die Befragung auf den drei Ebenen der CEOs, der Unternehmensführung (für CC zuständiges Mitglied des Vorstandes) und der operativen Ebene (für CC zuständige Führungskraft auf Ebene des mittleren Managements) die Umsetzung von CC in Unternehmen thematisiert. Die Vergleichbarkeit der Daten über verschiedene Länder hinweg ermöglicht (mit Einschränkungen) eine Bewertung der Untersuchungsergebnisse.

Seitz hat in seiner Untersuchung im Jahr 2002 und die Bertelsmann Stiftung in der Befragung von Geschäftsführern in 2005 prinzipiell eine geringe strukturelle Verankerung von CC im Unternehmen festgestellt (Seitz 2002: 118ff, Bertelsmann Stiftung 2005: 3). Beide Studien konnten keine Etablierung CC-eigenständiger Unternehmensfunktionen finden (Seitz 2002: 121, 122, Bertelsmann Stiftung 2005: 20). Zur Frage nach der Primärverantwortung bzw. der Zuständigkeit für CC finden sich zunächst widersprüchlich erscheinende Aussagen. Bernhard Seitz kann in seiner dreistufigen Befragung zeigen, dass die Primärverantwortung für die Planung und Umsetzung in der Regel im Bereich PR und Öffentlichkeitsarbeit liegt (Seitz 2002: 105, 121), während gleichzeitig eine dominante Orientierung auf den Vorstandsvorsitzenden bzw. Geschäftsführer erkennbar ist. Die Bertelsmann Stiftung findet eine Primärzuständigkeit von Geschäftsführung und Vorstand und eine auffällig geringe Zuständigkeit in der Kommunikations- und Öffentlichkeitsarbeit (Bertelsmann Stiftung 2005: 20, 22). Allerdings scheinen sich bei Berücksichtigung des Untersuchungsdesigns diese Ergebnisse eher gegenseitig zu unterstützen als zu widersprechen. Während Seitz auf drei unterschiedlichen Hierarchieebenen nach verschiedenen Prozessen und Umsetzung gefragt hat, wurden in der Bertelsmann Stiftung ausschließlich „Top-Entscheider der deutschen Wirtschaft" befragt. So drückt das Ergebnis der Bertelsmann Stiftung, dass in über 80% der Fälle die Top-Entscheider die Zuständigkeit bei der Geschäftsführung oder dem Vorstand sehen, vermutlich eher die grundsätzliche Thematisierung auf Vorstandsebene aus. Dieses

Ergebnis ähnelt damit dem der Untersuchung von Seitz. Die Autoren der Studie der Bertelsmann Stiftung geben folgende Interpretation ihrer Daten: „Dass die Mehrheit der Entscheider angibt, das Thema liege in erster Linie in den Händen des Top-Managements, kann grundsätzlich zweierlei bedeuten: Es kann als Indiz gewertet werden, dass das Thema besonders stark im Unternehmen etabliert ist und umfassend berücksichtigt wird. Es kann aber auch so interpretiert werden, dass das Thema nur formal durch den Vorstand vertreten wird und daneben keine weiteren Zuständigkeiten existieren" (Bertelsmann Stiftung 2005: 21).

Ein direkter internationaler Vergleich ist aufgrund der Datenlage in diesem Bereich nicht möglich, jedoch interpretiert Bernhard Seitz die ihm vorliegenden internationalen Daten so, dass die Primärverantwortung für CC in weltweit ähnlicher Weise auf der Ebene von Abteilungen und nicht auf Vorstandsebene liegt (Seitz 2002: 122).

Betrachtet man weiterhin die Zuständigkeit innerhalb des Vorstandes so spiegelt sich nach Seitz die in Deutschland allgemein zu beobachtende Kollektivverantwortung des Vorstandes wider, die durch interne kollektive Strukturen und Verantwortlichkeiten geprägt ist. Im Vergleich zu den USA fehlt eine ausdifferenzierte CC-Struktur auf Ebene der Unternehmensführung (Seitz 2002: 30). Außerdem zeigt sich, dass der Aufsichtsrat gar keine und Betriebsräte bzw. Arbeitnehmervertretungen kaum eine Rolle bei CC-Aktivitäten spielen (Seitz 2002: 120).

Strategische Planung und operative Umsetzung

Bernhard Seitz betrachtet das Zusammenspiel strategischer Planung und operativer Umsetzung und weist dabei auf einen Widerspruch hin. Über die unterschiedlichen Länder hinweg zeigt sich, dass operativ vor allem die Reputation nach innen und außen sowie das lokale Umfeld im Zentrum stehen, während auf der strategischen Ebene die Fragen der Qualität sozialer Faktoren und der gesellschaftlichen Bedingungen die Diskussion dominieren (Seitz 2002: 30). Laut Seitz sprechen einzelne Relationen und Daten dafür, dass die Verbindung zwischen diesen Elementen problematisch ist und sich die Frage stellt, ob die Praxis der Unternehmen als „active citizen" den weit reichenden Ideen und Visionen folgen kann. Diese These über den Widerspruch zwischen operativen und stratestrategischen Zielen kann man auch aufgrund der im oberen Abschnitt beschriebenen unterschiedlichen Verantwortlichkeiten nachvollziehen.

Als deutsches Spezifikum arbeitet Seitz heraus, dass die Effektivität des Engagements im internationalen Vergleich in Deutschland als relativ hoch eingeschätzt wird (Seitz 2002: 30, 55). Außerdem beurteilen deutsche Unternehmen das „interne Management des externen Engagements" deutlich weniger – vielleicht zu wenig –

selbstkritisch als Unternehmen anderer Länder (Seitz 2002: 61, 34, 41). Auch die Bertelsmann Stiftung stellt fest: Die Top-Entscheider schätzen das Erreichen der eigenen CSR Ziele eher positiv ein: ca. 2/3 der Befragten geben an, ihre CSR Ziele erreicht zu haben (Seitz 2002: 14).

Seitz zieht die „vielleicht bemerkenswerteste Erkenntnis" aus der Teilstudie über die CEOs, dass ein Zusammenhang zwischen dem Antrieb des Engagements und der Effektivitätseinschätzung besteht: Unternehmen, die aus Tradition oder auf äußeren Druck hin reagieren, beurteilen ihr Engagement „spürbar als weniger effektiv als solche, die ihre Strategie oder komplexe Zusammenhänge als primäres Motiv ihres Engagements angeben" (Seitz 2002: 42).

Ein weiteres Merkmal deutscher Unternehmen ist laut Bernhard Seitz, dass diese hinsichtlich der Stärkung von Schlüsselfaktoren, das heißt der wichtigen Citizenship-Faktoren für den Unternehmenserfolg, selten Ansatzpunkte im eigenen Unternehmen oder auf Branchenebene (Seitz 2002: 31) sehen. Somit entsteht der Eindruck, dass die Verantwortung für die Problemlösung nach außen gegeben wird. Seitz beschreibt als Analyse zwei Typen des Umgangs mit Corporate Citizenship: den „amerikanischen Individualismus" und den „deutschen Kollektivismus" (Seitz 2002: 31). Er folgert, dass die „Defizite deutscher Unternehmen nicht auf kollektiver oder sozialer Ebene liegen, denn ihre partnerschaftliche bzw. kooperative Orientierung ist sehr stark ausgeprägt. Defizite liegen vielmehr im Verfolgen internationaler Strategien und im autonomen Handeln, im tatsächlichen Verändern der eigenen, globalen Unternehmenspraxis, im eigenständigen Erwirken sozialer Innovationen, im professionellen Setzen und Verfolgen operativer und internationaler Citizenship-Ziele und in der inneren Selbständigkeit, hinsichtlich der Lösung sozialer Probleme eine Führungsrolle übernehmen zu wollen" (Seitz 2002: 32).

Die in der Studie der Bertelsmann Stiftung erfragte Einschätzung des eigenen Engagements durch die Top-Entscheider gibt ebenso Hinweise auf die strategische Ausrichtung des Engagements. Drei verschiedene Formen werden unterschieden: proaktiv, aktiv und reaktiv. Diejenigen, die als „reaktiv" eingestuft werden, haben die Aussage „Wir reagieren bei unserem Engagement auf die an uns gestellten Anforderung" bejaht. „Aktive" meinen, „wir setzen uns mit für uns relevanten Themen aktiv auseinander", und „Proaktive" sagen „wir sehen uns darüber hinaus als Voreiter auf diesem Gebiet, in dem wir versuchen, Trends und Standards zu setzen" (Bertelsmann Stiftung 2005: 12). Jeweils ca. 1/5 der Antwortenden fielen auf „reaktiv" und „proaktiv". Die große Mehrzahl der Top-Entscheider gibt an, sich mit für das Unternehmen relevanten Fragen aktiv auseinander zu setzen (ebd.).

Finanzielle/geldwerte Aufwandsquote

Für die interne Umsetzung von CC stellt sich die Frage nach dem finanziellen/geldwerten Aufwand im Verhältnis zum Umsatz. Bernhard Seitz führt in seiner Untersuchung der beschäftigungsstärksten Unternehmen von 2002 aufgrund fehlender Angaben der Unternehmen eine explorative Berechnung für den Engagementaufwand durch. Er berechnet eine Aufwandquote von ca. 0,4 Promille am Umsatz (Seitz 2002: 138).

Frank Maaß und Reinhard Clemens (2002) errechnen den Mittelwert des finanziellen/geldwerten Aufwandes von Unternehmen aus dem Bereich des produzierenden Gewerbes und der Dienstleistungen im Jahr 2000. Sie konstatieren, dass kleine und mittlere Unternehmen (bis 99 Beschäftigte) sich gemessen am Umsatz deutlich stärker engagieren als größere und große Unternehmen (mehr als 100 bzw. 500 Beschäftigte) (Maaß/Clemens 2002: 113). Auch in der forsa-Studie wird bestätigt, dass das Engagement[14] kleinerer Unternehmen anteilig am Umsatz wesentlich höher ist als der Aufwand der großen Unternehmen (forsa 2005: 17).

Tabelle 3: Engagementaufwandquote (forsa 2005: 17)

Umsatz der Unternehmen	Anteil des finanziellen /geldwerten Aufwands am Jahresumsatz im Durchschnitt
unter 250.000 Euro	3.1%
250.000 bis 500.000 Euro	1.9%
500.000 bis 1 Mio. Euro	0.9%
1 Mio. bis 5 Mio. Euro	0.5%
5 Mio. bis 50 Mio. Euro	0.4%
50 Mio. Euro und mehr	0.1%

Seitz weist im Zusammenhang mit dem finanziellen/geldwerten Aufwand für Spenden und Sponsoring auf zwei Besonderheiten hin: Erstens wird beim Vergleich des finanziellen Aufwandes für Spenden und Sponsoring mit der vom Vorstand

---

[14] Hier wird der finanzielle bzw. geldwerte Aufwand aller gesellschaftlichen Aktivitäten aufsummiert: Gründung/Finanzierung der Stiftung oder des Fördervereins, Kooperation mit der öffentlichen Hand bei der Durchführung öffentlicher Aufgaben, Einrichtung/Finanzierung einer Institution als Mäzen, Veranstaltung/Kontakte mit Stakeholdern, persönliches Engagement des Inhabers/der Inhaberin und des Partners/der Partnerin, kostenlose Einbringung von Dienstleistungen, kostenlose Nutzenüberlassung von Einrichtung und -geräten, Freistellung von Mitarbeitern, Geldspenden, kostenlose Überlassung von Produkten oder Waren, Spendenaktion bei der ein festgelegter Teil des Verkaufserlöses gespendet wurde, Geldspende aus Privatvermögen (forsa 2005: 15).

aufgewendeten Zeit für Diskussionen um CC-Themen „deutlich, dass der finanzielle Aufwand dazu in keinem Verhältnis steht." Seitz begründet dies mit der „ganzheitlichen Idee der CC". Zweitens scheinen im internationalen Vergleich die Unterschiede der Spendenaktivitäten von deutschen und US-amerikanischen Unternehmen bei weitem nicht so groß zu sein, wie oftmals angenommen wird (Seitz 2002: 13).

4 Gegenstandsbereiche des gesellschaftlichen Unternehmensengagements

Mit der Frage danach, wofür sich Unternehmen engagieren, spiegelt sich die gesellschaftspolitische Debatte zu CC besonders deutlich wider. Die einen argumentieren, Unternehmen verwenden CC vor allem als PR-Trick und setzen sich nur für „sexy" Themen ein, die sich gut als Werbebotschaft eignen (z.B. Kinder, Kunst und Kultur). Andere weisen auf die große Bedeutung des Engagementbereichs Kultur hin, weil sich der Staat hier im Besonderen zurückzieht und weil Kultur als Identitätsstiftung für gesellschaftsweites Engagement prädestiniert ist. Dritte diskutieren darüber, ob Unternehmen die Rolle zukommt karitativ tätig zu werden, oder ob sie im Sinne eines gesellschaftspolitischen Lobbying Gesellschaft strukturell mitgestalten sollen und dürfen.

Engagementbereiche

In den meisten der bisher vorgelegten Studien wird die Frage behandelt, in welchen gesellschaftlichen Bereichen sich Unternehmen engagieren. Eine Vergleichbarkeit der Ergebnisse ist nur eingeschränkt möglich, weil sowohl die Antwortkategorien in den Fragebögen, als auch die Maßnahmen, die als CC-Engagement gewertet werden, teilweise stark voneinander abweichen. Fragen nach der Verlässlichkeit der Daten wirft die Beobachtung von Bernhard Seitz auf: bei über der Hälfte der untersuchten (beschäftigungsstärksten) Unternehmen fehlte eine zentralen Erfassung von geldwerten Leistungen für Engagement in Form von Spenden und Sponsoring (Seitz 2002: 137).

Betrachtet man allgemein die Verteilung der Engagementbereiche über die verschiedenen Engagementformen hinweg, zeigt sich, dass das Engagement in den Bereichen Soziales, Kultur und Sport tendenziell stärker ist als in den Bereichen Wissenschaft, Bildung und Umwelt. Anhand der Studie der Bertelsmann Stiftung kann diese Reihenfolge eindeutig für Spenden gezeigt werden (Bertelsmann Stif-

Unternehmensengagement als „Corporate Citizen" 169

tung 2005: 16, 17). Die Untersuchung von Maaß und Clemens (vgl. dies. 2002) unterscheidet die Bereiche nach Maßnahmen (Maaß/Clemens 2002: 73). Auch hier kann man feststellen, dass das gleiche Reihenfolgenmuster für beinahe alle Engagementformen zutrifft: Die Engagementformen „Geldspenden", „Schenkungen", „kostenlose Dienste" und „Nutzungserstattungen" haben einen Schwerpunkt im Bereich Soziales, gefolgt von den beiden Bereichen Kultur/Bildung und Sport. Mit deutlichem Abstand werden die Kategorien Wissenschaft und Umwelt genannt (Maaß/Clemens 2002: 72ff). Nur das persönliche Engagement von Führungspersonen und die Gründung einer Stiftung finden seltener im Sportbereich statt als die anderen Engagementformen (Maaß/Clemens 2002: 73).[15] Selbst in der Untersuchung von CC-Pionierunternehmen im Handwerk kann Frank Maaß (vgl. dies. 2005) für Kooperationen die Reihenfolge Soziales, Freizeit, Kultur, Bildung, Umwelt aufzeigen (Maaß 2005: 96). Betrachtet man im Vergleich den von Marketingforschern untersuchten Bereich des Sponsoring als einzelne Maßnahme, stellt man eine eindeutige Dominanz des Sportsponsoring im Vergleich zu Kultur-, Sozio-/ Öko- und Mediensponsoring fest: Seit 1988 werden dort Anteile im Sportsponsoring am Gesamtsponsoringbudget von mindestens 55% vermerkt, während sich der restliche Anteil auf das Kultur-, Sozio-/Öko- sowie Mediensponsoring verteilt (Schrader 2003: 44 nach Bruhn 2003). Die gleiche Tendenz stellt Hermanns fest, der seit 1998 das Sportsponsoring der umsatzstärksten Unternehmen bei ca. 45% und das Kultursponsoring bei ca. 25% sieht, so dass lediglich knapp 1/3 des Sponsoringbudgets für die Bereiche Sozial-, Umwelt-, Bildungs-/ Wissenschafts- und Mediensponsoring entfallen (vgl. Hermanns 2006).

In der forsa-Studie werden nicht Bereiche, sondern Empfänger und Empfängerorganisationen der Zuwendungen abgefragt. Dabei werden sowohl die Prozentzahlen der Unternehmen, die für die jeweiligen Empfänger gespendet haben, als auch die gesamten geldwerten Leistungen als Summe erfasst (forsa 2005: 20, 21)[16]. Bei der Interpretation der Daten ist zu berücksichtigen, dass sowohl Unterneh-

---

[15] Es ist nicht anzunehmen, dass dieses Ergebnis aufgrund der Stichprobenverzerrung zustande kommt. Inwiefern aber die Verteilung nach Engagementbereichen insbesondere für den Wissenschaftsbereich *über*schätzt wird, weil sich v.a. große Unternehmen dort engagieren und diese in der Untersuchung überrepräsentiert sind, kann mit Hilfe der Verteilungstabelle nicht bewertet werden. Die Autoren weisen nicht darauf hin, dass das Ergebnis durch die Stichprobenverzerrung zustande kommt.
[16] Speziell ausgewiesen sind Spenden für die Tsunami-Opfer, für die 33% der Unternehmen gespendet haben. In der Auflistung der Bereiche fehlen Organisationen im Bereich Umweltschutz. Diskussionsbedürftig ist, ob/inwiefern Spenden für „Unternehmen in Schwierigkeiten" ohne weiteres als gemeinnütziges Engagement bzw. als „Übernahme gesellschaftlicher Aufgaben" verstanden werden sollen.

mensspenden, als auch Spenden von Privatpersonen eingerechnet sind. Auch wenn die zugrunde liegende Systematik der Antwortkategorien (Empfänger) nicht klar wird und beispielsweise der Umweltbereich fehlt, zeigt sich auch hier die in den anderen Studien beobachtete Tendenz: Besonders hohe Spenden*volumen* sind bei den Kategorien „sozial Schwache, Obdachlose und bedürftige Einzelpersonen" (ohne weitere Angaben innerhalb dieser Kategorie), „kulturelle Einrichtungen, Veranstaltungen und Vereine" sowie „Sportvereine" zu verzeichnen. *Prozentual* spendeten die meisten Unternehmen an Sportvereine, Tsunami-Opfer und kulturelle Einrichtungen, gefolgt von nationalen Wohlfahrtsverbänden/Stiftungen (forsa 2005: 21).[17]

Auswahlprozesse

Neben der Betrachtung des Engagements in bestimmten gesellschaftlichen Bereichen sind aber vor allem die Prozesse interessant, die zur Auswahl des Engagementbereichs führen. Maaß/Clemens 2002 analysieren dafür die Engagementziele „im Spiegel des Unterstützungsbereichs" (Maaß/Clemens 2002: 91). Der Grund für die Wahl des Unterstützungsbereichs liegt demzufolge darin, dass das „Image des Bereichs zur Unternehmensphilosophie passt". Die Autoren interpretieren dies so, dass diese Antwortkategorie den Wunsch nach einem Imagetransfer an die Öffentlichkeit widerspiegelt. Eine andere Antwortkategorie „Bereich ist für Zielgruppe von besonderer Bedeutung" wird deutlich seltener als Grund für die Wahl des Engagementbereichs genannt, deutet aber auf das Ziel der Kundengewinnung hin (Maaß/Clemens 2002: 91). Die „Überforderung des Staates" und „keine Gründe" spielen eine untergeordnete Rolle.

In der Studie der Bertelsmann Stiftung wird die Auswahl des Engagementbereichs im Rahmen der Frage nach der Rolle der Stakeholder bzw. der Einstellung zu den Stakeholdern thematisiert. „Die große Mehrheit der Unternehmen orientiert sich [...] – so die Aussage der Entscheider – primär an den eigenen Fähigkeiten"

---

[17] Folgende Antwortkategorien waren vorgegeben (in der Reihenfolge der Prozentangaben von Spenden): Sportvereine, Tsunami-Opfer, kulturelle Einrichtungen/Veranstaltungen/Vereine, nationale Wohlfahrtsverbände und Stiftungen, Kindertagesstätten/Kindergärten/ Kleinkinder, internationale Organisationen/Entwicklungshilfe, sozial Schwache/Obdachlose/ bedürftige Personen, Kirche/kirchliche Einrichtungen, Schulen/Schulkinder/Jugendliche, öffentliche Einrichtungen/Veranstaltungen, Blinde/Behinderte, freiwillige Feuerwehr, ehrenamtliche Aufgaben und Leistungen für Gremien/ Fachverbände etc., Tierheim/ Tierschutzbund, Krankenhäuser/Hospize, Unternehmen in Schwierigkeiten, Universitäten/ Hochschulen, Senioren/Altenpflege.

(Bertelsmann Stiftung 2005: 20). Die Ausrichtung des Engagements an den Bedürfnissen der Gesellschaft spielt eine deutlich geringere Rolle (ebd.). Auch die Frage nach der Verantwortung gegenüber ausgewählten Akteuren wird als Indikator für die Prägung des gesellschaftlichen Engagements verstanden. Hier stehen Kunden, Mitarbeiter und Eigentümer vor „Gesellschaft insgesamt", so dass daraus geschlossen wird: „Die gesellschaftliche Verantwortung orientiert sich primär an den Mitarbeitern und den Kunden: Unternehmerisches Engagement für die Gesellschaft ist geprägt von den Bedürfnissen der Mitarbeiter und der Kunden. Eine *gesamtgesellschaftliche* Verantwortung ist dagegen weniger ausgeprägt" (Bertelsmann Stiftung 2005: 3, 7, Hervorhebung durch die Autorin).

Bernhard Seitz findet eine relativ geringe Aufmerksamkeit für andere Bereiche als Staat, Mitarbeiter und Umwelt (Seitz 2002: 31). Allerdings fallen im Ländervergleich deutsche Unternehmen dadurch auf, dass sie eine hohe Wahrnehmung komplexer externer Verantwortlichkeit gegenüber Eigentümern, Kunden und Mitarbeitern haben, während in den USA die Verantwortung gegenüber den Eigentümern klar dominiert (Seitz 2002: 32ff).

In kontingenztheoretischer Tradition werden in einzelnen Studien weniger unternehmensinterne Auswahlprozesse, sondern der Einfluss allgemeiner Organisationsmerkmale auf das CC-Engagement untersucht.

Einflussfaktoren für die Auswahl der Engagementbereichen

Bernhard Seitz fasst zusammen, dass der Umsatz und der Auslandsanteil am Umsatz insbesondere thematische Unterschiede beim Engagement zeigen. Unterschiede hinsichtlich Strategie, Ziele und Organisation sind dagegen, wie im internationalen Vergleich, eher gering (Seitz 2002: 34).

Für den Einfluss des Faktors Auslandanteil am Umsatz unterscheidet Seitz, - m.E. nach nicht ganz überzeugend - zwischen „neuen" und „traditionellen" Themen. Er fasst zusammen, dass „neue Themen wie der Umgang mit NGOs, Gleichberechtigung und kulturelle Vielfalt oder Kinderarbeit im Gegensatz zu traditionellen Themen wie z.B. Sicherheit und Gesundheit oder Spendenvergaben fast ausschließlich von solchen Unternehmen genannt [werden], die mehr als 60% Auslandanteil am Umsatz aufweisen" (Seitz 2002: 33). Für die Bedeutung der Unternehmensgröße (Umsatz) analysiert er, dass sich größere und sehr große Unternehmen häufiger als kleinere Unternehmen mit Themen wie Gesellschaftspolitik, Menschenrechte, Arbeitsbedingungen oder Umgang mit Regierungen und NGOs auseinander setzen (Seitz 2002: 34). Seitz macht daran anschließend typische Antwortprofile für sehr große Unternehmen (über 40 Mrd. Euro) und kleinere Unternehmen (unter 5 Mrd. Euro) aus: Größere Unternehmen weisen eher eine sozio-politische

Orientierung sowie weitere Ähnlichkeiten mit Institutionen aus dem öffentlichen Bereich auf. Bei kleineren Unternehmen sieht Seitz vor allem den Kundenbezug als zentrales Element von Corporate Citizen-ship (Seitz 2002: 34). Diese Orientierungen dürften wohl auch die Entscheidungen über Bereiche und Formen des CC Engagements mitprägen.

Frank Maaß und Reinhard Clemens konstatieren einen Zusammenhang zwischen dem Engagementbereich Wissenschaft mit der Branche, in der ein Unternehmen tätig ist. So unterstützen vor allem Unternehmen des produzierenden Gewerbes sowie der sonstigen Dienstleistungen (insbesondere Kredit- und Versicherungsgewerbe) den Bereich Wissenschaft, während der Einzelhandel hier zurückhaltend ist.[18] Die Autoren vermuten die Berührungspunkte der Branchen technologieintensiver Produktion mit dem Engagementfeld als Grund für diesen Zusammenhang (Maaß/Clemens 2002: 91).

Seitz weist auch darauf hin, dass die Art und Weise und die Auswahl der Schwerpunkte, für die sich ein Unternehmen als CC einbringt, deutlich von der Branchenzugehörigkeit und der Unternehmensgeschichte geprägt ist (Seitz 2002: 33). Zwar wertet er die einzelnen Themenfelder anhand der Branchenzugehörigkeit, aufgrund der relativ starken Verzerrungen im Sample wird für Aussagen zu diesen Themenbereichen aber weitere Forschung benötigt.

5 Anforderungen für eine *wissenschaftliche* Corporate Citizenship-Forschung: Die Untersuchung von *Organisationen*

Die anfangs aufgeworfene Frage nach dem Kenntnisstand über die Anzahl von Corporate Citizens in Deutschland ließe sich nach der Analyse der vorgelegten Studien doppelt beantworten: Einerseits engagieren sich fast alle – in manchen Fällen sogar 100% – der Unternehmen in Deutschland gesellschaftlich; andererseits gibt es nur sehr wenige „Corporate Citizens" im engeren Sinne, Unternehmen also, die sich kontinuierlich für die Gesellschaft engagieren. In dieser Aussage spiegelt sich die methodische und begriffliche Ungenauigkeit vieler Studien genauso wider, wie die unzureichende inhaltliche Auseinandersetzung mit dem Thema. Zur Darstellung bekannter Formen und Wirkung von Philanthropie, Mäzenatentum, Sponsoring oder Marketing kann auf bewährte Forschungsinstrumente und -methoden zurückgegriffen werden. Die Einführung neuer Begriffe wie Corporate Citizenship

---

[18] Unterstützt wird dieses Ergebnis durch eine Untersuchung zum Engagement von Unternehmen aus den USA, die zu ähnlichen Ergebnissen kommt (zitiert in Maaß/Clemens 2002: 91, 92).

(und auch Corporate Social Responsibility) wäre dann nicht nötig. Stattdessen geht es darum, so die hier vertretene These, Corporate Citizenship im Rahmen der Diskussion um Bürgergesellschaft, die Änderung der Aufgabenverteilung zwischen Staat, Gesellschaft und Wirtschaft und der neuen gesellschaftlichen Rolle von Unternehmen zu verstehen. In der weiteren wissenschaftlichen Beschäftigung mit dem Thema sollte es also nicht um das Messen von Engagement*quantität* gesellschaftlicher Institutionen (Unternehmen) gehen, sondern um die Analyse von Qualität, Konzeption und auch den Effekt.

Nach der gesellschaftspolitischen Etablierung des Themas, der u.a. auch dieser erste Vermessungsversuch zu verdanken ist, ist es nun an der Zeit, das Phänomen Corporate Citizenship wissenschaftlich zu erarbeiten. Dies setzt vor allem an der Begriffsbildung und einer sorgfältigen empirischen Forschung an. Beides wird durch die hohe Komplexität des Themas, das in verschiedenen Gesellschaftsfeldern (Zivilgesellschaft, Wirtschaft, Politik) und Orten (lokal, regional, national, global) angesiedelt ist, erschwert. Zudem fordert die stark gesellschaftspolitisch aufgeladene und mit impliziten Werthaltungen geprägte Diskussion die wissenschaftliche Diskussion heraus.

Während die ersten, bisher vorgelegten praxisorientierten Studien die Art und Weise des (traditionellen) gesellschaftlichen Engagements von Unternehmern und – mit Einschränkungen – von Unternehmen ausreichend skizzieren, muss eine differenzierte Begriffsarbeit Corporate Citizenship charakterisieren und konzipieren und von anderen, oftmals synonym verwendeten Konzepten abgrenzen. Das gilt vor allem im Verhältnis zu Corporate Social Responsibility (Verantwortung), aber auch zu (Social) Sponsoring, Mäzenatentum und Nachhaltigkeit. Sowohl die wirtschaftsethischen, aber vor allem auch der politikwissenschaftliche Ansatz von Dirk Matten (u.a.) bieten einen guten Ausgangspunkt für die weitere Diskussion.

Für die CC-Forschung ist die methodisch besonders anspruchsvolle Berücksichtigung wichtig, Corporate Citizenship-Engagement als Handeln von Organisationen zu konzipieren und sich deswegen auf organisationstheoretische Ansätze zu beziehen. Die von verschiedenen Seiten gebräuchliche Umschreibung von CC als „Unternehmensbürger" trivialisiert das Thema dagegen. Eine Mehrebenen-Untersuchung von Unternehmen, wie sie Bernhard Seitz durchgeführt hat, ist beispielsweise der isolierten Befragung einzelner Unternehmensvertreter – seien es Geschäftsführer/innen, (Partner/innen von) Inhaber/innen, oder Mitarbeiter/innen einzelner Abteilungen – vorzuziehen. Ein solches Vorgehen schließt die Berücksichtigung von Entscheidungen und Einstellungen einzelner Personen als wesentliche Richtungsentscheidung ausdrücklich ein (vgl. Forschung zu Werten und Einstellungen von Wirtschaftseliten). Gleichzeitig kann CC nicht auf Einstellungen und Handeln einzelner Personen reduziert werden. Erforderlich wird die organisationstheoretisch informierte, konzeptionell anspruchsvolle Verbindung von beidem, die vor allem Dynamiken und Dilemmata von Organisationshandeln in den Fokus stellt. Hans Geser diskutiert etwa „Organisationen als soziale Akteure" (vgl. Geser: 1990) und beschreibt Konsequenzen dieses Organisationsverständnisses für Organisationen und deren Umfeld (vgl. dazu auch Polterauer 2005: 99ff).

Zu Beginn einer umfassenderen wissenschaftlichen Analyse des Phänomens Corporate Citizenship wird eine Berücksichtigung von Ergebnissen verschiedener Forschungsrichtungen und Disziplinen bereichernd sein. Neben sozial- (Soziologie, Politologie) und wirtschaftswissenschaftlichen (Betriebswirtschafts- und Volkswirtschaftslehre) Arbeiten ist von Texten aus den Bereichen Geschichte (Unternehmens-, Wirtschafts- und Sozialgeschichte), Geographie (an der Schnittstelle von natürlicher und gesellschaftlicher Entwicklung) und Sozialpsychologie (z.B. Kooperationsforschung, Lernen) Erkenntnisgewinn zu erwarten. Die sich als interdisziplinäre Forschungsbereiche etablierenden Fachgebiete Umwelt- bzw. Nachhaltigkeitsmanagement und die NPO-Forschung weisen nicht nur inhaltlich interessante Einsichten auf, sondern können auch bei thematischer Nähe über Möglichkeiten und Grenzen eines fachübergreifenden Themenzugangs informieren.

Einzelne Forschungsfragen entwickeln sich aus den unterschiedlichen fach- und zugangsspezifischen Blickwinkeln. Aus gesellschaftspolitischer Sicht interessiert die Erforschung der Folgen von Corporate Citizenship bei zivilgesellschaftlichen Organisationen und im Dritten Sektor, beispielsweise nach Organisation- und Kommunikationsanforderungen und Finanzierungsstrukturen. Forschungs- und Diskussionsbedarf besteht auch in der Frage, inwieweit bzw. in welcher Form die konstitutive „Freiwilligkeit" des CC-Engagements dafür geeignet ist, Unternehmensengagement als zuverlässige Größe von gesellschaftlichen Gestaltungsprozessen zu verstehen. Versteht man, wie das in diesem Band dargelegt wird, Corporate Citizenship als gesellschaftliches Unternehmensengagement im Kontext der Bürgergesellschaft, liegt der Fokus der Beobachtung auf Prozessen des sozialen Wandels, d.h. der Veränderung gewohnter sozialer Strukturen. Diese Sichtweise impliziert eine Abgrenzung zu Konzepten der „sozialen gesellschaftlichen Verantwortung von Unternehmen" im Sinne einer freiwilligen Selbstverpflichtung, die stärker die Wiederherstellung oder örtliche und soziale Ausweitung gewohnter Strukturen im Blick hat.

Zudem ist die spezifische Leistungsfähigkeit des Bürgerengagements von Unternehmen, etwa im Vergleich zu verschiedenen zivilgesellschaftlichen oder staatlichen Akteuren, aber auch innerhalb der Bandbreite verschiedener Unternehmen näher zu bestimmen.

Im Besonderen bietet sich auch hier die Berücksichtigung von Ansätzen aus der sozial- und betriebswirtschaftlichen Nonprofit-Forschung an, die nach den gesellschaftlichen Funktionen und Defiziten des Dritten Sektors bzw. von Nonprofit-Organisationen unterscheidet und damit eine gesellschaftstheoretische Einbettung solcher Organisationen ermöglicht (z.b. Simsa 2001) und zur Diskussion über Potentiale und Grenzen von CC beitragen kann (vgl. Polterauer/Nährlich 2008 i.E.). Auch Josef Wieland beschreibt beispielsweise in einem Beitrag über das CC-Management wichtige Dimensionen auf der sachlichen, sozialen, zeitlichen und örtlichen Ebene, die nicht nur für die Managementdiskussion von Corporate Citizenship zentral sind (vgl. Wieland 2002), und als Ausgangspunkt für die Entwicklung weiterer Fragestellungen dienen können.

Aus betriebswirtschaftlicher Sicht besteht beispielsweise Forschungsbedarf hinsichtlich der unternehmensinternen Konsequenzen von CC, um unter Berücksichtigung von Entwicklungsprozessen einschätzen zu können, welche Leistungen im und außerhalb des Unternehmens zur Umsetzung von CC notwendig sind (z.B. Anforderungen an Organisationsstrukturen und Personal). Unternehmensinterne Prozesse und Anforderungen sind außerdem für die Diskussion um die Handlungs- und Entscheidungsspielräume von Unternehmensvertretern und zwischen Verantwortlichen verschiedener Abteilungen interessant. Speziell für das Unternehmens- und auch NPO-Management ist die Analyse von Rahmenbedingungen, innerhalb derer sich CC erfolgreich entwickelt, und von Bedingungen der dem CC zugeschriebenen „win-win" Situation wichtig.

Zur Erforschung von Corporate Citizenship als gesellschaftlichem Phänomen und Umschreibung gesellschaftlicher Entwicklungsprozesse, die von und mit Unternehmen gestaltet werden, bieten sich wirtschafts- und organisationssoziologische Zugänge an. In der Organisationssoziologie interessiert das Zustandekommen von Entscheidungen, die Macht- und Ressourcenverteilung innerhalb und zwischen Organisationen, sowie Organisationen als Funktionsträger gesellschaftlicher Teilsysteme. Damit birgt sie für die CC-Forschung das Potential, Entscheidungsprozesse im Rahmen des CC-Engagements nachzeichnen zu können, ohne auf rein Nutzen maximierende Annahmen zurückgreifen zu müssen oder kulturelle und gesellschaftliche Faktoren als Blackbox darstellen zu müssen. In Verbindung mit wirtschaftssoziologischen Ansätzen und soziologischen Gesellschaftstheorien kann die Rolle von Unternehmen in der Gesellschaft und in Beziehung zu Gesellschaft genauer dargestellt werden, als dies beispielsweise Ansätze der Neuen Institutionenökonomik vermögen. Auch können soziologische Ansätze das Gesellschaftsverständnis von Unternehmen über das in den Wirtschaftswissenschaften verwendete Stakeholder-Modell hinaus analysieren und damit realitätsgetreuer abbilden.

Die Wirtschaftssoziologie betrachtet wirtschaftliches Handeln als gesellschaftlich beeinflusstes – eingebettetes – und Gesellschaft beeinflussendes Handeln. Sie untersucht die gesellschaftliche Funktion von Wirtschaft und deren kulturelle und gesellschaftliche Prägung. So kann sie die Bedeutung einer sich verändernden Gesellschaft für Wirtschaftsprozesse und für Unternehmungen analysieren helfen und die Veränderungen institutioneller Arrangements zwischen Wirtschaftseinheiten und anderen gesellschaftlichen Akteuren mit Blick auf die Rolle von Unternehmen und Unternehmenskooperationen erforschen. Die virulente Frage nach unternehmerischen Entscheidungen in Situationen der Unsicherheit findet mit dem Thema CC eine Ausweitung auf „unsichere" gesellschaftliche Bedingungen und wirft wirtschaftssoziologisch interessante Fragen nach der Entstehung gesellschaftlicher Institutionen unter diesen Bedingungen auf. Für die Analyse von Aushandlungsprozessen zwischen Unternehmen und zivilgesellschaftlichen Akteuren sowie deren jeweiligen Eigenlogiken stehen ausgearbeitete soziologische Konzepte und methodische Instrumente zur Verfügung, die beispielsweise die unterschiedlichen Bedeutungen und Mechanismen von Geld, Solidarität und Vertrauen in ihrer jeweiligen Eigenlogik und gesellschaftlichen Einbettung erfassen können.

Tabelle 4: Quantitative empirische Studien zu Corporate Citizenship bzw. dem Gesellschaftlichen Engagement von Unternehmen oder CSR in Deutschland, 2002-2005

Studie	Definition von CC und Fragestellung	Studiendesign und Grundgesamtheit	Repräsentativität: Stichprobe, Rücklauf/ Verzerrungen
Bernhard Seitz (2002): *Corporate Citizenship: Zwischen Idee und Geschäft.*	CC als Umfeldmanagement, Sozialpartnerschaft, Spenden, Sponsoring.	Stand. Fragebogen; ergänzend qual. Interviews; (Fragebogen veröffentlicht)	10% Antwortquote Unterschiedliches Antwortverhalten in den Branchen (S. 28) Annahme: höhere Antwortbereitschaft bei bereits engagierten Unternehmen (S. 27)
	Praxis und Ziele von CC	beschäftigungsstärkste Unternehmen in Dtschl.; Befragung von Führungskräften auf drei unterschiedlichen Hierarchieebenen	
Frank Maaß/Reinhard Clemens, (2002): *Corporate Citizenship: Das Unternehmen als „guter Bürger"* (Zwei Studien, Erste Studie im Auftrag von BDI, Ernst & Young)	CC-Instrumente (Sponsoring und Mitarbeiterfreistellung, bzw. CC i.S.v. Corporate Philanthropie)	Stand. Fragebogen (Fragebogen veröffentlicht)	- Stichprobe von 10.000 Unternehmen; Rücklauf: 9,4%; Unterrepräsentation kleinster Unternehmen - disproportional geschichtete Stichprobe, 4084 Unternehmen; Rücklaufquote 6%;

Unternehmensengagement als „Corporate Citizen"   177

Studie	Definition von CC und Fragestellung	Studiendesign und Grundgesamtheit	Repräsentativität: Stichprobe, Rücklauf/ Verzerrungen
	Strateg. Bedeutung und Einbettung von CC; Wirkungszusammenhang mit anderen Instrumenten; Quantifizierung u. Spezifizierung, von Unternehmensengagement	- mittelständische Unternehmen d. produzierenden Gewerbes u. des unternehmensnahen Dienstleistungssektors - kammerzugehörige U. aus dem Dienstleistungssektor u. produzierenden Gewerbe – insb. Mittelstand	Überrepräsentation von großen Unternehmen; Über- und Unterrepräsentationen einzelner Branchen (S. 53f)
Frank Maaß (2005): *Corporate Citizenship als partnerschaftliche Maßnahme von Unternehmen und Institutionen*	CC: „Interaktion" zwischen Wirtschaft und sozialem Umfeld; CC-Kooperation: Zusammenarbeit von Unternehmen und zivilgesellschaftlichen Akteuren (S. 73f).	- MIND-Sampel: Standardisierter Fragebogen - Handwerkspreis (HwP) Sample: Standardisierte Befragung; (Fragebogen nicht veröffentlicht)	- MIND: laut Autor Repräsentativität für inhabergeführte Unternehmen mittlerer Größe; (1.117 Unternehmen (2001) 1.043 (2003)) - „HwP Sample" –gute Bsp. für engagierte Handwerksunternehmen, insg. 160 KMU, keine Repräsentativität/ Verallgemeinerbarkeit (S. 83f)
	- Verbreitung und strategische Bedeutung von CC im Mittelstand - Determinanten und Voraussetzungen der CC Kooperationstätigkeit	MIND Daten: Inhabergeführte Unternehmen ab Jahresumsatz von 250 Tsd. Euro „HwP Sample": Bewerber für Handwerkspreis der Bertelsmann Stiftung	
forsa, im Auftrag der Initiative Neue Soziale Marktwirtschaft (2005): *CSR in Deutschland*	Keine CC /CSR Definition; soziales Engagement, soziale Verantwortung	Stand. telefonische Befragung der Unternehmensinhaber durch forsa (Fragebogen nicht veröffentlicht)	Ausschöpfungsquote 60-70% (laut telefon. Anfrage): 1000 realisierte Interviews, disproportionale Stichprobe (Unternehmensgröße), keine Aussagen über Verzerrungen
	Engagement, Aktivitäten, Motive, Einschätzung der Entwicklung	Inhabergeführte Unternehmen ab Jahresumsatz von 100 Tsd. Euro; forsa Unternehmensdatenbank	

Studie	Definition von CC und Fragestellung	Studiendesign und Grundgesamtheit	Repräsentativität: Stichprobe, Rücklauf/ Verzerrungen
Bertelsmann Stiftung (2005): *Die gesellschaftliche Verantwortung von Unternehmen*	Gesellschaftliches Engagement implizit als eine Form von gesell. Verantwortung	Stand. telefonische Befragung durch TNS Emnid (Fragebogen nicht veröffentlicht)	500 realisierte Befragungen, ca. 10% Ausschöpfungsquote; zur Repräsentativität: S. 5 (nach Mitarbeiter und Umsatz wie Stat. Bundesamt)
	Sichtweise der Unternehmen über die Rolle in der Gesellschaft, Engagementfelder, Ziele und Partner beim Engagement	„Top-Entscheider" der dtsch. Wirtschaft (CEOs, Geschäftsführer, Vorstandsmitglieder, Bereichsvorstände); mind. 200 Beschäftigte/ ab 20 Mio. Euro Jahresumsatz; (Hoppenstedt-Systematik 2004)	

Literatur

Allmendinger, Jutta/Hinz, Thomas (Hrsg.): Organisationssoziologie. Wiesbaden: Westdeutscher Verlag, 2002

Amthor, Olaf G.: Gesellschaftliches Engagement in der Elektrizitätsversorgungsindustrie. Eine Analyse unter besonderer Berücksichtigung seiner Begründung und seiner strukturpolitischen Wirkung. Berlin: Weißensee, 2005

Backhaus-Maul, Holger: Gesellschaftliche Verantwortung von Unternehmen in der Bürgergesellschaft. In: Aus Politik und Zeitgeschichte Heft 12, 2006, S. 32–38

Barth, Jonna: Corporate Citizenship aus der Sicht der Landespolitik. Verständnis, Ziele, Instrumente. Wiesbaden: Dt. Univ.-Verl., 2007

Bertelsmann Stiftung: Die gesellschaftliche Verantwortung von Unternehmen. Dokumentation der Ergebnisse einer Unternehmensbefragung der Bertelsmann Stiftung. Gütersloh. Bertelsmann Stiftung, 2005

BMFSFJ - Bundesministerium für Familie Senioren Frauen und Jugend: Freiwilliges Engagement in Deutschland 1999–2004. Ergebnisse der repräsentativen Trenderhebung zu Ehrenamt, Freiwilligenarbeit und bürgerschaftlichem Engagement. München: tns infratest, 2005

Brinkmann, Johanna: Corporate Citizenship und Public-Private Partnerships. Zum Potential der Kooperation zwischen Privatwirtschaft, Entwicklungszusammenarbeit und Zivilgesellschaft. WZGE-Studien Heft 2004-01, Wittenberg, 2004

Bruhn, Manfred: Sponsoring. Systematische Planung und integrativer Einsatz. Wiesbaden: Gabler, 2003

Budäus, Dietrich: Umsetzung gesellschaftlicher Verantwortung von Unternehmen durch Kooperation mit dem öffentlichen Sektor im Zeitalter der Globalisierung. In: ders.

(Hrsg.): Governance von Profit- und Nonprofit-Organisationen in gesellschaftlicher Verantwortung. Wiesbaden: Dt. Univ.-Verl., 2005, S. 67–92
Curbach, Janina: Corporate Social Responsibility – Unternehmen als Adressaten und Aktivisten einer transnationalen Bewegung. In: Rehberg, K. (Hrsg.): Die Natur der Gesellschaft. Verhandlungen des 33. Kongresses der Deutschen Gesellschaft für Soziologie in Kassel 2006, Frankfurt a. M./New York: Campus, 2007 i.E
Czap, Hans (Hrsg.): Unternehmensstrategien im sozio-ökonomischen Wandel. Berlin: Duncker & Humblot, 1990
Dresewski, Felix: Corporate Citizenship. Ein Leitfaden für das soziale Engagement mittelständischer Unternehmen. Berlin: UPJ, 2004
Eberl, Markus/Schwaiger, Manfred: Die wahrgenommene Übernahme gesellschaftlicher Verantwortung als Determinante unternehmerischer Einstellungsziele. Ein internationaler kausalanalytischer Modellvergleich. Schriften zur Empirischen Forschung und Quantitativen Unternehmensplanung: Heft 20, München, 2004
Enquete-Kommission "Zukunft des Bürgerschaftlichen Engagements": Bericht Bürgerschaftliches Engagement. Auf dem Weg in eine zukunftsfähige Bürgergesellschaft. Opladen: Leske + Budrich, 2002
Fabisch, Nicole: Soziales Engagement von Banken. Entwicklung eines adaptiven und innovativen Konzeptansatzes im Sinne des Corporate Citizenship von Banken in Deutschland. München: Hampp, 2004
Feil, Moira/Carius, Alexander/Müller, Aike: Umwelt, Konflikt und Prävention. Eine Rolle für Unternehmen? Forschungsbericht, Berlin, 2005
forsa: „Corporate Social Responsibilty" in Deutschland. Bericht im Auftrag der Initiative Neue Soziale Marktwirtschaft, Berlin, 2005
Geser, Hans: Organisationen als soziale Akteure. In: Zeitschrift für Soziologie, Jg.19, Heft 6, 1990, S. 401–417
Googins, Bradley K./Mirvis, Philip: Stages of Corporate Citizenship: A Developmental Framework. In: California Management Review, Jg.48, Heft 2, 2006, S. 104–126
Habisch, André: Corporate Citizenship. Gesellschaftliches Engagement von Unternehmen in Deutschland. Berlin: Springer, 2003
Hahn, Tobias: Gesellschaftliches Engagement von Unternehmen. Reziproke Stakeholder, ökonomische Anreize, strategische Gestaltungsoptionen. Wiesbaden: Dt. Univ.-Verl., 2005
Hermanns, Arnold: Sponsoring Trends 2006. Bericht, Bonn, 2006, online unter http://www.pleon.de/fileadmin/user_upload/pleonkk/studien/SponsoringTrends2006.pdf, letzter Zugriff 10.10.2006)
Hiss, Stefanie: Warum übernehmen Unternehmen gesellschaftliche Verantwortung? Ein soziologischer Erklärungsversuch. Frankfurt a. M: Campus, 2006
Imbusch, Peter/Rucht, Dieter: Wirtschaftseliten und ihre gesellschaftliche Verantwortung. In: Aus Politik und Zeitgeschichte Heft 4-5, 2007, S. 3–10
Korfmacher, Susanne/Mutz, Gerd: Corporate Volunteering in Deutschland - soziales und zivilgesellschaftliches Lernen durch unternehmerisches Bürgerschaftliches Engagement. In: dies. (Hrsg.): Die Gesellschaft umbauen. Perspektiven bürgerschaftlichen Engage-

ments, Schriftenreihe des Sozialpädagogischen Instituts im SOS-Kinderdorf e.V. München: Sozialpädagogisches Institut, 2003, S. 100–132

Maaß, Bernhard/Clemens, Reinhard: Corporate Citizenship - Das Unternehmen als 'guter Bürger'. In: Institut für Mittelstandsforschung Bonn (Hrsg.): Jahrbuch zur Mittelstandsforschung 2/2002, Neue Folge Bd. 97. Wiesbaden: Dt. Univ.-Verl, 2002

Maaß, Frank: Corporate Citizenship als partnerschaftliche Maßnahme von Unternehmen und Institutionen. Eine Untersuchung der Erscheinungsformen und Determinanten von Kooperationen im zivilgesellschaftlichen Bereich. In: Institut für Mittelstandsforschung Bonn (Hrsg.): Jahrbuch zur Mittelstandsforschung 1/2005, Neue Folge Bd. 108. Wiesbaden: Dt. Univ.-Verl., 2005, S. 67–129

Martens, Bernd: Orthodoxie der Proselyten – Einstellungsmuster ökonomischer Funktionseliten im Ost/West-Vergleich. In: Zeitschrift für Soziologie, Jg.36, Heft 2, 2007, S. 118–130

Mayntz, Renate/Scharpf, Fritz W. (Hrsg.): Gesellschaftliche Selbstregelung und politische Steuerung. Frankfurt a. M.: Campus, 1995

Moon, Jeremy/Crane, Andrew/Matten, Dirk: Can corporations be citizens? Corporate citizenship as a metaphor for business participation in society (2nd Edition). ICCSR Research Paper Series: 13-2003, Nottingham, 2003

Mutz, Gerd/Korfmacher, Susanne: Sozialwissenschaftliche Dimensionen von Corporate Citizenship in Deutschland. In: Backhaus-Maul, H./Brühl, H. (Hrsg.): Bürgergesellschaft und Wirtschaft - zur neuen Rolle von Unternehmen. Berlin: Deutsches Institut für Urbanistik, 2003, S. 45–62

Paar, Simone: Die Kommunikation von Corporate Citizenship. Dissertation Universität St. Gallen. Bamberg: Difu-Druck, 2005

Pinter, Anja: Corporate Volunteering in der Personalarbeit. Ein strategischer Ansatz zur Kombination von Unternehmensinteresse und Gemeinwohl? Lüneburg, 2006. (download unter: http://www.uni-lueneburg.de/umanagement/pdf-dateien/csm_studien/CSM_Studie_Coperate_Volunteering.pdf, letzter Zugriff 05.12.2006)

Polterauer, Judith/Nährlich, Stefan: Corporate Citizenship: Funktion und gesellschaftliche Anerkennung von Unternehmensengagement in der Bürgergesellschaft. In: Bode, I./Evers, A./Klein, A. (Hrsg.): Bürgergesellschaft als Projekt. Eine Bestandsaufnahme zu Entwicklung und Förderung zivilgesellschaftlicher Potenziale in Deutschland. Wiesbaden: Verlag für Sozialwissenschaften, 2008 i.E

Polterauer, Judith: Gesellschaftliche Integration durch Corporate Citizenship? Diskussionspapiere zum Nonprofit-Sektor: 24, hrsg. von Aktive Bürgerschaft, Berlin, 2004

Polterauer, Judith: Corporate Citizenship - Systemfunktionalistische Perspektiven. In: Adloff, F./Birsl, U./Schwertmann, P. (Hrsg.): Wirtschaft und Zivilgesellschaft. Theoretische und empirische Perspektiven. Wiesbaden: Verlag für Sozialwissenschaften, 2005, S. 97–126

Polterauer, Judith: Corporate Citizenship. Unternehmen in der Zivilgesellschaft. In: Glocalist Magazine, Heft 8, 2006, S. 27–29

Pommerening, Thilo: Gesellschaftliche Verantwortung von Unternehmen. Eine Abgrenzung der Konzepte Corporate Social Responsibility (CSR) und Corporate Citizenship (CC). WorldOne, 2005. (online unter http://freenet-homepage.de/worldone/Download/Pommerening2005.pdf, letzter Zugriff 05.12.2006)

Raffée, Hans/Wiedmann, Klaus-Peter: Wertewandel und gesellschaftliches Marketing - Die Bewährungsprobe strategischer Unternehmensführung. In: dies. (Hrsg.): Strategisches Marketing. Stuttgart: Schaeffer-Poeschel, 1989, S. 552-661

Reimer, Sabine: Corporate Citizenship. Zwischen Gemeinwohlorientierung und Gewinnmaximierung. Eine empirische Studie. Diplomarbeit (unveröff.) Berlin, 2002

Rieth, Lothar/Zimmer, Melanie: Transnational Corporations and Conflict Prevention. The Impact of Norms on Private Actors. Tübinger Arbeitspapiere zur internationalen Politik und Friedensforschung: 43, Tübingen, 2004

Ringlstetter, Max/Schuster, Michael: Corporate Citizenship – Eine aktuelle Mode der Strategischen Unternehmensführung. In: Ringlstetter, M. J./Aschenbach, M./Kirsch, W. (Hrsg.): Perspektiven der strategischen Unternehmensführung. Theorien, Konzepte, Anwendungen. Wiesbaden: Gabler, 2003, S. 169–198

Schaltegger, Stefan: Unternehmerische Steuerung von Nachhaltigkeitsaspekten mit der Sustainability Balanced Scorecard. In: Controlling, Jg.16, Heft 8-9, Sonderheft Strategische Steuerung, 2004, S. 511–516

Schmitt, Katharina: Corporate Social Responsibility in der strategischen Unternehmensführung. Eine Fallstudienanalyse deutscher und britischer Unternehmen der Ernährungsindustrie. Freiburg u. a.: Öko-Institut, 2005 (online unter http://www.oeko.de/oekodoc/ 259/2005-011-de.pdf, letzter Zugriff 12.10.2007)

Schmucker, Rolf: Unternehmer und Politik. Homogenität und Fragmentierung unternehmerischer Diskurse in gesellschaftspolitischer Perspektive. Münster: Westfälisches Dampfboot, 2005

Schneidewind, Uwe: Die Unternehmung als strukturpolitischer Akteur. Kooperatives Schnittmengenmanagement im ökologischen Kontext. Marburg: Metropolis, 1998

Schrader, Ulf: Corporate Citizenship. Die Unternehmung als guter Bürger? Berlin: Logos, 2003

Schwertmann, Philipp: Unternehmensstiftungen im Spannungsfeld von Eigennutz und Gemeinwohl. In Adloff, F./Birsl, U./Schwertmann, P. (Hrsg.): Wirtschaft und Zivilgesellschaft. Theoretische und empirische Perspektiven. Wiesbaden: Verlag für Sozialwissenschaften, 2005, S. 199–224

Seitz, Bernhard: Corporate Citizenship: Zwischen Idee und Geschäft. Auswertungen und Ergebnisse einer bundesweit durchgeführten Studie im internationalen Vergleich. In: Wieland, J./Conradi, W. (Hrsg.): Corporate Citizenship. Gesellschaftliches Engagement - unternehmerischer Nutzen. Marburg: Metropolis, 2002, S. 23–195

Simsa, Ruth: Gesellschaftliche Funktionen und Einflussformen von Nonprofit-Organisationen. Eine systemtheoretische Analyse. Frankfurt am Main: Lang, 2001

Speth, Rudolf: Lobbyismus als Eliteintegration? Von Interessenvertretung zu Public Affairs-Strategien. In: Münkler, H./Straßberger, G./Bohlender, M. (Hrsg.): Deutschlands Eliten im Wandel. Frankfurt a. M.: Campus, 2006, S. 221–235

Sprengel, Rainer: Corporate Volunteering und Corporate Giving. In Reimer, S./Strachwitz, R. G. (Hrsg.): Corporate Citizenship. Diskussionsbeiträge Heft 16. Berlin: Maecenata-Verlag, 2005a, S. 48–58

Sprengel, Rainer: Corporate Citizenship, Philanthropie und Zivilgesellschaft. In Reimer, S./Strachwitz, R. G. (Hrsg.): Corporate Citizenship. Diskussionsbeiträge Heft 16. Berlin: Maecenata-Verlag, 2005b, S. 136–149

Stitzel, Michael: Unternehmerverhalten und Gesellschaftspolitik. Stuttgart u.a.: Kohlhammer, 1977
Thieme, Paula: Cause-Related Marketing als Teil der strategischen Unternehmensführung. Ansätze, Voraussetzungen, Chancen. Diplomarbeit (unveröff.) Berlin, 2005
Timmer, Karsten: Stiften in Deutschland. Die Ergebnisse der StifterStudie, Gütersloh: Bertelsmann-Stiftung, 2005
Wieland, Josef: Corporate Citizenship-Management. Eine Zukunftsaufgabe für die Unternehmen!? In Wieland, J./Conradi, W. (Hrsg.): Corporate Citizenship. Gesellschaftliches Engagement - unternehmerischer Nutzen. Marburg: Metropolis, 2002, S. 9–22
Wittke, Ulla: "Tu Gutes, aber verständige dich vorher darüber"? Zum Beitrag der Public Relations zu Corporate Social Responsibility. Magisterarbeit (unveröff.) Berlin, 2003
Wolf, Klaus D.: Möglichkeiten und Grenzen der Selbststeuerung als gemeinwohlverträglicher politischer Steuerungsform. In: Zeitschrift für Wirtschafts- und Unternehmensethik, Jg.6, Heft 1, 2006, S. 51–68

Stefan Nährlich

Tue Gutes und profitiere davon. Zum Nutzen von Corporate Citizenship-Aktivitäten

"Does it pay, to be good?" (vgl. The Conference Board: 2005) ist in den angelsächsischen Ländern eine der zentralen Fragen in der Auseinandersetzung mit dem gesellschaftlichen Engagement von Unternehmen. Leitlinie und Ziel von Corporate Social Responsibility oder Corporate Citizenship ist aus Unternehmensperspektive der "business case", die Realisierung eines geschäftlichen Nutzens.

Auch in Deutschland ist die Debatte um die „soziale Verantwortung" von Unternehmen stark von der Betonung des Nutzens für die engagierten Unternehmen geprägt. "Antriebsfeder Eigennutz"[1], "Kalkulierte Großzügigkeit"[2], „Erfolgsfaktor Verantwortung"[3], oder „Gewinnen mit gesellschaftlicher Verantwortung"[4] sind die dementsprechenden Botschaften einschlägiger Vorträge, Fachbücher und Veranstaltungen. Auch die Medien stoßen ins gleiche Horn. „Mit Wohltaten den Firmenwert steigern" übertitelte das Magazin Fokus im Januar 2007 einen Beitrag über gesellschaftliches Engagement von Unternehmen und die FAZ startete zum gleichen Thema eine Serie unter der Überschrift „Sozial und rentabel". Die Aufzählung ließe sich nahezu beliebig verlängern und längst sind es nicht nur die wirtschaftsnahen Medien, die Corporate Citizenship positiv gegenüberstehen.

„Gutes tun" so die gemeinsame Botschaft, ist kein Selbstzweck, sondern dient der besseren Erreichung der Unternehmensziele bzw. geht zumindest nicht zu Lasten der Unternehmensperformance. Der Verzicht auf die Ausbeutung von Mitarbeitern, auf Umweltverschmutzung, Bestechung oder Bilanzfälschung wie z.B. in

---

[1] Titel des Vortrages von McKinsey Chef Jürgen Kluge am 2. Juli 2003 beim Symposium „Freiheit und Verantwortung" in Berlin (Manuskript)
[2] Beitrag „Gemeinnutz ist Eigennutz" von Jürgen Padberg, Wirtschaftsmagazin brand eins 10/2003, S. 72-73
[3] Erfolgsfaktor Verantwortung. Corporate Social Responsibility professionell managen. Von Kaevan Gazdar, André Habisch und Klaus R. Kirchhoff
[4] Veranstaltungsreihe gefördert durch die Generaldirektion Unternehmen der EU-Kommission im Rahmen des Programms "Mainstreaming CSR among SMEs"

den Prinzipien des UN-Global Compact festgelegt, ist für die Mitgliedsunternehmen dieses globalen Paktes nicht nur freiwillige Selbstverpflichtung als Ausdruck gesellschaftlicher Verantwortung, sondern darf eben auch nicht zu Wettbewerbsnachteilen führen. Ähnliches gilt für Aktivitäten gesellschaftlichen Engagements, die jenseits des eigentlichen Geschäftsbetriebes liegen. Stiftungsengagement von Unternehmen für Wissenschaft oder Bildung, Spenden für Schulen oder Kindergärten oder der ehrenamtliche Einsatz von Azubis und Führungskräften in sozialen Einrichtungen sollen idealerweise mit einem mittelbaren oder unmittelbaren Nutzen für das Unternehmen verbunden sein. So verspricht insbesondere die im Wachstum begriffene Beraterszene den Unternehmen positive Rückwirkungen auf die Unternehmensperformance: "Kosten senken, Produktivität erhöhen, Absatz steigern" (UPJ 2004: 27).

Wer wollte da nicht mitmachen, zumal der Nutzen der Unternehmen nicht zu Lasten Dritter geht. "Wenn alle Gewinnen" (Schöffmann 2001) verheißt eine "Win-Win"-Situation, in der nicht nur die Unternehmen, sondern auch die als Partner gewonnenen Nonprofit-Organisation Vorteile für sich realisieren können (siehe dazu auch den Beitrag Prinzhorn in diesem Band). Auch auf volkswirtschaftlicher Ebene lassen sich durch bestimmte Corporate Citizenship Aktivitäten positive Effekte erzielen (Schubert u.a. 2002: 63ff).

Gesellschaftliche Verantwortung zu zeigen und Glaubwürdigkeit zurück zu gewinnen, scheint für die Wirtschaft insgesamt laut einer im Dezember 2006 veröffentlichten Emnid-Untersuchung auch dringend geboten. So sind laut der repräsentativen Umfrage 79 Prozent der Befragten davon überzeugt, dass die Wirtschaftsführer vor allem an ihre eigenen Interessen denken. Nur knapp 13 Prozent glauben, es ginge den Spitzen der Wirtschaft auch um das Gemeinwohl. Steigende Gewinne und steigende Managergehälter bei gleichzeitigen Entlassungen und Arbeitsplatzverlagerungen ins Ausland von einigen Unternehmen, haben die Wirtschaft insgesamt in die Kritik gebracht. So warf der FDP-Vorsitzende Westerwelle 2007 auf dem Dreikönigstreffen seiner Partei den Konzernen "eine Verleumdung der sozialen Marktwirtschaft" vor, wenn Vorstandsgehälter um 30 Prozent erhöht und gleichzeitig die Entlassung von Tausenden von Mitarbeitern angekündigt wird. Zwei Jahre zuvor hatte der damalige SPD-Vorsitzende Franz Müntefering mit seiner Kritik an überzogenen Renditeerwartungen von Investmentgesellschaften die sogenannte „Heuschreckendebatte" ausgelöst.

Sich der Öffentlichkeit als „guter Unternehmensbürger" zu zeigen und jenseits der „mit PR-Agenturen abgestimmten Wohlfühlpakete" aktiv an der Gestaltung des Gemeinwesens mitzuarbeiten wie Benner in der Financial Times Deutschland [5]

---

[5] Auch du, Guido? von Thorsten Benner, Financial Times Deutschland, 18.1.2007

empfahl, scheint für eine wachsende Zahl von Unternehmen die richtige Strategie zu sein, um Glaubwürdigkeit zurück zu gewinnen, das Image der Wirtschaft insgesamt zu verbessern und damit letztlich die Grundlage für erfolgreiches Wirtschaften in einer intakten Gesellschaft zu schaffen. Während diese Beurteilung in Managerkreisen wohl vergleichsweise unstrittig ist (vgl. Imbusch/Rucht 2007), sind die vorgenannten Motive letztlich nur bedingt geeignet, Unternehmen zu mehr „sozialer Verantwortung" zu motivieren, da sie den Charakter eines Kollektivgutes haben und dadurch zum „free-riding" in hohem Maße einladen. Nach der ökonomischen Logik realisieren diejenigen Unternehmen den größten Nutzen, die vom besseren Image der Wirtschaft aufgrund des gesellschaftlichen Engagements anderer Unternehmen profitieren, selbst aber nicht z.b. stiften oder spenden und dementsprechend individuell Kosten sparen. Vorteile auf einzelbetrieblicher Ebene dagegen haben den Charakter eines Individualgutes, wenn z.B. durch das gesellschaftliche Engagement die Motivation der Mitarbeiter steigt oder die Kundenbindung zunimmt. Im Nachweis des einzelbetrieblichen Nutzens von Corporate Citizenship liegt daher für viele Unternehmen ein wesentlicher Motivationsansatz und, angesichts eines innerbetrieblichen Wettbewerbs um Ressourcen zwischen den einzelnen Unternehmensbereichen, wohl auch ein notwendiger Legitimationsansatz.

1   Der Nutzen von Corporate Citizenship im Spiegel wissenschaftlicher Untersuchungen

Der vorliegende Beitrag will die Erkenntnisse wissenschaftlicher Studien zum Unternehmensnutzen von Corporate Citizenship vorstellen und im Anschluss kritisch diskutieren (siehe dazu auch den Beitrag von Polterauer in diesem Band). Die Recherche über relevante Untersuchungen bezog sich ausschließlich auf entsprechende Studien in Deutschland, Österreich und der Schweiz. Nicht berücksichtigt wurden Untersuchungen die nicht vollständig frei zugänglich waren, wie z.B. Umfragen von Markt- oder Meinungsforschungsinstituten. Die Übersicht über prägnante Ergebnisse zum Nutzen von Corporate Citizenship in den Kategorien „Öffentlichkeit", „Mitarbeiter" und „Kunden" sowie zum Studiendesign und zur Quellenangabe ist in Tabelle 1 dargestellt.

1.1 Corporate Citizenship. Zwischen Idee und Geschäft

Die im Jahr 2001 am Zentrum für Wirtschaftsethik in Zusammenarbeit mit dem Conference Board New York durchgeführte Befragung von Vorstandsvorsitzenden und Geschäftsführern internationaler und deutscher Unternehmen[6], ist die erste umfassende empirische Untersuchung zu Corporate Citizenship in Deutschland gewesen. Da die Studie international vergleichend (USA, Asien/Pazifik/Europa/ Deutschland/Brasilien) angelegt ist, lassen sich aus den Ergebnissen auch Einschätzungen insbesondere über die Anschlussfähigkeit und Übertragbarkeit der angelsächsischen Corporate Citizenship Konzepte auf deutsche Unternehmen und ihr gesellschaftliches Engagement in Deutschland ableiten.

Im Vergleich zum Durchschnitt der global tätigen Unternehmen und insbesondere gegenüber den US-amerikanischen Firmen ist das gesellschaftliche Engagement deutscher Unternehmen durch eine größere Mitarbeiter-, Umwelt- und Staatsorientierung gekennzeichnet. Die Zusammenarbeit mit sonstigen sozialen Akteuren und zivilgesellschaftlichen Organisationen ist dagegen weniger stark ausgeprägt. Zwar zeigen deutsche Unternehmen eine große Bereitschaft internationale Standards und Richtlinien zu unterstützen, sie sehen aber seltener Ansatzpunkte im eigenen Unternehmen oder in der eigenen Branche zur Lösung sozialer Probleme (Seitz 2002: 31). Vereinfacht gesagt machen deutsche Firmen vergleichsweise bereitwillig mit bei der Unterstützung gesellschaftspolitischer Vorhaben, haben aber „Defizite beim eigenständigen Erwirken sozialer Innovationen" und streben hier auch keine Vorreiterrolle an (Seitz 2002: 32).

Aus welchen Gründen engagieren sich die deutschen Unternehmen? Die Hälfte der befragten Führungskräfte nennt hier die „Tradition des Unternehmens", eine letztlich auch zum Vorteil des Unternehmens erforderliche Notwendigkeit „in eine fortschrittlichere Gesellschaft zu investieren" (21%) und entsprechende Ziele in der „gültigen Unternehmensstrategie" (21%). Dabei wird der Erfolg der Maßnahmen gesellschaftlichen Engagements von den deutschen Unternehmen überaus positiv eingeschätzt. Knapp über 20% der befragten Manager beurteilen die Effektivität ihres Engagements als „sehr wirksam", was im internationalen Vergleich den höchsten Wert darstellt. Weitere gut 40% stufen ihr Engagement als „eher wirksam" ein. International vergleichend entsteht hier der paradoxe Eindruck, je schlechter das ökonomische Wachstum eines Wirtschaftsraumes (als zentraler Indikator für die wirtschaftliche Entwicklung einer Gesellschaft), desto besser beurteilen die Unternehmen die Effektivität ihres Engagements (Seitz 2002: 55). Dabei zeigt

---

[6] Deutsche Teilstudie: Schriftliche Befragung von 630 beschäftigungsstarken Unternehmen in Deutschland. Rücklauf: 61 Fragebögen. Durchgeführt August bis November 2001.

sich aber auch, dass diejenigen deutschen Unternehmen, die sich aus der „Tradition des Unternehmens" heraus engagieren, die Effektivität ihres Engagements merklich schlechter beurteilen als diejenigen Unternehmen, die als Anlass ihres Engagement auf die „gültige Unternehmensstrategie" verweisen.

Unternehmerischen Nutzen durch das gesellschaftliche Engagement sehen die befragten deutschen Unternehmen vor allem in drei Bereichen. So gaben 80% der Interviewten eine „Verbesserte Reputation im Markt und bei Kunden" an, 71% verzeichneten eine „Positive Reputation bei Medien und Überwachungsbehörden" und bei zwei Drittel der Unternehmen erhöhte sich die „Kooperationsbereitschaft im lokalen Umfeld". Für die „Entwicklung neuer Einsichten und Techniken" (23%), für eine „Erweiterte Managementkompetenz im Umgang mit einer heterogenen Öffentlichkeit" (20%) und hinsichtlich von „Kostenreduzierungen" (17%) hat gesellschaftliches Engagement eine deutlich nachrangigere Bedeutung. Auffällig ist im internationalen Vergleich, dass deutsche Unternehmen doppelt so oft wie der internationale Durchschnitt die erhöhte Reputation bei den Medien als Erfolg ihres gesellschaftlichen Engagements angeben, was auf eine besonders aufmerksame und kritische Begleitung durch die Medien hindeutet.

Die Einschätzung der Wirkung von Corporate Citizenship Aktivitäten in deutschen Unternehmen basiert jedoch in nur zu gut einem Drittel auf gemessenen Daten, was in etwa auch dem internationalen Durchschnitt entspricht. Einschränkend ist ferner anzumerken, dass die „Messung" der Wirksamkeit weitgehend lediglich durch „schriftliche Befragungen von Mitarbeitern und Kunden" erfolgt (Seitz 2002: 133). Da in 57% der deutschen Unternehmen weder die Geld- noch Sachwerte des Aufwands für gesellschaftliches Engagement zentral erfasst werden (Seitz 2002: 106), sind vielfach noch nicht einmal wesentliche Voraussetzungen für eine Kosten-Nutzen Bilanz des gesellschaftlichen Engagements gegeben. Diese Mängel hinsichtlich der Bewertbarkeit sind vielen Unternehmen durchaus bewusst und werden auch als Defizit empfunden. So wird neben der „Integration von Corporate Citizenship in das laufende Geschäft" auch die Verbesserung des „Erfassen und Messen" von gesellschaftlichem Engagement als eine der größten Herausforderungen in diesem Bereich angesehen. Diese Einschätzungen teilen die Manager der deutschen und ausländischen Unternehmen in weitgehend identischem Umfang.

1.2 Corporate Citizenship. Das Unternehmen als "guter Bürger"

Die sogenannte "Mittelstandsstudie"[7] zum gesellschaftlichen Engagement von Unternehmen, die vom Institut für Mittelstandsforschung in Bonn im Jahr 2001 durchgeführt wurde, ist eine weitere der einschlägigen empirischen Untersuchungen zu Corporate Citizenship in Deutschland.

Die Studie zeigt u.a., dass knapp zwei Drittel der befragten mittelständischen Unternehmen nicht aktiv mit dem Thema umgehen. Zu 59,2% reagierten die Firmen und Betriebe auf Anfragen von gemeinnützigen Organisationen, weitere 1,3% der Unternehmen reagierte auf Anfragen von Mitarbeitern. Sind unternehmensinterne, also betriebliche Anlässe der Grund für gesellschaftliche Aktivitäten, spielen in erster Linie die positive Gewinnentwicklung (14,9%), Probleme bei der Personalrekrutierung (14,0%), Überarbeitung der Corporate Identity-Strategie (12,7%), Werbemüdigkeit der Zielgruppen (7,9%) und Probleme der Erreichbarkeit der Zielgruppen (5,7%) eine wichtige Rolle.

Bei nahezu allen Unternehmen (92%) werden öffentlichkeitsbezogene Ziele wie Imageverbesserung, Dokumentation gesellschaftlicher Verantwortung oder Verbesserung des Unternehmensleitbildes durch gesellschaftliches Engagement verfolgt. Personal- und absatzbezogene Ziele rangieren mit knapp 60% bzw. gut 50% vor eher privaten Zielen des Unternehmers oder Geschäftsführers (46%). Bei den eingesetzten Instrumenten des Corporate Citizenship (Stiften, Spenden, kostenlose Dienstleistungen, Mitarbeiterfreistellungen, persönliches Engagement) attestiert die Mittelstandsstudie "dass bestimmte, gewollte Effekte und die Wahl der Mittel des Corporate Citizenship zusammenhängen" (Maaß/Clemens 2002: 87).

Insgesamt lassen die Ergebnisse den Schluss zu, dass gesellschaftliches Engagement bei den befragten mittelständischen Unternehmen zunehmend planvoll und differenziert betrieben wird, wenngleich es nicht so häufig wie bei den Großunternehmen in die Gesamtstrategie des Unternehmens eingebettet ist. Corporate Citizenship dient vornehmlich der besseren Erreichung von Unternehmenszielen und steht weniger mit persönlichen Neigungen und Hobbys von einzelnen Vorständen oder Geschäftsführern in Zusammenhang, wie die Autoren der Studie unter Verweis auf Westebbe und Logan (1995) anmerken.

Inwieweit Corporate Citizenship seinem Anspruch als Instrument zur Verbesserung der unternehmerischen Wettbewerbsfähigkeit gerecht wird, beurteilen die befragten Unternehmen überaus positiv. Gut 13% der Vorstände oder Geschäftsführer sind "sehr zufrieden" mit dem generellen geschäftspolitischen Nutzen ihres

---

[7] Schriftliche Befragung von 10.000 mittelständischen Unternehmen. Rücklauf: 940 Fragebögen. Durchgeführt Frühjahr 2001.

Engagements, weitere 81% sind "zufrieden". Lediglich knapp 6% sind mit der Zielerreichung generell "unzufrieden". Dabei wird ein negativer Spitzenwert bei der "Verbesserung von Rekrutierungschancen" (18% unzufrieden) erreicht, dem allerdings auch ein gleich hoher positiver Wert (18% sehr zufrieden) gegenübersteht. Während auch bei "Kunden- und absatzbezogenen Zielen" ein vergleichsweiser hoher Wert von nicht Zufriedenen (13%) erreicht wird, werden die Zielerreichungen bei der Mitarbeitermotivation (26,1% sehr zufrieden; 65,2% zufrieden), die Erhöhung der Mitarbeiterbindung (20% sehr zufrieden; 71,4% zufrieden) und die öffentlichkeitsbezogenen Ziele (17,2% sehr zufrieden; 79,3% zufrieden) am positivsten bewertet.

Verstärkt werden diese positiven Bewertungen der Geschäftsführung hinsichtlich der Innenwirkung der Corporate Citizenship Maßnahmen durch das Feedback der Mitarbeiter. In gut zwei Drittel der Fälle hat die Unternehmensleitung ein "überwiegend positives Urteil" von der Belegschaft auf die Corporate Citizen-ship Aktivitäten erhalten. Während nur in 0,4% der Fälle die Belegschaft das gesellschaftliche Engagement negativ beurteilt hat, hatten aber gut ein Viertel der befragten Unternehmen keine Informationen darüber vorliegen, wie diese Maßnahmen bei den eigenen Mitarbeitern aufgenommen wurden.

Explizite Angaben mit welchen Methoden der Erfolg der eingesetzten Corporate Citizenship Aktivitäten von den befragten Unternehmensleitungen festgestellt und in welcher Form das Feedback der Mitarbeiter ermittelt wurde, sind der vorliegende Studie nicht zu entnehmen. Der Hinweis der Autoren der Studie (Maaß/Clemens 2002: 118) auf die "Interdependenzen und nicht quantifizierbaren Wirkungszusammenhänge" verbunden mit der Bitte an die Unternehmen um Abgabe von "generellen Urteilen" deutet jedoch eher auf intuitive Bewertungsverfahren als auf systematische Mess- oder Evaluierungsmethoden hin.

1.3 Soziales Engagement von Banken

Im Rahmen ihrer Dissertation an der Hamburger Hochschule für Wirtschaft und Politik untersuchte Fabisch das soziale Engagement der 150 größten deutschen Universalbanken. Aufgrund der Struktur der deutschen Bankenlandschaft und der unterschiedlichen Bereitschaft den Fragebogen auszufüllen, basieren die Ergebnisse in hohem Maße auf den Angaben von Sparkassen (68,7%) und privaten Kreditbanken (25,3%).

Neben allgemeinen Erkenntnissen über den Umfang des Engagements (96,4% der Banken spenden an gemeinnützige Organisationen, 91,6% führen Sponsoringaktivitäten durch, 67,5% der befragten Banken haben eigene Stiftungen) gibt die

Untersuchung von Fabisch u.a. auch Auskunft über die Relevanz verschiedener strategischer Ziele bei den befragten Banken und deren Einschätzung der Bedeutung des sozialen Engagements zur Erreichung dieser Ziele. Dabei zeigt sich, dass die Vertreter der befragten Banken dem sozialen Engagement ihrer Institute fast durchweg lediglich eine relativ geringe Bedeutung beimessen.

So hat für 78,3% der Banken die Verbesserung ihres Images eine "hohe oder sehr hohe Bedeutung", aber nur 50,6% sind der Meinung, dass soziales Engagement eine "hohe oder sehr hohe Bedeutung" hat, um dieses Ziel zu erreichen. Noch ungünstiger fällt das Verhältnis bei der Frage nach der Verbesserung der Wettbewerbsposition aus. Für zwei Drittel der Banken hat dies große Priorität, aber nur ein Viertel ist der Ansicht, soziales Engagement kann dazu einen entsprechend großen Beitrag leisten. Die beste Relation, also die höchste Bedeutung für die Zielerreichung, kommt dem sozialen Engagement bei der "Dokumentation sozialer Verantwortung" zu. Für 60,3% der befragten Banken hat dieses Ziel eine hohe oder sehr hohe strategische Relevanz, aber nur 53% sehen hier einen ebenso großen Beitrag, den soziales Engagement zur Zielerreichung leistet. Auch wenn zu berücksichtigen ist, das z.B. durch das Schaffen von Arbeitsplätzen oder das Zahlen von Steuern auch soziale Verantwortung dokumentiert werden kann, ist das Antwortgefälle hier doch bemerkenswert.

Bei den "Markt- und kundenorientierten Zielen" dominiert aus Sicht der Banken die "Verbesserung der Kundenbindung", was für 84,3% der Befragten ein Ziel mit hoher oder sehr hoher Bedeutung ist. Nur knapp die Hälfte dieser Gruppe (39,7%) geht davon aus, diese Verbesserung der Kundenbindung in hohem bzw. sehr hohem Maße durch soziales Engagement erreichen zu können. Ähnliche Ergebnisse kommen bei den Zielen "Erhöhung der Kundenzufriedenheit" (Bedeutung 77,1% / Beitrag soziales Engagement 31,3%) und "Gewinnung neuer Zielgruppen" (Bedeutung 55,5% / Beitrag soziales Engagement 21,7%) zu Tage. Auch bei den Mitarbeiterzielen setzen sich die bekannten Relationen weitgehend fort.

Als letzte Gruppe wurde die Bedeutung gesellschaftsbezogener Ziele abgefragt. Einem "gesunden Gemeinwesen" messen 59,1% der Banken eine hohe bzw. sehr hohe Bedeutung bei, deutlich weniger jedoch (37,1%) sehen hier soziales Engagement als relevanten Beitrag dazu an. Eine höhere Bedeutung des sozialen Engagements sehen die Befragten Banken bei der Herstellung zu besseren Kontakten zu Politik und Verwaltung. 40,9% meinen, dass sich gesellschaftliches Engagement hierzu besonders eigne. Für 46,9% der Banken sind Kontakte zu Politik und Verwaltung von hoher oder sehr hoher Bedeutung. Wichtiger noch (49,4%), werden Medienkontakte beurteilt, wobei für 39,7% der Befragten gesellschaftliches Engagement ganz besonders geeignet ist, diese Kontakte zu verbessern.

Gefragt, warum soziales Engagement eine relativ geringe Bedeutung hat, wurde von einer großen Mehrheit der Befragten die "schlechte Messbarkeit des Nutzens von sozialen Maßnahmen" sowie deren "Wirkungslosigkeit aufgrund fehlender strategischer Ausrichtung der Maßnahmen" angeführt. Ein ebenfalls großer Teil der befragten Banken befürchtete durch eine aktive Kommunikation ihres Engagements noch weitere "Bittsteller" auf den Plan zu rufen. Andererseits wäre ebenfalls eine große Mehrheit zu einer Ausweitung sozialen Engagements bereit, wenn diese Maßnahmen "nachweislich die Wettbewerbsposition verbessern würden", "sichtbar mehr bewirken würden" oder "die Medien mehr oder positiver berichten würden", "es noch mehr steuerliche Anreize gäbe" oder sich "die Wirksamkeit besser messen" ließe. Während auch eine aktive Befürwortung des sozialen Engagements durch den Bankvorstand noch eine deutliche Mehrheit der Banken zu einer Ausweitung ihres Engagements bewegen würde, geht eine solche Wirkung durch die Kunden offenbar nicht aus. Lediglich knapp die Hälfte der Banken würde sich mehr engagieren, wenn die Kunden aktiv nachfragen würden.

1.4 Die soziale Verantwortung der Wirtschaft

Die im Jahr 2003 von der Universität St. Gallen in Zusammenarbeit mit einem Meinungsforschungsinstitut durchgeführte repräsentative Studie[8] ging der Frage nach, was die Bürger (in Deutschland) von Unternehmen erwarten. U.a. gibt die Studie Auskunft darüber, wie Maßnahmen des gesellschaftlichen Engagements von Unternehmen in der Öffentlichkeit wahrgenommen werden und wie die Deutschen den beim Corporate Citizenship postulierten Zusammenhang von Eigennutz und Gemeinnutz sehen.

Danach sind 86% der Deutschen der Meinung, dass Unternehmen, die sich aktiv um ihre soziale Verantwortung bemühen, langfristig die Erfolgreicheren sind. Lediglich 11% der Befragten waren der Ansicht, die ausschließliche Konzentration auf das Geschäft führe zu mehr Erfolg (Lunau/Wettstein 2004: 68). Ob und inwieweit diese Meinung, auch in dieser Kausalität, fundiert ist, bleibt offen. So glaubt die Mehrheit (54%), man solle an Unternehmen keine weiteren Ansprüche stellen, die über die Herstellung guter Produkte, die Schaffung von Arbeitsplätzen und das Zahlen von Steuern hinausgehen (Lunau/Wettstein 2004: 65f). Gleichzeitig sind aber nur 23% der Meinung, allgemeine gesellschaftliche Probleme wie Armut, Kriminalität oder Bildung gehörten nicht zu den Grundaufgaben von Unternehmen

---

[8] Repräsentativumfrage in der Deutschen Bevölkerung. Durchgeführt Frühjahr 2003. N=1000. Telefoninterviews.

(Lunau/Wettstein 2004: 52). Geht es um Probleme rund um den Firmenstandort sinkt der Wert derjenigen, die Unternehmen nicht in der Pflicht sehen, nochmals leicht ab (Lunau/Wettstein 2004: 25f).

Über das, was Unternehmen im Bereich sozialer Verantwortung tatsächlich tun, oder nicht tun, fühlen sich drei Viertel der Deutschen schlecht informiert und schreiben das zu 58% ungenügenden Informationen zu. Dabei prägen Massenmedien besonders stark das Bild von Unternehmen und spielen für eine sehr große Mehrheit der Befragten (83% Tageszeitungen; 78% Fernsehen und 61% Radio) eine eher wichtige Rolle bei der Meinungsbildung. Berichte von unabhängigen Organisationen stehen in ihrer Bedeutung den Massenmedien kaum nach und sind für 60% der Befragten ebenfalls meinungsprägend. Unternehmensberichte dagegen spielen für 67% der Befragten eine eher unwichtige Rolle, wobei dieser Wert noch auf 92% steigt, wenn der Unternehmensbericht nicht gedruckt, sondern nur als CD-ROM vorliegt. Trotz der eher geringen meinungsbildenden Bedeutung der Unternehmensberichte, geben immerhin 45% der Befragten an, "wenige Male" bzw. "mehrmals" in einen solchen Nachhaltigkeits- oder Sozialbericht hineingeschaut zu haben.

Dass die Bürger eher die Massenmedien aufgefordert sehen, mehr über die soziale Verantwortung zu berichten, liegt neben deren bevorzugter Nutzung als Informationsquelle u.U. auch an der Funktion der Medien als "neutrale Dritte". Trotz der in Fach- und Wirtschaftskreisen nahezu einhellig vertretenen Position, dass sich Engagement lohnen muss, wird diese Sicht beim Bürger nicht in dem Maße geteilt. Für 35% der in der Untersuchung befragten Personen "dürfe es einfach nicht sein, dass Unternehmen versuchten, sich mit ihrem sozialen Engagement Vorteile zu verschaffen" (Lunau/Wettstein 2004: 74). Eine deutliche Mehrheit (63%) steht einer Verbindung von sozialer Verantwortung und Kerngeschäft kritisch gegenüber, die Hälfte der Befragten sieht in der Praxis jedoch einen direkten Zusammenhang des Engagements von Unternehmen mit dessen Produkten und Dienstleistungen. Dagegen wird die Glaubwürdigkeit in das Engagement von Unternehmen bei den Bürgern "deutlich erhöht", wenn diese mit Initiativen von Betroffenen (49%) oder Universitäten (42%) zusammenarbeiten.

1.5 Unternehmen unterstützen Freiwilligkeit

Einen interessanten Einblick in das Corporate Citizenship (hier: "Freiwilligkeit") Schweizer Unternehmen gibt eine im Jahr 2002 im Auftrag der SGG durchgeführte qualitative Studie[9]. Gefragt nach den Gründen für ihr gesellschaftliches Engagement, nannten die befragten Geschäftsführer oder Personalverantwortlichen an erster Stelle Traditions- bzw. Verantwortungsbewusstsein (42%), gefolgt von Geschäftserfolg (24%), Mitarbeiterwunsch (23%) und anderen Gründen (10%).

Die Kategorie "Geschäftserfolg" zeige, so die beiden Autorinnen der Studie, "dass nicht ausschließlich wirtschaftliche Überlegungen bei der Förderung der "Freiwilligkeit" durch Unternehmen ausschlaggebend sind", "sie aber für eine langfristige Förderung entscheidend sein können" (Schaller/Bachmann 2004: 50). Betriebsinterne oder standortbezogene Vorteile spielen eine wichtige Rolle, insbesondere bei denjenigen Unternehmen, die gesellschaftliches Engagement in der Unternehmensstrategie verankert haben. Dabei erwarten 8% der Betriebe durch die Unterstützung von Freiwilligkeit einen Konkurrenzvorteil, 13% bessere Voraussetzungen für die Rekrutierung von Mitarbeitern, 22% einen guten Ruf in der Öffentlichkeit, 28% gehen davon aus, dass engagierte Mitarbeiter auch im Unternehmen mehr Engagement zeigen und 30% streben eine höhere Mitarbeitermotivation an. Die Erwartung betriebsinterner positiver Wirkungen auf die Belegschaft haben bei diesen Unternehmen (die gesellschaftliches Engagement aus Gründen eines besseren Geschäftserfolges verfolgen) eine eindeutige Dominanz, wohingegen Unternehmen, die sich auf Wunsch der Mitarbeitenden engagieren, in der Untersuchung "immer wieder Befürchtungen bezüglich der Kosten und einer allfälligen Überlastung der Mitarbeiter" nennen (Schaller/Bachmann 2004: 50). Plausibel erscheint hier die Annahme, dass Aktivitäten zur Förderung von "Freiwilligkeit" bei den befragten Schweizer Unternehmen grundsätzlich eher als Belastung und Kostenfaktor denn als Investition gesehen werden, es sei denn, die Unternehmen implementieren Maßnahmen gesellschaftlichen Engagements bewusst in ihrer Unternehmensstrategie und knüpfen mehr oder weniger konkrete Nutzenerwartungen daran.

Die Schweizer Studie hat auch danach gefragt, welche Erfahrungen die Unternehmen mit ihrem gesellschaftlichen Engagement gemacht haben und kam dabei zu sehr positiven Ergebnissen. In keiner der vier Kategorien machten mehr als 2 von 9 Befragten schlechte Erfahrungen. In Bezug auf die Arbeitnehmer gaben gut 80% der Interviewten an, positive Effekte ausgemacht zu haben. Gut 70% gaben positive Effekte im Firmenumfeld an und 40% sahen positive Wirkungen durch ihre Förderung von "Freiwilligkeit" bei den Kunden. Auch in Geschäftsführung und Management überwogen die positiven (knapp 30%) Erfahrungen. Zu berücksichtigen ist, das es sich bei der Gruppe der befragten Unternehmen, um "eine Auswahl

---

[9] Interviews mit 72 Arbeitgebern oder Personalverantwortlichen aus einer Gruppe von 700 Antwortenden einer schriftlichen Befragung Schweizer Unternehmen zu Corporate Citizenship. Zwei halbstandardisierte telefonische Interviews in 2000 und 2002.

eher positiv motivierter Unternehmen" (Schaller/Bachmann 2004: 52) handelt, die bereits an einer schriftlichen Umfrage zum gesellschaftlichen Engagement bei knapp 4000 Schweizer Unternehmen (Rücklauf 16,6%) teilgenommen hatten.

2   Diskussion und Ausblick

Zahlt es sich auch für die deutschen Unternehmen aus, gut zu sein? Fragt man die Bürger, so fällt die Antwort eindeutig aus. Ja, es lohnt sich, denn diejenigen Unternehmen, die sich engagieren, sind langfristig die erfolgreicheren. Jedoch bleibt die Volksmeinung den Nachweis der Kausalität schuldig. Nicht weniger plausibel wäre die Annahme, dass sich erfolgreiche Unternehmen engagieren, weil sie es sich finanziell und organisatorisch leisten können, aber nicht deshalb erfolgreich sind, weil sie sich engagieren. Aber auch diese These bliebe nicht unwiderlegt.

Im Lichte der empirischen Studien lautet die Antwort wohl am ehesten: Ja, gesellschaftliches Engagement lohnt sich für die Unternehmen, wenn sie es richtig machen. Einige Hinweise auf das, was "richtig" ist, geben die hier vorgestellten Untersuchungen ebenfalls.

Diejenigen Untersuchungen, die explizit nach dem unternehmerischen Nutzen gefragt haben, weisen eine durchweg sehr positive Bewertung des gesellschaftlichen Engagements durch die Unternehmen nach. Dabei zeigt sich auch, dass nicht alle Ziele mit dem Engagement gleichermaßen gut erreicht wurden. Corporate Citizenship erzielt aus Sicht der Unternehmen vor allem bei den Mitarbeitern und am Firmenstandort seine größte Wirkung. Auch die gestiegene Reputation in der Öffentlichkeit bzw. bei den Medien ist eine einhellige positive Einschätzung aller Untersuchungen.

Ein individueller Nutzen für die Unternehmen wird durchaus in relevantem Maße realisiert, wenngleich viele Firmen ihre Corporate Citizenship Aktivitäten in erster Linie als einen Kostenfaktor sehen und nicht als eine gewinnbringende Investition - wie auch eine neuere Untersuchung in Baden-Württemberg (Zentrum für zivilgesellschaftliche Entwicklung, ohne Jahr: 76) gezeigt hat.

Gleichzeitig weisen die Ergebnisse der verschiedenen Studien ebenfalls daraufhin, dass die öffentliche Wahrnehmung von gesellschaftlichem Engagement von Unternehmen in einem latenten Spannungsverhältnis zwischen den Extremen eines unglaubwürdigen Altruismus einerseits und einem unerwünschten Egoismus andererseits verläuft. Reine altruistische Wohltätigkeit, so Schrader (2003: 78) wird Unternehmen kaum abgenommen, da es ihrer Existenzlogik widerspricht. Solche Corporate Citizenship Aktivitäten würden demensprechend oftmals nicht ernst genommen oder als unglaubwürdig abgelehnt (siehe auch Steinert und Klein 2002,

Biedermann in diesem Band). Auf der anderen Seite zeigen die hier vorgestellten Ergebnisse der Untersuchung von Lunau und Wettstein (2004), dass die Mehrheit der Befragten einer Vorteilsnahme aus dem gesellschaftlichen Engagement kritisch oder ablehnend gegenüber steht. Aus den Erkenntnissen ließe sich plausibel schlussfolgern, dass den Unternehmen eine Bringschuld zukommt, glaubwürdig zu machen, dass ihr Vorteil aus dem Engagement nicht zu Lasten der Gesellschaft geht, dass der „business case" nicht zu Lasten des „social case" geht.

Entsprechend argumentieren Maaß und Clemens (2004: 128), dass Corporate Citizenship Maßnahmen auch das Ziel haben, Reputation als entscheidendes Element von Vertrauen aufzubauen und "gutes Geschäftsgebaren" zu signalisieren. Dementsprechend ist Corporate Citizenship als "Instrument der Etablierung und Vertiefung von Beziehungsstrukturen" anzusehen. In diesem Sinne kann Corporate Citizenship sowohl zur Pflege der Außenbeziehungen als Ziel der Unternehmenskommunikation als auch als Instrument der Pflege der Innenbeziehungen gegenüber den Unternehmensangehörigen eingesetzt werden.

Das Corporate Citizenship als sehr junger Ansatz gesellschaftlichen Engagements noch keine hohe Relevanz als Managementinstrument in den Unternehmen besitzt, zeigen insbesondere die Untersuchungen von Fabisch (2004) und Seitz (2002). So schätzen zwar die befragten Sparkassen und privaten Kreditbanken die Verbesserung ihres Ansehens und die Dokumentation sozialer Verantwortung als wichtige Unternehmensziele ein, halten gesellschaftliches Engagement aber für nur bedingt geeignet, diese Ziele zu erreichen. Die Hauptursache dieser Einschätzung liegt in der empfundenen Wirkungslosigkeit des Engagements bei den Befragten, was einer fehlenden Wirkungsanalyse und seinem eher beiläufigen Umgang und meist ungezielten Einsatz zugeschrieben wird. Zu ähnlichen Ergebnissen kommt auch die von Forsa durchgeführte Umfrage des CCCD (2007), nach der nur 40,4 Prozent der befragten Unternehmen meinen, dass gesellschaftliches Engagement von Unternehmen einen nachweisbaren Beitrag zum wirtschaftlichen Unternehmenserfolg leistet. Gleichzeitig meinen zwei Drittel dieser befragten Unternehmen, dass gesellschaftliches Engagement in der Unternehmenspraxis nicht konsequent umgesetzt wird.

Auch die Ergebnisse von Seitz (2002) weisen in diese Richtung, wenngleich in deutlich positiverer Konnotation. Die hier befragten beschäftigungsstarken Unternehmen stellen nicht die Wirksamkeit von Corporate Citizenship in Frage, sehen jedoch die Verbesserung des Managements von gesellschaftlichem Engagement als große Herausforderung für die Zukunft an. Insbesondere die Integration von Corporate Citizenship in das laufende Geschäft als auch die Verbesserung des Erfassens und Messens von gesellschaftlichem Engagement wurden hier genannt.

Der Frage nach der Bewertbarkeit von gesellschaftlichem Engagement darf für die Zukunft und für die Weiterentwicklung des Konzeptes hohe Bedeutung beigemessen werden. Dabei wird die "Messbarkeit" mehrere Dimensionen haben, in der Legitimitätsaspekte im innerbetrieblichen Ressourcenwettbewerb sicher das kleinste Problem darstellen. Auch andere Unternehmensbereiche wie Marketing und Kommunikation haben mit Grenzen bei der Erfolgsmessung ihrer Arbeit zu leben und zu bestehen gelernt. Nicht umsonst handelt eines der gängigsten Bonmots der Kommunikationsbranche von der Überflüssigkeit der Hälfte des Werbeetats und dem Problem, dass man nicht weiß, um welche Hälfte es sich handelt.

Neben der eher technischen Herausforderung, aussagekräftige Bewertungsverfahren jenseits rein einzelfallbezogener Evaluierungen zu entwickeln und in einem vernünftigen Verhältnis zum Aufwand einsetzen, wird die wesentlichste Veränderung im Umgang mit gesellschaftlichem Engagement wohl eher kultureller Natur sein. Gesellschaftliches Engagement zu "messen" heißt nicht mehr in erster Linie "Gutes tun" zu wollen, sondern Probleme zu lösen. Nicht die gute Absicht oder die fiskalische Einordnung einer Tätigkeit als gemeinnützig, sondern das Ergebnis des Engagements wird seinen Wert, seine Wahrnehmung und seine Relevanz bestimmen. Die gesellschaftliche Debatte darüber wäre zwar kein "business case", aber ein wichtiger "social case".

Literatur

Fabisch, Nicole: Soziales Engagement von Banken. München: Rainer Hampp Verlag, 2004

Imbusch, Peter/Rucht, Dieter: Wirtschaftseliten und ihre gesellschaftliche Verantwortung. In: Aus Politik und Zeitgeschichte, Heft 4-5, 2007, S. 3-10

Lunau, York/Wettstein, Florian: Die soziale Verantwortung der Wirtschaft. Was Bürger von Unternehmen erwarten. Bern: Verlag Paul Haupt, 2004

Maaß, Frank/Clemens, Reinhard: Corporate Citizenship. Das Unternehmen als "guter Bürger". Wiesbaden: Gabler Verlag, 2002

Maaß, Frank: Corporate Citizenship als partnerschaftliche Maßnahme von Unternehmen und Institutionen. Eine Untersuchung der Erscheinungsformen und Determinanten von Kooperationen im zivilgesellschaftlichen Bereich. In: Jahrbuch für Mittelstandsforschung. Wiesbaden: 1. Deutscher Universitätsverlag, 2005, S. 69-131

Schaller, Riccarda/Bachmann, Ruth: Förderung und Unterstützung der Freiwilligkeit durch Schweizer Unternehmen - eine qualitative Befragung. In: Ammann, Herbert/Bachmann, Ruth/Schaller, Riccarda: Unternehmen unterstützen Freiwilligkeit. Zürich: Seismo Verlag, 2004, S. 30-69

Schöffmann, Dieter: Wenn alle gewinnen. Bürgerschaftliches Engagement von Unternehmen. Hamburg: edition Körber-Stiftung, 2001

Schrader, Ulf: Corporate Citizenship. Das Unternehmen als guter Bürger? Berlin: Logos Verlag, 2003
Schubert, Renate/Littmann-Wernli, Sabina/Tingler, Philipp: Corporate Volunteering. Unternehmen entdecken die Freiwilligenarbeit. Bern: Verlag Paul Haupt, 2002
Seitz, Bernhard: Corporate Citizenship: Zwischen Idee und Geschäft. Auswertungen und Ergebnisse einer bundesweit durchgeführten Studie im internationalen Vergleich. Zentrum für Wirtschaftsethik/The Conference Board. In: Corporate Citizenship. Gesellschaftliches Engagement - unternehmerischer Nutzen, von Wieland, Josef/Conradi, Walter (Hrsg.). Marburg: Metropolis-Verlag, 2002, S. 23-195
Steinert, Andreas/Klein, Axel: Corporate Social Responsibility. Eine neue Herausforderung für die Unternehmenskommunikation? In: Bentele, Günter/Piwinger, Manfred/Schönborn, Gregor (Hrsg.): Kommunikationsmanagement. Strategien, Wissen, Lösungen. Neuwied: Luchterhand Verlag, 2002 (Loseblattwerk).
The Conference Board: Does it pay to be good? Yes, say advocates of corporate citizenship, who believe their time has com-finally. New York (paper), 2005
UPJ - Bundesinitiative "Unternehmen: Partner der Jugend" (Hrsg.): Corporate Citizen-ship. Ein Leitfaden für das Engagement mittelständischer Unternehmen, Berlin, 2004
Zentrum für zivilgesellschaftliche Entwicklung (Hrsg.): Corporate Citizenship. Unternehmerisches bürgerschaftliches Engagement in Baden-Württemberg. Ergebnisse der repräsentativen Unternehmensstudie. Erstellt im Auftrag des Ministeriums für Arbeit und Soziales, Baden-Württemberg, ohne Jahr. http://www.sozialministerium.de/fm/1442/Studie%20 Unternehmen%20und%20BE%20in%20BW.pdf (Zugriff 20.1.2007)

Tabelle 1: Zum Nutzen von Corporate Citizenship Aktivitäten: Ergebnisse empirischer Studien aus Deutschland, Österreich und der Schweiz

Zielgruppe: Öffentlichkeit		
Ergebnis	Quelle	Studiendesign
- mehr als 70% der Befragten sagen, Akzeptanz, Image der Firma, Bekanntheitsgrad und Verankerung in der regionalen Kultur sind durch Corporate Citizenship gestärkt worden (S. 55ff)	Riccarda Schaller/Ruth Bachmann: Förderung und Unterstützung der Freiwilligkeit durch Schweizer Unternehmen - eine qualitative Befragung. In: Herbert Ammann/Ruth Bachmann/Riccarda Schaller: Unternehmen unterstützen Freiwilligkeit. Seismo Verlag, Zürich 2004, S. 30-69	Telefonische Interviews mit 72 Arbeitgebern bzw. Personalverantwortlichen Schweizer Unternehmen. Durchgeführt in 2000 und 2002.
- 86 % der Deutschen meinen, dass Unternehmen, die sich aktiv um ihre soziale Verantwortung bemühen, langfristig die Erfolgreicheren sind (S. 68, 146)	York Lunau/Florian Wettstein: Die soziale Verantwortung der Wirtschaft. Was Bürger von Unternehmen erwarten. Verlag Paul Haupt, Bern 2004	Repräsentativumfrage in der Deutschen Bevölkerung. Durchgeführt Frühjahr 2003. N=1000. Telefoninterviews.
- 61% der befragten österreichischen Unternehmen sind mit der Imageverbesserung des Unternehmens in der Öffentlichkeit durch Corporate Citizenship "sehr zufrieden" bzw. "zufrieden" (S. 31f)	CSR Austria: Die gesellschaftliche Verantwortung österreichischer Unternehmen. Ohne Ort, 2003	Schriftliche Befragung von 1.210 österreichischen Unternehmen. Rücklauf 243 Fragebögen. Durchgeführt Frühjahr 2003.

Ergebnis	Quelle	Studiendesign
- 96,5 % der befragten mittelständischen Unternehmen sind "sehr zufrieden" bzw. "zufrieden" hinsichtlich der Durchsetzung öffentlichkeitsbezogener Ziele durch Corporate Citizenship (S.118ff) - 80% der befragten deutschen Unternehmen erreichen eine verbesserte Reputation im Markt und bei Kunden - 71% der befragten deutschen Unternehmen erreichen eine positive Reputation bei Medien und Überwachungsbehörden	Frank Maaß/Reinhard Clemens: Corporate Citizenship. Das Unternehmen als "guter Bürger". Wiesbaden: Gabler Verlag, Wiesbaden 2002	Schriftliche Befragung von 10.000 mittelständischen Unternehmen. Rücklauf: 940 Fragebögen. Durchgeführt Frühjahr 2001.
- 89,7% der untersuchten Handwerksbetriebe gaben an, durch ihre Corporate Citizenship Aktivitäten eine Verbesserung des Firmenimages erreicht zu haben	Bernhard Seitz: Corporate Citizenship: Zwischen Idee und Geschäft. Auswertungen und Ergebnisse einer bundesweit durchgeführten Studie im internationalen Vergleich. In: Wiland/Conradi (Hg.): Corporate Citizenship. Metropolis Verlag, Marburg 2002, S. 23-195	Schriftliche Befragung von 630 beschäftigungsstarken Unternehmen in Deutschland. Rücklauf: 61 Fragebögen. Durchgeführt August bis November 2001.
	Frank Maaß: Corporate Citizenship als partnerschaftliche Maßnahme von Unternehmen und Institutionen. Eine Untersuchung der Erscheinungsformen und Determinanten von Kooperationen im zivilgesellschaftlichen Bereich. In: Jahrbuch für Mittelstandsforschung, 1. Deutscher Universitätsverlag, Wiesbaden 2005, S. 69-131	Auswertung der Bewerbungsunterlagen von 160 Handwerksbetrieben aller Gewerke und Größenkategorien, die sich um den Handwerks-Preis 2005 "Führung mit Perspektive: im Betrieb - am Markt - in der Gesellschaft" beworben haben.
- 50,6% sind der Meinung, durch soziales Engagement kann man das Firmenimage am wirkungsvollsten verbessern, was für 78,3% von zentraler Bedeutung ist	Nicole Fabisch: Soziales Engagement von Banken. Rainer Hampp Verlag, München 2004	Schriftliche Befragung mit 13seitigen Fragebögen der 150 größten deutschen Universalbanken. Durchgeführt Januar bis Mai 2002. Rücklaufquote 55%

Zielgruppe: Mitarbeiter

Ergebnis	Quelle	Studiendesign
- Über 80% der befragten Unternehmen erreichten positive Effekte im Mitarbeiterbereich. Zufriedenheit, Motivation, Loyalität, Verantwortungsbewusstsein konnte durch Corporate Citizenship Aktivitäten gesteigert werden	Riccarda Schaller/Ruth Bachmann: Förderung und Unterstützung der Freiwilligkeit durch Schweizer Unternehmen - eine qualitative Befragung. In: Herbert Ammann/Ruth Bachmann/Riccarda Schaller: Unternehmen unterstützen Freiwilligkeit. Seismo Verlag, Zürich 2004, S. 30-69	Telefonische Interviews mit 72 Arbeitgebern bzw. Personalverantwortlichen Schweizer Unternehmen. Durchgeführt in 2000 und 2002.
- 48% der befragten österreichischen Unternehmen sind mit der Verbesserung der Mitarbeitermotivation und -bindung durch Corporate Citizenship "sehr zufrieden" bzw. "zufrieden" (S. 31f)	CSR Austria: Die gesellschaftliche Verantwortung österreichischer Unternehmen. Ohne Ort, 2003	Schriftliche Befragung von 1.210 österreichischen Unternehmen. Rücklauf 243 Fragebögen. Durchgeführt Frühjahr 2003.
- 91,3% der befragten mittelständischen Unternehmen sind "sehr zufrieden" bzw. "zufrieden" hinsichtlich der Mitarbeitermotivation durch Corporate Citizens-	Frank Maaß/Reinhard Clemens: Corporate Citizenship. Das Unternehmen als "guter Bürger". Wiesbaden: Gabler Verlag, Wiesbaden 2002	Schriftliche Befragung von 10.000 mittelständischen Unternehmen. Rücklauf: 940 Fragebögen. Durchgeführt Frühjahr 2001.

hip (S.118ff) - 91,4% der befragten mittelständischen Unternehmen sind "sehr zufrieden" bzw. "zufrieden" hinsichtlich der Erhöhung der Mitarbeiterbindung durch Corporate Citizen-ship (S.118ff) - 82 % der befragten mittelständischen Unternehmen sind "sehr zufrieden" bzw. "zufrieden" hinsichtlich der Verbesserung der Rekrutierungschancen durch Corporate Citizen-ship (S.118ff) - 73,8 % der untersuchten Handwerksbetriebe gaben an, durch ihre Corporate Citizenship Aktivitäten eine Stärkung der Unternehmenskultur erreicht zu haben - 64,1 % der untersuchten Handwerksbetriebe gaben an, durch ihre Corporate Citizenship Aktivitäten eine Steigerung der Mitarbeitermotivation erreicht zu haben - 55,9 % der untersuchten Handwerksbetriebe gaben an, durch ihre Corporate Citizenship Aktivitäten eine stärkere Mitarbeiterbindung erreicht zu haben - 51,7 % der untersuchten Handwerksbetriebe gaben an, durch ihre Corporate Citizenship Aktivitäten eine Qualifikationssteigerung der Mitarbeiter erreicht zu haben - 38,6 % der untersuchten Handwerksbetriebe gaben an, durch ihre Corporate Citizenship Aktivitäten verbesserte Chancen bei der Personalrekrutierung erreicht zu haben	Frank Maaß: Corporate Citizenship als partnerschaftliche Maßnahme von Unternehmen und Institutionen. Eine Untersuchung der Erscheinungsformen und Determinanten von Kooperationen im zivilgesellschaftlichen Bereich. In: Jahrbuch für Mittelstandsforschung, 1. Deutscher Universitätsverlag, Wiesbaden 2005, S. 69-131	Auswertung der Bewerbungsunterlagen von 160 Handwerksbetrieben aller Gewerke und Größenkategorien, die sich um den Handwerks-Preis 2005 "Führung mit Perspektive: im Betrieb - am Markt - in der Gesellschaft" beworben haben.
Zielgruppe: Kunden		
Ergebnis	Quelle	Studiendesign
Das sozial unternehmerische Engagement ist für die Mehrheit der Bevölkerung beim Kauf eines Produktes oder einer Dienstleistung von Bedeutung (77%). Hauptsächlich sind es Rentner (86%), Beamte (89%) und Selbständige (84%), die auf CSR-Maßnahmen reagieren. Deutlich richten auch die höheren Einkommensklassen ihre Kaufent-	Financial Times Deutschland vom 4.4.2006. „Bürger fordern von Unternehmen soziales Verhalten" von Peter Ehrlich.	Repräsentative Untersuchung mit Ipsos „Express" als computergestützte telefonische Befragung (CATI) durchgeführt. Befragt wurden 1.000 deutschsprachige Personen ab 14 Jahren im März 2006.

Ergebnis	Quelle	Studiendesign
scheidung an CSR aus (88%). Über die Hälfte der Deutschen wollen Produkte bevorzugen, die - bei gleichem Preis und gleicher Qualität - von Unternehmen kommen, die gesellschaftlich verantwortungsvoll agieren (S. 7).	IMUG: "Verbraucher und Corporate Social Responsibility". Ergebnisse einer IMUG Mehrthemenumfrage. IMUG News, Sonderausgabe, Juli 2003	Repräsentative telefonische Befragung deutschsprachiger Personen in der Bundesrepublik Deutschland ab 16 Jahren. Stichprobe 1.000 Personen. Durchgeführt 2003.
- 23% der befragten österreichischen Unternehmen sind mit der Erreichung der absatzbezogenen Ziele durch Corporate Citizenship "sehr zufrieden" bzw. "zufrieden"	CSR Austria: Die gesellschaftliche Verantwortung österreichischer Unternehmen. Ohne Ort, 2003	Schriftliche Befragung von 1.210 österreichischen Unternehmen. Rücklauf 243 Fragebögen. Durchgeführt Frühjahr 2003
- 86,9 % der befragten mittelständischen Unternehmen sind "sehr zufrieden" bzw. "zufrieden" hinsichtlich der Erreichung kundenbezogener Ziele durch Corporate Citizenship (S.118ff)	Frank Maaß/Reinhard Clemens: Corporate Citizenship. Das Unternehmen als "guter Bürger". Wiesbaden: Gabler Verlag, Wiesbaden 2002	Schriftliche Befragung von 10.000 mittelständischen Unternehmen. Rücklauf: 940 Fragebögen. Durchgeführt Frühjahr 2001.
- 68,3% der untersuchten Handwerksbetriebe gaben an, durch ihre Corporate Citizenship Aktivitäten neue Kundenkreise erschlossen zu haben - 60,7 % der untersuchten Handwerksbetriebe gaben an, durch ihre Corporate Citizenship Aktivitäten die Bindung zu ihren Kunden gestärkt zu haben	Frank Maaß: Corporate Citizenship als partnerschaftliche Maßnahme von Unternehmen und Institutionen. Eine Untersuchung der Erscheinungsformen und Determinanten von Kooperationen im zivilgesellschaftlichen Bereich. In: Jahrbuch für Mittelstandsforschung, 1. Deutscher Universitätsverlag, Wiesbaden 2005, S. 69-131	Auswertung der Bewerbungsunterlagen von 160 Handwerksbetrieben aller Gewerke und Größenkategorien, die sich um den Handwerks-Preis 2005 "Führung mit Perspektive: im Betrieb - am Markt - in der Gesellschaft" beworben haben.
- 39,7% sind der Meinung, durch soziales Engagement kann man die Kundenbindung am besten optimieren, was für 84,3% von zentraler Bedeutung ist	Nicole Fabisch: Soziales Engagement von Banken. Rainer Hampp Verlag, München 2004	Schriftliche Befragung mit 13seitigen Fragebögen der 150 größten deutschen Universalbanken. Durchgeführt im Januar bis Mai 2002. Rücklaufquote 55%
Anderes		
Ergebnis	Quelle	Studiendesign
- 71% der befragten Unternehmen im Primärsektor und 71% der Finanzdienstleister gaben an, ihre eigenen CSR-Ziele erreicht zu haben. - 64% aller befragten Unternehmen gaben an, ihre eigenen CSR-Ziele erreicht zu haben	Bertelsmann Stiftung (Hrsg.): Die gesellschaftliche Verantwortung von Unternehmen. Dokumentation der Ergebnisse einer Unternehmensbefragung der Bertelsmann Stiftung. Gütersloh: Bertelsmann Stiftung 2005	Telefonische Befragung von 4.726 Geschäftsführern, Vorstandsmitgliedern oder Bereichsvorständen von Unternehmen (mindestens 200 Beschäftigte oder aber 20 Millionen Euro Umsatz) durch TNS Emnid. Durchgeführt: Mai und Juni 2005

Quelle: Eigene Darstellung

Jörn Lamla

Varianten konsumzentrierter Kritik. Wie sollen Verbraucher an der Institutionalisierung einer ökologisch und sozial verantwortungsvollen Wirtschaft mitwirken?

1 Einleitung

Öffentliche Diskussionen, die in diesen Zeiten eine stärkere bürgerschaftliche Verantwortung wirtschaftlicher Akteure einklagen, betreffen nicht nur die Unternehmen und ihre (zumeist männlichen) Topmanager, sondern auch die Konsumentinnen und Konsumenten. Dabei sind die Erwartungen an die Verbraucher allerdings keineswegs klar oder einheitlich formuliert. Während sich bezogen auf die Unternehmen zumindest langsam Leitbilder wie „Corporate Citizenship" oder „Corporate Social Responsibility" herauskristallisieren, kann von einer vergleichbar konturierten „Consumer Social Responsibility" nicht die Rede sein. Vielmehr zeigt sich bezogen auf die Verbraucherschaft ein diffuses Bild von Politisierungen, die im Konkreten höchst widersprüchliche Zumutungen beinhalten können: Weniger und bewusst international konsumieren, um die ökologischen und sozialen Folgen der globalen wirtschaftlichen Dynamik abfedern zu helfen, fordern die einen; mehr und bewusst national, zumindest europäisch konsumieren, um die Wirtschaft in Gang zu bringen und Arbeitsplätze hierzulande sichern zu helfen, die anderen. Die Mobilisierung der Verbraucher scheint für unterschiedliche Interessen attraktiv zu sein, und es stellt sich die Frage, ob unter diesen und weiteren erschwerenden Bedingungen, etwa der Heterogenität und Fragmentarisiertheit der Verbraucherschaft, überhaupt mit nennenswerten Beiträgen zur Institutionalisierung einer ökologisch und sozial verantwortungsvollen Wirtschaft aus ihren Reihen gerechnet werden kann.

Einen Ansatzpunkt für einen solchen Beitrag sehe ich weniger in der direkten politischen Steuerung durch die Verbraucher, schon weil deren Fähigkeit zur kollektiven Willensbildung und Entscheidungsfindung stark eingeschränkt ist, als vielmehr in der kulturellen Einbettung und gesteigerten Kulturabhängigkeit der heutigen Wirtschaft. Diese reagiert einerseits sehr sensibel auf Veränderungen des „Kundenklimas", hat andererseits aber die kulturellen Lebenswerte, das Wissen, die Identitäten und Ausdrucksbedürfnisse auch als wichtigsten Rohstoff entdeckt und zunehmend selbst vermarktet (vgl. etwa Lash/Urry 1994; Rifkin 2002; Neckel 2005). So beobachten wir laufend ein Tauziehen um das „Authentische" – sichtbar etwa an der Vermarktung fernöstlicher Heilslehren oder der Jagd nach coolen Musik- und Kleidungsstilen ethnischer Jugendkulturen –, das zwischen der ökonomischen Zurichtung und Ausbeutung des Kulturellen einerseits und mimetischen Annäherungen und Anpassungen an die lebensweltlichen Werthorizonte andererseits pendelt (vgl. Lamla 2007). In diesem „kulturellen Kapitalismus" gewinnt schon die Herausbildung von Mythen der kollektiven Verbrauchermobilisierung oder des „Mainstreamings" ethischer Konsumleitbilder eine gewisse Bedeutung für die institutionelle Konfiguration und Einbettung der Ökonomie (vgl. Hiß 2005; Beetz 2005). Dies schließt freilich nicht aus, dass sich intermediäre Organisationen der Verbraucherpolitik – Interessenverbände, Nichtregierungsorganisationen, Online-Netzwerke, Testinstitute, Rating-Agenturen, Forschungseinrichtungen usw. – z.T. in Kooperation mit Regierungen, Herstellern und Händlern in einer Weise zu Governance-Einrichtungen vernetzen und Strukturen eines „Monitoring" der Wirtschaft ausbilden, dass sich daran auch die Verbraucher aktiv beteiligen können, sei es im Konsumalltag oder noch darüber hinaus (vgl. Micheletti 2003; Backhaus-Maul/Schubert 2005; Bieber/Lamla 2005). Entscheidend ist allerdings die Frage, ob sich unter den gegenwärtigen kulturellen und gesellschaftlichen Bedingungen überhaupt ein halbwegs kohärenter Mythos kollektiver Verbrauchermobilisierung wird herausbilden können.

Dieser Frage werde ich im Folgenden nachgehen und dazu die Vorgehensweise und eine Unterscheidung aufgreifen, die Luc Boltanski und Ève Chiapello in ihrem Buch über den „neuen Geist des Kapitalismus" vorgeschlagen haben. Ihrer Theorie nach verdichten sich in verschiedenen historischen Phasen jeweils unterschiedliche Kritikmuster, die „als Motor für die Veränderung des kapitalistischen Geistes" (Boltanski/Chiapello 2003: 68, vgl. 176-185) eine tragende Rolle im gesellschaftlichen Wandel spielen, indem sie vom ökonomischen System aufgegriffen, adaptiert, verändert oder aktiv bekämpft werden. Kritik könne einen öffentlichen Legitimationsdruck erzeugen, der von den ökonomischen Eliten ab einem bestimmten Punkt nicht mehr einfach zu ignorieren sei, sondern Veränderungen und Anpassungen in den institutionellen Ordnungen der ökonomischen Statuszuweisung und ihrer Rechtfertigung erzwinge. Allerdings zeige die soziologische Analyse solcher Kritikmuster auch, wie sich verschiedene Ansprüche und Argumente, die auf unterschiedliche Quellen der Empörung im Kapitalismus zurückgehen, dabei selbst im Wege stehen oder sogar direkt widersprechen können. So ließen sich in der Geschichte kapitalistischer Gesellschaften immer wieder Phasen, in denen die Kritik ein hohes Maß an Kohärenz und Nachdruck erreiche, von solchen Phasen abgrenzen, in denen die Kritik an Kraft einbüße oder weitgehend verstumme und so die relative Stabilisierung der kapitalistischen Institutionen – sei es in Gestalt eines „Rheinischen" Kompromissmodells oder in neuen Formen flexibler und globaler operierender Netzwerke – ermögliche (vgl. Wagner 1995).

Wesentlich für diese Pendelbewegungen sowie für die relative Blockiertheit der gegenwärtigen Kritik ist nach Boltanski und Chiapello der Unterschied zwischen der „Sozial-" und „Künstlerkritik" am Kapitalismus (vgl. Boltanski/Chiapello 2003: 80-84; 257; 379-513). Diese Grundformen stützten sich auf unterschiedliche Quellen der Empörung: Im ersten Fall etwa auf die Erzeugung von Armut, sozialer Ungleichheit oder die Aushöhlung solidarischer Gemeinschaftsbeziehungen, wohingegen bei der „Künstlerkritik" die Entfremdung und Unterdrückung von menschlichen Potenzialen zur freien, kreativen, authentischen und autonomen Tätigkeit oder Persönlichkeit im Vordergrund stünden. So habe die Künstlerkritik mit ihrem Angriff auf Unterdrückungstendenzen im fordistischen Produktionssystem sowie den standardisierten Massenkonsum seit den 1960er Jahren ein deutliches Übergewicht gewonnen, wodurch Werte der Emanzipation, Freiheit und Selbstverwirklichung in den Mittelpunkt und Fragen der Verteilungsgerechtigkeit oder kollektiven Absicherung an den Rand gerückt würden. Dem neuen Geist des Kapitalismus kämen diese diskursiven Verschiebungen entgegen, insofern sie Argumente hervorbrächten, die sich für die Auflösung starrer sozialstaatlicher Strukturen und die Etablierung von netzförmig-flexiblen ökonomischen Institutionen bestens instrumentalisieren ließen.

Vor diesem Hintergrund will ich nun untersuchen, ob sich in aktuellen Varianten einer konsumzentrierten Kapitalismus-, Kultur- oder Gesellschaftskritik die Diskrepanz zwischen gerechtigkeitsorientierter Sozialkritik und auf Emanzipation und Selbstverwirklichung ausgerichteter Künstlerkritik fortsetzt und verschärft oder ob hier tragfähige Brücken und neue Konvergenzlinien zwischen den Kritikmustern entstehen. Dieser Beitrag will damit komplementär zu einer Analyse der unternehmenszentrierten Debatten um Corporate Citizenship und Corporate Social Responsibility die Politisierung der Verbraucher in den Blick nehmen. Ich kontrastiere deshalb verschiedene Positionen aus dem Diskursfeld des politisierten Konsums. Von einem Diskursfeld spreche ich, weil in allen betrachteten Kritik- oder Begründungsvarianten der Konsum zentraler Gegenstand der Auseinandersetzung ist und seine Politisierung aktiv betrieben wird – wenn auch aus ganz unterschiedlichen Richtungen und mit sehr verschiedenen Absichten.

2 Sozial- oder Künstlerkritik? – Positionen im Diskursfeld des politisierten Konsums[1]

Nach den Protesten von Seattle gegen die von der Welthandelsorganisation (WTO) vertretene neoliberale Wirtschaftspolitik im Jahr 1999 wurde in dem globalisierungskritischen Bestseller „No Logo!" von Naomi Klein (2002) vielfach das Manifest für ein neues zivilgesellschaftliches Projekt gesehen. Dieses Buch greift sowohl die sozialen Verteilungswirkungen der Produktionsverlagerungen multinationaler Markenkonzerne als auch deren Strategien zur Kundenbindung durch Werbung und das ‚Branding' von Kulturräumen, also sowohl institutionelle als auch kulturelle Aspekte des Gegenwartskapitalismus an (vgl. Hellmann 2005). Es verbindet zumindest prospektiv Anliegen der Künstlerkritik, die auf kulturelle Autonomie und Authentizität zielen, mit einer Sozialkritik, die ökonomische Ausbeutung anprangert und für soziale Umverteilung plädiert – und es zieht nicht zuletzt aus dieser Verbindung ein erhebliches Maß an charismatischer Strahlkraft. Doch als Manifest einer politischen Verbraucherbewegung mit deutlich konturiertem Projektcharakter eignet sich das Buch genauer besehen wohl kaum: „Indeed, it contains almost no theoretical observation whatsoever, nor any statement of the ideological unity between the various strands of protest" (Hilton 2003: 299). Es repräsentiert in erster Linie eine journalistische Suchbewegung mit unverkennbar prophetischen Zügen, wobei die Kluft zwischen konsum- und markenorientierten Aktionen im reichen Westen und Anstrengungen zur Verbesserung der Lebenssituation von Bevölkerungsteilen in den armen Weltregionen selbst bemerkt wird: „Im Gegensatz zu den Verbraucherboykotts in den Siebzigerjahren besteht heute eine diffusere Beziehung zwischen Fragen des Lebensstils (was essen, was rauchen, was tragen) und der größeren Frage, wie der Weltkonzern – mit seiner Größe, seinem politischen Gewicht und seiner mangelnden Transparenz – die Weltwirtschaft umorganisiert" (Klein 2002: 350, vgl. auch 440f., 457, 515). Tragfähige Brücken zwischen Künstler- und Sozialkritik werden hier also allenfalls der Idee nach oder in Umrissen sichtbar.

---

[1] Vgl. auch Lamla (2006), wo die Ausführungen dieses Abschnitts weitgehend identisch abgedruckt sind, jedoch ergänzt um umfassendere und weiterführende Gedanken zum neuen Forschungsfeld der „politischen Soziologie des Konsums" sowie zur „zeitgemäßen Ethik des Konsums".

2.1 Politisierung des Konsums aus Sicht der Sozialkritik

Globalisierungskritiker wie Naomi Klein oder die Autoren des „Schwarzbuch Markenfirmen" (vgl. Werner/Weiss 2003) stehen in erster Linie für die Reaktivierung der Sozialkritik an Exklusions- und Verteilungswirkungen des flexiblen Kapitalismus und sehen sich hierbei in Kontinuität zu sozialen Bewegungen, die für soziale Gerechtigkeit, Frieden, Menschenrechte, kulturelle Toleranz, Demokratie und Ökologie kämpfen. Sie sehen in der Politisierung der Marken und des Konsums vor allem ein *Mittel*, um Aufmerksamkeit und politischen Einfluss zu gewinnen. Damit bleibt eine Verknüpfung zu Kritikansätzen, die einen anderen, neuen Konsum- und Lebensstil als *Zweck* propagieren, freilich in Reichweite. Wie Sozial- und Künstlerkritik aber programmatisch genau zu verknüpfen sind und welche Richtung die Politisierung der Verbraucher einschlagen soll, bleibt unterbestimmt und potenziell umstritten. Angesichts ungleicher Kaufkraftausstattungen hält sich beispielsweise das „Schwarzbuch Markenfirmen" stärker als „No Logo!" damit zurück, moralischen Druck auf Konsumentinnen und Konsumenten auszuüben, ihren Konsum- und Lebensstil zu überdenken und nur noch die als ‚unbedenklich' ausgewiesenen Produkte zu kaufen (vgl. Werner/Weiss 2003: 14, 51). Gleichzeitig sind Werner und Weiss aufgeschlossener für eine Politik mit dem Einkaufswagen, bei der die Verbraucher mit ihren Kaufentscheidungen für das zivilgesellschaftliche Projekt tragend sind, wohingegen für Naomi Klein die Probleme des globalen Arbeitsmarktes „zu gewaltig" sind, „als dass sie durch unsere Interessen als Konsumenten definiert – oder auf sie reduziert – werden könnten" (Klein 2002: 439), weshalb „wir es noch einmal mit politischen Lösungen versuchen" und unseren „Weg als mündige Staatsbürger suchen" sollten (Klein 2002: 456).[2]

---

[2] Als normativer Anker wird das Prinzip (lokaler) demokratischer Selbstbestimmung herausgestellt, insbesondere dort, wo die Normsetzung – wie bei der Aufstellung ethischer Verhaltenskodizes – von Unternehmen in Eigenregie ohne Beteiligung betroffener Arbeiterinnen und Arbeiter vorgenommen wird (vgl. Klein 2002: 441-455).

Tabelle 1: Positionen der Sozialkritik im Diskursfeld des politisierten Konsums

Politisierung des Konsums: Handlungsansatz / -arena:	Liberale Position	Substanzielle Moralisierung
Staatsbürgerhandeln / Demokratie	Staatliche Institutionenpolitik (Heath/Potter)	Dezentral-partizipative Demokratie (Klein)
Verbraucherhandeln / Markt	Erweiterung des Repertoires für Umverteilungskämpfe (Werner/Weiss)	Nachhaltiger oder suffizienter Konsum (Pötter; Worldwatch Institute)

Anhand dieser Unterschiede – hinsichtlich Art und Grad der Moralisierung des Konsums sowie der Bevorzugung politischer oder ökonomischer Handlungsarenen – lassen sich weitere Positionen im Diskursfeld ausmachen, die dessen Konflikthaltigkeit deutlich erhöhen (vgl. Tab. 1). Eine liberale Haltung zu Fragen des Konsums legen etwa die Kanadier Joseph Heath und Andrew Potter an den Tag, die unter dem Titel „Konsumrebellen" (vgl Heath/Potter 2005; Original: The Rebel Sell, 2004) den „Mythos der Gegenkultur" entlarven wollen und politisch ganz auf die repräsentativ-demokratische Gestaltung von institutionellen Rahmenbedingungen für Märkte und Konsum setzen.[3] Die Neuauflage des alten Gegenkulturdenkens machen sie überall dort aus, wo Verbraucher mit moralischen Appellen belagert werden, um sie zu einer Bewusstseinsveränderung und zur Umkehr in ihrem Alltagsverhalten zu bewegen. Gegen solche therapeutischen Interventionsformen hegen die Autoren eine tiefe Abneigung, weil sie gänzlich ungeeignet seien, kollektive Handlungsprobleme zu lösen, und mit ihrem symbolischen Radikalismus den Weg zu solchen Lösungen nur unnötig erschweren (Heath/Potter 2005: 123). Auch werde in Verweigerungsritualen wie dem jährlich für den Tag nach Thanksgiving ausgerufenen internationalen „Buy-Nothing-Day" ausgeblendet, dass Nichtkaufen den Kapitalismus sowieso nicht schädigen kann, weil dann andere das zur Bank getra-

---

[3] Um Jugendliche vor den Folgen der Konsumkonkurrenz zu schützen, schlagen die Autoren z.B. vor, Schuluniformen zur Pflicht zu machen (vgl. Heath/Potter 2005: 202-229). Diese Maßnahme richtet sich aber nicht gegen Märkte oder die Konsumkultur als solche, sondern nur gegen das Marktversagen in bestimmten Bereichen. Die gegenkulturelle Suche nach einer Gesamtalternative gehe prinzipiell fehl und schwäche mit ihrem Ablehnungsgestus nur die politischen Institutionen, die zur Regelsetzung noch in der Lage wären (vgl. Heath/Potter 2005: 392-404): „Natürlich steht nirgendwo geschrieben, dass der Staat die Folgen des Marktversagens allein korrigieren soll. Er wird aber immer der wichtigste Akteur sein, einfach deshalb, weil er die Grundstruktur der Eigentumsrechte definiert und durchsetzt, die den Markt erst hervorbringen" (Heath/Potter 2005: 403, Hervorhebung weggelassen).

gene Geld ausgeben (Heath/Potter 2005: 141). Ebenso kann sich manche Protestaktion schnell als egoistisch herausstellen, wenn das gute Gewissen der Konsumenten Folgekosten erzeugt, die ausschließlich andere (z.b. Beschäftigte der boykottierten Betriebe) oder die Gemeinschaft zu tragen haben.

Angeregt durch die Untersuchung von Thomas Frank (1997; vgl. dazu Doll 2006) zu den Eroberungszügen des „Coolen" in der Wirtschafts- und Marketingkultur seit den 1960er Jahren betrachten Heath und Potter (vgl. 2005: 15) die Ideale der Konsumrebellen vor allem als Ausdruck der sozialen Konkurrenz um angesehene Lebensstile und knappe Positionsgüter, die dem Konsumkapitalismus gerade hilft, laufend neue Moden und Märkte zu erschließen.[4] Von solchem Verdacht werden selbst jene nicht ausgenommen, die einen Bewusstseinswandel hin zum *nachhaltigen Konsum* forcieren wollen und für regional erzeugte Biolebensmittel, naturnahe und möglichst handgefertigte Produkte sowie Slow Food werben: Wer die entsprechende Infrastruktur in einer typischen nordamerikanischen oder europäischen Stadt suche, „wird zweifellos nur in den eleganteren Stadtteilen (vermutlich in Universitätsnähe) fündig. Man beginnt sich zu fragen, ob das umweltbewusste Verbraucherverhalten nur eine andere Form des rebellischen Konsumdenkens ist. Wie sind wir dahin gelangt, dass sich unsere gutwilligsten und umweltbewusstesten Bürger solch eine blasierte und genießerische Auffassung von sinnvollem politischem Handeln zugelegt haben?" (Heath/Potter 2005: 372).

Kontrastierend dazu hält Bernhard Pötter die Idee für berechtigt, vor allem die Verbraucher zu mehr Verantwortung und bürgerschaftlichem Engagement zu verpflichten: „Nachhaltiger Konsum kann nur gelingen, wenn alle Beteiligten (Industrie, Politik, Verbraucher) zusammen daran arbeiten, neue Produkte und Verfahren zu entwickeln und lieb gewordene Gewohnheiten überdenken. Zieht man hier eine Zwischenbilanz, fällt sie für die Verbraucher nicht schmeichelhaft aus, denn in den letzten Jahrzehnten haben sich Industrie und Politik durchaus bewegt

---

[4] Die Autoren dechiffrieren z.B. Naomi Kleins (vgl. 2002: 12f.) einleitende Bemerkung zum Strukturverfall ihres Viertels in Toronto als Klage über den eingetretenen Distinktionsverlust. Lebte sie doch zwischen Resten der heimischen Bekleidungsindustrie in einer Gemeinschaft aus Künstlern und Individualisten, die nun der Exklusivität ihres Lebensstils beraubt würden: „Wenn man ein paar Jahre vorher sagte: ‚Ich wohne in einem Loft in King-Spadina', war das für jeden, der sie zu vernehmen wusste, eine klare Botschaft. Es besagte: ‚Ich bin cool. Cooler als du.' Aber wenn es ein Dutzend neuer Wohnanlagen gibt, wird das Signal vom allgemeinen Rauschen verschluckt. Woher sollen die Leute denn wissen, dass man in einer ‚richtigen' Fabriketage wohnt und nicht bloß in einer dieser Yuppie-Etagen?" (Heath/Potter 2005: 166). Es ist dieser gegenkulturelle Gestus, der die Autoren zweifeln lässt, ob sich Kleins Plädoyer für dezentrale bürgerschaftliche Selbstorganisation von einfachen Markenboykotts und ethischen Einkaufsratgebern groß unterscheide (vgl. Heath/Potter 2005: 396-401).

– der deutsche Verbraucher dagegen sehr selten" (Pötter 2006: 15). Der Autor lastet die externen Folgekosten des durchschnittlichen Konsummusters westlicher Gesellschaften demnach in erster Linie den Konsumentinnen und Konsumenten an, weil sie den innovativen Ansätzen in der Verbraucherpolitik zu wenig entgegenkämen. Solche Kosten werden etwa über den „ökologischen Fußabdruck" eines bestimmten Mobilitätsmusters bezifferbar, dessen Verallgemeinerung die Ökosysteme kollabieren ließe, oder die Ausgaben für westliche Luxuskonsumgüter (Make-up, Eiskrem) werden Äquivalenten gegenübergestellt, mit denen sich weltweit Grundbedürfnisse befriedigen ließen (vgl. Worldwatch Institute 2004: 48). Auch wenn politische Änderungen dieser Zustände prinzipiell von verschiedenen Akteuren und Institutionen gemeinsam vorangebracht werden müssten (Governance), wird beim Verbraucher der größte Nachholbedarf gesehen, weshalb zivilgesellschaftliche „Consumer-Watch"-Organisationen zukünftig mit intelligenten Werbekampagnen und durchaus provokativ auf solche Zusammenhänge und die fehlende Verantwortungsbereitschaft hinweisen sollten (vgl. Pötter 2006: 133-152).

Eine solche Politik der Verbraucheraktivierung, die den Appell an eine gewisse Verzichtbereitschaft mit positiv beworbenen sozial-ökologischen Werten verknüpfen will, soll zwar von der Zivilgesellschaft getragen werden, unterstützt damit aber auch einen ‚gouvernementalen' Regierungsstil, der den Staat durch Optimierung und Steigerung der Selbststeuerung der Subjekte in seiner Verantwortung zu entlasten trachtet (vgl. Rose 2000). Diese Politisierung des Konsums durch den Appell an die bürgerschaftliche Verantwortung der Verbraucher erfolgt im Namen des moralischen Prinzips der Nachhaltigkeit, das ökologische, ökonomische und soziale Gemeinwohlgesichtspunkte umfasst. Aspekte der *Künstlerkritik* spielen demgegenüber kaum eine Rolle. Möglicherweise liegt aber genau darin auch die Erklärung, warum sich die Idee der Nachhaltigkeit bislang als kulturell schwer vermittelbar erweist. Der Vorschlag, den Begriff „durch Wörter wie ‚Vernunft', ‚Verantwortung', ‚Gerechtigkeit', ‚Zukunft'" zu ersetzen (Pötter 2006: 135), ändert daran wenig, da solche Begriffe weitgehend dieselben moralischen Haltungen und Verstehensleistungen bei den Adressaten voraussetzten. Wie also würde sich eine politische Verbrauchermobilisierung aus Sicht der Künstlerkritik darstellen? Ich betrachte dazu im Folgenden Positionen, die sich im Namen kultureller Entfaltungsmöglichkeiten mit dem Konsumismus auseinandersetzen.

2.2 *Politisierung des Konsums aus Sicht der Künstlerkritik*

Eine Variante der Künstlerkritik, die Konsumentinnen und Konsumenten adressiert und z.B. den erwähnten „Buy-Nothing-Day" eingeführt hat, findet sich im „Manifest der Anti-Werbung" von Kalle Lasn (2005) repräsentiert, das sich für einen Angriff auf die Kommerzialisierung der Kultur im Konsumkapitalismus stark macht. Gewisse Anschlüsse an die Position des nachhaltigen Konsums ergeben sich hier schon durch die Analogie, die zwischen Ökosystem und Kultur hergestellt wird und welche die Argumentation weitgehend trägt: „Vor 15 Jahren machten sich die meisten von uns auch noch keine Gedanken über Chemikalien in Lebensmitteln oder über Schadstoffemissionen der Industrie. (...) Heute sind wir auf dem besten Weg, denselben Fehler noch einmal zu begehen, wenn es um die ‚mentale Umweltverschmutzung' geht" (Lasn 2005: 27). Es sei die mediale, vom Konsum bestimmte Kultur, die zum Abstumpfen der Fähigkeit führe, „Empathie zu empfinden, soziale Themen ernst zu nehmen und von Gräueltaten ergriffen zu sein" (Lasn 2005: 38). Wie ‚Schläfer' würden die Verbraucher „von Logos in Bewegung gesetzt", ohne es zu merken (Lasn 2005: 51), und zu Mitgliedern einer Konsumentensekte, denen jedes freie Denken abgewöhnt wurde (vgl. Lasn 2005: 66). Diese Entwicklung soll dadurch umgekehrt werden, dass „Culture Jammer" – das sind die selbsternannten *Maschinenstürmer des Informationszeitalters* – die Botschaften der Markenkonzerne und der Medienindustrie mit den eigenen Mitteln der Werbung und des Marketing in einem „Guerillakrieg der Informationen" (Lasn 2005: 129) manipulieren und in ihrer Glaubwürdigkeit erschüttern.[5] Die Anti-Werbung richtet an die Konsumentinnen und Konsumenten die Aufforderung, aus dem Konsumterror auszusteigen, sich zu verweigern und anzufangen, ein anderes Leben zu führen, das in Vielem der Genügsamkeit und ethischen Ausrichtung eines nachhaltigen Lebensstils ähnelt (vgl. Lasn 2005: 168-180).

Die Begründung dieser Politisierung des Konsums folgt einer Logik, die sich nicht auf Prinzipien der Linken, des Feminismus oder akademische Analysen zum Zustand des Ökosystems stützen will, gleichwohl aber auf die Veränderung von Grundstrukturen des Gesellschaftssystems abzielt (vgl. Lasn 2005: 122-128).[6] Sie

---

[5] Ein anschauliches Beispiel für die Praktiken des „Culture Jamming" stellt die berühmte Email-Anfrage von Jonah Peretti bei dem Sportbekleidungshersteller Nike dar, ob er im Rahmen des Angebots von Turnschuhen, die auf die Identität des Käufers zugeschnitten und mit persönlichen Botschaften (Nike-ID) gestaltet werden, ein Paar mit dem Schriftzug „Sweatshop" beziehen könne. Es gehe ihm darum, so schreibt Peretti in der Email-Korrespondenz mit der zuständigen Konzernabteilung, deren Verbreitung über das Internet erst zur massenmedialen Aufmerksamkeit geführt hat, ein kleines Zeichen dankbarer Würdigung gegenüber der zehnjährigen vietnamesischen Arbeiterin zu setzen, die ihm erst ermöglicht habe, seine persönliche Vision zu realisieren (vgl. Peretti/Micheletti 2004: 130f.). Hier wurde eine komplexe Diskursstrategie aufgegriffen und ironisch gewendet.
[6] „Culture Jammer unterscheiden sich von Downshiftern. Sie wollen nicht nur selbst raus aus dem Hamsterrad des Konsums und mehr Zeit haben für ihre Kinder. Sie lehnen dieses Leben

hält am Traum eines spontanen, *authentischen* Lebens fest, der durch die Konsumreligion bis zur Unkenntlichkeit verstümmelt worden sei und den es nun wiederzuentdecken gelte, um auf den Trümmern der zerschlagenen Kommerzkultur eine neue Kultur „mit einer nichtkommerziellen Seele" (Lasn 2005: 14) zu errichten. Die Nähe des favorisierten gegenkulturellen Lebensstils zu den Formen eines nachhaltigen, suffizienten Konsums liegt im Falle von Lasn vor allem darin begründet, dass die Komposition aus Bio-Konsum, der Bewegung in freier Natur, der Unterstützung lokaler Tauschringe und regionaler Märkte sowie der spontanen Gegenwartsorientierung seiner Vorstellung vom authentischen Leben ungefähr entspricht. Aber kann die Kritik am kulturellen Kapitalismus in dieser romantischen Suchbewegung nach dem wahren, authentischen Leben noch einen festen Grund finden? Oder handelt es sich bei der Authentizität selbst um einen Mythos, der maßgeblich vom Konsumkapitalismus befeuert wird, wie etwa Heath und Potter (2005: 308-346) mit Blick auf die boomende Tourismusbranche oder die Konjunktur fernöstlicher Religionen und Therapieformen behaupten?

Dass diese Fragen umstritten sind, zeigt ein weiteres Beispiel aus dem Diskursfeld des politisierten Konsums: Judith Mair und Silke Becker (2005) nehmen die Position einer Künstlerkritik ein, die zwar in der Wahl der subversiven Mittel weitgehend den Strategien der Culture Jammer folgt, sich aber vom Ziel einer authentischen Gegenkultur radikal verabschiedet und eine „Taktik des So-tun-als-ob", des „Fake for Real" an ihre Stelle treten lässt. Die Autorinnen wissen um die Fallen gegenkultureller Attacken im kulturellen Kapitalismus: „Wer heute als Kritiker, Rebell, Querulant oder Störenfried von sich reden macht, muss damit rechnen, noch ehe er sich versieht, zum Impulsgeber und Ideenlieferant des Systems zu werden, gegen das er sich richtet" (Mair/Becker 2005: 219). Dieses Schicksal hat auch die Culture Jammer ereilt, deren Methoden von den Werbe- und Marketingagenturen längst vereinnahmt worden sind. Anstatt sich dagegen jedoch zu wehren und weiterhin auf der Differenz von falscher Kommerzkultur und authentischem Leben zu beharren, spiele die wahre Subversion – im Stile Andy Warhols (vgl. dazu Müller 2006) – mit der Ununterscheidbarkeit von Fake und Realität und irritiere Politik und Wirtschaft durch Taktiken der Unterwanderung: „Wo das Konforme sich rebellisch gibt und die Mächtigen sich um den Posten des Kritikers rangeln, muss das Nichtkonforme und Kritische lieb, nett und harmlos daherkommen" (Mair/Becker 2005: 237).

Mit dieser Wendung wird der gegenkulturellen Künstlerkritik ein politisches Betätigungsfeld erhalten, auf dem sich nun all die enttäuschten „Bobos" („bour-

---

ab, weil sie das Gefühl haben, dass unsere Kultur eine erschreckende Fehlentwicklung durchläuft, an der sie einfach nicht mehr teilnehmen wollen" (Lasn 2005: 170).

geoise bohemien") ausleben dürften, die ihr Künstlerdasein ökonomischen Zwängen zur Selbstvermarktung verdankten und im Laufe der Zeit ein feines Gespür für die semiotischen Codes der Marketing- und Werbewelt ausgebildet hätten. Angesichts der Dominanz von Zeichen, Symbolen, Marken und Images, die im kulturellen Kapitalismus zum geschlossenen System geformt würden, sei diese Variante der Aufstörung der Konsumkultur anderen Modellen politischer Einflussnahme vorzuziehen.[7] Unverkennbar steht hinter diesem Kritikansatz eine postmoderne Theorie, für die Macht- und Gewaltverhältnisse maßgeblich durch symbolische Ordnungen getragen werden und Emanzipation nur darin bestehen kann, die kulturellen Regeln sozialer Schließung zu entlarven. Wie die philosophische Methode der Dekonstruktion lehrt, muss eine solche Strategie der subversiven, irritierenden Kritik von Diskurswelten darauf verzichten, sich auf ein positives Bild vom guten Leben zu beziehen, weil sich alle normativen Standpunkte stets innerhalb der Zeichensysteme und Sprachspiele bewegen. Das dürfte der Grund sein, warum die Autorinnen eine Künstlerkritik, die sich suchend auf authentische Lebensformen bezieht, rundherum ablehnen und als verlogenes Spiel entlarven wollen. Authentizität werde im gegenwärtigen Kapitalismus mit besonderer Sorgfalt auf allen Ebenen und insbesondere in den Medien (z.B. Big Brother) inszeniert und tauge daher am wenigsten zum Ankerpunkt gegenkultureller Kritik (vgl. Mair/Becker 2005: 29-35). An diese Stelle tritt das Lob der Künstlichkeit und des „So-tun-als-ob", weil es die Subjekte eher dazu befähige, sich von den Symbolwelten der Ökonomie, der Marken und des Konsums zu emanzipieren.

---

[7] Man müsse die Frage stellen, „ob Politik heute noch der richtige Platz ist, um politisch zu sein – also um gesellschaftlich, sozial und wirtschaftlich Einfluss auszuüben" (Mair/Becker 2005: 114). Der herkömmlichen Politik von Parteien, Interessengruppen und Bewegungen fehle es an Attraktivität. Zudem reduzierten die medialen Inszenierungen Politik in der ‚Ökonomie der Aufmerksamkeit' auf vermarktbare Unterhaltung, ihre Trägergruppen auf ein poliertes Image und die Bürger auf Politik-Konsumenten, deren Aufbegehren sich mangels Adressaten auf das Privatuniversum als einzig verbliebenem Handlungsraum zurückziehen müsse (vgl. Mair/Becker 2005: 48-67). Das Modell eines Bürgerengagements von Verbrauchern wird dabei zurückgewiesen: „Der Konsumaktivismus ist nicht mehr als eine politische Randsportart unter der Flagge ‚Unser Kapitalismus soll schöner werden'. (…) Wer mehr will als Lippenstifte ohne Tierversuche, keine von Kinderhänden zusammengeflickten Turnschuhe und Eier von freilaufenden Hühnern, ist hier schlecht aufgehoben. Radikaler Widerstand und fundamentale Kritik sind nicht gewünscht und wirtschafts- oder gesellschaftspolitische Fragestellungen, die sich nicht in konsumierbaren Produkten oder Dienstleistungen niederschlagen, bleiben per se außen vor" (Mair/Becker 2005: 198).

Tabelle 2: Positionen der Künstlerkritik im Diskursfeld des politisierten Konsums

Normativer Bezugspunkt: Strategischer Ansatzpunkt:	Inauthentizität	Authentizität
Strukturen der Werbe- und Kulturindustrie	Subversive Strategie des so-tun-als-ob (Mair/Becker)	Culture Jamming (Lasn)
Kultur der Lebensführung; Taktiken des Alltags	Konsumismus (Bolz)	Handwerk der Bürgerexistenz (Bauman; Sennett; Taylor)

Dem Gegensatz zwischen den beiden bisher betrachteten Positionen der Künstlerkritik, die sich auf Normen der Authentizität berufen bzw. solche gerade zurückweisen, lassen sich Hinweise auf eine weitere Unterscheidungsdimension im Diskursfeld des politisierten Konsums entnehmen, wenn man die Frage verfolgt, warum der Gegenkultur ihr Richtungsbewusstsein abhanden gekommen ist (vgl. Tab. 2). Beide Varianten setzen, weil sie den kulturellen Kapitalismus über die institutionellen Grundstrukturen der Werbe- und Kulturindustrie verändern wollen, ihre Stellungnahmen zum Problem der Authentizität bzw. Inauthentizität auf einer sehr allgemeinen Ebene, also zu hoch und zu abstrakt an. Es stellt sich demnach das Problem, inwiefern die kulturellen Kämpfe der Künstlerkritik ihre ästhetischen Standpunkte überhaupt zu ethischen oder moralischen Leitbildern verallgemeinern, diese normativ rechtfertigen und gesellschaftlich verankern können. Diese Frage legt zunächst einen Perspektivenwechsel auf die Praktiken und Lebensführungsmuster der Konsumentinnen selbst nahe: Wie viel Authentizität im kulturellen Kapitalismus möglich ist, hängt auch von den Handelnden selbst ab, davon nämlich, was sie unter den gegebenen gesellschaftlichen Bedingungen aus ihrem Leben machen, welche Schranken *ihre* Kultur gegen die Imperative und Zumutungen der Werbung und des Marketing errichtet und inwiefern sie damit ihrerseits die Ökonomie unter Anpassungsdruck setzen. Relativiert man die strikte Gleichsetzung von Konsumkultur und Inauthentizität (vgl. Illouz 2003) und blickt stärker auf die verschiedenen Praktiken und Taktiken der Verbraucher (vgl. de Certeau 1988), im Gebrauch von Waren und im Umgang mit kommerziellen Zeichenwelten ihre Alltagsprobleme zu bearbeiten, sich ihrer Handlungsautonomie zu versichern und einen Selbstentwurf zu behaupten, dann gewinnt das Diskursfeld im Rahmen der Künstlerkritik Varianten hinzu, die das Politische mit Blick auf die konsumkulturell vermittelten Alltagskompetenzen verorten (vgl. Hitzler/Pfadenhauer 2006).

Eine Front verläuft hier zwischen solchen Positionen, die das Politische in der westlichen Kultur des Massenkonsums weitgehend optimal verankert sehen, weil darin übersteigerte Erwartungen an die Authentizität des eigenen Lebens und somit z.B. fanatische religiöse Neigungen gebannt seien, wie Norbert Bolz (2002) im „konsumistischen Manifest" argumentiert (vgl. kritisch dazu Lamla 2005b: 295-298). Die Verbraucher würden aus rationalen Interessen heraus eine Kultur der Sorge und des zivilen Umgangs hervorbringen, wohingegen Überforderungen mit bürgerschaftlichen Partizipationsidealen gerade die Konflikthaltigkeit des Zusammenlebens erhöhten. Dem stehen Positionen gegenüber, die den Verlust der kulturellen Fähigkeit beklagen, zwischen bürgerschaftlichem Engagement in öffentlichen Räumen und der Verfolgung privater Angelegenheiten Grenzen zu ziehen. Zygmunt Bauman (2003: 49) sieht etwa die Autonomie des Handelns durch die Konsumkultur massiv bedroht. Die Öffentlichkeit werde dermaßen mit privaten Sorgen kolonisiert, dass jede Politisierung von Wertfragen an Partikularinteressen flüchtiger Gemeinschaften hängen bleiben müsse. Das einzige, was dagegen helfe, sei die „Wiederbelebung des in Vergessenheit geratenen Handwerks der Bürgerexistenz" (Bauman 2003: 54). Demnach misstraut diese Position einem politischen Engagement der Verbraucher, sofern es den Handlungsmustern des Marktes verhaftet bleibe und dabei verschleiere, wie sehr individuelle Wahlfreiheiten von der kollektiven Handlungsfähigkeit einer politischen Gemeinschaft abhängen. In ähnlicher Richtung beobachtet Richard Sennett, der die „Tyrannei der Intimität" schon länger beklagt, eine Abkopplung der Fähigkeiten zur persönlichen Veränderung von der kulturellen Beherrschung des Bürgerhandwerks, das jenseits der Idee, jeder müsse bei sich selbst anfangen, auch am Ansatz festhält, gemeinsam andere gesellschaftliche Verhältnisse einrichten zu können (vgl. Sennett 2005: 125-140). Das kritisierte „Abgleiten in den Subjektivismus" kennzeichnet nach Charles Taylor das spezifisch konsumistische Verständnis von Authentizität in unserer modernen Kultur. Diese lebe damit allerdings „nach einem Ideal (…), das nicht vollständig begriffen wird und das, wenn man es richtig verstünde, viele ihrer Praktiken in Frage stellen würde" (Taylor 1995: 66). Darin liegt ein Rest Hoffnung für die republikanischen Positionen, dass nämlich die Suche nach dem authentischen Leben auch ein Moment des Widerstands gegen den individualistischen Ausverkauf der Bürgergemeinschaft in der politischen Alltags- und Konsumkultur verankert.

3 Fazit

Betrachtet man die verschiedenen Positionen in diesem Diskursfeld zusammen, treten einige der Schwierigkeiten hervor, im Bürgerengagement von Verbrauchern Brücken zwischen Künstler- und Sozialkritik so zu schlagen, dass die politische Rolle der Zivilgesellschaft gegenüber der Wirtschaft gestärkt wird (vgl. Lamla 2005a). Besonders die zuletzt angeführten Positionen (Bauman, Sennett, Taylor) sehen in einer *Politik der Lebensführung* (Life-Politics), die sich an existenziellen Fragen und lebensweltnahen Problemen lediglich in den Bahnen eines individualistischen Verbraucherhandelns abarbeitet, einen wesentlichen Grund für die gegenwärtige Blockade *emanzipatorischer Politikansätze*, die sich dem Abbau struktureller Ungleichheiten, Unterdrückungsverhältnisse und Ausbeutungsbeziehungen widmen (vgl. zur Begrifflichkeit Giddens 1991: 209-231). Demnach scheinen sich politische Ansätze der Künstler- und der Sozialkritik gegenwärtig vor allem zu widersprechen. Das hängt mit der konsumistischen Kultur (Bolz) zusammen, die sich als strukturell inkompatibel mit starken politischen Wertungen oder allgemeinen Gerechtigkeitsgrundsätzen erweist (vgl. Prisching 2006: 261-296 sowie die verschiedenen Positionen in Koslowski/Priddat 2006). Aber weil dies so ist, bleiben auch die gegenkulturellen Angriffe auf die institutionellen Strukturen der Kultur- und Medienindustrie (Lasn, Mair/Becker), die hinter dieser Fragmentarisierung der Konsumkultur stehen, richtungslos, überzeugungsschwach und vornehmlich destruktiv, solange Fragen der Authentizität oder Inauthentizität darin nur als Kampf um ästhetisch-expressive Werte erscheinen.

Ebenso wenig aber lässt sich die Sozialkritik einfach jenseits des Individualismus und Konsumismus erneuern: Neue Kritikstrategien entwickeln sich stets in Auseinandersetzung mit den institutionalisierten Legitimations- und Deutungsmustern. Insofern die kapitalistische Kultur des Westens durch Konsumorientierungen geprägt ist, werden sich Gemeinwohlfragen davon nicht abkoppeln lassen, sondern damit verbinden müssen.[8] Dass hierbei jedoch mit tief greifenden, strukturellen Blockaden zu rechnen ist, zeigt sich daran, dass Postulierungen eines nachhaltigen Konsum- und Lebensstils bislang noch weitgehend kraftlos und wenig anschlussfähig sind, obgleich sich vom Urteilsstandpunkt globaler Gerechtigkeit und ökologischer Vernunft aus betrachtet viele Gründe für eine kollektive Empörung finden (Pötter; vgl. auch Lamla 2003): Als substanzielle Moralisierungen des Konsums stoßen sie sich an der liberalen Grundstruktur der Marktgesellschaft. Deshalb stur an den institutionellen Lösungsansätzen der repräsentativen rechtsstaatlichen Demokratie festzuhalten, deren Schwächung durch die kulturellen Entwicklungen und die gesellschaftliche Vermarktlichung offensichtlich ist und laut beklagt wird (Heath/Potter), hilft da jedoch noch weniger als die Beschwörung einer neuen Verbraucherbewegung, die zwar noch kaum begründen kann, wie und

---

[8] Die „neue soziale Frage" kann ihre Kraft nicht allein aus dem Vorhandensein sozialer Rand- und Exklusionslagen beziehen, sondern wird wesentlich aus einer „Zone der Verwundbarkeit" zwischen den Zonen der Integration und der sozialen Abkopplung gespeist, in der soziale Anerkennung mit materiellen und kulturellen Konsumfähigkeiten eng verknüpft ist (vgl. Vogel 2005 im Anschluss an Robert Castel 2000).

warum sie Künstler- und Sozialkritik zu einem Projekt verschmelzen will (Werner/Weiss, Klein; ähnlich auch Hertz 2001), aber, indem sie diese Verschmelzung charismatisch behauptet, immerhin die Krise der heutigen Zivilgesellschaft intuitiv erfasst und eine Erneuerung in Aussicht stellt.

Offenbar lässt sich die kollektive Macht der Verbraucher also nicht so leicht zu einer „scharfen Waffe" (Beck 2003: 51) formen und organisieren, weil die Problemhorizonte der Kritik am kulturellen Kapitalismus im kulturellen Kapitalismus schwer zu integrieren sind.[9] Doch muss das Vorhaben einer solchen Integration auch nicht aussichtslos bleiben (vgl. Young 2006). Außerdem kann auch auf heterogenen Pfaden eine politische Kultur in der Verbraucherschaft heranreifen und dem vielfach beschworenen Zeitalter der „Consumer-Citizen" oder „Citizen-Consumer" empirischen Gehalt verleihen (vgl. Gabriel/Lang 1995: 173-186; Scammell 2000; Cohen 2001; Kroen 2003; Giddens 2003; Micheletti/Follesdal/Stolle 2004; Stolle/Hooghe/Micheletti 2004; Harrison/Newholm/Shaw 2005). Schon die Tatsache, dass der Konsum gegenwärtig wieder ins Zentrum verschiedener kritischer Diskurspositionen einrückt, erzeugt in der Öffentlichkeit eine Resonanzfähigkeit, durch die sich Unternehmen zumindest verunsichern lassen und die sie motiviert, strategische Maßnahmen – sei es kooperativer oder sei es konterkarierender Art – zu ergreifen. Ein starker kritischer Druck aus der Zivilgesellschaft freilich, durch den Leitbilder und Mythen wie Corporate Citizenship oder Corporate Social Responsibility nicht nur an Vagheit verlieren, sondern eine Institutionen bildende Kraft entfalten und dem politisch souveränen Willen wieder einen Vorrang vor der Marktordnung einräumen könnten, wird von der Verbraucherschaft nur ausgehen, wenn ihre Politisierung das demokratische Projekt der Moderne umfassend und allseitig reaktiviert.

---

[9] Wird die Brücke allein im gemeinsamen Nenner der verschiedenen Kritikvarianten gesucht, würde sie die Gestalt einer zahnlosen, konsumistischen Weltverbesserungsideologie annehmen: „We are what we do" heißt eine selbsternannte neue Bewegung aus Großbritannien, die mit dem Slogan „Change the World for a Fiver" einfache Tipps für ein Leben bereithält, das zumindest das Gefühl vermittelt, etwas Gutes zu bewirken. Die angebliche Mobilisierungskraft wird an den hohen Auflagenzahlen ihres hübschen Ratgebers bemessen, dessen Kauf freilich wenig über das Engagement seiner Käuferinnen und Käufer auszusagen vermag (vgl. Harvey/Robinson 2006).

Literatur

Backhaus-Maul, Holger/Schubert, Ingolf: Unternehmen und Konsumenten: Diffuse Verantwortung und schwache Interessen? Forschungsjournal Neue Soziale Bewegungen, Jg.18, 2005, H. 4, S. 78-88

Bauman, Zygmunt: Flüchtige Moderne. Frankfurt/M.: Suhrkamp, 2003

Beck, Ulrich: Das Meta-Machtspiel der Weltpolitik. Kritik des methodologischen Nationalismus. In: Nassehi, A./Schroer, M. (Hrsg.): Der Begriff des Politischen. Soziale Welt Sonderband 14, Baden-Baden: Nomos, 2003, S. 45-70

Beetz, Michael: Leben zwischen Politik und Wirtschaft: Von der sanften Macht der Verbraucheröffentlichkeit. URL: http://www.politik-konsum.de/pdf/verbraucheroeffentlichkeit.pdf, zuletzt geöffnet am 25.10.2006

Bieber, Christoph/Lamla, Jörn: Das Netz der Konsumenten. Innovationschancen der Verbraucherbewegung im Internet. Forschungsjournal Neue Soziale Bewegungen, Jg.18, 2005, H. 4, S. 65-77

Boltanski, Luc/Chiapello, Ève: Der neue Geist des Kapitalismus. Konstanz: UVK, 2003

Bolz, Norbert: Das konsumistische Manifest. München: W. Fink Verlag, 2002

Castel, Robert: Die Metamorphosen der sozialen Frage. Eine Chronik der Lohnarbeit. Konstanz: UVK, 2000

Certeau, Michel de: Kunst des Handelns. Berlin: Merve, 1988

Cohen, Lizabeth: Citizens and Consumers in the United States in the Century of Mass Consumption. In: Daunton, M./Hilton, M. (Hrsg.): The Politics of Consumption. Material Culture and Citizenship in Europe and America. Oxford/New York: Berg, 2001, S. 203-221

Doll, Martin: Vom Protest zum Produkt. Über die Schattenseite der Rebellion als Lifestyle. In: Lamla, J./Neckel, S. (Hrsg): Politisierter Konsum – konsumierte Politik. Wiesbaden: Verlag für Sozialwissenschaften, 2006, S. 163-183.

Frank, Thomas C.: The Conquest of Cool: Business Culture, Counterculture, and the Rise of Hip Consumerism. Chicago: University of Chicago Press, 1997

Gabriel, Yiannis/Lang, Tim: The Unmanageable Consumer. Contemporary Consumption and its Fragmentation. London: Sage, 1995

Giddens, Anthony: Modernity and Self-Identity. Oxford: Polity, 1991

Giddens, Anthony: Introduction. Neoprogressivism: a new agenda for social democracy. In: Giddens, A. (Hrsg.): The Progressive Manifesto: New Ideas for the Centre-Left. Cambridge: Polity Press, 2003, S. 1-34.

Harrison, Rob/Newholm, Terry/Shaw, Deirdre (Hrsg.): The Ethical Consumer. London u.a.: Sage, 2005

Harvey, David/Harvey, Eugénie: Einfach die Welt verändern. 50 kleine Ideen mit großer Wirkung. München; Zürich: Pendo, 2006

Heath, Joseph/Potter, Andrew: Konsumrebellen. Der Mythos der Gegenkultur. Berlin: Rogner&Bernhard, 2005

Hellmann, Kai-Uwe: No Sweatshops! No Logos! Die globale Zivilgesellschaft im Kampf gegen die ökonomische Globalisierung. In: Adloff, F./Birsl, U./Schwertmann, P. (Hrsg.): Wirtschaft und Zivilgesellschaft. Wiesbaden: Verlag für Sozialwissenschaften, 2005, S. 157-174

Hertz, Noreena: Wir lassen uns nicht kaufen! Keine Kapitulation vor der Macht der Wirtschaft. München: Econ, 2001

Hilton, Matthew: Consumerism in Twentieth-Century Britain. The Search for a Historical Movement. Cambridge: Cambridge University Press, 2003

Hitzler, Ronald/Pfadenhauer, Michaela: Diesseits von Manipulation und Souveränität. Über Konsum-Kompetenz als Politisierungsmerkmal. In: Lamla, J./Neckel, S. (Hrsg): Politisierter Konsum – konsumierte Politik. Wiesbaden: Verlag für Sozialwissenschaften, 2006, S. 67-89

Hiß, Stefanie B.: Corporate Social Responsibility – ein Mythos? Reichweite und Grenzen des Neoinstitutionalismus als Erklärungsinstrument. Dissertation, Bamberg, 2005

Illouz, Eva: Der Konsum der Romantik. Liebe und die kulturellen Widersprüche des Kapitalismus. Frankfurt a.M./New York: Campus, 2003

Klein, Naomi: No Logo! Der Kampf der Global Players um Marktmacht. Ein Spiel mit vielen Verlieren und wenigen Gewinnern. Pößnek: Riemann, 2002

Koslowski, Peter/Priddat, Birger P. (Hrsg.): Ethik des Konsums. München: Fink, 2006

Kroen, Sheryl: Der Aufstieg des Kundenbürgers? Eine politische Allegorie für unsere Zeit. In: Prinz, Michael (Hrsg.): Der lange Weg in den Überfluss: Anfänge und Entwicklung der Konsumgesellschaft seit der Vormoderne. Paderborn: Schoeningh, 2003, S. 533-564

Lamla, Jörn: Gerechtigkeit – Nachhaltigkeit – Zivilität. Politische Moral in der fortgeschrittenen Moderne: Das Beispiel der Grünen. In: Junge, M. (Hrsg.): Macht und Moral. Beiträge zur Dekonstruktion der Moral. Wiesbaden: Westdeutscher Verlag, 2003, S. 211-234

Lamla, Jörn: Kontexte der Politisierung des Konsums. Die Zivilgesellschaft in der gegenwärtigen Krisenkonstellation von Politik, Ökonomie und Kultur. 2005a In: Adloff, F./Birsl, U./Schwertmann, P. (Hrsg.): Wirtschaft und Zivilgesellschaft. Wiesbaden: Verlag für Sozialwissenschaften, S. 127-153

Lamla, Jörn: Zivilität und Konsum. Die Bürgerkultur im Prozess gesellschaftlicher Vermarktlichung. 2005b In: Corsten, M./Rosa, H./Schrader, R. (Hrsg.): Die Gerechtigkeit der Gesellschaft. Wiesbaden: Verlag für Sozialwissenschaften, S. 281-308

Lamla, Jörn: Politisierter Konsum - konsumierte Politik. Kritikmuster und Engagementformen im kulturellen Kapitalismus. In: Lamla, J./Neckel, S. (Hrsg.): Politisierter Konsum - konsumierte Politik. Wiesbaden: Verlag für Sozialwissenschaften, 2006, S. 9-37

Lamla, Jörn: Authentizität im kulturellen Kapitalismus. Gedanken zur „konsumistischen" Subjektformation der Gegenwart. In: Amrein, U. (Hrsg.): Das Authentische. Zur Konstruktion von Wahrheit in der säkularen Welt. Zürich: Chronos (im Erscheinen 2007).

Lash, Scott/Urry, John: Economies of Signs and Space. London u. a.: Sage, 1994

Lasn, Kalle: Culture Jamming. Das Manifest der Anti-Werbung. Freiburg: Orange, 2005

Mair, Judith/Becker, Silke: Fake for Real. Über die private und politische Taktik des So-tun-als-ob. Frankfurt a.M./New York: Campus, 2005

Micheletti, Michele: Political Virtue and Shopping. Individuals, Consumerism, and Collective Action. New York; Houndmills u.a.: Palgrave Macmillan, 2003

Micheletti, Michele/Follesdal, Andreas/Stolle, Dietlind (Hrsg.): Politics, Products, and Markets. Exploring Political Consumerism Past and Present. New Brunswick; London: Transaction, 2004

Müller, Sabine: Symbole der Politik in der modernen Medien- und Konsumgesellschaft: Andy Warhols Mao Wallpaper. In: Lamla, J./Neckel, S. (Hrsg): Politisierter Konsum – konsumierte Politik. Wiesbaden: Verlag für Sozialwissenschaften, 2006, S. 185-204

Neckel, Sighard: Die Marktgesellschaft als kultureller Kapitalismus. Zum neuen Synkretismus von Ökonomie und Lebensform. In: Imhof, K./Eberle, Th. S. (Hrsg.): Triumph und Elend des Neoliberalismus. Zürich: Seismo, 2005, S. 198-211.

Peretti, Jonah/Micheletti, Michele: The Nike Sweatshop Email: Political Consumerism, Internet, and Culture Jamming. In: Micheletti, M./Follesdal, A./Stolle, D. (Hrsg.): Politics, Products, and Markets. Exploring Political Consumerism Past and Present. New Brunswick; London: Transaction Publishers, 2004, S. 127-142.

Pötter, Bernhard: König Kunde ruiniert sein Land. Wie der Verbraucherschutz am Verbraucher scheitert. Und was dagegen zu tun ist. München: oekom, 2006

Prisching, Manfred: Die zweidimensionale Gesellschaft. Ein Essay zur neokonsumistischen Geisteshaltung. Wiesbaden: Verlag für Sozialwissenschaften, 2006

Rifkin, Jeremy: Access. Das Verschwinden des Eigentums. Frankfurt/M.: Fischer, 2002

Rose, Nikolas: Tod des Sozialen? Eine Neubestimmung der Grenzen des Regierens. In: Bröckling, U./Krasmann, S./Lemke, Th. (Hrsg.): Gouvernementalität der Gegenwart. Studien zur Ökonomisierung des Sozialen. Frankfurt/M.: Suhrkamp, 2000, S. 72-109

Scammell, Margaret: The Internet and Civic Engagement: The Age of the Citizen-consumer. In: Political Communication, Vol. 17, 2000, S. 351-355

Sennett, Richard: Die Kultur des neuen Kapitalismus. Berlin: Berlin Verlag, 2005

Stolle, Dietlind/Hooghe, Marc/Micheletti, Michele: Zwischen Markt und Zivilgesellschaft: politischer Konsum als bürgerliches Engagement. In: Gosewinkel, D. u. a. (Hrsg.): Zivilgesellschaft – national und transnational. Berlin: edition sigma, 2004, S. 151-171

Taylor, Charles: Das Unbehagen an der Moderne. Frankfurt a.M., 1995

Vogel, Berthold: Kristallisationskerne der neuen sozialen Frage. Zur politischen Ordnung sozialer Verwundbarkeit und prekären Wohlstands. In: Imhof, K./Eberle, Th. S. (Hrsg.): Triumph und Elend des Neoliberalismus. Zürich: Seismo, 2005, S. 212-225.

Wagner, Peter: Soziologie der Moderne. Frankfurt a.M./New York: Campus, 1995

Werner, Klaus/Weiss, Hans: Das neue Schwarzbuch Markenfirmen. Die Machenschaften der Weltkonzerne. Wien/Frankfurt a. M.: Deuticke, 2003

Worldwatch Institute (Hrsg.): Zur Lage der Welt 2004. Die Welt des Konsums. In Zusammenarbeit mit der Heinrich-Böll-Stiftung und GERMANWATCH. Münster: Westfälisches Dampfboot, 2004

Young, Iris Marion: Responsibility and global justice. A social connection model. Social Philosophy and Policy, Vol. 23, No 1, 2006, S. 102-130

Julia Egbringhoff, Gerd Mutz

Corporate Social Responsibility und Corporate Citizenship. Die Rolle der Arbeitnehmervertretung und Auswirkungen auf die Beschäftigten

1 Einleitung

Bisherige wissenschaftliche Beiträge zu Corporate Social Responsibility (CSR) und Corporate Citizenship (CC) wurden überwiegend aus einer unternehmensgerichteten Perspektive geschrieben; üblicherweise werden Rezeption und Nutzen von CSR und CC sowie Übertragungs-/ Strategiefragen und Managementkonzepte diskutiert (etwa: Backhaus-Maul 2004a, Mutz/Korfmacher/Arnold 2002). Hinzu kommen Publikationen mit Handbuchcharakter und Best Practice-Beispielen, die ein tieferes Verständnis der Konzepte ermöglichen (vor allem: Habisch 2003 und Habisch u.a. 2005). In dem folgenden Beitrag geht es um eine andere Sichtweise, die implizit stets mitgenannt, aber bislang nicht berücksichtigt wurde. Im Fokus unserer Darstellung stehen die Beschäftigten und ihre Arbeitnehmervertretungen, also eine wesentliche Stakeholdergruppe im CSR-/CC-Prozess.

In einem ersten Schritt gehen wir der Frage nach, wie sich Gewerkschaften in der öffentlichen Diskussion verhalten; zweitens analysieren wir, in welcher Weise die betriebliche Arbeitnehmervertretung[1] bei der Implementierung und Durchführung von CSR- und CC-Programmen mitwirken – dabei spielt auch das Verhältnis Betriebsräte - Gewerkschaften eine Rolle. In einem dritten Schritt analysieren wir die Situationen und Sichtweisen der Beschäftigten. Grundlage der folgenden Aus-

---

[1] Mit dem Begriff Arbeitnehmervertretung benennen wir die institutionalisierte Mitbestimmung in Deutschland. Dazu zählen die Interessenvertretung durch die Gewerkschaften und die Arbeitnehmervertreter im Betrieb. Dabei sehen wir beide Institutionen auf unterschiedlichen Zuständigkeitsebenen: Die Gewerkschaften sind die Interessenvertretung der Beschäftigten in einem allgemeinen gesellschaftspolitischen Rahmen und in den überbetrieblichen Mitbestimmungsgremien; die Betriebsräte sind Akteure der betrieblichen Mitbestimmung und der Unternehmensmitbestimmung im Aufsichtsrat.

führungen ist eine empirische Analyse von CSR- und CC-Prozessen in deutschen Großunternehmen und des Aktionsfeldes zwischen Unternehmensleitungen und Arbeitnehmervertretungen. Dabei lag der besondere Fokus unserer Untersuchungen auf deren Kooperationsbeziehungen und den damit verbundenen Interaktionsmustern.[2]

Corporate Citizenship beschreibt das bürgerschaftliche Engagement von Unternehmen außerhalb ihres Kerngeschäfts, also im gesellschaftlichen Umfeld und kann somit als Teil von Corporate Social Responsibility definiert werden (Mutz 2002, Habisch 2003, Backhaus-Maul u.a. 2004, Pommerening 2004). CSR ist somit der umfassendere Sachverhalt; er beschreibt die Gesamtheit der freiwilligen sozialen, ökologischen oder kulturellen Aktivitäten innerhalb und außerhalb des Kerngeschäfts. Seit in den letzten Jahren diese Themen auch von der bislang einseitig auf ökologische Prozesse fokussierten Nachhaltigkeitsdiskussion aufgegriffen wurden, werden CSR und CC nun stärker in den Rahmen einer nachhaltigen Unternehmensentwicklung gestellt: Neben betriebswirtschaftlichen Zielen sollen auch das soziale und ökologische Umfeld berücksichtigt werden (triple-bottom-line). Bei der Begriffsbestimmung ist jedoch zu bedenken, dass CSR, CC oder die soziale Dimension nachhaltigen Wirtschaftens häufig undifferenziert oder auch synonym verwendet werden.[3]

Wir sprechen im Folgenden von CSR/CC, wenn es um die allgemeine gesellschaftliche Verantwortung von Unternehmen geht; wenn wir explizit den Begriff Corporate Citizenship verwenden, dann bezeichnen wir damit das Engagement von Unternehmen außerhalb des Kerngeschäfts, insbesondere in Form von Corporate Volunteering-Programmen.

---

[2] Das Forschungsprojekt „Gesellschaftliche Verantwortung von Unternehmen. Die Rolle der Arbeitnehmervertretung" wurde von der Hans-Böckler-Stiftung und MISS gefördert und von der Projektgruppe für Sozialforschung e.V. unter der Leitung von Gerd Mutz durchgeführt. Es wurden Unternehmen ausgewählt, die in der Öffentlichkeit mit der Durchführung von CSR-/CC-Projekten werben und in denen sich bereits eine Zusammenarbeit mit der betrieblichen Arbeitnehmervertretung durchgesetzt hat. Das Sample besteht aus 20 Großunternehmen, in denen 26 Interviews mit Konzern- und Gesamtbetriebsräten sowie CSR-/CC-Managern geführt wurden.

[3] Derzeit gibt es kein einheitliches Begriffsverständnis zu CSR und CC, was angesichts der Vielfalt von Vorstellungen und Konzepten auch ein schwieriges Unterfangen darstellt. Unterschiedliche Akteure benutzen CSR und CC nach je eigenen Vorstellungen und Nutzenerwartungen. Somit ist für beide Begriffe ein Kommunikationsproblem konstitutiv.

2 Das Aktionsfeld und die Mitwirkungspraxis der Arbeitnehmervertretungen

2.1 Skepsis, Zögern und Zurückhaltung

Die Gewerkschaften verhalten sich gegenüber CSR und CC bislang überwiegend skeptisch. Sie bezweifeln, dass es den Unternehmen um das gesellschaftliche Umfeld oder das Wohl der Beschäftigten geht; vielmehr vermuten sie, dass allein wirtschaftliche Motive die eigentliche Triebkraft für CSR und CC darstellen. Zunächst ist in der Tat irritierend, wenn Unternehmen ihrerseits gemeinsam mit sozialen Einrichtungen des Dritten Sektors oder anderen Stakeholdern soziale Aktivitäten initiieren, die dem Selbstverständnis nach das Feld der Gewerkschaften darstellen (Habisch/Wegener 2005, Haunschild/Matten/Preuß 2005, siehe dazu auch Kluge 2000, Hildebrandt/Schmidt 2001, Hildebrandt 2005). Aus ihrer Sicht wird damit ihr originäres und immer stark umkämpftes Terrain des Sozialen nun als freiwillige Selbstverpflichtung beansprucht. Damit geht es im Kern um Fragen der Regulierung: Da CSR und CC aus Unternehmensperspektive auf freiwilliger Selbstverpflichtung beruhen, wird bezweifelt, ob derartige Aktivitäten verbindlich und damit verlässlich sind. Gewerkschaftsvertreter verweisen auf zahlreiche negative Erfahrungen in den Bereichen Umweltschutz oder Gleichstellung, aber auch auf Widersprüchlichkeiten, die offensichtlich sind, wenn Unternehmen trotz hoher Gewinne Beschäftigte entlassen und sich gleichzeitig mit CSR/CC-Programmen ein positives Image verschaffen. Sie sehen die Gefahr, dass damit der Abbau von ohnehin bedrohten Mitbestimmungsrechten legitimiert werden könnte und dass der institutionalisierte soziale Dialog ausgehöhlt und geltende Arbeitnehmerrechte in Frage gestellt werden könnten (Kluge 2002, Schömann 2001, DGB 2001). Regelungsbedarf wird auch bei Corporate Citizenship-Programmen gesehen, wenn bspw. Beschäftigte in sozialen Einrichtungen mitarbeiten – hier wird ein zu starker Eingriff in die Privatsphäre der Beschäftigten befürchtet.

Derartige Bedenken sind der Grund für eine jahrelange Zurückhaltung der Gewerkschaften. Erst Anfang der Jahrtausendwende begannen innerhalb des Deutschen Gewerkschaftsbundes (DGB) erste Gesprächsrunden und man beteiligte sich zögerlich an deutschen und europäischen Debatten – jedoch mit geringem Ertrag. Unter CSR-/CC-Experten und in Fachkreisen wurde diese abwartende Haltung immer wieder kritisiert und es entstand ein gesellschaftspolitischer Druck auf die Gewerkschaften, sich zu positionieren. Dadurch sind in den letzten Jahren die internen Auseinandersetzungen in den Gewerkschaften und die Bemühungen um eine eigene Haltung zu CSR/CC deutlich verstärkt worden; dies wird bspw. in einer ersten Veröffentlichung des DGB deutlich (DGB 2005).

Das zögerliche Aufgreifen der Thematik spiegelt eine besondere Situation wider, nämlich die Kollision der CSR-/CC-Programmatik mit einer typisch *deutschen* Kultur der Sozialpartnerschaft, Interessensvertretung und Mitbestimmung. Derartige Konzepte der gesellschaftlichen Verantwortung und des bürgerschaftlichen Engagements von Unternehmen sind dem deutschen Modell industrieller Beziehungen zunächst einmal wesensfremd und der Versuch der Arbeitnehmervertretungen ist nachvollziehbar, das Neue aus der Perspektive des Vertrauten zu betrachten.[4] Gewerkschaften in anderen europäischen Ländern und auch der Europäische Gewerkschaftsbund (EGB) konnten sich hingegen vor einem weniger voraussetzungsvollen Hintergrund mit den CSR-/CC-Prozessen leichter auseinandersetzen (siehe etwa European Foundation 2001, EGB 2004). So scheint der Europäische Gewerkschaftsbund auch eher die positiven Seiten der freiwilligen Regulierungen zu sehen. Es wird z.B. auf die Textilbranche verwiesen, die inzwischen eigene Branchenkodizes entwickelt hat, die durch Selbstkontrollen abgesichert werden (AVE-Modell). Die Erfolge solcher Herangehensweisen bewogen den Europäischen Gewerkschaftsbund, freiwillige Selbstverpflichtungen zumindest als einen ersten Schritt ‚in die richtige Richtung' zu akzeptieren (EGB 2004).[5]

Auf der europäischen Ebene gibt es sogar stärker werdende Positionen, die die Chancen der Mitgestaltung bei CSR und CC betonen. So sieht der Europäische Metallarbeiterbund positive Auswirkungen auf die Wettbewerbsfähigkeit; hier seien „innovativere kollektive Vereinbarungen und mehr Beteiligungsmöglichkeiten für die Arbeitnehmer als bisher notwendig" (zit. nach Kluge 2002: 72). Die EU-Kommission solle beispielsweise bei der Förderung von Managern in der CSR-Praxis auch die Co-Manager in den Arbeitnehmervertretungen berücksichtigen (ebd.).

Wenn auch aus den genannten Gründen die Zurückhaltung deutscher Gewerkschaften nachvollziehbar ist, so bleibt dennoch ein allgemeines Unverständnis: schließlich geht es bei CSR/CC in vielen Fällen *auch* um die Einhaltung von Sozialstandards, also um Themen wie Chancengleichheit, Antidiskriminierung, Integration von älteren Arbeitnehmern, Vereinbarkeit von Familie und Beruf, Gesundheit –

---

[4] „CSR und Mitbestimmung sind sich konzeptionell fremd" (Thannisch 2005); schließlich handelt es sich um unternehmensgesteuerte Konzepte, die ihren Ursprung in angelsächsischen Ländern haben, in denen andere sozialstaatliche und kulturelle Bedingungen herrschen. Zum kulturellen Hintergrund siehe ausführlich Backhaus-Maul (2003).

[5] Zum Instrument der freiwilligen Selbstverpflichtung und die Diskussion um Verbindlichkeit und Freiwilligkeit siehe Brandl/Stelzl (2005) sowie Kluge (2003).

alles Schutzfunktionen, die im Kern traditionelle Aufgabenbereiche der Gewerkschaften darstellen. Diese könnten gleichsam eine ‚Steilvorlage' für Verhandlungsansprüche, Mitgestaltung und Einflussnahme sein.

2.2 Typische Aktionsfelder der Betriebsräte

Betriebsräte, insbesondere großer Konzerne, sind grundsätzlich in einer anderen Situation als Gewerkschaften, weil sie direkt mit der unternehmerischen CSR-/CC-Praxis konfrontiert sind. Denn dies ist bereits ein erstes Ergebnis unserer Untersuchungen: In der überwiegenden Zahl der Fälle *re-agieren* Betriebsräte auf die Implementierung und Durchführung von CSR-/CC-Programmen – d.h. die Initiative kommt üblicherweise von der Unternehmensseite; nur in wenigen Fällen – wir vermuten aufgrund unserer Studien etwa 5% der CSR-/CC-Praxis in Deutschland – gehen derartige Projekte von den Betriebsräten aus. Somit stehen die Betriebsräte einerseits unter Handlungsdruck, weil sie reagieren müssen; sie sind andererseits entlastet, weil sie sich nicht wie die Gewerkschaften in einer gesellschaftspolitischen Öffentlichkeit positionieren müssen. Der Handlungsdruck verschärft sich vor allem dann, wenn – wie bei fast allen neuartigen CC-Programmen – Beschäftigte involviert sind und somit ein Fall für die betriebliche Mitbestimmung vorliegt. In einer ersten Betriebsrätebefragung wurde deutlich, dass die Betriebsräte die klassischen Mitbestimmungsthemen deutlich priorisieren – Projekte mit Einrichtungen des Dritten Sektors liegen in der Schwerpunktsetzung weit hinten (Hauser-Ditz/Wilke 2004).

Unsere Analysen aus den Jahren 2004-2006 zeigen, dass Betriebsräte bei etwa 2/3 aller CSR-/CC-Programme *nicht beteiligt werden* oder *sich nicht beteiligen*. Im ersten Fall handelt es sich um Unternehmen, bei denen die betriebliche Interessenvertretung nicht informiert, übergangen oder bewusst ausgeschlossen wird. Ein Beispiel sind Codes of Conduct, die ohne Mitwirkung des Betriebsrates verabschiedet werden können. Im zweiten Fall sehen Betriebsräte keine Notwendigkeit, sich zu beteiligen. Dies geschieht bspw. bei traditionellem CC, etwa Sponsoring, Spenden, Stiftungen usw. – also Formen, die bereits seit langem in bewährter Weise durchgeführt werden.

In unseren Untersuchungen konzentrierten wir uns auf das ‚andere' Drittel, nämlich betriebliche Situationen, in denen sich eine *Praxis* der Beteiligung und Interaktion von Betriebsräten entwickelt hat, obwohl *keine institutionalisierten* Formen vorgesehen sind. Für diesen Bereich können wir die Ergebnisse der Hauser-Ditz/Wilke-Studie (2004) aus einer anderen Perspektive bestätigen: Betriebsräte sind überwiegend in jene Handlungsfelder eingebunden, in denen es um die klassischen Mitbestimmungsthemen geht. Unser weitergehendes Forschungsinteresse richtete sich auf die konkreten Bedingungen, mit denen sich Betriebsräte auseinandersetzen müssen; die Analysen sollten Aufschluss geben über die Spezifik der Beteiligungsformen und Interaktionsmuster.

Zunächst war in unserem empirischen Material auffallend, dass der Kenntnisstand von CSR/CC sehr unterschiedlich ist. So konnten wir einerseits Unkenntnis oder Ablehnung der englischen Begrifflichkeit feststellen, andererseits selbstverständliche Übernahme oder Kommunikation der jeweiligen Begriffsverwendung. Das Verständnis der Betriebsräte verändert sich jedoch deutlich, wenn die Relevanz des Themas in der betrieblichen Praxis zunimmt. Weiterhin wurde deutlich, dass Betriebsräte mit sehr heterogenen Bedingungskonstellationen konfrontiert sind, die von der jeweiligen *Konzernpolitik, Unternehmenskultur* und den konkreten *CSR-/CC-Programmen* abhängig sind. Dieses Variablenbündel bestimmt in maßgeblicher Weise unterschiedliche Aktionsfelder der Betriebsräte und somit resultiert ein breites Spektrum und eine hohe Differenziertheit der Beteiligungs- und Interaktionsformen. Diese Heterogenität der Aktionsfelder kann wie folgt typisiert werden.[6]

Der Typus Gestaltung: „Wir wollen immer ein paar Schritte weiter sein als der Konzern"

In den wenigen Situationen, in denen die Betriebsräte selbst die Initiative ergreifen, werden sie gleichsam zu einer gestaltenden Kraft der CSR-/CC-Praxis. Auf der Basis einer kooperativen Unternehmenskultur wird eine strategische Mitbestimmungspraxis entwickelt, bei der insbesondere Arbeitnehmerinteressen geltend gemacht werden. Da es sich aus Sicht der Betriebsräte um ein Zukunftsthema handelt, werden eigene Ideen und Initiativen eingebracht, der Betriebsrat will ‚Maßstäbe setzen' und eine Promotorenfunktion einnehmen. Nach unserer Überzeugung ist diese Praxis stark von einem Personentyp abhängig, der Betriebsratsarbeit als Hebel versteht, neue Themen individuell zu priorisieren und durchzusetzen: „Ich bin da auch leidenschaftlich", so ein Konzernbetriebsratsvorsitzender aus unserem Sample.

---

[6] Die Interviews wurden mit einem qualitativen Auswertungsverfahren analysiert, das sich methodologisch an der sozialwissenschaftlichen Hermeneutik orientiert (siehe z.B. Soeffner 1989). Wir wollten damit nicht nur die bloßen Sachverhalte, sondern auch die damit verknüpften Hintergrundüberzeugungen und Sinnstrukturen systematisch freilegen und so die Praxen des Feldes erfassen. Wir haben aus den Einzelfällen heraus typische Situationen der Praxis der Betriebsräte sowie charakteristische Handlungsmuster und Interaktionen rekonstruiert. Die Typenbildung erfolgte in Anlehnung an das mehrstufige Verfahren von Kelle/Kluge (1999).

Dieser Typus steht in einem starken Kontrast zu den folgenden drei Typen, bei denen CSR/CC ein rein unternehmensgesteuertes Konzept ist und Betriebsräte reagieren.

Der Typus Zuständigkeit: „Wir sind für die Beschäftigten da, dafür sind wir gewählt!"

Weitaus häufiger sehen sich Betriebsräte in einer Situation, in der sie in erster Linie klären müssen, für welche Bereiche sie zuständig oder nicht zuständig sind. Bei den Fällen, die wir zum Typ Zuständigkeit zusammengefasst haben, herrscht aufgrund bisheriger Erfahrungen mit Unternehmensinitiativen im Prinzip ein einvernehmliches Verhältnis. CSR/CC wird aus einer klassischen Mitbestimmungsperspektive betrachtet und auf dieser Grundlage wird formal entschieden, ob eine Mitwirkung angezeigt ist. Wenn dies der Fall ist, dann werden CSR-/CC-Maßnahmen auch gleichsam als originäre Betriebsratsaufgaben fortgeschrieben. Ein Mitglied des Gesamtbetriebsrates bringt die Zuständigkeitslinie auf den Punkt: „Es wird immer dann ein Mitbestimmungsthema, wenn es in irgendeiner Form Mitarbeiter betrifft".

Der Mitwirkungsrahmen und die Themenfelder werden durch eine mandatsorientierte Orientierung umrissen und somit entspricht dieser Typus etwa den Ergebnissen der bereits genannten Hauser-Ditz/Wilke-Studie (dies. 2004). Für außerbetriebliche Engagementformen des Unternehmens bedeutet dies bspw., dass sich die Aktivitäten des Betriebsrats auf die Belange der betroffenen Beschäftigten konzentrieren (etwa: Arbeitszeitausgleich bei Wochenendveranstaltungen im Rahmen von Corporate Volunteering). Sind hingegen bei Corporate Citizenship-Aktivitäten keine Beschäftigten direkt beteiligt, dann werden sie außerhalb der Zuständigkeit verortet und lediglich zur Kenntnis genommen. Oft werden sie auch, „wenn sie nicht schaden", prinzipiell befürwortet: „Gegen das Engagement nach draußen haben wir eigentlich überhaupt nichts. Wir begleiten das auch. Man fragt natürlich immer mal bei einem kuriosen Ding, was bringt das? (...) Da wird dann schon mal das eine oder andere in Frage gestellt, aber ansonsten sind wir grundsätzlich damit einverstanden. Und wenn solche Projekte laufen, okay, sollen sie laufen. Aber dann muss ich mich als Betriebsrat nicht darum kümmern. Das machen Leute, die dafür zuständig sind und dafür bezahlt werden".

Der Typus Orientierung: „Das wird immer wichtiger, aber da müssen noch einige umdenken."

Wenn Betriebsräte den Eindruck haben, dass es sich bei der betrieblichen CSR-/CC-Praxis um eine (bspw. durch Internationalisierungsprozesse hervorgerufene) ‚aufgesetzte' marktorientierte PR-Strategie handelt, dann ergibt sich ein Aktionsfeld, in dem sie nach Orientierung suchen, um zu eigenen Einschätzungen und Perspektiven zu gelangen. Sie verhalten sich abwartend und loten die Möglichkeiten aus, um die Aktivitäten des Unternehmens zu begleiten oder gar eigene Impulse zu setzen. So versuchen sie etwa, die soziale Dimension zu stärken („Da wird man immer korrigierend eingreifen müssen als Betriebsrat, weil vielleicht nicht immer an den richtigen Schrauben gedreht wird."). Es geht um das Eigene, was man im Fremden sucht. Die Betriebsräte sehen aber auch deutlich, dass ein ‚Umdenken' notwendig ist und sich das Selbstverständnis in Bezug auf Zuständigkeiten und Rollen ändern muss, um mit CSR und CC angemessen umgehen zu können.

Der Typus Reflexion: „Das ist immer eine Gratwanderung!"

Wenn im Unternehmen CSR/CC durchgeführt wird und die Betriebsräte den Eindruck haben, dass es sowohl mit Chancen für die Beschäftigten als auch mit Risiken im Hinblick auf die Glaubwürdigkeit verbunden ist, dann reagieren sie skeptisch und sehen die Notwendigkeit, die angewandten Konzepte und Programme zu reflektieren. In einem solchen Aktionsfeld werden sowohl die Möglichkeiten für eine verbesserte ökologische und soziale Unternehmensführung gesehen, aber auch die Gefahren der Durchsetzung einseitiger Marketinginteressen. Beide Aspekte werden als Anforderungen für die betriebliche Interessenvertretung definiert und damit werden die Mitwirkungsmöglichkeiten ambivalent.

Wenn beispielsweise im Zuge einer intensiven Wertediskussion ein ‚Code of Conduct' beschlossen wurde, dann kann dies als Hebelwirkung für die eigenen Forderungen benutzt werden: „So, und wir haben da, denke ich mal auch bei uns sehr sehr gute Erfahrungen machen dürfen, beispielsweise für die Gleichstellung der Kolleginnen. Da ist also wirklich sehr sehr positiv was verändert worden. Aber auch weil die Grundwerte des Unternehmens entsprechend so sind. Das ist sicherlich ein sehr schönes Beispiel dafür, dass man definierte Grundwerte eines Unternehmens auch als Betriebsrat dazu nutzen kann, Verbesserungen für die Kolleginnen und Kollegen zu erreichen. Gleiches gilt zum Thema Gesundheitsschutz, Arbeitsschutz, also … bei uns de facto Selbstläufer. Das heißt, da haben wir sehr positive Erfahrungen gemacht…".

In diesem Fall wird die Zwiespältigkeit deutlich, denn eine Übereinstimmung mit dem Code of Conduct bedeutet nicht zwangsläufig eine glaubwürdige geschäftsinterne Praxis; dies begründet eine grundsätzliche Skepsis und distanzierte Zurückhaltung. Gleiches gilt, wenn sich ein CC-Programm auf Menschen mit Behinderungen bezieht, aber die eigenen Beschäftigten mit eingeschränkter Erwerbsfähigkeit um die Gestaltung ihres Arbeitsplatzes kämpfen müssen.

Die Frage der Mitwirkung koppeln die Betriebsräte an die Glaubwürdigkeit des Unternehmens, weil davon die *eigene* Legitimation abhängig ist; schließlich geht es um Vereinnahmungsgefahren einerseits und Autonomieansprüche andererseits (‚Glaubwürdigkeitsfalle'). Dazu wird eine ‚kalkulierte Mitwirkungspraxis' entwickelt: „Es ist in der Tat eine Gratwanderung, wo hört sag ich mal ein glaubhaftes oder glaubwürdiges Engagement auf und wo fängt die Realsatire an. Und ich glaube, der Konzernbetriebsrat, der hat das bislang recht gut hingekriegt. Wir haben also keine Dinge blockiert, ganz im Gegenteil, wir haben das durchaus positiv mit begleitet, aber ohne uns, sag ich mal, sowohl bei der Belegschaft oder in der Öffentlichkeit uns vor diesen Karren zu spannen, nach dem Motto, ja, seht mal, wie sozial wir sind, selbst die Betriebsräte sind begeistert".

2.3 Interaktionsmuster zwischen Unternehmensleitung und Betriebsräten

Den genannten Aktionsfeldern – Gestaltung, Zuständigkeit, Orientierung und Reflexion – lassen sich wiederum spezifische *Interaktionsmuster* zuordnen. Aktionsfelder und Interaktionsmuster bedingen einander: Interaktionsmuster sind in den je spezifischen Aktionsfeldern, die gleichsam eine Rahmung bilden, eingebettet und sie generieren selbst wiederum die Besonderheiten des jeweiligen Aktionsfeldes. Sie beruhen auf dem bisher im Unternehmen praktizierten Selbstverständnis von Beteiligung und Mitwirkung – also im Wesentlichen auf mehr oder weniger bewährten Formen der Interaktion:

- In den wenigen Fällen, in denen Betriebsräte selbst aktiv sind, ist die Interaktionssituation von gegenseitiger *Achtung* getragen;
- in Situationen, in denen erst die Zuständigkeiten definiert werden müssen, aber ansonsten eine grundsätzlich gute Zusammenarbeit herrscht, ist die Interaktion zwischen Unternehmensleitung und Betriebsrat dementsprechend durch *Vertrauen* gekennzeichnet;
- Wenn durch CSR oder CC ein Aktionsfeld entsteht, in dem sich die Betriebsräte erst orientieren müssen um insbesondere korrigierend einzugreifen, ist die Interaktion von *Unsicherheit* geprägt;
- Im letzten Fall, wenn Betriebsräte mit Skepsis die Folgen von CSR oder CC abwägen, bildet sich ein *ambivalentes* Interaktionsmuster.

3 Corporate Social Responsibility und Corporate Citizenship: Ein ‚Segen' für die Beschäftigten?

Nachdem wir die Aktionsfelder der betrieblichen Arbeitnehmervertreter und darauf bezogene Interaktionsmuster dargestellt haben, werden wir im Folgenden für CSR-Prozesse und im speziellen für Corporate Citizenship auf die Situation und Sicht der Beschäftigten eingehen.[7]

3.1 Gesellschaftliche Verantwortung im Kontext

Im Fall von *CSR* zeigen unsere Analysen, dass Beschäftigte darin nicht ohne weiteres einen Gewinn für sich sehen; denn zunächst gilt es sich einerseits klar zu machen, dass Beschäftigte in erster Linie ihre konkrete Beschäftigungssituation und erst in zweiter Linie soziale und ökologische Belange des unternehmerischen Geschäftsbereichs im Auge haben – was nachvollziehbar und plausibel ist. Gleichwohl bildet CSR dann einen Bezugsrahmen für die Beschäftigten, wenn sie sich mit der damit erzeugten Außenwirkung identifizieren können. Zweifellos sehen sich Mitarbeiter selbst ‚gerne' in der Nähe von gesellschaftlich anerkannten und hoch geschätzten Unternehmenszielen und -praktiken. Nach wie vor (und trotz der sich häufenden Skandale) gibt es in Deutschland ein hohes Identifikationspotential mit den weltweit bekannten Brandnames. Doch wie ein Vexierbild ‚kippt' diese positive Konnotation dann, wenn die konkreten Geschäftspraktiken oder Arbeitsbedingungen davon zu stark abweichen, nicht glaubwürdig sind oder wenn die äußeren und inneren Beziehungen nicht konsistent sind (siehe u.a. Habisch 2003).

So sind global agierende 'Good Citizen' immer weniger glaubwürdig, wenn an ausländischen Standorten keine Sozialstandards gelten, betriebliche Interessenvertretungen unterbunden werden oder in der Zuliefererkette Kinderarbeit toleriert wird – insbesondere dann, wenn sie dem Code of Conduct beigetreten sind, der unter anderem ‚vertrauliche Beziehungen zu den Mitarbeitern' und ‚Förderung von Diversity-Management' verlangt. Vergleichbar irritierende Wirkungen auf die Beschäftigten konnten wir beobachten, wenn sie sich durch die öffentliche Darstellung

---

[7] Die direkten oder indirekten Auswirkungen von CSR-/CC-Aktivitäten auf die Situation der Beschäftigten, ihre konkreten Arbeitsbedingungen, ihr privates bürgerschaftliches Engagement, ihre Identifikation mit dem Unternehmen, Motivation usw. sind bislang ein empirisch noch weitgehend unerforschtes Feld. Wir greifen hier auf Untersuchungen zurück, die in einem anderen Projektzusammenhang, in dem es u.a. um die Situation und Sicht der Beschäftigten ging, entstanden sind (Vgl. Mutz 2005).

in Nachhaltigkeits- oder CSR-Berichten instrumentalisiert sehen. So ist bspw. häufig von dem ‚Mitarbeiter als Träger der Produktivität' oder dem ‚Heben von Humanressourcen' die Rede – und dies kann durchaus zutreffend geschildert sein; dennoch wird dies aus Sicht der Beschäftigten als eine gewinnorientierte *ökonomische* und nicht soziale Darstellung ‚entlarvt'.

Mit diesen knappen Skizzen wird deutlich, dass CSR nicht einfach Vor- und Nachteile für die Beschäftigten hat und dass die konkreten Sachverhalte oft nicht eindeutig sind. Dies erzeugt auf Seiten der Beschäftigten ein weites Feld für sehr unterschiedliche Deutungen, die keineswegs stabil, sondern durch ein hohes Maß von Labilität und Ambivalenz geprägt sind – weil es auf den jeweiligen Kontext ankommt, der sich wiederum durch kurzsichtiges Geschäftsverhalten schnell verändern kann.

3.2 Corporate Citizenship und Corporate Volunteering

Bei *Corporate Citizenship* liegt der Fall anders als bei CSR, weil es um Engagementformen außerhalb des Kerngeschäfts geht. Dabei gilt es zweifach zu differenzieren: Zum einen kann es sich um Engagement *des* Unternehmens handeln; zum anderen initiiert und unterstützt das Unternehmen das Engagement seiner Beschäftigten. Quer dazu ist zu unterscheiden, ob sich das Engagement auf das unmittelbare soziale Umfeld bezieht (etwa auf lokale Einrichtungen) oder auf Regionen, die außerhalb der unmittelbaren Wahrnehmung liegen (Unterstützung eines Waisenhauses in Vietnam). Beide Differenzierungen sind für die Situation und Beurteilung der Beschäftigten von Belang.

In unseren Analysen konnten wir zeigen, dass sich Beschäftigte sehr unterschiedlich mit Corporate Citizenship auseinandersetzen, je nachdem, wie stark sie persönlich involviert sind. Wenn sich *das* Unternehmen engagiert und wenn dies zudem außerhalb des eigenen Wahrnehmungsbereichs geschieht, wird es von den Beschäftigten in der Regel gar nicht oder kaum wahrgenommen; und auch die Betriebsräte (siehe oben) sehen keinen oder kaum Anlass, sich mit derartigen Corporate Citizenship-Programmen auseinander zu setzen. Beschäftigte – oder auch die betriebliche Interessensvertretung – *wissen* häufig gar nicht von den Aktivitäten, weil die klassischen Formen des Corporate Citizenship, wie etwa Spenden, Sponsoring oder Engagement in Unternehmensstiftungen nicht mitbestimmungsrelevant sind. Selbst Unternehmen, die derartigen Programmen eine hohe Bedeutung für das Firmenimage beimessen, kommunizieren dies oft nicht betriebsintern. So kommt es nicht selten vor, dass sich Beschäftigte aufgrund von Unkenntnis skeptisch äußern oder abwägen, ob die Ausgaben für ein fern liegendes Corporate Citizenship nicht besser im Unternehmen für die Gestaltung von Arbeitsbedingungen, Arbeitsplätzen usw. angelegt seien.

Dies ist aus sozialwissenschaftlicher Sicht nicht überraschend, denn das, was nicht ausreichend oder gar nicht kommuniziert wird, existiert in dem Bewusstsein der Beschäftigten nicht oder wird mit Vermutungen verknüpft – und damit gibt es in diesem Sinne auch gar keine Auswirkungen derartiger CC-Programme auf die Beschäftigten, mit denen sie oder ihre betrieblichen Interessenvertretungen sich angemessen auseinandersetzen könnten. Auch verhindert dies, dass sich Mitarbeiterbindung, Motivation oder gar Stolz und ein ‚Wir-Gefühl' entwickeln könnten.

Anders ist der Fall, wenn sich das Unternehmen direkt im unmittelbaren sozialen Umfeld, also etwa in der eigenen Stadt engagiert. Dies wird dann positiv beurteilt, wenn die Aktivitäten – vergleichbar den CSR-Programmen (siehe oben) – nicht von der ‚Firmenwirklichkeit' abweichen sowie glaubwürdig und konsistent sind. Bei Corporate Volunteering sind die Beschäftigten am stärksten involviert, weil es gleichsam im ‚Unternehmensauftrag' um ihr eigenes gesellschaftliches Engagement geht: ihr persönliches, bereits vorhandenes bürgerschaftliches Engagement wird unterstützt – oder weitergehend: es wird erst durch das Unternehmen bürgerschaftliches Engagement initiiert. Die Palette von Corporate Volunteering ist inzwischen breit (Habisch 2003, Wettmann 2004): Es kann bedeuten, dass Unternehmen ‚sich nicht in den Weg stellen', dass in unbürokratischer Weise Freistellungen, Sonderurlaub oder sogar Sabbaticals gewährt werden oder dass Beschäftigte in das gesellschaftliche Engagement *des* Unternehmens integriert werden. Bei der Einbindung der Beschäftigten in das Engagement des Unternehmens sind zwei Programme in Deutschland sehr bekannt geworden: das Schweizer Projekt SeitenWechsel® und das Münchner Programm SWITCH©. Bei beiden handelt es sich um eine besondere Form des organisierten Corporate Volunteering, bei dem die Beschäftigten für eine begrenzte Zeit – meist eine Woche – für die Arbeit in einer sozialen Einrichtung freigestellt werden (andere Programme verfahren ähnlich). SeitenWechsel® und vergleichbare Maßnahmen werden als Personalentwicklung oder Weiterbildung insbesondere für Führungskräfte benutzt; erwartet wird ein soziales Lernen in Einrichtungen des Dritten Sektors und damit ein Kompetenzzuwachs, der sich später im Unternehmen realisieren lässt. Bei SWITCH© und anderen Konzepten geht es nicht nur um soziales, sondern auch zivilgesellschaftliches Lernen: Die Idee ist, das Bürgerengagement im sozialen Umfeld zu fördern.

Es ist bislang kaum eines dieser Programme sozialwissenschaftlich evaluiert worden; erste Auswertungen hatten jedoch gezeigt, dass die jeweils angesprochenen Beschäftigtengruppen derartige Corporate Volunteering-Angebote grundsätzlich gerne in Anspruch nehmen und überwiegend positiv beurteilen (Mutz/ Korfmacher 2000, 2001). Betriebsräte sind nicht oft involviert – wenn, dann ist ihr

Interesse in der oben beschriebenen Weise überwiegend auf mitbestimmungsrelevante Teile gerichtet oder es wird in wenigen Fällen eine Mitge-staltung insbesondere nach sozialen Gesichtspunkten angestrebt. Aber derartige Corporate Volunteering-Konzepte werden auch kritisch beurteilt, was sich zum einen auf die konkrete Ausgestaltung der Programme bezieht, zum anderen auf die anstreben Wirkungen.

In erster Hinsicht wird der Auswahlprozess thematisiert: Immer häufiger werden die Beschäftigten nicht nur in sinnvoller Weise zu bürgerschaftlichem Engagement ‚angestiftet', sondern regelrecht aufgefordert. Zwar herrscht formal Freiwilligkeit, aber als Qualifikationsmaßnahme sind derartige Programme nicht selten Teil des allgemeinen Personalentwicklungsplans und somit karriererelevant – es entsteht ein Zwang zum Mitmachen. Polterauer spricht treffend von einem „verordneten Gemeinschaftssinn" (Polterauer 2004: 29). In die gleiche Richtung geht auch die Kritik, dass es sich überwiegend um Angebote für (meist männliche!) Führungskräfte handelt und dass somit geringer qualifizierte Beschäftigtengruppen gar nicht erst miteinbezogen werden.

Zweites kann aufgrund bisheriger Studien angezweifelt werden, ob die gewünschten sozialen Lernprozesse in dieser Weise stattfinden und ob am Arbeitsplatz tatsächlich ein Transfer möglich ist. Lern- und Transferprozesse sind sehr voraussetzungsvoll und bedürfen einer entsprechenden Vor- und Nachbereitung, wozu die meisten Betriebe aus Kostengründen jedoch nicht bereit sind. Eine weitere Voraussetzung ist komplexer: Nur wenn eine Unternehmenskultur gelebt wird, die derartige soziale Kompetenzen in den konkreten Arbeitsvollzügen wertschätzt, können sich vorangegangene Lernprozesse durch ihr Praktischwerden verstetigen – ist dies nicht der Fall, dann handelt es sich aus Sicht der übrigen nicht ‚entsendeten' Mitarbeiter um bloßen Bildungs*urlaub* (Mutz 2005, Mutz/Korfmacher 2000, 2001). Soziale Lern- und Transferprozesse finden insbesondere dann nicht statt, wenn derartige Corporate Volunteering-Konzepte als Tagesereignisse oder als One Time Event organisiert sind.

Zivilgesellschaftliche Lern- und Transferprozesse sind noch schwerer zu realisieren und es ist wenig darüber bekannt. Bei der Evaluation des SWITCH©-Konzepts (Mutz/Korfmacher 2000) konnte auf einer sehr schmalen empirischen Basis festgestellt werden, dass sich vor allem ältere Beschäftigte vorstellen können, im Übergang zum Ruhestand das einmal initiierte Bürgerengagement fortzusetzen oder eine andere soziale Einrichtung zu wählen.[8]

---

[8] Nach mündlicher Auskunft des Sozialreferats der Landeshauptstadt München engagiert sich mehr als ein Viertel über die Zeit des Switch hinaus.

4 Zusammenfassung und Schlussfolgerungen

Die Ergebnisse unserer empirischen Analysen bewegen sich auf unterschiedlichen Ebenen: Auf der einen Seite geht es um die allgemeine gesellschaftspolitische Relevanz des Umgangs verschiedener Akteure mit CSR und CC, also um die Makroebene; auf der anderen Seite um die individuellen Sichtweisen der Beschäftigten mit CSR- und CC-Erfahrungen, also die Mikroebene – dazwischen liegen die Aktionsfelder und Interaktionsformen auf betrieblicher Ebene. In diesem Beitrag haben wir das Handeln von drei Akteuren dargestellt: Gewerkschaften, Betriebsräte und Beschäftigte.

(1) Das Handeln der Gewerkschaften wirkt nicht nur unmittelbar auf der Mikroebene, sondern ist vielmehr von einer hohen gesellschaftspolitischen Bedeutung, weil davon mit abhängt, in welche Richtung sich CSR-/CC-Prozesse zukünftig in Deutschland bewegen werden. Der Eindruck ist offensichtlich, dass sich die Gewerkschaften im Moment in einer Situation der Selbstblockade befinden. Das liegt nicht darin begründet, dass sie sich der Sozialpartnerschaft verpflichtet sehen, sondern dass sie diese Institution überwiegend mitbestimmungspolitisch und nicht zugleich zivilgesellschaftlich interpretieren. Während es etwa dem Europäischen Gewerkschaftsbund leichter fällt, mit Fragen der Steuerung und Regulierung umzugehen, ist in Deutschland wenig Spielraum sichtbar, in dieser Hinsicht unterschiedliche Wege einzuschlagen. Hier spielt eine Rolle, ob sich zukünftig Fähigkeit und Willen durchsetzen, mit anderen zivilgesellschaftlichen Akteuren zu kooperieren und nach gemeinsamen Perspektiven zu suchen. Dies betrifft auch das außerbetriebliche Verhältnis zu den Betriebsräten: Unsere Analysen haben eindeutig ergeben, dass sich Betriebsräte mehr Informationen und eine klarere Haltung seitens der Gewerkschaften wünschten – am liebsten wäre es den Akteuren, wenn es Weiterbildungen gebe, so dass sich vor diesem Hintergrund eine eigene betriebsbezogene Positionierung bilden kann.

(2) Betriebsräte befinden sich, wie wir gezeigt haben, in einer anderen Situation, weil sie sich im Betriebsalltag mit den konkreten CSR-/CC-Prozessen auseinandersetzen müssen – und zwar überwiegend ohne gewerkschaftlichen Rückhalt. Es handelt sich um ein stark differenziertes und zum Teil unübersichtliches Aktionsfeld, in dem seitens der Betriebsräte gehandelt werden muss. Wir haben auf der Grundlage unserer empirischen Untersuchungen diese unterschiedlichen Aktionsfelder strukturieren und typisieren können. Dabei hat sich ein Handlungsmuster als dominant erwiesen, das beim Typus Zuständigkeit besonders stark ausgeprägt ist: der Versuch, CSR und CC in Mitbestimmungstatbestände zu übersetzen und/ oder zusätzlich notwendige soziale Korrekturen einzubringen (vor allem Typus Orientierung). Wir bewerten es zunächst als eine kluge Strategie, das Neue in vertraute

Bahnen zu lenken, weil es das eigene Aktionsfeld stabilisieren und Handlungssicherheit gewährleisten kann. Deswegen resultiert ein solches Handlungsmuster insbesondere auch immer dann, wenn sich bereits über Jahre hinweg eine vertrauensvolle Zusammenarbeit zwischen Unternehmensleitung und Betriebsräten entwickelt hatte.

Wir haben aber den Eindruck, dass darüber hinausgehende Handlungspotentiale oft nicht gesehen werden. Dies betrifft den gesamten nicht mitbestimmungsrelevanten Bereich von CSR (siehe das Beispiel Code of Conduct), aber vor allem die genannten unterschiedlichen Aspekte von Corporate Volunteering-Programmen. Es ist seitens der Betriebsräte, wie wir herausgearbeitet haben, sehr richtig darauf zu achten, ob die betriebliche Geschäftspraxis von dem CC-Bild abweicht, das ein Unternehmen von sich zeichnet, und ob die CC-Projekte glaubwürdig und konsistent sind – aber wir haben vor allem bei Corporate Volunteering eine Reihe von sozial relevanten Faktoren gesehen, die von Betriebsräten kaum beachtet werden: der soziale Druck auf die Beschäftigten, der qualifikatorisch und geschlechtsspezifisch unterschiedliche Zugang zu den Programmen sowie die für die sozialen Lern- und Transferprozesse so wichtigen Vor- und Nachbereitungsphasen; Betriebsräte könnten auch hinterfragen, ob die sozialen und zivilgesellschaftlichen Zielsetzungen überhaupt erreicht werden und dabei mitwirken, soziales und zivilgesellschaftliches Lernen zu befördern. Nicht zuletzt wurde aber auch deutlich, dass der Erfolg von Corporate Volunteering-Projekten davon abhängig ist, ob sich soziale Kompetenzen im konkreten Arbeitsalltag entfalten können, also ob sich eine entsprechende Arbeitskultur entwickelt – und dies wiederum ist von den Betriebsräten mit gestaltbar. So gilt allgemein: eine *sozial* strukturierte Arbeitskultur, *vertrauensvolle* Kommunikationsstrukturen sowie eine *gute* Beteiligungskultur und *nachhaltige* Unternehmensführung hängen eng zusammen und dann ist es auch möglich, bewährte Kooperations- und Interaktionsmuster auf die unterschiedlichen Aktionsfelder CSR/CC zu übertragen – auch ohne gesetzliche Regulierung.

Betriebsräte in den Aktionsfeldern des Typs Gestaltung und Reflexion können in ihrem betrieblichen Umfeld andere Akzente setzen. Wenn sich Betriebsräte als initiativ verstehen und/ oder versuchen, Vor- und Nachteile abzuwägen, dann etablieren sie ihrerseits eines neues Muster der Mitwirkung, das den Projekten CSR und CC sehr viel angemessener ist. Sie überwinden damit im Ansatz die typisch deutsche Variante des Sozialpartnerschafts- und Mitbestimmungsmodells und man könnte dies als eine *partizipative Mitwirkungskultur* bezeichnen, bei der die vertrauten Strukturen der Mitbestimmungspraxis und der Blick auf die Besonderheiten der Arbeitnehmerinteressen, insbesondere bei Corporate Volunteering-Programmen, dennoch berücksichtigt werden – ja, sogar sehr viel stärker geltend gemacht werden können. Es geht folglich weder nur um das Eine – Mitbestimmungspolitik –

, noch nur um das Andere – partizipative Mitwirkungskultur, sondern um beides. In den Schnittmengen kann es durch die Mitwirkung der Betriebsräte zu Push-Effekten kommen und damit zu einem deutlichen Mehrwert – die notwendige Distanz und Autonomie seitens der Betriebsräte müssten dabei nicht gefährdet sein.

Eine partizipative Mitwirkungskultur ist allerdings nicht nur einseitig zu verstehen: Es bedarf auch einer entsprechenden Unternehmenskultur, damit sich partizipative Interaktions- und Kommunikationsstrukturen entfalten können – und die Tatsache (siehe oben), dass bei so vielen Fällen Betriebsräte weder informiert noch beteiligt werden, stimmt nicht zuversichtlich. Denn dazu würde auch gehören, dass Unternehmensleitungen und Betriebsräte die zivilgesellschaftlichen Potentiale nicht nur von CSR, sondern auch von CC und insbesondere von Corporate Volunteering sehen würden und gemeinsam stärker partizipative Konzepte entwickeln würden, bei denen auch andere Akteure des Dritten Sektors beteiligt wären. So wäre es etwa auch möglich, den Community-Defiziten der meisten CC-Projekte zu begegnen. *Ganzheitlichkeit* der Konzepte wäre hier das Stichwort. Es ginge um nicht weniger als eine partizipative Form von Corporate Citizenship und Corporate Volunteering und nur dann bestehen auch Chancen für eine Stärkung der Zivilgesellschaft und des gesellschaftlichen Sozialkapitals.

(3) Im Fokus steht damit auch das innerbetriebliche Verhältnis zwischen Betriebsräten und Beschäftigten. Wir haben oft beobachten können, dass Informationsfluss und Kommunikation gestört sind und damit Mitwirkungs- und Beteiligungspotentiale auf Seiten der Beschäftigten verschenkt werden. Dies ist eine Bringschuld der Betriebsräte gegenüber den Beschäftigten und auch hier sind partizipative Angebote verlangt, um eine betriebliche Kommunikationskultur zu CSR und CC zu entwickeln. Wenn viele Programme den Mitarbeitern gar nicht bekannt sind, dann ist es für die Beschäftigten schwierig, sich über den Nutzen oder Vor- und Nachteile Gedanken zu machen. So ist ein wichtiges Ergebnis unserer Untersuchungen: Für viele Beschäftigte sind CSR und CC irrelevant, weil sie nichts darüber wissen – und die, die von den betrieblichen CSR-/CC-Projekten wissen, sind wiederum weder ausreichend informiert noch beteiligt worden. Allein bei Corporate Volunteering-Programmen sind Beschäftigte notwendigerweise als Akteure involviert. Hier konnten wir jedoch feststellen, dass einerseits die sozialen Aspekte (Auswahlprozess, Vor- und Nachbereitung usw.) und Ziele (Erlangen sozialer Kompetenzen) hinterfragt werden müssten und dass andererseits zivilgesellschaftliche Dimensionen – wie etwa bei SeitenWechsel® und den vielen vergleichbaren Programmen – gar nicht intendiert sind. So kann man aufgrund der genannten empirischen Untersuchungen zu dem Schluss kommen, dass das *Erleben des Sozialen* allgemein etwas Positives ist – aber ob sich individuierbares soziales Kapital (im Sinne von Bourdieu) bilden kann und ob darüber hinaus zivilgesellschaftliches

Verhalten gefördert wird, bleibt sehr fraglich, wenn der gesamte Implementierungsprozess – Geschäftsführung – Betriebsräte – Beschäftigte – wenig partizipativ gestaltet ist.

Wir haben herausarbeiten können, dass es sich insgesamt um ein mehrschichtiges Feld handelt, in dem sich zum Teil widersprüchliche Interessenkonstellationen und ambivalente Implikationen ergeben, und dass deshalb der Blick auf den gesamten Prozess wünschenswert wäre. Die Beschäftigten bilden dabei das Scharnier zwischen ‚Drinnen und Draußen', Arbeits- und Lebenswelt sowie Profit- und Gemeinwohlinteressen. Sie sind zugleich Erwerbsperson und Bürger. CSR und CC können in diesem Sinne als ein organisiertes, aber zugleich gestaltbares und potentiell partizipatives Entgrenzungsprojekt bezeichnet werden, das diesen Sachverhalt in pointierter Weise auf den Punkt bringt. Und: Bei diesem Entgrenzungsprozess zwischen wirtschaftlichen und zivilgesellschaftlichen Strukturen könn(t)en Gewerkschaften in gesellschaftspolitischer Hinsicht eine bedeutsame Rolle spielen.

Literatur

Backhaus-Maul, Holger/Janowicz, Cedric/Mutz, Gerd: Unternehmen in der Bürgergesellschaft. Die Pflege des Sozialkapitals als Grundbedingung erfolgreichen Wirtschaftens. In: Blätter der Wohlfahrtspflege 148 (2001) 11+12, S. 233-237

Backhaus-Maul, Holger: Corporate Citizenship in den USA – Innovative Ideen für die Engagementpolitik. In: Reimer, S./Wettenmann, T./Backhaus-Maul, H.: Aktuelle Beiträge zu Corporate Citizenship. Diskussionspapiere zum Nonprofit-Sektor. Nr. 26, Berlin: Aktive Bürgerschaft, 2004, S. 43-60

Deutscher Gewerkschaftsbund: DGB-Stellungnahme zum Grünbuch der Europäischen Kommission „Europäische Rahmenbedingungen für die soziale Verantwortung der Unternehmen", Berlin, 2001

Deutscher Gewerkschaftsbund: Corporate Social Responsibility (CSR). Neue Handlungsfelder für Arbeitnehmervertretungen, Dokumentation des Workshops am 25.01.2005 in Berlin, Berlin, 2005

Habisch, André: Corporate Citizenship. Gesellschaftliches Engagement von Unternehmen in Deutschland. Berlin/Heidelberg: Springer, 2003

Habisch, André/Jonker, Jan/Wegner, Martina/Schmidpeter, René: Corporate Social Responsibility. Across Europe. Berlin/Heidelberg/New York: Springer, 2005

Hauser-Ditz, Axel/Wilke, Peter: Corporate Social Responsibility – Soziale und ökologische Verantwortung von Unternehmen. Eine Betriebsrätebefragung zu den Handlungsfeldern für Arbeitnehmervertretungen. Arbeitsbericht. Hamburg, 2004

Heuberger, Frank/Oppen, Maria/Reimer, Sabine: Der deutsche Weg zum bürgerschaftlichen Engagement von Unternehmen. Thesen zu „Corporate Citizenship" in Deutschland.

Studie im Auftrag der Friedrich-Ebert-Stiftung/Arbeitskreis Bürgergesellschaft und Aktivierender Staat. Bonn: Friedrich-Ebert-Stiftung, 2004

Hildebrandt, Eckart: CSR und die Transformation der sozialen Frage. In: Ökologisches Wirtschaften, (2005) 3, S. 33-36

Kelle, Udo/Kluge, Susann: Vom Einzelfall zum Typus: Fallvergleich und Fallkontrastierung in der qualitativen Sozialforschung. Opladen: Leske + Budrich, 1999

Kluge, Norbert: Trendbegriff Corporate Social Responsibility (CSR). In: Mitbestimmung, 39 (2002) 2, S. 71-72

Kluge, Norbert: Soziale Verantwortung der Unternehmen im Mix von Verbindlichkeit und Freiwilligkeit. Ms. (unveröff.) 2003

Mutz, Gerd/Korfmacher, Susanne: Das Projekt Switch. Ein 'take off' für bürgerschaftliches Engagement. Voraussetzungen, Erfahrungen, Empfehlungen. München: Forschungsbericht an die Siemens AG, 2000

Mutz, Gerd: Der Geist von Corporate Citizenship ist in Deutschland noch nicht angekommen. In: Das Parlament, 51 (2001) 32/33, 3./10. August, S. 2-4

Mutz, Gerd/Korfmacher, Susanne/Arnold, Karin: Corporate Citizenship in Deutschland. Frankfurt a.M.: Deutscher Verein für öffentliche und private Fürsorge, 2002

Mutz, Gerd: Pluralisierung und Entgrenzung in der Erwerbsarbeit, im Bürgerengagement und in der Eigenarbeit. In: Zeitschrift Arbeit, 11 (2002) 4, S. 21-32

Mutz, Gerd (unter Mitarbeit von Benda, Nicola/Schwimmbeck, Eva/Söker, Roland): Lernen in Tätigkeitsfeldern des bürgerschaftlichen Engagements – Transferprozesse in die Erwerbsarbeit. Exemplarische Fallstudien in ausgewählten Regionen Deutschlands. Abschlussbericht. Ms. (unveröff.) 2005

Polterauer, Judith: Gesellschaftliche Integration durch Corporate Citizenship? Diskussionspapiere zum Nonprofit-Sektor, Nr. 24. Berlin, 2004

Pommerening, Thilo: Gesellschaftliche Verantwortung von Unternehmen. Eine Abgrenzung der Konzepte Corporate Social Responsibility und Corporate Citizenship. World One. Rom, 2004

Priller, Eckhard/Zimmer, Annette: Der Dritte Sektor in Deutschland – seine Perspektiven im neuen Millennium. Münsteraner Diskussionspapiere zum Nonprofit-Sektor, Nr. 10. Münster: Westfälische Wilhelms-Universität, 2004

Schömann, Isabelle: Corporate Social Responsibility. Threat or opportunity for the social dialogue? In: Jorgensen, H./Baerentsen, M./Monks, J. (Hg.), European Trade Union Yearbook 2003/2004. Brüssel: ETUI, 2004, S. 137-156

Soeffner, Hans-Georg: Auslegung des Alltags – Der Alltag der Auslegung. Zur wissenssoziologischen Konzeption einer sozialwissenschaftlichen Hermeneutik. Frankfurt a.M.: UTB, 1989

Thannisch, Rainhald: CSR und Mitbestimmung. Ms. (unveröff.) 2005

Wettenmann, Thomas: Corporate Volunteering aus Sicht des Marketing – Chancen und Risiken eines Planungsprozesses. In: Reimer, S./Wettenmann, T./Backhaus-Maul, H.: Aktuelle Beiträge zu Corporate Citizenship. Diskussionspapiere zum Nonprofit-Sektor. Nr. 26, Berlin: Aktive Bürgerschaft, 2004, S. 19-42

Henry Schäfer

Ratings im Dienste des Corporate Citizenship – eine Sichtweise basierend auf geld- und marktwirtschaftlichem Verhalten von Anspruchsgruppen

1 Markt-, Geld- und Vertragsbeziehungen als konstituierende Elemente ökonomisch basierter Beziehungen zwischen Anspruchsgruppen

Moderne marktwirtschaftlich orientierte Gesellschaften bestehen aus Wirtschaftssystemen, die fundamental auf der Verwendung von Geld als Transaktions- und Wertaufbewahrungsmedium sowie Recheneinheit basieren. Geld wird im Sinne neoklassischer Gleichgewichtsökonomen dabei die Rolle eines „Schmiermittels" zugedacht, ohne das die Durchführung von wirtschaftlichen Austauschprozessen hohe, oft prohibitive Transaktionskosten auslösen würde. Lange Zeit wurde in der neoklassischen Theorie Geld keine direkte Einwirkungsmöglichkeit auf die realen Wirtschaftsprozesse zugestanden. Seine Einflusskraft wurde reduziert, verstanden auf die Rolle eines Schleiers, der jederzeit aus den Wirtschaftsprozessen weggezogen werden könnte, ohne dass die dahinter liegenden Güter- und Faktoraustauschvorgänge, relativen Preise und der gesamte Allokationsprozess einer Wirtschaft davon betroffen wären. Unter den Bedingungen einer Geldwirtschaft muss ein vollständiges Marktsystem neben den Güter- und Faktormärkten dann zusätzlich auch aus einem separaten Geldmarkt bestehen. Ferner sind alle Verträge des Wirtschaftslebens vollständig immer in der gültigen Währung des Wirtschaftssystems ausgedrückt (vgl. Schäfer 1988).

Auf den ersten Blick scheint diese neoklassische Vorstellung einleuchtend – Geld ist ein real-ökonomisches „Nichts", hat daher einen normierten Preis von eins (sofern keine Inflation oder Deflation besteht) und vermag daher auch nicht die tagtäglichen Güterkäufe und –verkäufe, die Vergabe von Kreditkapital etc. zu beeinflussen. Allerdings basiert diese Vorstellung auf einem sehr strikten Prämissensystem, insbesondere der Vollständigkeit des Marktsystems und der friktionslosen, d.h. auch kostenlosen Bereitstellung von Geld selbst. Die Einführung von Geld in den Wirtschaftskreislauf ist aber alles andere als ein selbstverständlicher Vorgang. Eine der gängigen Vorstellungen in neoklassischen Modellen ist denn auch, dass durch eine außerhalb des Marktsystems befindliche zentrale Instanz der Geldkreislauf in Gang gesetzt und am Leben erhalten wird. In der Regel verbindet man damit die Vorstellung einer öffentlichen Institution, einer Währungsbehörde oder Notenbank. Aber selbst in den modelltheoretischen Vorstellungen und erst Recht in praxi steht eine solche Institution in einem arbeitsteiligen Verbund mit speziellen Finanzintermediären, vor allem Banken. Während die Banken über ihr Geldschöpfungspotenzial die konkrete Geldproduktion übernehmen, stellt die Währungsinstitution die Basis dieses Geldschaffungsprozesses zur Verfügung und fungiert als „Lender of the Last Resort". In die realen Wirtschaftskreisläufe gelangt Geld dann letztendlich durch die Geldschöpfungsfähigkeit des Bankensektors und die Denomination aller Verträge und damit Wirtschaftstransaktionen in einem einheitlichen Geldmedium. Damit verbunden sind implizit folgende Wirkungen:

- In einer unsicheren, arbeitsteiligen Welt wird die Vergabe von Finanzmitteln sowohl im Kredit- wie auch Eigenkapitalbereich an die vorherige Bewältigung von Marktfriktionen geknüpft sein. Finanzintermediäre übernehmen zu diesem Zweck aufgrund ihrer speziellen Transaktionstechnologie in modernen Geldwirtschaften Funktionen der Losgrößen-, Fristen-, Liquiditäts-, Informationsbedarfs- und Bonitätstransformation (vgl. Schäfer 2002: 64-66). Hierbei besteht zwischen monetären und nicht monetären Finanzintermediären eine Arbeitsteilung. So sind in diesem Prozess nicht nur Kreditinstitute, Leasing-Gesellschaften u.a. monetäre Institutionen aktiv. Im Gegensatz zu diesen Akteuren, die direkt Finanzmittel im Rahmen des Geldschöpfungsprozesses quasi durch ihre Bilanz generieren, sind nicht-monetäre Finanzintermediäre überwiegend mit der Wahrnehmung der Funktion der Informationsbedarfstransformation beschäftigt. Hierzu zählen z.B. auch Rating-Institutionen, vor allem aus dem Bereich des Credit Rating, aber auch – wie noch im Verlauf dieses Beitrags zu zeigen sein wird – Rating-Institutionen und Nichtregierungsorganisationen (NGOs), die Informationen zu Corporate Citizenship, Corporate Sustainability oder Corporate Social Responsibility erheben, auswerten und zu Urteilen in Form von Ratings, Rankings oder Benchmarks verdichten.
- Neben der Bedeutung von Finanzintermediären weist die Geldwirtschaft weitere spezielle Institutionen auf den Geld-, resp. Finanzmärkten selbst auf. Der Einsatz von Geld ermöglicht in besonderer Weise die Delegation von Entscheidungsbefugnissen auf Dritte. In der Terminologie der Neo-Institutionen-

ökonomik spricht man hierbei von einer Prinzipal-Agent-Beziehung. In Finanzbeziehungen ist typischerweise der Eigen- oder Kreditkapitalgeber in der Rolle des Prinzipals, der einen Agenten, den Vorstand einer Aktiengesellschaft oder einen geschäftsführenden Gesellschafter beauftragt, mit dem ihm überlassenen monetären Eigen- oder Kreditkapital so zu wirtschaften, dass sowohl die Finanzierungszwecke des Kapitalnehmers, als auch die Rendite- oder Einkommensvorstellungen des Kapitalgebers erfüllt werden. Zwar können aufgrund der häufigen Existenz asymmetrischer Informationsverteilungen zwischen Prinzipalen und Agenten die daraus erwachsenen opportunistischen Handlungsspielräume des Agenten und möglichen Wohlfahrtsverletzungen des Prinzipalen auch in einer reinen Tauschwirtschaft entstehen, jedoch potenziert eine ausschließlich auf Geldgrößen basierte Wirtschaftsbeziehung das Problem um ein Vielfaches. Dies hat vor allem mit der Anonymisierungsfunktion des Geldes zu tun, ein Aspekt, der bislang so gut wie nicht in Geldtheorien und Finanzbeziehungen beachtet wird. Indem Geld seinen drei klassischen Funktionen gerecht wird, erlaubt es sozusagen derivativ auch die Anonymisierung der Wirtschaftsprozesse.[1] Nur in wenigen Fällen ist tatsächlich bekannt, welche konkreten Transaktionsverläufe hinter einzelnen Geldfonds stecken. Anzeichen für diese Anonymisierung fallen im Alltag durchaus in

---

[1] Mit einem einfachen Gedankenspiel lässt sich dies illustrieren. In einer reinen Tauschwirtschaft müsste ein Aktionär dem Vorstand einer Aktiengesellschaft Eigenkapital in Form einer Sacheinlage zur Verfügung stellen, beispielsweise einen Lieferwagen. Dieses Sachgut kann nun vom Vorstand aus technischen Beschränkungen heraus nur ganz spezifisch in der Wertschöpfung eingesetzt werden (vor allem zum Transport). Der betrachtete Aktionär hätte damit in seiner Aktie auch nur einen Anspruch auf den Marktwert des von ihm eingebrachten Sachgutes und den damit erzielten Wertbeiträgen über einen bestimmten Betrachtungszeitraum verkörpert. Ferner ist das Sachgut über die Zeit einem technischen oder wirtschaftlichen Verschleiß unterlegen. In einer Geldwirtschaft ist zwar auch prinzipiell eine Sacheinlage möglich, doch erweist sich sehr schnell die Geldeinlage aus Transaktionskostensicht als die für beide Seiten überlegenere Form der Eigenkapitalbereitstellung. Einher geht damit aber eine wesentlich höhere Flexibilität im Einsatz innerhalb des Wertschöpfungsprozesses. War der im Beispiel aufgeführte Lieferwagen als Mobilie zwar verschiedenen, doch technisch begrenzten Verwendungszwecken zuführbar, so erhöht sich für das Management die Möglichkeit des Geldeinsatzes quasi ins Unendliche (bis die Ausgabe und damit die Geldtransformation in Realgüter tatsächlich erfolgt ist). Diese Potenzierung der Verwendungsmöglichkeiten von Geld im Wertschöpfungsprozess, die nach der Geldverwendung nicht mehr dokumentierte Zuordnungsmöglichkeit individuell eingebrachter monetärer Eigenkapitalanteile zu einzelnen realen Vermögensgegenständen eines Unternehmens und die Fungibilität des Eigentumsanspruchs des Eigenkapitalgebers in Form einer Aktie drücken die Anonymisierung aus.

prägnanter Form auf. So wird etwa mit der sog. „Geldwäsche" die Anonymisierungskraft des Geldes z.B. zu kriminellen Zwecken verdeutlicht: Geldströme durchlaufen solange verschiedene Transaktionswege, bis die Quelle ihrer Entstehung und die Beziehung zwischen (krimineller) Entstehungsursache sowie (legaler) Verwendung nicht mehr zweifelsfrei nachvollziehbar ist.

Abseits dieses sehr dramatischen Ausprägungsbeispiels der Anonymisierungsfunktion des Geldes steht im hier vorliegenden thematischen Kontext die Rolle des Geldes und der monetären Finanzkontrakte in Bezug auf Prinzipal-Agenten-Probleme im Fokus. Bemüht man diese Paradigmen in den gängigen wirtschaftstheoretischen Bahnen, so sind sie im Grunde universell für jedwede Delegationsfragestellung einsetzbar – also nicht nur für Beziehungen der Kapitalgeber und Kapitalnehmer. Beide Gruppen stellen im Kontext der modernen Unternehmenstheorie, der Koalitionstheorie nach Cyert/March (vgl. Schäfer 2002: 57-58), allerdings die dominierende Anspruchgruppe dar. Begründet wird dies in kapitalgeleiteten Marktwirtschaften vor allem mit der Bereitstellung des (vor allem monetären) Kapitals als Grundlage zur Durchführung von privatwirtschaftlichen Wertschöpfungsprozessen. Damit verbunden ist das Aneignungsrecht der Kapitalgeber von Einkommenszahlungen - kontraktbestimmtes Einkommen bei den Kreditgebern und Residualeinkommen (also im weitesten Sinn gewinnbasierte Ausschüttungen) bei den Eigenkapitalgebern. Die übrigen Anspruchsgruppen wie Beschäftigte, Lieferanten usw. werden auf der Grundlage spezieller und individueller Verträge an der Wertschöpfung des Unternehmens beteiligt. Damit existiert aber letztendlich in der Vorstellung der Koalitionstheorie des Unternehmens keine in sich eigenständige wirtschaftliche (oder politische) Einheit „Unternehmen". Gleichwohl werden aber an eine bestimmte Anspruchsgruppe, den Vorstand, Aufgaben delegiert, die im Sinne der Interessen und Ansprüche der beteiligten Koalitionäre auszuführen sind. Die Ansprüche basieren auf Verträgen, die jedoch in unterschiedlicher formaler und rechtlicher Form- und Inhaltsstrenge bestehen. Im Idealfall operieren die Anspruchsgruppen auf der Basis von expliziten Verträgen. In ihnen sind alle räumlichen, physischen und zeitlichen Merkmale sowie die zukünftigen unsicheren Umweltzustände mit Bedeutung für die Vertragsbeziehung geregelt. Fernab dieses Idealbildes dürften jedoch schon aus Gründen der hohen Transaktionskosten solche expliziten Verträge eher eine Fiktion sein. Gängigerweise sind Verträge eher in diesem Sinne unvollständig oder gar implizit, d.h. es wird quasi durch konkludentes Handeln auf ein vertraglich gewolltes Verhalten zurück geschlossen werden können.

2 Opportunistisches Verhalten von Unternehmen(sleitungen) gegenüber Anspruchsgruppen und die Rolle der Unternehmensverantwortung

In dieser Hinsicht operiert jede Unternehmensleitung de jure aber auch de facto in einem Geflecht höchst unterschiedlicher Vertragsformen und Partnerschaften, auch über die Unternehmensgrenzen hinaus. Gemeinsam ist solch einem Beziehungsgeflecht in einer Geldwirtschaft, dass die gegenseitigen Ansprüche i.d.R. in Geldgrößen ausgedrückt sind. Mit einer solchen monetär-vertragstheoretischen Sichtweise können individuelle Wirtschaftsbeziehungen zwischen spezifizierten Anspruchsgruppen wie eben Kapitalgeber oder Lieferanten in ihrer Beziehung zur Unternehmensleitung betrachtet werden. Es erlaubt aber auch ganz im direkteren Sinne der klassischen Vertragstheorie des englischen Philosophen Hobbes die Anwendung auf die Beziehung der Unternehmensleitung zur Gesellschaft. Was heutzutage mit der sog. „License to Operate" bzw. „License to Cooperate" bezeichnet wird, ist in diesem Sinne zu verstehen. Hierdurch wird auch die Verbindung hergestellt zu im vertraglichen Sinne eher unspezifischen Verbindungen des Unternehmens in die Gesellschaft als Ganzes oder einzelner Teile von ihr (u.U. geografisch oder ethnisch abgegrenzt).

In diesem Verständnis lässt sich das Verhalten von Unternehmensleitungen gegenüber unternehmensinternen Anspruchsgruppen und unternehmensexternen Gruppierungen einteilen. Ein solches häufig auch als Stakeholder-Kapitalismus bezeichnetes ordnungspolitisches Umfeld für Unternehmensleitungen weist die Kapitalgeber als die bedeutungsvollste Anspruchsgruppe aus. Denn in einer Geldwirtschaft ist die Sicherung der monetären Liquidität die existenziell wichtigste Nebenbedingung für die Realisierung und Sicherung der Zielsetzungen der Unternehmensleitung. Dazu zählen vor allem die Einhaltung der diesen Geldströmen konstituierend zugrunde liegenden Verträge und die Erfüllung der sich daraus ergebenden monetären Verpflichtungen.

Aufgrund der wesentlich höheren Fungibilität von monetären Ansprüchen gegenüber sächlichen Gütern und Faktoren weist der Geld- und damit verbunden der Kapitalmarkt gegenüber den Güter- und Faktormärkten marktfunktionelle Besonderheiten auf. So ist die Schnelligkeit des vertraglichen und physischen Austauschprozesses in den Geld- und Kapitalmärkten so hoch wie in keinem anderen Markt. Die zwischenstaatliche Integration ist ebenfalls in diesen Märkten so hoch wie sonst nirgendwo. Und die Anonymisierung der Prozesse, wiederum ein Derivat der Fungibilität, gestattet ein Abkoppeln der Geldströme und damit auch zukünftiger Konsum- und Investitionsmöglichkeiten, von den zugrunde liegenden realen Einkommensquellen.

Monetarisierung der Wirtschaft, Besonderheit der Geld- und Kapitalmärkte, Anonymisierungsfunktion des Geldes und Vertragsgeflechte zwischen Unternehmensleitungen und Anspruchsgruppen haben ihre besonderen Auswirkungen auf die Gesellschaft als Ganzes und kritische Anspruchsgruppen im Besonderen. Zum einen verlangt die Delegation von Entscheidungsbefugnissen und damit die Machtverlagerung auf eine exponierte Anspruchsgruppe, nämlich der Unternehmensleitung, dass sie Rechenschaft über ihr Verhalten sowie ihre geplanten Handlungen den Prinzipalen ablegen muss. Im engeren Kontext der Kapital gebenden Anspruchsgruppen verlangt dies ein Regelwerk zur Herstellung von Transparenz über die Ertrags-, Finanz- und Vermögenslage eines Unternehmens. Hier wird im engeren Sinne der Bereich der Corporate Governance berührt. Im weiteren Sinne geht aber Corporate Governance über den engeren Kreis der Anspruchsgruppen hinaus, da Verfehlungen von Unternehmensleitungen, also die Agency Costs, in den gesamten Kreis der Anspruchsgruppen des Unternehmens wirken können. Die jüngsten Verfehlungen von Unternehmensleitungen großer und wirtschaftlich bedeutender Unternehmen wie EnRon, Worldcom, Ahold u.a. zeigen, dass Spillover weithin in die Beziehungen auch von nicht direkt betroffenen Anspruchsgruppen reichen und die schon genannte License to Operate bzw. License to Cooperate, also den Gesellschaftsvertrag berühren. In diesem Sinne ist auch die derzeit in Gang befindliche Auseinandersetzung um die gesellschaftliche Verantwortlichkeit von Unternehmen(sleitungen) zu interpretieren. "Corporate Social Responsibility is the continuing commitment by business to behave ethically and contribute to economic development while improving the quality of life of the workforce and their families as well as of the local community and society at large" (Holme/Watts 2000: 8). Im Rahmen der Corporate Social Responsibility steht nicht so sehr der Beitrag einzelner Anspruchsgruppen zum finanziellen Erfolg des Unternehmens im Zentrum (Position der Corporate Governance), es zählt vielmehr das Handlungspotenzial, mit dem Anspruchsgruppen Unternehmensleitungen hinsichtlich ihrer Verantwortung sanktionieren können. Im politischen Raum wird dem Konzept der Corporate Social Responsibility durch wichtige Initiativen internationaler Organisationen wie z.B. der UN Global Compact, das CSR-Grünbuch der EU-Kommission und die OECD-Leitlinien für multinationale Unternehmen mittlerweile Nachdruck verliehen.

Immer häufiger wird in Verbindung mit Corporate Social Responsibility die Corporate Sustainability genannt. Grundlage des Nachhaltigkeitsbegriffs bildet das anthropogene Entwicklungskonzept des „Sustainable Development" wie es 1987 von der Brundtland Commission for Enviroment and Development erarbeitet wurde. Kennzeichnend für die Definition von Nachhaltigkeit ist die gleichzeitige Berücksichtigung der intragenerationellen und der intergenerationellen Gerechtigkeit.

In einem erweiterten Begriffsverständnis können wiederum alle Beiträge eines Unternehmens zur Gesellschaft, d.h. die vertriebenen Produkte, gezahlten Löhne und Steuern etc., neben mildtätigen Spenden als Aktivitäten verstanden werden, die in den Kontext des Corporate Citizenship einzuordnen sind (vgl. Marsden 2000: 12). In der wissenschaftlichen Literatur werden mit Corporate Citizen-ship allerdings heterogene Ansätze verbunden. Definiert man das Konzept Corporate Citizenship mit Seitz (2002: 195) als „(...) Streben nach umfassender Nutzung des sozialen und natürlichen Umfelds für das Gewinnziel, ausgehend von der Überlegung, daß nachhaltige Gewinnsteigerung die Besserstellung der Interaktionspartner erfordert und regelmäßig voraussetzt (...)", so werden enge Bezüge zu Corporate Social Responsibility und zur Stakeholder Theorie wie etwa in den neueren Begriffsverständnissen von Waddock (2004)[2] und Fombrun (1997)[3] deutlich. Zentral für dieses Verständnis von Corporate Citizenship, dem hier gefolgt werden soll, ist der Zusammenhang von Corporate Citizenship-Aktivitäten mit sozialen Investitionen unter gleichzeitiger Orientierung am Gewinnmaximierungsziel. Damit reicht Corporate Citizenship über den Bereich von Philanthropie und Spendenvergaben hinaus.

3 Aktives und reaktives Verständnis von Corporate Citizenship

Letztendlich betonen die Paradigmen Corporate Citizenship, Corporate Sustainability und Corporate Social Responsibility die Optimierung des Unternehmensverhaltens in einem Spannungsfeld einer ökonomischen Zielfunktion mit außerökonomischen Nebenzielen. Dabei wird i.d.R. auf eine magische Triade bestehend aus den Komponenten Soziales, Ökologie und Ökonomie abgestellt. Wichtig ist nun zu unterscheiden, mit welchem Selbstverständnis Unternehmensleitungen diese Paradigmen zum Bestandteil strategischen und taktischen Handelns machen. Dies kann grundsätzlich in einem aktiven oder in einem reaktiven Sinne erfolgen: in einem

---

[2] „Corporate Citizenship is manifested in the strategies and operating practices a company develops in operationalizing its relationships with and impact on stakeholders and the natural environment."(Waddock 2004: 9).
[3] „We propose a three-part view of citizenship as: 1) a reflection of shared moral and ethical principles; 2) a vehicle for integrating individuals into communities in which they work; and 3) a form of enlightened self-interest that balances all stakeholders' claim and enhances a company's long-term value." (Fombrun 1997: 32).

reaktiven Sinn werden Unternehmensleitungen diese Paradigmen als die „zivilgesellschaftliche Inkarnation staatlicher Ordnungspolitik" interpretieren. Im Gegensatz zu den gängigen Instrumenten staatlicher Ordnungspolitik wie Ge- und Verbote (etwa im Bereich des Umweltschutzes) wird zwar heute im Vergleich dazu (auch im ökologischen Bereich) auf das Prinzip der Freiwilligkeit gesetzt (vgl. etwa European Commission 2002: 5). Doch operiert dieses ebenfalls mit einem Sanktionsmechanismus. Dieser besteht im Gegensatz zur traditionellen staatlichen Ordnungspolitik nicht in rechtlich durchsetzbaren Bestrafungen durch die öffentliche Hand. Eine Bestrafung erfolgt dagegen im privatwirtschaftlichen und/oder zivilgesellschaftlichen Bereich:

- Im wirtschaftlichen Bereich kommt in einer Geldwirtschaft hinsichtlich des Sanktionsmechanismus den Geldgebern eine herausgehobene Rolle zu. Wegen der existenziellen Rolle von monetärer Liquidität für die gesamten Unternehmensprozesse verfügen Finanzinstitutionen wie vor allem Banken, aber auch institutionelle Anleger wie Investmentfonds über kritische Hebel, mit denen sie Unternehmensverhalten auch hinsichtlich der Erfüllung von Zielen der Corporate Sustainability und Social Responsibility steuern, ja sanktionieren können. Es sind vor allem Banken, die über die Möglichkeiten der Kreditrationierung, der Erhebung von Risikoaufschlägen im Kreditzinssatz sowie der Formulierung harter Kreditvertragsbedingungen Managementverhalten beeinflussen können. Im Blick haben sie dabei zwar nur mittelbar Aspekte der Nachhaltigkeit und Sozialverantwortung. Sie sind aber immer dann für den Kreditvergabe- und -steuerungsprozess relevant, wenn sie Ursache von moralischen Risiken durch opportunistisches Verhalten von Unternehmensleitungen sind und damit zur Gefährdung von Krediten führen können.[4]

---

[4] So wird eine Bank, die davon erfährt, dass ein Unternehmen in zurückliegenden Jahren durch seine Produktion Umweltschäden angerichtet hat, dies als Ausdruck eines zukünftig höheren Risikos ansehen, da in der Zukunft die Geschädigten wahrscheinlich auf privatrechtlichen Wegen finanzielle Entschädigungen einklagen werden. Zukünftige Schadenszahlungen belasten aber die Fähigkeit des Unternehmens, Zins- und Kredittilgungsverpflichtungen nachzukommen. Damit wird das Ausfallrisiko des Unternehmens erhöht. Die Bank, die wiederum Treuhänderin und Agentin ihrer Einleger ist, muss ihrerseits Schutzmechanismen zum Erhalt der ihr anvertrauten Gelder ergreifen. Die Unternehmensleitung wird dies als Einschränkung ihres wirtschaftlichen Bewegungsspielraums erleben. Banken haben damit eine weitreichende Einflussmöglichkeit auf die Geldverwendung der Unternehmensleitung im Rahmen von Kreditbeziehungen. Durch vor der Kreditvergabe vorgenommene Prüfungen des Ausfallrisikos (sog. Screening) und anschließende Überprüfung der Einhaltung des Kreditver-

- Neben Finanzintermediären erfolgen wirtschaftliche Sanktionen der Unternehmensleitungen durch Eigenkapitalgeber selbst, wenn z.b. durch Misswirtschaft von Vorständen bisherige Aktionäre ihre Aktien verkaufen, dadurch der Kurs sinkt und am Kursverlauf gekoppelte Einkommensbestandteile der Unternehmensleitungen (z. B. Aktienoptions-Pläne) an Wert verlieren, somit also direkte Einkommensminderungen für die Unternehmensleitung verbunden sind. Mittelbar kann dann eine im Börsenwert gesunkene Unternehmung solche Investoren anlocken, die weite Teile der Aktien an der Börse erwerben, um mit ihrer Stimmenmehrheit den Vorstand zu entlassen und das Unternehmen zu restrukturieren (sog. „Hostile Takeover").
- Neben diesen direkten wirtschaftlichen Sanktionsmechanismen sehen sich Unternehmensleitungen in jüngster Zeit verstärkt auch indirekten wirtschaftlichen Sanktionsmechanismen ausgesetzt, die durch Abschreibungen in der Reputation des Unternehmens, seiner Markenprodukte oder seiner Kernkompetenzen etc. erfolgen. Hier sind es vor allem NGOs, die als gesellschaftliche „Watchdogs" für spezielle Fragestellungen (z.B. Kinderarbeit) Research- und Aktivismuskompetenzen aufgebaut haben und über die mediale Verbreitung entsprechender Informationen Unternehmensleitungen an den „medialen Pranger" stellen. Kaufboykotte, der Abzug von Anlagegeldern, politischer Druck etc. sind daraufhin mögliche Konsequenzen, die wirtschaftliche Schäden im Unternehmen hinterlassen.

Anstelle eines reaktiven Verständnisses von Corporate Sustainability und Corporate Social Responsibility können Unternehmensleitungen diese Paradigmen als Impuls für aktiv gestaltbare Handlungsoptionen verstehen. Unternehmensaktivitäten etwa im Sozialbereich wären dann als der Aufbau von zukünftigen Potenzialen zu verstehen, um Produktivitäten von Beschäftigten zu steigern und dadurch insgesamt den wirtschaftlichen Wert des Unternehmens zu erhöhen.[5] Vor allem in diese aktive gestalterische Vorstellung im Umgang der Unternehmensleitung mit An-

---

trags nach Kreditvergabe (sog. Monitoring) übt eine Bank eine Rolle aus, die als „Social Accountant" bezeichnet wird (vgl. Schäfer 2002: 81-83).

[5] Die gezielte und strukturierte Durchführung von z.B. Workshops zur Bewältigung interkultureller Konflikte in einem global operierenden Unternehmen wäre in einer solchen Sichtweise als Beitrag zur Verbesserung der Kooperation zwischen ethnischen Beschäftigtengruppen zu sehen: Dadurch verringerte Reibungsverluste in der täglichen Zusammenarbeit können direkte und indirekte wirtschaftliche Wertschöpfungen nach sich ziehen. So wird z.B. die in der heutigen Zeit so wettbewerbsentscheidende „Time to Market" mit neuen Produkten entscheidend verkürzt, wenn eine offene, von Vertrauen getragene Kommunikation und Kooperation im Unternehmen herrscht.

spruchsgruppen dürfte das angelsächsische Verständnis von Corporate Social Responsbility und Corporate Citizenship gehören. Eingebettet ist dieses Verständnis in die angelsächsische Tradition der Business Ethics.[6]

Unabhängig davon, ob nun eine Unternehmensleitung reaktiv oder aktiv hinsichtlich eines sozial und ökologisch verantwortlichen Handelns eingestellt ist, werden Konzepte und Indikatoren zur Messung unternehmensindividueller Beiträge im sozialen, ökologischen und ökonomischen Bereich benötigt. Erst damit wird im umfassenden Sinne das Ausmaß von Corporate Citizenship, resp. Corporate Social Responsibility erkennbar und gestaltbar. Und nur mit Informationen, die über den rein ökonomischen Bilanzstrich hinausgehen, also die soziale und ökologische Triple Bottom Line mit erfassen, können Anspruchsgruppen für sie relevante Unternehmensbeiträge identifizieren, darauf Entscheidungen basieren und handeln. Bevor also Stakeholder im Sinne der Corporate Citizenship Ansprüche formulieren können, benötigen sie entsprechende Informationen. Identifikation kommt also vor Optimierung (und anschließendem Monitoring), was die Prozesse der Informationsgewinnung, -verarbeitung und -verdichtung in den Vordergrund weiterer Überlegungen rückt.

Werden aber solche Informationen nicht quasi automatisch in Märkten und den dort bestimmten Preisen produziert? Von Aussagekraft müsste diesbezüglich derjenige Preis sein, der über den wirtschaftlichen Wert der gesamten Unternehmensaktivitäten Auskunft gibt: der Unternehmenswert, z.B. ausgedrückt im Aktienkurs.

In monetären Wirtschaften besteht zwar im Aktienkurs als dem an der Börse ermittelten Preis eines gesamten Unternehmens grundsätzlich eine Maßgröße hinsichtlich der Unternehmensleistung generell. Jedoch stellt der Aktienkurs als anonymer monetärer Wert ein monetäres Informationsaggregat dar, mit dem die einzelnen Quellen des Wertbeitrags und damit des Aktienkurses im Einzelnen nicht transparent werden. Ferner ist der Aktienkurs nicht in der Lage, solche Wertbeiträge des Unternehmens zu reflektieren, die nicht oder nicht adäquat in Geldgrößen ausgedrückt werden können, z.B. weil für diese Leistungen keine Märkte bestehen.

---

[6] Dem amerikanischen Konzept des Business Ethics ist (etwa im Vergleich zum deutschen Begriff der Wirtschaftsethik) ein pragmatischeres und anwendungsorientierteres Vorgehen zu Eigen. Ihr theoretischer, wissenschaftlicher Ausgangspunkt wird vor allem in den Arbeiten von Rawls (1979) gesehen. Die Schwerpunkte der amerikanischen Business Ethics liegen v.a. bei der Frage, wie Ethik praktisch in den wirtschaftlichen Alltag eingeführt werden kann, während die deutschsprachige wissenschaftliche Unternehmensethik-Diskussion sich auf die philosophische Begründung ethischer Prinzipien sowie die grundsätzliche Möglichkeit bzw. den Sinn ihrer Einbeziehung in wirtschaftliche Entscheidungen konzentriert (vgl. Schäfer/Türck 2000).

Gerade Unternehmensleistungen der Triple Bottom Line mangelt es in hohem Maße an Marktgängigkeit und preisbezogener Bewertbarkeit.

Es sind vor allem also die Informationsdefizite der in einem Marktpreis (z.B. Aktienkurs) ausgedrückten Werthaltigkeit eines Unternehmens, die komplementäre oder substitutionale Informationsquellen im Bereich der Triple Bottom Line erfordern. In den vergangenen Jahren hat sich international ein Markt für solche Informationen und damit einhergehender Dienstleistungen etabliert: Durch Auswertung von Daten zur Triple Bottom Line eines Unternehmens kann mittlerweile sowohl ein absolutes, unternehmensspezifisches Rating, als auch eine relative Positionsbestimmung von Unternehmen (z.B. in einer Branche) hinsichtlich der Nachhaltigkeit ihres Wirtschaftens ermittelt werden (vgl. Schäfer 2003). Da Ratings zur Triple Bottom Line sowohl von eigenständigen Organisationen als auch von Organisationseinheiten innerhalb von Unternehmen (vor allem Kreditinstituten) ausgeführt werden, wird nachfolgend zur allgemeinen Bezeichnung solcher Intermediäre der Begriff „Rating-Institution" verwendet. Solche Einrichtungen entwickelten in den vergangenen Jahren hierfür innovative Analysetechnologien, denen Paradigmen der Corporate Citizenship, vor allem aber der Corporate Sustainability bzw. Corporate Social Responsibility zugrunde liegen. Im Folgenden wird aus Gründen der Vereinheitlichung der Begriff „CSR Rating" durchgängig verwendet.

4 CSR Ratings als elementare Informationslieferanten zur marktmäßigen Steuerung von Corporate Citizenship

Ein Rating bezeichnet prinzipiell Prozess und Ergebnis eines Beurteilungsvorgangs. Das Ergebnis eines Bewertungsprozesses wird meist als aggregiertes Urteil durch Symbole in einer Ratingskala ausgedrückt. Die Vergabe eines Ratingurteils stellt primär eine absolute Beurteilung dar, kann aber erweitert werden um eine relative Einordnung, z.B. eines Unternehmens im Verhältnis zur Branche (vgl. Schäfer/Lindenmayer 2004). Rating ist besonders geeignet, als Informations-, Anreiz- oder Überwachungsinstrument in Prinzipal/Agent-Beziehungen zu dienen (vgl. Schäfer 2002). Rating-Institutionen übernehmen somit eine ordnungspolitische Funktion, indem sie die Markttransparenz erhöhen und beurteilte Agenten, d.h. Unternehmensleitungen, um Wohlverhalten gegenüber Prinzipalen bewegen. Neben selbst auferlegten Grundsätzen des Ratings wie etwa Unabhängigkeit, Zuverlässigkeit und Sachlichkeit bestimmen die Reputation und das Verhalten der Rating-Institutionen die Qualität ihrer Rating-Informationen.

CSR Rating stellt ein vergleichsweise neues Konzept dar. Die grundsätzlichen Vertragsbeziehungen zwischen den Beteiligten in einem CSR Rating sind in Abb. 1 dargestellt. Hierbei wird erkennbar, dass neben der direkten Beziehung zwischen Rating-Institution und beurteiltem Unternehmen indirekt die Rating-Institution die Beziehung zwischen Anspruchsgruppen und Unternehmen beeinflusst. CSR Ratings werden derzeit überwiegend nicht im Auftrag der beurteilten Unternehmen erstellt (sog. Unsolicited Rating). Nur wenige Institutionen erstellen bislang CSR Ratings durch Unternehmensauftrag (sog. Solicited Rating). Die Rating-Information (das „Urteil") kann im Unsolicited Rating teilweise Eigenschaften eines öffentlichen Guts annehmen, wenn die Rating-Institution etwa aus Vermarktungsabsichten für die gesamte Expertise über ein Unternehmen Auszüge daraus der Allgemeinheit zugänglich macht. Häufig geht das Rating gar nicht direkt in die Dispositionen der Anspruchsgruppen ein, sondern wird wiederum bei anderen (z.B. Banken) Intermediären für deren Dienstleistungen (z.B. nachhaltige Geldanlagen) zugrunde gelegt, die dann erst markt- oder außermarktmäßig von Anspruchsgruppen erworben werden.

Das CSR Rating erstreckt sich im Regelfall auf Unternehmen und Branchen. Das Ausmaß der Corporate Citizenship eines Unternehmens ist in diesen sog. Best in-/Best of Class-Ansätzen im Sinne seines relativen Beitrags gegenüber dem Ausmaß der Corporate Citizenship einer gesamten Branche definiert.

Abbildung 1: Grundsätzliche Beziehungen beim CSR Rating

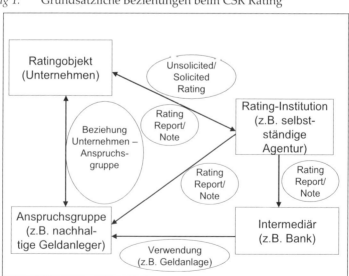

5 Rating im Dienste geldmarktmäßiger Transmissionswege von Unternehmensverantwortung

In einer monetären Wirtschaft mit hochentwickelten und –integrierten globalen Kapitalmärkten können Anspruchsgruppen auf der Basis von Informationen zur Triple Bottom Line mit Unternehmensleitungen auf verschiedenen Ebenen interagieren. In einer groß angelegten empirischen Studie an der Universität Stuttgart in Zusammenarbeit mit der Bertelsmann-Stiftung konnte im Jahr 2004 herausgearbeitet werden, dass die derzeit operierenden CSR Ratings Informationen zur Triple Bottom Line für ganz bestimmte Kategorien von Verwendungszwecken bereit stellen (vgl. Schäfer/Hauser-Ditz/Preller 2004). In Abb. 2 sind die in der Studie ermittelten vier Kategorien dargestellt.

Abbildung 2: Informations-Cluster von CSR Ratings zum Transmissionszweck

Shareholder Value (SV)	Business Case (BC)
→ durch Kapitalmärkte und Aktionäre getriebenes Paradigma • Suche nach Werttreiber zur Generierung von Überrenditen • Corporate Social Responsibility, Sustainability, Citizenship als funktionale Strategien • Management intangibler Vermögen, Kernkompetenzen, Dynamic Capabilities im Fokus	→ Managementsysteme • Unternehmensleitbild nach Corporate Sustainability, Social Responsibility oder Citizenship • abhängig von Unternehmenstyp (z.B. börsennotierte oder mittelständische Unternehmen) • Ausrichtung an selektiven Einzelzielen (z.B. des Sozialbereiches) bis hin zu integrierten Systemen
Risiko (RO)	**Zivilgesellschaft (ZG)**
→ Systemische und Mega-Risiken • resultierend aus Wertschöpfungsprozessen, Beziehungen zu Anspruchsgruppen, Netzwerken • Betonung weicher und kontrastarmer Informationen zur Identifikation zukünftig schnell und verheerend auftretender wirtschaftlicher Schäden und deren Management	→ Politische Willensbildung über Märkte und Marktakteure • Steuerung der License to Operate/ to Cooperate von Unternehmensleitungen durch Anspruchsgruppe • Kommunikation, Sanktion, Transmission durch Märkte statt durch politische Institutionen • Intermediäre als Social Accountants (Banken, Rater, etc.)

Mit den in Abb. 2 dargestellten Informations-Clustern bieten also derzeit Institutionen des CSR Ratings ganz bestimmten Anspruchsgruppen Informationsgrundlagen, mit denen sie Unternehmensleitungen hinsichtlich Ziele und Kriterien im Kontext der Corporate Citizenship, Sustainability und Social Responsibility steuern, kontrollieren und sanktionieren können. In einem monetär organisierten marktwirtschaftlichen Wirtschaftssystem werden aufgrund dessen Anspruchsgruppen der Finanzmärkte eine herausgehobene Rolle in einem solchen Transmissionsprozess spielen:

1. Im Bereich der Anspruchsgruppe „Kapitalgeber" versetzt die Verfügbarkeit von Informationen zur Triple Bottom Line Investoren, d.h. Eigenkapitalgeber, in die Lage, die Bereitstellung von Finanzmittel an Unternehmen vom Ausmaß der erreichten Corporate Citizenship, Sustainability oder Social Responsibility abhängig zu machen. In der Praxis der sog. nachhaltigen Geldanlage sind zu diesem Zweck mittlerweile ganz bestimmte Anlagestrategien im Einsatz. Sie reichen von der Anwendung strenger Ausschlusskriterien (z.B. keine Aktienanlage in Unternehmen, die Rüstungsgüter herstellen), über die Verwendung von Positivkriterien (beispielsweise bewusste Präferenz von Aktien solcher Gesellschaften, die Windkrafttechnik herstellen) bzw. Mischungen aus Negativ- und Positivkriterien bis zu den sog. Best in Class-Ansätzen. Mit der zuletzt genannten Gruppe von Anlagestrategien werden von vornherein keine Ausschlusskriterien bei der Aktienauswahl (zwingend) berücksichtigt. Grundlage der Anlageentscheidung ist ein auf Branchen oder Regionen bezogenes Ranking der Unternehmen bezüglich des Ausmaßes von Sustainability oder Social Responsibility. Die Geldanlage wird i.d.R. daraufhin in die Aktien derjenigen Unternehmen getätigt, die sich in der Spitzengruppe bewegen (vgl. Schäfer 2001).

2. CSR Ratings ermöglichen aber auch Banken und vergleichbaren kreditgebenden Finanzinstitutionen eine Disposition ihrer Finanzmittel nach Kriterien der Triple Bottom Line. Angewendet werden Kriterien aus Paradigmen der Nachhaltigkeit u.ä. von Banken bislang vor allem zur Beurteilung ökologischer Risiken von Kredit suchenden Unternehmen. Mit der derzeit in Gang befindlichen Umsetzung der internationalen bankenaufsichtsrechtlichen Auflagen zur Kreditbeurteilung und –entscheidung mittels bankinterner (und teilweise auch bankexterner) Credit Rating-Systeme (sog. Basel II-Konkordat), werden vor allem weiche und kontrastarme Informationen Verwendung finden. Hier wird eine direkte Befruchtung von CSR Ratings mit den Credit Ratings von Banken möglich sein (vgl. Schäfer 2004). Damit wird der Analysehorizont von Banken hinsichtlich der Kreditwürdigkeit eines Unternehmens (und seines Managements) nicht nur um Risikoverständnisse erweitert (etwa der Bedeutung systemischer Risiken), sondern vor allem auch die Zukunftsfähigkeit des Managements und der Unternehmensstrategie höhere Bedeutung erlangen –

Grundanliegen der Paradigmen von Nachhaltigkeit und Sozialverantwortlichkeit, aber auch der zivilgesellschaftlichen Rolle von Unternehmen.

3. Eine weitere wichtige Rolle zur Steuerung von Unternehmensverhalten und -risiko vor dem Hintergrund einer Geldwirtschaft übernehmen bereits heute schon Versicherungsgesellschaften. Zum einen sind sie im Rahmen des treuhänderischen Managements von Versicherungsgeldern institutionellen Investoren gleichzustellen und damit Kapitalgeber von Unternehmen. Insofern treffen in dieser Rolle für Versicherungsgesellschaften die Aussagen aus dem oben ausgeführten Punkt 1) mit zu. Eine herausgehobene Bedeutung vermögen Versicherungsgesellschaften aber in ihrem eigentlichen Geschäftszweck, dem Absichern von Risiken und der Vorsorge zur Vermeidung von Risiken. Versteht man ein Versicherungsunternehmen als einen Finanzintermediär, der bei Eintritt des zuvor vertraglich festgelegten zukünftigen Schadensfalls an den Versicherungsnehmer eine finanzielle Ausgleichszahlung leistet (vgl. Eisen/Müller/Zweifel 1990), so werden auch hier die in diesem Beitrag zugrunde gelegten Merkmale der Geldwirtschaft, der unvollständigen Verträge und Beziehungen zu Anspruchsgruppen anwendbar. Entsprechend einer solchen ökonomischen Funktion sind Versicherungsgesellschaften bestrebt, den zugesagten Risikoschutz wirtschaftlich für sie tragfähig zu halten. Hieraus entsteht ein wirtschaftlicher Anreiz für Versicherer, nach Informationen zur frühzeitigen und möglichst umfassenden Erkennung spezifischer Risiken der Versicherungsnehmer zu suchen. Die hohe globale Vernetzung von Unternehmen, zunehmendes Auftreten von Klimakatastrophen, hohe Schadenszahlungen aufgrund von Produkthaftungen, Schäden durch bislang ungekannte Ausmaße von moralischem Risiko durch Unternehmensleitungen (wie das EnRon-Debakel) etc. machen deutlich, dass zunehmend gerade Risiken mit großen wirtschaftlichen Folgen für Versicherer die Triple Bottom Line von Unternehmen betreffen.

6 Schlussbemerkungen

Obwohl die Monetarisierung des modernen Wirtschaftens in Wissenschaft und Praxis als eine Selbstverständlichkeit angesehen werden kann, ist ihr Bezug zu Corporate Citizenship, Corporate Social Responsibility oder zur Corporate Sustainability bislang kaum thematisiert. Dabei sind bestimmte Begleiterscheinungen der Geldwirtschaft für diese Themen offenkundig: Die Einführung von Geld in ein Wirtschaftssystem und die Verwendung von Geld als Denominationsmedium für Verträge und Austauschbeziehungen rückt in Marktwirtschaften den hierzu erforderlichen Finanzmarkt nebst seinen Akteuren und Intermediären in eine ökonomische, aber auch gesellschaftliche Schlüsselposition. Durch die Liquiditätsrestriktion müssen in einer Geldwirtschaft Unternehmen jederzeit auf die Erfordernisse der Finanzmärkte und ihrer Institutionen, d.h. Finanzintermediäre, Rücksicht nehmen. Dies rückt die Finanzmärkte und die dort agierenden Anspruchsgruppen – Eigen- und Kreditkapitalgeber – in besondere Rollen, die bereits in der neo-institutionenökonomischen Kapitalmarkttheorie mit der Bezeichnung „Social Accountants" anerkannt wird. Die mit der Geldwirtschaft einhergehende hohe Komplexität in den Arbeitsteilungen einer Wirtschaft und zwischen den Akteuren erhöht durch die Anonymisierungsfunktion des Geldes den Bedarf nach disaggregierten Informationen, um Anspruchsgruppen für die Formulierung, Entscheidung und Durchsetzung ihrer Forderungen gegenüber Unternehmensleitungen die Grundlagen zu bieten.

Im wohlfahrtsökonomischen Sinn haben daher Intermediäre, die als Rating-Institutionen Informationen zur Triple Bottom Line erheben, auswerten und zu Urteilen verdichten, eine zentrale ordnungspolitische Funktion. Erst die Verfügbarkeit solcher Informationen ermöglicht es ultimativen Anspruchsgruppen, ihre Entscheidungen zu treffen und deren Folgewirkungen zu überprüfen. Es wurde gezeigt, dass in einer Geldwirtschaft den Eigen- und Kreditkapitalgebern eine herausgehobene Rolle im Umsetzen von Beiträgen der Corporate Citizenship zukommt. Damit einher geht aber bei konsequenter und effizienter Umsetzung eine Verlagerung weg von der politischen Willensbildung und Legitimierung des Unternehmensverhaltens hin zu einer rein wirtschaftlichen, insbesondere marktmäßig begründeten und getragenen Form. Zudem kommt innerhalb des Marktsystems den Geld- und Finanzmärkten in dieser Aufgabenverteilung und Arbeitsteilung eine herausgehobene Rolle zu. Von einem demokratietheoretischen Standpunkt heraus kann unter diesen Umständen eine (im zivilgesellschaftlichen Sinne) Beteiligung breiter Bevölkerungskreise an der Steuerung des sozialen und gesellschaftlichen Verhaltens von Unternehmen nur legitimiert sein, wenn weite Teile der Gesellschaft als direkte Kapitalgeber, d.h. Aktionäre auf Unternehmensleitungen, Einfluss nehmen. Dies ist allerdings bislang nur für solche Gesellschaften annähernd erfüllt, die wie etwa in Großbritannien, Schweden oder den USA durch ein überwiegend privates Altersvorsorgesystem (Kapitaldeckungsverfahren) und hohen Streubesitz gekennzeichnet sind. Allerdings zeigen hier bisherige Erfahrungen, dass die in solchen Systemen inhärenten delegierten Anlageentscheidungen auf wiederum spezialisierte Finanzintermediäre, nämlich Pensionsfonds, neue Prinzipal-Agent-Probleme schaffen (vgl. World Economic Forum/AccountAbility 2005). Und letztendlich erscheint noch ungeklärt, inwiefern das politische System einer Gesellschaft durch eine derart hohe Dominanz von Marktprozessen und monetären

Transaktionen im Bereich gesellschaftlich relevanter Fragestellungen wie sie Corporate Citizenship, Sustainability und Social Resposibility darstellen, ein funktionsfähiges Gleichgewicht in den (oft konkurrierenden) Interessenlagen und Forderungen der Anspruchsgruppen eines Unternehmens sicherstellen kann.

Literatur

Eisen, Roland/Müller, Wolfgang/Zweifel, Peter: Unternehmerische Versicherungswirtschaft: Konsequenzen der Deregulierung für Wettbewerbsordnung und Unternehmensführung, Wiesbaden, 1990

European Commission: Corporate Social Responsibility: A Business Contribution to Sustainable Development (COM, 20902, 347 final), download unter: http://europa.eu.int/comm/employment_social/soc-dial/csr/csr2002_en.pdf, 2002

Fombrum, Charles J.: Three Pillars of Corporate Citizenship: Ethics, Social Benefit, Profitability. In: Tichy, N.M./McGill, A.R./Clair, L.S. (Hrsg.), Corporate Global Citizenship: Doing Business in the Public Eye, New York, 1997, S. 27-42.

Holme, Richard/Watts, Phil: Making Good Business Sense. The World Business Council for Sustainable Development, n.p., 2000

Marsden, Chris: The New Corporate Citizenship of Big Business: Part of the Solution to Sustainability? In: Business and Society Review, Vol. 105, No. 1, 2000, S. 9-25

Rawls, J.: Eine Theorie der Gerechtigkeit, Frankfurt/M, 1979

Schäfer, Henry: Währungsqualität, asymmetrische Information und Transaktionskosten. Informationsökonomische Beiträge zu internationalen Währungsbeziehungen, Springer-Verlag, Berlin, Heidelberg, New York u.a., 1988

Schäfer, Henry: Triple Bottom Line Investing – Ethik, Rendite und Risiko in der Kapitalanlage. In: Zeitschrift für das gesamte Kreditwesen, 54. Jg., H. 13, 2001, S. 740-744

Schäfer, Henry (unter Mitarbeit von Preller, Elisabeth C.): Nachhaltigkeit von Unternehmen aus Finanzmarktsicht – Konzepte der Nachhaltigkeitsmessung auf Finanzmärkten des deutschsprachigen Raums, Edition der Hans Böckler Stiftung, Nr. 84, Düsseldorf, 2003

Schäfer, Henry: Unternehmensnachhaltigkeit und Ausfallrisiko im Kontext von Basel II. In: FORUM Wirtschaftsethik, H. 2, 2004, S. 4-9

Schäfer, Henry/Lindenmayer, Philipp: Sozialkriterien im Nachhaltigkeitsbereich, Edition der Hans Böckler Stiftung, Nr. 104, Düsseldorf, 2004

Schäfer, Henry/Preller/Elisabeth C./Hauser-Ditz, Axel: Transparenzstudie zur Beschreibung ausgewählter international verbreiteter Rating-Systeme zur Erfassung von Unternehmensnachhaltigkeit bzw. Corporate Social Responsibility, Forschungsbericht, Bertelsmann-Stiftung, Gütersloh, download unter http://www.bertelsmann-stiftung.de/cps/rde/xbcr/SID-0A000F0A-3916209A/stiftung/Studie_CorporateSocialResponsibility.pdf, 2004

Schäfer, Henry/Türck, Rainer: Gesellschaft, Wirtschaft und Ethik – Rahmenbedingungen ethischer Finanzdienstleistungen, Berichte aus dem Forschungsprojekt Ethische Finanzdienstleistungen, Universität Siegen, Bericht 01/2000, Januar 2000

Seitz, Bernhard (2002): Das Konzept der Corporate Citizenship. In: Scherer, A.G./Blickle, K.-H./Dietzfelbinger, D./Hütter, G. (Hrsg.): Globalisierung und Sozialstandards, München: Mering, 2000, S. 193-203

Waddock, Sandra: Parallel Universes: Companies, Academics, and the Progress of Corporate Citizenship. In: Business and Society Review, Vol. 109, No. 1, 2004, S. 5-42

World Economic Forum/AccountAbility: Mainstreaming Responsible Investments, download unter: http://www.accountability.org.uk/uploadstore/cms/docs/ AccountAbility_WEF%20-%20Mainstreaming%20Responsible%20Investment.pdf, 2005

Jens Prinzhorn

Mythos oder Realität: Win-win Situationen in Civil-Private Partnerships mit Unternehmen aus der Perspektive von europäischen Nonprofit-Organisationen

> *And getting there is all about the people and about how much they „are the change that they want to see in the world" (Mohandas Gandhi)*[1].

Einführung

Kooperationen zwischen Nonprofit-Organisationen (NPO)[2] und Unternehmen[3] sind kein Mythos. Sie sind gelebte Realität in Civil-Private Partnerships[4] (CPP) zwischen Sektoren, die in ihrer Orientierung (Pro- vs. Nonprofit) kaum unterschiedlicher sein könnten (vgl. Habisch 2003: 97-134). Die „ideologische und organisatorische Pluriformität" (Kleinfeld 1993: 237) des Nonprofit-Sektors drückt sich in der formalen

---

[1] Herzlichen Dank an Cristina Nicolescu, Johns Hopkins Philanthropy Fellow, Herbst 2004; gegenwärtig Executive Director of Pro Vobis National Volunteer Center, Cluj Napoca, Romania.

[2] Das hier vorgetragene Verständnis von 'NPO' basiert auf International Classification of Nonprofit Organisation (ICNPO) des Johns Hopkins Comparative Nonprofit Sector Project (Salamon/Anheier et al. 1999).

[3] ‚Unternehmen' umschließt Multinational (MNU) und Klein- und Mittelständische Unternehmen (KMU).

[4] CPP ist an das Konzept des Public-Private Partnership (PPP) angelehnt. In der Diskussion um eine Beteiligung des Proprofit-Sektors an, von staatlicher Seite erstellten, Leistungen (Der Spiegel, 21.08.2006) wird der Beitrag des Nonprofit-Sektors in einer möglichen „tri-sector partnership" häufig vernachlässigt (Warner/Sullivan, 2004: 12-33). Weiterhin finden partnerschaftliche Modelle ausschließlich zwischen Unternehmen und NPO nur geringe Betrachtung in der wissenschaftlichen Diskussion um die Rolle von NPO in der Gesellschaft. Die Vorstellung von CPP als eigenständigem Konzept versucht diese Form intersektoraler Kooperation aus dem Diskurs um PPP zu lösen und es als Möglichkeit gesellschaftlichen Engagements von Unternehmen und als Kooperationsmodell hervorzuheben, siehe hierzu Prinzhorn (2007).

Fülle des Engagements zwischen den Sektoren aus. In Teilen des Nonprofit-Sektors herrscht ‚Goldgräberstimmung'. Die Projektideen sind zahlreich, die Mitwirkenden kompetent und der Wille zu einer dauerhaften Zusammenarbeit ist gegeben. Jedoch ist die Zufriedenheit mit dem gesellschaftlichen Engagement von Unternehmen durch NPO und die Bereitschaft zum Qualitätsmanagement gering und bilden so einen ‚Stolperstein' für intensivere Zusammenarbeit - Wunsch und Wirklichkeit behindern sich gegenseitig. Dies ist das Ergebnis eines Forschungsprojektes über die Unternehmensleistung in den Bereichen Umwelt und Soziales aus der Perspektive von NPO am ‚Forum for Corporate Sustainability Management' (CSM Forum) des IMD International in Lausanne. Auslöser für diese Studie stellte die begrenzte empirische Aufarbeitung von intersektoraler Kooperation zwischen NPO und Unternehmen dar. Auf der Basis von 120 Fragebögen und 83 Interviews wurden Antworten haupt- und ehrenamtlicher Führungskräfte des Nonprofit-Sektors in Deutschland (42%) und Westeuropa, zu Fragen wie: Was sind Einflussfaktoren für CPP? Wie bewerten NPO die Zusammenarbeit mit Unternehmen? und Wer strebt sie wie stark an? ausgewertet. Für die Auswahl der Befragten wurden die Kategorien des ICNPO genutzt: Kultur und Freizeit; Bildung und Forschung; Gesundheit; Soziale Dienste; Umwelt- und Naturschutz; Entwicklungsförderung; Bürger- und Interessengruppen (insbesondere Konsumentenorganisationen); Internationale Entwicklungshilfe und Gewerkschaften.

Corporate Sustainability – Katalysator für CPP

Eine Auseinandersetzung mit intersektoraler Kooperation zwischen Unternehmen und NPO führt unweigerlich zur Betrachtung des gesellschaftlichen Engagements von Unternehmen. In der wissenschaftlichen Debatte um dieses Thema wird jedoch keine einheitliche Definition genutzt. Eine Vielzahl von Begriffen, häufig übernommen aus dem angloamerikanischen Raum, bestimmt die Diskussion. Der, in dieser Untersuchung, verwendete holistische Ansatz von Corporate Sustainability (CS) nimmt sich nicht aus. CS bezieht sich auf den Brundtland-Bericht[5]. Unternehmen konfrontiert CS mit der „triple bottom line, to advance economically, as well as being environmentally and socially responsible" (Robinson 2001: 13). Aufgrund der vielfältigen Nutzung des Begriffes wurde in der Untersuchung von ‚Unternehmens-

---

[5] Gemäß des Brundtland-Berichts wird unter ‚dauerhafter Entwicklung' „eine Entwicklung, die den Bedürfnissen der heutigen Generation entspricht, ohne die Möglichkeiten künftiger Generationen zu gefährden, ihre eigenen Bedürfnisse zu befriedigen und ihren Lebensstil zu wählen" verstanden (WCED, 1987: XV).

leistung in den Bereichen Umwelt und Soziales' gesprochen. Konzeptuell rekurrierte dieser Ausdruck auf das Verständnis von CS als Oberbegriff für Corporate Social Responsibility (CSR) und Corporate Environmental Responsibility (CER) mit der Basis des Corporate Citizenship (CC)[6]. In der Praxis kann dieser Anspruch wie folgt gegliedert werden:

Corporate Citizenship: Das Fundament

Grundlage der unternehmerischen Gestaltungsmöglichkeiten in der Gesellschaft ist CC. Backhaus-Maul (2006: 32) sieht es als „ausgesprochen traditionsreiches Thema" und betont: „Gutes zu tun war für viele religiös geprägte und gesellschaftspolitisch inspirierte Unternehmerpersönlichkeiten [...] eine gepflegte kulturelle Selbstverständlichkeit". CC beschreibt „das lokale Engagement der Unternehmen" (Rudolph 2004: 93) und bezieht seine Berechtigung aus der Verantwortung von ‚Corporate Citizens', gewonnen durch die Weitergabe von gesellschaftspolitischen Rechten durch den Staat, in einer marktliberalen Gesellschaftsordnung. Demzufolge ist nicht die „gesellschaftspolitische Bewertung innerbetrieblicher Abläufe" (Backhaus-Maul 2006: 33), sondern die Rolle und Position des Unternehmens in der Gesellschaft die Basis gesellschaftlichen Engagements.

Corporate Social and Environmental Responsibility: Die Instrumente

In der Diskussion um Corporate Social and Environmental Responsibility muss zwischen einem strategischen[7] und ethischem Verständnis unterschieden werden. Als Managementkonzepte sind CSR und CER strategische Instrumente zur Verbesserung unternehmerischer Performance durch die Befriedigung gesellschaftlicher Verpflichtungen. Als normativer Ansatz sind es Konzepte zur Bewertung unternehmerischen Handelns in der Gesellschaft: „A society would only allow a business to operate within it if the benefits of the business outweigh its detriments to society" (Cooper 2004: 3). Verstanden als strategische Antwort von Unternehmen auf gesellschaftliche Herausforderungen, fassen CSR und CER den Rahmen größer als CC und beziehen neben den Umweltbeziehungen von Unternehmen deren innerbetriebliche Abläufe mit ein (ebd.: 32f). CSR beinhaltet beispielsweise „interna-

---

[6] Ähnlicher Auffassung sind Rudolph (2004: 91-94) sowie Mutz/Korfmacher/Arnold (2002).
[7] Beispielsweise durch Corporate Sustainability Management (deutsch: Nachhaltigkeitsmanagement). Siehe hierzu Förster (2003).

tionale Austauschbeziehungen" und CER umfasst unter anderem eine „ressourcenschonende Gewinnung und Produktion" (Rudolph, 2004: 92f). Diese Begriffsbestimmung wird allgemein auf Howard Bowens Publikation „Social Responsibilities of the Businessman" (1953) zurückgeführt.

Bowens breit angelegte Reflexion wurde politisch unter der Kennedy Administration als Instrument gegen den Kommunismus und für den Erhalt des Vertrauens in eine kapitalistische Wirtschaftsordnung genutzt[8]. In den Neunzigern verstärkte sich die Diskussion um CSR angesichts der Globalisierung und dem hiervon induzierten Wandel des Nationalstaates[9] (Backhaus-Maul 2006: 34). Im Zuge dieser Prozesse entwickeln sich Unternehmen „zu globalen Netzwerken aus eigenen Standorten und externen Dienstleistern" (Fröndhoff 2006: 16). Ausdruck findet dies beispielsweise in Herbert Hainers[10] Auffassung von Adidas als „ein Unternehmen mit deutschen Wurzeln" (in ebd.: 16), so dass die Rolle der Globalisierung in der komplexen Herausforderung der Formulierung allgemeingültiger Standards[11] Gelegenheit und Hindernis zugleich für CSR und CER ist.

Corporate Sustainability: Das Ziel

Angesichts dieser Entwicklungen kann das gesellschaftliche Engagement von Unternehmen als Ausdruck eines forcierten Interesses global agierender Unternehmen an einer gesellschaftlichen Verankerung von Betrieben und ihrer Marken sowie als Plattform für einen Dialog mit Stakeholdern[12] und der Gesellschaft betrachtet werden. In dieser Inanspruchnahme von CS als einem Instrument holistischen Managements stehen sich die beschriebenen Elemente nicht gegenüber, sondern ergänzen sich. Die Unternehmung wird somit „nicht mehr als private Veranstaltung, sondern als exponierte öffentliche Institution verstanden" (Karmasin 1999: 187 in Backhaus-Maul 2006: 38), welche in vielfältiger Weise in der Gesellschaft agiert, initiiert und sich integriert. So wahrgenommen kann das Interesse von Unternehmen an intersektoraler Kooperation und CS als Katalysator für erfolgreiche CPP erklärt werden. Es wird gestaltet durch Instrumente wie CC, CSR und CER. Sie sind

---

[8] Siehe hierzu die Darstellung des damaligen Handelsministers Hodges (1966: 18-20, 193-197).
[9] Vgl. beispielsweise Scherer (2003: Kapitel C und D).
[10] Vorstandsvorsitzender der Adidas AG.
[11] Vgl. beispielsweise Luhmann (1998: 244f) zum Verständnis von Moral.
[12] „Alle durch die Aktivitäten des Betriebes Betroffenen wie beispielsweise Mitarbeiter, Kunden Zulieferer, Verwaltungen […] und […] alle im Bereich des Unternehmens lebenden Personengruppen" (Lorenz 2005: 230).

das ‚Handwerkszeug' für die Realisierung gesellschaftlichen Engagements von Unternehmen, welche ihre Entsprechung in CPP finden kann.

Win-win Situationen als Maßstab für erfolgreiche CPP

Der Terminus Win-win Situation ist ein aus der Psychologie und dem Konfliktmanagement entliehener Begriff. Er taucht seit einigen Jahren in der Debatte über kooperative Anstrengungen des Nonprofit-Sektors auf. Es ist der Wunsch nach einer Begegnung auf ‚Augenhöhe' basierend auf gegenseitiger Anerkennung in Bezug auf den jeweiligen Beitrag zur gesellschaftlichen Entwicklung. Win-win verstanden als partnerschaftliche Aktivität ist „die Grundvoraussetzung, um die auftretenden Synergieeffekte bei intersektoralen Kooperationen auszuschöpfen" (Rudolph 2004: 95).

Historie des Begriffs Win-win

Seit Roger Fishers and William Urys Publikation (1981) „Getting to Yes" hat sich die Erkenntnis durchgesetzt, dass „win-win agreements that reconcile both parties' interests to their mutual benefit" zahlreiche Vorteile gegenüber einer „Win-lose" Situation besitzen (Myers 1993: 573). Empirische Untersuchungen bestätigten dies im Vergleich zu anderen Verhandlungslösungen: „Compared to compromises, in which each party sacrifices something important, integrative agreements are more enduring. Because they are mutually rewarding, they also lead to better ongoing relationships" (Myers 1993: 573). Angesichts derartiger Bestätigungen sind Win-win Situationen im Nonprofit-Sektor in Kooperation mit Unternehmen gefragt. Jedoch erfordert ein „fair settlement" (Brams/Taylor 2000: IX) viel Verhandlungserfahrung und die Bereitschaft „to replace competitive win-lose orientation" (Myers 1993: 572). Auf einer „Trennung von Position und Interesse" sowie der „Konzentration auf fünf menschliche Kernanliegen, die Gefühle prägen" basierend beschreibt beispielsweise das Harvard Negotiation Project eine Methode für das Erreichen von Win-win Situationen (Schmitz 2006: V2/15). Zudem betont es eine Vielzahl weiterer Faktoren, wie Persönlichkeit, Geschlecht und Kultur, die den Verhandlungserfolg beeinflussen (Fisher/Ury/Patton 1995: 216-230).

Win-win und CPP

Win-win Situationen erfordern eine intensive Auseinandersetzung mit dem Gegenüber und dessen Interessen sowie eine Evaluation eigener Stärken und Schwächen. Trotz ihrer Vorteile sind Win-win Lösungen nicht uneingeschränkt positiv zu bewerten. Für NPO mit einem ‚watch dog approach'[13] entspräche eine vollständige Aufgabe der Win-lose Orientierung eine Abkehr von einem ihrer Leitmotive und wirksamen Mittel, um auf Missstände aufmerksam zu machen. Weiterhin sollten Win-win Situationen in CPP einen Maßstab und kein Dogma für partnerschaftlichen Umgang zwischen den Akteuren bilden. Die Grenze ist fließend, wodurch mitunter eine Trennung von mystifizierten und realen Win-win Situationen erheblich erschwert wird.

Die Basis von CPP: Gesellschaftliches Engagement von Unternehmen bewertet durch NPO

Untersuchungsdesign

Zwischen April und Mai 2005 wurden 2000 Fragebögen an haupt- und ehrenamtliche Führungskräfte von NPO in Westeuropa versandt, wobei im deutschsprachigen Raum 400 Einheiten verteilt wurden[14]. Als Zielkorridor für den Rücklauf wurden 15-20% festgelegt. Allerdings betrug, trotz Erinnerungsschreiben per E-Mail und Fax sowie Zirkulation innerhalb des eigenen Netzwerkes, die Rücklaufquote nur 6%. Einer Verzerrung quantitativer Ergebnisse in Bezug auf eine zweckdienliche Auswahl der Befragten und dem Komplex der sozialen Erwünschtheit wurde daher durch eine Triangulation mit Interviews entgegen gewirkt. Insbesondere die Tendenz zu einer systematischen Verzerrung durch soziale Erwünschtheit angesichts der normativen Aufladung der Diskussion um CS (vgl. Cooper 2004: 23f) galt es zu vermeiden (vgl. Salzmann 2006: 9-18). Solche Selbstbeschreibungen der Teilnehmer (vgl. Edwards 1957), „die im normativen System ihrer Bezugswelt als sozial erwünscht gelten, unabhängig von der empirischen Korrektheit dieser Zuschreibung" (Reinecke 1991: 26), sind ein mögliches Phänomen im Diskurs über die Wahrnehmung gesellschaftlichen Engagements von Unternehmen durch NPO[15].

---

[13] ‚Spürhunde von Missständen' sind beispielsweise NPO wie Amnesty International, Greenpeace oder Urgewald.
[14] Die Ergebnisse sind Teil einer Befragung von neun Anspruchsgruppen, siehe hierzu Steger (Hrsg.) (2006).
[15] "Our respondents act upon their perception (perception is reality)" (Salzmann 2006: 17).

Fragenkomplex

Acht der zehn Fragen forderten eine Einschätzung auf einer Skala von eins bis fünf, wobei eins die niedrigste Zustimmung ausdrückte. Die restlichen Fragen beruhten auf vorgegebenen Antworten mit der Gelegenheit von Mehrfachnennungen. Für den Artikel wurden vier Fragen berücksichtigt. Dabei wurde eine positive Beurteilung des gesellschaftlichen Engagements von Unternehmen als ein Indikator für eine Basis für CPP betrachtet (a), negative Reaktionen von Unternehmen als ein Merkmal für eine gescheiterte Win-win Situation in intersektoraler Kooperation angesehen (b) und Evaluationstechniken als ein Kennzeichen für den Einsatz eines Qualitätsmanagements verstanden, welches die Möglichkeit von Win-win Situationen in CPP erhöht (c).
Die Forschungsfragen waren:

1. Wie effektiv sind die folgenden Maßnahmen in Bezug auf die Beeinflussung von Unternehmensleistung in den Bereichen Umwelt und Soziales – unabhängig davon, ob diese in Ihrer Organisation ergriffen werden oder nicht?
2. Die folgende Liste beinhaltet mögliche Reaktionen von Unternehmen auf von Ihrer Organisation ergriffene Maßnahmen zur Verbesserung der Unternehmensleistung in den Bereichen Umwelt und Soziales. Bitte geben Sie an, wie oft die aufgeführten Reaktionen eintreten.
3. In welchem Umfang bestimmen die folgenden Faktoren die Maßnahmen Ihrer Organisation zur Beeinflussung von Unternehmensleistung in den Bereichen Umwelt und Soziales?
4. In welchem Umfang werden Ihre Erwartungen bezüglich der folgenden sozialen und umweltbezogenen Leistungen von Unternehmen erfüllt?

Auf der Grundlage der beantworteten Fragebögen wurde ein semi-strukturierter Interviewleitfaden formuliert. Einige Personen nahmen an der quantitativen und qualitativen Untersuchung teil. Bis November 2005 wurden 83 Interviews mit Führungskräften von NPO durchgeführt. Die Interviews wurden für einstündige Gespräche konzipiert und bestanden aus drei Themenblöcken mit zehn Fragen von denen drei Berücksichtigung in diesem Artikel finden. Die Antworten wurden selektiv protokolliert und mit NVivo 2.0 sortiert. Authentizität sicherten wörtliche

Zitate, welche im weiteren Verlauf in Anlehnung an das Verfahren der selektiven Plausibilisierung[16] hervorgehoben werden.

1. Evaluieren Sie Nachhaltigkeitsmanagement? Wenn ja, wie sieht der Evaluierungsprozess aus? Welche Kriterien, Prozesse und Instrumente verwenden Sie, um Nachhaltigkeitsmanagement zu beurteilen?
2. Könnten Sie bitte eine oder zwei spezifische Situationen nennen und beschreiben, wo Sie mit Ihrer Strategie in der Vergangenheit erfolgreich oder nicht erfolgreich gewesen sind? Was waren die Erfolgsfaktoren, was die Hindernisse?
3. Versetzen Sie sich in die Rolle von Unternehmen. Wie können diese am besten ‚Kapital' aus den von Ihnen präsentierten Möglichkeiten in den Bereichen der sozialen und ökologischen Verantwortungsübernahme schlagen?

Gefangen zwischen dem Wunsch nach Kooperation und der Furcht vor Vereinnahmung

Die aufgeführten Antworten folgen der Reihenfolge der gestellten Fragen im vorangegangen Abschnitt. Zu Beginn stand eine Selbsteinschätzung seitens der NPO, welche Maßnahmen die effektivsten hinsichtlich der Beeinflussung von Unternehmen sind (vgl. Abbildung 1). Die Antworten konnten unabhängig von tatsächlich durchgeführten Aktionen gegeben werden. Ziel dieser Frage war es, ein Bild zu erhalten, ob sich CPP in der Bewertung der NPO als effiziente Strategie durchgesetzt haben. Die Antwortmöglichkeiten gliederten sich in drei Kategorien. Jeweils drei Optionen bezogen sich auf eine Win-win[17] beziehungsweise eine Win-lose[18] Orientierung. Zwei eröffneten den Weg über den Staat als übergeordnete Instanz[19].

---

[16] "Selektive Plausibilisierung wird vorgenommen, indem […] Zitate und authentische Formulierungen […] in den Text […] einfließen, so dass […] Deutungen anhand der originalen Zitate" möglich sind (Schacht/Peez 2002: 20).
[17] Bemühungen um Dialog; Leitlinien und Standards und Labels und Zertifizierungsmodelle.
[18] Maßnahmen bei Aktionärstreffen; direkte Maßnahmen - z.B. Boykott und Veröffentlichung des Themas.
[19] Regulierung/Gesetzgebung und Politisches Lobbying.

Abbildung 1: Einschätzung der Effektivität von Maßnahmen des Nonprofit-Sektors zur Beeinflussung von Unternehmen (übersetzt, Prinzhorn/Salzmann 2006: 210).

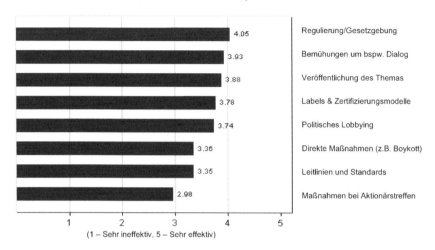

Die Einschätzung der Effektivität der Schritte formten Häufungen von Antworten[20] in bestimmten Skalenbereichen. Eine eindeutige Unterscheidung ist jedoch nur zwischen der ersten und letzten Antwort möglich. Regulierung und Gesetzgebung sehen NPO als die effektivste Maßnahme zur Beeinflussung von Unternehmen an. Die Win-lose Option ‚Maßnahmen bei Aktionärstreffen' steht dem unverkennbar nach. Die Antworten im Mittelfeld lassen sich nur begrenzt hierarchisch gliedern. Tendenziell steht die Möglichkeit der Win-win der Win-lose Orientierung vor. Bemühungen um Dialog oder Zertifizierungen werden im Vergleich zu Schritten wie zum Beispiel Veröffentlichung und Boykott vorgezogen. Bezogen auf die Effektivität behält jedoch die regulierende Funktion des Staates den Vorrang. Allerdings wurde diese Ordnungsfunktion auf Industrienationen eingeschränkt und nur begrenzt bei ökonomisch geringer entwickelten Ländern gesehen (vgl. Abbildung 4). Die Interviews unterstützten das ‚durchwachsene' Bild. CPP beschränken sich primär auf CC-Aktivitäten wie beispielsweise Sponsoring und Fundraisingstrategien sowie Zertifizierungen. Interesse am Dialog und zur Kooperation seitens der Unternehmen, als ein effektives Instrument zur Beeinflussung, bestätigt sich. Unter-

---

[20] Die Balkenwerte sind Mittelwerte und stellen den Durchschnitt der gegebenen Antworten dar.

schiede existieren zwischen MNU und KMU: Einzelfälle ausgenommen findet eine Konzentration auf das Handeln von MNU statt. Als Argument werden stärkere öffentliche Wahrnehmung und Durchschlagkraft von Veränderungen genannt.

> The bigger brand companies open their doors more easily (NPO A)

Ihre Erfolge erreichen NPO häufig durch eine Kombination von Instrumenten. Ähnlich dem Prinzip ‚Zuckerbrot und Peitsche' (Prinzhorn/Salzmann 2006: 211)[21] werden CPP durch Strategien wie „exposing a company in the media for refusing to give information and declining to participate" versus "if companies respond positively, we will publish that" (NPO D) bewirkt. Siegreiche Win-lose Konfrontationen werten viele NPO als Erfolgsgeschichten und betrachteten dort Effektivität, beispielsweise durch Kontrollen und Medienarbeit, auch längerfristig.

> What it takes is for one player to agree; this would then create momentum for the others (NPO B)

Die nächste Frage fokussierte sich auf mögliche Reaktionen der Unternehmen (vgl. Abbildung 2). Basis war die Annahme, dass sich in Interaktionen ein Interesse an einem „fair settlement" (Brams/Taylor, 2000: IX) zum Erzielen von Win-win Situation in CPP abbilden müsste. Es wurden drei positive[22] und drei negative Antworten[23] angeboten. Unabhängig hiervon gab es die Option ‚Unternehmen ignorieren unsere Aktionen', was einem Scheitern entsprach.

---

[21] „NGOs' carrot and stick approach."
[22] Unternehmen treten in Dialog mit uns; Unternehmen verändern Geschäftsprozesse und Unternehmen verändern (offensiv) Strategien um Chancen zu generieren.
[23] Unternehmen verstärken PR und Lobbying; Unternehmen verändern (defensiv) Strategien um Risiken zu reduzieren und Unternehmen verklagen uns.

Abbildung 2: Mögliche Reaktionen von Unternehmen auf Aktionen von NPO (übersetzt, Prinzhorn/Salzmann 2006: 206).

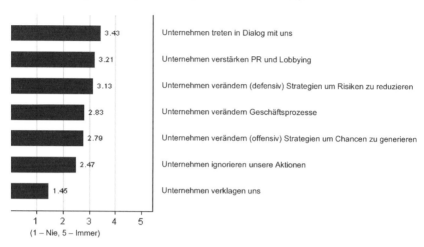

Mögliche Reaktionen von Unternehmen häufen sich im mittleren Skalenbereich. Die Unterschiede zwischen den Werten sind gering. Dialogbereitschaft führt zwar an, aber es folgt dicht auf die negativen Reaktionen. Dennoch lässt sich ein Interesse an dem Erzielen von Win-win Situationen festhalten. Die Optionen, in absoluten Zahlen verglichen, zeigen eine Tendenz zu positiven Reaktionen. Diese Veränderungsbereitschaft nivelliert die Möglichkeit ‚Unternehmen ignorieren unsere Aktionen'. Ergebnisse aus den Interviews unterstützten diese Verteilung. NPO benennen den unternehmerischen Aufwand in Public Relations als eine fehlgeleitete Ressourcennutzung. Sie verweisen auf andere positive Erfahrungen wie Vorteile für Unternehmen zum Beispiel in CPP generiert werden konnten. Die beschriebenen Reaktionen sind häufig geleitet von dem Wunsch nach einer positiven öffentlichen Wahrnehmung. Unter anderem ist dies Ursache für Konzentrationen von NPO auf Markenproduzenten und MNU.

> Use CSR as a competitive advantage, and establish himself as a 'preferred partner' (NPO C).

Die folgenden Forschungsfragen konzentrierten sich auf eine Auswahl von Evaluationstechniken, die NPO anwenden könnten. Möglichkeiten der Vor- und Nachbereitung der Aktionen (vgl. Abbildung 3) zur Erleichterung der Interaktion mit Unternehmen wurden untersucht. Die Annahme war, dass CPP zunehmen, je systematischer und intensiver die Evaluationen der NPO wie auch die Auseinandersetzung mit CS als Basis gesellschaftlichen Engagements von Unternehmen ist. Die Antworten gliederten sich hierarchisch anhand dieser Vorgabe. Optionen zur Vorbereitung von Aktionen der NPO drückten sich in vier möglichen Antworten aus: Systematischer Prozess innerhalb der Organisation (1), Erfahrungen mit früheren Aktionen (2), Orientierung an anderen NPO (3) und ‚Bauchgefühl'/Intuition (4). Kombinatorisches Verständnis und Mehrfachantworten waren möglich.

Abbildung 3: Vor- und nachbereitende Maßnahmen von NPO (übersetzt, Prinzhorn/Salzmann 2006: 201).

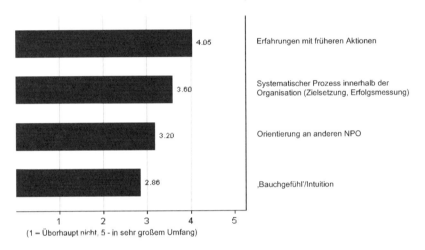

Die Wertung der Antworten bildet eine eindeutige Verteilung. Die Reihenfolge entspricht jedoch nicht der hierarchischen Gliederung der Annahme. Den höchsten Wert erzielt die Möglichkeit: ‚Erfahrung mit früheren Aktionen'. Diese Option zur Vorbereitung dominiert die Maßnahme. Dieses Kriterium stellt aber angesichts einer sich schnell verändernden Umwelt im Zuge der Globalisierung ein zweischneidiges Schwert in ihrer Verlässlichkeit dar (vgl. Steger 1999: 109-114). Dieser Möglichkeit folgt der Anspruch einen systematischen Prozess zu besitzen. Die Optionen ‚Orientierung an anderen NPO' sowie ‚"Bauchgefühl"/Intuition' werden genutzt, stehen dem aber nach und erlauben die Schlussfolgerung, dass systematische Maßnahmen zur Vor- und Nachbereitung eingesetzt werden. Allerdings ist eine Aussage über die Ausdifferenzierung dieser Instrumente eines Qualitätsmanagements nicht möglich. Dieses Ergebnis wurde durch die Interviewergebnisse gestützt. Gefragt nach Prozessen und Instrumenten, um Unternehmen einzuschätzen, benennen NPO Schwierigkeiten in der qualitativen Bewertung des gesellschaftlichen Engagements von Unternehmen. Ursachen finden sich in der Komplexität und geographischen Ausdehnung der Prozesse. Instrumente zur Qualitätssicherung werden als sehr bedeutend in der Vorbereitung eingeschätzt. Jedoch führen die NPO in den Interviews häufig einen wissensbasierten und finanziellen Ressourcenmangel an, welcher eine intensivere Anwendung systematischer Prozesse verhindere und als Bestätigung des hohen Wertes für erfahrungsgestützte Strategien gesehen werden kann.

> Our resources are too small to do more. We do not have a great deal of capacity (NPO F und NPO A)

In den Interviews wird allerdings stärker betont, dass die Bildung von Allianzen oder Kooperationen mit anderen NPO ein umfangreich genutztes und im internationalen Kontext weiterentwickeltes und zu entwickelndes Verfahren ist. Dennoch bestehen die genannten Schwierigkeiten und werden zusätzlich durch die folgende Frage nach der subjektiven Zufriedenheit mit CS-bezogenen Leistungen veranschaulicht (vgl. Abbildung 4). Ausgangspunkt dieser Frage war die Annahme, dass systematische Vor- und Nachbereitung von Aktivitäten des Nonprofit-Sektors eine differenziertere Betrachtung auch komplexerer CS-Strategien ermögliche und somit einen Indikator für die Zufriedenheit mit dem gesellschaftlichen Engagement von Unternehmen liefere. Diese Sachverhalte wurden weiterhin als Schlüsselressourcen für Legitimität und Transparenz von NPO-Aktivitäten mit dem Proprofit-Sektor in Rahmen von CPP verstanden. Entsprechend diesen Überlegungen wurden den Befragten 15 Bereiche des gesellschaftlichen Engagements von Unternehmen genannt, welche gemäß ihrer subjektiven Zufriedenheit auf der Skala abzutragen waren.

Abbildung 4: Zufriedenheit der NPO mit CS-bezogenen Leistungen (übersetzt, Prinzhorn/Salzmann 2006: 204).

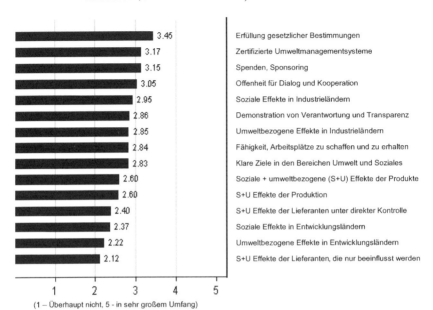

Generell zeigt die Verteilung keine eindeutige (Un-)Zufriedenheit mit bestimmten Bereichen. Vielmehr ist die Zufriedenheit im Allgemeinen gering. Die Maßnahmen der Unternehmen werden nur als begrenzt wirkungsvoll betrachtet. Relativ größer ist die Zufriedenheit jedoch bezogen auf das soziale und umweltbezogene Handeln der Unternehmen in den Industrieländern im Vergleich zu den Schwellen- und Entwicklungsländern. Diese Unzufriedenheit mit dem unternehmerischen Verhalten in unterentwickelten Ländern und mit Subunternehmern in der Wertschöpfungskette drückt sich eindeutig in geringeren Werten aus[24]. Die relative Zufriedenheit mit der Offenheit für Dialog und Kooperation sowie für Spenden und Sponsoring bestätigt, dass Voraussetzungen für Win-win Situationen gegeben sind, da diese Bereiche als Kernelemente eines erfolgreichen CC aufgefasst werden können. Dieses Ergebnis wird jedoch durch die Resultate aus Abbildung 4 beschränkt. Die hohen Werte für CC, CSR und CER Elemente[25], welche nicht gesondert von

---

[24] Siehe hierzu auch die Abbildung 2 und die anschließende Interpretation.
[25] Erfüllung gesetzlicher Bestimmungen und zertifizierte Umweltmanagementsysteme.

NPO validiert werden müssen, verdeutlichen die begrenzte Auseinandersetzung mit diesen Maßnahmen.

Ferner ist das geringe Vertrauen[26] in die staatliche Regulation in Anbetracht der limitierten Durchsetzungskraft und der schwachen sozialen Gesetze in Schwellen- und Entwicklungsländern interessant. Die Daten zeichnen sich durch ein hohes Problembewusstsein für diesen Teil der Welt aus, aber in der Wahl der Mittel zur Lösung (staatliche Regulation vs. CPP) beschränkt sich der Nonprofit-Sektor selbst. Die Interviews zeigen dagegen eher ein verstärktes Interesse an intersektoralen Konzepten. Sie fordern ebenso mit Nachdruck eine Verhaltensänderung im Unternehmenssektor, aber auch um vermehrt Win-win Situationen zu erzielen, was auf eine Verringerung des Fokus auf staatliche Regulationen und der Furcht vor Vereinnahmung durch den Proprofit-Sektor hoffen lässt.

> Overall, companies should be more proactive and adopt a level playing field approach across developed and developing countries (NPO C)

Gibt es einen Mythos in Bezug auf Win-win Situation in CPP?

Die Ergebnisse zeichnen ein unscharfes Bild. Die Erfahrungen des Nonprofit-Sektors mit CPP sind gespalten. Pro und Contra wurden in den Interviews sehr deutlich. Die Wahrnehmung des gesellschaftlichen Engagements von Unternehmen durch NPO ist durchwachsen. Jedoch wurden kaum Schuldzuweisungen laut, sondern vielmehr selbstkritische Töne. Diese befassten sich häufig mit der Frage, wie NPO mehr Legitimität[27] im Umgang mit Unternehmen und eigenen Stakeholdern gerade in Bezug auf CPP gewinnen können. Dies würde Win-win Situationen in CPP erleichtern, denn „trust cannot simply be assumed: it must be regularly earned, and re-earned" (Conference Statement 2006: 1).

Alter Wein in neuen Schläuchen? Ein Versuch den Nonprofit-Sektor dem Proprofit-Sektor anzugleichen? Kaum, denn der Katalysator für das Wachsen dieses Anspruches an NPO ist der Prozess der Globalisierung. Diese „veränderte Veränderung" (Steger/Kummer 2001: 183) geht einher mit Faktoren wie beispielsweise Entgrenzung, Heterarchie, Legitimationserosion und Vergangenheits-Zukunfts-

---

[26] Siehe hierzu auch Abbildung 1.
[27] Legitimitätsdefizite des Nonprofit-Sektors äußern sich durch Mehrdeutigkeit, Dualismus und Identitätsverluste zum Beispiel in Bezug auf ethische Standards und bindende Verhaltensregeln (Salamon/Anheier et al. 1999: 31-37).

Asymmetrie[28] und ist in ihrer Ausprägung ohne historisches Beispiel. Das Interesse an Win-win Situationen zwischen NPO und Unternehmen fordert die ‚Unschuld' des Nonprofit-Sektors heraus. Klar formulierte Legitimitätskriterien können diese sichern helfen. Sie enden nicht mit den Rechten und Pflichten einer legalen Persönlichkeit. Vielmehr sind sie für NPO die Causa für spezielle Privilegien (vgl. Hansmann 1980), die sowohl durch individuelle Maßnahmen der Organisationen wie auch durch den Sektor selbst gestützt werden müssen. Legitimitätssicherung könnte durch ein verstärktes Etablieren von Good Governance Strukturen (1), Sicherstellen von Transparenz (2), Einführen eines Verhaltenskodex (3), Übernehmen von Leistungskriterien (4) und Verbessern der öffentlichen Wahrnehmung (5) geschehen[29].

Jede der Strategien involviert eine Vielzahl einzelner Schritte. Explizite Anweisungen widersprächen der gewachsenen Diversität des Sektors. Stattdessen müssen sie im Einzelnen ausgearbeitet werden. Jedoch ist es möglich, fünf generell strategische Leitlinien zu benennen (Conference Statement 2006): Schaffen eines Sinns für die Dringlichkeit und Erfordernis eines Wandels (1), Bauen auf vorhandene Stärken (2), strategische Herangehensweise (3), Suchen nach Kooperationspartnern innerhalb und außerhalb des Sektors (4) sowie Fördern von entsprechenden Kompetenzen (5). In der Konsequenz fordern die Maßnahmen Professionalisierung – dies jedoch ohne die bisherige Leistung des Sektors, angesichts des finanziellen und wissensbasierten Ressourcenmangels, in Abrede zu stellen. Ziel muss eine fortschreitende Sicherung der Arbeit und der Kompetenzen der Organisationen samt ihrer Angestellten sowie Aktivisten sein.

Fazit und Ausblick

Der Artikel wirft Licht auf das, insbesondere in Deutschland, nur begrenzt empirisch aufgearbeitete Gebiet: Win-win Situationen in CPP. Schon die Überschrift beinhaltete Skepsis gegenüber diesem gepriesenen Instrument der intersektoralen Kooperation: „Ist es Mythos oder Realität" lautet die Frage. Antwort findet sie in einer Studie des CSM Forums am IMD International in Lausanne über die Wahrnehmung gesellschaftlichen Engagements von Unternehmen aus der Sicht des

---

[28] Eine intensive Auseinandersetzung mit Ausprägungen dieser und weiterer Begriffe findet sich in Steger 1999.
[29] Vgl. Conference Statement (2006) "Strengthening the Third Sector Legitimacy". Wird auf der Homepage des Center for Civil Society Studies der Johns Hopkins University veröffentlicht.

Nonprofit-Sektor. Die Basis der Untersuchung bildet die Annahme, dass dies ein Kernelement jeder intersektoralen Kooperation ist, dessen Fehlen das Zustandekommen von CPP und im Besonderen von Win-win Situationen stark erschwert. Das quantitative und qualitative Design der Studie bestätigt, dass CPP kein Mythos sind, jedoch einer gewissen Verklärung unterliegen. Eine Struktur gewachsener Dialogbereitschaft auf Seiten der Unternehmen, insbesondere der MNU steht einem generellen Interesse an intersektoralen Aktivitäten des Nonprofit-Sektors gegenüber. Ignoranz dieser Bemühungen als eine mögliche Reaktion der Unternehmen wurde nur selten beobachtet. Um Managementprozesse und Bewertungsmaßstäbe der NPO zu untersuchen wurde angenommen, dass je systematischer und intensiver die Vorbereitung der NPO sowie die Beschäftigung und Zufriedenheit mit CS-Elementen und insbesondere CC ist, desto wahrscheinlicher werden Win-win Situationen in CPP. Das Ergebnis wies auf eine Konzentration erfahrungsgestützter Evaluationen und der Nutzung externer Bewertung von CS-bezogenen Leistungen hin, welches mit dem Ressourcenmangel des Nonprofit-Sektors begründet wurde.

Angesichts dieses Ergebnisses fordert der Artikel eine Steigerung der Legitimität - einhergehend mit einer Fokussierung und Professionalisierung. Fünf Elemente und fünf strategische Empfehlungen für eine verbesserte Legitimierung, auch als Vorgriff auf eine mögliche Regulation durch den Staat, wurden vorgestellt. Die Betonung der Notwendigkeit einer Verbesserung der Legitimität des Nonprofit-Sektors basiert auf der häufig ‚stiefmütterlichen' Behandlung des Themas (Conference Statement 2006: 7). Die Einführung, beziehungsweise Weiterentwicklung der genannten Instrumente, könnte über Medienarbeit und weitere Untersuchungen über die öffentliche Wahrnehmung des Sektors geschehen. Des Weiteren gilt es nicht ausschließlich Wissen zu importieren, sondern auf vorhandene Stärken aufzubauen. Dieses erfordert eine intensivere Generierung von Informationen über den Sektor. Basisdaten müssen um spezifische Berichte über Umfang, Struktur, Finanzierung und Beitrag des Nonprofit-Sektors zur gesellschaftlichen Entwicklung im Zuge der Globalisierung ergänzt werden.

Diesen Herausforderungen kann nicht in einem Schritt begegnet werden. Kohärente Strategien basierend auf einer klaren Vision sind notwendig, um die Struktur der Veränderung zu schützen. Der Schlüssel zum Erfolg liegt nicht bei einzelnen NPO, sondern beim Sektor insgesamt und dessen Offenheit und Fähigkeit zu intersektoralem Denken. Förderung der Legitimität verlangt Bereitschaft zur Interaktion und intensiveres Management eigener Stakeholder. Entsprechende Kompetenzen müssen aufgebaut werden. Diese Form der Professionalisierung bedeutet jedoch nicht eine Angleichung an den Forprofit-Sektor, sondern die Übernahme von einzeln Fähigkeiten, welche die Implementierung von Maßnahmen erleichtern.

Die vorgeschlagenen Veränderungen zur Sicherung und Verbesserung der Legitimität des Nonprofit-Sektors reichen weit. Dies wird ohne professionelle Unterstützung von außen kaum durchführbar sein. Es muss ein Prozess angestoßen werden, der eine schrittweise Entwicklung ermöglicht. Das letzte Wort ist daher bestimmt noch nicht gesprochen. Mit dem Artikel wurde vielmehr versucht, Win-win Situationen in CPP einen konstituierenden Rahmen zu geben und die Notwendigkeit einer Weiterentwicklung intersektoraler Kooperationen zu adressieren.

Literatur

Backhaus-Maul, Holger: Gesellschaftliche Verantwortung von Unternehmen. Aus Politik und Zeitgeschichte, Nr. 12, 2006, S. 32-38

Bowen, Howard R.: Social Responsibilities of the Businessman. New York, NY: Harpers, 1953

Brams, Steven J./Taylor, Alan D.: The win-win solution. New York, NY: W. W. Norton, 2000

Conference Statement: Statement of the Eighteenth Annual Johns Hopkins International Fellows in Philanthropy Conference "Strengthening the Third Sector Legitimacy". Bukarest, Rumänien vom 3. bis 6. Juli 2006. Unveröffentlicht.

Cooper, Stuart: Corporate Social Performance: A Stakeholder Approach. Burlington, VT: Ashgate, 2004

Edwards, Allen L.: The Social Desirability Variable on Personality Assessment and Research. New York, NY: Holt, 1957

Fisher, Roger/Ury, William: Getting to Yes: Negotiating Agreement Without Giving In. Boston, MA: Houghton Mifflin, 1981

Fisher, Roger/Ury, William/Patton, Bruce: Das Harvard-Konzept: Sachgerecht verhandeln – erfolgreich verhandeln. Frankfurt a. M.: Campus, 1995

Förster, Marc: Integrierte Managementsysteme - Ein Ansatz zur ganzheitlichen Lenkung einer an Nachhaltigkeitspunkten orientierten Prozessleistung. Hamburg: Verlag Dr. Kovač, 2003

Fröndhoff, Bert: Firmen wandeln sich zu globalen Netzen. Handelsblatt, Nr. 116, 20.06.2006, S. 16

Habisch, André: Corporate Citizenship – Gesellschaftliches Engagement von Unternehmen in Deutschland. Berlin: Springer, 2003

Hansmann, Henry: The Role of Nonprofit Enterprise. Yale Law Journal, Vol. 89, Nr. 5, 1980, S. 835-901

Hodges, Luther H.: Geschäft und Moral. Die soziale Verantwortung von Unternehmen. Wiesbaden: Gabler, 1966

Karmasin, Matthias: Stakeholderorientierung als Kontext zur Ethik von Medienunternehmen. In Funiok, R./Schmälzle, U./Werth, C.H. (Hrsg.): Medienethik - die Frage der Verantwortung. Bonn: Bundeszentrale für politische Bildung, 1999, S. 183-211

Kleinfeld, Ralf: Interessenvermittlung in der niederländischen Verhandlungsdemokratie. Organisation und Institutionen der sozio-ökonomischen Interessenvermittlung. In Kleinfeld, R./Luthardt, W. (Hrsg.): Westliche Demokratien und Interessenvermittlung. Marburg: Schüren, 1993

Lorenz, Günther: Betriebliche und unternehmenspolitische Strategien für soziale Unternehmen. In Birkhölzer, K./Klein, A./Priller, E./Zimmer, A. (Hrsg.): Dritter Sektor/Drittes System – Theorie, Funktionswandel und zivilgesellschaftliche Perspektiven. Wiesbaden: Verlag für Sozialwissenschaften, 2005, S. 225-232

Luhmann, Niklas: Gesellschaft der Gesellschaft. Frankfurt am Main: Suhrkamp, 1998

Mutz, Gerd/Korfmacher, Susanne/Arnold, Karin: Corporate Citizenship in Deutschland. Frankfurt am Main: Deutscher Verein für öffentliche und private Fürsorge, 2002

Myers, David G.: Social Psychology. New York, NY etc.: McGraw-Hill, 1993

Prinzhorn, Jens: Schluss mit 'Shame on you': Civil-Private Partnership – Eine Untersuchung intersektoraler Kooperationen aus der Sicht von europäischen Nonprofit-Organisationen. Dissertationsschrift. Unveröffentlicht, 2007

Prinzhorn, Jens/Salzmann, Oliver: NGOs: Catalysts of Corporate Sustainability. In Steger, U. (Hrsg.): Inside the mind of stakeholders - The hype behind the stakeholder pressure. New York, NY: Palgrave Macmillan, 2006, S. 196-212

Reinecke, Jost: Interviewer- und Befragtenverhalten - Theoretische Ansätze und methodische Konzepte. Opladen: Westdeutscher Verlag, 1991

Robinson, Mary: Overview of discussion. In OECD (Organisation for Economic Co-operation and Development): Corporate Social Responsibility – Partners for Progress. Paris: OECD, 2001, S. 13

Rudolph, Brigitte: Neue Kooperationsbeziehungen zwischen dem Dritten und dem Ersten Sektor. In Birkhölzer, K./Kistler, E./Mutz, G. (Hrsg.): Der Dritte Sektor – Partner für Wirtschaft und Arbeitsmarkt. Wiesbaden: Verlag für Sozialwissenschaften, 2004, S. 35-97.

Salamon, Lester M./Anheier, Helmut K. et al.: Global Civil Society, Dimensions of the Nonprofit Sector. Baltimore, MD: The Johns Hopkins Center for Civil Society Studies, 1999

Salzmann, Oliver: Getting into the Minds of Stakeholders: Framework and Methodology. In Steger, U. (Hrsg.): Inside the mind of stakeholders - The hype behind the stakeholder pressure. New York, NY: Palgrave Macmillan, 2006, S. 9-18.

Schacht, Michael/Peez, Georg: Evaluative wissenschaftliche Begleitforschung zur Nutzung des Computers im Kunstunterricht. 2002. In: Medien Pädagogik http://www.medienpaed.com/02-1/schacht_peez1.pdf (21.11.2006).

Scherer, Andreas G.: Multinationale Unternehmen und Globalisierung. Heidelberg: Physica, 2003

Schmitz, Gregor P.: Verhandeln ist Gefühlssache. Süddeutsche Zeitung, Nr. 71, V2/15, 25./26.03.2006

Der Spiegel: Verwaltung: Der private Staat. Der Spiegel, Nr. 34, 21.08.2006, S. 40.

Steger, Ulrich (Hrsg.): Globalisierung gestalten – Szenarien für Markt, Politik und Gesellschaft. Berlin: Springer, 1999

Steger, Ulrich/Kummer, Christopher: Auswirkungen der Globalisierung auf das strategische Management. In Krystek, U./Zur, E. (Hrsg.): Handbuch der Internationalisierung. Berlin: Springer, 2001, S. 183-202.

Steger, Ulrich (Hrsg.): Inside the mind of stakeholders - The hype behind the stakeholder pressure. New York, NY: Palgrave Macmillan, 2006

Warner, Michael/Sullivan, Rory (Hrsg.): Putting Partnerships to Work. Sheffield, UK: Greenleaf, 2004

WCED (World Commission on Environment and Development): Our Common Future. Oxford, UK: Oxford University Press, 1987

IV. Strategien und Instrumente

Rudolf Speth

Corporate Citizenship als strategische Partnerschaften, Lobbying, Regierungsbeziehungen

1 Einleitung

Erfolgreiche Unternehmen entwickeln ihre Aktivitäten in einer strategischen Perspektive. Dies gilt auch für ihr Engagement im gemeinnützigen Bereich. Richtig verstandene Corporate Citizenship-Aktivitäten sind daher von einem sorgfältig ausgewählten Ziel geleitet und Unternehmen verfolgen einen durchdachten Weg, wie dieses Ziel erreicht werden soll. Kurz: Corporate Citizenship ist Teil der Unternehmensstrategie und das wesentliche und allgemeinste Ziel von Unternehmen ist es, sich mit den eigenen Produkten auf dem Markt zu behaupten. Um dieses strategische Ziel zu erreichen, sind aber nicht nur konkurrenzfähige Produkte und Marktkenntnisse notwendig. Erforderlich ist auch eine genaue Analyse der Wettbewerber und des gesellschaftlichen und politischen Umfeldes. Denn die Rahmenbedingungen des Marktes werden durch die Politik gesetzt und der Unternehmenserfolg hängt auch von einem positiven Image des Unternehmens in der Öffentlichkeit ab. Je mehr Politik durch Regulierung in die Märkte eingreift oder sogar wie im Gesundheitsbereich die Preise bestimmt, desto notwendiger wird es für Unternehmen auf die Politik selbst Einfluss auszuüben.

Corporate Citizenship-Aktivitäten sind daher eingebettet in eine Gesamtstrategie, zu der auch Elemente gehören, die man auf den ersten Blick nicht mit dem bürgerschaftlichen Engagement von Unternehmen in Verbindung bringen würde, mit Lobbying und PR, der Beeinflussung der politischen Entscheider und der relevanten Öffentlichkeit (Leif/Speth 2003). Viele Lobbyisten von Unternehmen, deren wesentliche Aufgabe es ist, Unternehmensinteressen bei politischen Entscheidern zu repräsentieren, verstehen sich auch als Beauftragte für Corporate Citizenship. Ablesen lässt sich diese – nur auf den ersten Blick – ungewöhnliche Verbindung an den Profilen von Konzernrepräsentanzen am Sitz der Bundesregierung in Berlin. Viele Lobbyisten verstehen sich als beides, als Vertreter von bestimmten Interessen, und als Vertreter eines Unternehmens, das den Anspruch erhebt als Corporate Citizen zu handeln.

Ich möchte hier die These vertreten, dass Corporate Citizenship und Lobbying näher beieinander sind, als dies nach außen hin scheint. Bei beiden geht es um den strategischen Erfolg des Unternehmens – um dieses Ziel zu erreichen sind allerdings die Mittel unterschiedlich.

Die Verbindung von Corporate Citizenship und Lobbying soll am Beispiel größerer Unternehmen aufgezeigt werden, die in der Lage sind, auch eigenständig Lobbying zu betreiben. Mittelständische Unternehmen sind zwar traditionell sehr stark lokal im sozialen, kulturellen oder sportlichen Bereich engagiert, doch überlassen sie das Lobbying den Verbänden, so dass diese strategischen Verbindung zwischen Corporate Citizenship und Lobbying bei ihnen weniger gut ausgeprägt ist.

Zunächst soll an drei Beispielen die Verbindung von Corporate Citizenship und Lobbying verdeutlicht werden. Im dritten Abschnitt wird dann das Entstehen von Corporate Citizenship als Engagementkonzept vor dem Hintergrund bestimmter ökonomischer Veränderungen gedeutet, die neben der stärkeren Kapitalmarktorientierung der Unternehmen auch ihre stärkere Desintegration aus gesellschaftlichen Kontexten zur Folge hatte. Corporate Citizenship kann als Versuch gedeutet werden, Unternehmen wieder stärker in die Gesellschaft zu integrieren.

Im vierten Abschnitt wird die Perspektive der Unternehmen auf ihre gesellschaftliche und politische Umwelt zum Ausgangspunkt genommen, um eine umfassende Orientierung vorzustellen. Diese wird unter dem Begriff Public Affairs diskutiert. Corporate Citizenship ist wie Lobbying ein Teil davon und muss aus dieser Perspektive begriffen werden.

Im fünften Abschnitt werden diese Folgerungen und Konsequenzen, die sich aus dieser Sichtweise ergeben, diskutiert. Dies betrifft vor allem die Einordnung von Corporate Citizenship als strategische Partnerschaften und die Folgen, die sich daraus für zivilgesellschaftliche Organisationen ergeben.

2 Beispiele

Die Volkswagen AG betreibt in Berlin eine Konzernrepräsentanz, deren Kernaufgabe das Lobbying in Berlin und Brüssel ist. Im Aufgabenspektrum hat aber auch Corporate Citizenship seinen Platz. Der Generalbevollmächtigte und Leiter Regierungsbeziehungen der Volkswagen AG in Berlin, Reinhold Kopp, beschreibt die neuen Aufgaben so: "Es ist die legitime Teilnahme eines Unternehmens am gesellschaftlichen Diskurs im Sinne eines Corporate Citizens. Volkswagen z.B. ist ein

Dienstleister für individuelle Mobilität, eine Voraussetzung gesellschaftlichen Wohlstandes. Es ist für die Zukunft des Unternehmens existentiell, in einer hoch regulierten Umgebung bei der Gestaltung der Rahmenbedingungen für Produkte der Spitzentechnologie und neuen produktnahen Dienstleistungen mitzureden" (Kopp 2003: 53). Aus dieser Perspektive müssen Lobbying, verstanden als Politikberatung, und eine weit gefasste Unternehmenskommunikation, zu der auch Corporate Citizenship gehört, zu einem einheitlichen Auftritt verbunden werden. Das Unternehmensprofil und die Interessen des Unternehmens müssen gegenüber allen relevanten Stakeholdern kommuniziert werden. Dazu zählen sowohl politische Entscheider wie auch zivilgesellschaftliche Gruppen.

In einer ähnlichen Doppelrolle sieht sich auch Heinrich Timmerherm, Lobbyist der BMW AG in Berlin. Auch er ist klassischer Lobbyist, ist aber auch zuständig für Sponsoringfragen und im weiteren Sinne auch für die Corporate Citizenship-Aktivitäten der BMW Group. Dies hängt auch mit der Anbindung der Berliner Konzernrepräsentanz an die Kommunikationsabteilung des Konzerns in München zusammen, von der aus auch die Aktivitäten für Corporate Citizenship des Autobauers gesteuert werden. Solche Firmenrepräsentanzen verstehen sich nicht nur als Lobbybüros wie früher die Verbindungsbüros zu Bonner Zeiten, sondern immer mehr auch als "Botschaften" des Unternehmens am Ort der Regierung und als Repräsentanz des Unternehmens gegenüber der relevanten Öffentlichkeit.

Ähnlich doppelgleisig – Lobbying und Corporate Citizenship integrierend – verfährt auch die Hauptstadtrepräsentanz der Altana AG. Die Altana AG ist ein Unternehmen aus dem Bereich Spezialchemie und Pharma, mit einem Umsatz von knapp drei Mrd. Euro im Jahr 2004. Mehrheitsaktionärin ist Susanne Klatten, die Tochter von Herbert und Johanna Quandt, die auch 12,5 Prozent der Aktien von BMW besitzt. Das Konzernbüro wurde erst 2003 eröffnet und beherbergt auch die Berliner Dependance der 1980 gegründeten Herbert-Quandt-Stiftung.[1] Der Leiter der Hauptstadtrepräsentanz der Altana AG, Thomas Haberkamm, versteht sich sowohl als Lobbyist als auch als Vertreter eines Corporate Citizen, der sich nicht nur über die Stiftung, sondern auch durch vielfältige andere Aktivitäten sehr stark gemeinwohlfördernd engagiert. Die Quandt-Stiftung pflegt den Trialog der Religionen/Kulturen und engagiert sich in der Kultur- und Wissenschaftsförderung. Der Leiter der Hauptstadtrepräsentanz, die als Dialogplattform gedacht ist, ist damit nicht nur Lobbyist und damit für den Dialog mit der Politik zuständig, sondern auch Repräsentant eines Corporate Citizen.

---

[1] BMW hat eine Stiftung mit dem Namen "BMW Stiftung Herbert Quandt" bereits 1970 als Firmenstiftung gegründet.

An diesen Beispielen wird deutlich: Corporate Citizenship und Lobbying gehören zusammen, weil es bei beiden um die strategische Positionierung des Unternehmens gegenüber der Politik und gesellschaftlichen Anspruchsgruppen geht. Dies kann gerade bei Corporate Citizenship zu strategischen Partnerschaften führen und insgesamt zu einer Reintegration der Unternehmen in Politik und Gesellschaft beitragen.

3 Unternehmensperspektive

Corporate Citizenship entstand als Konzept für das Engagement von Unternehmen in den USA in den späten 1980er Jahren in einer Phase tief greifender ökonomischer und sozialer Veränderungen. Wachsende Armut in städtischen Regionen, die mangelnde Qualität der Bildung von Mittel- und Unterschichten sowie die nachlassende Leistungsfähigkeit von Schulen bedrohten den wirtschaftlichen Erfolg von Unternehmen. Ihr ökonomischer Erfolg ist auch das Ergebnis der Leistungsfähigkeit des Einzelnen und von funktionierenden sozialen Strukturen. Unternehmen sollten sich daher stärker wie verantwortungsvolle Bürger verhalten, weil sie von einer funktionierenden öffentlichen Ordnung und einem leistungsfähigen Bildungssystem profitieren (siehe Habisch 2003: 42).

In diese Zeit fällt aber eine wesentliche Veränderung in der Auffassung, wie Unternehmen zu führen sind und an welchen Orientierungsmarken sie ihren Erfolg messen sollen. Viel wichtiger als die sozialen Veränderungen ist daher Veränderung in der Unternehmensstruktur, die unter dem Stichwort "Shareholder-Kapitalismus" diskutiert wird. Die dominierende Orientierung am Unternehmenswert und an den Ansprüchen der Anteilseigner, d.h. an den Finanzmärkten, hatte sich als beherrschende Unternehmensstrategie in den 1980er Jahren durchgesetzt. Die Managementstrategie der kapitalmarktorientierten, der aktionärsorientierten Unternehmensführung (Rappaport 1999) zielt nach Martin Höpner gerade nicht auf eine "dauerhafte Steigerung der Wertschöpfung ... sondern auf dauerhafte Steigerung des Aktionärsnutzens" (2003: 16), dem die Ansprüche anderer Gruppen am Unternehmen entgegenstehen können. Eine aktionärsorientierte Unternehmensführung führt also das Unternehmen gerade heraus aus seiner gesellschaftlichen Einbettung.

Auch in Deutschland haben sich in den 1990er Jahren Veränderungen in der Unternehmensführung und in der für Corporate Citizenship relevanten Einbettung von Unternehmen ergeben. Die Auflösung der "Deutschland AG" oder anders ausgedrückt, der Niedergang des Modells des Rheinischen Kapitalismus, hat Auswirkungen auf das Handeln der wirtschaftlichen und politischen Eliten und auf die

Formen der Interessenvertretung (siehe dazu: Streeck/Höpner 2003). Der Rheinische Kapitalismus zeichnete sich durch stabile und langfristig angelegte Kooperationsbeziehungen zwischen Kapital und Arbeit, zwischen Kunden und Lieferanten, zwischen Kapitalgebern und Investoren und geordneten und tragfähigen Strukturen, zwischen wirtschaftlichen und politischen Eliten insgesamt aus. Ein wesentlicher Aspekt war die dominante Rolle der Großbanken bei der Kontrolle der Unternehmen und die dadurch möglich werdende Überkreuzbeteiligung zwischen Unternehmen. Wiesenthal und Clasen sprechen von einem "begrenzten Geltungsbereich 'reiner' Marktbeziehungen" (2003: 297) als dem wesentlichen Kennzeichen dieses Modells. Dieses "Modell Deutschland" war lange Zeit eine Erfolgsgeschichte. Zu den Bedingungen des Erfolgs zählen nicht nur die besonderen institutionellen Strukturen, die unter dem Begriff Korporatismus zusammengefasst werden. Es zählt auch die besondere Kultur des Vertrauens dazu, die sich in wenigen Streiktagen und stabilen ökonomischen Verhältnissen niederschlug. Dieses Arrangement wurde auch durch den Staat gefördert, der in vielen Bereichen (Energie, Telekommunikation, Transport) als Eigentümer wirtschaftlich tätig war. Für den Staat erbrachte dieser "gezähmte" Kapitalismus wirtschaftliche Stabilität und Berechenbarkeit.

Zu den besonderen Vorzügen dieses Arrangements gehörte neben dem sozialen Frieden und einer enormen Wohlstandssteigerung auch die Teilhabe der Arbeiterschaft an diesem Wohlstand und an Entscheidungen in den Unternehmen. Weniger auffällig und sogar politisch erwünscht war hingegen das Fehlen von Führungsgruppen, die durch selbständige Entscheidungen unternehmerisch handelten. Vielmehr hat der dominierende Modus der kooperativen Problemlösung Akteure hervorgebracht, die eher für Verhandlungsrunden trainiert waren als für strategisches Handeln.

Seit den 1980er Jahre ist das korporatistische Modell Deutschland aus vielfältigen Gründen in die Krise geraten.[2] Korporatistische Arrangements existieren nur noch in wenigen Bereichen und werden auch dort zunehmend durch Marktmechanismen als Modi der Kooperation verdrängt. Nicht nur im Bereich börsennotierter Unternehmen hat sich die Kontrolle durch die Kapitalmärkte durchgesetzt, auch an der Schnittstelle zwischen Wirtschaft und Politik sind Veränderungen zu beobach-

---

[2] Es gibt Beobachter, die davon ausgehen, dass die Unternehmen aufgrund der technologischen und wirtschaftlichen Veränderungen den Verlust der Handlungskapazität der Verbände und damit der "korporatistischen Steuerungskapazitäten der Wirtschaft" selbst herbeigeführt haben. Ergebnis wäre dann die Verwandlung in ein "pluralistisches Lobbyingsystem" (Crouch 2000: 32).

ten, die deutlich werden lassen, dass sich auch hier immer stärker marktförmige Beziehungen durchsetzen.

Obwohl das Engagement von Unternehmen in Deutschland Tradition hat, haben sich doch einige Veränderungen ergeben, die für Corporate Citizenship und für die Stellungen des Unternehmens gegenüber Politik und Gesellschaft erhebliche Auswirkungen haben. Die Unternehmen – auch kleine und mittlere – richten sich inzwischen viel stärker an europäischen und globalen Märkten aus. Unternehmen, so kann man die Tendenz zusammenfassen, treten aus ihrer traditionellen gesellschaftlichen und politischen Einbettung heraus. Dies hat Folgen für die Art und Weise der Interessenvertretung und für die Beziehungen, die Unternehmen zur Gesellschaft pflegen.

Hinzu kommt, dass Unternehmen als strategisch agierende Akteure verstanden werden müssen, deren Hauptziel der Unternehmenserfolg auf dem Markt ist. Alle anderen Aktivitäten sind nur Mittel, um dieses Ziel zu erreichen. Corporate Citizenship, Lobbying und alle Beziehungen eines Unternehmens zu seiner Umwelt sind geprägt von strategischen Überlegungen, doch es gibt ganz unterschiedliche Strategieverständnisse und divergierende Weisen strategisch zu handeln. Von einer Unternehmensstrategie lässt sich daher nur im Plural sprechen.[3]

4 Unternehmen müssen ihre Umwelt im Blick haben

Die Aktivitäten von Unternehmen, die unter dem Begriff Corporate Citizenship zusammengefasst werden, werden vielfach unter einem sehr stark normativen Blickwinkel diskutiert. Dadurch gerät die Wirklichkeit des unternehmerischen Engagements aus dem Blick. Verantwortlich für diese Verengung auf das Wünschbare ist der Begriff der Bürger- oder Zivilgesellschaft, der den Zielpunkt des unternehmerischen Engagements abgeben soll. Das Unternehmen würde sich in dieser Perspektive als "guter Bürger" verhalten und seine Aktivitäten werden unter dem Stichwort "unternehmerisches bürgerschaftliches Engagement" mit dem Etikett eines moralisch erwünschten und vorbildlichen Verhaltens versehen. Ein solches normativ aufgeladenes Verständnis kommt beispielsweise in der Definition von André Habisch zum Ausdruck: "Als unternehmerisches Bürgerengagement (Corporate Citizenship) bezeichnet man Aktivitäten, mit deren Hilfe Unternehmen selbst in ihr gesellschaftliches Umfeld investieren und ordnungspolitische Mitverantwortung übernehmen" (2003: 58). Habisch konkretisiert diese Verantwortungsübernahme noch in Richtung eines Aufbaus von sozialem Kapital, bereichsübergreifen-

---

[3] Siehe dazu die Arbeiten von Mintzberg (1999, 1995)

der Zusammenarbeit und der Lösung von Problemen des Gemeinwesens. Habisch relativiert diesen Normativismus anschließend, denn Unternehmen würden ihr Engagement gerade auch als Absicherung ihrer "konstitutionellen Interessen" (2003: 64) verstehen.[4] Auch Gerd Mutz und Susanne Korfmacher stehen in dieser Tradition. Sie entdecken im Begriff der Corporate Responsibility, der den moralischen Anspruch stärker herausstellt, die Idee der Versöhnung von Wirtschaft, Gesellschaft und Ökologie. "Corporate Responsibility heißt, dass Unternehmen sich nicht nur allein der Gewinnmaximierung verpflichtet sehen, sondern ihren Blick auch auf andere gesellschaftliche Bereiche richten. Somit werden die starren Grenzen zwischen der ökonomischen Sphäre einerseits und den ökologischen und sozialen Feldern andererseits überschritten" (2003: 52). Unternehmerisches Verantwortungsgefühl würde zu einer Integration dieser drei Bereiche unter dem Vorzeichen der Nachhaltigkeit beitragen.

Empirische Untersuchungen zeigen aber, dass Unternehmen Corporate Citizen-ship-Aktivitäten vor allem mit dem Ziel betreiben, das Unternehmensimage aufzubessern und um zu dokumentieren, dass sie sozial verantwortlich handeln.[5] Es geht letztlich um die Sicherung der eigenen Existenz der Unternehmen, so Frank Maaß. Demgegenüber würden personalpolitische, kundenbezogene oder persönliche Motive der Unternehmensführung eine untergeordnete Rolle spielen. Unternehmen setzen Corporate Citizenship aus strategischen Überlegungen heraus ein. Corporate Citizenship muss daher in einem erweiterten Horizont der Sicherung unternehmerischer Erfolge gesehen werden.

Unternehmen sehen sich vielfältigen Einflussnahmen seitens der Gesellschaft und der Politik ausgesetzt. Der Erfolg der unternehmerischen Tätigkeit und eines Produktes hängt nicht zuletzt von politisch gesetzten Rahmenbedingungen und dem gesellschaftlichen Klima ab. Das Skandalisierungspotenzial gesellschaftlicher Anspruchsgruppen (NGOs, Verbrauchergruppen, Umweltschutzgruppen etc.) nimmt in einer Mediengesellschaft zu. Spiegelbildlich nimmt die Anfälligkeit für Unternehmen zu, skandalisiert zu werden, weil die Globalisierung eine Arbeitsteilung hervorbrachte, bei der die Verletzung von Umwelt-, Sozial- und Menschenrechtsstandards kaum mehr lückenlos kontrollierbar ist. Hinzu kommt, dass sich Unternehmen – wie gezeigt – stärker aus ihrer gesellschaftlichen und politischen

---

[4] Unter dem Stichwort "licence to operate" wird diese Gewährleistung unternehmerischer Tätigkeit durch die Gesellschaft häufig diskutiert. Wie prekär die Akzeptanz von Unternehmen ist, zeigte sich 2005 in der Debatte über das Verhalten von Finanzinvestoren, die Franz Müntefering, der Vorsitzende der SPD, mit dem Heuschreckenvergleich losgetreten hatte.
[5] Siehe dazu die Untersuchungsergebnisse von Frank Maaß (2003: 113-122)

Einbettung herausbewegen und deshalb ihre Interessen und ihre Position stärker verteidigen müssen.

Aus einer unternehmensstrategischen Perspektive sind daher gute Beziehungen zur Politik und zur Gesellschaft für den Erfolg des Unternehmens von entscheidender Bedeutung. Für diese "Außenbeziehungen" eines Unternehmens hat sich in den letzten Jahren ein neuer Begriff eingebürgert, der in den USA seit den 1950er Jahren verwendet wird. Public Affairs umfasst die Bereiche Lobbying, Corporate Citizenship und Public Relations.[6] Alle drei sind eng miteinander verknüpft, weil sie in unterschiedlicher Weise auf die relevanten Anspruchsgruppen eines Unternehmens zielen. Definiert werden kann Public Affairs als der "aktive, geplante und zielgerichtete Dialog mit gesellschaftlichen Gruppierungen und politischen Institutionen, mit dem zentralen Anliegen, deren Interessen in Einklang mit den Unternehmenszielen zu bringen" (Köppl 2003: 29). Ähnlich wird der Begriff von Marco Althaus gefasst. Er versteht darunter das "strategische Management von Entscheidungsprozessen an der Schnittstelle zwischen Politik, Wirtschaft und Gesellschaft" (2005). Für ihn sind Lobbying und PR die beiden Säulen von Public Affairs, aber insgesamt fasst er sie als "Außenpolitik" von Unternehmen, so dass im Prinzip auch Corporate Citizenship darunter fällt.

Eine Verbindung von Lobbying und Corporate Citizenship sieht auch Matthias Kleinert, Leiter des Bereichs "Politik und Außenbeziehungen" bei DaimlerChrysler, nur verwendet er dafür nicht den Begriff Public Affairs, sondern den des "politischen Marketings". Unternehmen wie DaimlerChrysler brauchen Lobbyinginstrumente, um die legitimen Interessen des Unternehmens in den politischen Entscheidungsprozess einzubringen und müssen Verantwortung durch "gesellschaftliches Engagement" übernehmen, weil "Profitabilität und gesellschaftliches Engagement" zwei sich gegenseitig bedingende Größen seien (Kleinert 2004: 492). Entscheidend aber ist, dass auch Kleinert beide Bereiche unter einem gemeinsamen Thema, dem politischen Marketing, aufeinander bezieht.

Das Konzept von Public Affairs wurde Anfang der 1950er Jahre in den USA für Unternehmen entwickelt, um der Macht der Gewerkschaften entgegentreten zu können. Es war immer ein Managementprogramm und mit der Schulung der Führungskräfte verbunden. Später war es die Macht der Konsumenten- und Umweltgruppen, die eine neue Herausforderung darstellte.

---

[6] Matthias Kleinert, der Leiter der Abteilung „Politik und Außenbeziehungen" bei DaimlerChrysler fasst Lobbying und Corporate Citizenship unter dem Begriff "Politisches Marketing" zusammen (2004) und bestätigt damit die hier vertretene These vom engen Zusammenhang von Lobbying und Corporate Citizenship.

Als Managementfunktion hat Public Affairs folgende Aufgaben: Es sollen für das Unternehmen relevante gesellschaftspolitische Trends und Themen aufgespürt und ihre Relevanz für die Aktivitäten des Unternehmens verdeutlicht werden. Spiegelbildlich sollen die Planungen und Produkte des Unternehmens auf ihre Zusammenhänge mit politischen und sozialen Themen und Trends hin untersucht werden. Nach Köppl bedient sich Public Affairs-Management vier Techniken, um diese Aufgaben zu erfüllen: Monitoring und Issue-Management (1), Lobbying (2), Government Relations (3) und Corporate Citizenship (4) (2003: 32) In der Praxis reduziert sich diese Vierteilung auf Lobbying und Corporate Citizenship. Da dies ein relativ junger Bereich für die Unternehmen ist, ist noch vieles im Fluss und die Zuordnung zum Vorstand ist nicht immer eindeutig festgelegt. Vielfach spielt auch die klassische Public Relations-Abteilung immer noch eine wichtige Rolle.

In den letzten Jahren hat sich aber die Tendenz entwickelt, dass Unternehmen nicht mehr allein auf die Verbände als einzigem Weg der Interessenvertretung vertrauen. Viele gründen Firmenrepräsentanzen in Berlin und Brüssel oder beauftragen Dritte – Public Affairs Agenturen, Anwaltsfirmen, Medienberatungsfirmen oder Einzelpersonen – mit der Vertretung der eigenen Interessen im politischen Raum. Lobbying, die punktuelle Vertretung von Interessen, wird für viele Unternehmen wichtiger, weil sie die Notwendigkeit spüren, stärker im politischen Raum präsent zu sein. Verbände allein können dies nicht mehr leisten, weil sie allzu oft Interessen auf der Basis des kleinsten gemeinsamen Nenners vertreten müssen. Verbandliche Abstimmungsprozesse dauern auch oft zu lange, um mit den beschleunigten Prozessen in der Politik mithalten zu können. Aufgrund von ökonomischen, technologischen, gesellschaftlichen und politischen Veränderungen sind viele Unternehmen heute gezwungen, eine stärkere Präsenz im politischen Raum zu zeigen. Hinzu kommt, dass es immer mehr ausländische Unternehmen im deutschen Wirtschaftsraum gibt, denen die Vertrautheit mit dem politischen System und die Zugangskanäle zu politischen Entscheidern fehlen.[7]

Die Präsenz von Unternehmen im politischen Raum wird aber auch durch die politische Regulierung von Märkten erzwungen. Für den Markterfolg der eigenen Produkte und Dienstleistungen sind die Beeinflussung politischer Entscheidungen und die Gestaltung der Rahmenbedingung von entscheidender Bedeutung. Wenn beispielsweise die Preise auf dem Strommarkt oder die Preise für Leistungen und Medikamente im Gesundheitssektor durch politische Vorgaben bestimmt werden,

---

[7] Bei BDI wird es zunehmen ein Problem, dass bei der Vertretung der Interessen der "deutschen" Industrie immer mehr ausländische Firmen Mitglied im BDI sind Oder es sind Firmen, die nur ein Tochterunternehmen in Deutschland haben. Das spezifisch "Deutsche" geht verloren.

so ist es rational für Unternehmen, bei der Gestaltung dieser Vorgaben mitzuwirken. In der Theorie des "rent-seeking" (Buchanan/Tollison/Tullock 1980) wird dies damit erklärt, dass das marktwirtschaftliche Engagement (profit-seeking) eingeschränkt wird, weil durch staatliche Maßnahmen das "rent-seeking", das Streben nach Renten begünstigt wird. Wenn staatliche Institutionen Marktprozesse durch Subventionen, Steuervergünstigungen, Regulierungsmaßnahmen, Konzessionen, Preisobergrenzen etc. verzerren, so kann es für Unternehmen kostengünstiger sein, den Erfolg nicht über den Markt zu suchen, sondern über die Politik. Der Staat wird damit der "begehrte Adressat ... von Interessengruppen" (Sebaldt/Straßner 2004: 38). Wer auf Lobbying verzichtet, hat gegenüber den Konkurrenten erhebliche Nachteile in Kauf zu nehmen.

Lobbying ist also aus einer unternehmensstrategischen Perspektive wichtig. In der Beratersprache und in einer etwas künstlichen Trennung zwischen Lobbying und Government Relations lautet die Handlungsanweisung aus einem Lobbyinghandbuch so: "Ohne Government Relations ist Lobbying de facto nicht effizient möglich. ... Unter Government Relations ist ... die Anwendung von Kommunikationsinstrumenten zur kontinuierlichen Mitgestaltung von politischen und gesetzlichen Entscheidungen auf lokaler, regionaler, nationaler und internationaler Ebene zu verstehen." (Köppl 2003: 73). Eine der wesentlichen Aufgaben eines Lobbyisten ist das Monitoring, die Beobachtung des politischen Prozesses und der Entwicklung von Themen, so dass Lobbying eben nicht nur punktuell ausgeübt wird. Es sind vor allem die Kontaktnetzwerke, die für einen Lobbyisten lebenswichtig sind.

Aus ähnlichen strategischen Überlegungen ist die Präsenz der Unternehmen im gesellschaftlichen Raum notwendig. Dort sind es nicht negative politische Entscheidungen, die den Unternehmenserfolg beeinträchtigen können, sondern Risiken anderer Art. Es sind "die potenziellen Risiken, die aus dem gesellschaftlichen ... Umfeld entstehen", etwa die drohenden Konfliktkosten bei "Standortschließungen, Arbeitskämpfen, politischen Interventionen, sensiblen Infrastrukturprojekten oder Markteinführung" (Köppl 2003: 140) von umstrittenen oder gänzlich neuen Produkten. Solchen und ähnlichen Risiken können Unternehmen entgegenwirken, indem sie sich als wirtschaftlich, ökologisch und gesellschaftlich verantwortliche Akteure zeigen und die Ansprüche von Gruppen anerkennen. Unternehmen sind zudem auf eine funktionierende Infrastruktur, ein exzellentes Bildungswesen, ein funktionierendes Rechtssystem und schließlich auf das soziale Kapital der Gesellschaft angewiesen (siehe dazu Putnam 2000). Eine unternehmerische Verantwortungsübernahme ist angesichts der durch verschiedene Ursachen hervorgerufenen desintegrativen Tendenzen zwischen Wirtschaft und Gesellschaft notweniger geworden, da mit diesen Tendenzen auch die Risiken für Unternehmen zunehmen.

Eine solche Verantwortungsübernahme, die vielfach gerade bei kleineren Unternehmen ohnehin seit langem geschieht, kann in einer strategischen Perspektive geschehen, wenn damit bestimmte Unternehmensziele verbunden werden. Zu einer solchen Strategie gehört auch ein bewusstes Vorgehen, das eine Analyse der Anspruchsgruppen sowie der eigenen unternehmerischen Tätigkeit mit einschließt. Vielfach aber wird Corporate Citizenship, wenn es innerhalb des Unternehmens überhaupt als Thema erkannt wird, in der PR- oder Kommunikationsabteilung angesiedelt. Dies liegt unter anderem auch daran, dass die Erträge von Corporate Citizenship-Aktivitäten kaum quantitativ darstellbar sind. Sie sind ein Kostenfaktor und der Zusammenhang mit dem Unternehmenserfolg, der zunehmend mit den kurzfristig terminierten Maßstäben des Kapitalmarktes gemessen wird, kann kaum hergestellt werden.

5 Folgerungen

Unternehmen entfernen sich durch die Globalisierung der Märkte und die stärkere Orientierung an den Kapitalmärkten von Politik und Gesellschaft. Eine Reintegration ist notwendig und soll neue Beziehungen zum politischen Entscheider und zum gesellschaftlichen Umfeld knüpfen. Eine solche Reintegration aber muss bewusst angestrebt werden, denn die ökonomischen Prozesse verstärken eher die Tendenzen der Desintegration. Deshalb bedarf es einer strategischen Herangehensweise. Corporate Citizenship und Lobbying sind zwei Versuche der Reintegration, die beide aufeinander bezogen gedacht werden müssen. Unter dem Titel Public Affairs Management können sie als zwei unterschiedliche strategische Varianten verstanden werden, die ein und demselben Ziel dienen, nämlich die politische und gesellschaftliche Umwelt im Sinne des Unternehmens positiv zu beeinflussen.

Diese Verbindung zwischen Lobbying und Corporate Citizenship wird in der Regel nicht so wahrgenommen. Es wird meist sogar ein Gegensatz zwischen den beiden konstruiert. Während das Lobbying der Durchsetzung der Interessen des Unternehmens dienen würde, wäre Corporate Citizenship eine von Gemeinwohlüberzeugungen geleitete Übernahme von Verantwortung des Unternehmens für soziale und gesellschaftliche Belange. Die Gemeinsamkeit begründet sich darin, dass hier eine Strategie im Sinne von Henry Mintzberg vorliegt, übergeordnete Unternehmensinteressen planvoll im Blick zu behalten.[8]

---

[8] Mintzberg hat eine Strategie definiert als Plan, Muster, Positionierung, Perspektive oder List bestimmt. Er hat auch weiter zwischen beabsichtigter und realisierter Strategie unterschieden und insgesamt zehn Denkschulen des strategischen Managements entdeckt (1999: 22ff).

Dieser Blickwinkel ist aber immer noch mehr Anspruch als Wirklichkeit. Dies hat vielfache Gründe. Dies liegt erstens daran, dass beide Konzepte – Corporate Citizenship und Public Affairs Management – noch junge Konzepte sind, die in die Unternehmenswirklichkeit noch nicht wirklich integriert sind. Das traditionelle Engagement von Unternehmen wird vielfach noch nicht in dieser strategischen Perspektive gesehen. Vielfach wird der Wert und der Nutzen von Corporate Citizenship kaum erkannt, zum einen, weil er schlecht quantifizierbar ist und zum anderen, weil der Zusammenhang mit dem Unternehmenserfolg nicht genau bekannt und kaum darstellbar sei.

Zum zweiten liegt das auch daran, dass Corporate Citizenship und Public Affairs – und im Zweifelsfall gilt dies auch für das Lobbying – in den meisten Unternehmen immer noch keinen richtigen Platz haben. Vom Anspruch her eine Managementaufgabe, und dies gilt ganz besonders für Lobbying, werden die beiden Funktionen häufig an die PR-Abteilung angebunden. Oder es werden PR-Leute mit diesen Funktionen beauftragt.

Zum dritten liegt es auch daran, dass Corporate Citizenship-Aktivitäten als Schutzschild instrumentalisiert werden, um die Interessenpolitik der Unternehmen zu kaschieren. So wird häufig von den Firmenrepräsentanzen als "Botschaften" der Unternehmen am Sitz der Bundesregierung gesprochen, deren Aufgabe es auch ist, die öffentliche Meinung im Sinne des Unternehmens zu beeinflussen.

Es besteht aber ein weiteres, grundsätzliches Problem. Für zivilgesellschaftliche Akteure ist es gewöhnungsbedürftig mit Unternehmen zu kooperieren, die Public Affairs Management in einer sehr strategischen Weise einsetzen. Eine strategische Orientierung ist für viele soziale Initiativen, Bildungseinrichtungen, Sportorganisationen und Bürgergruppen ungewohnt, weil zivilgesellschaftliche Organisationsprinzipien – Freiwilligkeit, Gemeinwohlorientierung, Selbstorganisation, Hilfe für andere – zu einer anderen Organisationskultur gehören. In dieser Hinsicht wird es dann nicht immer deutlich, dass es um strategische Partnerschaften geht, bei denen es darauf ankommt, dass unterschiedliche Zielvorstellungen, aber auch Gemeinsamkeiten bestehen.

Hinzu kommt für viele zivilgesellschaftliche Organisationen die ungewohnte Verbindung von Lobbying und Corporate Citizenship unter dem Dach von Public Affairs Management. Unternehmensinteressen werden zwar vornehmlich gegenüber der Politik vertreten, sie bleiben aber bei Corporate Citizenship-Aktivitäten nicht ausgeblendet. Vielfach sind die Unternehmenslobbyisten auch für den Bereich des unternehmerischen bürgerschaftlichen Engagements zuständig. Für strategische Partnerschaften sind daher Lernprozesse auf beiden Seiten erforderlich, die für zivilgesellschaftliche Akteure bedeuten können, dass sie sich auf eine Tauschlogik einlassen, durch die sie auch ökonomische Interessen befördern, denen sie sonst entweder gleichgültig oder gar ablehnend gegenüberstehen.

Literatur

Althaus, Marco: Art. Public Affairs. In: Althaus, M./Geffken, M./Rawe, S. (Hrsg.): Handlexikon Public Affairs, Münster: Lit Verlag, 2005, S. 262-267

Backhaus-Maul, Holger: Engagementförderung durch Unternehmen. Amerikanisch-deutsche Perspektiven. In: Backhaus-Maul, H./Brühl, H. (Hrsg.): Bürgergesellschaft und Wirtschaft – Zur neuen Rolle von Unternehmen, Berlin: Deutsches Institut für Urbanistik, 2003, S. 63-69

Buchanen, James H./Tollison, Robert D./Tullock, Gordon: Towards a Theory of Rent Seeking Society, Texas (College Station), 1982

Habisch, André: Corporate Citizenship. Gesellschaftliches Engagement von Unternehmen in Deutschland. Berlin: Springer, 2003

Kleinert, Matthias: Politisches Marketing in der globalen Wirtschaft. Interessenvertretung und Corporate Citizenship. In: Kreyher, Volker J. (Hrsg.): Handbuch Politisches Marketing. Impulse und Strategien für Politik, Wirtschaft und Gesellschaft, Baden-Baden: Nomos, 2004, S. 489-497

Köppl, Peter: Power Lobbying: Das Praxishandbuch der Public Affairs. Wie professionelles Lobbying den Unternehmenserfolg absichert und steigert. Wien: Linde, 2003

Kopp, Reinhold: Politikberatung in Unternehmen. In: Forschungsjournal Neue Soziale Bewegungen, Heft 3/2003, S. 53-55

Korfmacher, Susanne/Mutz, Gerd: Unternehmerisches bürgerschaftliches Engagement und zivile Arbeitsgesellschaft. In: WSI Mitteilungen, Heft 3, 2001, S. 172-177

Leif Thomas/Speth, Rudolf (Hrsg.): Die stille Macht. Lobbying in Deutschland, 2003

Maaß, Frank: Corporate Citizenship: Das bürgerschaftliche Engagement von Unternehmen. In: Backhaus-Maul, H./Brühl, H. (Hrsg.): Bürgergesellschaft und Wirtschaft – Zur neuen Rolle von Unternehmen, Berlin: Deutsches Institut für Urbanistik, 2003, S. 113-122

Mintzberg, Henry: Strategy Safari. Eine Reise durch die Wildnis des strategischen Managements, Frankfurt/Wien, 1999

Mintzberg, Henry: Die strategische Planung. Aufstieg, Niedergang und Neubestimmung, München, Wien, 1995

Mutz, Gerd: Unternehmerisches Bürgerschaftliches Engagement: Corporate Social Responsibility. In: Forschungsjournal Neue Soziale Bewegungen, Jg.13, Heft 2, 2000, S. 77-86

Mutz, Gerd/Korfmacher, Susanne/Arnold, Karin: Corporate Citizenship in Deutschland. Hrsg.: Geschäftsstelle Internationales Jahr der Freiwilligen im Deutschen Verein für öffentliche und private Fürsorge e.V. Frankfurt am Main, 2001

Putnam, Robert: Bowling Alone. The Collapse and Revival of American Community, New York, London: Simon & Schuster, 2000.

Rapparport, Alfred: Shareholder Value: ein Handbuch für Manager und Investoren, 2., vollst. überarb. und aktualisierte Aufl., Stuttgart, 1999

Schöffmann, Dieter (Hrsg.): Wenn alle gewinnen. Bürgerschaftliches Engagement von Unternehmen. Transatlantischer Ideenwettbewerb USable. Amerikanische Ideen in Deutschland II. Hamburg, 2001

Schöffmann, Dieter/Schäfer, Anika: Unternehmen und Gesellschaft. Praxisbeispiele vom unternehmerischen Bürgerengagement mittels Personaleinsätzen in sozialen Aufgabenfeldern als Teil der Personalentwicklung. Dokumentation im Auftrag des Bundesministeriums für Familie, Senioren, Frauen und Jugend, Bonn, 2001

Sebaldt, Martin/Straßner, Alexander: Verbände in der Bundesrepublik Deutschland. Eine Einführung, Wiesbaden, 2004

Streeck, Wolfgang/Höpner, Martin: Einleitung: Alle Macht dem Markt? In: dies. (Hrsg.), Alle Macht dem Markt? Fallstudien zur Abwicklung der Deutschland AG, Frankfurt/New York, 2003, S. 11-59

Wiesenthal, Helmut/Clasen, Ralf: Gewerkschaften in Politik und Gesellschaft. Von der Gestaltungsmacht zum Traditionswächter? In: Wolfgang Schröder, Bernhard Wessels, Die Gewerkschaften in Politik und Gesellschaft der Bundesrepublik Deutschland, Wiesbaden, 2003, S. 296-322

Christiane Biedermann

Corporate Citizenship als strategische Unternehmenskommunikation

1 Einführung

In weiten Teilen der Unternehmerschaft in Deutschland gehört gesellschaftliches Engagement zum Selbstverständnis und zur Unternehmenskultur. Dennoch wenden sich Unternehmen erst in jüngster Zeit vermehrt mit ihrem gesellschaftlichen Engagement der Öffentlichkeit zu. Sie äußern sich zu ihrer Verantwortung oder positionieren sich als „Corporate Citizen". Vor allem große Unternehmen haben ihre öffentlichkeitswirksamen Aktivitäten verstärkt, während kleine und mittlere Firmen in der Breite weniger auffallen. Anzutreffen ist eine Vielfalt an kommunikativen Einzelmaßnahmen. Sie sind in verschiedenen Teilbereichen der Unternehmenskommunikation - der Internen Kommunikation, den Public Relations und der Marktkommunikation[1] - verortet. Neben klassischen Instrumenten wie Pressemitteilungen und Kundenmagazinen werden neue Formen erprobt: beispielsweise das CSR-Reporting[2], Engagement-Internetseiten und gesellschaftspolitische Veranstaltungen. Nicht überall findet Anklang, dass Unternehmen ihr gesellschaftliches Engagement öffentlich kundtun. Vielfach lautet die geäußerte Kritik, dass es sich nur um „Lippenbekenntnisse" oder „PR-Gerede" handelt. Besonders die „first mover" unter den nachweislich engagierten Unternehmen werden mit höheren moralischen Ansprüchen gemessen. Jedes Fehlverhalten - vor allem im Kerngeschäft - kann leicht zu negativer Publizität führen.

Die Kommunikation über das gesellschaftliche Engagement von Unternehmen steht hier zu Lande erst am Anfang. Eine strategische Einbindung in die Unternehmenskommunikation ist nur ansatzweise erkennbar. Dies überrascht nicht, da sich

---

[1] Den Ausführungen liegt die Unterteilung der Unternehmenskommunikation von Ansgar Zerfaß zu Grunde (vgl. Zerfaß 2007).
[2] Unter CSR-Reporting werden hier eigenständige Unternehmensberichte verstanden, die über die unternehmerische Verantwortung (Corporate Social Responsibility/CSR) Auskunft geben oder herkömmliche Geschäftsberichte, die durch CSR-Themen ergänzt werden.

die Unternehmen mit Corporate Citizenship (CC) und Corporate Social Responsibility (CSR) erst seit kurzer Zeit befassen. In der Kommunikationsbranche sind beide Konzepte bekannt, auch wenn sie häufig synonym gebraucht werden. Corporate Social Responsibility bezieht sich auf die gesellschaftliche Verantwortung *im Kerngeschäft* des Unternehmens. Sie umfasst Arbeitsbedingungen und betriebliche Prozesse, Produkte und Dienstleistungen, Geschäfts- und Handlungsfelder und die Standortwahl. Das gesellschaftliche Engagement, das *über das Kerngeschäft hinaus geht* - beispielsweise in Form von Spenden und Sponsoring (Corporate Giving), von Unternehmensstiftungen (Corporate Foundations) und der Förderung des Mitarbeiterengagements (Corporate Volunteering) - wird als Corporate Citizenship bezeichnet. Im Unterschied zum Mäzenatentum gilt die Integration des gesellschaftlichen Engagements in die Unternehmensstrategie als wesentliches Element von Corporate Citizenship. Eine neue Dimension für Unternehmen eröffnet die Gesellschaftsorientierung des Konzeptes: Als Unternehmensbürger (Corporate Citizen) agieren Unternehmen nicht mehr isoliert, sondern beteiligen sich an strukturellen und gesellschaftspolitischen Veränderungen (social case) - nicht allein, weil sie „Gutes tun" wollen, sondern so besser ihre geschäftspolitischen Ziele (business case) erreichen können. Beide - sich durchaus auch ergänzenden - Konzepte stellen neue Anforderungen an die Unternehmensführung sowie an die Kommunikationsfähigkeit dar. Unternehmen, die sich ihrer gesellschaftlichen Verantwortung bewusst sind, verstehen diese Entwicklung immer mehr als deutliche Chance.

Für die Unternehmenskommunikation (Corporate Communication) eröffnen sich neue Entwicklungspotentiale, die Gegenstand des vorliegenden Beitrages sind. Die zentralen Fragen lauten: Wie kommunizieren Unternehmen ihr gesellschaftliches Engagement? Welche Risiken und Probleme können durch die Öffentlichkeit entstehen? Welche Anforderungen und Perspektiven ergeben sich daraus für die Unternehmenskommunikation?

Ausgangspunkt des vorliegenden Beitrages ist, dass Unternehmenskommunikation einen wichtigen Anteil daran hat, wie erfolgreich Corporate Citizenship und Corporate Social Responsibility umgesetzt werden. Es entsteht ein „strategisches Aufgabenfeld der Unternehmenskommunikation" (Brühl 2007), das Dieter Brühl als *Corporate Responsibility Communications*[3] bezeichnet. Gesellschaftliches Engagement, das als „add-on" konzipiert ist, um einen kurzfristigen Imagegewinn zu erzielen, kann weder im Unternehmen noch in der Öffentlichkeit überzeugen. Vielmehr muss es langfristig in der Unternehmensstrategie sowie -kommunikation verankert werden. Zum einen ist die Kommunikation *über* das Unternehmensver-

---

[3] Andreas Steinert und Axel Klein sprechen von der „CSR-Kommunikation", die sie als ein „Entwicklungsthema" sehen (Steinert/Klein 2002 : 8).

halten unerlässlich. Das Unternehmen *informiert* seine Anspruchsgruppen (Stakeholder[4]) über sein gesellschaftliches Engagement beispielsweise mithilfe des CSR-Reportings. Zum anderen spielt die dialogorientierte Kommunikation *mit* den relevanten Stakeholdern sowie die Rückbindung ihrer Erwartungen in die Geschäftstätigkeit eine wesentliche Rolle. Einen Schwerpunkt bildet dabei die Mitarbeiterkommunikation. Letztendlich ist das gesellschaftliche Engagement integraler Bestandteil einer Kommunikationsstrategie, die auf Authentizität und Kontinuität und damit auf Glaubwürdigkeit setzt.

2 Entwicklungen in der Unternehmenskommunikation

2.1 Beweggründe

Unternehmen in Deutschland verfügen an und für sich über eine ausgeprägte gesellschaftliche Verantwortung und eine traditionsreiche Engagementgeschichte (vgl. Maaß/Clemens 2002, FORSA 2005, Bundesverband der Deutschen Industrie 2007, Biedermann 2005). Jedoch kennzeichnete in den vergangenen Jahren der Leitsatz „Tue Gutes und rede *nicht* darüber" die Unternehmenspraxis. Diese Entwicklung hat weit reichende Folgen: Das gesellschaftliche Engagement der Unternehmen genießt weder einen hohen Bekanntheitsgrad noch wird es als kulturelle Selbstverständlichkeit bislang wahrgenommen.

Hier zeichnen sich Veränderungen ab, vom *manager magazin* treffend als „stille Revolution" bezeichnet: Die kommunikative Zurückhaltung der Unternehmen weicht einer wachsenden Kommunikationsbereitschaft, die vor allem von großen Unternehmen ausgeht. In einer Studie unter Top-Führungskräften war die Mehrheit der Meinung, dass Unternehmen ihren Einsatz für gesellschaftliche Belange kundtun dürfen und sollten (vgl. Bertelsmann Stiftung 2005). Dabei sind die Gründe für eine verstärkte Kommunikation von Unternehmen zu Unternehmen verschieden. Sie lassen sich hauptsächlich wie folgt skizzieren:

Erstens: Unternehmen reagieren auf einen steigenden Rechtfertigungsdruck. Sie streben nach Akzeptanz und gesellschaftlicher Legitimität (licence to operate), wollen sich Handlungsspielräume sichern oder präventiv Kritik und Risiken abwehren. Zum Beispiel kritisierte das Südwind Institut in einer veröffentlichten

---

[4] Anspruchsgruppen (Stakeholder) von Unternehmen sind zum Beispiel Mitarbeiter, Aktionäre, Investoren, Analysten, Kunden, Verbraucher, Lieferanten, Nachbarn, Behörden, Politiker, Verbände, Nonprofit-Organisationen, Bürgerinitiativen und Aktivisten, Wissenschaftler, Fachöffentlichkeit und Medienschaffende.

Studie den Einzelhändler Aldi für die Verletzung von Arbeitsrechten in seinen Zulieferfirmen in China und Indonesien (vgl. Südwind Institut 2007). Aldi reagierte auf die Vorwürfe in der Süddeutschen Zeitung. Der Einzelhändler befinde sich mit seinen Lieferanten in einem Dialog „... mit dem Ziel, Prozesse und Strukturen zur Einhaltung und Kontrolle nachhaltig verbesserter Arbeitsbedingungen zu entwickeln." Eine Zertifizierungsgesellschaft habe die Arbeitsbedingungen geprüft und als „sozial verträglich" eingestuft (vgl. Süddeutsche Zeitung 2007).

Zweitens: Unternehmen reagieren auf das merklich steigende öffentliche Interesse an ihrer gesellschaftlichen Verantwortung. Das Thema hat Einzug in die öffentliche, gesellschaftspolitische Diskussion gehalten. Die Zahl der Medienberichte über Corporate Citizenship und Corporate Social Responsibility ist so hoch wie nie zuvor. Nonprofit-Organisationen, Bürgerinitiativen, Verbraucherschutzorganisationen und zunehmend auch Verbraucher wollen wissen, *wie* Unternehmen ihre Gewinne erwirtschaften, *wie* sie mit den sozialen und ökologischen Auswirkungen umgehen, die sich aus ihrer Geschäftstätigkeit ergeben. Von der Öffentlichkeit werden immer deutlicher auch Erwartungen an das bürgerschaftliche Engagement von Unternehmen formuliert und entsprechendes Handeln wird honoriert (vgl. Lunau/Wettstein 2004).

Drittens: Unternehmen verfolgen mit ihrem gesellschaftlichen Engagement an Kommunikation gebundene, geschäftspolitische Ziele. Dabei gewinnt die „*Investition in immaterielle Werte* wie Meinungen, Bindungen, Wertschätzung und Ansehen" an Bedeutung (Zerfaß/Piwinger 2007: 7ff., Herv. im Original). Unternehmen wollen einen positiven Imagetransfer erzielen und ihre Reputation steigern, um so ihren Marken- und Unternehmenswert je nach Unternehmenssituation wiederherzustellen, auszubauen oder zu stärken. Ebenso streben sie eine positive Differenzierung gegenüber Wettbewerbern an. Wie empirische Studien zeigen, wollen Unternehmen mit ihrem gesellschaftlichen Engagement beispielsweise die Motivation ihrer Mitarbeiter steigern, ihr Image verbessern und ihre Kunden binden sowie neue Kunden gewinnen (vgl. Seitz 2002, Maaß/Clemens 2002, FORSA 2005, Bertelsmann Stiftung 2005, Bundesverband der Deutschen Industrie 2007).

2.2 Entwicklungen

Es sind vor allem die großen Unternehmen, die ihr gesellschaftliches Engagement mit öffentlichkeitswirksamen Aktivitäten publik machen, während bei mittelständischen Unternehmen im Vordergrund steht, das gesellschaftliche Engagement *persönlich* zu kommunizieren (vgl. Bundesverband der Deutschen Industrie 2007). Insgesamt fällt die Diskrepanz zwischen den geäußerten Erwartungen, die Unternehmen an ihr gesellschaftliches Engagement knüpfen, und ihre vergleichsweise geringe Einbindung in die Unternehmens- und Kommunikationsstrategie ins Auge. Dabei bewegen sich Unternehmen auf unterschiedlichem Niveau, worauf auch eine Befragung unter Banken und Chemie-/Pharmaunternehmen verweist. Glombitza identifizierte drei Typen der CSR-Kommunikation: Den „Pflichtbewussten", der in erster Linie auf gesellschaftlichen Druck reagiert und sich verpflichtet sieht, über das gesellschaftliche und ökologische Engagement Auskunft zu geben. Den „Vorreiter", der sein verantwortungsbewusstes Verhalten ausdrücklich mit ökonomischen Zielen verbindet und Aktivitäten strategisch plant und kommuniziert. Den „Nachzügler", der sich durchaus bewusst ist, dass das Unternehmen gesellschaftliche Verantwortung hat und dieser nachkommt, aber sich wenn überhaupt mit dem Konzept der Corporate Social Responsibility sehr oberflächlich beschäftigt und Kommunikation betreibt, um sich nicht negativ von Wettbewerbern abzusetzen (vgl. Glombitza 2005).

Dass das Thema für die Unternehmenskommunikation an Bedeutung gewinnt, lässt sich auch an der organisatorischen Einbindung ablesen. Das gesellschaftliche Engagement verantwortet in Unternehmen in erster Linie das Top-Management - Inhaber, Geschäftsführung und Vorstand. Die operative Umsetzung wird in größeren Unternehmen auf verschiedene Abteilungen verteilt. Zuständig sind dann die Kommunikations- und Marketingabteilungen oder eine Querschnittseinheit aus verschiedenen Bereichen (vgl. Bertelsmann Stiftung 2005). Eine Befragung unter PR-Praktikern kommt zu dem Ergebnis, dass fast zwei Drittel für die Konzeption und auch über die Hälfte für die Umsetzung von CSR-Maßnahmen zuständig sind (vgl. Wittke 2003). In einzelnen großen Unternehmen verantworten Kommunikationsleiter den Bereich Corporate Social Responsibility. Andere Unternehmen beschäftigen Pressesprecher für Corporate Citizenship.

Bei den Berufsverbänden der Kommunikationsbranche - dem Bundesverband deutscher Pressesprecher, der Deutschen Public Relations Gesellschaft (DPRG) und dem Gesamtverband Kommunikationsagenturen (GWA) - steht das Thema auf der Agenda, beispielsweise auf Fachkongressen, in Arbeitsgruppen, in Fachzeitschriften, und in die Aus- und Weiterbildung hält es Einzug. Mehrere PR-Preise zeichnen inzwischen herausragende „CSR-Kommunikation" aus. Allerdings mangelt es hier noch an klaren Bewertungsstandards. Wiederum Kriterien für die Kommunikation hat das „Best Company Ranking" formuliert: gesellschaftliche Sensibilisierung, Schaffung von Problembewusstsein und neuen Bildungseinheiten, Teilnahme an der öffentlichen/politischen Diskussion, die Verfügbarkeit einer externen Evaluation des Berichteten, die durchgängige interne und externe Kommunikation sowie die Nutzung einer Vielzahl von Medien (vgl. Deloitte Deutschland/Kirchhoff Consult AG 2007).

2.3 Aktivitäten und Instrumente

Vorwiegend greifen Unternehmen auf das Repertoire der klassischen Kommunikationsinstrumente zurück (vgl. Bertelsmann Stiftung 2005, Bundesverband der Deutschen Industrie 2007). Spezielle Instrumente wie das CSR-Reporting, engagementbasierte Internetseiten und gesellschaftspolitische Veranstaltungen werden von Unternehmen zunehmend entdeckt. Darüber hinaus setzen sie auf ein Marketing-Kommunikations-Mix wie etwa mit Anzeigenkampagnen und Cause Related Marketing-Maßnahmen.

Gegenüber den Mitarbeitern (interne Kommunikation) wird das gesellschaftliche Engagement unter anderem in der Mitarbeiterzeitung, im Mitarbeiterbrief, im Intranet und per E-Mail kommuniziert. Hinzu kommt die persönliche Kommunikation der Vorgesetzten mit ihren Mitarbeitern und zwischen CSR-Verantwortlichen und der Mitarbeiterschaft. In kleinen und mittelständischen Firmen ist die persönliche Kommunikation des Firmeninhabers oder Geschäftsführers mit den Mitarbeitern üblich.

Die externe Kommunikation dominieren, laut einer Studie der Bertelsmann Stiftung, Pressemitteilungen und Presseberichte (86%), Geschäfts- und Jahresberichte (85%) sowie die unternehmenseigene Internetseite (82%). Über die Hälfte der Befragten führen Veranstaltungen mit Stakeholdern (58%) durch, weitere 43% nutzen Anzeigenkampagnen. Einen eigenen CSR-Bericht geben nur 9% heraus, 30% einen Umwelt- oder Sozialbericht (vgl. Bertelsmann Stiftung 2005).

2.3.1 Beispiel: CSR-Reporting

Seit einigen Jahren geben Unternehmen in ihren Geschäftsberichten (Corporate Reporting) über ihre gesellschaftlichen und ökologischen Aktivitäten Auskunft. Diese Berichterstattung wird als CSR-Reporting (auch als Non-Financial-Reporting) bezeichnet. Die deutsche Reportinglandschaft wird dabei zum einen von Nachhaltigkeitsberichten mit einem besonderen Fokus auf Umweltthemen dominiert (vgl. Zerfaß 2007, Gazdar/Kirchhoff 2007). Zum anderen berichten Unternehmen zunehmend speziell auch über ihr Corporate Citizenship und ihre Corporate Social Responsibility. Die ersten eigenständigen Berichte dieser Art veröffentlichten Siemens (2001) und die Deutsche Bank (2002), wobei bereits in den 1970er Jahren Unternehmen Sozialbilanzen herausgaben. Von den 30 DAX-Unternehmen verfassen inzwischen 22 einen CSR-Bericht (vgl. Blankenagel 2007). Jedoch gibt die Mehrheit der Unternehmen, besonders mittlere Unternehmen, keinen eigenständigen Bericht heraus, vielmehr integrieren sie ihr gesellschaftliches Engagement in ihre Geschäftsberichte (vgl. Bertelsmann Stiftung 2005, Bundesverband der Deutschen Industrie 2007). Die thematischen Schwerpunkte sind sehr verschieden, sie sind stark geprägt von dem jeweiligen Engagement-Verständnis der Unternehmen. Auch die Stile variieren und reichen von sachlichen Rechenschaftsberichten bis hin zu Imagebroschüren. Die Adressaten der CSR-Reports sind unter anderem Politiker, Medien, Aktionäre, Nonprofit-Organisationen, Aufsichtsbehörden und Wirtschaftsverbände, wobei die Bewertung durch Analysten und Investoren immer bedeutender wird.

Für das CSR-Reporting gibt es bislang keine verbindlichen Mindestanforderungen und Standards. Doch für Unternehmen wird die Glaubwürdigkeit und damit die Überprüfbarkeit solcher Berichte immer wichtiger. Knapp 59% der Industrieunternehmen, die einen eigenen Report veröffentlichen, gehen davon aus, dass eine externe Prüfbarkeit des Berichteten die Glaubwürdigkeit erhöht (vgl. Bundesverband der Deutschen Industrie 2007). Die Prüfung durch Dritte, wie durch Wirtschaftsprüfer oder Nachhaltigkeitsexperten, hat zugenommen. Manche Unternehmen orientieren sich an dem internationalen, branchenübergreifenden Kriterienkatalog der Global Reporting Initiative (GRI). Über vierzig Unternehmen und Organisationen in Deutschland verfassen nach diesen Richtlinien ihre Berichte, zum Beispiel BASF, die Deutsche Post und Henkel.

2.3.2 Beispiel: Engagement-Internetseiten

Weit verbreitet ist inzwischen die Information über das gesellschaftliche Engagement auf der unternehmenseigenen Internetseite bei großen Unternehmen, aber zunehmend auch bei mittelständischen Firmen. Unter den Menüpunkten „Engagement" oder „Verantwortung" stellen Unternehmen ihr gesellschaftliches Engagement vor. Häufig werden dort die Inhalte des CSR-Reports veröffentlicht. Darüber hinaus gibt beispielsweise das Versicherungsunternehmen Allianz-Group einen Online-Rundbrief „Engagement-News" heraus, das Chemieunternehmen BASF veröffentlicht unter anderem Präsentationen und Streaming-Videos über seine gesellschaftliche Verantwortung.

2.3.3 Beispiel: Gesellschaftspolitische Veranstaltungen

Zugenommen hat in den letzten Jahren das Interesse der Unternehmen, sich an Symposien, Podiumsdiskussionen, Fachforen, Roundtable-Gesprächen oder Tagungen zu gesellschaftspolitischen Themen zu beteiligen oder eigene Veranstaltungsformate zu entwickeln. Zum Beispiel diskutieren im Rahmen der Veranstaltungsreihe „Blue Evening" des Mobilfunkunternehmens O₂ Germany Vertreter aus Politik, Wissenschaft und Wirtschaft über Themen wie Medienkompetenz im Spannungsfeld zwischen politischer und unternehmerischer Verantwortung („Vernetzte Welt - wer schützt unsere Kinder?"). Die Aktive Bürgerschaft - Kompetenzzentrum für Bürgerengagement der Volksbanken und Raiffeisenbanken - zeichnet mit ihrem Förderpreis herausragend engagierte gemeinnützige Initiativen aus. Zum Veranstaltungskonzept gehören eine öffentliche Preisverleihung und eine Podiumsdiskussion über die Zukunft der Bürgergesellschaft.

2.3.4 Beispiel: Cause Related Marketing

Die Kommunikation von Corporate Citizenship steht in Deutschland zum Teil in der Tradition des Marketings. Seit Jahren bringen sich Unternehmen durch Sponsorings in die Gesellschaft ein und verfolgen damit markt- und absatzorientierte Ziele wie die Steigerung des Bekanntheitsgrades. Neu hinzugekommen ist in jüngster Zeit das Cause Related Marketing (CRM), das einen starken Zuwachs verzeichnet. Beispielsweise warb der Schokoladenhersteller Ritter-Sport damit, dass von jeder verkauften Tafel Schokolade der Sorte „Quadrago" 1,4 Cent an das Unicef-Projekt „Schulen in Afrika" gehen. Allein von 2004 bis 2006 gab es über 50 solcher Kampagnen in Deutschland (vgl. Dreswski/Koch 2006). Im Mittelpunkt des CRM steht die „kommunikative Vermarktung" (Steinert/Klein 2002: 21) von Produkten und Dienstleistungen verbunden mit sozialen oder ökologischen Argumenten und emotionalen Handlungsanreizen für Verbraucher. Unternehmen gehen in den meisten Fällen Kooperationen mit Nonprofit-Organisationen ein, die über einen hohen Bekanntheitsgrad verfügen und ein hohes Maß an Glaubwürdigkeit und Vertrauen in der Öffentlichkeit genießen. CRM ist häufig in der Marketingabteilung angesiedelt, tangiert aber die Unternehmenskommunikation. Zum einen werden CRM-Maßnahmen in der Öffentlichkeit stark wahrgenommen, andere Engagement-Aktivitäten können in den Hintergrund geraten. Zum anderen ist CRM durchaus umstritten. Der häufig geäußerte Vorbehalt lautet: Die Unternehmen profitieren letztlich selbst am meisten - vor allem dann, wenn Unternehmen nicht kommunizieren, inwiefern die gemeinnützigen Organisationen von ihren CRM-Maßnahmen profitieren.

3 Wissenschaftliche Betrachtungen

Wissenschaftlich untersucht ist die Kommunikation von Corporate Citizenship und Corporate Social Responsibility kaum. Über Wirkungsweisen, Zusammenhänge und Lösungsansätze ist bislang wenig bekannt. Bestimmt wird der heutige wissenschaftliche Diskurs in Deutschland vor allem durch eine Auseinandersetzung mit den Konzepten von Corporate Citizenship und Corporate Social Responsibility, die synonym oder in deutlicher Abgrenzung diskutiert werden. Im deutschsprachigen Raum beschäftigen sich einerseits Vertreter der Wirtschaftswissenschaften und -ethik (André Habisch, Andreas Georg Scherer, Josef Wieland, Peter Ulrich), andererseits Vertreter der Kommunikationswissenschaften (Günter Bentele, Ansgar Zerfaß) mit gesellschaftlichem Engagement in der Unternehmenskommunikation. Die jüngeren theoretischen Konzeptionen zu Corporate Citizenship stehen der Kommunikation, besonders der Public Relations, eher skeptisch gegenüber. André Habisch kritisiert beispielsweise Unternehmen, die Corporate Citizenship als ein „Synonym für ‚Public Relations'" (Habisch 2003: 51) verstehen.

Die Diskussion in den Kommunikationswissenschaften wird bisher durch die angloamerikanische Literatur bestimmt. In Deutschland hingegen wird die gesellschaftliche Verantwortung von Unternehmen erst mit dem Aufkommen der Begriffe Corporate Citizenship und Corporate Social Responsibility in den 1990er Jahren prominent diskutiert. Achim Westebbe und David Logan „importieren" das angloamerikanische Konzept Corporate Citizenship nach Deutschland. Sie führten die strategische Ausrichtung des gesellschaftlichen Engagements ein, verbunden mit einer direkten und indirekten Kommunikation gegenüber möglichst vielen Zielgruppen (vgl. Westebbe/Logan 1995). Dennoch lassen sich in der frühen deutschsprachigen Literatur erste Ansätze ausmachen. Einen guten Überblick über die US-amerikanische Debatte und Ansätze deutschsprachiger Autoren gibt Ulla Wittke (vgl. Wittke 2003).

Als Vertreter der jüngeren Literatur diskutiert Günter Bentele die gesellschaftliche Verantwortung im Rahmen von ethischen Anforderungen an die Öffentlichkeitsarbeit: „*...Vertrauen* zu schaffen und *glaubwürdig* zu sein" (Bentele 2005: 566, Herv. im Org.). Er setzt auf ein klares Engagement und eine eher zurückhaltende Kommunikation. Unternehmen würden in der Öffentlichkeit nur dann als glaubwürdig empfunden, wenn „die Erwartung bzw. Erfahrung vorhanden ist, dass deren Aussagen bzw. ihr *gesamtes kommunikatives Handeln* richtig/ wahr und konsistent sind" (vgl. Bentele 1998: 305, Herv. im Org., zit. nach Polterauer 2002).

Ansgar Zerfaß stellt in diesem Zusammenhang die „duale Rolle der Unternehmensführung" (Zerfaß 2007: 49) heraus: Die Durchsetzung von Unternehmensinteressen hat gesellschaftliche Akzeptanz zur Voraussetzung (vgl. Zerfaß 1996,

2007). In erster Linie dient die Kommunikation der Erreichung von partikularen Gewinnzielen, darüber hinaus korrespondiert sie mit der „Verantwortung zur Mitgestaltung" (Zerfaß 2004: 399). „Regulative Beziehungen können ... genutzt werden, um einen originären Beitrag zum Gemeinwohl zu leisten, um beispielsweise gesamtgesellschaftliche Lösungsprozesse anzustoßen oder strategiespezifische Konflikte im Dialog mit den jeweiligen Stakeholdern beizulegen" (Zerfaß 2007: 49). Gemeinsam mit Ralf Weiß (2002) versteht Ansgar Zerfaß (2004) Corporate Citizenship als ein „Kontinuum" von einem *„minimalen Citizenship"*, das sich auf die Einhaltung der Gesetze beschränkt, und einem *„diskreten Citizenship"*, das durch Wohltätigkeit und Spenden bestimmt wird, bis zu einem *„strategischen Citizenship"*, das in die Geschäftstätigkeit und in die strategische Ausrichtung integriert ist. Für die Kommunikation bedeuten die ersten beiden Dimensionen, dass Unternehmen primär ihre gesellschaftliche Verantwortung *dokumentieren* und sich auf die gesellschaftspolitische Berichterstattung konzentrieren. Das *„strategische Citizenship"* hingegen verlangt, dass Engagement im gesellschaftspolitischen Umfeld *„kommunikativ mitzugestalten* und ein deutlich breiteres Spektrum an Maßnahmen einzusetzen" (Zerfaß 2004: 400, Herv. im Org., Weiß 2002: 231).

4 Probleme und Risiken

Nach wie vor kommunizieren zahlreiche Unternehmen, die sich erwiesenermaßen engagieren, ihr gesellschaftliches Engagement vergleichsweise zurückhaltend. Dass Unternehmen bewusst *nicht* die Öffentlichkeit suchen, weil sie ihre gesellschaftliche Verantwortung als eine Selbstverständlichkeit ansehen, ist sicher ein Grund dafür (vgl. Steinert/Klein 2002). Eine weitere Erklärung ist, dass sich Unternehmen nicht dem Vorwurf aussetzen wollen, dass ihr gesellschaftliches Engagement „PR-Zwecken" dient. Unternehmen fürchten zum Teil kritische öffentliche Reaktionen bzw. können diese schwer einschätzen.

Bereits in den 1990er Jahren wurde am Beispiel des Sportartikelherstellers Nike deutlich, dass Unternehmen einen Imageverlust und Umsatzeinbußen hinnehmen müssen, wenn sie ihre Verantwortung ablehnen oder nur rhetorisch wahrnehmen, Vorwürfe abstreiten und sich dem Diskurs mit Stakeholdern verweigern[5]. Heute sind Unternehmen stärker denn je mit einer „öffentlichen Exponiertheit" (vgl. Dyllik 1989, zit. nach Weiß 2002: 3) konfrontiert und können leicht zum „Ge-

---

[5] Andreas Georg Scherer und Dorothée Baumann zeigen anhand einer Fallstudie über den Sportartikelhersteller Nike auf, wie sich das Unternehmen über Jahre durch einen intensiven Dialog mit Stakeholdern verändert hat (vgl. Scherer/Baumann 2007).

genstand der öffentlichen Auseinandersetzung" (Zerfaß/Piwinger 2007: 8) werden. Erschwerend kommt hinzu, dass sich Unternehmen mit „ungewohnten Zielgruppen mit bisher wenig bekannten Erwartungen" (Tewes 2003: 100) konfrontiert sehen. Unternehmen „fischen im Trüben": Zum einen ist kaum empirisch belegt, welche Erwartungen verschiedene Stakeholder an die gesellschaftliche Verantwortung stellen oder wie diese sich etwa in der Meinungsbildung niederschlagen. Die Auswirkungen auf das Verbraucherverhalten oder auf Beziehungen im Business-to-Business-Bereich sind kaum erforscht. Hinzu kommt, dass sich Unternehmen selbst wenig an den Erwartungen ihrer Stakeholder orientieren: Nur für knapp die Hälfte der engagierten Unternehmen (47%) ist es wichtig, welches Bild Stakeholder von ihrem gesellschaftlichen Engagement haben. Wobei sich die großen Unternehmen stärker an ihren Stakeholdern orientieren als die kleineren (vgl. Bertelsmann Stiftung 2005).

Darüber hinaus nehmen Unternehmen „kommunikative Dilemmata" (Behrent 2003: 33) wahr. Erstens das „Glaubwürdigkeits-Dilemma": Wer seine guten Absichten betont, dem glaubt man nicht. Zweitens das „Aufmerksamkeits-Dilemma": Unternehmen können nur schwer ein Bewusstsein über ihr Engagement schaffen. Dagegen setzen sie sich einer stärkeren Beobachtung, Beurteilung und Kritik aus und werden an höheren moralischen Ansprüchen gemessen. Jeder Fehler erlangt leicht eine große Öffentlichkeit, insbesondere wenn Medien das Thema aufgreifen und die vermehrte Aufmerksamkeit negativ auf das Unternehmen zurückfällt. Drittens das „Leadership-Dilemma": Unabhängig davon, wie sehr sich ein Unternehmen engagiert - es wird immer zu wenig sein (vgl. Behrent 2003). Unternehmen befürchten, Begehrlichkeiten zu wecken, die sie nicht erfüllen können und die einen zusätzlichen Verwaltungsaufwand bedeuten.

5 Entwicklungspotentiale

Corporate Citizenship stellt für die Unternehmenskommunikation eine neue Herausforderung dar. Es fordert von Unternehmen ein „dezidiertes Bekenntnis" (Behrent 2003: 33) auf der Basis entsprechenden Handelns (sowohl im Kerngeschäft als auch darüber hinaus), für das das Unternehmen auch öffentlich einsteht. Wenn Unternehmen ihr gesellschaftliches Engagement nur als Imagepflege begreifen, werden sie die beschriebenen Dilemmata nicht bearbeiten können (vgl. Behrent 2003).

Die Art und Weise *wie* Unternehmen ihr gesellschaftliches Engagement kommunizieren, ist für ihre Glaubwürdigkeit entscheidend. Damit wird der Unternehmenskommunikation ein hohes Maß an Authentizität und Transparenz abverlangt.

Dies bedeutet zum einen Eigeninteressen zu benennen. Denn Unternehmen wirken fragwürdig, wenn sie den Eindruck erwecken, ihr Handeln sei altruistisch oder philanthropisch motiviert. Eine ausgewogene und sachliche Kommunikation unterscheidet sich deutlich von Werbebotschaften. Die beste Kommunikationsstrategie bleibt erfolglos oder kann negativ auf das Unternehmen zurückfallen, wenn die Unternehmensrealität der eigenen Positionierung nicht entspricht. Unternehmen sind gefordert, kritische Fragen, Unzulänglichkeiten, Fehler und Risiken zu thematisieren und zugleich aufzuzeigen, welche Handlungsschritte sie verfolgen. Dies bedeutet auch eine größere Bereitschaft, Einblick in unternehmensinterne Vorgänge zu geben (vgl. Behrent 2003).

Corporate Citizenship verlangt nach einer Kommunikationsstrategie des „*Vorreiters*", der sein gesellschaftliches Engagement mit seinen Unternehmenszielen verbindet und die Aktivitäten strategisch plant und kommuniziert. Versteht man unter Unternehmenskommunikation die Gesamtheit aller Kommunikationsprozesse, die zur Aufgabendefinition und -erfüllung in Unternehmen, zur Koordination interner und externer Handlungen sowie der Interessenklärung zwischen Unternehmen und ihren Stakeholdern beitragen (vgl. Zerfaß 1996 und 2007), muss Corporate Citizenship als ein integraler Bestandteil strategischer Unternehmenskommunikation umgesetzt werden. Das gesellschaftliche Engagement wird gleichsam auf allen Ebenen kommuniziert: unternehmensintern und -extern. Im Sinne eines einheitlichen Auftritts wird das Corporate Citizenship in alle Disziplinen der Kommunikation eingebunden, beispielsweise in die Mitarbeiterkommunikation, die Marketingkommunikation, die Media Relations und die Public Affairs. Zum Einsatz kommen aufeinander abgestimmte Kommunikationsinstrumente; wesentliche Elemente sind das CSR-Reporting sowie spezielle Engagement-Internetseiten. Die Stakeholder über das gesellschaftliche Engagement zu informieren, steht hier im Vordergrund. Dabei zielen die kommunikativen Aktivitäten nicht ausschließlich auf die Außenwirkung des gesellschaftlichen Engagements, sondern beinhalten ebenso die bisweilen vernachlässigte interne Kommunikation (Mitarbeiterkommunikation).

Die kontinuierliche Information und vor allem Einbindung der Führungskräfte und Mitarbeiter in die Weiterentwicklung der gesellschaftlichen Verantwortung des Unternehmens sind zentral. Je mehr Führungskräfte und Mitarbeiter in das Corporate Citizenship des Unternehmens einbezogen sind, umso besser können die von dem Unternehmen angestrengten Ziele ihre Wirkung entfalten. So können zum Beispiel Führungskräfte und Mitarbeiter, die hinter dem gesellschaftlichen Engagement ihres Arbeitgebers stehen, die überzeugendste Öffentlichkeitsarbeit gegenüber Stakeholdern leisten. Mitarbeiterbefragungen, bereichsübergreifende Arbeitsgruppen (task force) und Workshops fördern neben der klassischen Mitarbeiterkommunikation die Integration der Mitarbeitenden in den Corporate Citizenship-Prozess. Einen besonderen Stellenwert nimmt das Corporate Volunteering ein (vgl. der Beitrag von Gabriele Bartsch in diesem Band). Dabei handelt es sich in erster Linie *nicht* um öffentlichkeitswirksame Aktionen der Mitarbeiterschaft, vielmehr stärken Unternehmen durch die Förderung und Unterstützung des gesellschaftlichen Engagements ihrer Mitarbeiter ihre Position von innen heraus.

Für Unternehmen bedeutet die gesellschaftliche Verantwortung über die interne Kommunikation hinaus eine „Ausweitung des Umfeldverständnisses vom eng gefassten Marktumfeld auf das gesellschaftliche Umfeld" (Weiß 2005: 589). Für die Unternehmenskommunikation gewinnt die Kommunikation *mit* Vertretern des gesellschaftlichen Umfelds an Bedeutung. Unternehmen müssen stärker als bisher den Dialog mit relevanten Stakeholdern suchen und sich ihnen öffnen. Die Kommunikation richtet sich zum einen an Stakeholder, gegenüber denen sich Unternehmen aufgrund ihrer Geschäftstätigkeit verantwortlich verhalten sollten bzw. die Ansprüche an das Unternehmen richten können. Zum anderen ergeben sich durch Corporate Citizenship neue Berührungspunkte mit der Gesellschaft. Unternehmen, die beispielsweise den Kontakt zu Bürgerinitiativen, gemeinnützigen Vereinen und Stiftungen suchen oder mit ihnen gemeinsame Projekte entwickeln, überschreiten Grenzen und wirken in andere gesellschaftliche Bereiche hinein.

Dies erfordert von Unternehmen eine größere Kenntnis über das Umfeld, in dem sie sich engagieren. Darüber hinaus sind sie nicht großzügige „Gönner". Stattdessen geht es um lösungsorientierte Entwicklungsprozesse zwischen Unternehmen und Gesellschaft. Hierfür eignet sich zum einen die Mitwirkung an gesellschaftspolitischen Veranstaltungen, Zusammenschlüssen und Netzwerken, die auf strukturelle Veränderungen abzielen. Zum anderen bietet auch der Dialog mit relevanten Stakeholdern Unternehmen weit reichende Innovationspotentiale. Sie können so wertvolle Rückmeldungen für ihre Geschäftstätigkeit bekommen, wie etwa über die Erwartungen von Verbrauchern. Vor allem können sie so tragfähige Beziehungen in ihrem unternehmerischen Umfeld aufbauen und pflegen, die über die Konfliktbewältigung und -vermeidung hinausgehen. Außerdem eröffnet der Dialog eine „Feedbackschleife" (Scherer/Baumann 2007: 871): Unternehmen können die Akzeptanz und Eignung von geplanten Aktivitäten mit den entsprechenden Stakeholdern prüfen (vgl. Scherer/Baumann 2007). Die dänischen Wissenschaftlerinnen Mette Morsing und Majken Schultz favorisieren eine *„stakeholder involvement strategy"*[6]: „...companies should not only influence but also seek being influenced

---

[6] Mette Morsing und Majken Schultz legen dem Dialog mit Stakeholdern drei Strategien zu Grunde: die stakeholder information strategy, die stakeholder response strategy und die stakeholder involvement strategy.

by stakeholders, and therefore change when necessary" (Morsing/Schultz 2007: 144).

6 Ausblick

Die Unternehmenskommunikation hat einen großen Anteil daran, wie die gesellschaftliche Verantwortung von Unternehmen künftig in der Öffentlichkeit wahrgenommen wird. Der augenblickliche Entwicklungsstand bietet Herausforderungen für Theorie und Praxis. Er eröffnet der Unternehmenskommunikation ein neues strategisches Aufgabenfeld mit weit reichendem Entwicklungspotential. Eine entscheidende Rolle nehmen die Kommunikationsverantwortlichen in Unternehmen und die Berater von PR-Agenturen ein. Begreifen sie die Kommunikation von Corporate Citizenship und Corporate Social Responsibility als eine Disziplin der Unternehmenskommunikation, die nicht aus „aufgesetzten" Aktionen besteht, sondern auf einem nachweislichen gesellschaftlichen Engagement basiert, über das kontinuierlich informiert und das kommunikativ mitgestaltet wird, können Unternehmen mehr Akzeptanz und Zuspruch in der Öffentlichkeit finden.

Literatur

Behrent, Michael/Wieland, Josef (Hrsg.): Corporate Citizenship und strategische Unternehmenskommunikation in der Praxis. München/Mering: Hampp, 2003

Bentele, Günter: Ethische Anforderungen an Öffentlichkeitsarbeit. In: Bentele, Günter/Fröhlich, Romy/Szyszka, Peter (Hrsg.): Handbuch Public Realtions. Wissenschaftliche Grundlagen und berufliches Handeln. Wiesbaden: Verlag für Sozialwissenschaften, 2005

Bertelsmann Stiftung (Hrsg.): Die gesellschaftliche Verantwortung von Unternehmen. Gütersloh: Bertelsmann Stiftung, 2005

Biedermann, Christiane: Von der guten Tradition zum Corporate Citizen. Gesellschaftliches Engagement in der deutschen Wirtschaft. Blätter der Wohlfahrtspflege, 3/2005, Jg.152, S. 108-109.

Blankenagel, Lina: Tue Gutes und schreibe darüber. CSR-Berichte der DAX-Unternehmen – eine Kurzanalyse. Erste Ergebnisse der im Herbst 2007 erscheinenden Gesamtanalyse. Hagen: Black point communications, 2007

Brühl, Dieter: Erfolgreich wirtschaften - Verantwortungsvoll handeln - Zukunft mitgestalten. http://www.pleon.de/Erfolgreich-wirtschaften-Verantwortungsvoll-handeln-Zuku.erfolgreich_verantwortungsvoll.0.html

Bundesverband der Deutschen Industrie (Hrsg.): BDI-Mittelstandspanel. Berlin, 2007.

Deloitte Deutschland/Kirchhoff Consult AG (Hrsg.): Das Good Company Ranking. Corporate Social Responsibility Wettbewerb der 120 größten Konzerne Europas. 2007

Desewski, Felix/Koch, Stephan C.: Verkaufen mit dem Guten Zweck. Cause Related Marketing in Deutschland. In: Ruckh, Mario F., Noll, Christian, Bornholdt, Martin (Hrsg.), Sozialmarketing als Stakeholder-Management. Bern/Stuttgart/Wien: Haupt, 2006

forsa/Gesellschaft für Sozialforschung und statistische Analysen (im Auftrag der Initiative Soziale Marktwirtschaft): „Corporate Social Responsibility" in Deutschland. Berlin: forsa, 2005

Gazdar, Kaevan/Kirchhoff, Klaus Rainer: Corporate Responsibility Reporting. Wie Unternehmen Verantwortung kommunizieren. In: AmCham Germany: F.A.Z.-Institut (Hrsg.): Corporate Responsibility. Unternehmen und Verantwortung. Frankfurt: 2007

Glombitza, Anna: Corporate Social Responsibility in der Unternehmenskommunikation. Berlin/München: Poli-c-books - Fachverlag für Politische Kommunikation. 2005

Habisch, André: Corporate Citizenship. Gesellschaftliches Engagement von Unternehmen in Deutschland. Berlin, Heidelberg, New York: Springer, 2003

Lunau, York/Wettstein, Florian: Die soziale Verantwortung der Wirtschaft. Was Bürger von Unternehmen erwarten. St. Galler Beiträge zur Wirtschaftsethik 35, Bern: Haupt, 2004

Maaß, Frank/Clemens, Reinhard: Corporate Citizenship. Das Unternehmen als "guter Bürger". Wiesbaden: Gabler, 2002

Morsing, Mette/Schultz Majken: Stakeholder Communcation Strategies. In: Morsing, Mette/Beckmann/C. Suzanne (ed.): Strategic CSR Communication. DJOF Publishing, Copenhagen, 2007

Polterauer, Judith: Corporate Citizenship - Das Unternehmen als Bürger. Eine Analyse über die qualitative Veränderung der Beziehung zwischen Unternehmen und Gesellschaft durch Corporate Citizenship. Diplomarbeit an der Fakultäi Sozial- und Wirtschaftswissenschaften der Otto-Friedrich Universität Bamberg, 2002

Scherer, Andreas Georg/Baumann, Dorothée: Corporate Citizenship: Herausforderung für die Unternehmenskommunikation. In: Zerfaß, Ansgar/Piwinger, Manfred (Hrsg.): Handbuch Unternehmenskommunikation Wiesbaden: Gabler, 2007

Seitz, Bernhard: Corporate Citizenship: Zwischen Idee und Geschäft. In: Wieland, Josef/Conradi, Walter (Hrsg.): Corporate Citizenship. Gesellschaftliches Engagement - unternehmerischer Nutzen. Marburg: Metropolis, 2002

Steinert, Andreas/Klein, Axel: Corporate Social Responsibility. Eine neue Herausforderung für die Unternehmenskommunikation? In: Bentele, Günter/Piwinger, Manfred/Schönborn, Gregor (Hrsg.): Kommunikationsmanagement. Strategien, Wissen, Lösungen. Loseblattwerk, Neuwied: Luchterhand, 2002

Süddeutsche Zeitung (26.5.2007): Geiz ist grausam. In Asien entsteht Billigware oft unter unmenschlichen Bedingungen. http://www.sueddeutsche.de

Südwind Institut: All die Textilschnäppchen - nur recht und billig? Arbeitsbedingungen bei Aldi-Zulieferern in China und Indonesien. Siegburg, 2007

Tewes, Nicolai: Unverwechselbar glaubwürdig. Corporate Citizenship in der Praxis. In: Behrent, Michael/Wieland, Josef (Hrsg.): Corporate Citizenship und strategische Unternehmenskommunikation in der Praxis. München/Mering: Hampp, 2003

Weiß, Ralf: Unternehmensführung in der Reflexiven Modernisierung. Global Corporate Citizenship, Gesellschaftsstrategie und Unternehmenskommunikation. Dissertation. Universität Oldenburg/Fachbereich Wirtschafts- und Rechtswissenschaften 2002

Westebbe, Achim/Logan, David: Corporate Citizenship, Unternehmen im gesellschaftlichen Dialog. Wiesbaden: Gabler, 1995

Wittke, Ulla: „Tu Gutes, aber verständige dich vorher darüber"? Zum Beitrag der Public Relations zu Corporate Social Responsibility. Freie wissenschaftliche Arbeit zur Erlangung des Grades Magister Artium. Berlin, 2003

Zerfaß, Ansgar: Unternehmensführung und Öffentlichkeitsarbeit. Grundlegung einer Theorie der Unternehmenskommunikation und Public Relations. Opladen: Westdeutscher Verlag, 1996

Zerfaß, Ansgar (Hrsg.): Unternehmensführung und Öffentlichkeitsarbeit. Grundlegung einer Theorie der Unternehmenskommunikation und Public Relations. 2., ergänzte Auflage, Wiesbaden: Verlag für Sozialwissenschaften, 2004

Zerfaß, Ansgar/Piwinger, Manfred: Kommunikation als Werttreiber und Erfolgsfaktor. In: Zerfaß, Ansgar/Piwinger, Manfred (Hrsg.): Handbuch Unternehmenskommunikation. Wiesbaden: Gabler, 2007

Zerfaß, Ansgar: Unternehmenskommunikation und Kommunikationsmanagement: Grundlagen, Wertschöpfung, Integration. In: Zerfaß, Ansgar/Piwinger, Manfred (Hrsg.): Handbuch Unternehmenskommunikation. Wiesbaden: Gabler, 2007

Christoph Mecking

Corporate Giving. Unternehmensspende, Sponsoring und insbesondere Unternehmensstiftung

Die gesellschaftliche Verantwortung von Unternehmen ist in Deutschland eine kulturelle Selbstverständlichkeit (Backhaus-Maul 2006: 32; vgl. auch die Beiträge in Eberhard von Kuenheim Stiftung/ZEIT Stiftung Ebelin und Gerd Bucerius 2004). Als allerdings Mitte der neunziger Jahre der Begriff des Corporate Citizenship auch in Deutschland Eingang in die gesellschaftspolitische Debatte fand (vgl. Westebbe/Logan 1995), kam es zur Reflexion von Aktivitäten mit Gemeinwohlorientierung, die traditionell von Unternehmen betrieben werden. Dabei handelt es sich um Aktivitäten, „mit deren Hilfe Unternehmen selbst in ihr gesellschaftliches Umfeld investieren und ordnungspolitische Mitverantwortung übernehmen." (Habisch 2003: 58) Seitdem werden in der Öffentlichkeit immer deutlicher Erwartungen an ein angemessenes und bewusstes soziales Engagement von Unternehmen artikuliert. Das Unternehmen soll sich bürgerschaftlich engagieren, sich also „wie ein guter Bürger" für das Gemeinwesen einsetzen.

1 Corporate Giving als Teil der CSR

Tatsächlich bekennen sich Unternehmen inzwischen durchaus als Corporate Citizen, als aktive „Unternehmensbürger" und verantwortliche Teilhaber an der Gestaltung der gesellschaftlichen Entwicklung über ihre wirtschaftlich bedingten Interessen hinaus (Mecking 2005: 1), wie zuletzt auch die Ergebnisse einer Unternehmensbefragung gezeigt haben (Bertelsmann-Stiftung 2006). Die Unternehmen entwickeln entsprechende Handlungskonzepte, Maßnahmen und Instrumente zur Mitwirkung und bekunden soziale Verantwortung, die sog. Corporate Social Responsibility (CSR). Die altruistische Zwecksetzung ist insofern mit der Erwartung verbunden, ein gesundes gesellschaftliches Umfeld für die eigene (erwerbs-) wirtschaftliche Geschäftstätigkeit zu schaffen sowie innerhalb der Zielgruppe das Ansehen des Unternehmens zu steigern und den Umsatz und den Ertrag zu optimieren. In dem Win-win-Charakter, dem wechselseitigen Vorteil von Unternehmen, gemeinnützig tätigen Partnerorganisationen und gesellschaftlichem Umfeld liegt das eigentliche Potential des Corporate Citizenship (Habisch 2003: 54; Holzknecht 2006; Fallstudien in Gazdar/Habisch/Kirchhoff 2006: 125 ff.). Die Begriffe von „Corporate Citizenship" und „Corporate Social Responsibility" sind uneindeutig und in ihrem gegenseitigen Verhältnis nicht klar abgegrenzt. Die Nachhaltigkeitsproblematik mit Blick auf ökologische und soziale Faktoren der Unternehmensführung, die mitunter als Bestandteil der Definition gesehen wird, bleibt hier ausgeklammert.

Um sich gesellschaftlich zu engagieren und sich durch freiwillige Beiträge in das Gemeinwesen einzubinden, bietet sich für ein Unternehmen eine Vielfalt von Instrumenten (Dresewski 2004: 21 f. beschreibt neun Instrumente im Corporate Citizenship-Mix) an, die in unterschiedlicher Weise systematisiert werden. Eine klassische Unterscheidung trennt Corporate Volunteering, also das freiwillige Engagement von Unternehmen für das Gemeinwohl durch Einsatz ihres Personals, und Corporate Giving. Kennzeichen des Corporate Giving ist die kostenlose Überlassung von Gütern und Leistungen des Unternehmens (Maaß/Clemens 2002: 11). Dazu zählen Finanz- oder Sachmittel bzw. Dienstleistungen, die von den Unternehmen direkt für gemeinnützige Zwecke zur Verfügung gestellt werden oder die Gestattung einer entsprechenden Nutzung von Räumlichkeiten oder Betriebsmitteln (Maaß/Clemens 2002: 9). Die Instrumente lassen sich grob den Bereichen Spendenwesen, Unternehmensstiftung und Sponsoring zuordnen. Welche Form der organisatorischen Umsetzung seines Engagements ein Unternehmen wählt, hängt insbesondere von seiner inneren Zuständigkeitsstruktur, verfügbaren Budgets, Kommunikationsstrategie und Geschäftspolitik sowie von der Art seiner Geschäftstätigkeit ab (eine reaktive, themenbezogen aktive und strategisch aktive Ausrichtung unterscheidet Seitz 2002: 100 ff.; vgl. aus der Sicht der gemeinnützigen Einrichtungen und ihrer Akquisitionsstrategie auch Manteuffel 2006: 32 f.). Der Einsatz von Risiko-Kapital für gemeinnützige Zwecke als Ausdruck sog. Venture Philanthropy bzw. Social Entrepreneurship wird derzeit auf internationaler Ebene diskutiert, ist aber in Deutschland als Instrument noch nicht verbreitet. Der Risiko-Kapitalgeber agiert unternehmerisch und investiert für eine begrenzte Zeit und ein bestimmtes Vorhaben sowohl Geld als auch Know-how in gemeinnützige Organisationen (vgl. dazu die Fallbeispiele in Bornstein 2005)[1].

---

[1] Die "Billanthropy" überschriebene Ausgabe von The Economist v. 1.7.2006 zeigt auf der Titelseite den Unternehmer und Mäzen Bill Gates, der Ansätze von Venture Philanthropy in der von ihm errichteten Bill & Melinda Gates Foundation, mit ca. 31 Mrd. $ eine der kapital-

Während die Spende freiwillig und ohne Gegenleistung gegeben und in der Stiftung als Ertragsquelle institutionalisiert und verstetigt wird, bedeutet Sponsoring ein Geschäft auf Gegenseitigkeit. Diese Maßnahmen unterscheiden sich in ihren rechtlichen und steuerlichen Rahmenbedingungen. Den altruistischen Spender und Stifter belohnt der Fiskus mit einem Sonderausgabenabzug; der eigennützige Sponsor kann seine Aufwendungen als Betriebsausgabe geltend machen.

Belastbare Aussagen zum Umfang und zur zahlenmäßigen Bedeutung der Formen des Corporate Giving lassen sich derzeit nicht machen. So fehlt es an einer zentralen Statistik zum Spendenaufkommen; gemeinnützige Einrichtungen sind nicht gezwungen ihre Finanzdaten offen zu legen. In einschlägigen Veröffentlichungen wird nicht zwischen Privat- und Unternehmensspenden unterschieden. Insoweit verwundert es nicht, wie weit Schätzungen auseinanderliegen. Die Angaben zu Unternehmensspenden reichen von 400 Mio. € (Gregory/Lindlacher 2004: 114) bis zur doppelten Höhe (Reimer 2006: 76); die Schätzungen für kommerzielles Sponsoring von 2,7 Mrd. € (Reimer 2006: 76) bis zu 4,3 Mrd. € (Dinkel/Seeberger 2007: 11). Allerdings dürfte der Hauptteil des CSR-Engagements deutscher Unternehmen in den Formen des Corporate Giving stattfinden. Dies bestätigt eine Studie des Forsa-Instituts, die in ihrer Stichprobe allerdings nur inhabergeführte Unternehmen berücksichtigt (Gesellschaft für Sozialforschung und statistische Analysen 2005). Danach machen Geld- und Sachspenden einschließlich Stiftungsdotationen fast soviel aus wie alle anderen Formen, die dem Corporate Volunteering zuzuordnen sind, zusammen.

1.1 Die Unternehmensspende

Das traditionelle Instrument für das Corporate Giving ist die Unternehmensspende. Verstanden als Oberbegriff für ethisch motiviertes selbstloses Überlassen, Spenden oder Zustiften von Geld oder Sachmitteln sowie für das kostenlose Überlassen oder Spenden von Unternehmensleistungen, -produkten und -logistik wird das Spendenwesen häufig mit dem Corporate Giving gleichgesetzt - Corporate Giving i.e.S. (Maaß/Clemens 2002: 11).

In juristischer Terminologie bedarf es einer freiwilligen und unentgeltlichen finanziellen Zuwendung eines Unternehmens an eine steuerbegünstigte Einrichtung oder für ein gemeinnütziges Projekt. Das spendende Unternehmen handelt freiwillig, wenn es weder rechtlich noch aus anderen Gründen zu der Leistung, die

---

stärksten Stiftungen der Welt, nutzt. Nach einer spektakulären Ankündigung soll sie weitere 37 Mrd. $ von Warren Buffett erhalten; vgl. ebd. S. 65 ff.

es mit der Spende erbringt, verpflichtet ist. Unentgeltlich ist die Zuwendung, wenn damit keine irgendwie geartete Gegenleistung verbunden ist. Wenn sich ein Unternehmen durch eine gemeinnützige Einrichtung für eine Zuwendung versprechen lässt, es in einer bestimmten Art und Weise sichtbar zu machen, z.B. durch die auffällige Verwendung eines Unternehmenslogos auf Publikationen der Einrichtung, fehlt es an dieser Unentgeltlichkeit und damit an einer Spende. Eine Gegenleistung liegt auch dann vor, wenn sich der Zuwendende eine bestimmte Vergünstigung oder Leistung erkauft, z.B. die Teilnahme an einem Benefizdinner, den kostenlosen Bezug von Zeitschriften, den ermäßigten Zutritt zu ansonsten kostenpflichtigen Veranstaltungen.

Wenn ein Unternehmen einer steuerbegünstigte Einrichtung eine Spende für deren als besonders förderungswürdig anerkannte gemeinnützige, mildtätige oder kirchliche Zwecke gibt, wird es durch den Fiskus mit besonderen steuerlichen Abzugsmöglichkeiten belohnt (ausführlich statt vieler Buchna 2003: 310 ff.; Kurzüberblick zu den rechtlichen Rahmenbedingungen Manteuffel 2006: 26 f.). Spenden mindern danach den Gesamtbetrag der Einkünfte als abziehbare Ausgaben nach §9 Abs. 1 Nr. 2 des Körperschaftsteuergesetzes (KStG), sowie den Gewerbeertrag nach §9 Nr. 5 des Gewerbesteuergesetzes (GewStG). Die Abzugsmöglichkeit besteht allerdings nicht in unbeschränkter Höhe, sondern grundsätzlich nur bis zu 5% des Gesamtbetrages des Einkommens der Körperschaft. Bei Zuwendungen zur Förderung mildtätiger, wissenschaftlicher und als besonders förderungswürdig anerkannter kultureller Zwecke verdoppelt sich die genannte Quote auf 10%. Alternativ kann der Höchstbetrag mit 0,2% der Summe der gesamten Umsätze und der im Kalenderjahr bzw. Wirtschaftsjahr aufgewendeten Löhne und Gehälter angesetzt werden. Bei diesen Spenden besteht darüber hinaus die Möglichkeit, Großspenden, d.h. Einzelzuwendungen von mindestens 25.565 € im Rahmen der genannten Höchstgrenzen auf die nächsten fünf Veranlagungszeiträume vorzutragen.

Über diese steuerlichen Aspekte hinaus liegt der Vorteil in einem überaus geringen konzeptionellen und verwaltungstechnischen Aufwand. Nachteilig ist allerdings, dass die Spende meist nur kurzfristig sichtbar wird – typisch ist der Pressetermin mit Übergabe eines plakativ vergrößerten Spendenschecks – oder für den Begünstigten zur Selbstverständlichkeit wird, die ohne Imageschaden kaum abgestellt werden kann (Fuchs-Gamsböck 2006: 124 ff.). Um solche Nachteile zu vermeiden, bedarf es eines eigenen Spendenkonzepts und der Nutzung von Instrumenten wie zweckgebundener Spende, Jubiläums- bzw. Anlassspende, Matching Funds oder Sachspende. Auch die Verstetigung des unternehmerischen Engagements in Form eines gemeinnützigen Vereins, wie ihn die Volks- und Raiffeisenbanken etwa über den Verein Aktive Bürgerschaft e.V. zur Förderung zivilgesellschaftlicher Organisationsformen praktizieren, kann den Nutzen erhöhen.

1.2 Sponsoring

Sponsoring ist die Zuwendung eines Unternehmens an eine gemeinnützige Einrichtung zur Verfolgung unternehmensbezogener Ziele, insbesondere solcher der Werbung und Öffentlichkeitsarbeit, aufgrund eines Vertrages (Vgl. Ziff. 7 des Anwendungserlasses zur Abgabenordnung (AEAO) zu § 64 Abs.1 AO als (amtliche) Begriffsbestimmung des Sponsoring). Das Sponsoring beruht also, im Gegensatz zur Spende, auf einer vertraglichen Vereinbarung zwischen Sponsor und Gesponsertem. Der Sponsor erhält für seine Zuwendung eine ganz konkrete Gegenleistung, meist in Form von Kommunikationsleistungen. Das Unternehmen bekommt die Möglichkeit, sich zu profilieren, neue Kanäle der Kommunikation zu eröffnen und für sich und die eigenen Produkte zu werben. Es handelt nicht uneigennützig. Der gemeinnützigen Organisation eröffnen sich neue Finanzierungswege. Gemein- und privatnützig motiviertes Handeln überlagern sich vielmehr in besonders ausgeprägter Weise. Die gemeinnützige Einrichtung darf daher im Grundsatz keine Zuwendungsbestätigung ausstellen, sondern muss eine Rechnung stellen.

Bekannte und aktuelle Beispiele für solches Engagement sind die Wiederherstellung des Bernsteinzimmers in St. Petersburg durch die Ruhrgas AG oder Aktivitäten zum Schutz des Regenwalds der Brauerei Krombacher in Zusammenarbeit mit dem WWF (Weitere Beispiele bei Damm/Lang 2001: 91 ff.; Habisch 2003: 97ff.; Behrent/Wieland 2003: 99 ff.; Langenscheidt 2005: 32 ff.; Kulturkreis der Deutschen Wirtschaft im BDI 2006: 12ff.). Zum Sponsoring soll hier auch ein "zweckgebundenes Marketing" (Cause Related Marketing) zählen, bei dem der Kauf eines Produkts bzw. einer Dienstleistung damit beworben wird, dass das Unternehmen einen Teil der Erlöse einer gemeinnützigen Organisation oder einem steuerbegünstigten Zweck als "Spende" zukommen lässt.

Sponsoringaufwendungen sind beim Sponsor grundsätzlich als Betriebsausgaben abzugsfähig. Unabhängig davon und sehr viel komplexer ist die steuerliche Behandlung beim Gesponserten (Dazu Ziff. 8 zu §64 Abs. 1 AEAO). Je nach Gestaltung können Sponsoringeinnahmen beim Gesponserten als Einnahmen aus einem - steuerpflichtigen - wirtschaftlichen Geschäftsbetrieb, als Einnahmen aus der - ertragsteuerfreien – Vermögensverwaltung oder als sonstige – steuerfreie – Einnahmen zu qualifizieren sein. Maßgeblich für die steuerliche Behandlung beim Gesponserten ist die in der Sponsoringvereinbarung zugesagte Gegenleistung. Insofern sind drei Fallgruppen denkbar:

1. Der Gesponserte wirkt aktiv an Werbemaßnahmen des Sponsors mit. Beispielsweise macht die gesponserte Einrichtung aktiv Werbung für das sponsernde Unternehmen oder die von ihm vertriebenen Produkte, indem sie sich an Werbekampagnen beteiligt, Produktwerbung in die eigenen Publikationen aufnimmt oder

eine aktive Verlinkung ihrer Homepage mit der des Sponsors vornimmt. Die Konsequenz ist eine Einnahme im Rahmen eines wirtschaftlichen Geschäftsbetriebes, die die Organisation in vollem Umfang versteuern muss.

2. Die steuerbegünstigte Körperschaft beschränkt sich darauf, dem Sponsor lediglich die Nutzung ihres Namens zu Werbezwecken zu gestatten, ohne selbst aktiv zu werden. Dann liegt eine ertragsteuerfreie Einnahme im Rahmen der Vermögensverwaltung vor (§ 14 S. 3 AO). Die Einnahme ist allerdings nach dem ermäßigten Steuersatz umsatzsteuerpflichtig (§ 12 Abs. 2 Nr. 8a des Umsatzsteuergesetzes - UStG). Die gesponserte Einrichtung überlässt im Sponsoringvertrag quasi die „Vermarktungsrechte" dem Sponsor; sie „verpachtet" ihren guten Namen.

3. Der Gesponserte weist dankend auf den Sponsor hin, ohne ihn dabei besonders hervorzuheben (Ziff. 9 zu § 64 Abs. 1 AEAO), z.B. durch Aufdruck des Namens, Logos oder Emblems des Sponsors auf Plakaten, Einladungen oder in Publikationen oder einen reinen Hinweis auf der Homepage. Dann erzielt die gemeinnützige Organisation eine sonstige ertragsteuerfreie Einnahme, bei der allerdings ggf. Umsatzsteuer zu entrichten ist.

Abgrenzungsprobleme sind in jedem Einzelfall denkbar. So entscheidet die Position und Größe des Logos des Sponsors über die Zuordnung zu einer steuerpflichtigen Aktivität. Daher empfiehlt es sich, in der jeweiligen Sponsoringvereinbarung genaue Festlegungen zu treffen und in Zweifelsfällen mit der Finanzverwaltung abzustimmen, ob man sich noch im ertragsteuerbefreiten Bereich des Sponsorings befindet.

Ob Sponsoring überhaupt als Ausdruck von Corporate Citizenship verstanden werden kann, ist durchaus umstritten (zustimmend statt vieler Westebbe/Logan 1995: 13; Maaß/Clemens 2002. 12). Diejenigen, die Corporate Citizenship als eine Art Öffentlichkeitsarbeit verstehen (Habisch 2003: 51 f.), zählen auch eine als Sponsoring ausgestaltete Marketingmaßnahme in Form eines Geschäftes auf Gegenseitigkeit durchaus dazu. Wer hingegen den uneigennützigen, philanthropischen Charakter entsprechender Aktivitäten betont (Habisch 2003: 53 f.), wird lediglich das "Sozialsponsoring" (Social Sponsoring) akzeptieren, bei dem die wohltätigen Motive im Vordergrund stehen. Diese Unterscheidung zwischen „Gemeinnutz" und „Eigennutz", wie sie als Leitidee hinter dem deutschen Gemeinnützigkeitsrecht steht, erweist sich schon mit Blick auf die mit gemeinnützigem Engagement verbundenen Steuerprivilegien zunehmend als überholt (Habisch 2003: 54 f.; Vorschläge zur Reform des Gemeinnützigkeits- und Spendenrechts Ballhausen/Walz 2006: 28 f.). Letztlich kommt es auf eine Art Arbeitsteilung bei der Weiterentwicklung des Gemeinwesens an. Die gemeinnützige Organisation bringt ihr know-how in die konkrete Projektarbeit ein, unterstützt aus den finanziellen Mitteln des Unternehmens. Auf die (steuer-)technische Frage, in welchem Maße dabei eine geschäftliche Motivation überwiegt, kann es letztlich nicht ankommen. Meist spielen die Fragen der administrativen Abwicklung und der steuerlichen Behandlung nur eine nachrangige Rolle. Sie ist zudem von Fragen der unternehmensinternen Organisation, z.b. von der Budgethoheit in der Firmenhierarchie, abhängig, die sich aus ganz anderen Überlegungen entwickelt hat.

1.3 Unternehmensstiftung

Ein Zeichen dauerhaft und nachhaltig angelegter Gemeinwohlförderung ist die Gründung und Unterstützung einer eigenen gemeinnützigen Unternehmensstiftung, einer Corporate Foundation. Daneben ist im Sinne eines Corporate Community Involvement die Patenschaft, Unterstützung oder Zustiftung bei einer der neuerdings zunehmend entstehenden Bürgerstiftungen etwa am Sitz des Unternehmens denkbar. Hier allerdings ist ein beherrschender Einfluss auf die Führung der sich als unabhängig verstehenden Bürgerstiftung in der Regel unerwünscht (Böckel 2006), so dass sich die kommunikativen Ziele des Unternehmens nicht direkt und explizit verwirklichen lassen (vgl. Bundesverband der Deutschen Volksbanken und Raiffeisenbanken 2003: 51ff.; Mecking 2005: 48 m.w.N.). In diesen Fällen dürfte die geübte Zurückhaltung in der interessierten Öffentlichkeit durchaus als anerkennender Vertrauensbonus in die Zivilgesellschaft gewürdigt werden.

Mit der Errichtung einer gemeinnützigen Stiftung im Rahmen des strategisch angelegten bürgerschaftlichen Engagements beweist ein Unternehmen im besonderen Maße, wie wichtig ihm die Übernahme gesellschaftlicher Verantwortung ist. Insofern sind besonders die Großunternehmen der Finanz- und Versicherungswirtschaft hervorgetreten und haben sich stifterisch engagiert. Dies gilt besonders für die Sparkassen, die sich über ihre fast 600 Stiftungen für ihre regionalen Standorte engagieren. Aber auch die Stiftungen der Deutschen Bank, der Deutschen Telekom, der Allianz, von Schering, IKEA (Fallstudie bei Fuchs-Gamsböck 2006: 251ff.) oder RWE sind weithin bekannt. Nicht vergessen werden sollten aber auch die vielen kleineren Unternehmensstiftungen wie die Miele-Stiftung, die Deutsche Lufthansa Stiftung, die EWE-Stiftung oder die ASKO Europa-Stiftung, die in ihren jeweiligen Bereichen sehr wirksam sind. Die Vermutung (Seitz 2002: 155), dass die Komplexität der Rechtsform Stiftung kleine Unternehmen überfordere, ist inzwischen von der Praxis widerlegt.

Vorteile einer Unternehmensstiftung liegen in der Verstetigung und Nachhaltigkeit des gesellschaftsbezogenen Förderns, in einer Bündelungswirkung als charity-center (Marquardt 2001: 241), in der Steigerung von Professionalität und Kompetenz, aber auch in einem dauerhaft angelegten Imagetransfer (Kinkel 2006: 6). Die

Unternehmensstiftung trägt in ihrem Namen den Namen ihres (Gründer-)Unternehmens und unterstützt dadurch und durch die verbindende Marke dessen Entwicklung der Corporate Identity. Nicht zuletzt als Instrument der Public-Relations werden zunehmend Stiftungen eingesetzt (Marquardt 2001). Immer häufiger gilt die Stiftung als ein wirksames Instrument für die Lösung der Nachfolgeprobleme eines Unternehmens und wird, oft auch erst mit dem Tode des Unternehmenseigners, gleichzeitig zur Sicherung des Fortbestandes des Unternehmens, zur Flankierung seiner öffentlichen Wirkung und für Gemeinwohlinteressen eingesetzt.

Die Herausforderung in der Praxis besteht darin, den strukturellen Nachteil zu überwinden, der in dem Zielkonflikt zu sehen ist, der sich aus der besonderen Verbindung zwischen Unternehmen und Stiftung ergibt (Abke 2007: 32f.; Falk 2006: 12f.). Eine glaubwürdige gemeinwohlorientierte Stiftungstätigkeit muss deutlich machen, dass sie nicht im Dienst der primären geschäftspolitischen oder werblichen Interessen des stiftenden Unternehmens steht.

Unabhängig von der Rechtsform und der konkreten Ausgestaltung wird die Stiftung als eine auf Dauer angelegte Organisationsform verstanden, in der ein ausreichendes Vermögen der Verwirklichung bestimmter Zwecke gewidmet wird. Die Existenz auch einer Unternehmensstiftung beruht auf drei Grundelementen:

- dem *Stiftungszweck*, der in aller Regel gemeinnützig ist. In ihm manifestiert sich der Stifterwille des gründenden Unternehmens. Er prägt maßgeblich die „Individualität" der Unternehmensstiftung. An ihm orientieren sich Programm und Projekte der Stiftung. Mit Blick auf den Stiftungszweck kann danach differenziert werden, ob die Stiftung in einem Bereich tätig ist, der in inhaltlicher Nähe zum Unternehmensgegenstand liegt oder ob die Stiftung zwar von einem Unternehmen errichtet wurde, jedoch inhaltlich in unternehmensfremden Bereichen tätig ist.

- dem *Stiftungsvermögen*, aus dessen Erträgen die Verwirklichung des Zwecks erfolgt. Es wird, oft aus Anlass eines Jubiläums, aus dem Unternehmensgewinn dotiert und dann rentierlich angelegt und sollte so ausreichend bemessen sein, dass der Stiftungszweck dauerhaft und nachhaltig erfüllt werden kann. Es gibt aber auch sog. Zuwendungsstiftungen, bei denen das Unternehmen nur einen kleineren Kapitalstock einbringt und die Leistungen der Stiftung durch jährliche Zuwendungen ermöglicht. Eine „Schallgrenze" für Stiftungsgründungen von Großunternehmen liegt bei etwa 50 Millionen €, die allerdings durch die Ende 2003 gegründete Deutsche Telekom Stiftung durchbrochen wurde, deren Stiftungsvermögen bis 2005 auf 100 Mio. € aufgestockt wurde. Auch die Deutsche Bank Stiftung ist, durch Verschmelzung der „Deutsche Bank Stiftung Alfred Herrhausen Hilfe zur Selbsthilfe" und der „Kultur-

Stiftung der Deutschen Bank" in diese Dimensionen vorgestoßen und weist eine Kapitalausstattung von 120 Mio. € auf. Die ungleich größeren Stiftungen mit Unternehmensbezug wie die Robert Bosch Stiftung (ca. 5,1 Mrd. €), die Hertie-Stiftung (knapp 800 Mio. €), die Bertelsmann Stiftung (gut 700 Mio. €) oder die Körber-Stiftung (gut 500 Mio. €) wurden dagegen von Unternehmern aus ihrem Privatvermögen ins Leben gerufen.

- der *Stiftungsorganisation*, die die Handlungsfähigkeit der Stiftung durch eine sachdienliche Organstruktur sicherstellt. Meist haben Unternehmensstiftungen zwei Organe. Der Stiftungsvorstand vertritt die Stiftung nach innen und außen und führt die Geschäfte. Der Stiftungsrat oder das Kuratorium, in denen häufig neben Führungskräften des Stifterunternehmens externe Persönlichkeiten mit hoher fachlicher oder gesellschaftlicher Reputation eingebunden sind, trifft die grundlegenden Entscheidungen und berät bzw. kontrolliert den Vorstand.

Unternehmensstiftungen lassen sich nach verschiedenen Rechtsformen und Funktionsweisen systematisieren und unterscheiden. Generelle Strukturierungen bleiben indes notgedrungen willkürlich und im Einzelfall angreifbar, weil jede Stiftung ein Individuum darstellt. Das anwendbare Recht differiert nach Rechtsform, Rechtssitz und Ausgestaltung im Einzelfall. Insbesondere das Stiftungsrecht zeigt je nach Land unterschiedliche Ausgestaltungen in Theorie und Praxis. Und jede Stiftung gibt sich über ihre Satzung ein Eigenrecht, das von den Beteiligten zu beachten ist. Eine bundesrechtliche Klammer bilden allerdings die Regelungen des Bürgerlichen Gesetzbuches und des Steuerrechts

Der gesetzliche Grundtypus (§§80 – 88 BGB) und Normalfall in der Stiftungspraxis ist die rechtsfähige Stiftung des bürgerlichen Rechts. Voraussetzung für ihre Errichtung ist, dass das Stifterunternehmen in einem sog. Stiftungsgeschäft förmlich den Willen bekundet, auf Dauer zur Verwirklichung eines bestimmten Zwecks die Stiftung zu errichten und diese mit dem dazu benötigten Vermögen und einer zweckentsprechenden Organisation auszustatten. Diese Stiftung bedarf der staatlichen Anerkennung.

Die rechtsfähigen Stiftungen des privaten Rechts lassen sich nach ihrer Funktionsweise, ihrem Charakter oder nach Art oder Umfang der Steuerbegünstigung aufgliedern. Mit Blick auf die Funktionsweise und Art der Fördertätigkeit lassen sich weitere Unterscheidungen vornehmen, etwa nach

- Förderstiftungen, die ihre Mittel ganz oder teilweise für die Verwirklichung gemeinnütziger Zwecke einer anderen steuerbegünstigten Körperschaft oder Körperschaft des öffentlichen Rechts bereitstellen (sog. Mittelbeschaffung) oder auf Antrag fördern

- operativen Stiftungen, die eigene Programme und Initiativen durchführen oder durchführen lassen, als
  - Einrichtungsträgerstiftungen, deren einzige oder auch vordringliche Aufgabe im Betrieb einer kulturellen Einrichtung, eines Museums, einer Gedenkstätte oder eines Parks besteht, oder als
  - Projektträgerstiftungen, die Veranstaltungen, Ausstellungen, Kurse und andere kulturelle Projekte durchführen;
- Stipendienstiftungen, die die unmittelbare Förderung zum Ziel haben oder
- Preisstiftungen, die ebenfalls der unmittelbaren Förderung dienen.

Mischformen stellen in der Praxis die Regel dar.

Die Zuwendungen an Stiftungen und ihre Dotation sind seit dem 1.1.2000 gegenüber dem allgemeinen Spendenabzug besonders steuerlich privilegiert (Gesetz zur besonderen steuerlichen Förderung von Stiftungen vom 14.07.2000 - Bundesgesetzblatt - BGBl. I S. 1192). Wenn ein Unternehmen Zuwendungen an eine Stiftung gibt, hat es hier zusätzlich die jährlich wiederkehrende Möglichkeit, einen Betrag von bis zu 20.450 € pauschal als Sonderausgabe abzusetzen (sog. Stiftungshöchstbetrag). Der sog. Gründungshöchstbetrag, also die Möglichkeit, Zuwendungen für die Vermögensausstattung einer neu errichteten Stiftung in einer Höhe von bis zu 307.000 € auf zehn Veranlagungszeiträume steuerlich zu verteilen, ist dagegen nur Privatpersonen, etwa den Unternehmern, zugestanden worden (zur Unterscheidung zwischen Unternehmer- und Unternehmensstiftungen vgl. Mecking 1996: 197ff.). Seit Mitte Dezember 2006 liegt ein „Gesetz zur weiteren Stärkung des bürgerschaftlichen Engagements" als Referentenentwurf vor (dazu Steinbrück/ Mecking 2007: 6ff.). Er soll Motivation für Mäzene durch Erhöhung und Vereinfachung des Spendenabzugs, Motivation für Zeitspender durch Steuererleichterungen sowie Bürokratieabbau bringen. Insbesondere ist die Kapitalbildung gemeinnütziger Einrichtungen begünstigt. Spezifische Anreize für Körperschaften sind jedoch nicht vorgesehen. Das neue Gemeinnützigkeitsrecht soll nach Abschluss des parlamentarischen Verfahrens im zweiten Halbjahr 2007 rückwirkend zum 1. Januar 2007 in Kraft treten.

2 Unternehmen als Stifter

Die Tätigkeit einer Unternehmensstiftung muss erfolgreich sein, von der Öffentlichkeit und bestimmten Zielgruppen wahrgenommen und aus Sicht der Kommunikationsstrategie positiv beurteilt werden, denn ihr Image strahlt – vor allem bei Namensähnlichkeit – auf das Stifterunternehmen zurück. Insofern sind an die Führung, das Management und die glaubwürdige Informations- und Öffentlichkeitsarbeit einer Unternehmensstiftung besondere Anforderungen zu stellen (zur Arbeitsteilung zwischen Unternehmen und ihren Stiftungen vgl. Lexis 2005: 6ff.).

Wenn sich die Leitung oder die Eigentümer eines Unternehmens für eine Initiative zur Stiftungsgründung entscheidet, sollte idealerweise eine Reihe von Merkpunkten (vgl. Weger 2000) beachtet und diskutiert werden. Die damit verbundenen Fragestellungen, Probleme und Festlegungen sind ggf. unter Zuhilfenahme sachkundiger Beratung zu beantworten bzw. zu klären.

2.1 Zielbestimmung

Zunächst sollten die Motive für die Errichtung einer gemeinnützigen Stiftung im Unternehmen klargestellt und hinterfragt werden. Dabei ist besonderer Wert auf den konkreten Beitrag der gemeinnützigen Stiftung zum Corporate Citizenship und zur Corporate Identity des Unternehmens zu legen. Zu prüfen ist, ob die gemeinnützige Stiftung gegenüber alternativen Möglichkeiten und Maßnahmen überlegen ist. Dabei wird es schon um die Ausprägung einer Zielbestimmung gehen und um die kommunikative Verbindung mit einem geeigneten Anlass für die Errichtung einer gemeinnützigen Stiftung (z.B. Firmenjubiläum).

2.2 Strategie

Der nächste Schritt der Entscheidungsfindung nimmt strategische Überlegungen auf. So sind die vorgesehenen Stiftungsziele in ein geeignetes Verhältnis zu den formulierten Kommunikationszielen des Unternehmens zu setzen. Die Unternehmensbotschaften sollen mit Hilfe der Errichtung und Tätigkeit einer gemeinnützigen Stiftung besser vermittelt werden können. Es sind Aussagen zur Dauer des Engagements und zum Umfang des finanziellen Einsatzes (Stiftungsvermögen) zu machen, ist mit der Stiftung doch ein Anspruch auf „ewige Gültigkeit" verbunden. In diesem Zusammenhang kann es – in Modifizierung vom Typus – sinnvoll sein, Möglichkeiten zusätzlicher Zuwendungen des Unternehmens an die Stiftung zur unmittelbaren Zweckverfolgung zu überlegen, oder die Stiftung sogar für Zustiftungen und Spenden Dritter zu öffnen. Dieser Gesichtspunkt ist besonders für Geldinstitute interessant, die auf diese Weise private Mäzene dazu motivieren wollen, über die gemeinnützige Zweckbestimmung der Stiftung Gelder nachhaltig in die Vermögensverwaltung der Bank zu geben (vgl. Mecking 2006: 40ff.; Reuter

2006: 12f.). Neben der Bestimmung eines zum Unternehmen passenden Stiftungszweckes wären auch Aussagen vorzubereiten zur räumlichen Wirksamkeit (lokal, regional, national oder international) des Stiftungsengagements, zu Partnerschaften mit anderen Einrichtungen und zu einer Namensgebung der Stiftung, die eine direkte Verbindung mit dem Unternehmen vorsieht.

2.3 Entwicklung des Stiftungszwecks

Wenn die Umsetzung der Stiftungsinitiative des Unternehmens konkret wird, ist zu planen, wann und wie die Stiftung inhaltlich auftreten soll. Rechercheaufwand ist zur konkreten Programm- und Projektplanung zu treiben. Eine grundlegende Entscheidung gilt dabei der Ausrichtung der Tätigkeit der gemeinnützigen Stiftung als operativ oder fördernd. Es bedarf einer Auswahlentscheidung mit Blick auf die Formen der Förderung des Gemeinwohls (Preisvergabe, Forschungsförderung, institutionelle Hilfen, eigene Vorhaben, Pilotprojekte, Veranstaltungen etc.) und einer Festlegung der Projektinhalte mit Bezug zur Unternehmenskommunikation sowie der Bindung von gewerblichen (Agenturen, Berater) und gemeinnützigen Partnern bei der Zweckverwirklichung (z.B. bestimmte Universitäten, Kultureinrichtungen, Kommunen, Wohlfahrtsverbände etc.).

2.4 Organisation zur Errichtung und Gestaltung der gemeinnützigen Stiftung und deren Arbeitsweise

In organisatorischer Hinsicht bedarf es der Einrichtung einer Geschäftsführung bzw. Geschäftsstelle im Unternehmen, was die Übernahme bestimmter Tätigkeiten der Stiftungsverwaltung durch das Unternehmen impliziert, oder gerade entfernt von ihm, um Unabhängigkeit zu zeigen. Es ist jedenfalls eine Verantwortlichkeit im Unternehmen für die Vorbereitung und Durchführung der Stiftungserrichtung festzulegen. Die Besetzung der Gremien der Stiftung steht an mit Aussagen zu den gewünschten Eigenschaften und Qualifikationen der Gremienmitglieder, zur Mitarbeit von Beschäftigten des Unternehmens bzw. von externen Persönlichkeiten und Fachleuten in den Stiftungsgremien.

2.5 Zeitplanung

Ein angemessener Fahrplan entscheidet mit über die Wirksamkeit der Initiative. Es setzt zu dem Zeitpunkt ein, an dem die gemeinnützige Stiftung errichtet und genehmigt ist. Nach der Berufung der externen Gremienmitglieder und einer konstituierenden Sitzung ist die Funktionsfähigkeit der Stiftung herzustellen und sie in der Öffentlichkeit vorzustellen. Es beginnt ihre Fördertätigkeit, die von Evaluationen begleitet werden sollte. Daraus lassen sich Weiterentwickelungspotenziale und ggf. Hinweise für die weitere Vermögensausstattung gewinnen.

2.6 Entwicklung von Stiftungsgeschäft und Satzung der gemeinnützigen Stiftung

Stehen die Ziele und Umstände der Stiftungsinitiative des Unternehmens fest, erfolgt die Umsetzung unter Einhaltung der stiftungs- und steuerrechtlichen Rahmenbedingungen, wobei angesichts der speziellen Fragen juristischer und organisatorischer Rat nützlich ist. Im Entstehungsverfahren und bei der späteren Staatsaufsicht sind Anerkennungsbehörde und Finanzamt sachlich zuständig. Eine zusätzliche Kontrolle der Stiftung durch Einschaltung eines Wirtschaftprüfers ist bei Unternehmensstiftungen sinnvoll.

3 Ausblick

Corporate Citizenship wird als maßgeblicher Bestandteil der Corporate Identity gesehen, des ganzheitlichen Selbstverständnisses einer Unternehmenspersönlichkeit, die sich zugleich als Akteur im globalen Marktgeschehen und als Mitglied der lokalen Gemeinschaft begreift, in der sie Produkte herstellt und absetzt. Die Instrumente des Corporate Giving haben große Bedeutung für die Außendarstellung und damit die Wahrnehmung des Unternehmens in der Gesellschaft und in der Öffentlichkeit, für sein Image und seine Profilbildung. Aber auch „nach innen", mit Blick auf die Beschäftigten und Anteilseigner, entstehen positive Wirkungen für Identifikation, Motivation, Engagement oder Personalentwicklung. So wird das aktive bürgerschaftliche Engagement von modernen und auch auf diesem Gebiet professionell agierenden Unternehmen im Sinne eines strategischen, ganzheitlichen Konzepts verstanden, als Zukunftsinvestition mit einem beachtlichen positiven Beitrag für seine Ertragskraft und wirtschaftliche Entwicklung.

Sowohl große als auch mittlere und kleinere Unternehmen (Fuchs-Gamsböck 2006) bekunden durch Corporate Giving, durch Spenden, Sponsoring oder die Errichtung von Stiftungen die Übernahme gesellschaftlicher Verantwortung. Die Wahrnehmung ihrer Corporate Social Responsibility sehen sie als eine elementare Komponente ihrer Unternehmenskultur und ihrer Unternehmensidentität an. Sie sind der Auffassung, dass die Vorstellung, bürgerschaftliches Engagement erfolge wider ökonomische Vernunft, unzutreffend ist. Im Gegenteil: Sie betrachten ihre gemeinwohlorientierten Aktivitäten als Investition in die Zukunft und als Investition in ihr gesellschaftliches Umfeld, das dadurch problemfreier wird und sich weiterentwickelt. Schließlich entsprechen sie so auch diesbezüglichen Erwartungshaltungen der Kunden, denn als „kalter Kapitalist" will niemand mehr dastehen. Aktivitäten des Corporate Citizenship tragen so zum besseren Verständnis zwischen Wirtschaft und Gesellschaft bei. Soziale Marktwirtschaft, getragen von unternehmerischer Freiheit und sozialer Verantwortung, wird zum beiderseitigen Nutzen „gelebt", die Entwicklung zur Verantwortungsgemeinschaft in der Bürgergesellschaft hin gestärkt.

In der Praxis lassen sich einige Erfolgsfaktoren für Corporate Giving festhalten: Ideenreichtum, Professionalität und Kompetenz bei der Lösung realer Probleme im Gemeinwesen, Glaubwürdigkeit im Unternehmenshandeln und in der darauf bezogenen Unternehmenskommunikation sowie Bereitschaft und Fähigkeit zur partnerschaftlichen und erfolgsorientierten Zusammenarbeit mit gemeinnützigen bzw. staatlichen oder kommunalen Einrichtungen. Umgesetzt in Qualitätsmaßstäbe zeigt sich eine Entwicklung von der Spende als unspezifischer Zahlung über das Sponsoring als zweckgebundenes Kommunikationsmittel hin zum „unternehmensstrategischen Einsatz von Geldressourcen in eigener Regie bzw. in einer unternehmensnahen Organisationsform" (Backhaus-Maul 2004: 23.). Insbesondere die Errichtung gemeinnütziger Unternehmensstiftungen ist eine Form der Gestaltung von Corporate Citizenship, die bei guter Umsetzung besonders nachhaltig zur Stärkung der Corporate Identity und zur Anreicherung des Dialogs zwischen Unternehmen und Gesellschaft beiträgt. Als dauerhafte Form des Engagements ist die Stiftungsinitiative zudem weitgehend unabhängig von Konjunktur- und Gewinnerwartungen.

Literatur

Abke, Stephanie: Liebesheirat oder Zweckehe? Unternehmensverbundene Stiftungen, in: Stiftung&Sponsoring 1/2007, S. 32-33

Backhaus-Maul, Holger: Corporate Citizenship im deutschen Sozialstaat. In: Aus Politik und Zeitgeschichte 14/2004, S. 23-30

Backhaus-Maul, Holger: Gesellschaftliche Verantwortung von Unternehmen. In: Aus Politik und Zeitgeschichte 12/2006, S. 32-38

Ballhausen, Werner/Walz, W. Rainer: Aus der Mitte des Dritten Sektors. In: Stiftung&Sponsoring 2/2006, S. 28-29

Behrent, Michael/Wieland, Josef (Hrsg.): Corporate Citizenship und strategische Unternehmenskooperation in der Praxis. München/Mehring: Hampp, 2003

Bertelsmann Stiftung (Hrsg.): Die gesellschaftliche Verantwortung von Unternehmen. Gütersloh: Bertelsmann Stiftung, 2006

Böckel, Martin: Unabhängige Bürgerstiftungen. Wesen, Entstehung und Wirken im kommunalen Umfeld. Hamburg: Dr. Kovač, 2006

Bornstein, David: Die Welt verändern: Social Entrepreneurs und die Kraft neuer Ideen. Stuttgart: Klett-Cotta, 2005

Buchna, Johannes: Gemeinnützigkeit im Steuerrecht. Achim: Erich Fleischer, 8. Aufl., 2003

Bundesverband der Deutschen Volksbanken und Raiffeisenbanken (Hrsg.): Investitionen in Corporate Citizenship sind Investitionen in die Zukunft. Berlin: BVR, 2003

Damm, Diethelm/Lang, Reinhard: Handbuch Unternehmenskooperation: Erfahrungen mit Corporate Citizenship in Deutschland. Bonn/Hamburg: Stiftung Mitarbeit, 2001

Dinkel, Michael/Seeberger, Jens: Planung & Erfolgskontrolle im Sportsponsoring: Die Medienanalyse in Theorie und Praxis. Heidelberg: abc, 2007

Dresewski, Felix: Corporate Citizenship: Ein Leitfaden für das soziale Engagement mittelständischer Unternehmen. Berlin: Unternehmen – Partner der Jugend, 2004

Eberhard von Kuenheim Stiftung/ZEIT Stiftung Ebelin und Gerd Bucerius (Hrsg.): Verantwortung unternehmen. Leipzig: Hirzel, 2004

Falk, Hermann: Beziehungsmanagement: Herausforderung für Vorstand und Mitarbeiter. In: StiftungsWelt 4/2006, S. 12-13

Fuchs-Gamsböck: Corporate Social Responsibility im Mittelstand Heidelberg/München/ Landsberg/Berlin: Economica, 2006

Gazdar, Kaevan/Habisch, André/Kirchhoff, Klaus Rainer u.a. (Hrsg.): Erfolgsfaktor Verantwortung. Corporate Social Responsibility professionell managen. Berlin: Springer, 2006

Gesellschaft für Sozialforschung und statistische Analysen (Hrsg.): Corporate Social Responsibility in Deutschland. Berlin, 14.06.2005, P5519/14813Wz (unveröff.)

Gregory, Alexander/Lindlacher: Fundraising. München: EBW, 3. Aufl. 2004

Habisch, André: Corporate Citizenship. Berlin/Heidelberg/New York: Springer, 2003

Holzknecht, Susanne: Win.Win. In: private wealth 3/2006, S. 38-41

Kinkel, Klaus: Strategisches Sahnehäubchen: Positiver Imagetransfer für Unternehmen. In: StiftungsWelt 4/2006, S. 6-8

Kulturkreis der Deutschen Wirtschaft im BDI (Hrsg.): Vorbildlich: Unternehmen für Kunst und Kultur. Berlin: Kulturkreis der Deutschen Wirtschaft, 2006

Langenscheidt, Florian: Deutsche Standards: Unternehmerische Verantwortung. Köln: Gabler, 2005

Lexis, Ulrike: Getrennt wirtschaften – vereint handeln, in: Stiftung&Sponsoring 5/2005, S. 6-8

Maaß, Frank/Clemens, Reinhard: Corporate Citizenship – Das Unternehmen als „guter Bürger". Wiesbaden: Gabler, 2002

Manteuffel, Evelin: Einwerbung privater Mittel. In: Stiftung&Sponsoring 4/2006, S. 26-27, 5/2006, S. 32-33

Marquardt, Jens: Corporate Foundation als PR-Instrument: Rahmenbedingungen – Erfolgswirkungen – Management. Wiesbaden: Deutscher Universitäts-Verlag, 2001

Mecking, Christoph: Das Gütesiegel für Bürgerstiftungen, in: Zeitschrift zum Stiftungswesen 2005, S. 48

Mecking, Christoph: Stiftungen der Wirtschaft, in: Schlaffke, Winfried/Weiß, Reinhold (Hrsg.): Private Bildung - Herausforderung für das öffentliche Bildungsmonopol. Köln: Verlag der deutschen Wirtschaft, 1996, S. 197-221

Mecking, Christoph: „Wir wollen nachhaltig Gutes tun" – Unternehmen als Stifter, in: OSCAR GmbH (Hrsg.): trends.oscar.de 04/2005

Mecking, Christoph: Wohlstand und Ewigkeit: Stiftungen als Geschäftsfeld für Banken. In: Die Bank 10/2006, S. 40-43

o.A.: The new powers in giving. In: The Economist v. 1.7.2006, S. 65-67

Reimer, Sabine: Die Stärke der Zivilgesellschaft in Deutschland: Eine Analyse im Rahmen des CIVICUS Civil Society Index Projekts. Berlin: Maecenata, 2006

Reuter, Judith: Vier Wege: Das Stiftungsmodell der Haspa Hamburg Stiftung erleichtert das Stiften. In: Stiftung&Sponsoring 6/2006, S. 12-13

Seitz, Bernhard: Corporate Citizenship: Rechte und Pflichten der Unternehmung im Zeitalter der Globalität. Wiesbaden: DUV, 2002

Steinbrück, Peer/Mecking, Christoph: Das verdient jede Anerkennung. In: Stiftung&Sponsoring 1/2007, S. 6-8

Weger, Hans-Dieter: Unternehmen als Stifter, in: ROTE SEITEN zum Magazin Stiftung&Sponsoring 4/2000

Westebbe, Achim/Logan, David: Corporate Citizenship: Unternehmen im gesellschaftlichen Dialog. Wiesbaden: Gabler, 1995

Wieland, Josef/Conradi, Walter (Hrsg.): Corporate Citizenship: Gesellschaftliches Engagement – unternehmerischer Nutzen. Marburg: Metropolis, 2002

Gabriele Bartsch

Corporate Volunteering – ein Blickwechsel mit Folgen

1 Unternehmerisches Handeln als Corporate Volunteer

Das 2001 von den Vereinten Nationen ausgerufene Internationale Jahr der Freiwilligen ermöglichte in Deutschland eine breite Debatte, wie Individuen als Freiwillige motiviert werden können und wie dieses Engagement seitens des Staates unterstützt werden kann. Im Gefolge dieser Initiative wurde auch die gesellschaftliche Rolle der Unternehmen im Gemeinwesen neu durchbuchstabiert.[1] Kann ein Unternehmen, ähnlich wie ein einzelner Bürger sich als Volunteer begreifen und wie könnte dies aussehen? Sehen wir – aus der Perspektive des Gemeinwesens – das Unternehmen lediglich als Spender mit inszenierten Scheckübergaben oder hat ein Unternehmen für das Gemeinwohl mehr zu bieten? Gleichwohl die Rolle des Sponsors für Nonprofit-Organisationen, die an chronischem Geldmangel leiden, vordergründig attraktiv ist, wird das bürgerschaftliche Potential eines Unternehmens damit nicht ausgeschöpft.

In der Idee des Corporate Volunteering steckt in der Tat Entwicklungspotential, von dem alle Beteiligten profitieren können. Ein Unternehmen, das sich in das Gemeinwesen als handelnder Akteur einbringen will, wird Corporate Volunteering nach und nach als innovative Geschäftsstrategie entdecken. Die Ausgangsmotivation mag unterschiedlich sein und erkenntnisfördernd sind individuelle lebenspraktische Zugänge. Der Eigentümer eines Unternehmens ist beispielsweise selbst in einem Verein am Ort seines Unternehmens engagiert und hat ein Sensorium dafür, dass das bürgerschaftliche Engagement ein Gemeinwesen zusammenhält und damit den Standort stärkt. Oder bei der Rekrutierung des Führungskräftenachwuchses wird vom freiwilligen Engagement in der Jugend- und Studienzeit auf Führungspotential geschlossen.

---

[1] Inwiefern das Konzept der Zivilgesellschaft auf die Anforderungen einer individualisierten und pluralistischen Gesellschaft reagieren kann, s. Bartsch (2003: 169ff.)

Wenn im Folgenden dargestellt wird, wie das freiwillige Engagement von Personen innerhalb eines Unternehmens systematisch erschlossen und gefördert werden kann, wird das Unternehmen als Teilsystem betrachtet und anhand eines Organisationsentwicklungsansatzes[2] analysiert. Akteure in diesem Handlungsfeld sind die Mitarbeitenden mit ihren unternehmensspezifischen und personalen Kompetenzen.

2 Corporate Volunteering in der Praxis

In der Fachdiskussion wird das freiwillige Engagement von Unternehmen bislang entweder unter moralisch-ethischen oder standortpolitischen Gesichtspunkten diskutiert.[3] Auf der Handlungsebene gibt es verschiedene Zugänge Corporate Volunteering in ein Unternehmen einzuführen. Gleichwohl die kurzfristige Freistellung von Mitarbeitenden für einen Einsatz in einer sozialen Organisation Incentive-Charakter hat und entsprechend öffentlichkeitswirksam vermarktet werden kann, liegt beim Corporate Volunteering der größere Nutzen in der Kompetenzentwicklung. Es sollte deshalb – strategisch gesehen – in der Personalentwicklung und nicht im PR- und Marketingsektor angesiedelt werden. Für die PR-Abteilung bieten sich andere Formen des Corporate Citizenship an.[4]

2.1 Corporate Volunteering als Personalentwicklung

Beispiel Corporate Volunteering Day (CVD)
Die Mitarbeitenden werden für einen Tag freigestellt, um sich in Nonprofit-Organisationen zu engagieren. Sie streichen Klassenzimmer, gehen als zusätzliche Betreuer bei einem Ausflug einer Behindertengruppe mit, reparieren Mobiliar in einer sozialen Einrichtung oder führen ein Bewerbungstraining in einer Jugendhilfeorganisation durch. In Deutschland finden in mehreren Großstädten jährlich

---

[2] Einer der Pioniere der systemischen Organisationsentwicklung und der „Erfindung" der lernenden Organisation ist Peter Senge. Die Betrachtung einer Organisation als Organismus mit planbaren und scheinbar irrationalen Verhaltensmustern hat die Managementlehre wesentlich beeinflusst.
[3] Siehe dazu Schubert (2002).
[4] Geeigneter sind hier alle Formen des Corporate Giving und des Cause Related Marketing. Eine gute Strukturierung der verschiedenen Handlungsansätze beim bürgerschaftlichen Engagement von Unternehmen findet sich bei Mutz/Korfmacher (2003: 51)

solche Freiwilligentage statt, die meist von der örtlichen Freiwilligenagentur organisiert werden.[5] Durch eine Öffentlichkeitskampagne, meist mit prominentem Schirmherr, können sich interessierte Unternehmen melden und mitmachen. Unternehmen können sich bei der Koordinierungsstelle melden, so dass bei solchen Freiwilligentagen mitunter betriebsübergreifende Teams in einem sozialen Projekt zusammen arbeiten. Ein anderer Zugang ist der individuelle Zuschnitt für ein einzelnes Unternehmen. Hier steht für das Unternehmen die eigene Teamentwicklung im Vordergrund, verbunden mit einem konkreten Arbeitsergebnis für eine soziale Einrichtung.

Erfolgsfaktor dieser eintägigen Projekte ist eine sorgfältige Vorbereitung, die häufig unterschätzt wird. Je nach Zielgruppe ist ein vorheriger Kurzbesuch ratsam, um erste Berührungsängste abzubauen. Wird zur Umsetzung eines CVD eine Mittlerorganisationen beauftragt, muss vorher vereinbart werden, ob diese Dienstleistung kostenpflichtig ist. Ein Unternehmen, das z.B. durch den amerikanischen oder britischen Mutterkonzern beauftragt wird, in Deutschland einen Beitrag zu Corporate Citizenship zu leisten, ist möglicherweise erstaunt, für eine solche Dienstleistung zu bezahlen. Soziale Organisationen, die umfangreiche Erfahrung im Umgang mit kurzzeitigen Mitarbeitenden und eigene Kontakte zu Unternehmen haben, sind meist selbst in der Lage, solche Projekte mit Unternehmen zu gestalten.

Bei diesem Projekttyp handelt es sich um einen niedrigschwelligen Zugang in die Welt der Nonprofits. Die Aktion, das praktische Handeln im Team und die Öffentlichkeitswirkung stehen im Vordergrund. Verlaufen solche Tage positiv, ist eine Fortsetzung fast garantiert.

> *Wirtschaft und Soziales – Hand in Hand – Freiwilligentag in der Region Stuttgart 2004*
> *Mitarbeitende der Allianz Leben und Dresdner Bank, DaimlerChrysler sowie der EnBW Regional AG haben einen Tag lang in einer Blindeneinrichtung Räume gestrichen, eine Halfpipe auf einem Aktivspielplatz repariert und beim Spielmobil in einer Integrationseinrichtung mitgeholfen, dass der Materialnachschub beim Ansturm der Kinder klappt.*
>
> *Teamtraining bei Siemens Management Consulting*
> *Alle zwei Jahre findet für die ca. 170 Mitarbeitenden der Siemens Management Consulting ein eintägiges Teamtraining statt. Auf der gemeinsamen Baustelle sind so schon ein Abenteuerspielplatz, ein Ferienlager und ein Hochseilgarten entstanden.*

---

[5] Informationen zu einzelnen Projekten findet man bei www.google.de unter Freiwilligentag.

2.2 Corporate Volunteering als Führungskräfteentwicklung

Beispiel Sozialpraktikum

Ein ganz anderer Typus ist der einwöchige Einsatz in einer sozialen Organisation.[6] Im Unterschied zum Corporate Volunteering Day geht es hier um individuelles Lernen und hat damit eine enge Verknüpfung zur Führungskräfteentwicklung. Kernstück eines solchen „Praktikums" ist die konkrete Mitarbeit im Basisgeschäft einer sozialen Organisation und der direkte Kontakt mit der Klientel. Von Beginn an packen die Teilnehmenden mit an und helfen beispielsweise beim Wecken und Anziehen von Bewohnern in Heimen, bringen behinderte Kinder in die Schule, beteiligen sich an ergotherapeutischen Maßnahmen, unterhalten sich mit alten Menschen über deren Lebensgeschichte, spielen mit verhaltensauffälligen Kindern oder beraten Jugendliche, wie man am besten eine Bewerbung schreibt. Damit die in dieser Woche gemachten Erfahrungen nachhaltig sind, d.h. in neue Verhaltensweisen integriert werden können, braucht eine solche Praxiswoche ein Vorbereitungs- und Reflexionsprogramm. Nur so werden aus neuen Erfahrungen neue Erkenntnisse.

Dieses Programm ermöglicht einen umfassenden Einblick in die Anforderungen und Herausforderungen der Sozialarbeit. Die Auseinandersetzung mit Menschen und Lebenssituationen, die einem vorher fremd waren bzw. denen man zuvor noch nie begegnet ist, ist immer auch eine Konfrontation mit sich selbst, mit den eigenen Befürchtungen, Vorurteilen und Berührungsängsten. Ein solcher Blickwechsel kann zu einer intensiven Selbsterfahrung werden, die eigenen Grenzen, Stärken und Schwächen aufzeigen aber auch Einblicke geben in andere Förderkonzepte und Arbeitsabläute.[7]

---

[6] Vorreiter ist das Schweizer Programm Seitenwechsel®. Ein modifiziertes Konzept ist der von der Agentur mehrwert entwickelte Blickwechsel® für Führungskräfte und Key – Schlüsselqualifikationen für Auszubildende.
[7] Eine differenzierte Darstellung, welcher Typus sozialer Organisation welche spezielle Lerndimension bietet, findet sich bei Bartsch (2004).

> **Key – Schlüsselqualifikationen für Auszubildende**
> An einem Nachmittag in der Woche führen in der Volksbank Kirchheim-Nürtingen die Auszubildenden im 2. Ausbildungsjahr keine Überweisungen aus, beraten keine Kunden und bearbeiten keine Kredite. Stattdessen besuchen sie alte, pflegebedürftige Menschen in verschiedenen sozialen Einrichtungen und erleben einen Teil von deren Alltag mit. „Soziales Lernen" heißt das Projekt, das die Volksbank bereits zum 2. Mal durchgeführt hat. Die Projekte dauern jeweils sechs Monate. So wie die Jugendlichen hatten auch die älteren Menschen gewisse Ängste. Das Eis war jedoch schnell gebrochen. „Der Umgang miteinander war schon bald sehr liebevoll", meint der Personalleiter Wolfgang Allmendinger.
> (aus der Firmenzeitschrift Geno 4/05, Voba Kirchheim-Nürtingen)
>
> **Blickwechsel – Führungskräfte lernen im Sozialen**
> „Ich habe mich am ersten Tag entschlossen, immer die gleiche Schicht zu machen, weil es mir wichtig war, einen Kontakt zu den alten Menschen aufzubauen. Als ich kam, gab es gleich was zu tun, was mir sehr angenehm war. Altenhilfe hat viel mit Ausscheidung zu tun und viel muss über Körperkontakte laufen, weil die meisten sich nicht mehr artikulieren können. Das war schon sehr anders als in der Firma, aber eine schöne Erfahrung. Die Kommunikation läuft überwiegend über Körperkontakte. Beeindruckt hat mich die Geduld des Pflegepersonals und auch der Respekt, den sie den Bewohnern entgegen brachten. Am 2. Tag bin ich mit einem unguten Gefühl hingefahren. Ich wurde von derselben Frau wieder erkannt, das war ein schönes Gefühl. Die Teamarbeit läuft weitgehend informell ab, aber sehr effektiv. Jeder hilft jedem, aber jeder hat einen Stamm von Patienten, die Auswahl scheint nach Zuneigung zu gehen. Pflege erfordert eine hohe Anteilnahme, das hat mich während der Arbeit sehr nachdenklich gemacht. Wie denke ich eigentlich über meine Arbeit? Mir ist klar geworden, dass die Pflegekräfte Führungskräfte sind, weil sie es schaffen, mit Respekt und Wertschätzung die Menschen dazu zu bringen, dass sie genügend trinken oder sich waschen lassen. Am meisten beeindruckt hat mich die Erfahrung, wie Menschen sich verändern, wenn man mit ihnen in Kontakt kommt und wie leicht man sie dann motivieren kann."
> Ein Werkleiter, der eine Woche in einem Pflegeheim mitgearbeitet hat.

2.3 Variationen

Ein Unternehmen kooperiert mit der örtlichen Freiwilligenbörse und stellt Mitarbeitende für ein festgelegtes Zeitkontingent pro Jahr frei. Die Freiwilligenbörse bietet den Mitarbeitenden Einsatzfelder zur freien Auswahl an. Das Unternehmen kann auch das freiwillige Engagement seiner Mitarbeitenden mit einem Zeitkontingent unterstützen.

> **Community Involvement bei Ford**
> *Seit Mai 2000 engagiert sich Ford Köln unter dem Stichwort Community Involvement und stellt Mitarbeitende bis zu 16 Arbeitsstunden pro Jahr frei. Community-Involvement-Teams haben z.B. Unterrichtsstunden zu speziellen Themen gestaltet, Indianerzelte aus Weidenruten für Kindergärten gebaut, interkulturelle Mentoren- und Dolmetschertätigkeiten für geistig behinderte Menschen und ihre Familien angeboten und städtische Brachflächen in Blumenwiesen verwandelt. Unterstützt wird Ford von der Stadt Köln, die Kontakte zu sozialen und kulturellen Initiativen herstellt.*
> *Kontakt über: nkrueger@ford.com*
>
> **Die Initiative start social**
> *Bereits zum vierten Mal findet 2005 das von McKinsey, Siemens Business Services, ProSiebenSat1 Media AG und O2 Germany entwickelte Programm start social statt. Kerngedanke ist die Unterstützung von sozialen Projekten durch ein dreimonatiges Beratungsstipendium. Flankiert wird das Stipendium durch Veranstaltungen und Vernetzungsangebote, wie Chatrooms. Die Beratungen werden von Fachkräften der beteiligten Unternehmen ehrenamtlich durchgeführt. (http://www.startsocial.de)*

Bei allen Programmen des Corporate Volunteering treffen Professionelle aus zwei unterschiedlichen Arbeitswelten und -kulturen aufeinander. Der Austausch wird dann produktiv, wenn die Beteiligten interessiert und bereit sind, aufeinander zuzugehen und sich in ihrer jeweiligen Kompetenz anzuerkennen. Es braucht einerseits eine gute Vorbereitung, andererseits eine Offenheit für Unvorhersehbares und die Fähigkeit zu improvisieren.

3 Wie wird Corporate Volunteering ein Instrument der Kompetenzentwicklung?

Wird Corporate Volunteering im Sinne eines Lernkonzeptes begriffen und in Projekten als „Lernen in fremden Lebenswelten" konstelliert, bieten *diese Projekte* nachhaltige Entwicklungschancen, die in anderen Lernkonstellationen wie z.B. Seminaren nicht erzielt werden können. *In diesem Sinn sind CV-Projekte Instrumente der Kompetenzentwicklung.* Das in den CV-Projekten konkret Geleistete, z.B. ein renoviertes Klassenzimmer oder die Mitwirkung bei einem Ausflug bietet auf der Oberfläche betrachtet einen konkreten Nutzen. Der eigentliche Gewinn liegt für die Akteure aber in der Kompetenzentwicklung. In der Projektzusammenarbeit gibt es Herausforderungen zu bewältigen, in denen Lernchancen stecken.
Die konkreten Herausforderungen sind beispielsweise:
- Wie orientiere ich mich in einer fremden Lebenswelt?

- Wie gehe ich mit fremden Verhaltensmustern und unvorhersehbaren Ereignissen um?
- Wie komme ich mit Spontaneität zu recht?
- Wie bewege ich mich in komplexen und nicht planbaren Situationen?

Und dies sind die Lerndimensionen, die sich daraus ergeben:
- sich auf neue und ungewohnte Situationen einstellen
- die eigenen Stärken kennen lernen
- die eigenen Grenzen erfahren, akzeptieren oder erweitern
- Verständnis für Menschen in anderen Lebenssituationen entwickeln
- kommunikative Kompetenzen stärken
- das eigene Verhaltensrepertoire erweitern.

Es liegt auf der Hand, dass die Kompetenzentwicklung beim Corporate Volunteering im Bereich der sozialen, personalen und emotionalen Kompetenz liegt. Den Hauptimpuls bekommen die handelnden Personen durch die Interaktion, den direkten Kontakt zueinander, durch praktische Aufgaben, die sie gemeinsam bewältigen und durch die Beziehung, die entsteht, wenn sie sich aufeinander einlassen. Die Teilnehmer entdecken, welche Problemlösungsansätze, Konfliktlösungsmuster usw. Professionelle in Nonprofit-Organisationen haben, mit wie wenig Mitteln dort teilweise gearbeitet werden muss, mit welch großem Einsatz und welch hoher Motivation unter Umständen dennoch nur kleine „Fortschritte" erzielt werden können. Die eigenen Probleme relativieren sich und häufig werden gerade Führungskräfte mit existentiellen Fragen konfrontiert, wie:
- Was ist wirklich wichtig im Leben?
- Was ist Erfolg und wer definiert Scheitern?
- Wer ist stark und was bedeutet schwach sein?
- Wann ist Geschwindigkeit und Schnelligkeit effektiv, wann wäre eine zweite Runde sinnvoll und worüber lohnt es, sich aufzuregen?

Corporate Volunteering wird damit zu einem innovativen Förderinstrument der Persönlichkeitsentwicklung. Findet eine systematische Reflexion mit Vor- und Nachbereitung so wie bei dem Punkt 2.2 dargestellten Typus „Sozialpraktikum" statt, wird das Lenen nachhaltig. Wer in der Erwachsenenbildung trainiert, wird kaum einen effektiveren Lernansatz finden, weil diese Art des Lernens mit Kopf, Herz und Hand – den Menschen in seiner ganzen Persönlichkeit erfasst.

Einige Zitate bisheriger Teilnehmer mögen dies belegen.[8]

---

[8] Die Zitate stammen aus Blickwechsel®-Projekten der Agentur mehrwert.

„... Für mich hat sich manches relativiert. Die Erfahrung hat mich gestärkt im Umgang mit schwierigen Mitarbeitern. Ich rege mich nicht mehr so schnell auf und bin gelassener..."
„... Was ich jetzt stärker mache als vorher: ich traue meinen Mitarbeitern mehr zu und ich arbeite mehr an der individuellen Förderung der Einzelnen..."
„... Mir ist die Bedeutung klarer Kommunikation und Vereinbarungen deutlich geworden. Außerdem werde ich einige Rituale übernehmen..."
„... Von den Erzieherinnen habe ich gelernt, konsequent zu sein..."
„... An das, was ich in dieser Woche gelernt habe, reicht kein Seminar ran..."

In der angeleiteten Auswertung beginnen die Teilnehmer solcher Praktika auch die unternehmerische Kultur und Prozesse der Arbeitsorganisation zu analysieren. Eine Führungskraft, die an einer Teamsitzung in einer Jugendhilfeeinrichtung teilgenommen hat, wundert sich zunächst über die Tagesordnung. Der erste Tagesordnungspunk lautet *„Wie geht's?"*. Die Sitzung fängt auch nicht pünktlich an, sondern man pflegt zunächst Small Talk. In der Reflexion und dem Feedback der anderen Manager erfährt dieser Einstieg eine Würdigung. Vermutlich ist diese Form der Interaktion für die Jugendhilfemitarbeiter für den eigenen Motivationserhalt wichtig. Auch der ausführlichen Fallbesprechung in einem Frauenprojekt wird im nach hinein ein Sinn zugesprochen. Die Frage eines Teammitglieds *„ich komme hier nicht mehr weiter, wer kann mir da helfen?"* wäre im Bankenkontext, aus dem die Managerin kommt, undenkbar und würde dem Fragesteller sofort als Schwäche ausgelegt. Im sozialen Kontext wird es als Stärke wahrgenommen, weil die Methoden der kollegialen Beratung den Zusammenhalt im Team stärken und zudem ein gemeinsames Lernen ermöglichen. In diesem Licht betrachtet kann sich ein durchstrukturiertes Wirtschaftsmeeting auch als ineffektiv erweisen, weil zu schnell agiert wird und Widerstände oder Bedenken seitens der Kunden übersehen werden und im Anschluss doppelter und dreifacher Aufwand betrieben werden muss, um zu dem gewünschten Ergebnis zu kommen. Die Beziehungsorientierung und starke Ritualisierung der Kommunikation mit der Klientel, die der sozialen Arbeit ihren Charakter verleiht, wird als Stärke gesehen. Dass dieses im unternehmerischen Kontext weitgehend fehlt, wird nun als Manko empfunden.

Ein anderer Teilnehmer fasste seine Erfahrungen so zusammen: *„hochprofessionell im Umgang mit der Klientel, ineffektiv in der Ablauforganisation."* Ein in der Prozessoptimierung geschulter Manager erkennt beispielsweise in einer Wohngruppe für psychisch kranke Menschen, wie die Organisation der Informationsübergabe bezüglich der Medikamentierung der Bewohner verändert werden kann, um Fehler zu vermeiden. Ein Banker kann Jugendlichen mit anderer Autorität vermitteln, dass vor der Kreditaufnahme zuerst das Sparen geübt werden muss.

Auf einen groben Nenner gebracht lautet die Formel, im sozialen Kontext ist der Prozess wichtiger als das Ergebnis, im unternehmerischen Bereich ist das Ergebnis wichtiger als der Prozess. Im Vergleich dieser beiden Organisationssysteme wird deutlich, wer von wem was lernen kann. Der Lernprozess wird dadurch angestoßen, dass Menschen aus der Wirtschaft mit Respekt und in der Haltung des Lernenden in eine soziale Organisation gehen.

Beide Seiten erkennen, wo ihre Stärken sind und wo sie von der anderen Seite lernen können. Ein wichtiger Effekt ist auch, dass die Fachkräfte in der sozialen Einrichtung durch das Feedback der Wirtschaftsleute mit anderen Augen auf ihre eigene Arbeit schauen und erkennen, dass das kommunikative Know How nicht selbstverständlich ist, sondern durch Ausbildung und berufliche Sozialisation erworbene Kompetenz ist, die sich technisch sozialisierte Führungskräfte z.B. mühsam aneignen müssen, wenn sie ihre Führungsaufgabe gut und effektiv wahrnehmen wollen.

Bedenkt man, wie schnell die Erkenntnisse herkömmlicher Fortbildungsmaßnahmen in Vergessenheit geraten, sind die geschilderten Effekte enorm. Dies zeigt, dass gelungene menschliche Kontakte, auch wenn sie anfangs mitunter belastend sind, gepflegt werden. Je öfter sich Unternehmen und soziale Organisationen auf solche Lernprojekte einlassen, umso vielfältiger und umfangreicher werden solche Kontakte. Beide Seiten nehmen sich mit anderen Augen wahr und begegnen sich offener und vorurteilsloser. Beide Seiten erkennen, wo sie besondere Kompetenzen haben und wie sie sich wechselweise befruchten können.

4 Wer hat was davon?

Je stärker die einzelnen Akteure in die Vorbereitung und Konzeptentwicklung eingebunden sind, umso attraktiver ist es für alle Beteiligten, Zeit zu investieren und sich auf Neues und Ungewohntes einzulassen. Damit steigt auch die Chance, dass alle einen Nutzen haben und solche Lernkonzepte zu neuen Kooperationen und nachfolgenden Kontakten führen. Wie dies jeweils aussehen kann, zeigen die nachfolgenden Beispiele aus der Praxis.[9]

Nutzen für die Teilnehmenden:
Auszubildende lernen Menschen kennen, die mit schwierigen Lebenssituationen zurechtkommen müssen, dadurch wird ihr eigenes Wertesystem in Frage gestellt

---

[9] Die Beispiele stammen aus Projekten der Agentur mehrwert.

und zurecht gerückt. Führungskräfte lernen einen Führungsstil in Sozialen Organisationen kennen, der durch Konsequenz gekennzeichnet ist und übertragen dies auf ihre eigene Führungssituation. Auszubildende und Nachwuchsführungskräfte erproben kommunikative Kompetenzen und stärken ihre Teamfähigkeit. Manager stellen fest, dass nicht nur die fachliche, sondern die emotionale Kompetenz bei ihren Mitarbeitenden wichtig ist. Führungskräfte, deren Unternehmen sich in Umstrukturierung befindet, können erleben, wie rasch sie sich auf ungewohnte Situationen einstellen können.

Nutzen für die Unternehmen:
Unternehmen zeigen durch solche Kooperationen, dass sie sich als Teil des Gemeinwesens sehen und soziale Verantwortung übernehmen. Die Motivation der Führungskräfte steigt nach solchen Einsätzen, weil sich die eigenen Probleme relativieren. Ausbilder sehen ihre Auszubildenden in einem neuen Licht, wenn sie zum Beispiel ihre Ergebnisse präsentieren und neues Selbstbewusstsein zeigen. Soziales Verhalten und emotionale Kompetenz steigt nach solchen Projekten nachweislich. Es entsteht ein neues bzw. zusätzliches Netzwerk innerhalb des Unternehmens. Die Auszubildenden berichten dem Jahrgang und zeigen dadurch Verantwortung und soziales Gewissen. Führungskräfte arbeiten nach der gemeinsamen emotionalen Erfahrung leichter und vertrauensvoller in Projektteams zusammen.

Nutzen für die Klientel in den sozialen Einrichtungen:
Eine körperbehinderte Auszubildende bekam im Anschluss an ein kombiniertes Lernprojekt mit behinderten und nicht behinderten Auszubildenden einen Praktikumsplatz in der beteiligten Firma. Körperbehinderte Auszubildende merken, dass auch sogenannte Nichtbehinderte ihre Behinderungen, Schwierigkeiten, Schwächen und Komplexe haben und sich oftmals schwer tun, damit zurecht zu kommen. Dies stärkt das Selbstbewusstsein der behinderten Jugendlichen. Körperbehinderte Auszubildende erhalten die Gelegenheit, einige Tage in den Filialen einer Bank mitzuarbeiten und bekommen mit, was es heißt, richtige Kunden zu haben und nicht nur „konstruierte" Situationen im Rahmen der Übungsfirma.

Nutzen für die Nonprofit-Organisationen:
Soziale Organisationen öffnen sich gegenüber Unternehmen und bekommen neue Kontakte, z.B. auch für weitere Kooperationen. Eine Werkstatt für Behinderte (WfB) erhält Aufträge von einer Firma, deren Auszubildende im Rahmen ihrer Ausbildung einige Zeit in der WfB mitarbeiten. Außerdem unterstützen diese Azubis die

WfB in der Begleitung bei Ausflügen. Nonprofit-Organisationen bekommen Feedback von außen zur Arbeitsweise und Ablauforganisation.

5 Perspektiven des Corporate Volunteering

Evaluierungen von CV-Projekten zeigen, dass die Kontakte, die entstehen, nicht nur einmalig sind, sondern auch Bestand haben. Ein Manager tritt im Anschluss an eine Lernwoche in den Förderverein der Sozialen Einrichtung ein. Gleichzeitig stellt er gebrauchte PC seiner Firma zur Verfügung und geregt an, dass die Auszubildenden bei der Herstellung von Klangröhren für einen Sinnesgarten mithelfen. Eine Nachwuchsführungskraft stellt für Jugendliche den Kontakt zur Personalabteilung zur Vermittlung von Praktikumsplätzen her. Eine Führungskraft engagierte sich nach der Lernwoche bei den samstäglichen Freiwilligenaktionen zur Entlastung von Eltern behinderter Kinder. Ein Manager hält den Kontakt und besucht die Bewohner einer Wohngruppe für behinderte Kinder und Jugendliche regelmäßig und hat sie zu einem Gegenbesuch mit Firmenbesichtigung eingeladen. Eine Bankerin berät ein Frauenprojekt im Anschluss an ihre Lernwoche beim Fundraising.

Gleichwohl das Streben nach einem irgendwie gearteten ökonomischen Nutzen in der Logik unternehmerischen Handelns liegt, ist eine solche Einengung der Betrachtungsweise gesamtgesellschaftlich fragwürdig. Entscheidend ist die Balance und noch ein Drittes, auf das die Schweizer Unternehmensberaterin Elisabeth Michel-Alder hinweist: *Es gibt die Frage des fairen Interessensausgleichs, wo beide Seiten etwas haben. Mit der berühmten Win-Win-Situation bin ich sofort einverstanden. Dann gibt es das Dritte, das einer alten Erfahrung von mir entspricht, die interessenlose gute Tat. (...) Ich tue längst nicht alles, weil es mir nützt, und ich bin gelegentlich über diese Dinge genau so glücklich. Es hängt also mit einem Menschenbild zusammen: Hat der Mensch eigentlich nur das Bedürfnis, Dinge zu tun, die ihm nützen oder gibt es da eine andere Dimension?*[10] Auch dies ist von Unternehmen zu erwarten, wenn sie sich in Korrelation zum Konzept des individuellen Staatsbürgers in der Zivilgesellschaft als Good Corporate Citizen definieren möchten: *Wirtschaftsunternehmen sind Teil eines größeren Ganzen. Alles in der heutigen Welt ist derart interdependent, dass sie mit diesem Röhrenblick nur das Eigene tun, womöglich die eigenen Interessen untergraben.*[11] Aufgrund der beziehungsorientierten Dimension steckt im Corporate Volunteering die Perspektive des sich Begegnens auf Augenhöhe. Wenn es gelingt, dadurch längerfristi-

---

[10] Michel-Alder (2002: 15-16)
[11] Michel-Alder in Anlehnung an den St. Gallener Wirtschaftsethiker Peter Ulrich (2002: 18); siehe dazu auch das Interview mit York Lunau (2004)

ge Beziehungen und Kooperationen aufzubauen, dann liegt gerade hierin die Stärke dieses Ansatzes.

Gleichwohl darf nicht verkannt werden, dass bei der Auswahl von Kooperationspartnern Themen oder Zielgruppen Beachtung finden, die besonders beliebt oder besonders öffentlichkeitswirksam sind, weshalb es immer eine staatliche Regulierung und Steuerung geben muss, auch wenn das bürgerschaftliche Engagement von Unternehmen bald stark florieren sollte.

Literatur

Bartsch, Gabriele: Lernen in fremden Lebenswelten. Personalentwicklung als Einstieg in das bürgerschaftliche Engagement von Unternehmen. In: Backhaus-Maul, H. u.a. (Hrsg.): Bürgergesellschaft und Wirtschaft – zur neuen Rolle von Unternehmen. Berlin: Deutsches Institut für Urbanistik, 2003, S. 169-178

Bartsch, Gabriele: Blickwechsel – eine andere Welt erleben. In: Geißler, K./Laske, S./Orthey, F. (Hrsg.): Handbuch Personalentwicklung. München: Wolters Kluwer, 93.Erg.-Lfg. September 2004, Nr. 7.26, S. 1-14

Dresewski, Felix: Corporate Citizenship. Ein Leitfaden für das soziale Engagement mittelständischer Unternehmen. Berlin: Unternehmen: Partner der Jugend 2004.

Lunau, York: Gute Firma = guter Bürger. Interview. In: brand eins, Wirtschaftsmagazin, Jg.6, Heft 10 Dezember 2004

Michel-Alder, Elisabeth: Nicht alles ist Gold, was glänzt. Kriterien für gelungenes Corporate Citizenship. In: Corporate Citizenship. Bürgerschaftliches Engagement von und mit Unternehmen. Dokumentation der Tagung vom 18.-19.2.2002 in Bad Boll.

Mutz, Gerd/Korfmacher, Susanne: Sozialwissenschaftliche Dimensionen von Corporate Citizenship in Deutschland. In: Backhaus-Maul, H. u.a. (Hrsg.): Bürgergesellschaft und Wirtschaft – zur neuen Rolle von Unternehmen. Berlin: Deutsches Institut für Urbanistik, 2003, S. 45-62

Schubert, Renate/Littmann-Wernli, Sabina/Tingler, Philipp (Hrsg.): Corporate Volunteering. Unternehmen entdecken die Freiwilligenarbeit. Bern: Verlag Paul Haupt, 2002

Seitz, Bernhard: Das Konzept der Corporate Citizenship. In: Scherer, A. G./Blickle, K.-H./Dietzfelbinger, D./Hütter, G. (Hrsg.): Globalisierung und Sozialstandards. München: Rainer Hampp Verlag, 2002, S. 193-203

Senge, Peter u.a.: Das Fieldbook zur Fünften Disziplin. Stuttgart: Klett-Cotta, 1996

Ulrich, Peter: Zivilisierte Marktwirtschaft. Freiburg: Herder, 2005

V. Engagierte Unternehmen und ihre medialen Beobachter/innen

Engagierte Unternehmen

Horst Erhardt

Win-Win-Win-Strategie: Gemeinsame Werte am Ende der Wertschöpfungskette

Was unterscheidet eigentlich Corporate-Citizenship-Unternehmen von „normalen" Firmen, die regelmäßig Geld spenden? Klar, die Dimension und die Tragweite sind oft größer, denn das Engagement ist eingebunden in eine Strategie mit hoher sozialer, bürger- und gesellschaftsorientierter Verantwortung.

Doch meine These zu Corporate Citizenship geht weiter:

Corporate Citizenship ist nicht nur eine Strategie, sondern ein Weg, aus einer rein linearen Wertschöpfungskette, in der der Endkunde bestenfalls das letzte Glied ist, eine synergetische Unternehmenswelt zu machen. Eine Welt, in der alle voneinander profitieren und die von allen auf der Basis gemeinsamer Werte und Visionen weiterentwickelt wird.[1]

Was heißt das konkret, am Beispiel eines Arzneimittelunternehmens?

Ein Arzneimittelunternehmen hat normalerweise eine lineare Wertschöpfungskette, die beim „Kunden" endet. Am Anfang der Kette steht die Zulassung, es folgen Herstellung, Marketing und Vertrieb, die alle dafür Sorge tragen, dass das Medikament in möglichst hoher Stückzahl zum Kunden kommt. Die Kunden sind Apotheken, die es bevorraten und abgeben, sowie Ärzte, die es verordnen, möglicherweise auch Kliniken. Aber: Ein Arzneimittelunternehmen erreicht in seiner linearen Wertschöpfungskette nicht den ENDkunden, sprich: den Patienten und Verbraucher. Denn der Apotheker gibt ein Medikament erst ab, nachdem er es vom Hersteller erhalten hat – und so gilt das für jedes Unternehmen in Deutschland, das keinen

---

[1] Weissman, Arnold/Feige, Joachim: Sinnergie. 2.Aufl. Zürich: Orell Füssli, 2000.

Direktvertrieb hat. Das lineare Konzept führt zum Einzelhandel und endet vor dem Patienten.

Abbildung 1: Lineare Wertschöpfungskette: Beispiel Pharmaunternehmen

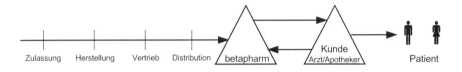

Lineares Handeln stößt an Grenzen

Dieses lineare unternehmerische Handeln war in der Vergangenheit durchaus erfolgreich. Aber seit viele Unternehmen dies so machen, ergibt das kein Unterscheidungskriterium mehr. Auf dem Markt sind immer häufiger absolut gleiche und gleichpreisige Produkte, die mit der gleichen linearen Strategie vertrieben werden. Ganz besonders gilt dies für Generika-Unternehmen, das sind Unternehmen, die patentfreie Arzneimittel vertreiben. Deren Produkte sind austauschbar. Deshalb ist „linear" für diese Unternehmen keine Strategie mehr, um sich zu unterscheiden.

Nachhaltig erfolgreich kann ein Unternehmen allerdings agieren, wenn es sich für den Erfolg seiner Kunden engagiert, also zum Beispiel der Apotheken. Die Apothekenlandschaft ist derzeit im Umbruch. Was jahrzehntelang zum Erfolg führte, reicht heute nicht mehr. Branchenkenner gehen davon aus, dass infolge neuer Konkurrenz (Versandapotheken) und Kosteneinsparungen im Gesundheitswesen bis zu 30 Prozent der deutschen Apotheken schließen werden. Behaupten werden sich die Apotheken, die Patienten (Verbraucher) erfolgreich an sich binden und denen es gelingt, dass der Patient sich in der Apotheke „angesprochen" fühlt, über die Arzneimittelabgabe hinaus.

Eine gemeinsame Welt erschaffen – am Beispiel betapharm

Was also braucht der Apotheker? Rezepte zur Patientenbindung!

betapharm liefert diese Rezepte – kann sie liefern, weil es ein Corporate-Citizenship-Unternehmen ist. Das zentrale Corporate-Citizenship-Anliegen von betapharm ist es, die Patientenversorgung zu verbessern und dem Patienten auch bei Problemen zu helfen, die über Arzneimittel und Medikamente hinausgehen. Aus dieser Ursprungsidee 1998 hat sich mittlerweile eine Welt entwickelt, die mehr ist als die Summe ihrer Teile und in der Synergien zum Wohle aller Beteiligten wirken. Prof. Arnold Weissman hat dafür den Begriff „Sinnergie" geprägt. Mit seinem Corporate Citizenship verlässt betapharm die lineare Wertschöpfungskette und erschafft eine gemeinsame Unternehmenswelt, an der Unternehmen, betapharm-Kunde und Patient (Verbraucher) beteiligt sind.

Lassen Sie mich diesen Weg kurz nachskizzieren: die betapharm Arzneimittel GmbH wurde 1993 in Augsburg gegründet. Das pharmazeutische Unternehmen vertreibt Generika. Mit einem Sortiment von 145 Wirkstoffen in 871 verschiedenen Handelsformen deckt betapharm alle wesentlichen Indikationen von der einfachen Erkältung bis zur schweren Herz-Kreislauf-Erkrankung ab. Das Unternehmen beschäftigt heute 370 Mitarbeiter und erzielte 2005 einen Umsatz von 186 Millionen Euro.

Die Wurzel für das soziale Engagement des Unternehmens liegt in der Unternehmensphilosophie: „Im Mittelpunkt steht der Mensch." Das behaupten viele Unternehmen so von sich, aber betapharm machte Ernst damit. Als ich 1998 den Geschäftsführer Peter Walter kennen lernte, war ich Geschäftsführer des Bunten Kreises, eines gemeinnützigen Vereins, der chronisch, krebs- und schwerstkranke Kinder und ihre Familien unterstützt, vor allem am Übergang von der Klinik ins heimische Kinderzimmer. betapharm war damals auf der Suche nach einem Weg, sich als Marke zu profilieren und suchte nach einem geeigneten Sponsoringpartner. Dieser Wille zur Partnerschaft brachte von Anfang an innovative Energien in diese Zusammenarbeit. Als Corporate Citizen wollte betapharm nicht nur einem Verein in der Region etwas Gutes tun. Wir waren gemeinsam davon überzeugt, dass es Bunte Kreise in ganz Deutschland geben müsste, denn dahinter stand ein durchdachtes Konzept: Der Patient steht im Mittelpunkt des Interesses, er wird mit allen seinen Sorgen und Nöten ernst genommen und erhält, professionell und strukturiert, Hilfe zur Selbsthilfe.

Um diese so genannte „Nachsorge" zu verbreiten, errichtete betapharm als erstes eine Stiftung: als klares Signal an jedermann, dass es dem Unternehmen ernst war mit seinem sozialen Anliegen. Zudem organisierten betapharm und Bunter Kreis das erste Augsburger Nachsorgesymposium, um den Austausch und die Diskussion zwischen Wissenschaft und Praxis zu fördern. Schnell war klar, dass auch wissenschaftliche Forschung notwendig war, um die Idee Nachsorge durchzusetzen; außerdem Beratung und Fortbildung für Einrichtungen, die Nachsorge einführen wollten. Und es fehlte ein Informationsdienst, der all die psychosozialen Informationen bereit hält, die den Patienten helfen, die aber nicht zum Fachwissen der Mediziner, Apotheker und Therapeuten aller Art zählen. Um all dem eine Plattform zu geben, gründete betapharm zusammen mit dem Bunten Kreis das gemeinnützige beta Institut für angewandtes Gesundheitsmanagement.

Den Patienten einbeziehen

Stiftung, Symposium und Institut – das alles passierte im Jahr 1999 und seitdem entwickeln betapharm und beta Institut gemeinsam eine Unternehmenswelt, in die der Patient/Verbraucher ganz maßgeblich einbezogen wird, weil er nämlich im Mittelpunkt aller Überlegungen steht. Nachsorge nach dem Modell des Bunten Kreises gibt es mittlerweile in 20 Regionen in Deutschland und eine Gesetzesinitiative hat es geschafft, „sozialmedizinische Nachsorge" zum Bestandteil der Krankenkassenleistungen zu machen. Zudem wurde auch, exemplarisch für Brustkrebs, das Modell für Erwachsene weiterentwickelt und wissenschaftlich evaluiert.

Es muss dabei immer wieder betont werden, dass das Institut unabhängig ist. Allein oder mit Unterstützung von betapharm entwickelt es immer neue Forschungs- und Entwicklungsprojekte, zum Beispiel Schulungsprogramme für chronisch kranke Kinder und Jugendliche oder Papilio, ein Programm zur Primärprävention gegen Sucht- und Gewaltverhalten in der Frühpädagogik. Die Mittel dafür stammen von verschiedensten Geldgebern: anderen Unternehmen, Ministerien und Stiftungen.

Ein Beispiel: die betaCare-Welt

Ein wichtiger Baustein im Anliegen, die psychosoziale Patientenversorgung zu verbessern, ist das Informations- und Wissenssystem betaCare. Zur betaCare-Welt gehören betaListe (Lexikon), betafon (telefonischer Infodienst) und betanet (Internet-Suchmaschine), es gibt Fortbildungen und zahlreiche gedruckte Informationsmaterialien. Das Institut stellt die Fachkompetenz, betapharm sorgt dafür, dass betaCare bei Ärzten und Apothekern bekannt und genutzt wird, damit die Kompetenz letztlich dort ankommt, wo sie benötigt wird: beim Patienten. Konkret bedeutet das, dass ein Apotheker zum Beispiel in der betaListe nachschlägt, um einer Krebspatientin Auskunft zu Dauer und Höhe des Krankengeldes zu geben. Dass er beim betafon anrufen kann, um zu klären, welche Entlastungsmöglichkeiten sich einer Frau bieten, die ihren Mann Tag und Nacht pflegt. Oder dass er einem jungen Diabetiker das betanet zur Recherche nach Selbsthilfegruppen empfiehlt.

betaCare zeigt anschaulich, was es heißt, den Endkunden in die Wertschöpfungskette hereinzuholen – wobei es sich dann eben nicht mehr um eine Kette handelt, sondern um eine gemeinsame Welt, die mit Hilfe von Corporate Citizenship aufgebaut wurde. Das Institut vertritt die Anliegen des Patienten, es besitzt die sozialmedizinische Kompetenz und die organisatorische Unabhängigkeit dafür. betapharm unterstützt, fördert und fordert das Institut und engagiert sich damit direkt für die Anliegen der Patienten. Gleichzeitig gibt es Ärzten und Apotheken Hilfen an die Hand, mit der diese ihre Kunden, die Patienten, besser betreuen und damit binden können.

Synergetischer Kreis Unternehmen – Verbraucher – Kunde

In diesem synergetischen Kreis von Unternehmen, Verbraucher (= Patient) und betapharm-Kunde (z.B. Apotheke) entsteht ein wechselseitiger Dialog. Zum Beispiel vermitteln beta-Instituts-Mitarbeiter in Seminaren den Aufbau und Inhalt der betaCare-Medien. Die Teilnehmer (Ärzte, Apotheker) können in der Folge ihre Patienten besser in sozialen Fragen beraten. Sie haben aber auch Fragen aus der Praxis, die dazu führen können, dass das Institut neue Angebote für eine bessere Patientenbetreuung entwickelt und betapharm – immer wieder aufs Neue – als Partner gewinnt. Die Partner vernetzen sich und bauen ein Beziehungsgeflecht auf, das mehr ist als die Summe seiner Teile. Es entwickelt sich eine gemeinsame Welt, ein synergetischer Kreis.

Abbildung 2:   Synergetischer Kreis

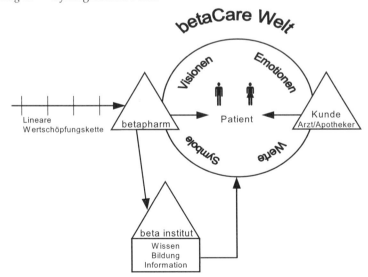

Emotionen verbinden

Dieser Prozess der Entstehung eines synergetischen Kreises „betaCare" ist derzeit in vollem Gange. Die verbindende Idee ist, alles dafür zu tun, dass Patienten ihre Krankheit ganzheitlich bewältigen können. Emotionen sind ein wichtiges Element dieser Welt: Wie geht es den Beteiligten, was verbindet und motiviert sie, welche Gefühle spielen eine Rolle? Emotionen in der betaCare-Welt sind zum Beispiel, dass sich die betapharm-Mitarbeiter mit dem sozialen Patientenanliegen identifizieren – und sich damit auch mit ihrem Unternehmen identifizieren und entsprechend motiviert sind. Emotionen zum Beispiel beim Apotheker sind, dass die Kassen seine Rolle in der Gesundheitsversorgung in Frage stellen, dass Kassen nach kostengünstigen Vertriebskanälen suchen. Emotion beim Patienten ist eine zunehmende Hilflosigkeit angesichts steigender Belastungen.

betapharm nimmt diese Emotionen ernst, da es selbst Teil des synergetischen Kreises ist. Und Dank seiner Corporate-Citizenship-Verbindung mit dem beta Institut kann es eine Lösung anbieten: betaCare ist ein komplexes Informationsangebot, das dem Apotheker hilft, seine Patienten anzusprechen und ihnen weiterzuhelfen. betaCare wird dem Kundenbindungsanliegen des Apothekers gerecht und unterstützt ihn gerade im Bereich der viel kritisierten Beratungskompetenz. Mit betaCare kann er sich gesamtheitlicher an der Patientenversorgung beteiligen. Der synergetische Kreis betapharm/betaCare – Apotheke mit den Patienten in der Mitte trägt somit zur Existenzsicherung des Apothekers bei.

Um die betaCare-Welt nachhaltig ins Bewusstsein einzuprägen, sind Symbole und gemeinsame Werte nötig. Schon Corporate Citizenship an sich ist ein Wert in dieser Welt: die Überzeugung, dass die Starken eine soziale Verantwortung für die Schwachen übernehmen müssen, weil sie selbst davon profitieren, wenn sie andere stark machen.

Aus all dem entsteht ein Beziehungsgeflecht und diese Beziehungen sind es, die einen Spender ganz erheblich vom Corporate-Citizenship-Unternehmer unterscheiden. Ein solches Beziehungsgeflecht entwickelt sich nicht aus einer linearen Einbahnstraße „Spende von links nach rechts". Corporate-Citizenship-Unternehmen gehen Beziehungen ein, sie lassen sich ein auf den nicht immer einfachen Kontakt mit gemeinnützigen Partnern, sie sind bereit und geübt darin, sich auf die Anliegen der „Anderen" einzulassen und das gibt Ihnen die Kompetenz, gemeinsam mit Kunden und ENDkunden eine synergetische Welt zu erschaffen. Das gelingt aber nur, wenn alle Teile wirklich ihre Anliegen einbringen (können): das Unternehmen, der Kunde und der Verbraucher. Wenn das Unternehmen in diesem Prozess einen rein ökonomisch orientierten Filter einsetzt („was bringt mir das?"), wird sich keine gemeinsame Welt entwickeln.

Entscheidender Logikbruch

Hier liegt der entscheidende Unterschied zur linearen Strategie. Es reicht nicht, rein absatzorientiert nach dem Kunden zu fragen. Der Logikbruch besteht darin, nach dem Verbraucher zu fragen – und auch das nicht nur absatzorientiert - sondern sich die Anliegen des Verbrauchers zu eigen zu machen und damit den Kunden bei seiner Kundenbindung unterstützen zu können. Das ist außerhalb des Gesundheitswesens nichts neues. Die Sportartikelindustrie lebt das zum Beispiel vor. Der Kunde ist der Einzelhändler, aber die Hersteller kümmern sich ganz intensiv um die Anliegen und Wünsche der Sportler.

betapharm hat, mit Hilfe seines Corporate-Citizenship-Partners beta Institut, den Patienten entsprechend wichtig genommen und sich intensiv Gedanken um ihn und seine Bedürfnisse gemacht. betaCare wurde erschaffen, ein „Produkt" das Patienten nützt. betapharm stellt betaCare den Apotheken (und auch Ärzten) zur Verfügung, damit es Apotheken zum Nutzen des Patienten, aber auch zu ihrem eigenen Nutzen (Kundenbindung = Existenzsicherung) einsetzen. betapharm sorgt also für den Erfolg seiner direkten Kunden, indem es sich die Mühe gemacht hat, sich um den Kunden des Kunden zu bemühen. Damit verhält sich betapharm anders als die anderen und schafft den wettbewerbsentscheidenden Unterschied – die Basis für den eigenen Erfolg.

Aus sozialer Verantwortung heraus ist so eine Win-Win-Win-Situation gewachsen, mit Synergieeffekten, von denen alle Beteiligten profitieren: das Unternehmen, die Kunden und die Endkunden (Patienten). Mit der allseitigen Gewinnsituation wird das lineare Wertschöpfungsmuster verlassen, das einen fixen Endpunkt hat. Im synergetischen Kreis bringt jeder seine Anliegen ein und jeder muss Gewinn daraus ziehen können. Im Idealfall denkt sogar jeder für die Anliegen der anderen Partner mit. Das potenziert die vorhandene Energie. Wenn dann das Grundanliegen im synergetischen Kreis stimmig und sinnvoll ist, entwickeln sich neue Ideen, die letztlich weiteren Nutzen für alle Beteiligten und – im Sinne des Corporate Citizenship – auch Nutzen für die Gesellschaft bringen.

Die Herausforderung für ein Corporate-Citizenship-Unternehmen besteht darin, einen dritten Weg zu finden zwischen Eigennutz und Mäzenatentum. In linearen Wertschöpfungsketten ist Corporate Citizenship ein Baustein, der parallel läuft, gut kontrollierbar ist und jederzeit eingestellt werden kann. Wenn sich ein Unternehmen aber auf eine gemeinsame Welt mit gemeinnützigen Einrichtungen, Kunden und Bedürftigen einlässt, erfordert das erheblichen Mut und langfristiges Engagement. Denn der Ausstieg aus dem gemeinsamen Anliegen würde auch das gewonnene Vertrauen unwiederbringlich zerstören. Der Lohn für dieses Risiko: nachhaltiger Imagegewinn nach innen und außen, innovatives Denken und Handeln sowie Kundenbeziehungen, die auf gemeinsamen Werten aufbauen. Solche Beziehungen helfen gegebenenfalls auch in Krisen weiter, vor denen keine Branche und kein Unternehmen gefeit ist. Denn wer verliert schon gerne einen Partner, mit dem er emotional verbunden ist und der ihm Nutzen bringt?

Silke Ramelow

Mit Engagement gewinnen?

Gesellschaftliche Verantwortung am Beispiel des BildungsCent e.V. – eine Initiative von Herlitz

Die Sunday Times veröffentlichte kürzlich die Ergebnisse des diesjährigen *Corporate Responsibility Index*. Unter dem Titel *Companies that Count* stellte *Business in the Community* zum fünften Mal die Top 100 Unternehmen vor, die das Thema *Corporate Responsibility* strategisch verankert haben. In diesem Jahr sei, so die Autoren, ein äußerst bemerkenswerter Paradigmenwechsel zu beobachten: begründeten noch vor einigen Jahren die meisten Unternehmen ihr Engagement auf einer Argumentationslinie, die sich zwischen den Polen Philanthropie und Risikomanagement bewegte, trete heute eine neue Perspektive in den Vordergrund: *Corporate Responsibility* wird mehr und mehr als Entwicklungsfeld unternehmerischer Chancen und als Nährboden von Innovation wahrgenommen.

Sollten die betriebswirtschaftlichen Potenziale von *Corporate Responsibility* den Unternehmen plötzlich nicht mehr als eine Erfindung von Wissenschaft und CSR Beratungen erscheinen? Bewahrheitet sich möglicherweise der inzwischen legendäre Glaubenssatz Bradley Googins': „*Corporate Citizenship is not, how a company gives away it's money, it's about how a company makes it's money*"?

Dieser Beitrag wird selbstverständlich keine Antwort auf die Frage geben können, aber vielleicht einen Ansatz beschreiben, der entscheidend von dieser Vision geprägt ist.

Krise als Chance

Gesellschaftliches Engagement als integraler Bestandteil erfolgreichen Wirtschaftens, das war der Leitgedanke des im Jahre 2003 entstandenen Bildungscent e.V. In Zeiten der konsequenten Neuausrichtung der Herlitz PBS AG hieß es, innovative Möglichkeiten und Handlungsfelder zu entwickeln. Dahinter stand das Ziel, den

Wiederaufbau einer starken Marke durch nachhaltiges gesellschaftliches Engagement im Bildungsbereich und neue Formen der Kooperation zu begleiten.

Nach überwundener Insolvenz begann für die Herlitz PBS AG eine Phase der grundlegenden Neuorientierung. Dazu gehörte vor allem der Umbau zu einem neuen Unternehmenskonzept, das auf den beiden Säulen Produktgeschäft und Dienstleistungsgeschäft basiert. Gleichzeitig entwickelte sich ein Selbstverständnis als nachhaltig arbeitendes und verantwortungsbewusstes Unternehmen. Dem BildungsCent e.V. kam dabei die Rolle zu, das gesellschaftliche Engagement der Herlitz PBS AG zu organisieren und tief im Unternehmen zu verankern. Durch die sehr enge Zusammenarbeit mit dem Vorstand und der Marketingleitung war die unmittelbare Einbindung des gesellschaftlichen Engagements in die Geschäftsprozesse erst möglich; nur durch den beständigen und intensiven Austausch ließen sich unternehmerisches und gesellschaftliches Interesse für alle Beteiligten sinnvoll miteinander verbinden.

Der BildungsCent e.V.

Als einer der bekanntesten Anbieter von Schulprodukten und Marktführer im Segment der Schulhefte, engagierte sich die Herlitz PBS AG schon immer stark im Bildungsbereich. Allerdings war dieses traditionelle Engagement, das sich vor allem in Sach- oder Geldspenden äußerte, nur wenig systematisch im Unternehmen verankert. Und damit wenig wirksam. Mit der Bündelung und Systematisierung des Engagements im BildungsCent e.V. sollten im Wesentlichen fünf Ziele erreicht werden.

1. Die Entwicklung eines Engagements im Bildungsbereich, das nachhaltig auf die Verbesserung der Lehr- und Lernkultur einwirkt.
2. Die Schaffung einer „added value" als Differenzierungsmerkmal für Produkte in einem Marktumfeld, das vor allem durch Produktgleichheit gekennzeichnet ist.
3. Der Aufbau eines neuen Dialogs zur wichtigen Zielgruppe Schulen/Schüler/Lehrer/Eltern.
4. Die Sensibilisierung der Mitarbeiterinnen und Mitarbeiter für diese Zielgruppe, um insbesondere in den Bereichen Produktentwicklung, Marketing und Vertrieb Innovationspotenziale zu heben.
5. Netzwerkbildung und Einbeziehung weiterer Partner.

Nachhaltiges Engagement im Bildungsbereich

Die Ergebnisse der unterschiedlichsten Vergleichsstudien, in denen das deutsche Schulsystem alles andere als glänzend abschnitt, zeigten deutlich, dass eine Vielzahl der Schulen mit ihren Lehr- und Lernmethoden sowie der Unterrichtsqualität kaum noch den Anforderungen der modernen Lebens- und Arbeitswelten entsprechen. Unter Bildungsexperten besteht Konsens darüber, dass die Verbesserung der Schulqualität vor allem durch mehr Autonomie und Selbststeuerung von Schule herbeigeführt wird. Der Veränderungsdruck auf die einzelnen Schulen ist enorm. Vor diesem Hintergrund entwickelte der BildungsCent e.V. das Konzept des SchulCoaches, der als externer Unterstützer und Impulsgeber die schulindividuellen Prozesse für einen kurzen Zeitraum begleitet.

Konkret arbeiten die SchulCoaches an schulrelevanten, aber vielfach (noch) nicht curricular verankerten Themen wie z.B. der Verbesserung der Ernährungs- und Bewegungsangebote im Hinblick auf die Prävention von Übergewicht oder die Verbesserung von Medien- und Filmkompetenz. Neben der fachlichen Kompetenz, die die SchulCoaches in die Schulen tragen, bringen sie vor allem vielfältige Instrumente des Veränderungs- und Projektmanagements und Methoden zur Vernetzung mit anderen Schulen sowie mit außerschulischen Partnern ein. Ziel ist es, Schulen auf ihrem Weg von einer verwalteten und fremd gesteuerten Organisation hin zu einer gestaltenden und eigenverantwortlich handelnden Organisation zu begleiten.

So unterschiedlich die einzelnen Programme des BildungsCent e.V. inhaltlich ausgestaltet sind – „Schule in Bewegung", „Partners in Leadership", „Stärken stärken", „Neue Medien machen Schule", „Learning by Viewing" – so haben sie doch alle eines gemeinsam: der SchulCoach agiert in den Schulen als *Change Agent*, unterstützt den Aufbau neuer oder die Neujustierung bestehender Projekte und trägt so zur Entwicklung eines neuen schulischen Selbstverständnisses bei.

Nach über 200 bundesweit umgesetzten Projekten und einer sehr hohen Nachfrage seitens der Schulen zeigte sich, dass das Konzept des SchulCoaches ein wirkungsvolles und nachhaltiges Instrument zur Verbesserung von Schulqualität sein kann; selbstverständlich nur dann, wenn die schulischen Akteure engagiert und überzeugt mit dem SchulCoach zusammenarbeiten.

Added Value und Zielgruppendialog

Das Marktsegment Schreibwaren ist vor allem von Produktgleichheit und wenig Produktinnovation gekennzeichnet. Das gesellschaftliche Engagement der Herlitz

PBS AG erlaubte es, die Produkte mit einer *Added Value* zu versehen und so den Markenwert zu erhöhen. Gerade im Konsumgütermarkt wird seitens der Verbraucher mehr und mehr Wert auf das moralisch und ethisch einwandfreie Verhalten von Unternehmen gelegt. Ein Großteil der Schulprodukte ist – für den Verbraucher deutlich sichtbar – mit dem BildungsCent-Label versehen und verweist auf das Engagement des Unternehmens. Darüber hinaus wurden die insbesondere für Schülerinnen und Schüler relevanten Ergebnisse der von BildungsCent e.V. durchgeführten „Kompetenzstudie - Was Unternehmen von Schulabgängern erwarten" auf den Innenseiten von Schulheften und Collegeblöcken abgedruckt. Flankierend zum Programm „Schule in Bewegung", das auf die Prävention von Übergewicht abzielt, finden sich in den Grundschulheften Anregungen zur gesunden Ernährung und ausreichend Bewegung, die mit der Plattform Bewegung und Ernährung (peb) entwickelt wurden. „Wir nutzen unsere Produkte, um über unser Engagement zu sprechen", so Kathrin Wieland, Leiterin internationales Marketing, „und bauen damit einen wirklichen, weil nachhaltigen Dialog zu unseren wichtigsten Zielgruppen auf."

Vom Marketing ins gesamte Unternehmen

Das neue Handlungsfeld, das die Herlitz PBS AG mit dem BildungsCent e.V. eröffnete, war zunächst eng an das Marketing gebunden. Schrittweise findet über die Einbindung der Mitarbeiterinnen und Mitarbeiter der Prozess der Implementierung in das gesamte Unternehmen statt. Vorbildfunktion übernehmen dabei u.a. Vorstandsmitglieder, die aktiv am Programm „*Partners in Leadership*" teilnehmen und ehrenamtlich mit Schulleitungen zusammen arbeiten oder als Botschafter im Rahmen des Projektes „Unternehmen für die Region" aktiv sind. Darüber hinaus engagieren sich Produktmanagerinnen als Lesepaten in Berliner Grundschulen und lernen dabei mehr über ihre Zielgruppe, als anonyme Marktforschungen jemals erheben könnten. Diese Erfahrungen spielen schon heute eine große Rolle in den Bereichen Innovationsmanagement und Neuproduktentwicklung. Auszubildende und Studierende der Berufakademie verbringen jeweils ein Modul ihrer Ausbildung im BildungsCent e.V. und lernen, dass Erfolg nicht nur auf Gewinnmaximierung ausgerichtet ist, sondern dass sich ein Unternehmen ebenso als integraler Bestandteil der Gesellschaft versteht.

„Klima 2.0" – der ganzheitliche Ansatz

Mit dem Schuljahr 2007/2008 wird die Herlitz PBS AG ein weiteres Programm unter dem Titel „Klima 2.0" gemeinsam mit dem BildungsCent e.V. aufbauen. SchulCoaches erarbeiten in zunächst zehn Schulen schulindividuelle Konzepte zum Thema Klimawandel und Klimaschutz. Wesentliches Ziel ist es, Schülerinnen und Schüler zu „Klimawandlern" auszubilden, die nicht nur in ihrem direkten Schulumfeld wirken, sondern möglichst weit darüber hinaus.

Gleichzeitig wird ein interner Prozess etabliert, in dem die Klimaverträglichkeit des eigenen Wirtschaftens auf den Prüfstand gestellt wird. Basierend auf bereits entwickelten anerkannten Kriterienkatalogen wird eine erste Checkliste erstellt, um mittelfristig auch im Bereich Klimaschutz eine Vorreiterrolle zu spielen. So wirkt das nach außen gerichtete gesellschaftliche Engagement der Herlitz PBS AG tief in die eigenen Unternehmensprozesse zurück. Begleitend dazu entwickelt das Marketing eine umfangreiche Produktlinie zum Thema „Klima 2.0".

Die Partner – ein Netzwerk voller Chancen

Um eine möglichst breite Wirkung zu entfalten und weitere Partner aufzubauen, ist die Struktur des BildungsCent als gemeinnütziger Verein angelegt. Die Herlitz PBS AG als Gründungsmitglied übernimmt dabei die Rolle eines Inkubators. Neue Projektideen werden mit ihrer Unterstützung pilotiert und dann gemeinsam mit weiteren Unternehmenspartnern vergrößert. Bestes Beispiel ist das Programm „Schule in Bewegung", das inzwischen in enger Zusammenarbeit mit der EDEKA in weit über 70 Schulen umgesetzt werden konnte.

Gerade in der partnerschaftlichen Zusammenarbeit im Netzwerk liegt die Besonderheit der Arbeit des BildungsCent e.V. und wesentliches Ziel ist es, die Schulen bei der Umsetzung wichtiger Veränderungsprozesse zu unterstützen. Dazu bedarf es einer breiten gemeinsamen Basis, die es gleichzeitig erlaubt, die Kernkompetenzen und Interessen der unterstützenden Unternehmen einzubringen. Auf dieser Grundlage können die Unternehmen ihr Engagement aufbauen und gestalten, oder wenn sie, wie z.B. die KPMG Wirtschaftprüfungsgesellschaft oder die Deutsche Bank in ihren *Corporate Volunteering* Aktivitäten bereits sehr weit entwickelt sind, den BildungsCent e.V. als kompetente Mittlerorganisation nutzen.

Rethinking Corporate Responsibility

Ein Vertreter eines global agierenden deutschen Unternehmens fasste auf einer Tagung die verbreitete Meinung zum Thema CSR in Deutschland folgendermaßen zusammen: Es gibt eine ‚Muss'-, eine ‚Soll'- und eine ‚Kann'-Ebene und jedes Unternehmen entscheidet für sich, wo es aktiv wird. Die ‚Muss'-Ebene beinhaltet die Verpflichtung des guten Wirtschaftens unter Einhaltung der gesetzlich festgelegten Rahmenbedingungen (*Compliance*), die ‚Soll'-Ebene bezeichnet den Bereich von normativ bestehenden gesellschaftlichen Werten, wie z.B. die Selbstverpflichtung zu umweltverträglichem Wirtschaften (*Committment*). Die ‚Kann'-Ebene bezeichnet schließlich weder gesetzlich noch moralisch geforderte Handlungen, sondern freiwilliges Tun, das in der Regel einem guten Zweck dient (*Charity*). Die Logik der drei Stufen ist klar hierarchisch organisiert: Verdient ein Unternehmen beispielsweise kein Geld und handelt allein auf der ‚Kann'-Ebene, stellt sich in der Wahrnehmung aller Wahrscheinlichkeit nach ein Verlust an Glaubwürdigkeit ein.

Werden die drei Ebenen ‚Muss' – ‚Soll' - ‚Kann' auf die drei Säulen Ökonomie – Ökologie – Gesellschaft gespiegelt, so ergibt sich eine klare Parallelität: Muss = Ökonomie, Soll = Ökologie, Kann = Gesellschaft.

Diese hierarchische Logik beschreibt das landläufige traditionelle Verständnis von unternehmerischer Verantwortung in Deutschland. Erst wenn ein Unternehmen gut wirtschaftet (Erträge, Arbeitsplätze, Steuern) sollte es auch den gesellschaftlichen Forderungen freiwilliger Selbstverpflichtung nachkommen (z.B. umweltfreundliches, familienorientiertes Unternehmen) und erst dann kann es glaubhaft für gesellschaftliche Belange eintreten, die im traditionellen Verständnis als unternehmensfern gelten.

Gerade aber weil das philanthropisch-karitative Handeln immer weit außerhalb des Unternehmens verortet wird und in der Regel auf das Engagement einzelner Personen beschränkt bleibt, kann keinerlei innovatives Potenzial generiert werden. Es bleibt beim traditionellen *Charity*-Ansatz, der sich vor allem mit dem Ausgleich von Demokratiedefiziten beschäftigt und keine eigene unternehmensrelevante Dynamik entwickelt.

Mit diesem traditionellen und in Deutschland sehr weit verbreiteten Selbstverständnis ist keine revolutionäre Neujustierung von *Corporate Responsibility* in Sicht. Engagement von Unternehmen bleibt bestenfalls auf dem Level von strategischer Philanthropie bzw. von Lobbyismus stecken. Die großen Potenziale des eng im Unternehmenskontext verankerten und den Prinzipen der *triple bottom line* verpflichteten Engagements bleiben ungenutzt und brach liegen.

Vor dieser Erkenntnis lohnt sich erneut ein Blick auf den eingangs erwähnten *Corporate Responsibility Index*. Zentrale Frage ist hier, wie sich die Unternehmen zu den vier wichtigsten Handlungsfeldern *Marketplace* (Ökonomie), *Environment* (Ökologie), *Community* (Gesellschaft) und *Workplace* (Mitarbeiter) verhalten. Im Unterschied zum hierarchisch organisierten ‚Muss'-, ‚Kann'- und ‚Soll'- Verständnis von unternehmerischem Engagement stehen hier die vier Handlungsfelder gleichberechtigt als Teil eines großen Ganzen nebeneinander. Sie bilden eine Netzwerkstruktur, die nur in der gegenseitigen Abhängigkeit funktioniert. Jedes der am Index beteiligten Unternehmen wird danach beurteilt, wie gut es jeden dieser Bereiche bespielt. Der dahinter liegende Gedanke ist ebenso einfach wie überzeugend: kein Unternehmen kann ohne Profit, ohne gute Mitarbeiter, ohne ein gesundes natürliches und gesellschaftliches Umfeld zur Exzellenz gelangen, was wiederum die betriebswirtschaftliche Pflicht eines jeden Unternehmens ist. Dieser Ansatz erlaubt eine sehr enge Verzahnung von Engagement und betrieblicher Praxis, die produktiv, konstruktiv und nachhaltig aufeinander einwirken.

Gesellschaftliches Engagement von Unternehmen kann nur dann gewinnbringend und in der Praxis sinnvoll sein, wenn es als integraler Bestandteil des Wirtschaftens begriffen wird. Es gilt heute mehr denn je, diesen Paradigmenwechsel mit zu gestalten. Ob dies in Zeiten des massiv kapitalmarktgetriebenen Wirtschaftens gelingen kann? Wir wissen es nicht – aber wir arbeiten daran!

Dieter Heuskel

Soziale Verantwortung und strategische Ziele: Warum sich unternehmerisches Engagement nicht auf Moral, sondern auf – beiderseitigen – Nutzen gründen muss

The Boston Consulting Group und business@school

Auf die Frage nach dem Unternehmenszweck gehen die Antworten, je nach ökonomischer Glaubensrichtung, Gründungsgeschichte oder -persönlichkeit weit auseinander – und mit ihnen die Ansichten darüber, ob und in welchem Umfang es Sache des Unternehmens sei, sich über seine unmittelbare Geschäftstätigkeit und Gewinnorientierung hinaus „sozial" zu betätigen.

Dieses Selbstverständnis ist eng mit Eigentums- und Entscheidungsstrukturen verbunden. Wie in Familienunternehmen, die zum Teil über Jahrzehnte oder Jahrhunderte von der persönlichen Haltung der Gründer-Eigner geprägt sind, so wird das Verständnis unternehmerischer Verantwortung (CSR) bei The Boston Consulting Group davon geprägt, dass sich das Unternehmen im Eigentum von mehreren hundert aktiven Partnern befindet. Dies fördert zum einen die Kontinuität eines persönlichen Engagements in Pro-bono-Projekten, die BCG-Partner und Berater initiiert und unterstützt haben; es fördert vor allem auch eine kontinuierliche Diskussion über die Rolle, den Wandel und die Ausgestaltung von unternehmerischer Verantwortung. BCG ist ein, im wahrsten Sinne "glokales" Unternehmen – mit 61 dezentral geführten Büros auf fünf Kontinenten, das zugleich auf die Persönlichkeit und die Fähigkeiten jedes einzelnen Beraters angewiesen ist, um dem eigenen Anspruch gerecht zu werden, keine "Rezepte" anzuwenden, sondern individuelle Konzepte zu erarbeiten. Beides spiegelt sich in der Grundsatzposition von BCG zu Corporate Social Responsibility (CSR) und Corporate Citizenship (CC) wider, die im Folgenden als "unternehmerische Verantwortung" bezeichnet werden, sowie in Projekten wie business@school, in denen diese Haltung – handelnd – umgesetzt wird.

Soziale Verantwortung und strategische Ziele

„The business of business is business" stellte Milton Friedman fest und steht damit bis heute für eine klassische, staatsferne bis –feindliche Variante des Liberalismus. Auf die Frage, was Unternehmen tun können, um die Welt zu verbessern, antwortete Tony Blair auf dem Davoser Weltwirtschaftsforum ganz in diesem Sinne: profitabel arbeiten und so Wohlstand und Arbeitsplätze schaffen. That's it!

Oder doch nicht? Ungeachtet der akademischen Diskussion um das Für und Wider, inzwischen vor allem auch um das „Wie?" gesellschaftlichen Engagements von Unternehmen, lässt sich in der Praxis die deutlich steigende Akzeptanz von Verantwortung seitens der Unternehmen beobachten: Quer durch alle Branchen findet sich heute kaum ein Unternehmen, das nicht in der einen oder anderen Form - Sponsoring, Spenden, Stiftungen oder Einzelinitiativen – in deutlichem Umfang über seinen Geschäftszweck hinaus für das Gemeinwohl aktiv ist. So einmütig weithin das Bekenntnis zur sozialen Verantwortung, der *Corporate Social Responsibility*, (CSR) ist, so vielfältig bleibt die Interpretation und Ausgestaltung im individuellen Unternehmen. Doch – wie bei Strategien die Umsetzung entscheidet – wird erst auf der konkreten Ebene der CSR-Konzepte und -Projekte sichtbar, welches Selbstverständnis und welcher Stellenwert der sozialen Verantwortung zukommt.

Als strategische Unternehmensberatung bezieht BCG im Anspruch an das eigene CSR-Engagement eine eindeutige – „strategische" – Position: Unternehmerisches Handeln ist nur denkbar auf der Grundlage gesellschaftlich-politischer Rahmenbedingungen, die es fördern. Unternehmen sind lokal eingebunden in eine Gesellschaft als "Bürger" – im Guten wie im Schlechten. Ohne Akzeptanz, ohne förderliche Rahmenbedingungen, von Infrastruktur bis Bildung, kann es keine florierenden Unternehmen geben. Als Antwort auf Friedman formuliert: „There is no business without society".

Dieser Einsicht folgen Entscheidungen, die unmittelbar Strategie und Organisation betreffen. Während der Stellenwert der Strategie unstrittig ist und entsprechend im Zentrum der Unternehmensführung – gemessen an Aufmerksamkeit und Ressourceneinsatz – steht, ist das CSR-Engagement von einer vergleichbaren Positionierung teilweise noch deutlich entfernt. Die Einbindung ist dabei weniger eine Frage der Mittel, sondern der Verknüpfung: Die organisatorische Trennung (oder Auslagerung) von gemeinnützigem Engagement und Unternehmenstätigkeit spiegelt die Position zweier „paralleler Welten" – die jederzeit voneinander entkoppelt werden können.

Demgegenüber entspricht die Integration von Engagement und Strategie – im Sinne eines Win-Win-Verhältnisses – der Einsicht in die gesellschaftliche Verankerung von Unternehmen und der daraus entspringenden doppelten Zielsetzung: Gewinnorientierung als unternehmerisches Ziel, als Voraussetzung für den Wettbewerbserfolg im Interesse aller „Stakeholder".

Gewinnorientierung als Grundlage unternehmerischen Handelns ist nicht Gegensatz, sondern Voraussetzung für sein gesellschaftliches Engagement. Damit wandelt sich die Frage nach Umfang und Form sozialer Verantwortung von Unternehmen vom moralisch-philanthropischen Appell zur strategischen Entscheidung, die das Unternehmensinteresse, auch im engen Sinne, fördert. Am Beispiel der BCG lässt sich dies illustrieren.

Der internationalen Unternehmensstruktur – BCG unterhält 61 Büros weltweit – entspricht ein Engagement auf unterschiedlichen Ebenen: von lokalen Projekten (Förderung sozialer Einrichtungen am Ort), über regionale (Kooperation im Initiativkreis Ruhrgebiet) bis zu nationalen, teils europäischen (wie das Bildungsprojekt „business@school") bis hin zu globalen Initiativen (in Kooperation mit dem Welternährungsprogramm der UN). Verbindendes Element in der Projektvielfalt – und eines der Kriterien für ein Engagement - ist der in der Kundenarbeit gleichermaßen geltende Anspruch, aus und in der Kooperation mit Partnern nachhaltige Verbesserungen zu erzielen, vor allem durch den Einsatz von Know-how und Expertise.

Die Initiative business@school, „Flaggschiff" des CSR-Engagements der BCG in Deutschland, zeigt, wie sich in nunmehr neun Jahren ein selbstverstärkendes „Win-win"-Modell entwickelt: Entstanden aus dem Gedanken, Wirtschaft und Schule stärker miteinander ins Gespräch zu bringen, wurde ein Angebot entwickelt, das Schülern ermöglicht, sich mit der Welt der Wirtschaft nicht nur theoretisch, sondern praktisch – in der Entwicklung von Unternehmensideen – auseinanderzusetzen.

Unterstützt von BCG-Beratern sowie Mitarbeitern aus Unternehmen haben Schülerinnen und Schüler gemeinsam mit Lehrern die Gelegenheit, sich im Wettbewerb um die besten Ideen mit „Wirtschaft" auf individuelle Weise zu beschäftigen. Für die Mitarbeiterinnen und Mitarbeiter der BCG sowie der beteiligten Unternehmen versteht sich das Projekt als „Brückenschlag" zu einem besseren, gegenseitigen Verständnis von Wirtschaft und Gesellschaft. Die Erfahrungen der teilnehmenden Schülerinnen und Schüler, Lehrer, Eltern, Berater und Projektmitarbeiter aus Unternehmen im direkten Gespräch und Kontakt miteinander über die einjährige Projektphase haben Multiplikatoreneffekt.

Ausgehend von zwei Pilotschulen ist die Zahl der teilnehmenden Schulen auf 70 gewachsen; insgesamt beteiligen sich jedes Jahr mehr als 1.800 Schülerinnen und Schüler an diesem Projekt. Von Seiten der BCG ist mittlerweile jeder vierte Mitarbeiter ehrenamtlich bei business@school engagiert, hinzukommen Vertreter von 19 Unternehmen, unter anderem der Lufthansa, Ford und BMW. Für das Unternehmen BCG fördert das Projekt sowohl die Kommunikation intern wie auch mit anderen Unternehmen und versteht sich als Bekenntnis zu lokaler und regionaler Verankerung und Verantwortung. Es entspricht dem Wunsch der Mitarbeiter, sich sinnvoll zu engagieren, ihre Erfahrungen und ihr Know-how mit nachkommenden Generationen zu teilen; viele Berater sind an ihrer früheren Heimatschule aktiv. Sowohl die Nachfrage von Seiten der Schulen als auch das Interesse am (unentgeltlichen) Engagement seitens der BCG-Mitarbeiter zeigen, dass die Integration in die Unternehmensstrategie und -kultur entscheidenden Anteil am Erfolg hat.

Das Beispiel der BCG und des Projekts business@school ist jedoch weder Ausnahme noch Einzelfall – die Erfahrung aus der Zusammenarbeit mit zahlreichen Unternehmen verweist auf das Gegenteil: Der Erfolg von CSR-Aktivitäten wächst mit ihrem Grad der Einbindung in die Gesamtstrategie des Unternehmens. Aus gutem Grund. Der Bezug zum Kerngeschäft sichert die Anerkennung nach innen wie nach außen und ermöglicht eine offensive Gestaltung und eine langfristige Verankerung im Unternehmen. Der „Gewinn" unternehmerischen Engagements für das Gemeinwohl – in Form von Glaubwürdigkeit, Stärkung von Loyalität, positiver Aufmerksamkeit – ist kein Zufallsprodukt. Nicht allein guter Wille, ehrenhafte Absichten und großzügiger Mitteleinsatz sichern den nachhaltigen Erfolg; sondern eine konsequente – organisatorische, strategische und emotionale – Einbindung in das Unternehmen.

herwig Danzer[1]

Corporate Citizenship aus der Sicht der Möbelmacher

Geschichte

Die Arbeit der Möbelmacher erklärt sich zu einem großen Teil aus deren Entstehungsgeschichte. Der Waldorfschüler Gunther Münzenberg absolvierte seine Lehrlingsausbildung bei Möbel Krügel und sammelte nach seiner Meisterprüfung pädagogische Erfahrungen in der Ausbildung von arbeitslosen Jugendlichen und organisatorische Kenntnisse im Messebau. Beim Drachenfliegen lernte er den Germanistik-, Politik- und Soziologiestudenten herwig Danzer kennen, der im Waschkeller seiner Mutter eine erstaunlich gut ausgerüstete Miniwerkstatt betrieb. Dort fertigte er für das regionale Umfeld Massivholzmöbel und für Münchener Läden Holzspielzeug.

1988 wurde die Kompetenz des ebenfalls ökologisch orientierten Meisters mit den Maschinen und der Kundenkartei des selbstständigen Studenten zur Firma „Die Möbelmacher" zusammengeführt. Die 17 000 DM Startkapital waren bei der Einrichtung der ersten Halle schnell aufgebraucht und so musste die etwas blauäugige Idee der permanenten Schuldenfreiheit schnell aufgegeben werden.

Es war nicht einfach, nachfragenden Kunden zu erklären, dass man ausschließlich mit Massivholz arbeitet und dasselbe aus funktionalen wie gesundheitlichen Gründen „nur" mit wohngesunden Naturharzölen veredelt. Aber die „Spanplatten-Billig-Sucher" wurden weniger und zufriedene Kunden fragten nach mehr Service. Beleuchtung, Polstermöbel, Matratzen, und Bürostühle waren Produktgruppen, die sorgfältig ausgewählt und in deren Fachgebiet man sich über viele Jahre einarbeiten musste. Aber nur so konnte die Philosophie der Möbel auch auf das Handelsprogramm übertragen werden. Man wollte gesundheitsbewusste Kunden verantwortungsvoll beraten und mit dem Verkauf von wohngesunden Produkten die Firma über die ursprüngliche Massivholzschreinerei hinweg weiterentwi-

---

[1] Schreibweise des „h" auf Wunsch des Autors

ckeln. Idealerweise sollte dies nur mit Lieferanten geschehen, die eine ähnliche Haltung zur Ökologie und zum fairen Umgang mit Mitarbeitern und Gesellschaft haben, wie die Möbelmacher. Trotz aller Besuche und Befragungen lässt sich dies bis heute nicht zur vollständigen Zufriedenheit lösen. Denn es gibt neben den ökologischen und sozialen noch ganz viele andere Kriterien für eine Partnerwahl, bei denen vor allem auch Qualität und Zuverlässigkeit eine Rolle spielen. Man kann immer nur die nach eigenen Kriterien beste Partnerfirma auswählen, die leider nicht immer in allen Bereichen auch wirklich gut sein muss.

Neubau

Konsequenterweise bauten die Möbelmacher 1997 ein Firmengebäude, das alle Anforderungen an den modernen ökologischen Arbeits- und Wohnraum erfüllte. Denn niemand kann auf Betonboden in der Werkstatt stehen und gleichzeitig dem Kunden Dielenböden empfehlen. Wenn der Holzboden angenehmer ist, dann doch auch für die Mitarbeiter. Und wenn Naturfarben besseres Wohnklima erzeugen, dann muss das auch für den Gewerbebau gelten.

Mit dem ökologischen Neubau und dem zur Verfügung stehenden Platz in Unterkrumbach konnte endlich komplett auf das Holz der Region umgestellt werden. Motive waren zuerst die verbesserte Qualität, denn zugekauftes Leimholz machte immer öfter Ärger. Außerdem wollten die Möbelmacher das Geld der Kunden - soweit möglich - auch in dieser Region ausgeben, in der die Firma einen so idyllischen Platz zum Arbeiten gefunden hatte. Nicht weniger wichtig war und ist der Marketingeffekt, denn eine Schreinerei, die ein neues Gelände und Gebäude selbst finanzieren muss, kann sich keine Umsatzeinbrüche leisten. Aber wie kann man zusätzlich zur Ökologie die Regionalität als Verkaufsargument einführen, wenn zu dieser Zeit noch niemand den Wert derselben erkennt?

Regionalität als neuer Wert

Partnerschaften waren bereits geknüpft und gemeinsam mit dem Naturschutzzentrum Wengleinpark entstand in Abwandlung der Kochkurstradition 1998 der erste „Tag der Regionen". In der Zwischenzeit wird er in ganz Deutschland und in einigen Nachbarländern zusammen mit den Kirchen am Erntedankfest gefeiert. Beim „ersten Mal" auf dem Möbelmachergelände in Unterkrumbach waren die Forstbetriebsgemeinschaft, Slow Food, das Dehnberger Hof Theater und natürlich Bio- und konventionelle Direktvermarkter aus der Region dabei. Das erste Informationsheft, das das Naturschutzzentrum Wengleinpark und die Möbelmacher anlässlich „Regional Genießen" herausgaben, fasste schon alle Argumente für regionale Wirtschaftskreisläufe zusammen. Auch in dem jetzt schon seit 10 Jahren erscheinenden Infokalender bzw. Jahrbuch der Möbelmacher werden diese Themen immer wieder aus unterschiedlichen Blickwinkeln beleuchtet. Damals kannte man das Wort Corporate Citizenship noch nicht – es hat auch nicht gefehlt – aber in der Hersbrucker Alb entwickelte sich langsam ein Bewusstsein für regionale Wirtschaftskreisläufe und Qualität.

Qualitätsmanagement

Vom Lehrling bis zu den vier GmbH-Gesellschaftern (Inhaber und Ehefrauen) des 17-köpfigen Teams arbeiten die Möbelmacher seit 2002 nach dem EFQM-Qualitätsmanagement an ständigen Verbesserungen und zusammen mit der Sustainable Excellence Group auch an der Einbindung der Nachhaltigkeit in dieses ganzheitliche Selbstbewertungssystem. Dieses geht wesentlich tiefer, als die schlichte Betrachtung des rund eine Million hohen Umsatzes oder der betriebswirtschaftlichen Auswertung. Von der Geschäftsidee bis zu den Auswirkungen auf die Mitarbeiter, die Zufriedenheit der Kunden und ganz explizit auch die aller Menschen, die mit dem Betrieb auch in der Zukunft Berührungspunkte haben werden, muss der Betrieb seine Position bestimmen und nach innen und außen glaubwürdig kommunizieren. Das ist ein ständiger Prozess, der allen Beteiligten ungewöhnliches Engagement abverlangt, gleichzeitig aber auch zu größerer Produktivität und Zufriedenheit beitragen soll. Nicht zuletzt sind transparente Unternehmensziele und das entsprechende Handeln danach auch eine Investition in die Zukunftsfähigkeit einer Firma. Denn immer mehr Käufer legen nicht nur auf die Produkte selbst wert, sondern auch auf das Umfeld, in dem sie erzeugt wurden.

Initiativkreis „Holz aus der Frankenalb"

Weil die Möbelmacher 1997 Mitstreiter für die Idee der Holzverstromung suchten, haben Sie alle Holzfachleute der Region zu einem in der Zeitung angekündigten Expertentreff eingeladen. Die Holzverstromung wurde aus technischen Gründen nie verwirklicht, aber die Gruppe hat beschlossen, gemeinsam für die Vermarktung des heimischen Holzes zusammenzubleiben und den Initiativkreis „Holz aus der Frankenalb" gegründet.

Die Forstbetriebsgemeinschaft, das Forstamt, das Naturschutzzentrum, sowie Zimmermeister, Architekten und einige andere Handwerksbetriebe wollten zusammen das Bewusstsein für heimisches Holz verbessern. Ausgehend vom Naturschutzzentrum Wengleinpark und den Möbelmachern etablierte sich die Gruppe durch Auftritte bei Messen, dem Tag der Regionen und eine aktive Pressearbeit. Sie schaffte es in wenigen Jahren eine Reihe von Holzheizwerken argumentativ durchzusetzen, mit dem regionalen Musterhaus (von Handwerkern aus der Region und nur mit Materialien der Region) neben der Möbelmacherwerkstatt ein begehbares Zeichen zu setzen und gleichzeitig zehn Folgehäuser für Kunden zu verwirklichen.

Die Auszeichnung Best Practice des Bundeswirtschaftsministeriums war dabei hilfreich, genauso wie die Ernennung herwig Danzers zum Umweltbotschafter durch den bayerischen Umweltminister Werner Schnappauf im Jahr 2003. Gemeinsam wird die Argumentation für das Holz aus der Region glaubwürdiger, das Presseecho größer und die Politik kommt an der Fragestellung nach der Herkunft der Produkte und Handwerker nicht mehr vorbei. Die Arbeit dieser Arbeitsgruppe könnte zwar an vielen Stellen organisatorisch verbessert werden, aber die regelmäßigen Treffen sind effektiv und freundschaftlich und die ergänzende Kommunikation über Weblogs wird größere Transparenz schaffen.

Slow City Hersbruck

Nach dem Beispiel italienischer Städte hat eine Schulfreundin von herwig Danzer, sie selbst Halbitalienerin, 1996 in Nürnberg das Slow Food Convivium gegründet. Convivium ist ein eleganterer Name für die Ortsgruppe eines Verbandes, der für eine Art von Genuss steht, der sich mit einem Engagement für die Produktionsbedingungen der Lebens- und Genussmittel verbindet. Italienische Bürgermeister haben diese Slow Food Philosophie auf das Konzept einer ganzen Stadt im Sinne der Agenda 21 übertragen. Für das Slow Food Convivium konnten die Möbelmacher von Anfang an wichtige Zusammenhänge der Produktion, Vermarktung und Qualität von Lebensmitteln erfahren und beisteuern.

Im Jahr 2000 traf herwig Danzer diese Schulfreundin bei einer Jubiläumstalkshow eines regionalen Fernsehsenders. Hersbruck könnte sich doch als Slow City bewerben, denn die damals aus 35 italienischen Kleinstädten bestehende Vereinigung der lebenswerten Städte suchte nach dem ersten Mitglied außerhalb Italiens. Zunächst war es nur eine spontane Idee, nach der Besprechung mit dem Bürgermeister und dem Naturschutzzentrum aber ein zukunftsweisendes Projekt für die Heimatstadt. Denn die Sichtung des von uns gesammelten Bewerbungsmaterials aus Zeitungsartikeln, Dokumenten und zum Beispiel den Einkaufsrichtlinien für den Initiativkreis Holz machte schnell klar, dass die vielen Hersbrucker Initiativen zusammen mit der Stadt die Auszeichnung verdient hatten. Hersbruck wurde nicht nur Mitglied, sondern Bürgermeister Wolfgang Plattmeier für die Auswahl der neuen Mitglieder in ganz Deutschland verantwortlich. Die Verbindung von Slow Food und Slow City findet immer wieder beim Sommerfest auf dem Möbelmachergelände in Unterkrumbach statt.

Als ausgebildeter Ernährungsexperte und Kochfetischist organisiert herwig Danzer auch auf Messen Kochshows. Zusammen mit dem Bayerischen Fernsehen und regionalen Spitzenköchen oder auch allein versucht er neben dem Verkauf von Küchen auch die Freude am Kochen zu vermitteln. Die eigene Küchenausstellung dient auch als Raum für Kochworkshops, die entweder für befreundete Firmen als Kundenbindungsinstrument oder als Kurse angeboten werden.

Die Auszeichnung Slow City und vor allem deren Bedeutung müsste in der Region noch viel deutlicher kommuniziert werden, aber das ist eine langfristig wichtige Aufgabe, bei der die Möbelmacher zwar mitgestalten werden, deren Umsetzung aber in der Verantwortung der Stadt liegt.

Kultur und Kommerz

1998 fragte ein guter Musiker des Collegium Musicum – eine Gruppe von engagierten Musikern aus dem klassischen Musikgeschehen - wie denn die Akustik in der Werkhalle der Möbelmacher wäre, testete dieselbe und wollte ein Konzert veranstalten. Zusammen mit den Möbelmachern entwickelte das Collegium Musicum ein Veranstaltungskonzept, das auf der glaubwürdigen Verbindung von Kunst und Handwerk beruht. Denn die Möbelmacher wollten Kunst transparenter machen, da sie der Überzeugung sind, dass auch die Qualität der eigenen Möbelausstellung leichter erkennbar wird, wenn Zusammenhänge erklärt werden. So wie sie ihre Kunden durch die Werkstatt führen, so soll auch das Konzert funktionieren. Viele ehrliche Informationen über Komponist, Musiker, Instrumente und Philosophie und eine Qualität, die sich hören lassen kann.

Da für das Konzert, wie auch für den Tag der Regionen, die Werkhalle komplett ausgeräumt werden musste, bot es sich an, das ganze Wochenende zu den „Unterkrumbacher Werkstatt-Tagen" zu erklären. Dort werden Veranstaltungen von der Podiumsdiskussion bis zur Vernissage oder Schülerausstellung integriert. Seit neun Jahren wird die Werkstatt mindestens einmal, manchmal auch zweimal im Jahr komplett ausgeräumt, um Kunst, Kultur und vor allem bis zu 350 Gästen Platz zu machen.

Auch die Eröffnungskonzerte eines von der Slow City Hersbruck veranstalteten international anerkannten Gitarrenfestivals finden seit sieben Jahren in der Möbelmacherhalle statt – im Rahmen der Unterkrumbacher Werkstatt-Tage. 2006 fand hier auch eine Lesung eines regionalen Autors statt, die - wie so viele davor - die befreundete Buchhandlung Lösch organisiert. Zusammen mit dieser genau gleich alten Firma haben die Unterkrumbacher auch kostenlos in das Hersbrucker Kino zum Film „We feed the World" Mitarbeiter und Kunden eingeladen. Dabei geht es nicht nur um die Förderung der heimischen Holzkreisläufe, sondern auch um das Bewusstmachen der Buchhandlungstradition gegen das Internet und den Erhalt des liebenswerten Kleinkinos.

Die Möbelmacher legten dabei immer Wert darauf, nicht als Sponsor von Kunst dargestellt zu werden, denn genau den Eindruck wollen sie vermeiden: „Sind die Möbel teuer, weil die Firma ihr ganzes Geld in die Kunst oder Veranstaltungen steckt?" herwig Danzer formuliert das Anliegen der Veranstaltungsreihe so: „Wir wollen das kulturelle und handwerkliche Leben mitgestalten, wollen unsere Möglichkeiten der schönen Halle nutzen, wollen unseren Kunden etwas bieten und sie gleichzeitig als Publikum gewinnen, wollen dabei aber auch neue Kunden gewinnen und gleichzeitig als Gastgeber die Freude über gelungene Darbietungen mit netten Leuten teilen." Mit Geld allein geht das nicht, dazu muss was getan werden: Kontakte knüpfen, die Halle abstauben und organisieren. Und es sollte überprüft werden, ob der Aufwand in einem vernünftigen Verhältnis zu Kundenbindung oder –gewinnung steht. Leider ist das nicht so einfach, denn messbarer Erfolg ist einer der größten Probleme von Corporate Citizenship.

Kommunikation von der Anzeige bis zum Weblog

Ohne Kommunikation verpufft jedes Engagement. Schon im Jahr 2002 wurden die Möbelmacher in einem Internetportal für ihre herausragende Pressearbeit ausgezeichnet, auf dem deutschen Handwerkstag präsentierten sie das Marketing der Möbelmacher vor 400 Kollegen. Im September 2006 referierte herwig Danzer auf einer EU-Tagung auf Zypern über ehrliches Engagement.

Alle Grenzen der gewohnten Betriebskommunikation - vom Jahrbuch, über den ausführlichen Internetauftritt bis zu den pokalgekrönten Messeauftritten auf der Hersbrucker Gewerbeschau - überschreiten die Möbelmacher seit dem März 2005 mit dem Weblog. Täglich finden einige hundert Leser dort Artikel über das Alltagsleben in Unterkrumbach, über das Entrinden der Stämme, das Sägen, die Kirschblüte und die Küchenmontage in Berlin. Vom Banalen bis zum Philosophischen, vom Chef bis zum Lehrling schreiben und fotografieren Menschen, die ihre

Arbeit zwar wichtig nehmen, die sich unter der Rubrik „Lächeln" aber auch einmal selbst auf die Schippe nehmen. In Fachkreisen wird dieses Nachhaltigkeitsweblog hoch gelobt und so langsam gewinnt es auch Kunden, die auf der „normalen" Homepage die entscheidenden Informationen zu den Produkten und der Dienstleistung fanden, deren Entschluss zum Kauf aber beim Lesen des Weblogs entstand. Journalisten bestätigen: „Soviel Ehrlichkeit, bis hin zur Veröffentlichung von Kundenlob, aber auch heftigster Kritik, ist in anderen Ländern öfter zu finden, in Deutschland aber neu." Das als erstes Handwerkerweblog bezeichnete Kommunikationsinstrument ist keine Einbahnstraße, denn jeder Besucher kann sogar ohne Angabe der eigenen Emailadresse zu jedem Artikel seinen Kommentar hinterlassen. Dabei beschweren sich die Möbelmacher schon mal über Werbung des anderswo wegen seiner Geschäftspolitik gelobten Polstermöbellieferanten. Zwar sind sich die Möbelmacher einig, dass dieser die genialsten Polstermöbel herstellt, aber bei der Auswahl der Werbeaussagen greift er in die Geschmacklosigkeit. Den Spagat das Unternehmen als solches zu loben, die Werbeaktivitäten aber aus moralischen Gründen zu verurteilen, versucht das Weblog mithilfe vieler Kommentare recht erfolgreich.

Fazit

In einer Zeit, in der Vereinsmitglieder in Sportkleidung von Aldi beim regionalen Fahrradhändler um eine Anzeige in der Festschrift bitten, muss man die Menschen auf die Zusammenhänge des eigenen Kaufverhaltens und die Lebensqualität in einer Region hinweisen. Regionale Lebensmittel schmecken besser, die individuelle Beratung und Einzelanfertigung von Küchen und Möbeln macht besseres Wohnklima und sogar der Film im Kino der Nachbarschaft wirkt dort besser. Alle Mitarbeiter versuchen diese Erkenntnis zu verbreiten, aber auch als glaubwürdiges Vorbild zu leben. Die Möbelmacher hatten nie ein ausformuliertes Corporate Citizenship Konzept, aber sie versuchen seit 18 Jahren der Gesellschaft zu geben, was sie auch von ihr als Gegenleistung erhoffen: ein angenehmes Leben und Arbeiten in der Hersbrucker Alb.

Josef Zotter

Innovationsherd der Schokoladenwelt

Wenn man als Neuling das Businessparkett betritt, kann man sich vor Ratschlägen und Tipps „wie man es auf jeden Fall machen muss und wie man es auf keinen Fall machen darf" kaum retten. Letzteres hat mich immer herausgefordert, es doch zu probieren. Der Aufbau eines Sortiments, das sich nicht auf Bestseller konzentriert, sondern auf Vielfalt setzt, war undenkbar. Die Idee ausschließlich höchste Qualität einzukaufen und auf die Möglichkeit einer höheren Gewinnspanne zu verzichten, war absurd. Die Verpackungsidee, jeder Geschmacksrichtung eine eigne Gestaltung zu verleihen und dadurch sehr vielgestaltig aufzutreten, war zum Scheitern verurteilt. So sahen die Prognosen aus, als wir mit unserer Idee starteten. Ich habe mich trotz alledem für meinen Weg entschieden, weil man als Unternehmer das machen muss, woran man glaubt. Getrieben von meiner Neugierde, wollte ich beweisen, dass es geht.

Ich bin damals mit dem Anspruch angetreten, mehr aus Schokolade zu machen, als sie üblicherweise ist. Mittlerweile ist es genau das, was unsere Kunden spüren, was sie berührt und was sie haben wollen. Ich glaube, dass es als Unternehmer ganz wichtig ist, Position zu beziehen, Persönlichkeit zu zeigen und das zu machen, woran man glaubt. Auch gegen bewährte Stickmuster und die anscheinend sicheren Kalkulationen. Der Trugschluss besteht ja darin, dass die Rechnungen an sich schon stimmen, aber wie es die moderne Physik immer wieder beweist, verändern sich einfach die Erkenntnisse oder Konditionen, so dass die Formeln ins Leere laufen. Erfolg und Zukunft lassen sich nicht hochrechnen, da muss man schon mit der Formel Mut und Innovation rechnen und seinen eigenen Weg gehen.

Nachdem wir seit Anfang der 1990er Jahre im Hinterstübchen meiner Grazer Konditorei mit der Produktion der handgeschöpften Schokoladen begonnen hatten, entschieden wir 1999, uns ganz auf Schokolade zu spezialisieren. Zu Beginn bestand das Team lediglich aus meiner Frau Ulrike, meinem Künstlerfreund und Gestalter Andreas H. Gratze und mir. In der Urform war unsere erste Schokoladenmanufaktur relativ spartanisch. Wir begannen mit dem Nötigsten. Unsere Ziele waren Geschmack und das Angebot einer geschmacklichen Vielfalt auf sehr hohem Niveau. Künstliche Aromen, Konservierungsmittel und Stabilisatoren waren für uns von Anfang an tabu. Wir wollten Raffinesse und natürliche Ursprünglichkeit verbinden. Das hat uns auch dazu bewogen, unsere Manufaktur inmitten der Felder auf dem Lande zu errichten. Mir ist es sehr wichtig, einen direkten Bezug zum Anbau und zur Produktion der Rohstoffe zu haben. Wenn ich heute aus dem Fenster schaue, sehe ich, wie geerntet wird und ich sehe auch, wenn das Jahr zu trocken war und daher die Preise ansteigen. Diese Ursprungsnähe, die wir suchen, meint letztendlich auch Verwurzelung. Corporate Citizenship verstehe ich ebenfalls als die Verwurzelung des Unternehmens in der Gesellschaft. Ein Unternehmen, das keine Wurzeln hat, begibt sich zwangsläufig auf Distanz und der Blick für das Wesentliche geht verloren. Ich bin fest davon überzeugt, dass nur ein geerdetes Unternehmen, ein Unternehmen, das sich klar zur Gesellschaft positioniert, erfolgreich sein kann. Letztendlich ist jeder Unternehmer in erster Linie auch ein Mensch und damit Teil des sozialen Gefüges.

Wir haben nie die Gewinnmaximierung oder den Erfolg um jeden Preis angestrebt. Was wir wollten, war ein „ehrliches" Produkt, das genügend Geist und Kraft hat, um zu überzeugen. Wir haben das dann auch einfach so laufen lassen und keinerlei Marketinginstrumente eingesetzt, um unsere Schokoladen zu lancieren. Der Kult ist rein durch Mundpropaganda entstanden.

Bereits ein Jahr nach der Eröffnung der Manufaktur erlebten wir den Break-Even. Die Schokoladen erwarben Kultstatus und wir sind kaum mit der Produktion nachgekommen. 2002 haben wir die Manufaktur ausgebaut und perfektioniert. Da es uns immer wichtig war, unsere Kunden an allen Entwicklungen teilhaben zu lassen und stets auf unserem Wege mitzunehmen, wurde bei der Neueröffnung auch die „Running Chocolate Bar" für Besucher eingerichtet. Dort können unsere Besucher an einer Verkostung teilnehmen, Wissenswertes über Schokolade erfahren, Schokolade riechen, hören und schmecken – oder einfach mit allen Sinnen in Schokolade eintauchen. Beim Running Chocolate bewegt man sich nicht in einem abgeschirmten Show-Room, sondern einfach mittendrin in der Schokoladenschöpfung. Wir wollen einfach Transparenz und Offenheit für unsere Besucher. Sie sollen sehen, was wir tun und wer hier arbeitet. Über das Interesse daran können wir uns nur bedanken. Jährlich kommen an die 100.000 Besucher zu uns in die Manufaktur. Und eben dies ist die Erdung oder unsere Wurzel. Welche statistische Kundenbefragung könnte uns mehr verraten als die direkte Kommunikation mit unseren Kunden?

Aus dem „Tag der offenen Tür", den wir einmal im Jahr veranstalten, ist durch Kooperation mit anderen ambitionierten Produzenten aus der Region das erfolgreiche Event „Kulinarischer Herbst im steirischen Vulkanland" gewachsen. Die Region, die einstmals ländlicher Vorhof von Graz war, hat durch das Zutun von ein paar Unternehmen extrem an Attraktivität gewonnen.

Auf der anderen Seite setzen wir uns auch für den Erhalt der urbanen Attraktivität ein. Unser Vertriebsnetz ist analog zu unserem Sortiment extrem breit und heterogen. Unser Kundenstamm zählt 3.500 Vertriebspartner, wovon allein 1.800 in Österreich beheimatet sind. Wir haben uns bewusst dagegen entschieden unsere Produkte an Handelsriesen und Supermarktketten zu verkaufen. Wir setzen auf den Einzelhandel und auf Fachgeschäfte, um ein breites Einkaufsspektrum zu bewahren. Dabei verleiht jeder Händler durch sein persönliches Auftreten unserer Schokolade ein Gesicht. Im Supermarkt hat das Besondere einfach keine Chance, weil es zu einem anonymen Produkt verkommt. Wie bei der Geschäftsführung setzen wir bei dem Vertrieb auf Persönlichkeit statt auf Anonymität.

Wir haben immer sehr viele Ansprüche an uns selbst gestellt und sind diese schrittweise angegangen. Da wir uns der Verantwortung als kakaoproduzierender Betrieb bewusst waren, sind wir 2004 über FAIRTRADE Österreich dem fairen Handel beigetreten. Dabei war es uns wichtig, kein fair-gelabeltes Nischenprodukt auf den Markt zu bringen, sondern tatsächlich die gesamte Kuvertüreproduktion auf fair gehandelten Kakao und Rohrzucker umzustellen. Die Umstellung auf kontrolliert biologischen Anbau haben wir ebenfalls ganzheitlich, alle Rohstoffe betreffend, vollzogen. Meines Erachtens ist ganzheitliches Denken oder ein ganzheitlicher Ansatz der Schlüsselbegriff für Themen wie Corporate Citizenship oder Nachhaltigkeit. Isolierte Vorzeigeprojekte oder Sponsorings funktionieren nicht, wenn man die Idee nicht lebt. Sowohl die Natur als auch die Gesellschaft und letztlich auch die Wirtschaft sind komplexe Organismen. Jeder Eingriff in die Struktur hat eine Vielzahl an Auswirkungen. Gelebtes Corporate Citizenship ist daher in jedem Bereich, jeder Handlung und Entscheidung verankert. Unser Corporate Citizenship beginnt bei der Entscheidung für den Produktionsstandort Österreich, die Beschäftigung von Frauen aus der Region, die Verwendung von regenerativen Ressourcen, den Einkauf von regionalen Produkten bis hin zu Projekten wie der „Zeichen-setzen Schokolade".

Für das Zeichen-setzen Projekt haben wir 2006 den TRIGOS Preis für Unternehmen mit gesellschaftlicher Verantwortung erhalten. Aber derartige Projekte sind nur die sichtbare Spitze des Eisberges. Gesellschaftliche Verantwortung realisiert sich in den alltäglichen Entscheidungen und aktualisiert sich im Denken der Geschäftsführung.

Unser Konzept, das auf Qualität, Regionalität, Vielfalt und Nachhaltigkeit basiert, ist aufgegangen. Wir beschäftigen derzeit 63 MitarbeiterInnen, verzeichnen derzeit Umsatzzuwächse um die 20% und exportieren weltweit (angefangen bei der Schweiz bis nach Japan und in die Vereinigten Arabischen Emirate). Das alles im kleinen Stil und ohne Global Player-Allüren. Überdies haben uns zahlreiche Auszeichnungen auf unserem Weg bestätigt. Zuletzt der EUROCHOCOLATE AWARD

2006 in Perugia, Italien als „Bester ausländischer Schokoladenhersteller". Genauso wichtig war uns die Beurteilung der von Greenpeace betrieben Konsumentenplattform Marktcheck, die uns in punkto Ökologie (Inhaltsstoffe, Transport, Verpackung, Gentechnik) sowie artgerechter Tierhaltung und sozialer Aspekte als „hervorragend" einstufte.

Mittlerweile bewegen wir uns erneut auf dem Querdenker Pfad. Entgegen der Outsourcing-Praxis, gliedern wir derzeit die gesamte Schokoladenfabrik in unser Unternehmen ein. Das heißt, wir produzieren unsere Schokoladen von der Bohne weg und bündeln von der Röstung bis zum Conchieren alle Verarbeitungsschritte der Schokoladenherstellung in einem Haus. Ab Herbst 2007 nehmen wir unsere Besucher wieder mit auf die Reise. Im neu eröffneten „Schokoladentheater" wird das Abenteuer der Schokoladenherstellung köstlich veranschaulicht. Hier beginnt für uns die Zukunftsmusik und eben diese zu hören, ist wichtig.

Der Weg zum Spitzenchocolatier war für mich als Bauernbursche nicht gerade nahe liegend. Nein, man könnte sogar sagen, dass es abwegig war. Diese Abwegigkeit, die man auch im Querdenken wiederfindet, hat sich als Erfolgsfaktor erwiesen. Nicht kurzfristige Gewinnmaximierung, sondern nachhaltige Investitionen, die auch Zukunftsperspektiven für nachfolgende Generationen bieten, sind gefordert. Auch hier gilt die einfache Maxime mal über den Tellerrand zu blicken, statt im eigenen Kosmos zu ersticken. Den Beitrag, den man leisten kann, sollte man leisten. Und gleichzeitig sollte man sich nicht ganz so wichtig nehmen, denn nach einem kommt noch so vieles.

Paul Albert Deimel

Das genossenschaftliche Unternehmen als Unternehmensbürger

1 Der gesellschaftliche Befund

Die bundesrepublikanische Gesellschaft ist in Bewegung, im Moment noch eher getrieben als selbstbewusst gestaltend. Die Auswirkungen des Kommunikationszeitalters, der globalisierten Handelsbeziehungen und des europäischen Zusammenwachsens verändern die Lebens- und Arbeitsbedingungen der Menschen in zunehmendem Maße. Dies wird auf Seiten einer saturierten Wohlstandsgesellschaft, der es in den letzten Jahrzehnten immer besser gegangen ist, eher als nachteilig und teilweise auch als bedrohlich empfunden. Der Blick auf den Staat und die Hoffnung auf seine schützende Intervention oder den Ausgleich von empfundenen Nachteilen geht immer öfter ins Leere. Die sich am Horizont abzeichnenden Folgen der demografischen Veränderungen werden diesen Prozess beschleunigen und in den kommenden Jahrzehnten dramatisch zuspitzen: Stagnierender oder regressiver Wohlstand in größer werdenden Teilen der Gesellschaft einerseits und fehlende Handlungsmöglichkeiten des Staates andererseits werden die Folgen sein.

Verändert sich dadurch auch das Denken der Menschen und gesellschaftlichen Einflussgruppen? Das kann man im Moment noch nicht wirklich bejahen. Zwar fordern alle am gesellschaftlichen Diskurs Teilhabenden Reformen und Veränderungen: in der Steuer-, Renten- und Gesundheitspolitik, in der Bildungspolitik und für das Arbeitsrecht sowie auf vielen anderen Gebieten. Doch nahezu alle schneidigen Vorstellungen erlahmen, wenn es um konkrete Maßnahmen und Einschnitte für die eigene Klientel geht. Alle sind sich einig, dass die Kräfte der Sozialversicherung und der Sozialpolitik überfordert werden, dass die Interessen- und Verteilungspolitik ein Ende haben muss. Nach dieser Erkenntnis gehandelt wird selten. Der Staat soll nur das Notwendige regeln, heißt es, alles andere möge er seinen Bürgern überlassen. Oder: Ist der Erlass eines Gesetzes nicht notwendig, ist es notwendig, dieses Gesetz nicht zu erlassen. Das liest sich gut und klingt richtig. Doch es stellt keinen Konsens für praktisches Handeln dar: Täglich wachsen gesetzliche und verwaltungsrechtliche Reglementierungen, ständig legt die Politik „angemaßtes Wissen" an den Tag, indem sie sich von fördernden oder intervenierenden Eingriffen eine Verbesserung der Lebensbedingungen verspricht: Programme werden aufgelegt, Budgets zur Verfügung gestellt und die Abgabenlast erhöht - alles um die Bereitschaft zu Kindern zu fördern, Krankenkassenleistungen nicht reduzieren zu müssen oder wegen ähnlicher Ziele. Der Staat weiß es besser und will die Zeitläufe beeinflussen. Das ist nicht schlecht gemeint, oft fürsorglich, die erhofften Ergebnisse wären wünschenswert. Aber weiß der Staat es wirklich besser? Warum sollte er es besser wissen? Weshalb sollte er schlauere und effizientere Lösungen produzieren als die Bürger untereinander: im Wettbewerb auf den Märkten, in freiwilliger gemeinsamer Selbsthilfe, unter Anstrengung individueller Kreativität und persönlicher Einsatzbereitschaft?

Ergo: Die tatsächlichen Verhältnisse folgen noch nicht der theoretischen Erkenntnis, dass der Staat sich zurücknehmen muss und die Bürger ihr Schicksal selbst in die Hand nehmen müssen und dabei lediglich, aber immerhin, auf die staatliche Daseinsvorsorge für den Notfall, auf die Bereitstellung innerer und äußerer Sicherheit sowie von Infrastruktur vertrauen dürfen und sich so wirklich zu einer Bürgergesellschaft entwickeln können.

Da müssen wir hin, wenn wir mit den aufstrebenden Volkswirtschaften dieser Welt mithalten wollen. Das wissen auch alle. „Bürgerschaftliches Engagement: auf dem Weg in eine zukunftsfähige Bürgergesellschaft" – so der richtungsweisende Titel des Berichtes der Enquete-Kommission des Deutschen Bundestages im Jahr 2002.

2   Corporate Citizens als Teile der Bürgergesellschaft

Es wäre falsch, vor dem skizzierten Hintergrund des gesellschaftlichen Status quo, dieser Diagnose für den Patienten Deutschland, zu resignieren. Es gibt schließlich nicht nur die Beschwörungen bürgerschaftlichen Engagements, sondern es gibt diesen Einsatz einzelner und im Schulterschluss mit anderen wirklich, zahlreich und in mannigfaltiger Gestalt. Nicht nur der 770 Seiten starke Report der Enquete-Kommission belegt dies. Jede Zeitung berichtet täglich mehrfach über Engagement in Vereinen und Bürgerinitiativen, für soziale oder kulturelle Aktivitäten. Wohl nur wenige andere Länder bringen Jahr für Jahr ein so großes Spendenaufkommen zusammen wie Deutschland.

Solche Bürger, die sich für ihre Umgebung interessieren und einsetzen, ohne auf den Staat zu warten, findet man auch unter den Unternehmen. Zahlreiche Unternehmer haben Stiftungen hervorgebracht oder unterstützen ideell und finanziell gesellschaftliche Anliegen, oftmals sogar still und zurückhaltend und ohne daraus einen Marketingnutzen ziehen zu wollen. Gute Bürger, good corporate citizens, sind auch sie.

Dabei ist – vielleicht anders als in Staaten mit geringerer staatlicher Regelungs- und Absicherungsdichte – den Unternehmen eine solche Rolle im deutschen nationalen Institutionensystem gar nicht zugewiesen. Bislang gab es kaum Lücken im System, die durch Eigeninitiative geschlossen werden mussten. Daher resultiert ja auch die hohe Erwartungshaltung der meisten Menschen an staatliche Interventionen. In Zukunft wird dies vermutlich anders werden und es ist beruhigend zu wissen, dass sich nicht nur einzelne Personen, sondern auch Unternehmen den Menschen, aus denen sie ihre Mitarbeiter und Kunden rekrutieren, und der Region und der Gesellschaft, in deren Mitte sie arbeiten, verpflichtet fühlen. Diese Unternehmen verbinden ihren wirtschaftlichen Erfolg gedanklich mit einem intakten Gemeinwesen und dem sozialen Zusammenhalt einer Gesellschaft.

Sie setzen mit ihrer Arbeit auch einen eindrucksvollen Kontrapunkt zu der - zum Teil berechtigten, zum Teil unberechtigten - Kritik vieler an der Geschäftspolitik von Unternehmen mit Rekordgewinnen und dennoch erfolgendem drastischen Abbau von Beschäftigten. Natürlich gibt es diese Erscheinungen, aber sie sind nicht die Regel. Aus der Kritik an Managerfehlverhalten und Selbstbedienungsmentalität und bloßem Shareholder Value heraus das ganze Wirtschaftssystem zu verurteilen, greift zu kurz. Es bleibt dabei: Nur ein erfolgreiches Unternehmen kann ein soziales Unternehmen sein. Nur dieses sichert nachhaltig Arbeitsplätze und kann seinen Beitrag als Teil der Gesellschaft für deren Entwicklung leisten. Dies sollte ein erfolgreiches Unternehmen dann aber auch tun. Die mehrfach gehörte Weisheit, man leiste als Unternehmen einen hinreichenden gesellschaftlichen Beitrag, indem man erfolgreich ist, überzeugt nicht. So wenig, wie ein Unternehmen als Reparaturbetrieb des Staates taugt, so wenig kann es sich darauf zurückziehen, es sei seiner Umgebung nicht verpflichtet. Ein wirtschaftlicher Erfolg beruht nicht zuletzt auch auf einem alles in allem funktionierenden Bildungs- und Ausbildungssystem, auf gut ausgebauter Infrastruktur, auf befriedeten sozialen Verhältnissen im Inneren sowie auf den Vorzügen einer rechtsstaatlichen Ordnung. Davon profitieren Unternehmen. Man wird von Unternehmensbürgern also mehr verlangen können, damit sie als good corporate citizens gelten können.

3 Genossenschaften als „Gründungsmitglieder" der Bürgergesellschaft

Die bürgerschaftliche Gesellschaft, die sich erst im 19. Jahrhundert herausbildete, nachdem starre Reglementierungen (z.B. das Zunftwesen) wegfielen und kommunale Selbstverwaltung möglich war, wurde durch viele Einflüsse geprägt. Hinsichtlich der sozialen Befriedung durch Einsatz für andere und praktizierte Solidarität war dies vor allem dem Wirken der Tat-Christen jener Zeit (Kolping, Wichern, von Ketteler u.a.), aber auch den theoretischen Grundlagen aus der katholischen Soziallehre und der evangelischen Sozialethik zuzuschreiben. Mindestens genauso wichtig wie karitative Maßnahmen im Einzelfall und theologisch begründete Ethikvorstellungen waren die strukturellen Reaktionen auf die Anforderungen der Zeit im Bereich der Wirtschaft und des Rechts. Freie, aber mittellose Bauern und verarmte Handwerker brauchten mehr als die Linderung akuter Not. Sie benötigten zukunftsweisende Strukturen, ohne auf staatliche Hilfe hoffen zu können. In dieser Zeit ist die Genossenschaftsidee entstanden. Der Zusammenschluss Einzelner, um gemeinsam stärker zu sein (Selbsthilfe und Solidarität) und sich selbst zu organisieren (Selbstverwaltung) und dabei zuerst ihr Schicksal selbst in die Hand zu nehmen und nur aushilfsweise auf übergeordnete Strukturen oder den Staat (Subsidiarität) zurückzugreifen – das ist Bekenntnis und Grundlage genossenschaftlichen Handelns. Dies sind die Bestandteile einer Bürgergesellschaft, wie wir sie uns heute vielfach vorstellen.

Ohne die Initialzündungen eines von Friedrich Wilhelm Raiffeisen gegründeten „Vereins für Selbstbeschaffung von Brod und Früchten", um Brot auf Vorschuss an die Bedürftigen weiterzugeben, der Schumacher-Assoziation des Hermann Schulze aus Delitzsch oder die Vorschuss- und Darlehenskassenvereine als Vorläufer der heutigen Volks- und Raiffeisenbanken hätte sich das enorme Potential kleiner und mittlerer Betriebe in diesem Land gar nicht entwickeln können. Nur so ist die Erfolgsgeschichte des deutschen Mittelstandes, der noch heute die Volkswirtschaft trägt, denkbar gewesen. Nicht die Industrie half dem Handwerker, nicht der Staat (eine Brüsseler Agrarpolitik gab es noch nicht) dem Landwirt, sondern Bauern und Gewerbetreibende halfen sich selbst, indem sie sich gegenseitig unterstützten. Diese Denkweise ist der Humus einer jeden Bürgergesellschaft.

Die genossenschaftliche Idee ist also vor allem durch ihre sozialethische Gesinnung geprägt. Sowohl Raiffeisen als auch Schulze-Delitzsch sahen in der Genossenschaft mehr als nur eine besondere Wirtschafts- oder juristische Kunstform zur Deckung materieller Bedürfnisse bestimmter Bevölkerungskreise. Beide waren von der Hoffnung durchdrungen, dass genossenschaftliche Einrichtungen zur gemeinsamen Wohlfahrt und damit zum gesellschaftlichen Frieden beitragen können.

Unternehmen tun gut daran, das Lebensumfeld ihrer Arbeit zu beachten und an seiner positiven Entwicklung mitzuwirken. Genossenschaften sind dieser Gesinnung entsprungen und stellen Paradebeispiele bürgerschaftlicher Organisationsformen dar.

4 Beweggründe der Volksbank Helmstedt eG für ihr gesellschaftliches Engagement

Die Bank engagiert sich seit Jahrzehnten finanziell auf kommunaler und regionaler Ebene, also innerhalb ihres Geschäftsgebietes, für soziale und kulturelle Aktivitäten von Schulen, Vereinen und anderen Gruppierungen. Natürlich tut sie dies auch, um innerhalb potentieller Kundenkreise für eine vorteilhafte Wahrnehmung zu sorgen. Es dürfte allenthalben als legitim angesehen werden, Gutes zu tun und darüber auch zu reden.

Es ist Grundlagenwissen der Lehre von der Kommunikationspolitik, dass ein bestimmtes Unternehmensselbstverständnis (corporate identity) allein nicht ausreicht. Nicht nur das Management und die Mitarbeiter eines Unternehmens müssen wissen, wofür sie stehen und was sie im Wettbewerb auszeichnet. Kunden und Öffentlichkeit müssen das Unternehmen auch wahrnehmen. Es muss mithin visuell identifizierbar sein (corporate design) und seine Öffentlichkeitsarbeit und Werbung auf das Unternehmensziel und das eigene Selbstverständnis ausrichten (corporate communication).

Wahrgenommen wird von außen aber mehr, nämlich ob das Selbstverständnis auch „gelebt" wird und ob sich die Mitarbeiter mit ihrem Arbeitgeber identifizieren (corporate culture), vor allem aber, ob der Umgang mit Kunden und Bevölkerung dem Anspruch des Selbstverständnisses gerecht wird. Corporate behaviour gehört deshalb zu den Wahrnehmungsfeldern. Alle vier zusammen geben das Fremdbild (corporate image) wieder, das in der Öffentlichkeit über das Unternehmen existiert. Nur wenn Selbstbild und Fremdbild, corporate image und corporate identity, übereinstimmen, entsteht Glaubwürdigkeit. Glaubwürdigkeit aber ist die Basis für nachhaltig erfolgreiche Geschäftsbeziehungen.

Ein Unternehmen, das sich – wie die Volksbank Helmstedt – auf sein regionales Selbstverständnis, die Bedeutung der persönlichen Kundenbeziehung und die eigene Leistungskompetenz beruft, muss diese Qualitäten auch in seinem Verhalten nach außen, vor allem gegenüber seinen Kunden und auch gegenüber dem gesellschaftlichen Umfeld, unter Beweis stellen.

Jedes gesellschaftliche, bürgerschaftliche Engagement dient also auch dem Eigennutzen. Man sollte die Auswirkung von corporate behaviour auf den Unternehmenserfolg nicht vernachlässigen, allerdings auch nicht dadurch überbewerten, dass man andere, noch wichtigere Einflussfaktoren unberücksichtigt lässt: Qualität des Produktes oder Dienstleistung, Preis und Service.

Corporate Citizenship macht das Bild eines Unternehmens mithin komplett, ersetzt jedoch nicht diese entscheidenden Faktoren. Damit soll gesagt sein, dass man nicht hinter jeder Spende durch ein Unternehmen oder der Bereitstellung von Sachmitteln zugunsten von Schulen, Kindergartengruppen, Kulturprojekten oder sozialen Hilfsmaßnahmen reinen Eigennutz wittern darf. Oftmals steht der finanzielle oder tatsächliche Aufwand dafür in keinem Verhältnis zum Werbenutzen für das Unternehmen. Intern werden von den entsprechenden Marketingabteilungen oder Stabstellen für Öffentlichkeitsarbeit zwar stets Begründungen für jedwede Unterstützungsleistung zur betriebswirtschaftlichen Rechtfertigung gefunden, aber vieles ist wesentlich selbstloser oder unergiebiger für ein Unternehmen, als zum Teil intern angenommen und zum Teil extern geargwöhnt wird.

Um aus der Vielzahl von Aktivitäten der Volksbank Helmstedt ein Beispiel herauszugreifen: Die finanzielle Unterstützung der Helmstedter Universitätstage, einer zeithistorischen Fachveranstaltung in Erinnerung an die ehemalige Helmstedter Universität, stellt den betragsmäßig größten Einzelposten im Spenden- und Sponsoringbudget der Bank dar. Erreicht werden mit dieser Veranstaltung jährlich ca. 300 Teilnehmer, die die Bank allenfalls am Rande wahrnehmen. Der Werbeeffekt dürfte im kaum messbaren Bereich liegen. Ohne die Unterstützung durch die Volksbank könnten die Universitätstage vermutlich jedoch nicht durchgeführt werden. Dies wäre für die Stadt Helmstedt, ihre Außendarstellung und ihre Bürger ein bedauerlicher Verlust. In Beispielen wie diesem liegt der Nutzen ganz eindeutig vor allem auf Seiten des unterstützten Projekts.

5 Die Bürgerstiftung Ostfalen – eine Initiative der Volksbank Helmstedt eG

Gesellschaftliches Engagement dient also sowohl der Imagebildung und damit – in begrenztem Maße – mittelbar dem betriebswirtschaftlichen Erfolg eines Unternehmens als auch und vor allem der zurecht empfundenen Verpflichtung, der Gesellschaft, in der man arbeitet und in der man lebt, etwas zurückzugeben um sie intakt zu erhalten.

Für die Volksbank Helmstedt kommt ihre nahezu 150jährige Tradition als genossenschaftliches Unternehmen hinzu. Sie steht von Ursprungsidee und Entstehungsgeschichte her nicht in der vorrangigen Verpflichtung, ihren Gewinn zu maximieren und an ihre Anteilseigner (Mitglieder) zu verteilen. Ihr Auftrag reicht weiter. Gemäß §1 Genossenschaftsgesetz obliegt einer Genossenschaft die „Förderung des Erwerbs oder der Wirtschaft ihrer Mitglieder". Die Mitglieder schließen sich also zusammen, um durch gegenseitige Unterstützung – gebündelt in „ihrer" Genossenschaft – die eigenen originären (Geschäfts-)Ziele besser verwirklichen zu können. Indirekt richtet sich der Existenzgrund einer Genossenschaft also auch darauf, im Rahmen ihrer Möglichkeiten das Lebensumfeld aller Beteiligten (Kunden, Mitarbeiter und Mitglieder) zu verbessern helfen. Anders ausgedrückt: Stakeholder- statt Shareholderorientierung.

Die Volksbank Helmstedt wollte aus den genannten Gründen über die üblichen Maßnahmen des Spendens für Projekte anderer (reiner finanzieller Akt) und über Sponsoringaktivitäten (Zuwendungen für – in der Regel werbende – Gegenleistungen) hinausgehen und einen sowohl tatkräftigen als auch finanziell signifikanten Beitrag zur Entwicklung ihrer Heimatregion leisten. Dabei handelt es sich um den alten Kultur- und Wirtschaftsraum Ostfalen, heute bestehend aus den sachsen-anhaltinischen Landkreisen Ohrekreis und Bördekreis sowie dem niedersächsischen Landkreis Helmstedt. Sie wirkt damit nicht nur in zwei Bundesländern, sondern auch gesamtdeutsch. Ihr Engagement ist somit ebenso ein Beitrag zum innerdeutschen Prozess des Zusammenwachsens.

Im Dezember 2003 wurde auf Initiative der Volksbank Helmstedt die „Bürgerstiftung Ostfalen für die Landkreise Helmstedt, Ohrekreis und Bördekreis" gegründet und mit einer sechsstelligen Gründungsdotation versehen. Mittlerweile hat die Bank ihr finanzielles Engagement auf mehr als eine Viertelmillion Euro ausgeweitet.

Vor allem aber leistet sie im besten genossenschaftlichen Sinne tatkräftige Unterstützung. Vertreter der Bank arbeiten in den Organen der Bürgerstiftung mit, Mitarbeiter leisten ehrenamtlich Geschäftsführungsarbeiten (z.B. Erstellung des Jahresabschlusses, Verwaltungsarbeiten) und die Bank motiviert Kunden und Öffentlichkeit, für die Bürgerstiftung Ostfalen zu stiften und zu spenden. Sie finanziert außerdem die Vergabe eines Preises der Stiftung für ehrenamtliches Engagement und richtet die jährliche Stifterversammlung aus.

Die Bürgerstiftung Ostfalen hat jederzeit die Möglichkeit, die Arbeit vollständig selbst in die Hand zu nehmen. Die Bank versteht ihre Initiative als Geschenk an die Bürger ihrer Heimatregion und möchte die Geschicke der Stiftung nicht dominieren, weder in den Gremien noch bei Aktivitäten oder in der Verwaltung. Auch deswegen taucht der Name der Bank in dem der Stiftung nicht auf.

Klarer kann man Corporate Citizenship nicht von (legitimen) egoistischen Unternehmensinteressen freihalten als durch die Unterstützung bürgerschaftlichen Engagements anderer. Eine Bürgerstiftung bietet hierfür einen passenden Rahmen.

Antje von Dewitz

VAUDE übernimmt Verantwortung

Corporate Citizenship bei VAUDE

Corporate Citizenship und das Engagement für eine familienfreundliche Personalpolitik sind beim Bergsportunternehmen VAUDE seit jeher stark verankert. Unternehmerische und wirtschaftliche Ziele werden bei VAUDE im Zusammenspiel mit sozialen und gesellschaftlichen Werten verfolgt. Das Unternehmen agiert als profitables Wirtschaftsunternehmen, das Arbeitsplätze am Standort Deutschland sichert und ausbaut, gleichzeitig jedoch Verantwortung über die Firmengrenzen hinaus übernimmt. VAUDE legt großen Wert auf einen fairen, verantwortungsbewussten Umgang mit seinen Mitarbeitern, Partnern und seiner Umwelt. Dabei beweist VAUDE, dass sich gesellschaftliche Verantwortung sinnvoll mit den betriebswirtschaftlichen Zielen eines Unternehmens kombinieren lässt. Ob es sich um das betriebseigene Kinderhaus, Sponsoring-Kooperationen oder die Übernahme des kommunalen Freibads handelt - die Mitarbeiter, das Unternehmen und das gesellschaftliche Umfeld profitieren davon gleichermaßen.

Betrachtet man Corporate Citizenship in Deutschland, fällt besonders ein Aspekt auf: Die mangelnde Vereinbarkeit von Beruf und Familie. Die Betreuungssituation in Deutschland kann mit den meisten westeuropäischen Ländern nicht mithalten. Für junge Familien ist es nach wie vor ein großes Problem, den turbulenten Familienalltag und die beruflichen Herausforderungen unter einen Hut zu bringen. Das konventionelle Betreuungsangebot entspricht nicht den Bedürfnissen junger Eltern, die im Beruf stehen. Da die gegenwärtige Betreuungsstruktur nicht in der Lage ist, die erforderliche Unterstützung zu leisten, mündet für viele Frauen die Frage „Kind oder Karriere" in einen Verzicht auf Kinder.

VAUDE Kinderhaus

VAUDE entschied sich, das Problem selbst zu lösen und schlug dabei einen neuen Weg ein: 2001 gründete das Unternehmen ein betriebseigenes Kinderhaus, das tatsächlich auf die Situation berufstätiger Familien eingeht. Hier sind sowohl Kinder von Mitarbeitern als auch von Familien außerhalb des Unternehmens willkommen. Insgesamt werden 30 Kinder im Alter von einem bis zehn Jahren von einem pädagogischen Team betreut, während die Eltern in Ruhe ihrer Arbeit nachgehen. Mittags treffen sich Eltern und Kinder zum gemeinsamen Mittagessen im Kinderhaus. Die durchgehenden, flexiblen Öffnungszeiten täglich von 7 bis 17 Uhr (Freitags bis 13 Uhr), auch während der Schulferien, entlasten junge Mütter und Väter von einem enormen Organisationsaufwand und reduzieren das Stresspotenzial. Dank des Kinderhauses können Mitarbeiterinnen nach der Babypause leichter an ihre berufliche Laufbahn anknüpfen und reibungslos wieder in den Job einsteigen, während sie ihre Kinder in nächster Nähe zum Arbeitsplatz gut betreut wissen.

Für das Unternehmen ist die Bereitstellung einer Kinderbetreuung zwar mit Investitionen, aber auch mit betriebswirtschaftlichen Vorteilen verbunden. Der Anteil der Mütter, die nach einem halben bis ganzen Jahr wieder in die Firma zurückkehren, hat sich seit der Gründung des Kinderhauses deutlich erhöht. Auf diese Weise bleibt wertvolles Know-how erhalten, das früher mit dem Ausscheiden der Mitarbeiterin verloren ging. Gleichzeitig verringert sich die Fluktuation und der damit verbundene Aufwand, neue Mitarbeiter einzustellen. Auch zur überregionalen Gewinnung qualifizierter Fachkräfte trägt das Kinderhaus bei, das mitunter ein wichtiges Entscheidungskriterium für den neuen Arbeitsplatz ist. Darüber hinaus regt VAUDE einen erfreulichen Gegentrend zur alarmierenden demografischen Entwicklung an: Während die Geburtenrate landesweit sinkt, ist sie bei VAUDE mittlerweile um das Vierfache gestiegen. Diese Zahlen beweisen, dass sich durch ein gutes Betreuungsangebot die Bereitschaft erhöht, Kinder zu bekommen.

Das Konzept des Kinderhauses findet nicht nur bei den Mitarbeitern großen Anklang, auch von politischer Seite erfährt VAUDE höchste Anerkennung. So wurde das Kinderhaus 2001 vom Bundespräsidenten mit dem Preis „Freiheit und Verantwortung" geehrt und VAUDE wurde 2005 vom Bundeskanzler beim Bundeswettbewerb „Erfolgsfaktor Familie" als eines der 35 familienfreundlichsten Unternehmen Deutschlands hervorgehoben. Das baden-württembergische Wirtschaftsministerium würdigte VAUDE 2002 für die gelebte Chancengleichheit im Betrieb.

In der Planungs- und Genehmigungsphase des Kinderhauses arbeitete VAUDE eng mit den kommunalen Partnern zusammen, die das Projekt förderten und dadurch zu einer schnellen Umsetzung beitrugen. Zur Mitfinanzierung der Personalkosten erhält das VAUDE Kinderhaus Zuschüsse des Landes Baden-Württemberg und der Stadt Tettnang. Das Kinderhaus ist in die Kommune eingebettet und übernimmt bei Bedarf auch öffentliche Aufgaben, wie beispielsweise die

Kernzeitbetreuung der „Verlässlichen Grundschule", die von der ortsansässigen Schule aus Platzmangel nicht geleistet werden kann.

Startschwierigkeiten

Trotz langfristigen Erfolgs verlief die Umsetzung der beschriebenen Corporate Citizenship Maßnahmen nicht problemlos. Die Motive des Unternehmens ein Kinderhaus aufzubauen, wurden anfangs teilweise intern wie extern etwas misstrauisch beäugt. Es war zu diesem Zeitpunkt durchaus noch nicht üblich, dass sich ein Unternehmen im sozialen Bereich engagiert. Die Skepsis auf der einen Seite bestand darin, dass es sich mehr um Marketingmaßnahmen als um ernsthaftes Engagement halten könnte. Auf der anderen Seite wurde die Kompetenz eines Unternehmens angezweifelt qualitativ hochwertige Betreuung für Kinder aufbauen zu können. Noch dazu in einem regionalen, ländlichen Umfeld, in dem eine vorwiegend traditionelle Rollenaufteilung herrscht, d.h. Kinder unter drei Jahren zumeist ganztägig von der Mutter zuhause betreut werden. Hier wurde durch VAUDE und das Kinderhaus eine sehr aktive Informationspolitik betrieben, mit vielen Gelegenheiten das Kinderhaus auch anzuschauen, um die Qualität und die gute Absicht des Engagements unter Beweis zu stellen.

Eine weitere Schwierigkeit in der Umsetzung zeigte sich hinlänglich der Finanzierungs- und Zuschusssituation. Hier bestand bis zur Öffnung des Kinderhauses Unsicherheit über die verlässliche Bezuschussung der Personalkosten durch Stadt und Land. Die Entscheidung das Kinderhaus ins Leben zu rufen, ohne diese Sicherheit tatsächlich zu haben, war ein Sprung ins kalte Wasser und kann nur mit Unternehmergeist und Leidenschaft für die Sache begründet werden. Viele Unternehmen, die den „Werdegang" des Kinderhauses aus Eigeninteresse verfolgen, fühlen sich von dieser Zuschussunsicherheit abgeschreckt und gehen keine weiteren konkreten Schritte ein.

Auch bei der „korrekten" Vorgehensweise beim Aufbau der Einrichtung gab es Anfangsschwierigkeiten durch eine Vielzahl von zu berücksichtigenden Ansprechpartnern und Regelungen verschiedener Behörden vom Landeswohlfahrtsverband über das Jugendamt bis hin zum Gesundheitsamt. Ein unternehmerisches Engagement im sozialen Bereich ist so gesehen tatsächlich nicht einfach, sondern erfordert ein sorgfältiges Einarbeiten in Paragraphendschungel und verschiedenster Fachspezifika. Hier wäre ein Vermittler auf Seiten der Gemeinden oder des Landes wünschenswert. Denn wieder besteht die Gefahr, dass sich viele Firmen von dieser „fachfremden" und zeitraubenden Vorarbeit abschrecken lassen.

Fazit

Als Fazit für VAUDE als Corporate Citizen ergibt sich, über die bereits beschriebenen positiven unternehmensinternen Effekte hinaus, Folgendes: VAUDE erweist sich als „Bürger" mit inzwischen weithin anerkanntem sozialem Verantwortungsbewusstsein und sozialer Kompetenz. Über den Aufbau des Kinderhauses konnten viele Kontakte zu gesellschaftlichen Gruppen im Umfeld (z.b. Pfarrgemeinde, Stadt, Behörden etc.) erschlossen oder intensiviert werden. Die so geschaffene Wechselwirkung sorgt für eine starke und vertrauensvolle Verankerung des Unternehmens in der Gesellschaft, die in vielerlei Hinsicht für einen „Vertrauensbonus" sorgt.

Im Hinblick auf die Problematik bei der Umsetzung des Kinderhauses ergeben sich für VAUDE folgende Forderungen an die Politik: Die Zuständigkeiten für das „öffentliche Gut" Kinderbetreuung und Bildung sollten vereinfacht werden, um damit auch Engagement in diesem Bereich besser zu ermöglichen. Damit einhergehen sollte die Gestaltung klarer Konzepte und Bezuschussungsmodelle für betriebliche Initiativen. Letztendlich sollte bzw. könnte unternehmerisches Engagement leicht durch Maßnahmen wie der öffentlichen Auszeichnung und Ermutigung solcher Initiativen, aber vor allem der Vernetzung von interessierten Unternehmen gefördert werden. Die Erfahrungen von VAUDE zeigen, dass das Interesse an solchen Maßnahmen von Unternehmensseite aus groß ist. Die meisten werden jedoch angesichts der undurchschaubaren Vorgehens- und Finanzierungsweise abgeschreckt und ziehen sich schnell wieder auf ihr sicheres wirtschaftliches Terrain zurück.

Zu guter Letzt: VAUDE lässt sich jedoch nicht abschrecken, sondern, ganz im Gegenteil, erschließt bereits wieder neues Terrain, um dem Gemeinwesen einen (unternehmerischen) Dienst zu erweisen. Ab 2006 übernimmt VAUDE das öffentliche Freibad am Firmensitz in Tettnang um dessen Schließung zu verhindern, die aufgrund des städtischen Sparzwangs und Sanierungsbedarfs nicht mehr aufzuhalten war. In dieser aussichtslosen Lage wandte sich der Förderverein an VAUDE. Zunächst probeweise für ein Jahr übernimmt VAUDE die Kosten für Unterhaltung, Betrieb und Personal. Ziel ist es, mit einem unternehmerischen Nutzungs- und Betriebskonzept das Freibad rentabler zu gestalten und damit langfristig zu erhalten.

Hans Wall

Corporate Citizenship der Wall AG

Die Bereitschaft der Wirtschaft gesellschaftliche Verantwortung zu tragen, hat in den letzten Jahren weltweit stark an Bedeutung zugenommen. Der Grundgedanke liegt in der Erkenntnis, dass jedes Unternehmen Teil der Gesellschaft ist und sich daher über sein Eigeninteresse hinaus für eine zukunftsfähige Gesellschaft einsetzen sollte. Doch gemeinnütziger Einsatz zeugt nicht nur von gesellschaftlicher Verantwortung und der Übernahme moralischer Vorbildfunktion, sondern stellt gleichzeitig auch eine ökonomisch kluge und vorausschauende Handlungsstrategie dar. Denn „Gutes zu tun und darüber zu reden" allein reicht nicht aus. Corporate Citizenship muss Teil der strategischen Unternehmensplanung werden. Dabei ist es von hoher Relevanz eine strategisch ausgerichtete Konzeption bezüglich des Corporate Citizenship zu verfolgen, denn die Durchführung von Einzelaktionen, die nicht mit der Gesamtstrategie und dem Kerngeschäft in Einklang stehen, erweist sich hinsichtlich der Glaubwürdigkeit eines Unternehmens als äußerst riskant. Ein Beispiel für diesen ganzheitlichen Ansatz stellt das im Folgenden beschriebene Engagement der Wall AG an der Jens-Nydahl-Grundschule in Berlin dar.

Ausgehend von der begründeten Annahme, Bildung sei die Existenzgrundlage für eine prosperierende Wirtschaft, hatten sich 2005 neun deutsche Unternehmen zur Wirtschaftsinitiative „Wissensfabrik e.V." zusammengeschlossen, um Wissen, Lernkultur und Erfindergeist zu fördern und den Standort Deutschland auf diese Weise zukunftsfähig zu gestalten. In diesem Rahmen hat die Wall AG eine Kooperationsvereinbarung mit der Jens-Nydahl-Grundschule in Berlin-Kreuzberg geschlossen, da hier durch ein einkommensschwaches Umfeld mit hohem Migrantenanteil (94% der Kinder sind nicht deutscher Herkunft) soziale Probleme kumulieren. Der Kontrakt beinhaltet die Einführung des Förderunterrichts „Rechenfix & wortgewandt" für mathematisch begabte Kinder der Schulklassen 3-5. Ziel des Projektes ist es, Kindern dieser Klassenstufen, die ihr mathematisches Leistungsvermögen – bedingt durch mangelnde Sprachkenntnisse – nicht ausschöpfen können, zu unterstützen. Dreißig Kinder werden wöchentlich auf diese Weise gefördert; mathematische und sprachliche Kompetenz sowie naturwissenschaftliches Denken werden gestärkt. Durch die im Unterricht vermittelten Inhalte und die enge

Zusammenarbeit zwischen Schule und Unternehmen werden die Kinder schon früh an wirtschaftliche Zusammenhänge und Mechanismen herangeführt, die nächste Generation bereits jetzt effizient gefördert. Außerdem ist es durch Betriebsbesichtigungen, Besuche der Unternehmenszentrale sowie durch Besuche von Wall-Mitarbeitern in der Schule gelungen, alle Abteilungen der Wall AG an der Kooperationsvereinbarung zu beteiligen. Dadurch werden wiederum positive motivierende Effekte auf die Mitarbeiter erzielt, die zum einen der starken Identifikation mit dem eigenen Unternehmen dienen, zum anderen auch einen Anreiz für weiterführendes privates Engagement schaffen sollen.

Aber natürlich ist die Auswahl von Projekten nicht immer so eindeutig und gradlinig wie in dem beschriebenen Beispiel. Den zentralen Brennpunkt bildet stets die Frage: Welche Projekte passen in das Unternehmensportfolio von Wall? Dies zu entscheiden stellt Tag für Tag eine neue Herausforderung für uns dar. Die Flut von Sponsoring-Anfragen, die uns wöchentlich erreicht, erfordert genaues und sorgfältiges Abwägen. Während die Entscheidungen *für* bestimmte Projekte natürlich stets mit einem positiven Tenor einhergehen, fällt es uns oft schwer, andere Projekte ablehnen zu müssen.

Dabei kann es sich ein Unternehmen langfristig nicht leisten, die „Gute Tat" als Selbstzweck zu verstehen, sondern als eine Investition in die Gesellschaft, die neuerlich positiven Einfluss auf den ökonomischen Erfolg besitzt. Untersuchungen haben nachgewiesen, dass gesellschaftlich engagierte Unternehmen eine höhere Identifikation der Mitarbeiter mit ihrem Unternehmen, eine nachhaltigere Kundenbindung und ein positiveres öffentliches Ansehen aufweisen, als solche, die keinen sozialen Beitrag erbringen. Corporate Citizenship wird zum Wertschöpfungsfaktor.

Auch wenn bereits seit Mitte der 1970er Jahre ein intensiver Dialog über die gesellschaftliche Verantwortung von Unternehmen geführt wurde, so hat sich die Debatte um den gemeinnützigen Einsatz der Unternehmen insbesondere im Kontext der Diskussion um die Folgen der Globalisierung erneut verstärkt. In den USA ist das gesellschaftliche Engagement mittlerweile bedeutender Bestandteil der Unternehmenskultur und -politik geworden, in Europa zeichnen sich vergleichbare Trends ab – wenngleich die Medien in ihrer Berichterstattung ungleich misstrauischer und zurückhaltender reagieren. Während gesellschaftliches Engagement insbesondere in den nordischen und angelsächsischen Ländern eine lange Tradition besitzt und öffentlichkeitswirksam kommuniziert wird, dominieren in manchen Ländern wie etwa Deutschland aus diesem Grund eher verborgene Tätigkeiten. Erfreulicherweise ist man auch hier in jüngerer Zeit dazu übergegangen, unternehmerisches Engagement publikumswirksamer zu diskutieren.

So verdienen beispielsweise die „Wirtschaftswoche" sowie die Spitzenverbände der Wirtschaft Anerkennung, weil sie unter dem Titel „Freiheit und Verantwortung" einen eigenen Wettbewerb initiierten, um überragendes gesellschaftliches Engagement von Unternehmen zu prämieren. Jedoch sind – bei allen guten politischen Appellen – die Bedingungen hierfür in Deutschland noch eher ungünstig: So werden die Unternehmen vor allem durch hohe Steuer- und Sozialabgabenlasten schon von staatlicher Seite zu umfangreichem finanziellen „Engagement für das Gemeinwohl" aufgefordert. Um die Chancen für Corporate Citizenship allgemein verbessern zu können, stellt es eine Notwendigkeit dar, die Rechte- sowie Pflichtendimension der namensgebenden Formel des eben erwähnten Wettbewerbs „Freiheit und Verantwortung" einzuhalten: das Wechselspiel aus staatlich garantierter Freiheit zu wirtschaftlicher Betätigung einerseits und die Zuweisung einer pauschalen und weit reichenden gesellschaftspolitischen Verantwortung an Unternehmen andererseits. Dabei ergäben sich sowohl für das Gemeinwesen, als auch für das Unternehmen selbst Vorteile, Eigen- und Gemeinnutz werden miteinander verbunden. Unternehmerisches Engagement stellt – strategisch geplant und richtig kommuniziert – eine Win-Win-Situation dar, ein Positivsummenspiel mit Gewinnbeteiligung für alle Parteien.

Wirft man einen Blick auf unser Unternehmensumfeld Berlin, wird schnell offensichtlich, dass viele Berliner Projekte im sozialen Bereich, in Kultur oder Sport ohne private Unterstützung nie entstanden wären oder längst vor dem finanziellen Aus stünden. Die Unterstützung von Berliner Museen, Sozial- und Bildungseinrichtungen sowie ein äußerst engagierter Einsatz im Berliner Denkmalschutz sind daher für uns zur Selbstverständlichkeit geworden, denn die Gesellschaft fordert von Unternehmen die Übernahme von Verantwortung und eben dieser gewichtigen Forderung nachzukommen, dazu fühlen wir uns im Rahmen unseres ökonomischen Handlungsportfolios verpflichtet.

Während der Staat seit einiger Zeit konzeptionell und finanziell immer mehr an die Grenzen seiner Aktionsfähigkeit stößt, formen heute vorausblickende Unternehmen als Corporate Citizens den gesellschaftlichen Wandel mit, denn wir können nicht mehr erwarten, dass die Politik alle Probleme allein löst. Mehr denn je sind wir darauf angewiesen, dass Bürger, Vereine und vor allem die Wirtschaft Verantwortung für soziale, kulturelle und ökologische Brennpunkte übernehmen – natürlich jeder im Rahmen seiner Möglichkeiten.

Uwe Franke

Unternehmensverantwortung verbessert die Wirtschaftlichkeit

Theoretischer Rahmen und Hintergrund

Kaum ein Begriff hat in den letzten Jahren so viele Erklärungsansätze provoziert wie Corporate Social Responsibility, die gesellschaftliche Verantwortung von Unternehmen. Wie weit geht die Verantwortung eines Unternehmens? Verantwortung wofür? Wie ergänzen sich Corporate Citizenship und Corporate Social Responsibility? Diese und andere Fragen werden von Experten in verschiedensten Diskussionsforen und mittlerweile auch Studiengängen lebhaft diskutiert.

Die Position der deutschen BP ist eindeutig und einfach: Wir sind integraler Bestandteil unseres gesellschaftlichen Umfeldes und wir wollen positive Impulse für eine langfristige wirtschaftliche und soziale Entwicklung vor Ort geben. Denn letztlich hängt unser wirtschaftlicher Erfolg von einem funktionierenden gesellschaftlichen Umfeld ab. Die CSR-Diskussion hat das Verhältnis zwischen Unternehmen, Staat und bürgergesellschaftlichen Organisationen bereichert und auf ein neues Fundament gestellt. Wir sollten dabei aber nicht vergessen, dass Unternehmen bürgerschaftliches Engagement schon lange vor der Wortprägung CSR praktiziert haben, gerade in Mitteleuropa.

Auch sollten wir CSR im Rahmen unserer Gesamtaktivitäten richtig gewichten. Als privatwirtschaftliches Unternehmen bekennen wir uns zu einer langfristig orientierten Wertschöpfung für den Aktionär (Shareholder Value). Unsere primäre Aufgabe aus Sicht unserer Anteilseigner ist es, wirtschaftlich erfolgreich zu sein. Ohne eine solide wirtschaftliche Grundlage ist ein weiterführendes Engagement schwierig. Gleichwohl müssen wir dafür sorgen, dass CSR zu einer Konstanten wird, die auch in schwierigen Zeiten Bestand hat. Es kann nicht sein, dass CSR-Prinzipien, ethische Standards und Unternehmenswerte außer Kraft gesetzt werden, sobald in einem Geschäftsjahr ein angestrebter Gewinn oder Cash Flow nicht erreicht wird. Auf BP bezogen heißt das: Unser Verständnis von unserer Rolle in der Gesellschaft und unser Verhaltenskodex für Mitarbeiter bleiben verbindlich, unabhängig davon, ob der Rohölpreis bei 60 oder bei 30 US Dollar pro Barrel liegt.

Wir beobachten vereinzelt die Tendenz zu einer Verselbständigung und Überfrachtung der CSR-Diskussion in einem kleinen Kreis von CSR-Spezialisten. Aber Unternehmensverantwortung passiert nicht in einem unternehmensfernen Vakuum, sondern muss in enger Abstimmung mit dem operativen Geschäft ausgerichtet werden.

BP unterscheidet zwischen drei Ebenen der Verantwortung

Zwei Ebenen beschäftigen sich mit unserer Geschäftstätigkeit und dem, was wir selbst kontrollieren und beeinflussen können. Auf grundlegendster Ebene bedeutet Verantwortung Rechtskonformität. Auf der nächst höheren Ebene legen wir universelle Standards für individuelles und kollektives Verhalten fest, die auf jede Aktivität an allen BP Standorten angewandt werden. So mahnt uns der tragische Industrieunfall in der BP-Raffinerie Texas City vor zwei Jahren, dass glaubwürdige CSR prioritär im operativen Geschäft umgesetzt werden muss. Wir müssen imstande sein, unsere hohen Standards in den Bereichen Arbeitsschutz, Integrität, Sicherheit und Umweltschutz an unseren Arbeitsstandorten zu gewährleisten.

Auf der dritten Verantwortungsebene geht es um unseren Beitrag zur Lösung globaler Herausforderungen, die für unsere langfristige Geschäftsstrategie relevant sind. Hier bewegen wir uns außerhalb unseres direkten Kontrollbereichs und sind auf Partnerschaften mit Regierungen, Geschäftspartnern und der Bürgergesellschaft angewiesen. Genannt seien beispielhaft der Klimawandel und die gesellschaftliche und wirtschaftliche Entwicklung in Entwicklungsländern, in denen wir tätig sind.

Das vorrangige Ziel bei der Entwicklung und Umsetzung unserer CSR-Strategie ist demzufolge die Orientierung an den eigenen Kompetenzen, die Kompatibilität mit unternehmenseigenen Zielsetzungen und die Einbettung in die Unternehmensstrategie. Dabei müssen folgende Fragen beantwortet werden: Wo gibt es Überschneidungen bei dem, was benötigt wird und dem, was wir bieten können? In welchen Bereichen kann BP mit ihrer Kompetenz und Erfahrung mithelfen, Entwicklungen voranzutreiben und Lösungen zu finden?

Projektbeispiele

Bezogen auf die oben angesprochene dritte Ebene liegen unsere konkreten Unterstützungsmaßnahmen in Deutschland in den Bereichen Bildung und bürgerschaftlichem Engagement. Wir legen Wert auf langfristig konzipierte Projekte (statt Einmalveranstaltungen oder –spenden), wir binden unsere Mitarbeiter ein, und wir gehen Partnerschaften mit externen Kompetenzpartnern ein, wo dies einen Mehrwert für unsere Projekte und die Gesellschaft schafft.

Ein beispielhaftes Projekt, das wir – zusammen mit dem Bundesnetzwerk Bürgerschaftliches Engagement (BBE) - mittlerweile im dritten Jahr mit viel Erfolg durchführen, ist das Trainingsprogramm „Civil Academy". In der Civil Academy werden junge Menschen mit innovativen Ideen für gesellschaftliches Engagement bei der Entwicklung und Umsetzung ihrer Projekte unterstützt. Ein speziell für diese Zwecke entwickeltes Seminarprogramm vermittelt den Stipendiatinnen und Stipendiaten Inhalte und Methoden aus Wirtschaft und Zivilgesellschaft. Beispielhaft ist die Civil Academy u.a. deshalb, weil hier eine neue Form der Zusammenarbeit von Wirtschaft, Nonprofit-Sektor und Bürgergesellschaft praktiziert wird. Durch die Kooperation zwischen BP und BBE wird das Know-how aus Wirtschaft und gemeinnützigem Bereich verbunden und den Engagierten für ihre Projekte zur Verfügung gestellt.

Unternehmerisches bürgerschaftliches Engagement, das nachhaltig wirken möchte, muss auch die Mitarbeiter fördern und deren gemeinnütziges Engagement würdigen. Aus dieser Motivation heraus haben wir im Oktober 2004 den so genannten Matching Fund eingeführt. Dieses Programm zielt darauf ab, das bürgerschaftliche Engagement der Mitarbeiter und des Unternehmens miteinander zu verknüpfen und gemeinsam einen Beitrag zum Gemeinwohl zu leisten. So verdoppelt die deutsche BP Mitarbeiterspenden und honoriert auch den ehrenamtlich geleisteten Arbeitseinsatz seitens der Mitarbeiter für gemeinnützige Organisationen mit einer entsprechenden Geldspende an diese Organisationen. Pro Jahr stellt BP für jeden Mitarbeiter bis zu 4.000 Euro zur Verfügung. Seit Einführung des Programms haben BP Mitarbeiter über 1 Mio. Euro in Form von Zeit und Geld gespendet, die von BP auf über 2 Mio. Euro verdoppelt worden sind. Die hohe Spendenbereitschaft und das gesellschaftliche Engagement der Mitarbeiter haben das Programm zu einem wertvollen Beitrag für die Gesellschaft werden lassen.

Ein anderes Programm zur Förderung des Mitarbeiterengagements ist der „SeitenWechsel". Hiermit bietet die deutsche BP Nachwuchs- und Führungskräften die Möglichkeit, für eine Woche in den Alltag von sozialen Organisationen zu wechseln. Im Rahmen eines solchen „Seitenwechsels" tauschen sie ihre Büros gegen einen Praktikumsplatz in einer Justizvollzugsanstalt, einem Obdachlosenheim, einem Hospiz oder einer Behindertenschule. Ziel des Programms ist es, sich mit unterschiedlichen Werten und Einstellungen auseinander zu setzen und die soziale Kompetenz der Teilnehmer zu vertiefen.

Über die Deutsche BP Stiftung leisten wir einen Beitrag zur Überwindung von Jugendarbeitslosigkeit in der Förderregion Nordrhein-Westfalen. Die Stiftung unterstützt Programme an der Nahtstelle zwischen Schule und Arbeitswelt, um sozial benachteiligten Jugendlichen den Übergang in Ausbildung und Beruf zu ermöglichen.

Im Bildungsbereich ist das Schulprogramm „BP@Schule" hervorzuheben. Das Besondere an BP@Schule ist, dass dieses Programm in erster Linie auf dem freiwilligen Engagement der Mitarbeiterinnen und Mitarbeiter fußt, die den Schulen für ihre pädagogische Arbeit ihr persönliches Know-how und Ressourcen aus dem Unternehmen zur Verfügung stellen. Um die Wirkung des Programms zu maximieren, haben wir beschlossen, uns thematisch und örtlich zu beschränken: auf die Förderung des Interesses an naturwissenschaftlichen Fächern, und das auch nicht überall, sondern nur an Schulen im Einzugsbereich der großen BP-Standorte. Herausgekommen sind 18 Partnerschaften mit Schulen, in deren Rahmen BP praxisorientiertes Know-how und Material zur Verfügung stellt. Das Spektrum der Kooperationen reicht von Experimenten in chemischen Laboren über Führungen durch BP-Raffinerien bis zu Vortragsveranstaltungen und Workshops zu Themen wie Globalisierung oder Klimawandel. Verbindungslehrer und BP-Schulbetreuer stimmen unterrichtsbezogene Inhalte miteinander ab, so dass eine maßgeschneiderte und nachfrageorientierte Unterstützung entsteht, die sich nahtlos in die Unterrichtsanforderungen einfügt.

Ein Thema, an dem uns besonders liegt, weil auch hier das win-win-Potenzial für Unternehmen und für die Gesellschaft gegeben ist, ist die gesellschaftliche Vielfalt. Demografische Zahlen zeigen, dass die Gesellschaft in Deutschland in Zukunft internationaler, älter, weiblicher und insgesamt zahlenmäßig kleiner wird. Unsere Zukunft wird in jeder Hinsicht vielfältiger und die Chance für Deutschland und für Unternehmen liegt darin, diese menschliche und gesellschaftliche Vielfalt als positive Ressource zu erkennen, wertzuschätzen und zu nutzen. Unsere Vision als Unternehmen beinhaltet eine Kultur der Einbeziehung, in der jedes Mitglied unserer vielfältigen Belegschaft sein Potenzial voll entfalten und so zum Geschäftsergebnis beitragen kann. Bereits seit einigen Jahren befassen wir uns mit diesem Thema und setzen es in unseren Arbeitsabläufen um.

Diese Erfahrungen und Kompetenzen, die wir dabei gewonnen haben, wollen wir mit anderen Unternehmen, mit der Politik und der Zivilgesellschaft teilen. So hat BP im Dezember 2006 die Initiative „Diversity als Chance – Charta der Vielfalt der Unternehmen in Deutschland" mitinitiiert und unterschrieben. Schirmherrin dieser Initiative ist Bundeskanzlerin Dr. Angela Merkel. Diversity soll durch diese Charta und einen begleitenden Erfahrungsaustausch in Deutschland stärker bekannt gemacht werden. Die Unterzeichner verpflichten sich mit der Charta u.a. ein Arbeitsumfeld zu schaffen, das frei von Vorurteilen ist und in dem alle Menschen Wertschätzung erfahren, unabhängig von Geschlecht, Rasse, Nationalität, ethnischer Herkunft, Religion oder Weltanschauung, von Behinderung, Alter und sexueller Identität.

Zusammenfassung

Aus den Beziehungen zwischen Aktionären, Unternehmen, Mitarbeitern und Gesellschaft sollen alle Beteiligten einen Nutzen ziehen können. Dies ist der rote Faden, der sich durch die hier genannten und weitere CSR-Projekte und Maßnahmen der deutschen BP zieht. CSR ist weder ein notwendiges Übel noch ein vom eigentlichen Geschäftsinteresse ablenkender Ablass, wie manche Kritiker immer noch behaupten. Vielmehr ist gesellschaftliche Verantwortung - richtig verstanden und im Unternehmen eingebettet - eine Chance zur langfristigen Verbesserung der Wettbewerbsfähigkeit und Nachhaltigkeit eines Unternehmens. Auf den Punkt gebracht: Good business und good for business.

Sandra Suppa

Engagement von Faber-Castell

> *„Für angemessene Arbeitsbedingungen all meiner Beschäftigten weltweit zu sorgen, ist für mich als Vertreter der sozialen Marktwirtschaft in Deutschland eine Verpflichtung, als Inhaber eines der ältesten deutschen Industrieunternehmen ist es eine Tradition. Und als Mensch für mich eine Selbstverständlichkeit"*, Anton W. Graf von Faber-Castell.

In der Unternehmenstradition sozialer Verantwortung

Das Unternehmen Faber-Castell blickt auf eine lange Tradition sozial und ökologisch verantwortlichen Handels zurück und engagiert sich seit vielen Generationen für Menschen innerhalb und außerhalb des Unternehmens. Schon Lothar von Faber gründete 1844 eine der ersten Krankenkassen und 1851 einen der ersten Kindergärten Deutschlands. Für die Mitarbeiter wurden Werkswohnungen gebaut, für Kinder Schulen gegründet und Bibliotheken eingerichtet. Damit setzte sich das Unternehmen frühzeitig für Citizenship-Rechte ein, wie das Recht auf Bildung und Gesundheitsfürsorge. Eine Unternehmenskultur, die im Hause seither gewahrt wird und als Chefsache gilt. Anton Wolfgang Graf von Faber-Castell, achte Unternehmergeneration: „Tradition bedeutet, nicht die Asche zu bewahren, sondern die Glut. Der Erfolg von Faber-Castell über die Jahrhunderte hinweg basiert auf der Wertschätzung langjähriger Erfahrung, dem Streben danach, gewöhnliche Dinge ungewöhnlich gut zu machen, der Aufgeschlossenheit gegenüber neuen Ideen sowie einem verantwortungsvollen, unternehmerischen Handeln. Diese Werte gelten nicht nur für die Marke, sondern für das gesamte Unternehmen und sichern unsere Identität sowie unseren langfristigen Erfolg."

Die Kernwerte der Marke und des Unternehmens

Anfang der 1990er Jahre setzt Faber-Castell eine konsequente, strategische Neuausrichtung des Marken- und Erscheinungsbilds durch und restrukturiert das Sortiment in fünf Kompetenzfelder. Aus dem neuen Selbstverständnis des Unternehmens und basierend auf dem Konzept des „Lebensbegleiters" entwickelt es zehn Unternehmensleitlinien zu den Themen Herkunft, Mitarbeiter, Innovation, Marke, Produkte, Kundennutzen, Umwelt, Globalisierung, Organisation und Zukunft. Nach der Jahrtausendwende kristallisierten sich hieraus die vier „brand essentials" – Kernwerte der Marke, die auch für das Unternehmen, die Produkte und Dienstleistungen gelten. Um diese Werte für die Mitarbeiter im Alltag greifbar zu machen, entstanden aus diesen Kernelementen Handlungsempfehlungen für alle Unternehmensbereiche, die nicht als starre Doktrin gedacht waren, sondern als Hilfsmittel in einem immer komplexer werdenden und international vernetzten Arbeitsumfeld dienen. Sie geben allen Mitarbeitern Orientierung für ihr tägliches Handeln – sowohl im internen als auch im externen Kontext.

Ethik als Anreiz für nachhaltiges Wachstum

„Unternehmensethik bedeutet für mich, sich „anständig zu verhalten" nicht nur gegenüber Menschen, die in besonderem Maße von einem Unternehmen abhängig sind, sondern auch gegenüber Partnern wie Kunden und Lieferanten. Diese ‚Anständigkeit' basiert auf Werten wie sozialer Verantwortung, Vertrauen, Ehrlichkeit und fairem Umgang miteinander," Anton W. Graf von Faber-Castell.

Eine Organisation, die von vertrauensvoller Zusammenarbeit geprägt ist – und hierzu gehören Fördern und Fordern – handelt unbürokratischer und damit schneller. Neue Ideen werden leichter und effizienter diskutiert und verwirklicht. Demnach gilt es, Ethik als Anreiz und Chance zu erkennen, um nachhaltiges Wachstum zu generieren. Andererseits setzt das Gewähren von überdurchschnittlichen sozialen Leistungen die Profitabilität des Unternehmen voraus.

Die internationale Faber-Castell Sozialcharta

Doch wie führt man erfolgreich ein global operierendes Unternehmen, das seine Nähe zum Markt und zu den Rohstoffen durch eine dezentrale Firmenstruktur beweist und eigene Produktionsstätten auch in Entwicklungsländern betreibt?

Faber-Castell versteht sich nicht als exportorientiertes deutsches Unternehmen, sondern als internationales Unternehmen mit deutschen Wurzeln. Schon früh wurde der Konzern dezentralisiert und den drei Vertriebs- und Vermarktungsregionen viel Eigenständigkeit eingeräumt. Aus einem positiven Verständnis der Globalisierung heraus und basierend auf den weltweit übereinstimmenden sozialen Werten innerhalb der Gruppe erarbeitete Faber-Castell in Kooperation mit der IG

Metall eine internationale Sozialcharta, die für alle Gesellschaften weltweit gilt und die im März 2000 gemeinsam unterzeichnet wurde. Diese international gültige Vereinbarung gehört in ihrem Umfang zu den ersten ihrer Branche. Mit ihr verpflichtet sich Faber-Castell freiwillig, in allen Gesellschaften der Unternehmensgruppe die von der Internationalen Arbeitsorganisation (ILO) empfohlenen Beschäftigungs- und Arbeitsbedingungen zu gewährleisten. Dazu gehören zum Beispiel das Verbot von Zwangs- und Kinderarbeit, die Zahlung von Mindestlöhnen oder die Gleichbehandlung der Mitarbeiter.

Ein so genanntes Monitoring Committee, bestehend aus Vertretern des Unternehmens und den Gewerkschaften, trifft sich mindestens alle zwei Jahre in jeder der drei Vertriebsregionen und überwacht die Umsetzung der Vereinbarung. Diese Form der Kooperation ist neu und beispielgebend.

Konstantes Lernen statt starrer Regeln

Für Faber-Castell bedeutet das, dass man den Anspruch an die Umsetzungsmöglichkeiten in den einzelnen Ländern realistisch einschätzen und schrittweise – im Sinne eines kontinuierlichen Verbesserungsprozesses – vorgehen muss. Gerade wenn es noch keine eingespielten Verhandlungsprozesse zwischen den Kollektivpartnern gibt, kann es durchaus zu Konflikten kommen. Hier fühlt sich Faber-Castell gefordert, moderierend einzuwirken und auch der Gewerkschaftsseite die Bedeutung von realistischen Forderungen und fairen Verhandlungsprozessen deutlich zu machen.

„Natürlich verweisen die Länderchefs immer wieder auf die ‚kulturellen Besonderheiten' ihres jeweiligen Landes. Faber-Castell ist permanent mit Geschäftsführern, Mitarbeitern und Gewerkschaftsvertretern zu Themen der Sozialcharta vor Ort im Gespräch, um das gegenseitige Verständnis und die jeweiligen Werthaltungen, Erwartungen und operativen Hindernisse weiterzuentwickeln" erklärt Martina Szautner, Director Corporate Human Resources der Faber-Castell AG. „Dieses geschieht auch aus der festen Überzeugung, dass man die Mitarbeiter vor Ort einschalten muss, um konkrete Veränderungen und Verbesserungen herbeizuführen. Wer bei der Einführung eines zentral entwickelten Verhaltenskodexes landesspezifische Besonderheiten der Kultur, der Gesellschaft oder des Gesetzgebers nicht berücksichtigt, braucht sich nicht zu wundern, wenn die Akzeptanz vor Ort nicht da ist und es zu Widerständen kommt."

Außerdem nutzt Faber-Castell den Vorteil, in jeder seiner Vermarktungsregionen Europa, Lateinamerika und Asia Pacific mit mehreren Gesellschaften vertreten zu sein. „Wir sehen uns ganz bewusst nicht als Zentrale, die weiß, wie man es richtig macht, sondern fungieren als Drehscheibe, die Erfahrungen aus einer Gesellschaft an die andere weitergibt und Austausch miteinander organisiert. Damit wird der Prozess von einer ‚Vorgabe von Regeln' zu einem ‚Lernen voneinander' und mit diesem Ansatz haben wir bislang gute Erfahrungen gemacht" so Martina Szautner. Derzeit arbeitet Faber-Castell an einem Konzept zur Ausweitung der Sozialcharta auf seine Zulieferer. Schon 2003 hatte das Unternehmen mit der bundeseigenen Deutschen Gesellschaft für technische Zusammenarbeit (GTZ) ein ‚Public Private Partnership–Projekt' in Indien initiiert, um seine Zulieferer vor Ort für dieses Thema zu sensibilisieren.

Die Graf von Faber-Castell Kinderfonds-Stiftung

Aus der Verantwortung der Sozialcharta heraus entstand auch die Idee, eine Kinderfonds-Stiftung ins Leben zu rufen, um Kinderhilfsprojekte vor allem in Entwicklungsländern zu fördern. Die Hilfe geschieht unabhängig von Nationalität oder Religion. Vor allem Kindergärten, Schulen, Kinderkrankenhäuser, ambulante und stationäre Kinderbetreuungsprojekte, Waisenheime und nachweislich organisierte Gruppierungen, in denen Kinder sinnvoll betreut werden, werden von der Stiftung unterstützt. „Die Graf von Faber-Castell Kinderfonds-Stiftung macht es sich zum Anliegen, Kindern zu helfen, die kaum eine Chance haben, ihre Lebensumstände aus eigenerer Kraft zu verbessern. Durch das Engagement in unterschiedlichen humanitären Hilfsprojekten wollen wir möglichst vielen Kindern eine faire Chance für die Zukunft geben – und dies bereits mit verhältnismäßig geringen Mitteln" so A.W. Graf von Faber-Castell.

Nachhaltige Wälder als umweltschonende Ressourcen

Doch nicht nur soziale Projekte, auch ökologisches Engagement zählt zu den nachhaltigen Themen, die das Unternehmen ernst nimmt und die seine Zukunft sichern. Als größter Einzelproduzent (1,8 Milliarden Blei- und Farbstifte p.a.) hat Faber-Castell vor mehr als zwei Jahrzehnten damit begonnen, im Südosten Brasiliens ein eigenes, einzigartiges Holzversorgungsprogramm zu entwickeln. In der „brasilianischen Savanne" – mehr als 2.500km vom Amazonas-Regenwald entfernt – wurden dazu auf kargem, sandigem Boden inselförmige Wälder mit Pinienbäumen angelegt. Die verwendete Pinie (Pinus Caribea) wächst dort vergleichsweise schnell und ist bereits nach 15-20 Jahren schlagreif. Nach jahrzehntelanger Pionierarbeit umfassen die Holzplantagen inzwischen eine Größe von 10.000 Hektar. Zur Nachhaltigkeit werden jährlich rund 1 Million Piniensetzlinge nachgepflanzt. In jeder Stunde lässt Faber-Castell auf diese Weise 20m³ Holz nachwachsen – mehr als benötigt ist für die eigene Holzstiftproduktion. Die Aufforstung geschieht unter Einsatz moderner Plantagentechnik und unter Berücksichtigung von vorhandener Flora und Fauna. Seit 1999 sind die brasilianischen Holzplantagen FSC-zertifiziert (Forest Stewardship Council) – dem weltweit anspruchsvollsten Zertifikat für „umweltschonende, sozial faire und nachhaltige Waldwirtschaft". Die ausgedehnten Pinienwälder dienen allerdings nicht nur zur Holzversorgung. Sie bieten auch Lebensraum für zahlreiche, zum Teil seltene Tierarten. So beherbergen die Plantagen 136 Vogel- und 37 Säugetierarten – bis hin zum extrem scheuen Guara-Wolf. Nicht zuletzt durch Zusammenarbeit mit örtlichen Universitäten gelingt dem forstwirtschaftlichen Management die sinnvolle Synthese zwischen Ökonomie und Ökologie.

Innovativ und umweltfreundlich: Die Wasserlack-Technologie

Ein weiteres Beispiel umweltorientierter Pionierarbeit belegt Faber-Castell bei der Lackierung von Blei- und Farbstiften. In Stein bei Nürnberg erhalten fast alle Stifte einen umweltfreundlichen Wasserlack. Bei diesem Verfahren wechselte Faber-Castell von herkömmlichen Lacken mit organischen Lösungsmitteln zu umweltfreundlichen Wasseremulsionen – eine selbst entwickelte Technologie, die vom damaligen Umweltminister Klaus Töpfer (UN Executive-Director für Umweltprogramme) persönlich eingeweiht wurde. Mit der Wasserlacktechnologie setzte Faber-Castell weltweit neue Maßstäbe auf dem Gebiet der Stiftlackierung.

Kunst- und Kultursponsoring als Standortförderung

Nachhaltiges Wirken kann bei einem international operierenden Unternehmen auch unmittelbar vor der Haustür stattfinden. „Ich verstehe mich als verantwortungsbewussten Corporate Citizen – Unternehmerbürger – auch in der Rolle eines regionalen Kunst- und Kulturförderers. Dies ist einerseits ein Ausdruck meiner Standortverbundenheit und zugleich eine Maßnahme zur kulturellen Aufwertung der Region um Nürnberg", Anton W. Graf von Faber-Castell. Der Graf erweckte das Schloss in den 1980er Jahren aus seinem ‚Dornröschenschlaf'. Heute verbindet es als besonderen Ort für Ausstellungen und Veranstaltungen Historie und Gegenwart und ist seit kurzem jeden dritten Sonntag für die Öffentlichkeit zugänglich. Die detailgetreue Sanierung des historischen Gebäudebestandes hat in den vergangenen fünf Jahren bereits 15 Millionen Euro gekostet. Weitere 10 Millionen Euro werden für die nächsten fünf Jahre veranschlagt. „Die Wirtschaft braucht die Kunst und Kultur in ihrer Vielfalt besonders dort, wo Unternehmen angesiedelt sind. Ein reichhaltiges kulturelles Angebot ist ein Wettbewerbsvorteil. Kulturell attraktive Städte und Regionen ziehen qualifizierte Führungskräfte mit ihren Familien an. Kultur regt an, verbindet und schafft auf höherem Niveau Gleichgesinnte. Das Image der Region wird verbessert, Innovationen werden in die Region geholt, die Standortattraktivität für Unternehmen und die Lebensqualität der Bevölkerung erhöht", Anton W. Graf von Faber-Castell. Vor diesem Hintergrund und mit dem Ziel, die Kreativität von Kindern und Erwachsenen gleichermaßen zu fördern, unterstützt Faber-Castell beispielsweise regionale Künstler.

Verantwortung in der sozialen Marktwirtschaft

A.W. Graf von Faber-Castell: „Als Unternehmer zählt für mich die langfristige, erfolgreiche Absicherung des Unternehmens und nicht kurzfristiges Gewinnstreben. Für die Sicherung der Arbeitsplätze sind das ständige Optimieren der Produkte und deren Kundennutzen sowie der Erhalt der Wettbewerbsfähigkeit von entscheidender Bedeutung. Außerdem ist für den langfristigen Erfolg auch eine stringente Markenführung und personelle Kontinuität mit qualifizierten und motivierten Mitarbeitern wichtig. Nur mit nachhaltig hoher Ertragskraft können wir uns ein überdurchschnittlich hohes soziales Engagement leisten."

Mediale Beobachter/innen

Christian Ramthun

Die Macht des Guten

Als die WirtschaftsWoche am 21. September 2000 zum ersten Mal über Corporate Citizenship berichtete, gab es erstaunliche Reaktionen. Zunächst einmal überraschte die hohe Zahl an Zuschriften und Anrufen. Im Normalfall äußern sich Leser nur, wenn sie sich ärgern oder provoziert fühlen. In diesem Fall hagelte es jedoch Lob, Anerkennung und Ermutigung weiter über das Thema Corporate Citizenship zu berichten.

Ein Anrufer, der bei einem Münchner Unternehmen arbeitete und dort für Nachhaltigkeit und gesellschaftliches Engagement zuständig war, erzählte, er habe den betreffenden Artikel „Gutes tun mit Profit" aus der WirtschaftsWoche gleich eingescannt und per E-Mail durchs Haus geschickt; und er sei der WirtschaftsWoche dankbar, dass er nun von Vorgesetzten und Kollegen nicht mehr als „Spinner und rote Zecke" behandelt werde.

Corporate Citizenship galt als Good Will ohne Return on Investment. Als ein weiches Thema, das keine harten Schlagzeilen lieferte und einfach zu gut war, um wahr zu sein. Eines, mit dem sich in der Presse keine Auflage machen ließ. Typisch war die gleichlautende Meinung von einigen Kollegen: Wenn Unternehmen Gutes tun und dies kommunizieren möchten, sollen sie doch bitteschön eine Anzeige schalten. CC passte nicht ins klassische journalistische Verständnis des Only-bad-news-are-good-news hinein, von der üblichen Kapitalismus-Skepsis ganz zu schweigen. Insofern darf sich die WirtschaftsWoche zugute halten, zu den publizistischen Wegbereitern von Corporate Citizenship hier zu Lande zu zählen.

Zahlreiche Glücksritter tummelten sich zu Beginn dieses Jahrzehnts auf dem neuen Terrain und versuchten, über dubiose Rankings Unternehmen zu zwingen, ihre Beratungsleistungen in Anspruch zu nehmen. „Der Ablasskapitalismus - Das Geschäft mit dem guten Gewissen" titelte die WirtschaftsWoche im Juni 2005 und empfahl Unternehmen, Corporate Citizenship für sich selbst zu definieren. Dieser Beitrag war übrigens nicht, wie manche Bekannte besorgt mutmaßten, eine Abkehr der WirtschaftsWoche von Corporate Citizenship, sondern das genaue Gegenteil - nämlich der Versuch, Corporate Citizenship vor seiner Pervertierung zu bewahren.

Tatsächlich entwickelt sich seither Corporate Citizenship für immer mehr Unternehmen zum Business Case. Sie befassen sich mit gesellschaftlichen Problemen und suchen nach betriebswirtschaftlichen Lösungen. Sie beziehen dabei selbst unbequeme Nichtregierungsorganisationen in ihre Management-Matrix ein, um von Konfrontation auf Kooperation umzuschalten. Corporate Citizenship ist ein strategisches Management-Instrument geworden.

Die wundersame Wandlung vieler Unternehmen vom gesellschaftlichen Problemfall zum Problemlöser lässt sich derzeit bei der Diskussion um den Klimaschutz gut beobachten. Autohersteller werben mit ihren Fortschritten beim Spritverbrauch und Schadstoffemissionen. Bei der Forschung konzentrieren sie sich (wieder, nachdem frühere Anläufe zum Drei-Liter-Auto kaum Kunden anlockten) auf energiesparende Motoren und alternative Antriebe. Die Lufthansa wirbt für „das größte Klimaschutzprojekt": die Optimierung der Flugsicherung in Europa, wo 47 nationale Behörden mit 22 unterschiedlichen Betriebssystemen mehr neben- als miteinander arbeiten und die Flugzeuge zu unnützen Warteschleifen zwingen. Allein die Lufthansa könnte bei einer harmonisierten Flugsicherung ungefähr 142.000 Tonnen Kerosin sparen - zugunsten des Unternehmens und zugunsten der Umwelt.

Mit zunehmendem Wohlstand wächst der Druck auf die Unternehmen, sich als guter Bürger der Gesellschaft zu verhalten. Und umgekehrt zahlt sich gesellschaftliches Engagement für Unternehmen umso mehr in einer Wertschätzung ihrer Produkte aus, je mehr Geld die Kunden in der Tasche haben. Schließlich gilt die Brecht'sche Gesetzmäßigkeit: Erst nach dem Fressen kommt die Moral.

Die wachsende „Macht des Guten", so lautet der Titel der WirtschaftsWoche in der Ausgabe vom 17. September 2007, lässt sich besonders gut in den Einzelhandelsregalen beobachten. Immer mehr Kunden verlangen „faire" Produkte von gesellschaftlich, sozial und ökologisch verantwortlichen Unternehmen. Und diese profilieren sich ihrerseits, so zum Beispiel der Hamburger Versandhändler Otto oder der Düsseldorfer Waschmittel- und Kosmetikkonzern Henkel. Die öffentliche Wahrnehmung sei für nachhaltiges Wirtschaften in jüngster Zeit gereift, heißt es beim Otto-Konzern, der sich schon seit vielen Jahren gesellschaftlich engagiert - und nun erst dafür vom obersten Souverän der Marktwirtschaft, dem Kunden, honoriert wird.

Amerika und Großbritannien sind dabei einmal mehr Vorreiter, gerade was auch die Begrifflichkeit betrifft. Dort gelten große Teile der Bevölkerung bereits als Lohas - die Abkürzung steht für Lifestyle of Health and Sustainability. Auf die Deutschen mit ihrem ausgeprägten Sinn für Umweltschutz und soziale Gerechtigkeit trifft dies ganz sicherlich ebenso zu - auch wenn wir hier zu Lande leider nicht so griffige Bezeichnungen kreieren. Dies hängt vielleicht damit zusammen, dass wir lieber Gutes tun als groß darüber reden.

Je mehr wir aber darüber reden, umso mehr lohnt es sich für Unternehmen, Gutes zu tun. Inzwischen haben viele Medien in Deutschland flächendeckend das Thema Corporate Citizenship für sich entdeckt. Auch dies lässt darauf schließen, dass das gesellschaftliche Engagement von Unternehmen nachhaltig und unumkehrbar in Deutschland um sich greift.

Am Ende kann Corporate Citizenship im Land von Marx und Engels sogar dazu beitragen, das Verhältnis zwischen Gesellschaft und Wirtschaft nachhaltig zu entspannen. Für Deutschland eine stille Revolution.

Jürgen Schultheis

CSR und CC – ein schwieriges und unterschätztes Thema in den Medien

„Das Wahre ist das Ganze."
G.W.F. Hegel
Phänomenologie des Geistes[1]

"Corporate Social Responsibility is and always has been about values, value awareness, value change and value creation. The debate is about the kinds of values that nourish and sustain human and community life."
W. C. Frederick
Yes, Virginia, there is a Corporate Social Responsibility[2]

Deutsche Medien berichten über die gesellschaftliche Verantwortung der Unternehmen (Corporate Social Responsibility, CSR) und über Unternehmen als „gute Bürger" (Corporate Citizenship, CC) inzwischen ebenso häufig wie teilweise inkonsistent. Wo die Artikel die Handlungs*orientierung* (CSR) der Unternehmen zum Thema machen, unterliegen sie je nach Anlass einer medientypischen Themenkonjunktur, in deren Verlauf der potenziell produktive Ansatz des CSR-Konzeptes betont wird oder umgekehrt die angeblichen Risiken und negativen Konsequenzen benannt werden. Die Medien entwickeln solche Argumentation pro oder contra CSR zuweilen nicht aus der Sache selbst, sondern aus einer medienimmanenten Rationalität, nach der Themen, die Konjunktur auf dem Meinungsmarkt haben, auch gegen den Strich gebürstet werden müssen, um Aufmerksamkeit zu erregen. Wo die Artikel die Handlungs*praxis* (CC) zum Thema machen, gelingt zwar immer häufiger die Berichterstattung über Unternehmen als good corporate citizens, aber allzu oft binden die Medien den Einzelfall nicht konsequent in die Handlungsorientierung der Unternehmen ein.

Die Argumentationen pro oder contra CSR sind in der Regel ahistorisch und ideengeschichtlich kaum oder nicht fundiert. Wo ideengeschichtliche Verweise verwendet werden, reichen sie praktisch nie über ein halbes Dutzend Zitate des

---

[1] Hegel 1984: 24
[2] vgl. Frederick 2007

Marktliberalen Milton Friedman oder über zwei, drei klassische Sätze des Moralphilosophen Adam Smith hinaus, der seines ethisch-moralischen Handlungsgerüstes in solchen Darstellungen längst beraubt ist. Nur selten zitieren Medien Wirtschaftsethiker der Gegenwart. Die Argumentation bei CC ist weniger problematisch, weil gute Beispiele im Regelfall nicht kritisiert oder nur dann kritisch beleuchtet werden, wenn aus einem allgemeinen Vorbehalt gegen CC als Handlungspraxis berichtet wird. Unternehmen stehen aus dieser Perspektive generell im Verdacht, bloße PR zu betreiben und alles praktische Wirken als Ablenkungsmanöver zu betreiben.

Im Blick auf die Neubestimmung des Verhältnisses von Wirtschaft, Gesellschaft und Staat aus der Perspektive der Bürgergesellschaft (civil society) binden die deutschen Medien CSR und CC nur selten oder gar nicht in eine Reform-Diskussion ein, die über die klassisch-politischen Themen und ihre Repräsentanten in Parteien und Verbänden hinausgeht. Auch wenn die Zahl der Berichte zu den Themen CSR und CC steigt und damit langsam Bewusstsein in der Öffentlichkeit stimuliert wird, gibt es kaum Beiträge, die den Versuch einer Gesamtschau unternehmen und die Verantwortung der Unternehmen und die der Bürger/Verbraucher für Staat und Gesellschaft als Teil eines neuen zivilgesellschaftlichen Gesamtkonzeptes herausarbeiten. Die politisch-gesellschaftliche Dimension der CSR- und CC-Konzepte ist deshalb in der deutschen Öffentlichkeit noch weitgehend unerkannt und in der Wissenschaft noch unzureichend erforscht, obgleich US-Manager nach Angaben von Roland Berger den Europäern inzwischen Vorbildfunktion bei CSR zuschreiben[3].

Im Juni 1892 beschließt die Geschäftsführung eines Walzblechwerkes am Monongahela River in Pennsylvania (USA), die Hungerlöhne der 3800 Arbeiter um 18 Prozent zu senken. Dem Konzern, zu dem das Walzblechwerk gehört, geht es gut: Der Gewinn nach Steuern liegt bei stattlichen 4,3 Millionen Dollar und die Produktionskosten liegen um ein Fünftel unter denen der Konkurrenz. Doch der Chef des Konzerns will die Konkurrenz nicht nur unterbieten, er will sie vernichten. Vier Monate halten die streikenden Arbeiter durch, wehren einen Angriff bewaffneter Detektive von Pinkerton ab, bis sie schließlich kapitulieren und die Lohnkürzung akzeptieren. Die Niederlage hat Folgen: In den Jahren danach drückt der Konzernherr trotz eines unvermindert florierenden Geschäfts die Löhne um weitere 20 Prozent und verlängert die Schichten der Arbeiter von acht auf zwölf Stunden.

Das Nordamerika an der Wende vom 19. zum 20. Jahrhundert hat für solche Männer wie Andrew Carnegie, den großen Stahlmagnaten und Eigner des Walzblechwerks am Monongahela River, einen Namen: Man nennt sie Räuberbarone,

---

[3] www.presseportal.de/pm/32053/977114/roland_berger_strategy_consultants

und es sind Männer wie Rockefeller, Vanderbilt und Gould, die sich neben Carnegie mit ihren rücksichtslosen Geschäften den schlechten Ruf hart erarbeitet haben. Carnegie hat zwar später einen Teil seines Vermögens an Stiftungen und Bildungseinrichtungen gegeben und damit seinen Namen in die Geschichtsbücher geschrieben. Die Namen seiner Arbeiter aber, die Carnegies Reichtum erwirtschaftet haben, sind heute vergessen.

115 Jahre später ist die Erinnerung an die radikale soziale Unverantwortlichkeit des Andrew Carnegie verblasst und vergessen, weshalb die „Financial Times Deutschland" in einem Artikel über Corporate Social Responsibility mit dem Titel „Selbstmörderischer Impuls" (vgl. Gersemann 2007) ohne Scheu und ausdrücklich auf Carnegie verweisen kann. Dass sich Manager heute „sozial verantwortlich" nennen, bezeichnet der Autor als gefährlich und kommt zum Schluss, dass CSR-Aktivitäten „schlicht auf Kosten der Gewinne gehen". Warum nicht lieber das Geld ausschütten und die Eigentümer von börsennotierten Unternehmen selbst entscheiden lassen, was sie mit ihrem Geld machen? „Man denke nur an das soziale Engagement von Unternehmerfamilien wie den Carnegies und Rockefellers...."

Das Beispiel mag extrem und ein Beleg sein, wie sich manche Medien heute ohne begriffliches Gerüst und ohne tiefere Kenntnis der Wirtschaftsgeschichte dem komplexen Thema CSR nähern und nicht fragen, wann ein Unternehmen ein good oder bad corporate citizen ist. Es mag schon deshalb ein drastischer Fall sein, weil in der gleichen Zeitung gerade eben noch auf die gesellschaftlich positiven Effekte von CSR verwiesen und zahlreiche Beispiele gebracht worden sind, wie Unternehmen mit CSR-Strategien auch Geld verdienen können[4], um ein paar Monate später dann gerade das Gegenteil zu behaupten. Ein Einzelfall ist es in dieser Widersprüchlichkeit und in der manchmal mangelnden Fundiertheit dennoch nicht. Die CSR-Berichterstattung ist in deutschen Medien heute oft fallbezogen, auf einen konkreten Fall beschränkt und gelegentlich nicht schlüssig. Die CC-Berichterstattung über die Handlungspraxis der Unternehmen und ihr Auftreten als good corporate citizen gelingt dagegen häufiger[5], weil der einzelne und konkrete Fall der Funktionslogik der Medien entgegen kommt, die sich leichter damit tun, handelnde Personen aktualitätsorientiert darzustellen.

---

[4] CSR-Beilagen der Financial Times Deutschland vom 7. Dezember 2005 („Der Gesellschaft verpflichtet") und vom 31. Mai 2006 („Gutes tun und daran verdienen")

[5] Holger Backaus-Maul, Corporate Citizenship im deutschen Sozialstaat, Aus Politik und Zeitgeschichte, B14/2004, 23ff. www.bpb.de/publikationen/E7NGH7,0, Corporate_Citizen ship_im_deutschen_Sozialstaat.html. Eine andere Auffassung vertreten Frank Heuberger/Maria Oppen/Sabine Reimer, Der deutsche Weg zum bürgerschaftlichen Engagement von Unternehmen, in: Betrifft Bürgergesellschaft, Nr. 12, Friedrich-Ebert-Stiftung, http://library.fes.de/pdf-files/stabsabteilung/02261.pdf

Auch wenn es Ausnahmen gibt - die Darstellung dieser Handlungs*praxis* wird im Blick auf den Einzelfall nur selten als Phänomen einer neuen Handlungs*orientierung* wahrgenommen und begriffen. Das beeinträchtigt zwar nicht das Verständnis des Einzelfalles, verstellt aber den Weg hin zu einem umfassenderen Verständnis der gesellschaftlichen Wechselwirkung unternehmerischen Engagements. Die Bedeutung des Prozesses zu ermessen, wird damit unmöglich. Ein gut begründetes Grundverständnis, das die Begriffe CC und CSR in einem Zusammenhang erfasst, der Aspekte der wechselseitigen Wirkungen auf Gesellschaft, Staat und Wirtschaft benennt, eine kritische Bewertung und die Relevanz von CSR und CC für die aktuelle Reform-Debatte im Kontext globaler Wirtschafts- und Verantwortungsbeziehungen – ein ohne Zweifel ambitioniertes, gleichwohl notwendiges Projekt - unternehmen hier zu Lande nur wenige Medien. Selbst das für den Neuen Wirtschaftsjournalismus bekannte „brand eins", das konsequent über positive Beispiele eines anderen Wirtschaftens berichtet, vermochte es in der Schwerpunktausgabe „Verantwortung"[6] nicht, im Einführungsessay den Begriff CSR im Zusammenhang mit dem Titelthema Verantwortung einzuführen und ihn im politisch-gesellschaftlichen Bedeutungsraum auszumessen. Ohne ideengeschichtlichen und historischen Bezug zum CSR-Begriff arbeitet sich der Autor an der Frage ab, was und wer Verantwortung hat und in welchem Maße diese Verantwortung überhaupt wahrgenommen werden kann, ohne den nächsten Schritt zu gehen und nach den wichtigen Akteuren in Wirtschaft und Gesellschaft zu fragen. Während das Magazin beim Ausmessen der Handlungsorientierung (CSR) zum guten Teil scheitert, gelingt das Ausmessen der Handlungspraxis (CC) umso besser - auch wenn mit den Praxisbeispielen und den Interviewpartnern die in den Medien am häufigsten genannten Beispiele präsentiert werden.

CSR ist bislang kein Begriff, mit dem deutsche Medien versuchen, den Wirtschaftsprozess von Unternehmen und die Einwirkungen auf Gesellschaft und Umwelt systematisch zu erfassen – so wie es etwa Finanzjournalisten gewohnt sind, bei Bilanzpressekonferenzen die Kernzahlen des Unternehmens und die Perspektiven für die künftige Entwicklung im Blick auf die Bewertung des Unternehmens abzufragen. Das kann zu merkwürdigen Resultaten führen: Zwei Wochen vor der Veröffentlichung des Artikels in der „Financial Times Deutschland" veröffentlichte „Die Zeit" ein Interview mit dem Nestlé-Vorstandschef Peter Brabeck-Letmathe[7]. „Raubbau am kostbarsten Gut" lautet der Titel des Interviews, dessen zentrales

---

[6] Vom Modebegriff zum Wirtschaftsfaktor: Verantwortung. In: brand eins. Heft Nr. 10, Dezember 2004

[7] „Raubbau am kostbarsten Gut", Gespräch von Rüdiger Jungbluth und Marcus Rohwetter mit Nestlé-Chef Peter Brabeck-Letmathe. In: Die Zeit. 4. April 2007, S. 25

Thema Wasser ist. Das Gespräch ist ein Lehrbeispiel für einen mit Fakten hervorragend präparierten Konzernchef, der zwei Journalisten soviel Informationshäppchen zuwirft, dass die Interviewer gar nicht mehr wissen, nach welchem Häppchen sie schnappen sollen und dabei – ganz im Sinne des Interviewten - die entscheidende Frage aus dem Auge verlieren: Wie erfüllt ein Konzern wie Nestlé seine gesellschaftliche Verantwortung, die in seinen Hochglanzbroschüren so wundervoll erklärt wird?

Brabeck-Letmathe sagt Sätze wie „Ich kann nur sagen, dass der Wasserverbrauch in der Welt viel zu hoch ist", oder „Ja, Wasser ist ein Menschenrecht. Aber nur für, sagen wir, 25 Liter pro Person und Tag." Dass die Nestlé-Tochter Perrier im US-Staat Michigan am Produktionsstandort Stanwood mehr als 850 Millionen Liter Wasser im Jahr für das Produkt „Ice Mountain" entnimmt und das Bürgerbündnis „Michigan Citizens for Water Conservation" dem Unternehmen vorwirft, durch den Raubbau irreparable Umweltschäden zu verursachen, ist kein Thema im „Zeit"-Gespräch. Keine Rede ist davon, dass Nestlé den Standort offenbar nur deshalb ausgewählt hat, weil ein solches Vorhaben ein paar Jahre zuvor im US-Staat Wisconsin am erfolgreichen Protest von Bürger- und Umweltgruppen bereits gescheitert war.

In Michigan und Wisconsin haben Bürger und Experten in der Diskussion über die private Wasserförderung immer wieder einen zentralen Aspekt debattiert, der für CSR als Handlungsorientierung für ein nachhaltiges Wirtschaften und für CC als verantwortliche Handlungspraxis zentral ist: Wie viel öffentliches Gut darf ein Konzern, der gesellschaftliche Verantwortung für sich reklamiert, für den Profit privatisieren? Wie viel Wasser darf ein Unternehmen abfüllen, ohne dass Mensch und Natur in den Quell- und Flussgebieten auf Dauer beeinträchtigt werden? Und auf welche Weise und in welchem Ausmaß muss dieser Konzern die Interessen der Stakeholder berücksichtigen?

Keine Rede ist im „Zeit"-Interview mit Brabeck-Letmathe vom Raubbau am Grundwasser in der brasilianischen Serra da Mantiqueira, wo Städte im Circuito das Águas - São Lourenco, Caxambu, Cambuquira und Lambari - die Folgen der Ausbeutung zu tragen haben und die Magnesiana-Quelle, eine der wichtigen Wasserlieferanten, nach Angaben der „Citizen for Water"-Bürgerinitiative inzwischen trocken gefallen ist. Die Bürger der Region, die für eine erfolgreiche CSR-Strategie so wichtigen Stakeholder, hatten vergeblich versucht, wegen der Wasserentnahme mit Nestlé ins Gespräch zu kommen. Als die Bürgerinitiative den Konzern schließlich verklagte, wurde bekannt, dass Nestle nach brasilianischem Bundesgesetz das geförderte Wasser für die „Pure Life"-Produktion - ein Flaschenwasser, das der Konzern vor allem in der so genannten Dritten Welt verkauft - nicht hätte demineralisieren dürfen und im Wasserpark des Circuito das Águas auch keine Fabrik hätte bauen dürfen. „As the world's leading food and beverage company and the world leader in bottled waters, Nestlé has a responsibility towards the sustainable use of water resources. This responsibility is embedded in our Corporate Business Principles and in our strategy for sustainability", heißt es bei Nestlé zum Thema Verantwortung.

Zwei Beispiele, zwei Fälle, die die Problematik belegen, wie schwierig es sein kann, über die Themen CSR und CC zu berichten. Gewiss, die Begriffe, vor allem der Terminus CSR, ist bei weitgehender Einigkeit über das Grundverständnis noch immer vieldeutig und wirft komplexe Fragen auf, wenn er aus seinem Heimatland USA nach Europa exportiert wird, von einem wirtschaftsliberalen Land in einen sozialen Staat, der etwa mit seinen Umweltstandards weit mehr Regularien aufweist als die USA und vieles zum Vorteil der Gesellschaft zur Pflicht gemacht hat, wonach sich in den USA so mancher Bürger sehnen mag. Und dennoch: Trotz aller Problematik, trotz der Debatte, die über die Begriffe CSR und CC noch zu führen ist, hat sich in den vergangenen Jahren ein Kernverständnis von CSR und CC in Deutschland herausgebildet. CSR bezieht sich – gerade weil Unternehmen in vielfältiger Weise auf Umwelt und Gesellschaft einwirken - im Wesentlichen auf diese Wechselwirkung von Wirtschaft und Gesellschaft und fasst unter dem Begriff all das zusammen, was Unternehmen über die jeweiligen Gesetze und Vorschriften hinaus freiwillig für die Gesellschaft zu leisten bereit sind. Von CSR sollte nur dann gesprochen werden, wenn das gesellschaftliche Engagement des Unternehmens auf Dauer gestellt ist und auf der Entscheidungsebene angesiedelt ist. CC bezieht sich auf das praktische Wirken der Unternehmen, wobei Beobachter einerseits CSR und CC synonym verwenden[8] und CC als strategisch ausgerichtete Investition in das natürliche und soziale Umfeld des Unternehmens mit dem Ziel verstehen, nachhaltiges Wachstum und Profitabilität zu fördern, die Reputation nach außen und innen zu steigern und dabei zugleich das Gemeinwohl zu befördern. CC gilt in manchen Fällen aber auch dann schon als gelungen, wenn das Unternehmen Geld spendet und Mitarbeiter fürs gesellschaftliche Engagement freistellt[9]. Deutsche Medien

---

[8] Grünbuch der EU (2001), nach dem CC die freiwillige Einbeziehung sozialer und ökologischer Gesichtspunkte in die allgemeine Geschäftstätigkeit ist und das Verständnis von Heuberger/Oppen/Reimer (siehe Fußnote 5)

[9] Business Ethics führt Google etwa deshalb in der Liste der „100 Best Corporate Citizens 2007", weil das Unternehmen die eigenen Ingenieure ermuntert, 20 Prozent ihrer Arbeitszeit für gesellschaftliche Projekte aufzuwenden. www.thecro.com/node/304. Ein umfassenderes Verständnis von Corporate Citizenship hat auch die Aktive Bürgerschaft, das Kompetenzzentrum für Bürgerengagement der Volks- und Raiffeisenbanken im genossenschaftlichen Finanzverbund in Deutschland: www.aktive-buergerschaft.de/vab/arbeitsbereiche/corporate citizenship/index.php

beziehen sich in der Berichterstattung über CSR und CC noch nicht konsequent auf dieses Grundverständnis.

Jenseits konzeptioneller Schwächen und zuweilen mangelnder Kompetenz im Einzelfall wirft vor allem die CSR-Berichterstattung darüber hinaus die Frage auf, welche Möglichkeiten Medien generell heute haben, angesichts global organisierter Zulieferketten adäquat über das Thema berichten zu können. Wer vermag in Augenschein zu nehmen, was sich in Brasilien oder Mexiko, in Kasachstan, Vietnam oder Indonesien im Namen großer Markenartikler und anonymer Großimporteure abspielt? Wer liefert die seriösen Informationen, die notwendig sind, um beurteilen zu können, ob die Nachhaltigkeitsberichte der Konzerne auch das spiegeln, was sich an den Werkbänken und in den Nähfabriken fernab Europas zuträgt? Nicht einmal ein halbes Dutzend Medien in Deutschland sind heute vermutlich noch in der Lage, diese notwendige journalistische Aufgabe zu leisten.

Wo Medien ihre Wächterfunktion im strengen Wortsinn auch bei CSR- und CC-Themen erfüllen wollen, sind sie bei der Recherche heute zunehmend auf Nicht-Regierungsorganisationen (NRO) angewiesen, die sich in den vergangenen 20 Jahren zu den kritischen Beobachtern der global organisierten Geld- und Warenströme entwickelt haben - und die mit ihrem schnellen Informationsaustausch unter den lokalen Gruppen weltweit in einem bemerkenswerten Maße kampagnenfähig geworden sind. Mit den NRO ist neben den klassischen Medien eine neue, internetbasierte kritische Öffentlichkeit entstanden, ohne die über CSR in diesem Ausmaß heute vermutlich nicht debattiert werden würde. Vor diesem Hintergrund ist die wachsende Aufmerksamkeit bei mittleren und größeren Unternehmen für CSR und CC nicht immer die Einsicht in die gute Sache, sondern der Erfahrung oder zumindest des erkannten Risikos geschuldet, plötzlich im Rampenlicht eines öffentlichkeitswirksamen Protestes stehen zu können, der die Umsätze einbrechen lassen kann. Nike, Exxon und Shell – um die drastischsten und bekanntesten Beispiele zu nennen - haben solche Einbrüche erlebt. Gerade Konzerne mit ihrem umfangreichen Beschaffungssystem müssen sich stets des Risikos bewusst sein, im Falle von Verstößen gegen Menschen- und der Verletzung von Arbeitsrechten, wegen Korruption oder wegen Umweltzerstörungen zum Kampagnenziel von NRO zu werden. Zugleich stellt diese neue, kritische Öffentlichkeit, die von den NRO geschaffen worden ist, erhöhte Anforderungen an die klassischen Medien, die ihrerseits solche Kampagnen kritisch zu prüfen haben, die aber andererseits ohne die systematische Informationsbeschaffung durch die NRO häufig auch nicht den Kenntnisstand hätten, den sie heute teilweise haben. Hinzu kommt, dass leicht zugängliche Quellen, die vom Global Compact der UN und der Global Reporting Initiative über die GTZ und den Rat für Nachhaltige Entwicklung bis hin zu weltweit ungezählten NRO und Bürgerinitiativen reichen, nicht im notwendigen Maß für die CSR- und CC-Berichterstattung genutzt werden.

Mit ungenügenden CSR- und CC-orientierten Artikeln versäumen die Medien zudem, dort das notwendige kritische Bewusstsein zu schaffen, wo es nötiger denn je ist, seit die totale Ökonomisierung des öffentlichen und privaten Lebens unsere Gegenwart prägt – beim Verbraucher. Joel Bakan hat in seinem Buch „The Corporation: The Pathological Pursuit of Profit and Power" darauf hingewiesen, dass Unternehmen die Gesellschaft regieren, und zwar mehr als es die Regierungen tun. „Today, corporations govern our lives. They determine what we eat, what we watch, what we wear, where we work and what we do. We are increasingly surrounded by their culture, iconography and ideology" (Bakan 2005: 5). Man könnte mit gutem Grund die Aussage prononcieren und behaupten, dass die Entscheidung, was gekauft wird, heute politisch und wirtschaftlich weit reichender ist als das Votum, welche Partei gewählt wird. Aber wenn das so ist, muss die Entscheidung, was ich kaufe, notwendig und dauerhaft mit der Frage verbunden sein, zu welchem gesellschaftlichen und ökologischen Preis das Produkt hergestellt worden ist. Um es polemisch zu formulieren – wie viel Blut und Schweiß hängt an der Jeans, dem T-Shirt, dem Kaffee und dem DVD-Gerät, das ich in der Geiz-ist-geil-Welt erwerbe? Und wie viel Verstöße gegen Menschenrechte, Umwelt- und Arbeitsstandards bin ich bereit, in Kauf zu nehmen für einen Preis, der nach den Regeln der individuellen Nutzenmaximierung so niedrig wie möglich sein sollte? Der Einwand, dass nicht alle Verbraucher auch das Einkommen für den ethisch unbedenklichen Einkauf haben, ist zwar berechtigt, zugleich aber zweischneidig, weil das Kostenargument auch von Unternehmen vorgebracht werden kann, die dann behaupten, die Rahmenbedingungen für CSR und CC seien eher schlecht und Unternehmen könnten sich gesellschaftliche Verantwortung aus Kostengründen eigentlich nicht „leisten"[10]. In diese Richtung geht das Verständnis von Corporate Citizenship, das die einflussreiche Initiative Neue Soziale Marktwirtschaft (INSM) über viele Kanäle in die öffentliche Debatte einzuspeisen versucht[11].

---

[10] vgl. beispielsweise die Aussage von Wolfgang Dondorf, Vorstandsvorsitzender von Pfeiffer Vaccum (Asslar). „Es kann ja nicht angehen, dass ich einerseits möglichst viel Gewinn erwirtschafte und möglichst viel Steuern zahlen soll, die der Staat sinnvoll einsetzen sollte, und dann auch noch das lokale Schwimmbad sponsere, was der Bürgermeister mir schon angetragen hat." Zit. in: „Bosse machen sich fürs Gemeinwohl stark". In: Frankfurter Rundschau, 10. Mai 2007. S. 25

[11] Ein gutes Beispiel für die Verknüpfung von Lobbyarbeit und Corporate Citizenship gibt die Initiative Neue Soziale Marktwirtschaft (INSM), die einerseits feststellt, dass viele Unternehmen längst der Tradition verpflichtet seien, sich fürs Gemeinwohl zu engagieren, die Rahmenbedingungen in Deutschland dafür aber noch „eher ungünstig" seien: „So werden die

In dieser, auf den Verbraucher als politisch bewussten Bürger orientierten Berichterstattung liegt die vielleicht größte Herausforderung für die Medien, weil es nur diese Art der Berichterstattung gestattet, weitgehend unabhängig und seriös über eben diese Fragen zu berichten und dem Verbraucher dabei zu helfen, sich mündig zu machen, damit er seine Kaufentscheidung verantworten kann. Solange der Zusammenhang zwischen der gesellschaftlichen Verantwortung der Unternehmen und der Verantwortung der Bürger als Konsumenten nicht konsequent hergestellt wird, solange also die Verantwortung nicht dem jeweiligen Gewicht entsprechend gemeinsam fürs Ganze getragen wird und Kaufverweigerungen unternehmerisches Fehlverhalten nicht sanktionieren, solange wird CSR und CC nicht in dem Maß alltägliche Praxis sein, wie es wünschenswert wäre, um eine gerechtere Welt zu schaffen, in der auch nachhaltig gewirtschaftet wird.

Regelmäßige Medienberichte über gute Beispiele verantwortlichen Handelns können die Reform-Debatte bereichern und helfen, aus CSR und CC ein allgemein

---

Unternehmen nicht nur durch hohe Steuer- und Sozialabgabenlasten bereits von staatlicher Seite zu großem finanziellen Engagement für das Gemeinwohl im weitesten Sinne ‚gezwungen', sondern auch über eine Vielzahl von behördlichen Auflagen hierzu angehalten. Nicht zu vernachlässigen ist, dass sich in Marktwirtschaften ein unternehmerischer Gemeinwohlbeitrag auch aus ihrer erfolgreichen Marktteilnahme und einer knappe volkswirtschaftliche Ressourcen schonenden Betriebsführung ergibt. So nutzt letztlich der wirtschaftliche Eigennutz auch über die ‚unsichtbare Hand' des Marktes dem Ganzen." Bundespräsident Horst Köhler hatte im März 2007 während seiner Brasilienreise auf solche Argumente leicht süffisant geantwortet, als er das deutsche Unternehmen Prensas Schuler in São Paulo besuchte und erstaunt war über das gesellschaftliche Engagement des Vorstandsvorsitzenden Paulo Tonicelli. Prensas Schuler engagiert sich für eine Gesundheitsstation im Stadtviertel, gibt Geld für eine Schule für Armenkinder, renoviert eine Polizeistation, unterstützt ein Waisenhaus und beteiligt die Mitarbeiter am Gewinn. Die Deutsche Welle berichtete: „Köhler war überrascht. ‚Sind Ihre Gewinne so hoch, dass Sie sich das alles leisten können?', fragte er. In Deutschland höre er immer, so etwas sei im harten internationalen Wettbewerb nicht möglich. Tonicelli antwortete, er könne den Nutzen der einzelnen Maßnahmen nicht messen, aber die Motivation der Mitarbeiter führe zu besseren Ergebnissen. Außerdem, fügte er hinzu, sei es ‚im sozialen Kontext Brasiliens nicht angenehm, auf einer Insel des Wohlstands zu leben'". www.dw-world.de/popups/popup_printcontent/0,,2475229,00.html. Anzumerken ist, dass die „unsichtbare Hand" - wie immer in solchen Fällen - von der INSM ohne den moralischen Handlungsrahmen eingeführt wird, den Adam Smith immer mitgedacht, aber nicht immer explizit ausgeführt hat. Das Zitat findet sich gleichlautend unter folgenden Adressen: www.insm.de/Lexikon/C/Corporate_Citizenship.html, www.wirtschaftundschule.de/Lexikon/C/Corporate_Citizenship.html, www.unternehmerschaft.de/wirtschaftslexikon-f2d49ef5-e25f-fb48-4076-4588069ee645.html diskutiertes Thema zu machen[12] – ohne dass dabei Medien zu verlängerten PR-Abteilungen der Unternehmen werden. Und es gibt sie zuhauf, die guten Beispiele, die entweder von Bundesländern oder Stiftungen gesammelt und über das Internet publiziert werden oder von Medien über Preise für beispielhafte Unternehmen herausgestellt werden. Zwar lässt sich über solche Preise, über die Kriterien und über die Zusammensetzungen von Jurys füglich diskutieren, wenn etwa der Ehrenpräsident des Verwaltungsrates von Nestlé in der Jury eines von einem Wirtschaftsmagazin verliehenen Preises sitzt und mit darüber entscheidet, wer für gute CSR-Projekte ausgezeichnet wird[13]. Das Problem liegt aber mehr in der Arbeitsweise von Medien, die mit der „Nachricht" immer das transportieren wollen, was Neuigkeitswert hat und in welcher Weise auch immer relevant sein muss. Darin liegt die Krux gerade für die CSR- und CC-Berichterstattung, weil vieles nicht neu erscheinen mag und der Freiwilligentag eines Unternehmens als Beispiel für Corporate Citizenship manchen Medien als nicht ausreichend relevant erscheint, als dass umfassender darüber berichtet werden müsste. Darin liegt aber auch das Risiko, die komplexe Wirklichkeit nicht abzubilden, wenn sich ein Unternehmen womöglich über Jahre gesellschaftlich verantwortlich verhält, aber nur dann in die Schlagzeilen gerät, wenn sich auf dem Werksgelände ein Zwischenfall ereignet oder in einem Zulieferbetrieb irgendwo auf der Welt gegen Arbeits- oder Menschenrechte verstoßen worden ist.

„CSR is simply the latest manifestation of earlier debates on the role of business in society", schreiben Michael Blowfield und Jedrzej Frynas (Blowfield/Frynas 2005: 500) in ihrem Beitrag "Setting new agendas: critical perspectives on Corporate Social Responsibility in the developing world". Tatsächlich haben seit dem späten Mittelalter bis ins 18. Jahrhundert der Begriff der „mercatura honesta" und die Frage nach dem gerechten Preis Wirtschaft und Kirche gleichermaßen beschäftigt, ohne dass dabei immer die adäquate Antwort gegeben oder die Praxis dem Anspruch gerecht geworden wäre. Gleichwohl galt es stets abzuwägen zwischen den Interessen der Käufer und der Verkäufer. Dazu gehörte etwa die christlich fundierte Überzeugung, dass der gerechte Preis nicht allein auf der Basis des Tauschwertes bestimmt werden kann, sondern der Gebrauchswert der Güter in die Kalkulation mit einbezogen werden muss – also nicht nur die Knappheit der Güter den Preis

---

[12] Empfehlung von Frank Henke, Globaler Direktor für Umwelt und Soziales bei Adidas, unter der Überschrift „Wir beschönigen nichts". In: Frankfurter Rundschau. FR Plus Politik, 25. April 2007, S. 36
[13] Die Jury des Manager Magazins hat für die Vergabe des CSR-Preises Helmut Maucher berufen, der von 1980 bis 1997 in Spitzenfunktionen bei Nestlé tätig und Vorgänger von Peter Brabeck-Letmathe war. www.manager-magazin.de/magazin/artikel/0,2828,461861-3,00.html

bestimmt, sondern auch ihr Nutzwert – zum Vorteil des Käufers, der nicht nur dem Preisdiktat des knappen Gutes unterworfen wird. Von CSR war damals nicht die Rede, aber faktisch war die geübte Praxis an dem orientiert, was heute gesellschaftliche Verantwortung heißt. Vor allem aber: Auch der Verbraucher, den man damals nicht so genannt hat, hat schon im 17. und 18. Jahrhundert auf Verstöße gegen allgemeine Wertvorstellungen reagiert, etwa mit Protesten gegen das Verhalten der englischen Ostindienkompanie oder den Boykott von Zucker in England, mit dem gegen die Sklavenarbeit auf den Plantagen reagiert worden ist.

CSR als moderner Begriff transportiert im Grunde nur ein Thema, das mit jedem Wirtschaftsprozess schon immer verbunden ist und das einen zentralen Punkt berührt – wer handelt auf welche Weise mit wem, nach welcher Wertvorstellung werden Güter getauscht, wer muss welchen Preis bezahlen, wie wird dieser Preis ermittelt und wer hat beim Warentausch welche Verantwortung. Vor diesem Hintergrund gehört CSR in die tägliche Berichterstattung wie die jüngsten Entscheidungen in Bundes- und Landtagen, das Prominentenporträt, die neuesten Börsennotierungen oder das jüngste Statement eines Parteifunktionärs. Erfüllen Medien diesen wichtigen Auftrag, leisten sie notwendige Arbeit und nehmen dabei noch ihre gesellschaftliche Verantwortung wahr, indem sie Unternehmen kritisch begleiten, die Plattform für gute Beispiele schaffen und helfen, den Verbraucher mündig zu machen.

Die Zahl der CSR-Artikel nimmt zu und die der CC-Artikel wächst ordentlich, wie eine neue Untersuchung von Mediatenor belegt, die beim dritten EnviComm-Forum[14] im April in Stuttgart vorgestellt worden ist. Mit ihr wächst auch das öffentliche Bewusstsein für die Vielfalt des Engagements, das manche Unternehmen als good corporate citizens zeigt. Wächst zugleich das tiefere Verständnis von CSR als Handlungsorientierung für Corporate Citizenship, wäre viel erreicht.

Literatur

Bakan, Joel: The Corporation. The Pathological Pursuit of Profit and Power". London, 2005, S. 5

Blowfield, Michal/Frynas, Jedrzej George: Setting new agendas: critical perspectives on Corporate Social Responsibility in the developing world. International Affairs, 81, 3, 2005, S. 500

Frederick, William C.: Yes, Virginia, there is a Corporate Social Responsibility. Policy Innovations 2007, January 18, www.policyinnovations.org/ideas/commentary/ data/CSR/:pf_printable?

---

[14] EnviComm-Forum: www.envicomm.de/ec500.html, www.mediatenor.de

Gersemann, Olaf: Selbstmörderischer Impuls. In: Financial Times Deutschland, 16. April 2007

Hegel, Georg Wilhelm Friedrich: Phänomenologie des Geistes. Theorie Werkausgabe, Bd. 3, Frankfurt, 1984, S. 24

Uwe Jean Heuser

Corporate Citizenship: Was ist ein gutes Unternehmen?

Wer mag schon ein Sowohl-als-auch? Vor allem bei einem Thema wie diesem: der sozialen Verantwortung von Unternehmen! Und doch gibt es neben dem Für auch ein Wider, wenn man sich mit der wachsenden Rolle der Firmen in der Zivilgesellschaft beschäftigt. Und zwar auch dann, wenn man nicht den hartgesottenen Kapitalisten geben will, der meint, solches Gutmenschentum lenke die Unternehmer nur vom Geldverdienen ab.

Es stimmt: Die moderne Ökonomie schafft immer mehr Situationen, die in der Wissenschaft als „Non-Zero" beschrieben werden. Kooperation und Beziehungspflege schaffen Profit für beide Seiten. Das gilt für die Verbindung zu Mitarbeitern und Kunden genauso wie für Kontakte in die Gesellschaft. Deswegen ist es für moderne Unternehmen wichtig, in der Zivilgesellschaft tätig zu sein. Sie brauchen Werte, die unterstreichen: Die Wertschöpfung findet zunehmend in Beziehungen statt.

Und doch dürfen die Unternehmen nicht irgendeiner Verantwortungsmode folgen und Projekte aufsetzen, die mit ihrem Innersten nichts und wieder nichts zu tun haben. Viele Großunternehmen sind heutzutage Kunden der CSR-Industrie. CSR – das steht für Corporate Social Responsibility, und die meinen heute viele Topmanager und Aufsichtsräte für ihr Unternehmen zu brauchen. Also werden CSR-Berater bezahlt, CSR-Beauftragte ernannt, CSR-Räte ins Leben gerufen und CSR-Regeln erlassen. Unternehmen sponsern den Regenwald und Schulen, Kunstausstellungen und gesellschaftspolitische Diskussionen. Allerhand Ressourcen fließen in diese Unterfangen, und die CSR-Industrie boomt.

Einige dieser Projekte dienen tatsächlich sowohl den Interessen der Aktionäre als auch denen der Gesellschaft im weiteren Sinne. Andere aber schaden einer Seite oder gar beiden. „Wir müssen uns um diese Strategische-Philanthropie-Sache kümmern", hat ein hochrangiger US-Banker beim World Economic Forum in Davos gesagt. Genau in der Haltung liegt ein Problem. Das müssen wir auch noch tun – so nebenbei. Was bedeutet es, wenn die Deutsche Telekom an erster Stelle ihrer CSR-Selbstdarstellung das Sport-Sponsoring nennt wie anlässlich einer Berliner Konferenz im Jahr 2006? Nichts Gutes jedenfalls. Entweder handelt es sich dabei um eine langfristig lohnende Investition – oder das Unternehmen sollte es besser lassen. Und dieses Prinzip ist auf alles anwendbar, was heute unter der CSR-Flagge segelt.

Sonst könnte es sogar sein, dass zivilgesellschaftliches Engagement in Unternehmen als Camouflage dient – entweder für ruppige Methoden oder schlicht für nachlässiges Management. DaimlerChrysler zum Beispiel ist seit Jahren ein führender CSR-Vertreter. Gleichzeitig hatte der Konzern zugelassen, dass seine Kernmarke Mercedes enorme Qualitätsprobleme mit sich schleppt – in der Folge musste Mercedes abspecken, und der Prozess hat viel Selbstvertrauen und Motivation gekostet.

Vorsicht vor Unternehmenschefs, die ihre Gutherzigkeit erklären. Wer bezahlt hier eigentlich für was?, ist die Frage. Manager für die Mehrung ihres Rufes oder Unternehmen im aufgeklärten Eigeninteresse für die Mehrung ihrer eigenen Zukunftsmöglichkeiten? Enron war übrigens ein Unternehmen mit vielen philanthropischen Projekten.

Es wäre ein Irrtum zu glauben, dass die Zivilgesellschaft von solchen unternehmerischen Aktivitäten profitiert. Das Engagement der Unternehmen muss nachhaltig sein, und das ist es nur, wenn das Unternehmen sich dauerhaft für sein Kerngeschäft etwas davon verspricht.

Da beginnt aber das wachsende „Für" des zivilgesellschaftlichen Engagements der Unternehmen, die nicht gut aussehen wollen, sondern gut wirtschaften wollen. Der deutsche Generikahersteller betapharm hat sich von den Wettbewerbern erfolgreich abgehoben, indem er sich auf eine Initiative einließ, die mit Familien arbeitet, deren Kinder chronisch erkrankt sind. Die Firma lernte viel von diesem Projekt, das zum Kern ihrer Strategie gehörte und nicht eine nette Zusatzaktivität war. Vor allem aber wurde das Unternehmen beliebt bei Ärzten und Apothekern und konnte schließlich 350 neue Jobs schaffen. Eine echte Win-Win-Situation für die Gesellschaft und das Unternehmen. Ein gutes Geschäft.

Auch die Deutsche Post Worldnet verhält sich mit ihrem Parcel Intercity gesellschaftlich verantwortlich und geschäftlich vernünftig zugleich. Das Projekt gibt Speditionen die Möglichkeit, ihre Pakete oder Container über ein Terminal in Hamburg auf einen eigenen Schnellzug durch Deutschland zu schicken. Die Deutsche Post verschafft sich damit frühe Erfahrungen in einem wahrscheinlich wachsenden Öko-Markt.

Tue etwas Gutes und sprich darüber? Nein, tue etwas Gutes und profitiere davon. Das ist die Idee für nachhaltiges Engagement der Unternehmen in der Zivilgesellschaft. Dann haben Firmen und ihre Partner in der Gesellschaft etwas davon. Und die gute Nachricht für die Zivilgesellschaft ist diese: Die Wertschöpfung vieler Unternehmen vollzieht sich zunehmend in Beziehungen, die Elemente der

Kooperation wie der Konkurrenz haben, so dass eine ganz neue Verflechtung von (Markt-)Wert und (sozialen) Werten entsteht. Deshalb brauchen immer mehr Firmen den Kontakt zur und die Erfahrung in der Zivilgesellschaft. Solche Engagements sind dann aber kein Gutmenschentum und keine PR zur Erweckung des schönen Scheins. Sie sind Teil einer plausiblen, langfristigen Strategie. Sie sind – genau – Investitionen.

Volker Bormann

Anständig Profit machen

Was ist davon zu halten, wenn ein Vertreter Eskimos dazu bringt, Kühlschränke zu kaufen? Sicher, wer davon spricht, meint es nicht wortwörtlich, sondern kommentiert mit einer Mischung aus Bewunderung und Kopfschütteln die Überzeugungskünste eines Zeitgenossen. Nehmen wir den Fall trotzdem einmal als Grundlage für ein paar Überlegungen, die zeigen, was ein anständiges Geschäft ist, und warum Unternehmen nur anständige Geschäfte machen sollten. Stellen wir uns also ein Schlitzohr vor, dem es tatsächlich gelingt, Kühlschränke ins ewige Eis zu verkaufen. Hätte er seiner Firma einen Dienst erwiesen oder hätte er ihr geschadet?

Die einen werden sagen, er habe ihr genützt. Schließlich bringt der Kühlschrank Gewinn, und Gewinnmachen ist nach Milton Friedman die einzige soziale Verantwortung, die eine Firma hat. Eskimos müssten selbst wissen, was sie brauchen. Wer sich bei Dauerfrost überflüssigerweise einen Kühlschrank aufschwatzen lasse, müsse das mit sich ausmachen. Andere werden dagegenhalten, solch ein Verhalten sei unverantwortlich. Der Verkäufer habe die Einfalt und Unerfahrenheit von Menschen ausgenutzt, um Reibach zu machen. Glücklicherweise können wir hier auf die juristische Klärung der Frage verzichten, ob man so etwas tun darf. Vielmehr als auf die Urteile der Richter kommt es nämlich darauf an, was für ein Eindruck entsteht, wenn fragwürdige Praktiken in der Öffentlichkeit oder bei anderen potenziellen Geschäftspartnern ruchbar werden. Das zeigt sich, wenn wieder einmal jemand gut verdient hat an Produkten, die von Kinderhand in düsteren Kellern zusammengesteckt oder in armen Ländern unter Missachtung von Sicherheits- und Umweltschutzstandards produziert worden sind. Auch das sind Umstände, die sich nicht mit dem vertragen, was landläufig als anständig gilt. Im Stillen mag solch ein Geschäft eine Zeit lang florieren, an die Öffentlichkeit gebracht, verkümmert es – erstens, weil derartige Produkte dann rasch ihre Marktakzeptanz verlieren, und zweitens, weil Geschäftsleute mit ruiniertem Ruf durchaus nicht ungeniert leben, geschweige denn wirtschaften.

Der Wunsch nach Ansehen und gutem Image erklärt, warum viele Unternehmen mit Projekten an die Öffentlichkeit drängen, die soziales und gesellschaftliches Engagement zum Ausdruck bringen sollen und die sie Corporate Social Responsibility nennen, also gesellschaftliche Verantwortung von Unternehmen. Dieser Begriff und sein Kürzel CSR entwickeln sich gerade zu einem Marketing-Renner erster Güte. Kultur, Sport, Bildung, Randgruppen – gefördert wird, was das Zeug hält und was den Geldgeber gut aussehen lässt. Engagement hat Konjunktur – und hier genau liegt die Gefahr: An sich löblich, könnte CSR zur Mode werden, deren Reiz vergeht, sobald die Zeiten wieder schlechter werden, oder die Öffentlichkeit damit nicht mehr zu beeindrucken ist.

Das wäre umso bedauerlicher, da richtig gehandhabte CSR ein hochwertiges Managementinstrument ist, das Risiken begrenzen hilft und die Akzeptanz eines Unternehmens in der Gesellschaft festigt. Wer nicht bei Firmen kauft, die Kinder ausbeuten, braucht auch nicht zu fürchten, dass es herauskommt und das Geschäft verdirbt. Aktionäre und Anteilseigner schätzen solche Vorsicht, denn es ist ihr Geld, das an Wert verliert, wenn ihr Unternehmen – im doppelten Sinne des Wortes – nicht anständig Profit macht.

Daran zeigt sich zweierlei: CSR hat viel mehr mit Anstand und Moral in den Geschäftsprozessen zu tun als damit, Suppenküchen zu sponsern, und CSR ist kein Mittel, mal eben schnell den Umsatz oder die Marktkapitalisierung zu steigern. Solide implementiert, sichert CSR das Geschäft, weil sie das Risiko mindert, dass die Firma und ihre Produkte wegen heikler Geschäftspraktiken in Verruf geraten. Dafür muss auch dem letzten Mitarbeiter klar gemacht werden, dass man sich Zulieferer nicht nur danach aussucht, wer am billigsten kann; dass man weder Auftraggeber noch Betriebsräte besticht; dass man die Umwelt nicht zerstört, Kinder nicht zum Rauchen, Trinken oder Schuldenmachen verführt und an Eskimos keine Kühlschränke verkauft.

Wie aber bekommt CSR jene Substanz, die nötig ist, um sie vorm raschen Modetod zu bewahren? Es hat gedauert, bis die Fachleute sich zumindest auf die Hauptmerkmale substantieller CSR verständigt hatten. Heute steht immerhin fest: CSR ist umso besser, je enger sie mit dem Kerngeschäft des Unternehmens verbunden ist. Wer also Bier verkauft und vom Erlös einen Teil für den Schutz von Regenwäldern spendet, tut zwar was Gutes, macht aber keine gute CSR. Regenwald und Bier haben nunmal kaum miteinander zu tun, die Aktion wäre ein durchsichtiger Marketing-Gag. Richtig liegt dagegen etwa, wer Autos verkauft und sich dafür einsetzt, dass möglichst viele Führerscheininhaber ein Sicherheitsfahrtraining mitmachen. Er signalisiert, dass er sich der latenten Gefahr bewusst ist, die sein Produkt für die Gesellschaft bedeutet, und steuert etwas bei, diese Gefahr zu verringern.

Die Bindung von CSR-Projekten ans Kerngeschäft bringt dreifachen Nutzen: Erstens leistet das Unternehmen dort einen Beitrag, wo es am meisten Know-how hat. Zweitens wird das Engagement konjunkturfest, weil man auch in schlechten

Zeiten nicht gleich am Kerngeschäft spart. Drittens leistet sie einen Beitrag dazu, das zu kapitalisieren, was ein Geschäft anständig macht. CSR wird als ernsthaftes Management-Instrument nur dann eine Zukunft haben, wenn die Unternehmen sich diese Sicht zu eigen machen. Dann bedeutet gesellschaftliche Verantwortung in erster Linie, Unternehmenshandeln vor der Gesellschaft zu verantworten, statt aus Eitelkeit Scheckbuch-Verantwortung zu übernehmen für mehr oder weniger passende Sozial- oder Kulturprojekte.

Von der Verantwortung vor der Gesellschaft zum Engagement für die Gesellschaft ist es nur ein kleiner Schritt. Er ist eng verbunden mit der Vorstellung vom Unternehmen als Bürger, also als Teil der Gesellschaft. In der Sprache der Manager heißt dieses Konzept Corporate Citizenship. Dieser Begriff wird häufig in gleicher Bedeutung verwendet wie Corporate Responsibility, obwohl er auch für Initiativen steht, die über das Kerngeschäft eines Unternehmens hinausgehen. So reizvoll schon der Gedanke von einer Corporate Citizenship ist, fragt sich auch hier, was der Idee Substanz gibt. Was also darf man, was muss man von einem Unternehmen erwarten, damit es als guter Bürger wahrgenommen wird?

Die Standards für normale Bürger liegen auf der Hand: Sie achten die Gesetze, zahlen ordentlich ihre Steuern und unternehmen nichts, was der Gesellschaft und ihrer demokratischen Grundordnung schadet. Das muss man erwarten, und hier überschneiden sich CSR und Corporate Citizenship. Dies ist durchaus nicht so banal, wie es im ersten Moment klingen mag. Wenn die Unternehmen in der Weimarer Republik allein dem letzten dieser fundamentalen Ansprüche genügt hätten, wäre die NSDAP niemals groß und konkurrenzfähig geworden. Ihr hätte schlicht das Geld dafür gefehlt.

Gute Bürger leisten mehr. Sie wirken über das normale Maß hinaus für die Gesellschaft, in der und von der sie leben. Für Unternehmen heißt dies: Sie wirtschaften nicht nur anständig, sie engagieren sich. Hierfür haben sie eine Reihe von Möglichkeiten, die als Corporate-Citizenship-Mix die Runde machen. Nennen wir nur die wichtigsten: Spenden, Sponsoring, Marketing mit Bindung an einen guten Zweck (Cause-related Marketing), Stiftungen und schließlich Corporate Volunteering, also der Einsatz von Arbeitskraft und Know-how zum Nutzen der Gesellschaft. Wertvoll wird all dies aber erst, wenn das Unternehmen im Kerngeschäft gesellschaftlich verantwortungsvoll handelt. Sobald Versäumnisse in der klassischen CSR auffliegen, wird jede noch so gut gemeinte Corporate-Citizenship-Initiative zum Feigenblatt.

Thomas Ramge

Eine Frage der Glaubwürdigkeit
Beobachtungen eines Wirtschaftsjournalisten

> *Moral ist das, wonach man sich gut fühlt.*
> Ernest Hemingway

Immer mehr Unternehmen erkennen, dass „the business of business" doch nicht nur „business" ist. Milton Friedmans Diktum von der schnellen Profitmaximierung ist ein Auslaufmodell. Selbst diejenigen, die noch voll daran glauben, trauen sich nicht mehr, es laut zu sagen. Das ist ein gutes Zeichen. Gleichzeitig ist klar erkennbar: Viele Unternehmen, die sich gesellschaftlicher Verantwortung stellen, wollen mit diesem Engagement auch in den Medien punkten. Das ist nicht nur legitim, sondern Teil der Idee. Ziel von Corporate Citizenship (CC) und Corporate Social Responsibility (CSR) ist, dass ein Unternehmen von gemeinnützigen Anstrengungen selbst betriebswirtschaftlich profitiert. Nur dann wird es langfristig bereit sein, Ressourcen in gesellschaftliche Aufgaben zu investieren. Reputation, der Aufbau eines positiven Images, ist neben Mitarbeitermotivation der wichtigste Treiber von CC und CSR. Öffentlichkeitsarbeit gehört zu diesem Spiel und die meisten Wirtschaftsjournalisten wissen und akzeptieren das. Allerdings hat man in den Redaktionen immer wieder den Eindruck, dass die Energie, die auf PR-Maßnahmen verwendet wird, in einem (freundlich formuliert) „ungünstigen Verhältnis" zu den eigentlichen CC- oder CSR-Anstrengungen steht.

Die entscheidende Frage, die sich für Journalisten in diesem Zusammenhang immer wieder stellt, lautet: Wie glaubwürdig ist das gesellschaftliche Engagement eines Unternehmens? Auf diese Frage gibt es selten eine klare Antwort, denn dummerweise gibt es bislang keine harte Währung für Glaubwürdigkeit. CC und CSR sind – zumindest bislang – nicht benchmarkfähig. Gültige Normen, wie sie unter anderem die ISO auch für Sozialstandards u.ä. anstrebt, werden in Zukunft eine Hilfestellung bei der Frage nach der Glaubwürdigkeit bieten. Doch auch heute gibt es Kriterien, die Journalisten nachzuprüfen haben.

1. Hat sich ein Unternehmen schon in besonderer Weise für seine Mitarbeiter, direkten Nachbarn, die Kommune, die Umwelt etc. eingesetzt, bevor es eine

Aktion in der PR-Maschine zirkulieren lässt? Glaubwürdig sind Unternehmen, bei denen viel im Hintergrund passiert. Oft sind das familiengeführte Mittelständler, für deren Gründer oder Erben Fairplay und überdurchschnittliches Engagement eine Selbstverständlichkeit ist, ohne dass sie ständig ein großes Aufheben darum machen.

2. Hält ein Unternehmen die Versprechungen in Bezug auf gesellschaftliches Engagement, Umwelt- oder Sozialstandards auch tatsächlich ein? Und lässt es sich auch von unabhängiger Stelle überprüfen? Externe Kontrollen lassen bislang die wenigsten Unternehmen zu. Doch es gibt Vorreiter, zum Beispiel in der Textilbranche. Glaubwürdigkeit entsteht, wenn ein Unternehmen freiwillig und jederzeit Mitarbeiter der Clean Clothes Campaign in seine Nähereien in Fernost lässt. Besonders gut sollten Journalisten bei so genannten „Responsible Marketing-Aktionen" hinschauen. Wenn ein großer Bierbrauer den Regenwald retten möchte, dann sollte das die Verbraucher freuen. Allerdings müssen die Angaben über die Größe vom Ankauf von Schutzgebieten klar formuliert sein – und im Nachhinein auch tatsächlich pro verkauftem Kasten so und so viel Fläche geschützt werden. Falsche Angaben bringen sonst das ganze System in Verruf und das ist ärgerlich für andere gute Ideen, die gutes Geschäft mit guten Taten verbinden.

3. Lernt ein Unternehmen aus seinen Fehlern? Pressemitteilungen über CC- und CSR-Maßnahmen begegnen Journalisten besonders häufig bei Firmen, die in der Vergangenheit in der Kritik standen. Auch das ist gut so, denn es wäre ja noch bedenklicher, wenn öffentlicher Druck zu keinerlei Reaktion führt. Doch auch hier empfiehlt es sich, sehr genau nachzufragen. Gesellschaftliche Verantwortung eignet sich nicht zur Krisenkommunikation. Die entscheidenden Fragen in diesem Zusammenhang heißen: Wie klar gesteht ein Unternehmen seine Fehler ein (zum Beispiel Umweltsünden)? Und wie konsequent und öffentlich nachvollziehbar ist die Strategie, diese Schäden zu beheben und dafür zu sorgen, dass so etwas in Zukunft nicht mehr vorkommt? Ein gutes Zeichen ist es, wenn Unternehmen in ihren nonfinancial Reports – also Umwelt- oder CSR-Berichten – auch mal ein wenig Selbstkritik durchschimmern lassen. Wer die Berichte der Dax-Konzerne durchblättert, wird schnell merken: Dies ist bislang sehr selten der Fall, oder genauer gesagt: Eigentlich so gut wie nie.

4. Bezieht ein Unternehmen seine Mitarbeiter systematisch ein, wenn es seine CC- oder CSR-Strategie festlegt? Eine Unternehmenskultur, in der sich ein Unternehmen als guter Bürger versteht, lässt sich nicht aus der Führungsetage verordnen. Nur wenn sich eine Unternehmensleitung ernsthaft bemüht, seine Belegschaft auf diesem Weg mitzunehmen, meint sie die Sache auch ernst. Ge-

spräche mit Mitarbeitern, die nicht von der Pressesprecherin vermittelt wurden, können da oft überraschende Ergebnisse zu Tage fördern.
5. Codes of conduct – also ethische Verhaltensrichtlinien für Manager – haben fast alle großen Unternehmen in den letzten Jahren verabschiedet. Die hören sich auch immer nett an. Interessanter bei der Bewertung über das ethische Engagement eines Unternehmens ist aber: Gibt es konkrete Managementtools zum Beispiel für die Durchsetzung von fairen Sozialstandards bei Zulieferern? Oder wie hoch ist das Budget, mit dem Energiesparmaßnahmen in den nächsten Jahren angegangen werden? Gerade Großkonzerne neigen ein wenig dazu, über das Abstrakte das Konkrete zu vergessen.

Ernst gemeintes Corporate Citizenship ist eine Suche nach Möglichkeiten. Unternehmen versuchen den Anspruch verantwortungsbewussten und gesellschaftsdienlichen Wirtschaftens einzulösen, statt ihn als Floskel vor sich herzutragen. Eine Aufgabe von (Wirtschafts-)Journalisten ist es, diese Suche zu begleiten und positiven Beispielen öffentlichen Raum zu geben. Das heißt freilich auch, nicht immer und ausschließlich nur nach dem Haar in der Suppe zu suchen, wenn sich Firmen engagieren. Nach dem Motto: Damit Engagement glaubwürdig ist, muss es dem Unternehmen selbst irgendwie weh tun. Es ist aber gleichzeitig Aufgabe unseres Berufstandes, die Trittbrettfahrer als solche zu benennen. Denn sie bringen das gesamte CC-Gefährt ins Schlingern. Glaubwürdigkeit aufzubauen ist ein mühsamer, langfristiger Prozess. Verspielt ist Vertrauen sehr schnell. Viele Kommunikationsverantwortliche in Unternehmen zitieren im Kontext gesellschaftlicher Verantwortung das amerikanische Credo „Tue Gutes und rede darüber." Das können und sollen sie gerne. Allerdings gilt für Corporate Citizenship und Corporate Social Responsibility noch ein zweiter Grundsatz: „Erst Handeln, dann reden!"

Peter Frey

Corporate Citizenship durch Fernsehen?
Öffentlich-rechtliches TV als ‚guter Bürger'?

Was kann ein Fernsehprogramm beitragen zum Gemeinwohl in Deutschland? Konkret: Welchen Beitrag leistet das ZDF für die Gesellschaft? Gibt es – auf einem immer härteren Medienmarkt – noch andere Kriterien für Erfolg als Einschaltquoten?

Schon die Art des Produkts macht einen Unterschied: Ein öffentlich-rechtliches Fernsehprogramm ist per se keine Ware, sondern – praktische und geistige – Dienstleistung, die das Bedürfnis nach Information, nach Bildung, nach Unterhaltung beim Zuschauer bedient – und zwar auf dem höchsten Niveau des jeweiligen Programmformats. Es ist unsere Aufgabe, unser Publikum (das dafür schließlich Gebühren, wie Kritiker sagen: Zwangsgebühren, bezahlt) über all jene Geschehnisse auf dem Laufenden zu halten, die nicht nur wissenswert erscheinen, sondern die dem Bürger eine aktive Teilhabe an der Gesellschaft erst ermöglichen. Welche Neuigkeiten auch immer die Welt überraschen, öffentlich-rechtliches Fernsehen liefert sie den Zuschauern verlässlich und konstant ins Haus, als Orientierungshilfen für ihr Leben, auch für ihr Leben als Staatsbürger.

Öffentlich-rechtliches Fernsehen leistet einen gesellschaftlichen Beitrag, der in dieser Form von anderen Medien nicht erbracht wird. Es erfüllt eine soziale Funktion, indem es allen ermöglicht, bedeutsame Ereignisse unmittelbar mitzuerleben. Gutes Fernsehen konfrontiert seine Zuschauer mit neuen Ideen und vermittelt fremde Zusammenhänge verständlich. Deshalb leistet es einen entscheidenden Beitrag zur gesellschaftlichen Integration.

Dabei misst es allen Zuschauern den gleichen Wert zu, deshalb leisten wir uns auch Special-Interest-Angebote im Hauptprogramm wie das Kulturmagazin „aspekte", Elke Heidenreichs „Lesen!"-Sendung oder Wissenschaftsmagazine, die helfen sollen, die immer komplexe Welt der Naturwissenschaft zu verstehen. Auch „Heute - in Europa" ist eine Nachrichtensendung, die mit dem Fokus auf europäischer Berichterstattung ein Alleinstellungswerk auf dem deutschen Fernsehmarkt hat.

Auch Minderheiten finden mit dem, was sie interessiert und was für sie wichtig ist im ZDF ihren Platz. Rund acht Millionen Behinderte leben in Deutschland. 6,7 Millionen Menschen – etwa jeder zwölfte Bewohner – gelten als schwerbehindert. Das ZDF berichtet seit über 40 Jahren in vielfältigen Programmen über die Situation behinderter Menschen, über ihre Probleme, aber auch über viele Beispiele gelungener Lebensbewältigung. Dabei hat sich das ZDF zur besonderen Aufgabe gemacht, Menschen mit Behinderung nicht nur durch Spendenaktionen wie die „Aktion Mensch" materiell zu unterstützen, sondern sich ebenso sehr für die Integration dieser Menschen in unsere Gesellschaft und unser Alltagsleben einzusetzen. Die „Aktion Mensch" ist in den mehr als 40 Jahren ihres Bestehens zur größten Soziallotterie der Welt geworden. Seit ihrem Start im Jahre 1964, im Rahmen von Peter Frankenfelds legendärer Rateshow „Vergissmeinnicht", wurden mit dieser Initiative über 2,2 Milliarden Euro für Hilfsprojekte zugunsten behinderter und notleidender Menschen gesammelt.

Das ZDF lenkt den Blick der Zuschauer auf Notlagen. Nur über einen Dialog der Kulturen kann ein friedliches Zusammenleben gelingen. Der gemeinwohlorientierte Rundfunk garantiert jene Vielfalt an Information, die es allen Bürgerinnen und Bürgern ermöglicht, an demokratischen Prozessen teilzuhaben! Audiodeskription, Videotext, Gebärdendolmetscher. Das ZDF bietet in seinem Programm eine ganze Reihe von konkreten Serviceleistungen für Menschen mit Seh- und Hörbehinderungen. Für hörgeschädigte Zuschauer werden zahlreiche Sendungen im Videotext untertitelt. Für blinde und sehbehinderte Menschen gibt es eine wachsende Zahl von Hörfilmen und Sendungen mit Audiodeskription. Einen weiteren Service für Gehörlose bietet das Partnerprogramm PHOENIX, in dem das „heute-journal" des ZDF und die „Tagesschau" der ARD simultan von einer Gebärdendolmetscherin übersetzt werden. Das ZDF erweist sich damit als Partner für Menschen mit Behinderung.

Das soziale Engagement des ZDF ist sehr groß und breit angelegt. Es umfasst Spendenaktionen und publizistische Unterstützung von Hilfsaktionen angesichts von Naturkatastrophen wie Tsunami oder Erdbeben sowie die Hilfe für notleidende Menschen in Krisen- und Kriegsgebieten. Neben diesen spektakulären besonderen Anlässen gibt es aber auch eine langjährige und kontinuierliche Zusammenarbeit mit karitativen Hilfsorganisationen wie UNICEF, Welthungerhilfe, Ein Herz für Kinder, Deutsches Rotes Kreuz, Misereor, Brot für die Welt, Deutsche Krebshilfe etc. Durch Galashows, Spendenaufrufe, Erlöse aus dem Verkauf von CDs zu Sendungen sowie der kostenlosen Ausstrahlung von Social Spots werden diese und viele andere Aktionen vom ZDF unterstützt.

In den kommerziellen Kanälen ist das ganz anders. Ihr Programmangebot richtet sich nicht an den Interessen der Zuschauer, sondern in erster Linie an den

Interessen der werbetreibenden Industrie aus. Selbst der Erfolg einzelner Programme bildet keinen Grund, diese dauerhaft zur Verfügung zu stellen. Erfolg misst sich vor allem an jenen Zuschauern, die zur aktuellen Zielgruppe der Werbeindustrie gehören. Das bedeutet: Würden Fernsehprogramme sich generell nur noch an den aktuellen Interessen der Werbezielgruppen ausrichten, bliebe eine umfassende und ausgewogene Kultur- und Informationsvermittlung für die ganze Gesellschaft auf der Strecke. Öffentlich-rechtliches Fernsehen ist deshalb für das Funktionieren und den Zusammenhalt der Gesellschaft von größter Wichtigkeit.

Kommerzielles Fernsehen macht Programm nur für jene Altersgruppen, auf die Werbung zielt. Im kommerziellen Fernsehen werden Sendungen nicht an Zuschauer, sondern Zuschauer an Werbekunden verkauft. Programmproduktion ist somit nur Mittel zum Zweck, um werberelevante Zielgruppen bilden und vermarkten zu können. Kommerzielle Medien tendieren deshalb zu autonomen, abkoppelbaren und selbstbezüglichen Verwertungsketten, da sich oft nur auf diesem Wege die hohen Programmkosten rechnen. Statt einer breiten Berichterstattung stehen oft selbst produzierte Attraktionen im Mittelpunkt. Der öffentlich-rechtliche Rundfunk steht dagegen allen Interessengruppen der Gesellschaft prinzipiell offen und lässt alle unterschiedlichen Kräfte und relevanten Auffassungen zu einem Thema zu Wort kommen.

Das Fernsehprogramm des ZDF bietet ein Forum, auf dem Informationen, Meinungen und Interessen der Bevölkerung artikuliert werden können und wo zwischen Bürgern und politischem System vermittelt wird. Hier sollen nicht nur Themen und Probleme ausgehandelt werden, mit denen sich die gesellschaftlichen Vertreter beschäftigen müssen, sondern auch die Richtung, in der dies zu geschehen hat, steht zur öffentlichen Diskussion.

Öffentlich-rechtliches Fernsehen, das ist ein Rundfunk unabhängig von Markt und Staat, ein Rundfunk, der dem Gemeinwohl dient, zur gesellschaftlichen Vielfalt und zur sozialen Integration beiträgt, ein Rundfunk aller Bürgerinnen und Bürger, der von ihnen finanziert und durch eine Vertretung der Allgemeinheit kontrolliert wird, ein Rundfunk, der kulturellen Standards und journalistischer Qualität verpflichtet ist. Fernsehen wird so zur Dienstleistung an der ganzen Gesellschaft.

Martin Küper

Wozu „gut" gut ist

CSR aus Sicht des Verbrauchers

Am Anfang war die Marke. Genauer gesagt, die Briefmarke: beispielsweise 50 Pfennig Porto und dazu noch mal 25 Pfennig für Soziales, manchmal auch für die Jugend oder den Sport – Wohlfahrtsmarken machten und machen es Verbrauchern schon seit Jahrzehnten möglich, ihre Kaufentscheidung nicht nur nach Preis und Qualität zu treffen, sondern auch nach gesellschaftlichem Nutzen. Dabei spielt das Unternehmen, also die Post, nur eine weiterleitende und also nachgeordnete Rolle, die eigentlichen Akteure sind die Verbraucher selbst, deren einzelne Spende klein, aber in der Summe groß ist und dazu auch noch auf Brief und Karte veröffentlicht wird.

Öffentlich Gutes tat in jüngster Zeit auch, wer zum Beispiel mit dem Kauf einer Tafel Schokolade Schulen in Afrika oder dem Erwerb einer Kiste Bier den Regenwald in Südamerika unterstützte. Der Unterschied zur Spenden-Briefmarke: der soziale Mehrwert wird nicht ausgewiesen, die Schoko-Tafel kostet auch ohne den guten Zweck 69 oder 79 Cent, je nach Einzelhändler. Akteur ist in diesen Fällen das Unternehmen, das den Kunden verspricht, auf einen Teil seines durch den Normalpreis verdienten Profits zugunsten einer guten Sache zu verzichten. Dabei wird das Kaufkriterium „Preis" in der Regel nicht verändert, einen erhöhten Absatz verspricht man sich von der entsprechenden Werbung - und darüber hinaus auch einen schwer messbaren, aber langfristig wertvollen Imagegewinn für das Unternehmen und seine Produkte.

Marketing mit Moral ist modern und bietet zudem die Möglichkeit, ein weiteres Kaufkriterium zu etablieren, wenn bei den dominanten Faktoren Preis und Qualität nicht mehr viel Spielraum ist. Eine Verbraucher-Befragung des imug-Instituts aus dem Sommer 2003 zeigt, dass das gesellschaftliche Verantwortungsbewusstsein eines Anbieters von Waren oder Dienstleistungen durchaus im Bewusstsein der Konsumenten eine Rolle spielt – immerhin ein Drittel der Befragten gab an, nachhaltig hergestellte Produkte „immer" oder „oft" zu bevorzugen, wenn

Preis und Leistung vergleichbar sind. Ein Wert, der in ähnlichen Umfragen früherer Jahre sogar noch deutlich höher war.

Doch der Wert solcher Umfragen ist relativ: eine freundliche Aussage am Telefon ist schnell gemacht, die konkrete Kaufentscheidung dagegen ein komplexer Prozess. Viele Verbraucher haben sich sicherlich bei den in den letzten Jahren gehäuft auftretenden „Gammelfleisch"-Schlagzeilen geschworen, ihr Schnitzel beim regionalen, korrekt und vielleicht sogar ökologisch produzierenden Anbieter zu kaufen und gaben in den entsprechenden Umfragen auch an, dafür sogar tiefer in die Tasche greifen zu wollen. Die Marktbeobachtung aber zeigt, dass dies vorübergehende Erscheinungen sind, die der im Lebensmitteleinzelhandel besonders hart geführte Preiskrieg wieder nivelliert.

Nachhaltige Produkte muss man sich leisten können und wollen, die kaufkräftigeren Verbraucher sind auch in Fragen der gesellschaftlichen Verantwortung von Unternehmen naturgemäß anspruchsvoller als die Kunden, die mit dem Cent rechnen müssen. Der Trend zu anonymen „No name"-Artikeln aus dem Discount ist deutlich stärker als eine eventuell durch entsprechendes Käuferverhalten unterstützte nachhaltige Strategie von Markenartiklern.

Doch vor der Kaufentscheidung steht die Information. Wer weiß überhaupt, welche Firma in welchem Umfang gesellschaftlich und ökologisch verantwortlich handelt ? Wer hat davon gehört, dass BP jüngst den ersten Platz belegt hat beim „Good Company Ranking" des „manager magazins" und dass sich unter den ersten zehn von untersuchten 80 Unternehmen auch die Deutsche Telekom und die Deutsche Post befinden? Um mit solchen Werten zu punkten, muss informiert, geworben, getrommelt werden. Dabei ist schon das Vokabular ein Problem: die Zungenbrecher „CSR" und „CC" verbieten sich sowieso und auch der Begriff „Nachhaltigkeit" behindert griffige Botschaften: „Unser Ziel ist, die Beziehung zwischen Auto, Mensch und Natur nachhaltig zu verbessern", wirbt zum Beispiel mutig Toyota auf ganzseitigen Anzeigen und glaubt hier offenbar mehr an die Substanz als an die Durchschlagskraft dieser Botschaft.

Aber immerhin: das „Gute" findet immer öfter seinen Weg in die Werbung. Und auch in den Verbraucher-Journalismus: seit Januar 2005 nimmt die „Stiftung Warentest" in ihren „test"-Heften regelmäßig auch die „Unternehmensverantwortung" in eigenen Testreihen unter die Lupe und hat damit quasi offiziell die Kriterien „Preis" und „Qualität" um eine dritte Säule ergänzt. Dabei zeigt aber die quantitative Verteilung dieser Tests die Rangfolge in den Verbraucherpräferenzen: 2005 standen 215 Warentests ganze drei Untersuchungen zur Unternehmensverantwortung gegenüber.

Dabei zeigt sich, welche umfangreichen und komplexen Themen sich hinter der „Nachhaltigkeit" verbergen: am plausibelsten für den Verbraucher und auch am nächsten dran sind die ökologischen Kriterien wie Tierschutz, Energieverbrauch und Umweltverschmutzung. Weitaus schwieriger sind die sozialen Aspekte: wie behandelt ein Unternehmen seine Mitarbeiter wirklich? Wie transparent ist dies gegenüber dem Endkunden? Wie viele Frauen sind in Führungspositionen? Welche Rolle spielt der Arbeitsschutz? Wollte man dies alles wirklich sämtlichen tatsächlichen und potentiellen Kunden mitteilen, wären die entstehenden gigantischen Informationsströme kaum noch zu verarbeiten, vor allem auf Seiten der Verbraucher nicht.

Soll es also zu dem von den Unternehmen gewünschten positiven Imagetransfer kommen, müssen die CSR-Botschaften plakativer komprimiert werden und ihre Bedeutung für den Einzelnen und/oder die Gesamtheit der Verbraucher besser herausgearbeitet werden. Erste Ansätze in Werbung und Kommunikation sind zu sehen, und vielleicht lohnt noch mal der Blick zurück: den Kunden wie bei der Wohlfahrtsmarke auch sichtbar mit ins Boot zu nehmen ist eine ebenso einfache wie nachhaltige Idee. Seit mehr als achtzig Jahren.

Susanne Kuhrt

Gesellschaftliches Engagement von Unternehmen?

Raus aus dem Studium und rein ins „neue" Deutschland. 1992 kam ich von Wiesbaden nach Dresden zum Mitteldeutschen Rundfunk. Ich wusste nicht, was mich erwartete, freute mich aber darüber, meiner Großmutter väterlicherseits wieder näher zu sein, die im Osten Berlins lebte. Bei uns beiden wuchs problemlos zusammen, was Jahrzehnte auseinander gerissen war. Das war die Ausnahme.... zu Beginn jedenfalls.

Anfang der 1990er wurde „abgewickelt". Die Berichterstattung in unserer Fernseh-Nachrichtenredaktion befasste sich vor allem mit Entlassungen und Betrieben, die dicht gemacht wurden. Wir zeigten 1992 Beiträge aus Hoyerswerda, wo die Bergleute für den Erhalt ihrer Arbeitsplätze demonstrierten. Von den Elektromotorenwerken Wernigerode, wo dasselbe geschah. Von den Chemiebetrieben in Leuna. Von der Lebensmittelkette Konsum, wo die Hälfte der Arbeitsplätze wegfiel und, und, und. Das ging auch 1993 so weiter. Der ehemalige Schwermaschinenbaubetrieb SKET in Magdeburg wurde aufgeteilt. Und: frohe Weihnachten! - Ende des Jahres die letzte Förderschicht im Kalibergbau Bischofferode gefahren. Bangen und Hoffen. Menschen traten für den Erhalt des Arbeitsplatzes in den Hungerstreik - auch darüber berichteten wir im Fernsehen.

Gesellschaftliches Engagement von Unternehmen? Eine ausführliche Berichterstattung darüber hätte unter diesen kritischen Umständen bei vielen Ostdeutschen Zorn hervorgerufen. Nach Feierabend traf sich ein Großteil der Redaktion beim Italiener - einem der damals noch rar gesäten Restaurants am Dresdner Altmarkt.

Am Nebentisch wurde getreuhandelt: Mitarbeiter von Birgit Breuel entschieden über Wohl und Weh von Betrieben und ihren Mitarbeitern. 1990 waren der Treuhandanstalt 8.500 Betriebe mit über vier Millionen Beschäftigten unterstellt. Der Großteil der DDR-Unternehmen galt als sanierungsbedürftig oder nicht sanierungsfähig. Dann ging mit der Währungsunion auch noch die Nachfrage nach DDR-Produkten drastisch zurück. Der Zerfall der Sowjetunion bedeutete, auch dieser für die ostdeutsche Industrie so wichtige Markt brach weg. Also wurden Unternehmen oder Teile von ihnen verkauft, Sozialpläne erstellt, Sanierungskonzepte geprüft und schließlich radikale Schrumpfungsprozesse eingeleitet. 1994 wurde die Treuhandanstalt aufgelöst. Und dann gab es von den ursprünglich vier Millionen Arbeitsplätzen noch etwa ein Drittel - nämlich 1,5 Millionen. Und zwar einschließlich der von Investoren zugesagten Stellen, was immer dann daraus wurde. Bildhaft gesprochen. Hatte man selbst vielleicht noch seinen Arbeitsplatz - der Nachbar links und auch der rechts nicht mehr!!

Vom „Abenteuer Aufbruch" spricht Bundeskanzlerin Merkel, als sie im September 2006 einen Medienpreis für Ihre Verdienste um die Deutsche Einheit entgegennimmt. Aber sie hat bestimmt nicht vergessen, dass das Abenteuer für manchen Ostdeutschen ein Fiasko wurde. Das Problem der Arbeitslosigkeit hatte es in der DDR praktisch seit Mitte der 1950er Jahre nicht mehr gegeben.

Gesellschaftliches Engagement von Unternehmen? Anfang der 1990er Jahre hatten die meisten Ostdeutschen nun wirklich andere Probleme. Orientierungsläufe - nichts mehr wie es war. Menschen freuten sich nicht nur über die Reisefreiheit, sondern vor allem über die geistige Bewegungsfreiheit. Plötzlich konnte jeder lesen, was er wollte. Nach Mangelwirtschaft nun ein Überangebot an Waren. Also tastete man sich vorsichtig an die neue bundesdeutsche Identität heran. Dazu etliche Behördengänge: neuer Personalausweis, Krankenversicherung und die Steuerkarte mussten organisiert werden. Das alte Rechtssystem galt nicht mehr.

Und wie war es in den volkseigenen Betrieben der DDR? Freunde und Kollegen berichten, jeder Betrieb sei verpflichtet gewesen, sich für die Gesellschaft zu engagieren. Volkseigen bedeutete eben auch, dass das Volk selbst etwas beitragen musste zum Wohl aller. Da gab es Patenbrigaden in den Kombinaten, die Kontakte zu Schulen pflegten. Engagierte Mitarbeiter renovierten Klassenräume, gingen mit den Kindern kegeln oder waren Betreuer bei der Klassenfahrt.

Dann gab es noch die Verpflichtung zur „Konsumgüter-Produktion". Wurde in einer Fabrik beispielsweise Beton hergestellt, so musste dort auch noch etwas zum Wohle des Volkes produziert werden. Das freute sich dann über Parkbänke und Blumenkübel. Aus Beton. Eine große Rolle bei Initiativen jeglicher Art in den Betrieben spielten die Gewerkschaftsorganisationen. Immer wenn der Gewerkschaftsbeitrag eingezogen wurde, konnte oder sollte der Mitarbeiter auch eine sogenannte „Soli-Marke" erwerben. Das hieß etwa „Solidarität mit dem inhaftierten Nelson Mandela! Spendet!" Es wurde gespendet, reichlich. Aber viele ehemalige DDR-Bürger bezweifeln, dass das Geld je in Südafrika ankam. Vermutlich habe es die Deutsche Demokratische Republik für die Sanierung der Staatskasse gebraucht. Mitarbeiter, die durch ihr Engagement in der Partei, der Gewerkschaft oder bei der Freien Deutschen Jugend positiv auffielen, hatten gute Aussichten auf einen Urlaubsplatz im betriebseigenen Heim an der Ostsee. Oder auf die Reise in ein Hotel am Schwarzen Meer.

In den 1950er und 1960er Jahren hatte sich die Politik wohl vorgenommen, etwas für das geistige Niveau der Arbeiterklasse zu tun. Also wurden in den Kombinaten und Betrieben Freikarten fürs Theater verteilt. Was der eine als Zwang empfand, war für den anderen Vergnügen. Woran kein Mangel herrschte in der DDR, waren Kindergartenplätze. Auch viele volkseigene Betriebe hatten welche. Meistens arbeiteten beide Elternteile und die Kinder waren schon im Babyalter versorgt. Ob Krippe oder Hort - alle Einrichtungen waren dem Ministerium für Gesundheitswesen unterstellt und damit auch Bestandteil des sozialistischen Bildungssystems.

Um den Umweltschutz in Ostdeutschland war es eher mies bestellt. Die Steigerung der Produktion war in den Betrieben wichtiger als saubere Luft oder saubere Flüsse. Ich entlarvte mich Anfang der 1990er Jahre in vielen Dingen als Westdeutsche. Denn im Unterschied zu mir brachten die Dresdner zum Einkauf beim Bäcker eine Stofftasche mit. Ökologisch erstrebenswert - aber in der DDR wohl vor allem ein Weg, mit dem Mangel an Tüten umzugehen. Engagement sei eben häufig auf ökonomische Not zurückzuführen gewesen - auch das hörte ich in meinem Freundeskreis. Auch heute herrscht nicht überall Überfluss. Es gibt es keine Knete in den Staatskassen oder in den Kommunen. Und Freiwilligenagenturen und Bürgerinitiativen bemühen sich, etwas zum Wohle aller zu erreichen. In Halle an der Saale beispielsweise haben Eltern einen Spielplatz für Kinder im Wohngebiet selbst gebaut.

Und Unternehmen? Ehrlich gesagt: ein Blick ins Fernseharchiv reißt im Jahr 2007 noch nicht zu Begeisterungsstürmen hin. Der Arbeitsplatzabbau und Hartz IV - in Ostdeutschland immer noch die großen Themen. In Mitteldeutschland war die Arbeitslosigkeit im Jahr 2006 noch doppelt so hoch wie im Westen....

Aber wir freuen uns, dass BMW in seinem neuen Werk in Leipzig bewusst ältere und ehemals arbeitslose Menschen beschäftigt. Sind glücklich, dass der Dienstleister KOMSA bei Chemnitz einen Firmenkindergarten hat, in dem auch Babies schon willkommen ist und die Kinder englisch lernen können. Wir nehmen wohlwollend zur Kenntnis, dass in der Magdeburger „Brasserie am Schelli" zur Hälfte behinderte Mitarbeiter eingestellt wurden. Und wir berichten über die Bus Elektronik in Riesa, die den Nichtraucherkurs des Mitarbeiters zur Hälfte finanziert.

Macht doch auch viel mehr Spaß, für ein engagiertes Unternehmen zu arbeiten! In den 80 er Jahren finanzierte ich mein Studium zumindest eine Zeit lang selbst. Ich war Flugbegleiterin bei der Lufthansa. Dort waren Verbesserungsvorschläge jedes Mitarbeiters gefragt. Gute wurden realisiert, in der Mitarbeiterzeitschrift veröffentlicht und mit einem Obolus belohnt. Auch heute noch gibt es unzählige Teilzeitmodelle. Alleinerziehende beispielsweise können wirklich jedes Jahr neu über ihre Arbeitszeiten verhandeln. Menschen aus inzwischen 145 Nationen sind bei der Fluggesellschaft beschäftigt. Kulturelle Unterschiede werden als Bereicherung und Vorteil empfunden. Auch im Umweltbereich ist die Lufthansa aktiv, engagiert sich unter anderem für ihr Wappentier, den Kranich.

Es ist nur ein Beispiel von vielen in Deutschland! Wenn die Rahmenbedingungen stimmen und Kinder gut untergebracht sind, laufen Mitarbeiter eher zur Höchstform auf. Und so viel Kreativität und Innovationskraft führt zu besseren Geschäftsergebnissen. Von den positiven Auswirkungen auf die Gesellschaft ganz zu schweigen.

Thomas Roth

Zeit für Wolkenschieber

Ich gebe es zu: Ich bin altmodisch. In manchem sehr altmodisch sogar. Gewissermaßen in vor-globalisiertem Zustand. Und noch ein Geständnis. Ich habe eine Schwäche für Wolkenschieber. Auch wenn dieses Wort in unserem Sprachgebrauch den Beigeschmack des Unseriösen hat. Den mag es auch behalten. Solange auch jene Konnotation erhalten bleibt, die darauf anspielt, dass etwas Großes, Phantasievolles bewegt wird oder werden könnte. Und das geht am Anfang meistens schief, sieht jedenfalls immer etwas zweifelhaft aus, manchmal sogar sehr zweifelhaft. So wie der Weg von der Pferdekutsche zum ersten durch die Gegend holpernden Benziner, der Mensch und Geflügel am Wegesrand zunächst in panisches Erstaunen versetzt hat, wenn die überlieferten Erzählungen stimmen. Oder der Weg vom ersten Großcomputer mit gewaltigen Ausmaßen zum feinen, superflachen Laptop, der heute wie ein glänzendes Ufo auf dem Schreibtisch liegt. Zumal jeder Laptop von irgendeinem Billiganbieter heute mehr, schneller und das alles besser kann als die frühen und mächtigen Großcomputer. Also: Es braucht nach meinem Verständnis immer „Wolkenschieber" am Anfang, wenn etwas gänzlich Ungewohntes, ja zu Beginn absurd erscheinendes bewegt werden soll. Etwas von dem vielleicht sogar die Gefahr droht, dass es unseren Alltag gänzlich umstülpen könnte. Wie die Globalisierung zum Beispiel. In der stecken wir, es ist ein Gemeinplatz, mitten drin. Auch wenn man zugeben muss, dass sie den meisten von uns spätestens mit dem Ende des Kalten Krieges eher geschehen ist, als dass wir sie uns bewusst gewählt und sie bewusst gestaltet hätten. Eine Art historisch-technischer Quantensprung, der uns immer noch schwindeln macht. Das ging mir nicht anders und dabei hätte ich es wissen können. Ich habe weit mehr als ein Jahrzehnt in den unterschiedlichsten Ländern - von der Südspitze Afrikas über Moskau bis nach Zentralasien - gelebt oder wenigstens dort journalistisch gearbeitet. Das schärft den Blick für Entwicklungen, gewiss. Aber ich gehöre zu denen, die die Wucht der Globalisierung trotzdem lange unterschätzt haben. Sollte dies einem potentiell international aufgestellten Unternehmer ebenfalls passiert sein, dann ist er vermutlich längst von den „Winds of Change" aus dem „global marketplace" hinaus gefegt worden. Oder man hat ihn, wenn er Glück gehabt hat, zu einem guten Preis „aufgesogen". Ich wünsche selbstverständlich jedem zumindest das Letztere.

Was hat das alles mit dem zu tun, dass ich mich in manchen Dingen als altmodisch empfinde, wie ich eingangs bekannt habe? Es ist ein ähnliches Gefühl wie jenes, das man vor allem im Ausland spürt. Je länger man draußen lebt, desto stärker empfindet man die Verbindung zu dem Land, aus dem man kommt oder dem man entstammt. Der sentimentale Begriff dafür ist „Heimat". Ich habe nicht wenige Jahre gebraucht, um in dieser Beziehung solche Sentimentalität zuzulassen. Ich war (zu?) lange (zu?) begeistert anderswo unterwegs. Es wäre mir in diesen Jahren beinah wie ein illegitimer Blick zurück vorgekommen. Heute weiß ich, dass es nicht nur legitim, sondern notwendig ist, dass man weiß woher man kommt. Und noch etwas weiß ich. Dass damit auch ein System von Werten gemeint ist. Ich hatte das Glück in einer Umgebung aufzuwachsen, die davon gekennzeichnet war. Nein, ich war damit beileibe nicht immer und in jedem Punkt einig. Keineswegs. Aber sie waren da, diese „Werte", an denen man sich abarbeiten konnte. Eben deshalb tue ich mich heute schwer. Manchmal jedenfalls. So wie neulich in einem Gespräch mit einem angehenden Investmentbanker. Er sagte mir, dass er diesen Job bis maximal Mitte dreißig würde machen können, dann sei er „ausgebrannt". Also muss, so seine Philosophie, das für das dann folgende Restleben nötige Geld bis dahin verdient sein. Muss es das? Was genau bedeutet „ausgebrannt" im, Verzeihung, jugendlichen Alter von 35? Heißt das, dass er dann nicht mehr zu gebrauchen sein würde? Und was passiert dann mit dem Restleben? Und: wer oder was ist eigentlich dafür verantwortlich, dass es zu einem solch erstaunlichen Prozess kommt, in den mein Investmentbanker sich allerdings mit großer sportlicher Begeisterung hinein begibt? Gibt es nicht etwas, das inmitten der „Winds of Global Change" beständiger ist und auch noch für das Restleben hält?

Es stimmt. Ich bin zu altmodisch. Denn ich glaube, dass es das gibt. Und ich glaube, dass es etwas mit Verantwortung für sich und andere zu tun hat. Im weitesten Sinne, das sei zugestanden. Aber eben doch mit Verantwortung. Ich bin kein Unternehmer, sondern Journalist und kann deshalb zumindest nicht über meine eigene Erfahrung auf unternehmerischem Feld berichten. Aber doch immerhin über Beobachtungen. Und die deuten auf Unverständnis, wenn sich die Dinge so zusammenballen wie in den letzten Monaten. Also etwa das massive Erhöhen bestimmter Vorstandsgehälter, wenn das Unternehmen zugleich tausende von Menschen entlassen muss oder es jedenfalls tut – bei steigenden Gewinnen. Das sind nicht nur die „Niedriglöhner", die von diesem Unverständnis geprägt sind. Oder die auf dem „Hartz IV Planeten" Angekommenen. Dieses Unverständnis greift längst, wie man so schön sagt, in der „Mitte der Gesellschaft" Platz. Das ist verständlich, denn dort muss es ja auch verarbeitet werden. In der Sozialstaats- oder

der Gesundheitsdebatte zum Beispiel. In der Debatte darüber, wie eine Gesellschaft umgeht mit jenen derzeit rund 3,5 Millionen Menschen (hoffentlich werden es weniger!), die von den „Winds of Change" beiseite geweht wurden. Und mit jenen, die Sorge haben, dass sie vielleicht bald dazu gehören könnten. Auch diese Sorge ist längst „in der Mitte der Gesellschaft" angekommen. Es kommt aber noch schlimmer. Auch in durchaus konservativen, also traditionell eher wirtschaftsnäheren sich verstehenden „Kreisen" der Berliner Politikwelt kann man ernsthafte Äußerungen darüber hören, dass zumindest die jüngere Managergeneration wie eine „Kaste" gesehen wird, die sich auf einem globalen Streifzug befindet. Einer Art heimat- und bindungslosem Streifzug von Unternehmen zu Unternehmen, von Rendite zu Rendite bzw. der Optimierung derselben. Das mag ein Klischee sein. Aber es könnte auch zu viel daran wahr sein. Wenn aber stimmt, dass „Psychologie" in Wirtschaft und Gesellschaft eine gewichtige Rolle spielt, dann müsste das ein Alarmzeichen sein. Für die Wirtschaft und für die Gesellschaft. Wäre es anders, müssten im Übrigen auch nicht diese Bemerkungen geschrieben werden.

Nun werden manche sagen: „Stimmt, wir haben ein Kommunikationsproblem!" Das sind in der Regel die moderneren Unternehmen, die schon wissen, dass sie, wo immer sie aktiv sind, am besten die Menschen „mitnehmen", die für sie tätig sind – und natürlich die sie umgebende Gesellschaft im weiteren Sinne. Nur die wenigsten Unternehmen sind so zynisch zu sagen, in „Asien brauche ich nichts zu erklären, die arbeiten auch so, wenn man ihnen sagt, was sie zu tun haben." Das wird, mit etwas Glück, noch eine Weile so funktionieren. Aber wer klug ist weiß, dass die „Winds of Change" auch davor über kurz oder lang nicht halt machen werden. So oder so. Das ist die pragmatische Erwägung. Da ich aber altmodisch bin, gehe ich noch ein Stück weiter. Es ist nicht nur ein Kommunikationsproblem. Es ist ein Problem von unternehmerischem Selbstverständnis auch in einer globalen Welt. Ich glaube nämlich noch daran, dass der größte Schatz in den Menschen zu heben ist, wenn man sie nicht kommunikativ übertölpelt, sondern sie als würdigen und selbstbewussten Teil der Unternehmung begreift. Ich gehe noch weiter, und damit wären wir wieder am Anfang. Ich glaube, dass es um das „Wolkenschieberpotential" in ihnen geht. Es tut mir leid, dass ich keinen besseren Begriff dafür gefunden habe. Ich finde ihn dennoch passend. Die Kräfte eines „Wolkenschiebers" hat man dann die Chance zu finden, wenn man eines sicher weiß: Man ist Teil eines sinnvollen Ganzen, aus dem man nicht einfach so mir nichts dir nichts herausgeschnitten wird. Sei es ein Betrieb, sei es die (oder eine) Gesellschaft. Das wäre der Grundwert, den aufzuzeichnen sich derzeit die großen Parteien in Kommissionen bemühen, um zeitgemäße Parteiprogramme aufzuschreiben. Um aber in meinem, zugegeben etwas naiven Bild zu bleiben: Man könnte auch sagen, der stabile Boden, auf dem ein „Wolkenschieber" steht (und stehen muss), ist die soziale Verantwortung gegenüber sich selbst und der Umgebung, in der ein Unternehmen wirtschaftet. In der „Heimat" oder irgendwo in Asien. Daran müsste man arbeiten. Als Manager und am Band. Am besten gemeinsam. Denn nur so kann es funktionieren.

Natürlich weiß ich, dass ich mit diesen Bemerkungen allen soziologischen und betriebsökonomischen Diskussionen ausgewichen bin. Auch den politischen. Vielleicht habe ich ja auch nur einen Moment viele Jahre zurück gemeint. Jener Moment, in dem man viele Stunden mit der Dampfmaschine (heute wäre das der Ufo-Laptop?) gespielt und sie so verstanden hat, dass plötzlich das Gefühl entsteht, sie selbst erfunden zu haben. Sie finden, das ist nostalgischer Unsinn? – Bestimmt haben Sie Recht. Aber der Moment dieses Gefühls hat sich trotzdem in mir festgesetzt. Es war der kurze Moment einer „Zeit für Wolkenschieber". Also genau das, was wir brauchen, meinen Sie nicht?

VI. Gesellschaftspolitische Analysen und Perspektiven

Kathrin Ankele, Jana Gebauer

Erfolgsvoraussetzungen für Corporate Citizenship in Deutschland

Der Diskurs um Unternehmensverantwortung und bürgerschaftliches Engagement ist durch eine Vielfalt von Begriffen, Definitionen und Zuordnungen bestimmt. Um unsere Argumentation nachvollziehbar zu gestalten, stellen wir daher unser eigenes Begriffsverständnis voran.

Corporate Citizenship (CC) ist Bestandteil einer umfassenden Strategie zur Übernahme gesellschaftlicher Verantwortung durch Unternehmen, genannt Corporate (Social) Responsibility (CSR oder CR). CSR bezieht sich in erster Linie auf das Kerngeschäft eines Unternehmens, welches Prozesse, Produkte und Dienstleistungen, Standortwahl und Geschäftsfelder umfasst. CSR erfordert eine kritische Reflexion der ökologischen und sozialen Auswirkungen, die ein Unternehmen in diesen Bereichen mit seiner ökonomischen Wertschöpfung erzeugt. CC bezeichnet nun das weitere gesellschaftliche Engagement eines Unternehmens *jenseits* des Kerngeschäfts und kann mit den Konzepten Corporate Volunteering (Freistellung von MitarbeiterInnen für gesellschaftliches Engagement), Corporate Giving (Spenden und Sponsoring) und Corporate Foundations (Unternehmensstiftungen), z.T. ergänzt durch Cause Related Marketing und Public Private Partnerships, ausdifferenziert werden. Zur Illustration: Der ökologische Rucksack und die Arbeitsbedingungen entlang der Wertschöpfungskette eines Computers liegen im Kern von CSR. Einer Schule Computer zur Verfügung zu stellen, um die Ausbildungsbedingungen zu verbessern, wäre eine typische zusätzliche Corporate Citizenship-Maßnahme eines Computerherstellers.

Corporate Citizenship in Deutschland: Alte Wurzeln und neue Triebe

Das aus dem anglo-amerikanischen Sprach- und Wirtschaftsraum importierte Konzept der Corporate Citizenship ist nur scheinbar neu in Deutschland. Im Grunde steht es in der Tradition bürgerschaftlichen Engagements, häufig aus einem paternalistischen Unternehmens- (und Unternehmer-)Verständnis heraus, das Unternehmen auch hierzulande seit langem ausüben. Es umfasst vor allem soziale Leistungen für die eigene Belegschaft wie z.B. Wohnungen für Werksangehörige bereitzustellen, betriebliche Altersvorsorge zu betreiben oder Rabatte für MitarbeiterInnen zu gewähren. Im deutschen Sozialstaatsmodell sind dies überwiegend zusätzliche Leistungen zur staatlichen Grundversorgung der ArbeitnehmerInnen.

Eine neue Bedeutung erlangt dieses Engagement nun dadurch, dass sich Bund, Länder und Kommunen ganz oder teilweise aus einzelnen, bisher hoheitlichen Aufgaben zurückziehen (müssen) und privatwirtschaftliche Akteure in die entstehenden Lücken treten, z.B. im Bildungswesen, der Kultur- und Sportförderung oder der Verkehrsinfrastruktur. Damit rückt ein mögliches neues deutsches Verständnis näher an das US-amerikanische Modell der Corporate Citizenship heran, in dem bürgerschaftliches Engagement von Unternehmen vor allem die im näheren unternehmerischen Umfeld fehlenden oder unzureichenden (sozial-) staatlichen Leistungen kompensiert.

Potenziale dieser Veränderung

In einem guten Sinne besteht die Quintessenz des US-amerikanischen Corporate Citizenship-Verständnisses darin, die Dinge selbst in die Hand zu nehmen, sich als Teil einer „verantwortlichen Bürgerschaft" bzw. „in bürgerschaftlicher Verantwortung" zu sehen und diese Rolle nicht ausschließlich oder überwiegend beim Staat zu verorten.

Die Motivation hierfür entsteht aus dem Gefühl heraus, Teil einer Gemeinschaft zu sein, die zusätzlicher Leistungen durch einzelne BürgerInnen und Unternehmen tatsächlich bedarf. Die positiven Berichte über Sachspenden von Unternehmen oder Mentorenprogramme an Schulen, über zusätzliche Sozialleistungen oder Integrationsprogramme für MitarbeiterInnen in Unternehmen, über die finanzielle Unterstützung von Naturschutzprojekten oder in Katastrophengebieten bestärken dieses Gefühl. Und tatsächlich trägt jede einzelne soziale oder ökologische Leistung, die zusätzlich von BürgerInnen oder Unternehmen erbracht wird, zur nachhaltigen Entwicklung einer Gesellschaft und deren Zusammenhalt bei. Übrigens unabhängig davon, ob darüber berichtet wird. Dies zeigt das sehr beständige, in der breiten Öffentlichkeit jedoch nicht hinreichend wahrgenommene Engagement von lokal eingebetteten kleinen und mittleren Unternehmen.

Wildwuchs beschneiden? Zur Kritik am „CC-Boom"

Bei allem Lob über das gesellschaftliche Engagement von Unternehmen in Bereichen, die mit ihrem Kerngeschäft nichts oder wenig zu tun haben, sollten folgende kritische Aspekte nicht übersehen werden. Erstens: Öffentlichkeitswirksam eingesetzte CC-Maßnahmen, so wertvoll sie im Einzelnen auch für die mit den Leistungen Bedachten sein mögen, sind problematisch, wenn Unternehmen nicht gleichzeitig (oder vordergründig) ihr Kerngeschäft ökologisch und sozial verantwortlich betreiben. Schäden, die durch Nicht-Einhaltung von Umwelt- und Sozialstandards entlang der Wertschöpfungskette entstehen, können und sollten nicht durch PR-fähige Einzelmaßnahmen kompensiert werden. Unternehmen, die dies vernachlässigen, werden auch kaum den angestrebten Reputationsgewinn erzielen. Sie werden letztlich vielmehr an Glaubwürdigkeit einbüßen, die nämlich eine kohärente Gesamtkonzeption für das Unternehmenshandeln erforderte. Inkohärent und damit wenig glaubwürdig ist z.b., wenn sich ein Unternehmen im Bildungssektor engagiert, gleichzeitig aber die betriebliche Aus- und Weiterbildung vernachlässigt. Gefordert ist somit eine Strategie, die das Kerngeschäft verantwortungsvoll gestaltet und die zusätzlichen CC-Aktivitäten sinnstiftend integriert. Selbstkritisch muss angemerkt werden, dass die Forschungs- und Beratungs-„Communities" für CSR einerseits und CC andererseits häufig auseinander fallen und daher bislang zu wenig umfassende Hilfestellung zur Entwicklung einer solchen kohärenten Strategie bieten.

Zweitens: Dass Unternehmen Zeit und Geld in CC-Projekte investieren, mit denen sie auch Interessen wie den Zugang zu neuen Märkten und Kundensegmenten, Vorsprung gegenüber Wettbewerbern oder die Nutzung von Lock-in-Effekten verfolgen, ist verständlich, aber nicht zwangsläufig deckungsgleich mit Gemeinwohlinteressen. Schulungen für Kinder in Zahnhygiene können unter Umständen (nämlich wenn bezweckt wird, sie langfristig an eine bestimmte Zahncrememarke zu binden) einer Befähigung dieser zukünftigen KonsumentInnen zu reflektiertem Umgang mit Marken und selbstständigem Konsumentscheiden (capability building) entgegen wirken.

Drittens: Unternehmensentscheidungen unterliegen keiner demokratischen Kontrolle, Unternehmen können nicht abgewählt werden. Diese Selbstverständlichkeiten erlangen im Kontext verstärkten privatwirtschaftlichen Engagements in vormals hoheitlichen Aufgabenbereichen eine andere Bedeutung und Relevanz. Umso wichtiger ist es, Unternehmensentscheidungen vor dem Hintergrund tatsächlicher gesellschaftlicher Bedürfnisse zu reflektieren.

Viertens: Die Privatisierung und Kommerzialisierung des öffentlichen Lebens und die zunehmende Präsenz der Wirtschaft in allen Lebensbereichen ist an sich häufig Gegenstand von Kritik und Tabu-Forderungen. Erinnert sei an die Debatten über eine Umbenennung der Fußball-Bundesliga in T-Com-Liga oder über den „Missbrauch" von Denkmälern nationaler Bedeutung – etwa das Brandenburger Tor in Berlin – für Werbezwecke.

Diese Ausschnitte aus der Diskussion über Corporate Citizenship-Aktivitäten in Deutschland rücken insbesondere Eines ins Licht: CC-Aktivitäten haben zu häufig noch den Charakter unsystematischer und unstrategischer Einzelmaßnahmen. Damit werden sowohl der unternehmerischen als auch der gesamtgesellschaftlichen Effektivität und Richtungssicherheit deutliche Grenzen gesetzt. Dies kann verhindert werden, indem die Aktivitäten unter einer gemeinsamen Entwicklungsvorstellung mit konkreten Zielen, Maßnahmen und Verantwortlichkeiten zusammengebunden werden. Die aktuelle Herausforderung für alle beteiligten Akteure liegt somit darin, den Nutzen dieses unternehmerischen Engagements für Unternehmen und Gesellschaft gleichermaßen zu stärken.

Entwicklungsperspektiven

Eine CSR-Gesamtkonzeption (inkl. CC-Aktivitäten), die den einzelbetrieblichen wie auch den gesellschaftlichen Nutzen steigert, basiert zum einen darauf, die relevanten Stakeholdergruppen in die Bestimmung der Handlungsfelder unternehmerischen Engagements einzubeziehen. Erfolgreiche unternehmerische Stakeholder-Kommunikation, beispielsweise über Stakeholder-Dialoge, kann dabei keine Einmalaktion sein, sondern folgt als fairer und ergebnisoffener Kommunikations*prozess* der dynamischen *Entwicklung*svorstellung.

Darüber hinaus kann der Nutzen durch die Integration der Unternehmens- (und Stakeholder-)Vorstellungen in eine regionale oder lokale Nachhaltigkeitsstrategie bzw. in einen nachhaltigen Entwicklungsplan für die Region erhöht werden. Nachhaltige Entwicklung stellt sich als ein schrittweiser Prozess des gemeinsamen Erarbeitens und Bewertens durch die beteiligten Akteure dar und erfordert Selbstreflexion und Selbstorganisation. Eine aktive Rolle von Unternehmen ist hier unabdingbar, lebt aber von der Einbettung in den Gesamtkontext.

Die Integration wirtschaftlicher Akteure in lokale und regionale Nachhaltigkeitsstrategien ist nicht neu: Lokale Agenda 21-Initiativen nahmen frühzeitig die Idee der partnerschaftlichen Zusammenarbeit aller relevanten und interessierten Akteure unter dem gemeinsamen Dach der (ökologisch) nachhaltigen Entwicklung auf. Hier gelang es allerdings selten, Wirtschaftsakteure dauerhaft in die Nachhaltigkeitsaktivitäten einzubeziehen. Auf beiden Seiten entstanden Frustrationen und das Interesse ebbte ab. Die Gründe hierfür sind vielfältig – wesentlich sind: Die

Prozessgestaltung der Entwicklung und Umsetzung der Maßnahmen konnte die bestehenden Berührungsängste und Vorurteile zwischen den unterschiedlichen communities (profit und non-profit) nicht abbauen und die Ergebnisse konnten die Erwartungen der Unternehmensseite nicht erfüllen.

Der aktuelle Boom um CSR und insbesondere Corporate Citizenship sollte genutzt werden, einen neuen Anlauf zur partnerschaftlichen Vereinbarung von nachhaltigen Entwicklungszielen und –maßnahmen zu nehmen. Neben Vermittlungsagenturen und Beratungsorganisationen spielen kommunale Akteure hierbei eine wichtige Rolle, indem sie den Abgleich mit kommunalen und regionalen Planungszielen leisten und somit letztlich auch die Richtungssicherheit für Unternehmen erhöhen. Kommunen sollten daher verstärkt das Konzept CC für ihre lokale/regionale Entwicklungsarbeit „instrumentalisieren".

Fazit

Es bestehen zwei Ansatzpunkte zur Erhöhung der Effektivität und Richtungssicherheit der CC-Aktivitäten von Unternehmen: Zum einen sollten die Aktivitäten im Interesse der Glaubwürdigkeit und des gewünschten Reputationsgewinns in eine gesamtunternehmerische CSR- oder Nachhaltigkeitsstrategie eingebettet werden. Zum anderen sollte eine Verknüpfung mit kommunalen bzw. regionalen Nachhaltigkeitsstrategien und Entwicklungsplänen vorgenommen werden, welche im Kontext neuer sozialer/regionaler Partnerschaften erarbeitet werden. Erfolgsfaktoren dieser Partnerschaften sind die Professionalisierung des Prozesses der Entwicklung, Ausgestaltung, Umsetzung und v.a. auch der öffentlichen Kommunikation der einzelnen Maßnahmen, die Sicherstellung beiderseitiger Vorteile der potenziellen Ergebnisse (stärker als z.B. in vielen Agenda 21-Prozessen) und die Anpassung an die Handlungslogiken der unternehmerischen Akteure. Ein regelmäßiges wechselseitiges Monitoring erhöht ferner die Belastbarkeit und Verbindlichkeit der auf diesem Wege erarbeiteten Strategien und Maßnahmen.

Birgit Riess

Unternehmensengagement – ein Beitrag zur gesellschaftlichen Selbststeuerung zwischen Markt und Staat

Wo Marktversagen herrscht, so die klassische Theorie, schlägt die Stunde des Staates. Er gleicht aus, wofür der Markt blind ist. Aber was tun bei Staatsversagen? Der Fall ist eingetreten: Für viele drängende Probleme in unserer Gesellschaft liefert der Staat keine zufrieden stellenden Lösungen mehr. Das Bildungssystem ist kaum mehr in der Lage, die Qualifikationen bereit zu stellen, die Unternehmen für die Sicherung ihrer Wettbewerbs- und Innovationsfähigkeit benötigen. Die sozialen Sicherungssysteme versagen angesichts dauerhaft hoher Arbeitslosigkeit und Veränderungen der strukturelle Rahmenbedingungen. Hinzu kommt, dass durch die weitgehend von der Ökonomie getriebene Globalisierung der Ordnungsrahmen des Nationalstaates und der Wirtschaft immer weniger deckungsgleich ist. Die gravierenden Auswirkungen eines zunehmend entgrenzten Wirtschaftens und eines globalen Standortwettbewerbs sind in Deutschland unübersehbar. Arbeitsplatzverlagerungen, der Druck auf die Personalkosten unter Verweis auf die billigere Konkurrenz sind die sichtbarsten Zeichen einer sich verändernden internationalen Arbeitsteilung (Altvater 2003).

Der Ruf nach der Verantwortung der Wirtschaft wird lauter und wird teilweise polemisch vorgetragen. Unternehmen waren nie isoliert von gesellschaftlichen Erwartungen, hatten immer einen Kontrakt mit ihren sogenannten Stakeholdern: den Kunden, Mitarbeitern, der Politik, ihrem sozialen Umfeld, der Politik und natürlich den Anteilseignern. Mit der abnehmenden Steuerungsfähigkeit der Politik – teils verursacht durch die nationale Reichweite der Gestaltungsmöglichkeiten, teils durch finanzielle Restriktionen – scheint sich die Polarisierung zwischen Wirtschaft und Politik noch zu verschärfen. Erinnern wir uns an die Heuschrecken-Debatte, die der damalige SPD-Vorsitzende Franz Müntefering losgetreten hat oder den durch die Presse geisternden Begriff der vaterlandslosen Gesellen. Oder an die Kritik aus Politik und Gesellschaft in der Krise um die deutsche Tochter des koreanischen Handyherstellers BenQ und deren Vorbesitzer Siemens.

Die Diskussion macht die enorme Unsicherheit in der Gesellschaft deutlich, die letztlich mit der Krise des Systems der Sozialen Marktwirtschaft einhergeht. Die Krise des deutschen Wohlfahrtsstaates scheint aber vor allem deswegen so hartnäckig anzudauern, weil Einstellungen und Verhalten der Politik, der Bürger und der Unternehmen immer noch in den Zeiten zu verhaften scheinen, in denen die Wirtschaft boomte und das soziale Netz immer dichter gewoben wurde. Nun macht immer mehr das Schlagwort der stärkeren Eigenverantwortung die Runde, das eigentlich für nichts anderes steht, als für ein Überdenken der ausschließlich vom Staat erwarteten Zuständigkeit. Und dies gilt sowohl im Verhältnis des Staates zum Bürger, als auch für das Verhältnis Staat – Wirtschaft.

Aber worin besteht die Verantwortung der Wirtschaft? Gibt es eine Verantwortung, die über Gewinne erzielen, Steuern zahlen, Güter, Dienstleistungen und Arbeitsplätze bereitstellen hinausgeht? Es klingt fast schon trivial festzustellen, dass Unternehmen und Gesellschaft in einem engen gegenseitigen Abhängigkeitsverhältnis stehen: Ohne gesundes soziales Umfeld kann kein Unternehmen dauerhaft existieren und ohne solides wirtschaftliches Fundament gerät jede Gesellschaft aus dem Gleichgewicht. Verantwortung für die Gesellschaft zu übernehmen, liegt demnach im Eigeninteresse eines Unternehmens. Dieses allgemeine Prinzip in die Praxis umzusetzen, ist allerdings eine ganz andere Sache. Wann handelt ein Unternehmen gesellschaftlich verantwortlich? Wann ist sein Engagement ausreichend? Und wer „bestimmt" den notwendigen Umfang des Engagements? Antworten auf diese Fragen zu finden, ist Gegenstand dieses Beitrages.

Die gesellschaftliche Verantwortung von Unternehmen bezieht sich auf zwei Ebenen. Die erste Ebene betrifft die Wertschöpfungskette des Unternehmens und die daraus resultierenden Folgen für die Gesellschaft zum Beispiel durch Emissionen, Abfallbeseitigung oder Einstellungspraktiken. Auf der zweiten Ebene handeln Unternehmen bisweilen wie Bürger, um konkrete Probleme ihres gesellschaftlichen Umfeldes zu lösen - etwa in sozialen oder kulturellen Projekten. Dieses bürgerschaftliche Engagement wird heute oft unter dem in der US-amerikanischen Tradition stehenden Begriff Corporate Citizenship (CC) zusammengefasst (Backhaus-Maul 2006: 37). Dagegen wird insbesondere in Europa die beide Ebenen umfassende gesellschaftliche Verantwortung von Unternehmen unter dem Begriff Corporate Social Responsibility (CSR) diskutiert (Matten 2006: 8ff.).

Wie sinnvoll es ist, die Diskussion um die gesellschaftliche Verantwortung von Unternehmen in Deutschland unter dem Begriff CSR zu führen - ohne den spezifischen nationalen Kontext zu beleuchten, sei einmal dahin gestellt. Tatsache ist, dass sich der Begriff CSR, aus dem anglo-amerikanischen Kontext kommend, mittlerweile weltweit zum Synonym einer Debatte um die Rolle der Unternehmen in der Gesellschaft entwickelt hat (Porter/Kramer 2007: 16).

Aber was kann das hinter dem Begriff CSR liegende Konzept tatsächlich leisten, welche Sichtweisen haben die unterschiedlichen Akteure darauf, welchen Handlungslogiken unterliegen diese Akteure? Wo liegen die Grenzen, aber auch die Chancen von CSR? Dies soll im Folgenden ausführlicher dargestellt werden.

Sichtweisen und Handlungslogiken

... der Politik

In der Vergangenheit hat zweifellos die EU-Kommission das Konzept der Corporate Social Responsiblity vorangetrieben. Mit der Veröffentlichung des Grünbuchs „Europäische Rahmenbedingungen für die soziale Verantwortung der Unternehmen" in 2001 stand das Thema CSR prominent auf der politischen Agenda und löste in vielen Mitgliedstaaten Aktivitäten der nationalen Regierungen aus (Europäische Kommission 2001). In diesem Sinne richteten beispielsweise Dänemark und die Niederlande hochkarätige CSR-Konferenzen im Rahmen ihrer EU-Ratspräsidentschaft aus.

Mit der neuen Mitteilung der EU-Kommission aus dem Frühjahr 2006 und dem Wechsel der Federführung von der Generaldirektion Beschäftigung und Soziales zur Generaldirektion Unternehmen und Industrie stehen die wirtschaftspolitischen Ziele, die mit dem Konzept CSR verbunden werden, eindeutig im Vordergrund (KOM (2006) 136 endg.). Zum einen soll das CSR-Konzept die Unternehmen darin unterstützen, einen „unmittelbaren wirtschaftlichen Wert" aus der Wahrnehmung gesellschaftlicher Verantwortung zu ziehen. Auf diesem Weg soll CSR „zur Verwirklichung des in Lissabon vorgegebenen strategischen Ziels" beitragen, „die Union zum wettbewerbsfähigsten und dynamischsten wissensbasierten Wirtschaftsraum der Welt zu machen" (KOM (2006) 136 endg.: 3). Zum anderen soll CSR, in Ergänzung zu Regulierung, „zu einer Reihe politischer Zielsetzungen beitragen" und einen „fairen Beitrag zur Lösung bestimmter gesellschaftlicher Probleme leisten" (KOM (2006) 136 endg.: 2). Diese gesellschaftlichen Problembereiche umfassen Themen wie Beschäftigungsfähigkeit, Chancengleichheit, soziale Eingliederung, nachhaltige Entwicklung, Korruptionsbekämpfung, Beschäftigungswachstum, Wirtschaftswachstum, Einhaltung von Menschenrechten und Armutsbekämpfung (KOM (2006) 136 endg.: 5). Zugegeben handelt es sich hierbei um eine beachtliche Liste, in der die gesellschaftliche Mitverantwortung von Unternehmen festgehalten wird. Als treibender Faktor für das Engagement der EU-Kommission kann vor allem die wirtschaftliche Verflechtung und die damit verbundene Veränderung der Rahmenbedingungen für politische Steuerung gesehen werden. So erschwert die fortschreitende Globalisierung der Wirtschaft die Umsetzung politischer Ziele und zugleich auch den Erhalt der wirtschaftlichen Grundlagen eines politischen Systems. Die Verknüpfung von CSR mit dem Ziel der Lissabon Strategie – den wettbewerbsfähigsten Wirtschaftsraum bis 2010 zu schaffen – deutet an, dass CSR als Steuerungsinstrument genutzt werden soll, um die im europäischen Wirtschaftsmodell eingebetteten Werte – sozialer Ausgleich, Partizipation und Konsens – im Wettbewerb mit Wirtschaftssystemen „ohne Adjektiv", also liberalen Marktwirtschaften, zur Geltung zu bringen. CSR wird sozusagen als Medium genutzt, um dem immer stärker öffentlich artikulierten Unbehagen am Kapitalismus politisch etwas entgegen zu setzen, auch in dem Bewusstsein, dass regulatorische Rahmensetzungen nicht durchsetzbar wären und möglicherweise negative ökonomische Implikationen hätten.

Eine ähnliche politische Haltung gegenüber CSR findet sich auch in einigen der einzelnen Mitgliedstaaten. In Großbritannien, Dänemark, den Niederlanden und Österreich fördert die Politik das freiwillige gesellschaftliche Engagement von Unternehmen etwa durch Forschungsprojekte, die Vermittlung von Gestaltungswissen und die öffentliche Anerkennung guter Unternehmenspraxis (Bertelsmann Stiftung 2006: 2). Offenbar sehen die jeweiligen Regierungen hierin einen neuen Weg, um gesellschaftliche Herausforderungen gemeinsam mit Akteuren aus Wirtschaft und Zivilgesellschaft zu bewältigen. Dies kommt auch darin zum Ausdruck, dass die Unterstützungsmaßnahmen in eine explizit formulierte nationale Strategie zu CSR eingebunden sind. Auch in Deutschland sind viele gute politische Ansätze zur Förderung von Unternehmensengagement vorhanden, etwa in der Beschäftigungs- und Familienförderung oder der Entwicklungszusammenarbeit. Das Potenzial von freiwilligem Unternehmensengagement für das Gemeinwohl könnte jedoch noch effektiver genutzt werden, wenn es gelänge, die Einzelaktivitäten in eine formulierte Strategie zu CSR einzubinden und stärker zu fokussieren. Voraussetzung hierfür wäre allerdings anzuerkennen, dass es notwendig ist, Unternehmen und Akteure aus dem Nonprofit-Bereich aktiver in die Gestaltung gesellschaftlicher Erneuerungsprozesse einzubeziehen.

... der Zivilgesellschaft

Obwohl es „die" Zivilgesellschaft so nicht gibt, ist doch eine gemeinsame Grundposition zu CSR erkennbar. Sie kritisiert vor allem die Freiwilligkeit des Konzepts und die fehlenden Sanktionsmaßnahmen bei unternehmerischem Fehlverhalten. So forderten Nichtregierungsorganisationen (NGOs), die sich im Rahmen des Multi-Stakeholder Forums der EU-Kommission zusammengeschlossen hatten, einheitliche und verbindliche Regelungen als Standard für alle Unternehmen weltweit. Um diese zu realisieren, soll ein hoher Grad an Transparenz durch die Festlegung gemeinsamer Berichtstandards hergestellt werden. Die Tätigkeit der Unternehmen soll darauf basierend durch unabhängige Institutionen überwacht und geprüft werden. Bei der Entwicklung von CSR-Prinzipien eines Unternehmens wird zudem die Beteiligung der Stakeholder gefordert.

In der Umgehensweise von NGOs mit Unternehmen bestehen allerdings Unterschiede. Zum einen sind da die stark mitgliederfinanzierten Organisationen, die ihre Aktivitäten dementsprechend nach innen legitimieren müssen. Deren Arbeit konzentriert sich vornehmlich auf eine „Watchdog" Funktion, die mit öffentlichkeitswirksamen Kampagnen Missstände anprangert. Eine Zusammenarbeit mit Unternehmen erfolgt nur in Ausnahmefällen, fast ausschließlich projektförmig und bleibt durchgehend an den inhaltlichen Zielen der NGOs ausgerichtet. Die Sicherung der eigenen Glaubwürdigkeit – das wichtigste Kapital der NGOs – steht dabei absolut im Vordergrund. Aber gerade dies macht sie für viele Unternehmen interessant: als kritische Gesprächspartner, die den Finger auf mögliche wunde Punkte z.B. bei geplanten CSR-Maßnahmen legen. So arbeitete beispielsweise die Münchener Rückversicherung bei einem Klimaschutzprojekt mit Germanwatch e.V. zusammen. Germanwatch brachte hohe thematische Kompetenz und das Wissen um die relevanten politischen Prozesse ein, die wesentlich zum Erfolg des Projektes beigetragen haben (Riess 2006: 162ff.).

Andere NGOs, die auf Spenden zur Finanzierung ihrer Aktivitäten angewiesen sind, streben auch längerfristige Kooperationen mit Unternehmen an. Dies muss aber nicht zwangsläufig mit einer unkritischen Haltung gegenüber dem Kooperationspartner einhergehen. So kooperiert der World Wild Fund for Nature (WWF) im Rahmen einer Naturschutzpartnerschaft mit dem Unternehmen Lafarge, was die NGO allerdings nicht daran hindert, Lafarge wegen des umweltschädigenden Abbaus von Rohstoffen in Schottland zu kritisieren (www.wwf.de/downloads/wwf-magazin/1-2006/aktuelle-geschenke-an-die-erde).

Einen gänzlich anderen Stellenwert haben Kooperationen von Unternehmen mit gemeinnützigen Organisationen wie beispielsweise Freiwilligenagenturen oder Trägern der Freien Wohlfahrtspflege. Diese Organisationen unterstützen Unternehmen dabei, ihre Engagementprojekte im Bereich Corporate Citizenship umzusetzen. Dabei kann es sich um das ehrenamtliche Mitarbeiterengagement handeln oder um die Unterstützung von gemeinnützigen Einrichtungen mit Know how oder Sachmitteln. Diese „Neuen Sozialen Partnerschaften" sind voraussetzungsreich, verlangen sie doch, sich auf die Welt des Partners einzulassen. Auf der anderen Seite bieten sie enormes Potenzial, insbesondere lokale soziale Probleme lösen zu helfen (Placke/Riess 2006: 90).

... der Wirtschaft

Gesellschaftliche Verantwortung von Unternehmen ist in Deutschland kein neues, sondern ein ausgesprochen traditionsreiches Thema. Gutes zu tun war für viele religiös und gesellschaftspolitisch inspirierte Unternehmerpersönlichkeiten jahrzehntelang eine gepflegte kulturelle Selbstverständlichkeit (Backhaus-Maul 2006: 32). Und betrachtet man jüngere Umfragen so hat sich daran wenig geändert (Bertelsmann Stiftung 2005). Eine große Mehrheit der befragten Unternehmer befürwortet danach, dass die Berücksichtigung von sozialen und ökologischen Belangen Teil der Geschäftstätigkeit sein muss. Die Motivation hierfür kommt primär aus dem Unternehmen selbst: Die Unternehmenskultur eines Unternehmens ist der wichtigste Treiber für Engagement. Besonders verpflichtet fühlen sich die Unternehmen dabei ihren Mitarbeitern und den Kunden. Nahezu jeder der befragten Manager sieht hier seine primäre Verantwortung. Damit korrespondieren auch die wichtigsten Motive für gesellschaftliches Engagement: Unternehmen engagieren sich vor allem, um ihre Mitarbeiter zu motivieren (84 % der Befragten). Die Pflege der Unternehmenskultur sowie die Reputation sind für zwei Drittel der Unternehmen ausschlaggebend. Gut die Hälfte der Befragten begründet das Engagement ihres Unternehmens mit der Erschließung neuer Kundenkreise und den Anforderungen der Eigentümer. Inhaltlich stehen entsprechend die Förderung der Aus- und Weiterbildung sowie das Kunden- und Beschwerdemanagement (je 83 %) und die Förderung der Chancengleichheit der Mitarbeiter (mit 78 %) bei der Umsetzung des gesellschaftlichen Engagements vorne. Alles in allem betrachtet, scheint das deutsche Profil von gesellschaftlicher Verantwortung stark von den Grundwerten der Sozialen Marktwirtschaft und den damit verbundenen kulturellen und regulatorischen Rahmenbedingungen geprägt zu sein (Bertelsmann Stiftung 2005: 32).

Vor diesem Hintergrund ist auch verständlich, warum die aus dem angelsächsischen Kontext stammenden Konzepte von Corporate Social Responsibility und Corporate Citizenship in Deutschland zunächst eher skeptisch betrachtet wurden. Aufgegriffen wurden diese Konzepte zuerst von den großen, global agierenden Unternehmen. Und natürlich nicht, weil sie nach Jahren der Dominanz des Shareholder Value nun plötzlich ihr soziales Gewissen entdeckt hätten. Ausschlaggebend war vielmehr, dass sich die öffentlichen Erwartungen an Unternehmenshandeln verändert haben. Und zwar in dem Maße, in dem es Unternehmen möglich ist, die Vorteile einer veränderten internationalen Arbeitsteilung durch Verlagerung von Produktion an kostengünstigere Standorte oder die globale Ausge-staltung von Wertschöpfungsketten zu nutzen. Gesellschaftliche und politische Kräfte können die strategische Landschaft von ganzen Industrien fundamental ändern, indem sie die Reputation von Unternehmen torpedieren. Die gleichen Technologien, die die

Globalisierung vorangetrieben haben, ermöglichen eine größere Transparenz. Tatsächliche oder vermeintliche Vergehen der Unternehmen werden heute umgehend publik und von Lobbygruppen – und Konsumenten – geahndet. Beispiele wie Shell und Nike zeigen, dass enormer Unternehmenswert vernichtet werden kann, wenn Unternehmen gesellschaftlich unverantwortlich handeln (Kluge 2005: 928). Und auch der Kapitalmarkt selbst beurteilt Unternehmenserfolg nicht mehr nur nach rein betriebswirtschaftlichen Kriterien. Die Corporate Governance ist dabei ebenso ausschlaggebend wie langfristige Risiken, denen sich Unternehmen im sozialen oder ökologischen Bereich stellen müssen (Bonini 2006: 22).

Im Wesentlichen geht es für die Unternehmen darum, im wohlverstandenen Eigeninteresse impliziten und expliziten gesellschaftlichen Bedürfnissen zu folgen und soziale und Umweltbelange in die Unternehmensstrategie zu integrieren. Die Übernahme von gesellschaftlicher Verantwortung ist demnach ein Gebot der Vernunft: unternehmerisches Handeln ist von der Akzeptanz des gesellschaftlichen Umfeldes abhängig, also davon, inwieweit Regeln und Wertvorstellungen beachtet werden.

Plädoyer für ein modernes Verständnis von gesellschaftlicher Unternehmensverantwortung

Die spannende Frage, die sich daran anschließt lautet: Kann es Unternehmen überhaupt gelingen, der Vielzahl unterschiedlichster Erwartungen, die an sie gestellt werden, gerecht zu werden und wenn ja, wie?

Gerade die globalen Unternehmen werden sich dem wachsenden gesellschaftlichen Druck nicht entziehen können. Sie sind schon wegen ihrer Größe ein politischer Faktor geworden, auch wenn dies in manchen Vorstandsetagen noch nicht angekommen sein mag (Oetinger/Reeves 2007: 63). Dort zieht man sich vielfach auf rein betriebswirtschaftlich begründete Positionen zurück. Viele – auch deutsche – Konzerne erwirtschaften aber längst mehr Umsatz, als zahlreiche Staaten an Bruttosozialprodukt ausweisen. Durch ihre globalen Aktivitäten schaffen die Unternehmen nicht nur Wohlstand sondern „erzeugen" allein durch ihr Handeln eine Reihe von Problemen, an deren Lösung sie politisch gemessen werden.

Und so ist es nicht verwunderlich, wenn in Deutschland die Frage nach der Verantwortung für den Standort aufgeworfen wird. Unternehmen haben traditionell eine gesellschaftliche Integrationsfunktion: durch die Schaffung von Arbeitsplätzen oder durch die Verpflichtung auf ein durch sozialen Ausgleich gekennzeichnetes Wirtschaftsmodell. Diese Integrationswirkung beginnt durch Globalisierungsprozesse zu erodieren. In der Handlungslogik der global aufgestellten deutschen Unternehmen ist der hiesige Standort einer unter vielen, an dem möglicherweise noch nicht einmal die meisten Beschäftigten angesiedelt sind. „Verantwortung" definiert sich für sie daher auch global und im Kontext der jeweiligen lokalen Verankerung. Sicherlich ist es in der deutschen Öffentlichkeit schwer zu kommunizieren, warum der Arbeitsplatz in Indien genauso wichtig ist wie der in Deutschland. Allerdings wird erst gar nicht der ernsthafte Versuch dazu unternommen. In dieser Gemengelage können dann auch die ernstzunehmenden CSR Aktivitäten vieler Unternehmen sehr leicht von Seiten der Politik und der Öffentlichkeit als Feigenblatt abgetan werden. Und hier liegt möglicherweise die eigentliche Tragik von CSR in Deutschland: Unternehmen verstehen sich nicht als politische Akteure, die mit Politik und Öffentlichkeit in den Diskurs über die Globalisierung des Wirtschaftens und die daraus resultierenden Rückwirkungen auf den Standort Deutschland eintreten. Und darüber werden die teilweise guten Ansätze, mit denen Unternehmen ihre gesellschaftliche Verantwortung wahrnehmen, konterkariert.

Überdies ist die Kommunikation über gesellschaftliches Engagement in Deutschland von jeher sehr schwierig. „Tue Gutes und rede darüber" setzt sich als Maxime erst in letzter Zeit durch. Bisher dominierten eher Misstrauen und die hämische Nachfrage, was es denn zu verbergen gäbe, wenn ein Unternehmen öffentlich über ein soziales Projekt berichtet hat. Hierbei handelt es sich wohl um ein sehr deutsches Phänomen. Der ehemalige Allianz-Chef Henning Schulte-Noelle bringt es verwundert auf den Punkt, wenn er sagt: „Dass Unternehmen auch gesellschaftlich Verantwortung wahrnähmen, sei doch eigentlich ein positives Zeichen" (Handelsblatt vom 20.2.2007). Seine Initiative, eine Gesprächs- und Diskussionsreihe zur Einigung Europas zu initiieren, war durchaus problematisch aufgenommen worden.

Über gute Taten auch zu reden, gilt insbesondere dann als unfein, wenn Unternehmen im gleichen Atemzug Vorteile für das Unternehmen dafür in Anspruch nehmen. Dass ein Unternehmen im Wettbewerb grundsätzlich keine „Opfer" bringen kann, sondern vielmehr für seine „Investition" in das Gemeinwohl eine Gegenleistung in Form von Reputations- oder Vertrauenszugewinn erwarten muss, ist der deutschen Öffentlichkeit offenbar schwer zu vermitteln. Der angesehene Wirtschaftsethiker Karl Homann stellt hierzu fest: „Investieren kann man – und muss man heute – nicht nur in Sachkapital und Humankapital, sondern auch in Unternehmenskultur, Reputation und eine soziale Ordnung, also in die langfristigen Bedingungen nachhaltiger Gewinnerzielung" (Homann 2006: 6).

Aber vielleicht liegt hier die neue Qualität der gesellschaftlichen Verantwortung von Unternehmen: Es ist ein Geschäft auf Gegenseitigkeit, das auf zwei maßgeblichen Spielregeln beruht – Glaubwürdigkeit und Anerkennung. Wenn Unternehmen Anerkennung für ihr gesellschaftliches Engagement erhalten wollen, müssen sie glaubhaft und nachvollziehbar darstellen können, was erreicht wurde. Hierzu ist es gerade nicht genug, in Hochglanzbroschüren über beliebige Aktivitäten zu berichten. Hierzu bedarf es einer Strategie, die deutlich macht, warum sich das Unternehmen einem bestimmten Thema angenommen hat. Jedes Unternehmen verfügt über „natürliche" Themen, die für sein spezielles Geschäft von Bedeutung sind (Riess 2006: 25ff.). Wer nachvollziehbar und belastbar darlegen kann, dass hier ein gesellschaftliches Problem adressiert wurde, dessen Lösung Mehrwert für die Gemeinschaft und das Unternehmen geschaffen hat, sichert Glaubwürdigkeit und Reputation. Sicherlich bedarf es hierzu verbesserter Metriken, mit denen sich das Erreichte abbilden lässt. Ansätze hierzu sind aber z.B. mit der Global Reporting Initiative vorhanden.

Kein Unternehmen ist für alle Probleme einer Gesellschaft verantwortlich oder kann sie gar lösen oder dafür die Kosten tragen. Aber Unternehmen verfügen mit ihren Ressourcen und ihrer Lösungskompetenz über ein Leistungspotenzial, auf das zu verzichten sich keine Gesellschaft leisten kann. Vor allem nicht, wenn es darum geht, die Herausforderungen der Globalisierung zu bewältigen. Umgekehrt muss es hierfür aber auch Offenheit geben. Und hier ist vor allem die Politik gefordert. Gesellschaftliches Engagement lässt sich nicht herbei regulieren, aber wirkungsvoll unterstützen, wie es die Beispiele aus den Niederlanden, Großbritannien und Dänemark belegen (Bertelsmann Stiftung 2006: 2). Voraussetzung hierfür ist jedoch ein kooperatives Politikverständnis, das diejenigen – ob Unternehmen oder Zivilgesellschaft – einbezieht, die zur Problemlösung beitragen können.

Beispiele für verantwortliches Unternehmenshandeln gibt es genug (Riess 2006: 73ff). Im Mittelpunkt steht oft ein gesellschaftlich relevantes Problem, für das Handlungsbedarf gesehen wird und das durch die Zusammenarbeit von Unternehmen, öffentlichen Verwaltungen und Organisationen des Dritten Sektors besser gelöst werden kann, als durch einen der Beteiligten allein. Ob Arbeitsmarkt, Jugendarbeitslosigkeit, Klimawandel, Gesundheit, regionale Strukturentwicklung oder Entwicklungshilfe – die Themen, die mit einer solchen trisektoralen Zusammenarbeit aufgegriffen werden, sind vielfältig.

Im Fall der Region Rhein-Neckar stellten strukturellen Schwierigkeiten für die ansässigen Unternehmen erhebliche Probleme für die Standortentwicklung und damit auch für die Wettbewerbsfähigkeit dar. Gemeinsam mit kommunalen Partnern und weiteren Unternehmen gründete die BASF die Initiative für die Metropolregion Rhein-Neckar mit dem Ziel, eine der attraktivsten und wettbewerbsfähigsten Regionen Europas zu werden. Auf der Agenda der Initiative stehen Arbeitsmarktprobleme genauso wie die Innovationsförderung (Riess 2006: 92ff.)

Ein weiteres Beispiel ist „Schulen ans Netz e.V." (SaN), ein 1996 vom Bundesministerium für Bildung und Forschung und der Deutschen Telekom AG gegründeter Verein. SaN versteht sich als Kompetenzzentrum für das Lehren und Lernen mit neuen Medien in Deutschland. Vor dem Hintergrund sich wandelnder gesellschaftlicher Anforderungen sieht sich der Verein bundesweit als Impulsgeber für eine Weiterentwicklung des Schulsystems (Riess 2006: 124ff.).

Vor Probleme anderer Art sah sich die B. Braun Melsungen AG gestellt. Da das Unternehmen auf qualifizierte Fachkräfte angewiesen ist, wurden Programme entwickelt, die Mitarbeiterinnen und Mitarbeitern die Vereinbarkeit von Familie und Beruf ermöglichen soll. Hier kooperiert das Unternehmen intensiv mit dem kommunalen Umfeld (Riess 2006: 105ff.)

Es sind aber vor allem die kleineren und mittleren Unternehmen, die sich insbesondere „vor Ort" als guter Bürger engagieren. Dieses Engagement ist verlässlich, eine kulturelle Selbstverständlichkeit und ein „Stück gelebte soziale Marktwirtschaft". Die inhaltliche Ausrichtung ihres Engagements ist manchmal diffus und basiert oftmals auf Zufälligkeiten. Aber sehr oft ist es getragen von einem ausgeprägten Problembewusstsein. Gerade mittelständische Unternehmen sind in ihr regionales Umfeld sehr stark eingebunden und so ist es nicht verwunderlich, wenn Unternehmer „anpacken", um offensichtlichen Missständen zu begegnen.

Beispiel Klimaschutz: In einer ostdeutschen Kreisstadt haben sich die Stadtwerke und einige Landwirte zu einer Genossenschaft zusammengeschlossen. Die Bauern liefern hier das Gas, Biomethangas aus Silage. Der städtische Energielieferant hat eine neue sichere Quelle und die Bauern einen neuen Markt (www.unternehmen-fuer-die-region.de).

In Paderborn ärgerten sich die Bürger lange über jugendliche Sprayer. Eine Idee hatte dann ausgerechnet der, der mit dem Beseitigen der Graffitis bisher am meisten verdiente: Ein Maler. Er betrieb zusammen mit anderen Handwerkskollegen mit der Jugend Ausbildungsprojekte, machte Lobbyarbeit für mehr Freiflächen und legale Graffiti und ließ die Sprayer sogar für sich arbeiten. Inzwischen ist die graue Stadt schöner und bunter geworden, die Handwerker haben sich nebenbei in einer Genossenschaft zusammengeschlossen und können Großaufträge annehmen (www.unternehmen-fuer-die-region.de).

Jugend ohne Ausbildung ist eine der größten Herausforderungen unserer Gesellschaft. In einer Kleinstadt im Odenwald stehen 26 Jugendliche ohne Lehrstelle auf der Straße. Ein Unternehmer will das nicht mit ansehen. Schnell ist klar, dass es nicht reicht, nur Plätze zu vermitteln. Denn bei den Jugendlichen ist häufig nicht die Schulbildung das Problem, sondern fehlendes Selbstbewusstsein, chronische Unpünktlichkeit, ungeschicktes Auftreten, kurz: die Haltung. Örtliche Unternehmer bauen die Jugendlichen auf, coachen sie und tun Lehrstellen auf. Nach sechs Monaten ist das Ziel erreicht: Alle Jugendlichen haben eine Lehrstelle. Seither wird das Projekt erfolgreich wie ein Franchisesystem auf andere Standorte übertragen (www.unternehmen-fuer-die-region.de).

Die Liste der Beispiele für regionales Unternehmensengagement ließe sich beliebig weiterführen. Oftmals ist es jedoch nicht sichtbar, wird höchstens im regionalen Umfeld wahrgenommen. Trüge man alle Beispiele zusammen, die beschreiben, wie sich Unternehmen in die Gesellschaft einbringen, würden sicherlich die Konturen einer neuen Rolle von Unternehmen in der Gesellschaft deutlich. Mit der Kampagne „Verantwortungspartner – Unternehmen für die Region" rief die Bertelsmann Stiftung im Frühjahr 2007 vor allem die familiengeführten mittelständischen Unternehmen auf, ihr Engagement sichtbar zu machen. Im Ergebnis soll eine online verfügbare „Landkarte des Engagements" entstehen, die deutlich machen soll, wo und in welchen Bereichen sich Unternehmen engagieren. Und nicht zuletzt soll sie zum Nachahmen anregen.

Das abstrakt formulierte Konzept einer Corporate Social Responsibility birgt die Gefahr von Missverständnissen und Überforderungen, da hierin sehr unterschiedliche Sichtweisen und Ansprüche zum Ausdruck kommen, die sich nicht ohne Widersprüche verbinden lassen. So folgen die Akteure aus Wirtschaft, Politik und dem Nonprofit-Sektor jeweils unterschiedlichen Handlungslogiken und derzeit fehlt es an Formaten, die den Diskurs darüber ermöglichen. CSR muss übersetzt werden in den jeweiligen Kontext. Auf globaler Ebene ist darunter sicherlich etwas anderes zu verstehen als auf nationaler oder regionaler Ebene. Und CSR ist kein wünschenswerter Endzustand, den es anzustreben gilt, sondern CSR ist ein Prozess. Ein Prozess ständigen Aushandelns der besten Lösung für sich ständig neu stellende gesellschaftliche Herausforderungen. Denn das Potenzial, das Unternehmen in die Gestaltung einer prosperierenden Gesellschaft einbringen können und im wohlverstandenen Eigeninteresse einbringen wollen, sollte nicht in einer Debatte über Konzepte stecken bleiben.

Literatur

Altvater, Elmar: Wem nützt die Globalisierung? – Märkte, Institutionen, Regelungsbedarf. In: ZEIT online 2003, www.zeit.de/politik/altvater_hamburg

Backhaus-Maul, Holger: Corporate Citizenship im deutschen Sozialstaat.. In: Aus Politik und Zeitgeschichte 14/2004, S. 23-30

Backhaus-Maul, Holger: Gesellschaftliche Verantwortung von Unternehmen. In: Aus Politik und Zeitgeschichte 12/2006, S. 32-38

Bertelsmann Stiftung: Partner Staat? CSR-Politik in Europa. Gütersloh, 2006

Bertelsmann Stiftung: Die gesellschaftliche Verantwortung von Unternehmen. Dokumentation der Ergebnisse einer Unternehmensbefragung. Gütersloh, 2005

Bonini, Sheila; Mendonca, Lenny; Oppenheim, Jeremy: When social issues become strategic. In: The McKinsey Quarterly 2/2006, S. 20-39

Europäische Kommission: Europäische Rahmenbedingungen für die soziale Verantwortung von Unternehmen – Grünbuch. Luxemburg: Amt für amtliche Veröffentlichungen der Europäischen Gemeinschaften, 2001

Homann, Karl: Gesellschaftliche Verantwortung von Unternehmen in der globalisierten Welt: Handlungsverantwortung – Ordnungsverantwortung – Diskursverantwortung. Wittenberg-Zentrum für Globale Ethik, Diskussionspapier Nr. 2006-1

Kluge, Jürgen: Unternehmensstrategien und deren normative Basis – Brauchen wir ein alternatives Modell in Europa?. In: Hungenberg, H./Meffert, J. (Hrsg.): Handbuch Strategisches Management, 2. Auflage. Wiesbaden: Gabler, 2005, S. 925-936

Kommission der Europäischen Gemeinschaften: Umsetzung der Partnerschaft für Wachstum und Beschäftigung: Europa soll auf dem Gebiet der sozialen Verantwortung der Unternehmen führend werden. Mitteilung vom 22.3.2006, KOM (2006) 136 endg.

Matten, Dirk: Why Do Companies Engage in Corporate Social Responsibility? Background, Reasons and Basic Concepts. In: Hennigfeld, J./Pohl, M./Tolhurst, N. (Ed.): The ICCA Handbook on Corporate Social Responsibility. Chichester: Wiley, 2006, S. 3-46

Meffert, Heribert; Münstermann, Matthias: Corporate Social Responsibility in Wissenschaft und Praxis – eine Bestandsaufnahmen. Wissenschaftliche Gesellschaft für Marketing und Unternehmensführung e.V., Arbeitspapier Nr. 186, Münster, 2005

Oetinger, Bolko von; Reeves, Martin: Größe verpflichtet. In: Harvard Business manager, Januar 2007, S. 60-66

Placke, Gerd; Riess, Birgit: Bürgerschaftliches Engagement in der zweiten Lebenshälfte: Freiwillige Tätigkeiten in Wechselwirkung zur Erwerbsarbeit. In: Bertelsmann Stiftung (Hrsg.): Älter werden – aktiv bleiben. Beschäftigung in Wirtschaft und Gesellschaft. Carl Bertelsmann Preis 2006. Gütersloh, 2006, S. 88-102

Porter, Michael; Kramer, Mark: Wohltaten mit System. In: Harvard Business manager, Januar 2007, S. 16-34

Riess, Birgit (Hrsg.): Verantwortung für die Gesellschaft – verantwortlich für das Geschäft. Ein Management-Handbuch. Gütersloh: Verlag Bertelsmann Stiftung, 2006

Bradley K. Googin, Steven A. Rochlin

Corporate Citizenship in den USA

Introduction

In a 2005 survey of U.S. business executives[1], 81 percent said corporate citizenship needs to be a priority for companies and 69 percent said the public has a right to expect good corporate citizenship. Yet the international perception is that U.S. businesses, supported and sheltered by laissez-faire policies, laws, and limited public interest, are resisting - if not actively undermining - corporate citizenship.

That perception gap cannot be denied. Add to that the public opinion surveys that consistently reveal skeptical attitudes toward U.S. businesses - particularly multinationals - and a belief that businesses are motivated by greed and self interest. As a result, a wide majority of American executives are trying to change the way business is conducted.

The bottom line: corporate citizenship in the United States is complex and idiosyncratic. The attitudes of U.S. business and their approaches to corporate citizenship or corporate social responsibility (CSR) are anything but uniform. These practices, also referred to as corporate social responsibility or sustainability, are shaped by a mix of historical tradition, ideology, market forces, limited government intervention, growing external pressures, and individual values. At the same time the same global trends and forces shaping the corporate citizenship debate around the world are penetrating U.S.-based multinationals. These trends are viewed by many executives with a mix of apprehension, resignation, and welcomed inspiration.

The Center for Corporate Citizenship at Boston College defines the essence of corporate citizenship as how a company delivers on its core values in a way that:
- Minimizes harm
- Maximizes benefit

---

[1] Rochlin, Steven and Stephen Jordan, editors; *The State of Corporate Citizenship: Business Perspectives in 200*, (Boston: Center for Corporate Citizenship and U.S. Chamber of Commerce Center for Corporate Citizenship, 2005).

- Builds accountability and responsiveness to key stakeholders
- Supports strong financial results

U.S. attitudes and practices regarding corporate citizenship

Although no systematic study of corporate citizenship practice has been conducted, there are many indicators that more and more American executives are embracing CSR concepts and during the past decade have built a continuum of practice.

Many U.S. firms are making wide-ranging and diverse commitments to society - many of which stand as exemplary models of corporate citizenship. At the same time, one will find companies that while operating within a legal framework, work counter to the tenets and principles that proponents define as good corporate citizenship. It is not uncommon to find both experiences within the same organization. The Center for Corporate Citizenship at Boston College is documenting the shift many companies are making from the more compliance-oriented approach to a more public steward model. In the recent State of Corporate Citizenship in the U.S. 2005 survey conducted with the U.S. Chamber of Commerce, The Center some six out of 10 business executives saw their company as societal stewards. These results appear to contradict the conventional view of executive attitudes, find that a majority believe business has multiple stakeholder commitments, and should balance the interests of investors, employees, consumers, communities, and the environment.

Tabelle 1: Business' role in society

	Business' role in society: Two perspectives	
	Public Steward (667 respondents)	House in Order (413 respondents)
maximizing profits	X	X
managing financial reporting accurately	X	X
operating ethically	X	X
ensuring employee health and safety	X	X
providing employee benefits	X	X
providing jobs	X	
protecting the environment	X	
improving conditions in communities	X	
protecting consumers	X	
working with suppliers to ensure ethical operations	X	

The chart shows that U.S. private sector executives hold two perspectives about the role of their company in society. Slightly more than 6 out of 10 view businesses as societal stewards that integrate internal obligations to keep the company house in order with external obligations to do right by society. The remaining respondents take a more internal operational view that focuses primarily on fulfilling employee and shareholder obligations.

The survey findings reveal that the majority of executives do not dispute whether corporate citizenship is valuable. Rather, the differences among them concern perceptions of:

- The *scope* of the requirements for the relationship of business to society as a corporate citizen
- *How* companies perform as corporate citizens

The Center for Corporate Citizenship at Boston College has also been working with more than 1,000 leading America companies over the past 20 years and recently developed a framework called "The Stages of Corporate Citizenship" to both capture the dimensions of the continuum of practice, and to act as an assessment tool for those companies trying to develop a strategy.

The scope of corporate citizenship practice in the United States can be found along the five dimensions of the horizontal axis. This normative model moves from companies that demonstrate the bear minimum compliance with laws, regulations, and public expectations. The next stage reflects companies that begin to design stand-alone programs that may range from community support to environmental management. The third stage represents building experience and incorporating expansive views of governance, stakeholder dialogue and a concept of corporate citizenship that integrates throughout business lines and staff functions. The fourth, strategic stage documents a level of sophistication whereby corporate citizenship drives strategic decision-making throughout the business. The final stage is more aspirational and defines a business that transforms its mission to serve the long term interests of both shareholder and society alike.

Tabelle 2: Stages of Corporate Citizenship

Stages of Corporate Citizenship

	I. Compliant	II. Engaged	III. Experienced	IV. Integrated	V. Transforming
Citizenship Concept	Jobs, Profits & Taxes	Philanthropy, HS&E	Stakeholder Orientation	Sustainability, Triple Bottom Line	Corporate DNA, Change the Game
Strategic Intent	Legal Compliance	License to Operate	Business case: Clear Benefits	Value Proposition: Deliver on Promise	Business Model: Market Creation
Leadership	Lip Service, Out of Touch	Supporter, In the Loop	Steward, On Top of It	Champion, In Front of It	Visionary, Ahead of the Pack
Structure	Marginal	Functional Ownership	Cross-Functional Coordination	Aligned across the Business	Driven by the Business
Internal Culture	Defensive	Reactive, Policies	Responsive, Programs	Responsible, Goals & Measures	Pro-active
Stakeholder Relationships	Unilateral	Inter-Active	Mutual Influence	Win-Win	Partnership
External Orientation	Flank Protection	Public Relations	Public Reporting, Transparency	Accountability	Assurance

The seven dimensions listed on the vertical axis determine the critical management elements that exemplify tangible organizational systems and processes to manage corporate citizenship.

Although no large-scale study has been conducted to determine the percentage of companies at each stage, hundreds of citizenship practitioners from U.S. based multinational companies have rated their company. Most find that their businesses are not at any single stage of citizenship: in some aspects their firms are integrated, in others innovative and in still others just getting started. However most companies overall are in a transition phase in which they are in the midst of either contemplating or moving from stage 2 to stage 3.

In practice, this paints a picture of corporate citizenship in the United States that looks incoherent: at times well-designed and conceived, and other times neglected and discordant. While actual performance varies widely from company to company and industry to industry, The Center for Corporate Citizenship at Boston

College finds some relatively consistent features that represent both the best and worst of corporate citizenship performance in the United States.

- Governance and shareholder accountability

    Until the scandals of the past few years, governance reform was a backburner issue and quite divorced from corporate citizenship. However in the wake of the accounting scandals of Enron, and Worldcom among others, companies, shareholders, and both federal and state governments have placed governance reform front and center. Eighty-four percent of U.S. executives believe it is either critical or very important for companies to manage and report on company finances accurately, according to the State of Corporate Citizenship 2005 survey. The scandals have served to increase the momentum for a series of policies and behaviors that were already gaining acceptance prior to the high profile scandals such as increasing the number of independent directors on boards, splitting the position of Chairmen and CEO to reduce the power of the CEO, and paying managers in stock options as incentive to pursue the interests of stakeholders.

    Organizationally governance, however, has not been well integrated into existing corporate citizenship operations. Governance reform — underscored by the Sarbanes-Oxley legislation — principally focuses on creating controls, transparency, and reporting on financial management. While more and more activists call for broader reform that integrates stakeholder concerns, the reform proposals that gain traction provide very little attention toward social, environmental, or economic concerns. As of 2005 only a few companies have been able to integrate governance into corporate citizenship and those companies tend to be large multinational corporations.

- Corporate engagement in public life

    Globally, U.S. companies receive considerable negative attention for the providing political contributions to elected officials and the perceived influence they have within the political process. At the same time, U.S. companies also play an uncommon role as partner and advisor in a wide range of public issues and concerns. Companies are frequently encouraged to lend their voice to public discourse from issues ranging from the future of primary education to national security policy. Executives and managers advise public policy, support the delivery of critical services and public goods, solve community problems, and participate in dialogue on major societal issues.

The issues in which companies take active involvement are varied. No single social issue enjoys a majority of support across the spectrum of business. However, seventy-five percent of U.S. companies overall are actively involved in supporting or taking action in at least one societal issue area. In aggregate the State of Corporate Citizenship 2005 survey revealed:

- Forty percent are actively involved in supporting community development
- Thirty-eight percent are actively involved in improving the safety and efficacy of products
- Thirty-six percent are actively involved in providing training for the incumbent workforce
- Thirty percent are actively involved in expanding access to affordable health care insurance
- Twenty-eight percent are actively involved in improving K-12 education.

There are many examples such as: Pfizer's commitment to redevelop a distressed area of New York, Honeywell and General Mills work to reduce the rate of violent crime in Minneapolis, IBM's effort to "reinvent" the way education is delivered, and AMD's effort to build a local skilled high-tech workforce. The public and corporate shareholders alike both tolerate and often encourage businesses to take on a major role in public life. Whether or not it is in the best interest of the public for business to perform these roles is infrequently debated.

- Community engagement

By most standards community engagement has been the hallmark of corporate citizenship practice in the United States. Traditional community relations, corporate foundation and corporate contributions, and employee volunteering and engagement have all been tied to a community engagement strategy. Despite the conceptual reach of corporate citizenship across many issues and functions, it has been the community engagement and relations staff that has served as the primary corporate citizenship lead.

The strength of community engagement is the envy of other countries without the traditions and customs that have led to a community focused corporate citizenship practice. Rough estimates by Giving USA place U.S. corporate giving at $12 billion a year. While this may represent less than 10 percent of total charitable giving in the United States, corporate giving performs an important role in that giving very often supports both general operating needs as well as specific programs for nonprofit service organizations. A notable example was the extraordinary support provided by the U.S. private sector in response to Hurricane Katrina in the U.S. and the Asian Tsunami. The U.S. Chamber of Commerce estimates contributions of $1.5 billion in cash, employee and customer matching grant programs, volunteer time, and in-kind donations to support relief services. In contrast, a significant proportion of individual charitable giving tends to go to entities that provide some direct benefit such as religious and academic institutions.

Moreover, the estimation of $12 billion in corporate giving is likely low. A study conducted by the Committee to Encourage Corporate Philanthropy and The Center for Corporate Citizenship at Boston College finds that a group comprised of only 71, albeit very large, U.S. firms accounted for $7.56 billion in 2004.

The resulting programs of numerous leadership companies can be the envy of aid institutions. Pfizer, for example, loans executives and scientists to help enhance the capabilities of HIV/AIDS organizations serving less developed countries. Capital One Financial supports a program to provide safe alternatives for at-risk youth in their headquarters site of Richmond. Chevron-Texaco partners with USAID to support community development in Angola. Home Depot partners with the non-profit Hands-On network to catalyze volunteering and community service across the United States. The list goes on.

U.S. companies - while often criticized for resisting the call to build formal stakeholder accountability - demonstrate leadership relative to other businesses in engaging with local communities. Numerous businesses from utility TXU, to pharmaceutical giant Merck, to chemical manufacturers Dow and Arch form community advisory panels that influence local operational decisions. Retailers such as Target work with customers and towns to identify and support local needs.

The challenge for a community orientation, however, is to broaden the wider corporate citizenship world and serve a wider range of stakeholders. Most large companies are in the midst of making the transition from a narrow orientation to community engagement to the broader scope of CSR.

- Compliance

    While compliance - both to formal legal requirements as well as increasingly to the expectations of the "court of public opinion" - is deeply embedded into American society, it has been largely taken for granted within the corporate citizenship framework. Some would argue that compliance is a legal obligation, a given for any company, and that corporate citizenship begins where legal compliance leaves off. Most large companies have compliance staffs, particularly in the areas of environment, ethics and governance. Recent developments have increased the role and importance of compliance, given the failures and scandals that have rocked American business.

    Two aspects of compliance practices are worth noting. In many instances compliance and corporate citizenship co-exist without much interaction. For example ethics offices have little interaction or association with the company's corporate citizenship activities. Consequently ethics and corporate citizenship are seen as different entities

    A few leading companies are spearheading efforts to redefine compliance as meeting the spirit and letter of the law. Definitions of the spirit of the law are vague and not well operationalized. Nevertheless it represents an attempt to better integrate the compliance function with the overall corporate citizenship.

    Often times U.S. companies are compelled to adopt a more strategic approach toward compliance. In certain instances, U.S. companies have found themselves lagging behind and losing out to competitors that have reaped advantage by taking a strategic approach to an area considered within the compliance framework.

    The most obvious example in recent years is quality. Once motivated by competitive pressures from Japanese exporters, American companies adopted quality principles with gusto. Product quality is now non-negotiable facet of competitive strategy for U.S. companies. In other arenas business leaders have learned over time to adjust to regulatory rules and turn compliance into competitive advantage.

    In the past, U.S. companies would often do the least amount possible in order to comply with laws and regulations around employee health and safety. Leading companies such as DuPont, Alcoa, and GM have learned that safety is both an ethical imperative and competitive advantage. Healthy and safe employees are more productive employees.

    Slowly yet steadily, U.S. companies have taken the same approach with:

- *Environmental management.* Major producers find that good environmental management reduces waste and inefficiency, thereby controlling costs. Industrial giant 3M has generated millions in savings from its innovative "Pollution Prevention Pays" initiative.
- *Diversity.* Companies such as IBM and Xerox the promotion of gender, racial, and ethnic diversity as critical to the long term success of their businesses
- *Work-life balance.* The U.S. labor force is among the world's leaders in number of hours worked per week. Companies such as software maker SAS increasingly prioritize policies that encourage employees to balance work and non-work time.

U.S. companies show talent at moving perceived compliance liabilities to strategic opportunities.

Despite this experience, U.S. companies are often slow to identify the upside of compliance. U.S. companies remain conflicted over greenhouse gas emissions. Companies are increasingly calling to change policy to limit obligations to support employee healthcare and retirement benefits. Corporate lobbyists actively work to roll back regulation and influence monitoring and enforcement. Recent reports of questionable food safety and undue influence over drug approvals have raised serious concerns about corporate influence regarding compliance standard setting.

In this regard, U.S. companies actively resist the idea that CSR should be formally mandated. Eighty percent of executives agree that CSR should be completely voluntary - no laws/regulations should govern it.[2]

- Human resource management

Executives from large U.S. companies cite particular importance utilizing socially responsible practices to support employee needs, interests, and development. In the State of Corporate Citizenship 2005 Survey executives cited providing benefits and jobs as core elements of good corporate citizenship. And behaving responsibly is viewed as supporting employee recruitment, retention, and satisfaction. The attitudes of executives regarding employees:
- 94% cite ensuring employee health and safety as important to the role of the company in society

---

[2] Rochlin, Jordan. Op. Cit. (State of Corporate Citizenship, 2005).

- 78% cite providing employee benefits as important to the role of the company in society
- 75% cite providing jobs as important to the role of the company in society
- 73% cite building employee diversity within your business as important to the role of the company in society
- 58% indicate their company is actively involved in providing training for the incumbent workforce
- 55% find citizenship helps recruit and retain employees
- 51% have witnessed increased employee satisfaction due to the company's corporate citizenship efforts
- 47% cite supporting employee volunteerism as important to the role of the company in society
- 44% provide training and development opportunities for lower-wage employees

Despite these attitudes about employees, corporate citizenship in the United States has been largely an outside-in model, focused on contributing to the community, addressing environmental issues, and addressing supply chain issues outside the country. The employee as a key stakeholder has received a great deal of rhetorical support, but has not been well integrated into the corporate citizenship model - in concept or in practice.

As the primacy of the shareholder capitalism model has grown, employees as stakeholders have taken a backseat to shareholders. The implicit promise of long term employment has been supplanted by the financial demands to utilize workforce reductions as tool to manage investor expectations to keep costs low.

While other countries work to build opportunities for productive dialogue between organized labor and management, companies in U.S. often pursue more adversarial relationships. Companies such as Wal-Mart deploy extensive resources to ensure that unions do not secure a foothold inside the corporate walls.

Human resource departments have been largely segregated from corporate citizenship efforts despite what would appear to be natural alliances. Where critical corporate citizenship issues such as diversity and work life have become quite well developed, they have done so outside the pale of corporate citizenship. Organizational silos have not served either well and these issues have been cordoned off into benefits rather than linked to the businesses' core values that underlie corporate citizenship.

- Human rights

  The issue of human rights has been primarily encased in global practice, particularly in the supply chains of American companies. Even though companies have been reluctant to embrace the more formal mechanisms such as the United Nation's Global Compact, NGOs and activist groups have been very successful in confronting company's practices overseas or along the supply chain that have not lived up to the basic human rights principles. Nike with its supply chain and the oil company Unocal with its operations in Burma are good examples. Forty-seven percent of executives from companies of all sizes (and 64 percent of executives from large companies) believe it is very important for companies to working with suppliers/vendors to ensure they operate ethically, according to the State of Corporate Citizenship 2005 survey.

  Large companies in particular are following the calls of those in Europe to establish standards of conduct and enforcement for human rights in the supply chain. A consortium of high-tech companies such as IBM, HP, Dell, Intel and others have agreed to a common set of principles and monitoring mechanisms. Retailers such as Levi Strauss & Co., Nike, Timberland, Eileen Fisher, and others have worked to establish and enforce codes of conduct as well. Extractive industry companies from the U.S. such as Unocal have worked with governments to establish principles of human rights and security in conflict zones.

  Nevertheless, U.S. companies have not generally been in the forefront of global leadership on the issue. Most have been satisfied to let economic principles drive operating decisions, and have relied on local law and enforcement — whether demonstrating teeth or not — to bear the responsibility of upholding human rights.

- Environmental stewardship

  The environment is probably the most well developed component of corporate citizenship in the United States. In part strong consumer and NGO activity has led to both strong legislation and compliance in this area. Standards are relatively well developed and enforcement is equally strong. Many of the industry groups such as the chemical companies have also developed industry wide efforts such as its "Responsible Care" initiative.

- Organizational effectiveness and performance

    Organizational efforts to develop an effective corporate citizenship and link it to business performance lags far behind the aspirations of most companies. In many ways the CSR movement is following that of the quality movement whereas the basic processes, tools and frameworks developed over time become essential to the core business strategy. As corporate citizenship has become more critical to business, the movement toward organizational effectiveness and performance has quickened. The involvement in corporate citizenship by the large professional consulting firms such as Abt, Booz Allen Hamilton, KPMG, and PriceWaterhouseCoopers is one indicator of this development.

    Many companies are involved in formal and informal programs to address these issues. Many corporate teams are engaged in developing strategy and in building new teams. At the same time promising new models, frameworks and tools are emerging from research and development efforts.

    Large companies are increasingly creating formal systems and management practices to support corporate citizenship. 3M provides training to executives and middle managers on operating with values. Companies like Timberland and IBM are working to build what IBM CEO Sam Palmisano terms a "values based operating system." Companies with strong social missions such as Aveda, Tom's of Maine, Green Mountain Coffee Roasters, and Seventh Generation build corporate citizenship into the core operating system and expect all managers to perform against high expectations. Led by IBM, such U.S. companies as GE, 3M, FedEx, Cargill, Manpower, and GM are collaborating with Japanese, European, and Latin American companies Omron, Diageo, and Cemex to form the Global Leadership Network on Corporate Citizenship. The Network's purpose is to define and encourage the alignment of corporate citizenship with core business strategy.

    The companies on the leading edge of developing corporate citizenship strategy are pioneers in a largely unexplored and undeveloped landscape. Organizational efforts are underway in these leading companies to pull together what are generally disparate organizational functions, departments, and individuals, all of whom are related to some piece of corporate citizenship. The emergence of corporate citizenship cross-functional teams is a response to this organizational fragmentation and is becoming commonplace in many large multinationals. In these early stages, the attempt to develop a strategic approach to corporate citizenship is met by challenges around integrating, aligning and institutionalizing corporate citizenship into a cohesive organizational strategy.

Consequently the U.S. corporate citizenship landscape reveals a very active and exciting R&D phase in which innovative strategic frameworks are being developed, although generally in isolation from one another. One thing seems clear: what has passed for corporate citizenship or corporate responsibility during the past 10 years will have little resemblance to CSR in the decade ahead.

So as we witness corporate citizenship taken on an increased importance for business, it must be noted that it remains relatively rudimentary, considerably fragmented, and lacks coherent strategy that allows it to be aligned and integrated into core business strategies. Old forms of philanthropy and concepts of giving back to the community largely dominate public and private conceptions of corporate citizenship, yet considerable pockets of innovation are emerging, bringing with it new leadership and conceptions of CSR.

Major transition happening

CSR is in the midst of a major transition in the United States to a yet-agreed-upon concept and practice that would identify a universal set of characteristics, elements, and operating processes and principles. This shift reflects the turbulent waters that are battering current models of business and a process of globalization that is reshaping the very nature and purpose of the firm in relationship to public sector and civil sector roles and responsibilities across the globe. Because the forces surrounding corporate citizenship are in such an active stage of surfacing and colliding with existing concepts and practice, it is difficult to capture this phenomenon and present a coherent picture. Nevertheless there are some demonstrable characteristics of corporate citizenship in the United States that can be described. These characteristics point to the drivers and forces that are currently shaping citizenship, while at the same time they begin to suggest pathways to the future and the next steps in this evolutionary process.

U.S. businesses are at the center of a debate whether corporate citizenship will maintain its status as a largely "discretionary" feature of business practice or whether it will more fundamentally influence the conditions and rules of the competitive global marketplace. At present, the evolving performance and attitudes of U.S. businesses position them with the complex and sometimes confusing potential to play the role of *both* global leader and laggard in social responsibility.

… Corporate Citizenship in den USA

As perceived laggard, U.S. companies often oppose efforts to:
- Participate in discussions about establishing new rules and standards for business practice such as fair wages for employees throughout the supply chain, climate change, and policies to enable access to products and capital assets.
- Expand accountability and transparency beyond shareholder financial considerations
- Account for and bear the costs of externalities

As a potential leader, U.S. companies are demonstrating the value of their experience to:
- Form public-private collaborations to address societal challenges
- Build intersections between compliance systems and strategy
- Use innovation to create breakthrough solutions to societal challenges

To explore the state of corporate citizenship in the United States it is important to set the context around the global expectations for CSR and provide additional context about U.S. historical traditions that influence business activities today. One should also look at the traits that define corporate citizenship performance among U.S. companies and also examine how external stakeholder groups are influencing corporate behavior.

Corporate citizenship for today's global reality

From a global perspective, the corporate citizenship field lacks a common understanding and definition of its principles and requirements. It even lacks a commonly accepted term that captures the roles, obligations, and relationship of business to society as various names are used, such as corporate citizenship, sustainability, and corporate responsibility. Nevertheless, as the field matures, some common elements and characteristics have begun to emerge. When looked at from the perspective of five key dimensions: of governance, management, social, environmental and economic. "Good" corporate citizenship requires the following qualities for each dimension:

Governance	Management	Social	Environmental	Economic
Ethics	Leadership	Community	Greenhouse	Growing concern
Board	Strategy	Human Rights	Waste	Accurate financial
Accountability	Policy	Supplier respon-	Biodiversity	reporting
Transparency	Goals	sibility	Accidents	Shareholder
& reporting	Integration into	Labor	Spills	value
Auditing	decisionmaking	Diversity	Water	Taxes
& assurance	Resources	Product &	Air	Economic foot-
Engagement	Professional staff	marketing re-	Sustainability	print
	Dedicated func-	sponsibility		
	tions	Health & safety		
	Programs	Political		
	Measurement	Economic devel-		
	Communications	opment		
	Performance			
	appraisal			

Generally, advocates encourage active governance and management systems that establish accountability to a broad range of stakeholders reinforced by transparency regarding ethical performance. These in turn should be reinforced through formal operating systems and strategy that integrates corporate citizenship into core business strategies.

At the core of responsible corporate social performance are six expectations:
1. Broaden accountability beyond shareholders to stakeholders that include communities, the environment, labor, customers, suppliers, and government
2. Establish rules and standards for business practice that demonstrate accountability to the interests, needs, and concerns of stakeholders (e.g., "fair" wages for employees throughout the supply chain, climate change, policies to enable access to products and capital assets, etc.)
3. Formally commit to bear the costs of what economists term "externalities" (e.g., the costs of pollution)
4. Form public-private-community partnerships to address societal challenges
5. Design a business case for CSR that leads to the integration of CSR into strategy, decision-making, and performance management systems
6. Encourage companies to seek innovative, breakthrough solutions to societal challenges

How do these expectations relate to the historical relationship of business to society in the United States?

Putting corporate citizenship into a historical context

To understand corporate citizenship in the United States it's important to look at the historical context that shaped and defined the emergent nation some 400 years ago. From the early years business was quite active in both shaping American society and in defining its roles and responsibilities. American history is full of examples of corporate involvement, from the leadership of the mercantile class in the American Revolution, to the creation of a welfare capitalist system that enabled the early industrialists to create total communities to ensure their ability to compete with the industrial leaders of England. Other periods were to follow where the excesses of an unfettered model of capitalism led to national scandals such as the Teapot Dome scandal that tarred big business and laid the foundation for the love-hate relationship between business and the public that persists up to present day.

Business has always maintained a central role in American society. Economic interests have been critical in ensuring prosperity and the way of life as envisioned by the founding fathers and the constitution. To better understand the role of business in American society, four dominant characteristics have to be understood:

- The role of the individual

    Paramount to understanding any facet of American life is the central tenet of individual rights and freedoms. In reacting to the central powers of the European monarchies, Americans embodied a very different concept of society where every individual would be free to exercise their way of life within a much lighter and less intrusive form of government. This characteristic found its way into folklore and law and quickly became a definer - and differentiator - of American life.

    The consequence for business has been profound. Individual storekeepers and shopkeepers were given broad latitude to succeed. The American dream continues to be based on an individual founding his or her own business and being set free to prosper within an environment involving minimal regulation and constraints.

- Small government

    Not surprisingly, given the primacy of the individual, government would take a minimalist model, and laws ensured the space and protection that would al-

low business to flourish. Any attempt to impose regulation or compliance would be met with suspicion and passed only with great reluctance.
Individual charity became the safety net in place of government support.

The backbone of the American community support system was based on the strong Protestant Christian principles of giving to the community, lending a hand, and community barn-raising, all of which fed off an informal duty laced with strong moral obligations to take care of fellow citizens in need. This would be the antidote to big government

- Economic liberalism

Relative to other advanced democracies, the U.S. economy has increasingly adopted the principles of economic liberalism. This encourages a mix of policies and rules of the road that:
- Encourage competition in part by limiting as much as possible the formation of monopolies or oligopolistic "trusts" and promote free trade and open markets
- Create incentives and remove barriers in order to promote entrepreneurial activity and new business formation
- Limit as much as possible taxation on business and investors
- Establish the primacy of the rights of the owners and shareholders of the company over other stakeholder interests and create a set of policies and mechanisms to protect the rights of owners
- Allow for companies to possess the legal rights and considerations of individual persons
- To the extent politically feasible, establish pro-growth policies and supportive public investment in critical infrastructure that foster productive business climates
- Incentivize, reward, and protect the creation of intellectual property

The result has created a model sometimes called "shareholder capitalism." At the level of the firm, the United States has led the formation of the modern definition of the corporation and its management. This includes:
- Tight monitoring of managers to prevent opportunistic behavior that compromises the interests of shareholders

- Competitive strategy influenced by Michael Porter's Five Forces which encourages competition through the value chain with other businesses, employees, suppliers, regulators, and customers.[3]
- Placing a value on encouraging innovation and the process of, as termed by Schumpeter, "creative destruction"
- Increasing efforts to encourage "right to work" provisions that limit the influence of organized labor.

- Citizenship

  The role of citizen became an important obligation for all of those who participated in this society. If you were to benefit from the relatively few strictures of this society, you had rights and responsibilities that were incumbent upon you. Citizenship became an important element of society and you would be expected to carry out your citizenship as a member of this society

The very fabric of business life became grafted upon these four characteristics to form a contradictory set of views and expectations for corporate citizenship in the United States.

Taken together these historical trends have had conflicting influences on CSR in the United States. On the one hand, the aftermath of the Great Depression of the 1930s and the post-World War II recovery strengthened a vision of CSR that is focused on keeping the corporate house in order for the benefit of shareholders. This view is well articulated by Nobel economist Milton Friedman, who said, "Few trends could so thoroughly undermine the very foundation of our free society as the acceptance by corporate officials of a social responsibility other than to make as much money for their shareholders as possible."

At the same time, expectations remain for those engaged in the economic sphere to contribute to society as a responsible citizen. In the early years this would manifest in a company's contributions to the health and welfare of the towns in which it operated. In later years this would become defined as creating employment and paying taxes. More recently issues of environmental sustainability or fair wages and working conditions have emerged under this rubric of citizenship.

But key to all of this remains the belief and the practice that American business should be free to pursue its economic goals with minimal oversight and regulation

---

[3] Cite adaptation of Ghosal

from government. A General Motors CEO once put it most succinctly: "What is good for General Motors is good for America."

As a consequence of these historical attributes, business and the U.S. economy have thrived. Among advanced democracies, the U.S. ranks along the top in GDP, productivity, business start-ups, long-term unemployment, university graduates, R&D expenditure, volunteerism, and charitable giving.

Yet at the same time, among these peer nations, the U.S. ranks along the bottom in rates of poverty, economic inequality, carbon-dioxide emissions, life expectancy, infant mortality, homicide, and healthcare coverage.[4]

In light of these dichotomies private sector executives are beginning to embrace more expansive definitions of corporate citizenship than proposed by Friedman. While behavior lags behind these evolving attitudes, citizenship is taking on complex forms that update the legacy of the distant past while maintaining the boundaries set by the strictures of American shareholder capitalism.

External corporate citizenship engagement

Parties and interests external to the firm have to this point exerted significant influence over the evolution and adoption of global corporate citizenship practices. In the United States, such external institutions and stakeholder groups possess unique characteristics that have and will affect the course of corporate citizenship.

These external institutions constitute an important part of the corporate citizenship picture in the United States, but in most cases do not resemble what might be found in other parts of the world. Their attitudes toward corporate citizenship and the role they do - or do not - perform are critical to understanding the ways in which corporate citizenship in the United States differs from the rest of the world.

- Government

    For the most part government is relatively quiet on the corporate citizenship front. Compared with most countries across the globe, U.S. government involvement is minimal. The anti-regulatory climate and strong business lobby ensure more of a hands-off stance by government. Corporate citizenship is not generally part of the government vernacular, nor is it built into legislative processes for the most part.

---

[4] Halstead, Ted (editor): The Real State of the Union. New York: Basic Books, 2004, p. 9

There are, of course, some notable exceptions. Sarbanes-Oxley is the latest effort to result from policy and mechanisms to protect shareholder interests since the creation of the Securities and Exchange Commission more than 70 years ago. Compliance is also quite pronounced in the environmental arena, with relatively strict enforcement through the 35-year-old Environmental Protection Agency. In the financial arena, the Community Reinvestment Act has been in place for over 25 years, requiring financial institutions to invest in economically depressed communities. This stands out as a unique government intervention in mandating business involvement in the CSR arena.

However, the appetite for both firm regulation and accompanying enforcement has followed a pattern of peaks and valleys. Since the 1980s the trend has turned markedly toward deregulation with diminished commitments for enforcement.

In its stead, recent Administrations have become more interested in encouraging corporate citizenship through awards for good corporate stewardship and promotion of global human rights administered through the Departments of Commerce and State, respectively. During the last 10 years government agencies have also engaged in pilot tests and experiments to find alternative approaches to encourage responsible practices. For example, regulation such as the Toxic Release Inventory (TRI) has experimented with the tool of transparency to in effect outsource regulation and enforcement to the proverbial court of public opinion. The TRI enables communities to identify which companies store and use hazardous chemicals.

Other initiatives have applied economic theories such as tradable permits to encourage companies to minimize harmful externalities.

And government agencies have performed the role of facilitator working to broker agreements between companies and activities. Government agencies performed such a role in reaching land use agreements for logging interests, cattle ranchers, sport hunters, and environmentalists in the American Northwest.

One will find more activity, albeit highly idiosyncratic, among state governments in the United States. State legislatures have proposed a variety of pieces of legislation that require public agencies to purchase from "responsible companies." Some have come under dispute under WTO dispute settlement considerations. State governments may also require certain industries such as health systems and regulated utilities to demonstrate support for local communities.

Overall, the influence of public sector institutions tracks the inconsistent CSR performance of U.S. companies. In some arenas government dedicates extensive resources. In others one will find exciting innovations. And yet in others there is complete neglect of the issue. Relative to many countries, government in the United States is as much a partner with business in addressing issues as it is an adversary or referee.

- Representative business organizations

There are many business associations and industry groups that, for the most part, are lobbying organizations located in Washington and in state capitals. Virtually all sectors have these associations and they play a very critical role in the legislative process, but most have been quite uninvolved in corporate citizenship. A few of the larger ones, however, have developed some initiatives in corporate citizenship. The Chamber of Commerce has performed an active role in engaging business leaders in local community and economic development. More recently the national Chamber has established a Center on Corporate Citizenship which focuses on public-private partnerships. The Conference Board, a broad business coalition has a number of roundtables that bring together business leaders as affinity groups around issues such as philanthropy, environmental sustainability, and work-life balance. The National Association of Manufactures has program initiatives in workforce development. The American Chemistry Council, the chemical manufacturers' industry association, requires that members conduct an audit of their processes to ensure sustainable environment, health, and safety practices.

Associations tend to mirror individual corporate members in that many become involved in contributing leadership and solutions to a major societal challenge. However, associations are typically conservative and work to limit the obligations placed on their members to perform an active role in society.

- Consumer organizations

There are no substantial leadership consumer organizations or movements tied to CSR in the United States. Most of the consumer groups are focused on single issues such as product safety, product quality, responsible advertising, pricing, and consumer health and welfare among others. But unlike the consumer movements found in countries such as Brazil or Canada, those in the U.S. have not been engaged in the corporate citizenship agenda to any great extent. Specific interest groups will band together to use their purchasing power to influence corporate behavior or broader public policy. For example, college students have launched and supported boycotts around specific goods and products, often related to human rights, child labor and workplace conditions along the supply chain.

- NGOs

  The NGO world presents a considerably more complex picture. Because of such a strong philanthropy tradition in the U.S. many of the NGOs are focused on raising funds and delivering services. So, for example, Save the Children USA would look quite different from Save the Children in Europe in that it would be more associated with collecting revenue to support their mission. It should also be noted that U.S businesses are noticeably absent from joining in on multinational initiatives such as the United Nations' Global Compact. This reflects the growing isolation by the U.S. on a variety of multi-lateral initiatives.

  The environmental NGOs, on the other hand, have been considerably more involved with companies in both negotiating legislation and in launching collaborative initiatives. Organizations such as The Nature Conservancy, Environmental Defense, and The Rainforest Alliance, to name a few, have been quite active with corporations on the issues of the environment.

  On a local level there are numerous examples in the area of economic development where industries and neighborhood community development groups have created great value to both through win-win economic development initiatives.

  There is evidence that NGO involvement is changing from a more traditional nonprofit fundraising operations to becoming more active in the pushing the social agenda and in developing partnership around major social issues both in the United States and around the globe. More recently other NGOs such as Oxfam America on fair trade coffee and CARE regarding genetically modified food, have taken more of an advocate's position in creating dialogue and collaborations with businesses.

- Trade unions and organized labor

  Organized labor continues on a downward trend in the United States. Companies have been successful in securing "right to work" status in many of their production locations. Globalization, outsourcing, and downsizing have provided extensive bargaining leverage. And organized labor's own management difficulties and strategies have contributed to increasing disinterest among its potential and existing membership.

While organized labor remains a political force, its influence over CSR in the United States has been on the decline. Unions in the United States have not been an active voice for advocating corporate citizenship as a movement; rather they tend to engage along specific issues of concern.

- Inclusion of small and medium enterprises (SME)

Small and medium enterprises remain somewhat below the radar screen on corporate citizenship. Because the size, visibility, and clout of the Fortune 500 in the U.S is so great, SMEs tend to be somewhat overlooked. Much of the frameworks, tools and case examples are from large companies, with the untested assumptions that large companies will lead the way and their innovation will spill over into SMEs.

The State of Corporate Citizenship 2003 survey research indicates that SMEs share similar attitudes as large companies toward the importance for business to perform and active and positive role in society. In addition, SMEs engage in support communities and social causes at comparable rates to large companies. A few organizations have been created such as the Initiative for a Competitive Inner-City to focus in part on encouraging the development and growth of SMEs in poor communities located in the urban core.

Taken together, these external groups help give rise to the dichotomous CSR performance described earlier. These groups play conflicting roles. Some push the adoption of corporate citizenship practices. Some focus on narrow bands of interests to the exclusion of broader corporate citizenship considerations. And others encourage companies to resist corporate citizenship altogether.

On the one hand, in this environment U.S. firms possess the opportunity to innovate and build an approach to corporate citizenship that aligns with core business strategy—progressing toward the development of a truly responsible business model. In this context U.S. companies demonstrate the potential to excel in:

- Working in partnership with government, NGOs, associations, and communities to address collectively social causes and societal challenges

- Finding opportunities to, over time, embrace compliance systems and utilize them as a catalyst to inspire more creative strategy and innovation
- And to apply business and economic principles to society's most difficult problems, and innovating breakthrough solutions

On the other hand, businesses are buffeted by conflicting expectations from external institutions and stakeholder groups. This creates an ever shifting landscape. The most unconstructively creative can take advantage to find the seams and largely avoid or resist any of the deeper obligations defined by proponents of global corporate citizenship. The less savvy become enormously frustrated by there perceptions of a never ending set of demands accompanied by an ever changing set of rules.

In this context, U.S. companies often resist:
- Attempts to engage in collaborative discussion on establishing new rules and standards for business practice (e.g., "fair" wages for employees throughout the supply chain, climate change, policies to enable access to products and capital assets, etc.)
- Calls for broader accountability and transparency beyond shareholder financial considerations
- Demands to account for and bear the costs of externalities

As a result it is difficult to predict how corporate citizenship will develop and progress in the United States.

The future of corporate citizenship in the United States

The state of corporate citizenship in the United States is in an expansionist period of its development. During the past few years the public has begun to expect corporate citizenship from companies and we have become to see it more prominently positioned within responsive businesses. The transition to more effective corporate citizenship, beginning with an ability to define and identify excellence remains a challenge. Along with the challenges are many opportunities including:

1. Creation of a new value proposition for corporate citizenship

   To achieve success in the 21st century, it will be essential that U.S. companies articulate and implement a new value proposition that speaks to the value that corporate citizenship brings to the business and society. The traditional case for CSR remains undeveloped and fails to project it as a business essential. Leading companies are now developing a value proposition that positions corporate citizenship as a means of reducing risk and harm to the business and society, and at the same time opens up new opportunities for the business and society.

2. Shift from a philanthropy to strategic corporate citizenship

   Corporate philanthropy has traditionally represented the concept of corporate citizenship in the United States and has served as a hindrance to a more effective and strategic CSR. Companies need to find a new place for philanthropy within their corporate citizenship framework, not just as strategic, but integrated into the overall strategy.

3. Link corporate citizenship to public policy

   Corporations today are faced with a range of social issues that have great impact on their business as risk and opportunity. Globalization and the evolution of the company in today's world have brought tremendous power and influence to business. The boundaries between business and public policy continue to overlap and business will have to become more comfortable and skilled in carving out an appropriate role in participating in the public policy arena. Both business and society will gain from this new role.

4. Leadership in corporate citizenship

   Currently, there is too little leadership around corporate citizenship within the corporate sector. The voice for corporate citizenship is rather muted, and the vision of what it is and its value to business and society is poorly developed and communicated. Corporate citizenship needs a more public face, and leaders are essential for insuring that its power - for both business and society - is better understood.

5. Develop corporate citizenship intermediaries

For a country as large as the United States with the size and scope of its business sector, it is amazing that the institutions and intermediaries that focus on corporate citizenship are so few. While CSR has grown considerably over the past decade, related intermediary institutions have not. Compared with other parts of the globe, the corporate citizenship field is considerably undersized. If business is to transition to a more essential citizenship it will need these institutions to assist them in this transition, both those that focus on working with business from within and those NGOs that are essential for driving change from the outside. New partnerships between business and these organizations are also essential to ensure growth and development as well as capacity building.

6. Strengthen the corporate citizenship strategic infrastructure of companies

A great deal more work needs to be done in providing useful tools, frameworks, models, and capacity building for companies attempting to make a transition to a more strategic corporate citizenship. Currently research is in early stages, and even though there have been some useful framing done, much work remains in building out the strategic model of corporate citizenship. Considerable work needs to be done on all levels, including more research into the integration alignment and institutionalization of corporate citizenship, benchmarking data, measurement and evaluation outcomes, and capacity building for staff and organization.

7. Establish global corporate citizenship

For most U.S.-based multinationals, going global in corporate citizenship marks a significant challenge. The future growth of most business both in terms of markets and employees lies outside the United States. The corporate citizenship function, however, has been slow to globalize. Reflecting somewhat the parochial nature of American society, most CSR is deeply rooted in local and national settings. From both a risk and an opportunity perspective, the CSR function has to broaden its frame of operations, create a greater presence and develop a fundamental understanding of the complexities and challenges of establishing global corporate citizenship.

The corporate citizenship performance of U.S. companies is complex, inconsistent, and contradictory. Some of that can be attributed to the transitionary status of corporate citizenship in the United States, especially as it relates to a more strategic and global approach to business operations. Progress is being made at the level of individual companies where there is considerable innovation related to specific business strategy. Still missing is the emergence of significant frameworks and models that will drive a more strategic corporate citizenship agenda in the American society.

International cooperation may be the critical ingredient to create a formula for accelerating the progress in the U.S. and the development of a more coherent global model of corporate citizenship. Together, businesses, governments and public interest groups must use the current environment to craft a definition of corporate citizenship that brings out the best of what U.S. business has to offer and the global community needs.

René Schmidpeter, Martin Neureiter

Corporate Citizenship in Österreich – Unternehmen als organisierte Bürger

Paradigmenwechsel in Wirtschaft und Gesellschaft

Im Kontext der ökonomischen aber auch sozialen Globalisierung, der veränderten gesellschaftlichen Wertvorstellungen und der von einer kritischen Öffentlichkeit thematisierten negativen Folgewirkungen der Globalisierung, wird die traditionelle Wirtschaftstheorie des Marktes und des Unternehmens in Österreich zunehmend um eine gesellschaftliche Perspektive ergänzt (Köppl/Neureiter 2004).

In Österreich wird unter den Begriffen „Corporate Social Responsibility", „Corporate Citizenship" sowie „Nachhaltiges Wirtschaften" versucht, neben der wirtschaftlichen und ökologischen Dimension des Wirtschaftens auch die gesellschaftliche Rolle von Unternehmen begrifflich zu beschreiben. Corporate Social Responsibility wird dabei als der Beitrag der Wirtschaft zur Umsetzung der österreichischen Nachhaltigkeitsstrategie gesehen (Schaller 2006). Dabei spielt die Soziale Nachhaltigkeit eine immer größere Rolle (Mayr/Schnepf 2007). Corporate Citizenship gilt als jener Teil der Corporate Social Responsibility, der sich auf das gesellschaftliche Umfeld richtet. Unternehmen bilden hierbei gemeinsam mit Partnern nachhaltige Strukturen und helfen so zentrale gesellschaftliche Herausforderungen zu lösen (Habisch 2003).

Die Öko-Soziale Marktwirtschaft in Österreich bedarf, sowie jede andere nachhaltige Wirtschaftsordnung (Riegler/Moser 1996), in erster Linie des Vertrauens und der Unterstützung seitens der Bevölkerung. Unternehmen sind per se nicht nur Akteure am Markt (wie oft in der Wirtschaftstheorie verkürzt modelliert), sondern auch Teil der Gesellschaft (Schmidpeter 2007). Die Beziehungen zwischen Unternehmen und Gesellschaft und das damit vorhandene Sozialkapital eines Wirtschaftsraumes wird zu einem immer wichtigeren Wettbewerbsfaktor im globalen Wettbewerb (Habisch 2003; Habisch/Jonker/Wegner/Schmidpeter 2005). Investitionen in CSR-Strategien haben einen Nutzen für Unternehmen, helfen die Gewinne zu steigern und erhöhen die Wettbewerbsfähigkeit der österreichischen Wirtschaft (Friesl 2005; Mesicek 2006).

Verantwortliches Unternehmertum in Österreich

Die Diskussion über die soziale Verantwortung von Unternehmen in Österreich ist wohl am ehesten mit der Gründung der zweiten Republik im Jahr 1945 und dem darin verankerten Prinzip der Sozialpartnerschaft erklärbar (Gerlich/Grande/ Müller 1985; Abele/Nowotny/Schleicher/Winckler 1989; Riegler/Moser 1996; Karlhofer/Táles 1999; Karlhofer/Táles 2005; Dachs u.a. 1997). Im Unterschied zu vielen anderen Ländern saßen und sitzen in Österreich in einer Vielzahl von Gremien, Arbeitskreisen, Workshops etc. Vertreter/-innen der Arbeitgeber und Arbeitnehmer zusammen und handeln Gesetze und Regelungen aus, bevor diese dann im Parlament beschlossen werden (siehe auch www.sozialpartner.at).

Jeder Österreicher/-in ist sobald er unselbstständig erwerbstätig ist, automatisch und per Gesetz Mitglied der Arbeiterkammer, für die automatisch ein Mitgliedsbeitrag von jedem in Österreich bezahlten Gehalt einbehalten wird. Dasselbe gilt auf der anderen Seite auch bei den Arbeitgebern. Jeder Unternehmensgründer in Österreich ist von Beginn an Mitglied in der Wirtschaftskammer (Neisser/Loibelsberger/Strobl 2005).

Daneben haben beide Seiten zusätzlich auf freiwillige Mitgliedschaft beruhende Einrichtungen: Die Arbeitnehmer die Gewerkschaften. Die Arbeitgeber die Industriellenvereinigung bzw. den Gewerbeverein. Grund für diesen Gleichklang, dieses Harmoniebedürfnis ist die Erfahrung aus der Zeit der 1. Republik, als Sozialdemokraten und Konservative sich mit Waffengewalt bekämpften und Bürgerkrieg herrschte. Diese Erfahrungen wollte man für die 2. Republik mit allen Mitteln verhindern.

Daher ist die soziale Komponente des Unternehmertums sozusagen eines der Grundprinzipien des Österreichischen Staates und alle maßgeblichen Institutionen bringen sich in diese Diskussion ein. Diese Zusammenarbeit zwischen Arbeitnehmern und Arbeitgebern war jedoch bis vor einiger Zeit auf die oben genannten Organisationen beschränkt, wurde sozusagen delegiert. Das hieß auch: Wenn man soziale Initiativen in einem Unternehmen setzen wollte, wurde man oft auf die Ebene der Sozialpartner verwiesen, die letztlich ein Gesetz daraus machte. Handlungsspielräume auf betrieblicher Ebene wurden kaum berücksichtigt. Diese Sichtweise änderte sich in den letzten Jahren, beginnend mit der verstärkten öffentlichen Diskussion um CSR und der konzertierten Aktion zur Gründung von CSR Austria und der Koordinierung der Österreichischen Strategie für Nachhaltige Entwicklung im Jahr 2002, bei welchen alle maßgeblichen Ministerien involviert sind (Strigl 2005).

Neue Impulse durch die Umweltbewegung

Das Aufbrechen der fest gefügten Koalitionen (Müller 1997) und der klassischen Arbeitsteilung von Staat und Unternehmen erfolgte in Österreich zu einem relativ späten Zeitpunkt. Erst Mitte der 1980er Jahre entstand eine starke Umweltbewegung in Österreich, angefacht durch den erfolgreichen Protest gegen ein weiteres Donaukraftwerk in Hainburg. Daraus entstand auch die politische Grünbewegung, die auch heute noch Hainburg als ihren Ursprung sieht. Damit war plötzlich ein neuer politischer Akteur auf der öffentlichen Bühne, der nicht aus der klassischen Arbeitgeber-Arbeitnehmer Aufteilung kam. Dieser Trend zur Entstaatlichung, zu einer erstarkenden Zivilgesellschaft und zu Medien, die plötzlich nicht mehr nur protokollarisch berichteten, sondern recherchierten, waren Faktoren, die zu mehr Eigenverantwortung und weniger staatlicher Bevormundung führten.

Damit wurden aber auch neue Probleme geschaffen, für die es früher eine einfache Lösung gegeben hatte. Der Staat zog sich vermehrt aus traditionellen Bereichen zurück und andere Akteure übernahmen dessen Rolle. Unternehmen standen plötzlich einer kritischen Zivilgesellschaft gegenüber, die über das Instrument der Bürgerinitiativen Unternehmen bedrängte, höhere Umweltstandards einzuführen, Filteranlagen zu bauen, Entsorgungseinrichtungen zu schaffen etc. (Köppl/Neureiter 2004).

Ferner wurde von Unternehmen verlangt, über ihre Aktivitäten zu berichten, die ersten Umweltberichte kamen in Mode. Gleichzeitig reagierte die Politik. Jede Partei wurde im Umweltschutz aktiv und die Umweltgesetzgebung war geboren. Zuerst reagierten Unternehmen mit Ablehnung, drohten mit Abwanderung, sahen den ökonomischen Untergang kommen. Letztlich wissen wir heute, dass Österreich als Umweltmusterland auch ökonomisch enorm von seinem Wissen profitiert und Umwelttechnologieexporte heute ein wesentlicher Wirtschafts- und Arbeitsplatzfaktor sind (Bundeskanzleramt 2007).

Ökologische Landwirtschaft als Wettbewerbsvorteil

Eine ähnliche parallel dazu verlaufende Entwicklung ereignete sich in der Landwirtschaft. Mit dem EU-Beitritt Österreichs 1995 waren die österreichischen Bauern plötzlich der Konkurrenz aus Ländern wie den Niederlanden, Frankreich und Deutschland ausgesetzt, die Größenvorteile gegenüber den klein strukturierten, hoch in den Alpen beheimateten österreichischen Bauern hatten. Man verfiel hier auf eine einfache aber geniale Idee: zwar können keine Massenprodukte produziert werden, im Gegensatz dazu schaffte man den „Feinkostladen" Österreich, d.h. hochwertige, biologisch produzierte Lebensmittel.

Heute ist Österreich der größte „Bio-Food"-Produzent in der EU und die 3% bäuerliche Bevölkerung produziert knapp 10% der Wertschöpfung. Die positiven Erfahrungen der biologischen Landwirtschaft als Wettbewerbsfaktor sind ein weiterer Grundstein für die aktuelle Entwicklung von CC und CSR in Österreich.

CSR als gemeinsamer Nenner für vielfältige Initiativen

Man könnte sagen, dass in Österreich aufgrund der hohen gesetzlichen Regelungsdichte kein Platz für CSR Maßnahmen ist, wenn man diese als über das gesetzlich geforderte Maß hinausgehend definiert. Viel Platz wäre dann tatsächlich nicht mehr. Aber trotzdem hat Österreich - insbesondere die österreichischen Unternehmen - eine Vorreiterrolle in Mitteleuropa zum Thema CSR übernommen. Die Industriellenvereinigung gründete gemeinsam mit der Wirtschaftskammer und dem Bundesministerium für Wirtschaft und Arbeit (www.bmwa.gv.at) die Plattform „CSR-Austria" (jetzt: respACT austria), die als Dach für die vielfältigen Aktivitäten der Wirtschaft im Bereich CSR fungierte (www.respact.at).

Die Plattform CSR-Austria hatte es sich zur Aufgabe gemacht, das Thema zu propagieren und Unternehmen davon zu überzeugen, dass es für Unternehmen Sinn macht, sich im Bereich des CSR zu engagieren. Dazu wurde ein Leitbild entwickelt, das Unternehmen unterzeichnen können (CSR Austria 2003). Engagierte Unternehmen können zudem Mitglied des Unternehmensnetzwerkes werden und sich so aktiv in die Diskussion einbringen. 2005 wurde die Plattform umbenannt in „respACT austria" und die Trägerschaft um das Umweltministerium (www.lebens ministerium.at) und das Sozialministerium (www.bmsk.gv.at) erweitert. Damit wurde eine breite ministerielle Unterstützung sichergestellt und zudem ein Brückenschlag zwischen den Ressorts für Wirtschaft, Soziales und Umwelt erreicht.

Gleichzeitig wurde im Österreichischen Normungsinstitut ein Arbeitskreis CSR eingerichtet, bei dem Wirtschaft, Arbeitnehmer, NGOs, Kirchen, Wissenschaft und Konsumentenschutzorganisationen zusammenkamen, um einen Leitfaden für Unternehmen zu schaffen, wie diese CSR implementieren können. Dieser ist inzwischen schon in 7 Sprachen übersetzt (ON-V 23, Österreichisches Normungsinstitut 2004).

Für die Politik kann festgestellt werden, dass diese zunächst langsam aber dafür stetig auf das Thema reagiert hat. Im neuen Regierungsprogramm vom Januar 2007 findet sich nun erstmalig sogar explizit der Begriff CSR, und zwar in den Bereichen des Finanzministeriums, der Finanzmarktaufsicht und des Wirtschaftsministeriums (Bundeskanzleramt 2007).

Auf Arbeitnehmerseite hat man mit einiger Verzögerung auf die von den Unternehmen geführte Diskussion reagiert. Im Jahr 2006 wurde eine gemeinsame Plattform der Arbeitnehmerorganisationen und der NGOs gegründet. Das NESOVE – Netzwerk soziale Verantwortung versteht sich als Gegenpol zu respACT. Derzeit wird in diesem Netzwerk hauptsächlich im Bereich Sozialstandards und -audits wertvolle Arbeit geleistet (Gewerkschaft der Privatangestellten 2005).

Die Wissenschaft hat sich bisher zu diesem Thema in Österreich sehr zurückgehalten. Es gibt vereinzelt Initiativen an der Wirtschaftsuniversität Wien oder an einzelnen Fachhochschulen, hier aktiv zu sein. Diese scheitern aber wohl meistens an nicht vorhandenen Finanzmitteln zur Förderung der CSR-Forschung. Ergebnis daraus ist, dass die Wissenschaft bei der österreichischen CSR-Diskussion noch eine geringe Rolle spielt.

Insbesondere die Gruppe der Konsumenten besitzt durch ihr ökonomisches Sanktionspotential steigende Bedeutung und Einflussmöglichkeiten auf unternehmerisches Verhalten. Boykott- und Verbraucherkampagnen finden vielfach Unterstützung von NGOs, öffentlichen Stellen und Medien (Köppl/Neureiter 2004). Ausschließlich gesetzkonformes Handeln erweist sich dadurch nicht mehr automatisch auch als legitim. Die gesellschaftliche Glaubwürdigkeit kann nicht ausschließlich durch traditionelle PR Konzepte geschaffen werden. Unternehmen, die substanzlose PR als bessere Alternative zu einer ernst gemeinten Öffnung sehen, setzen ihre Glaubwürdigkeit aufs Spiel.

Übernahme von sozialer Verantwortung durch Unternehmen: Ansätze für Corporate Citizenship Strategien

Zentral für die tatsächliche Berücksichtigung der Interessen der relevanten Umwelt, den so genannten Stakeholdern, ist demnach deren Integration in die umfassende Unternehmensstrategie.

Meist wird ausschließlich über äußere Zwänge gesprochen, die Unternehmen im aktuellen Kontext zur stärkeren Berücksichtigung des ökologischen und sozialen Umfelds veranlassen. Jedoch soll hier explizit darauf verwiesen werden, dass die vermehrte Übernahme sozialer Verantwortung durchaus mit der ökonomisch motivierten Überlegung der langfristigen Gewinnmaximierung einhergehen kann und sogar muss (Habisch/Schmidpeter 2003).

Es lässt sich in österreichischen Unternehmenskreisen eine steigende Akzeptanz erkennen, dass Profite mit der Berücksichtigung breiterer gesellschaftlicher

Werte und Prinzipien Hand in Hand gehen (Friesl 2005). Als notwendige Grundlage zur Beschreibung einer ethischen Verhaltensmotivation erscheint der Begriff der „Verantwortung" als Kehrseite der Medaille „Freiheit" von zentraler Bedeutung.

Soziale Verantwortung von Unternehmen wird daher in Österreich nicht als Ersatz, sondern als komplementäres Instrument zur staatlichen Rahmenordnung verstanden. Die geschilderten Entwicklungen der letzten Jahrzehnte führten dazu, dass die gesellschaftliche Verantwortung von Unternehmen als integratives Konzept gesehen wird, welches die verschiedenen Interessen zum gemeinsamen Vorteil verbindet (Habisch 2003; Backhaus-Maul/Brühl 2003; Riess 2006). Unter dem Schlagwort des Corporate Citizenship verstärkt sich das bürgerschaftliche Engagement von Unternehmen und es wird der Wirtschaft damit eine entscheidende Rolle bei der Gestaltung der Gesellschaft zugeschrieben (Konrad 2006).

Die Konturen eines modernen Corporate Citizenship-Ansatzes

Im Corporate Citizenship-Ansatz wird eine Integration verschiedener Sichtweisen (wirtschaftliche, ökologische und soziale Ansprüche) gefunden. Die Kernelemente dabei sind Legalität und Legitimität, Transparenz und Interaktionsmöglichkeit, Verantwortung, Gerechtigkeit, qualitativer Fortschritt (nachhaltige Entwicklung), freiwilliges Engagement und kollektiv anerkannte Mindeststandards. Gegenwärtig gewinnt dieses Konzept insbesondere in der österreichischen Unternehmenspraxis an Bedeutung. Es zeigt Lösungen für Unternehmen auf - jenseits der klassischen Ideologien - unternehmerische und gesellschaftliche Interessen in Einklang zu bringen (Win-win) (Schwarz-Wölzl/Waidhofer 2006).

Sowohl die Arbeitgeber als auch die Arbeitnehmervertretungen sehen im Ansatz der Corporate Social Responsibility zunächst das freiwillige Engagement von Unternehmen im Sinne einer transparenten und nachhaltigen Unternehmensführung. Hierbei gilt die Annahme, dass Unternehmen, die Stakeholder-Interessen bei der Unternehmensführung mit einbeziehen, langfristig erfolgreicher wirtschaften (Lunau/Wettstein 2004). Jedoch betonen die Arbeitnehmervertreter, dass dieses Engagement über die ohnehin einzuhaltenden gesetzlichen und Vertraglichen Verpflichtungen hinaus zu gehen hat (Gewerkschaft der Privatangestellten 2005).

Anders ausgedrückt besteht in Österreich das gemeinsame Verständnis, dass Corporate Citizenship nicht bestehende gesetzliche Regelungen ersetzt, sondern komplementär dazu eine neue Dynamik unternehmerischer Verantwortung darstellt. Corporate Citizenship ist ein aktives Konzept, welches Unternehmen hilft ihre Wettbewerbsfähigkeit zu steigern, indem sie gesellschaftlichen und ökologischen Herausforderungen aktiv beggenen. D.h. Unternehmen nutzen ihre Kernkompetenz, Kreativität und strategischen Ressourcen, um Win-win Situationen zu schaffen, in welchen sowohl die Gesellschaft als auch das Unternehmen profitieren. Corporate Citizenship in Österreich stellt somit ein proaktives Managementkonzept dar, welches aufbauend auf den Errungenschaften der Öko-Sozialen Marktwirtschaft innovative Unternehmenskonzepte umsetzt. Eine erfolgreiche Integration aller Bereiche der sozialen Verantwortung in die Unternehmensstrategie kann einerseits eine langfristige Profitmaximierung sicher stellen und so kann andererseits der zunehmenden Verflechtung von Gesellschaft und Unternehmenswelt Rechnung getragen werden (vgl. dazu die Beiträge in Gazdar/Habisch/ Kirchhoff/Vaseghi 2006). Dieses freiwillige Engagement der Wirtschaft liefert auf der Mikroebene neue Marktchancen für die Unternehmen. Auf der Makroebene schafft es neue Impulse zur Weiterentwicklung der Öko-Sozialen Marktwirtschaft und damit auch zur Stärkung der Wettbewerbsfähigkeit der österreichischen Wirtschaft.

Somit gewinnt Corporate Citizenship sowohl für die Unternehmen, als auch für die Entscheidungsträger aus Politik und Verwaltung zunehmend an Bedeutung. Denn Corporate Citizenship und CSR ist die konsequent weiterentwickelte Idee der Zusammenarbeit zwischen Wirtschaft und Gesellschaft – jetzt jedoch adaptiert an die neuen Spielregeln der Globalisierung. Die Stärke der Zusammenarbeit der unterschiedlichen Interessen im österreichischen Wirtschaftsmodell wird nun in Form der Corporate Social Responsibility mit neuer Dynamik versehen und könnte in Zukunft den Kern der modernen österreichischen Wirtschaft darstellen. CSR ist ein Fortschrittskonzept, um in der globalisierten Welt die österreichischen Stärken der Öko-Sozialen Marktwirtschaft in Wettbewerbsvorteile zu verwandeln.

Praxis des Corporate Citizenship in Österreich

In Österreich fanden in den Jahren eine Vielzahl von Aktivitäten durch Verbände, Unternehmen und Arbeitsgruppen zum Thema CSR und Corporate Citizen-ship statt. Neben der Veröffentlichung des europaweit ersten ISO-Leitfadens zu CSR (ON-V23) und der Erstellung von praxisnahen CSR-Handlungsanleitungen für ausgewählte Branchen (www.csr-leitfaden.at) durch respACT austria existieren eine Vielzahl von regelmäßigen Veranstaltungen und Aktionen: z.B. der bereits zum dritten Mal vergebene CSR-Preis TRIGOS, der CSR-Tag im Mai 2006 oder das CSR-Ranking, welches 2005 und 2006 durch das Center for Corporate Citizenship Austria durchgeführt wurde (www.corporatecitizen.at).

CSR-Ranking

Beim österreichischen CSR-Ranking wird die Gesamtheit des unternehmerischen Engagements österreichischer Unternehmen im Bereich gesellschaftlicher Verantwortung (CSR) überprüft und sichtbar gemacht. Ausgezeichnet werden jene Unternehmen, die sich in den Bereichen Umwelt, Mitarbeiter und gesellschaftliches Engagement über das gesetzlich vorgeschriebene Maß hinaus engagieren. Für das Ranking werden die 100 größten österreichischen Unternehmen in zehn Branchen geordnet und bewertet.

Für das CSR-Ranking werden jene Materialen herangezogen, die öffentlich zugänglich sind (z. B. Website, Geschäfts- und Sozialbericht, Info-Broschüren etc.) bzw. von den Unternehmen zusätzlich zur Verfügung gestellt werden. Die Unterlagen werden mittels qualitativer und quantitativer Methode analysiert und gerankt. Inhaltlich werden dabei die Bereiche Gesellschaft, Mitarbeiter/-innen, Umwelt, Finanzen und Unternehmensstrategie analysiert. Insbesondere im Finanzbereich werden quantitative Indikatoren wie z.B. der Return-on-Investment, die Eigenkapitalrendite etc. verwendet. Für die anderen Bereiche wurden qualitative Indikatoren herangezogen (z.B. Engagement im Bereich Vereinbarkeit von Familie und Beruf, Erstellung eines Nachhaltigkeitsberichts, etc.). Für jeden Bereich wurden Punkte vergeben, die mittels eines umfangreichen Kriterienrasters in ein einheitliches Punktesystem übersetzt wurden. Dies macht die Analyse transparent und nachvollziehbar. Die Bewertung jedes Unternehmens erfolgt dabei in zwei Stufen: Eine Vorjury führt die erste Recherche und Analyse durch. Die Erkenntnisse der Vorjury werden anschließend einer Zweitjury vorgelegt. Diese Jury trifft die abschließende Bewertung und fixiert das Ranking (Center for Corporate Citizenship Austria 2007).

Die Auswertungen des CSR-Rankings zeigen eine Vielzahl von erfolgreichen Beispielen für angewandtes Corporate Citizenship in Österreich. Die Bandbreite der Aktivitäten ist so vielfältig wie die unternehmerische Landschaft selbst. Gerade bei kleinen und mittleren Unternehmen, sind es oft spontan entstandene (sprich: nicht strategisch geplante) Projekte, auf die man bei der Suche nach gelebter Praxis stößt: Personalmaßnahmen zur Integration von Menschen mit Behinderung, Verkaufsaktionen, bei denen ein Teil des Erlöses in karitative Projekte (Cause-related Marketing) fließt oder Tagesveranstaltungen an denen Mitarbeiter gemeinsam für ein Nachbarschaftsprojekt arbeiten (Corporate Volunteering).

Vielfalt des Engagements und Win-win

Mit der Vielfalt an Motiven lässt sich der Status der Corporate Social Responsibility in Österreich – bewusst plakativ – zusammenfassen: von nach Öffentlichkeit schielendem Aktionismus, über die mehr oder weniger engagierte Umsetzung von Konzernvorgaben, bis hin zur Erkenntnis, dass ohne gesellschaftliches Engagement kein langfristiger Erfolg möglich ist sowie die bewusste Gestaltung einer nachhaltigen Unternehmensstrategie.

Corporate Citizenship als umfassendes Managementthema und dessen Strategie und Wertvorstellungen, wird meist erst ersichtlich und kommunizierbar im Konkreten und Kleinen. Deshalb folgen als Darstellung von gelungener Praxis nun Beschreibungen von Einzelprojekten. Die Auswahl soll die unterschiedlichen Dimensionen von Corporate Citizenship, wie es derzeit in Österreich verstanden und praktiziert wird, illustrieren. (vgl. zur CSR Praxis in Österreich auch die umfassende Studie von Habisch 2007)

Lokales Handeln im Vordergrund - Umsetzung der Vorgaben aus der Konzernzentrale: IBM „on demand community"

Als IBM im Jahr 2004 weltweit die Mitarbeiter/-innen über gemeinsame Werte befragte, stellte sich heraus, dass diese das Unternehmen stärker gesellschaftlich aktiv sehen wollten. Der Konzern reagierte rasch, schließlich gehört soziales Engagement seit Gründungszeiten zum Kern der Unternehmenswerte.

Das neu gegründete „on demand community-Programm" von IBM fördert das ehrenamtliche Engagement der Mitarbeiter/-innen unter klar definierten Rahmenbedingungen (www.ibm.com/ibm/ibmgives/). Wer eine Mindestanzahl an Stunden für „seine" Organisation in einem bestimmten Zeitraum leistet, kann Spendengelder von IBM für das Projekt erhalten. Neben Geldspenden werden Hard- und Software zur Verfügung gestellt.

Auf diese Weise gelingt es dem international agierenden Konzern IBM sich als verantwortungsvoller Unternehmensbürger in Österreich zu etablieren. Es werden so nicht nur die Mitarbeiter/-innen und ihre Anliegen wertgeschätzt, sondern auch die lokale Vernetzung gefördert. Dies schafft Akzeptanz für das Unternehmen, hilft dem Unternehmen sich in verschiedenen Kulturkreisen zu verwurzeln und dient so dem langfristigen Unternehmenserfolg.

In Österreich entwickelt und perfektioniert: EVN als Bürger der Region

Oft wird von Unternehmen Corporate Citizenship als reines Sponsoring missverstanden. Jedoch ist es oft der Einstieg für ein weitergehendes Engagement in der Region. Die EVN ist ein regionaler Energieversorger und daher Zielscheibe zahlloser Bettelbriefe von gemeinnützigen Organisationen und Bürgern. Aus der Not wurde eine Tugend gemacht. Es werden nur mehr solche Organisationen unterstützt, in denen Mitarbeiter/-innen der EVN auch selbst aktiv beteiligt sind. So ist sichergestellt, dass in die Projekte nicht nur Geld, sondern auch Eigenleistung und persönliches Engagement einfließt. Dadurch wurde der einzelne EVN Mitarbeiter innerhalb der Organisationen aufgewertet, der Stolz der Menschen auf ihr Unternehmen stieg und die Identifikation mit dem Arbeitgeber könnte nicht größer sein. Wiederum eine Win-win Situation: das Unternehmen sponsert nicht mehr nach dem Gießkannenprinzip, sondern sehr gezielt und hat außerdem einen höheren Return-on-Investment und engagiertere Mitarbeiter/-innen (www.verantwortung.evn.at/).

Die Strategie der Projektverantwortlichen bedient zwei Gruppen: jene, die bereits engagiert sind, werden in ihrem Engagement bestärkt und gefördert. Bisher nicht aktive Mitarbeiter/-innen erhalten durch die organisierten Projekte die Gelegenheit zum „Schnuppern" oder zum Einstieg in längerfristiges Engagement. Flankiert werden die Maßnahmen durch Vorträge und Informationsveranstaltungen sowie Gelegenheit zur Vernetzung, um auch eine reale „Community" entstehen zu lassen. Auch pensionierte Mitarbeiter/-innen gehören zu dieser Gemeinschaft und werden im Engagement unterstützt.

Gerade der Rückzug öffentlicher Institutionen lässt für die Zukunft eine wachsende Bedeutung dieser freiwilligen Leistungen für das Gemeinwohl erwarten. Unterstützung durch Unternehmen leistet hier einen wesentlichen Beitrag, wie auch die Aktivitäten des österreichischen Sozialministeriums - Freiwilligenpass, Freiwilligengala, Freiwilligenbörsen etc. - zeigen (www.freiwilligenweb.at).

Partnerschaft als Erfolgsfaktor - Gemeinsam mehr erreichen: Schülerfonds der Caritas Österreich und Philips

Was auf dem Papier einfach klingt, nämlich ein „gesellschaftlich relevantes Anliegen" in den Mittelpunkt der externen Corporate Citizenship-Aktivitäten zu stellen, erweist sich in der Praxis oft als schwierig. Isoliertes Agieren eines Unternehmens in einem ihm eigentlich fernen gesellschaftspolitischen Bereich weckt mitunter

Misstrauen und weckt die Frage nach der Legitimation des Handelns. Deshalb ist ein glaubwürdiger und kompetenter Partner für den Erfolg des Engagements oft entscheidend.

Für Philips war der Partner die Caritas, mit der bereits eine Zusammenarbeit in diversen Projekten bestand. In Gesprächen kristallisierte sich das Thema Kinderarmut als Anliegen heraus, für das sich Philips langfristig und mit Nachdruck einsetzen wollte: der Schülerfonds war geboren. Drei Jahre später ist daraus ein Projekt geworden, das für seine professionelle Umsetzung nicht nur zahlreiche Preise gewinnen konnte, sondern das vor allem für die Betroffenen eine breite Palette an Ressourcen bietet: neben der finanziellen Unterstützung auch mediale Aufmerksamkeit für ein oft verschwiegenes Thema und langfristige individuelle Unterstützung.

Philips verstand sich aber im Schülerfonds nicht als bloßer Spender, sondern ging eine weitere Verpflichtung ein, die einen Bogen zum Personalmanagement spannt: alle Kinder, die vom Schülerfonds profitieren, erhalten auch einen „Zukunftsgutschein", mit dem sie später eine Lehr- oder Praktikumsstelle oder Unterstützung bei Diplomarbeiten zugesichert bekommen. Da Philips in Österreich mehrere Standorte mit Verwaltung und Produktion unterhält, ist ein breites Spektrum an Angeboten für die Jugendlichen zugänglich.

Für die Gesellschaft bedeutet dies, dass ein Tabu thematisiert und mit neuen Mitteln konkret angegangen wird. Für die betroffenen Kinder ist es praktische Hilfe in einer schwierigen Situation und eine neue Chance am gesellschaftlichen Leben teilzuhaben. Für das Unternehmen bedeutet es Reputation im positiven Sinn, sowie Motivation und Sinn für die Mitarbeiter, die sich mit ihrem Gemeinwesen identifizieren.

Auch in diesem Fall konnte das österreichische Projekt im Konzern „Furore" machen: Heute gibt es den Philips Schülerfonds in ähnlicher Form auch in der Schweiz und Deutschland (www.philips.at/About/Sustainability).

Bereich gesellschaftliches Engagement: Corporate Citizenship

Insbesondere der Bereich des gesellschaftlichen Engagements (Corporate Citizenship) ist gegenwärtig gekennzeichnet von immer neuen Initiativen, die gesellschaftliche Anliegen mit unternehmerischer Kompetenz verbinden. Bei dem Projekt "Die zweite Wiener Vereins-Sparkasse - Die Bank für Menschen ohne Bank" erhalten Menschen, die in eine unverschuldete Notlage geraten sind, ein Basiskonto (http://www.erstestiftung.org/press/archive/20061123+zweite/de). Vom Vorstand bis hin zu den Kontobetreuern haben sich bereits über 250 Mitarbeiter/-innen der

Ersten Bank zur freiwilligen Mitwirkung an diesem Projekt gemeldet. Die Bank setzt hier ihre Kernkompetenz ein, um einem sozialen Problem (Menschen ohne Bankverbindung) glaubhaft zu begegnen. Sie profitiert hierbei nicht nur durch Reputationsgewinne, sondern erschließt sich langfristig auch neue Märkte.

Bei bauMax geht die Zusammenarbeit mit Behindertenorganisationen weit über das übliche Maß hinaus. Der interne ‚Human' – Prozess begann bereits vor 20 Jahren: Jeder bauMax-Markt übernimmt die Partnerschaft über eine Behindertenorganisation (http://human.or.at/fileadmin/user_upload/pdf/Baumax-Detail.pdf). So wurden behindertengerechte Werkstätten eingerichtet und die dort hergestellten Produkte in den Märkten verkauft. Der Erlös kommt der Partnerorganisation zu Gute. Darüber hinaus stellt bauMax auch viele Behinderte ein. BauMax konzentriert sich in seinem gesellschaftlichen Engagement bewusst auf einen Bereich und lässt das Engagement in alle Bereiche der Unternehmensstrategie einfließen. Alle Mitarbeiter/-innen, Führungskräfte und die Unternehmensführung sind in das Engagement involviert. Das Engagement prägt so nicht nur die ganze Unternehmenskultur, sondern ist außerdem zentraler Bestandteil der Unternehmensentwicklung, im In- und Ausland.

Bei Spar unterstützt man durch das Projekt „Spar Ernährung heute" die gesellschaftliche Sensibilisierung zum Thema gesunde Ernährung und fördert Österreichweit zahlreiche Bewusstseinskampagnen (http://www.spar.at/spar-at/index. html?url=/spar-at/ernaehrung/initiative). Damit die Spar-Produkte den modernsten Anforderungen an eine gesunde und geschmackvolle Ernährung entsprechen, arbeitet Spar mit führenden Medizinern und Ernährungsexperten zusammen. Durch das Projekt baut Spar seine Kompetenz im Bereich Lebensmittel systematisch aus und bietet den Kunden einen zusätzlichen Nutzen, durch Information und Stärkung der Konsumentensouveränität. Das Projekt unterstützt dabei die Unternehmensstrategie, sowie die Etablierung von Spar zum Premium-anbieter im Einzelhandel.

Auch das Feld des „Corporate Volunteering" (Engagement der Mitarbeiter/-innen) genießt in Österreich immer größere Bedeutung: Henkel Mitarbeiter/-innen leisten in Österreich ehrenamtliche Projektarbeit. Das Unternehmen unterstützt die Mitarbeiter/-innen und informiert über die Kriterien und Durchführung solch sozialer Projekte und fördert ausgewählte Projekte auch finanziell (http://origin.henkel.com/int%5Fhenkel/ourcompany%5Fat/channel/). Philips fördert mit dem Projekt „Hilfe für Helfer" ebenfalls das ehrenamtliche Engagement seiner Mitarbeiter/innen, z.B. als Rettungsfahrer, Helfer in einem Seniorenheim oder als freiwillige Betreuer von Behinderten (www.philips.at/About/ Sustainability/article-3331.html). In diesen Projekten werden Mitarbeiter/-innen zu Beteiligten gemacht und die Identifikation mit dem Unternehmen wird gestärkt.

Dies fördert nicht nur die lokale Bürgergesellschaft, sondern kommt auch den Unternehmen zu gute.

Zahlreiche weitere Beispiele findet man auf http://www.trigos.at sowie unter dem Stichwort „Business Cases" auf http://www.respact.at. Hierbei zeigt sich, dass es gerade im Bereich des Corporate Citizenship nicht um gleiche Lösungsansätze bzw. „One-size–fits-all"-Strategien geht, sondern dass Corporate Citizenship ein Managementansatz ist, welcher dem Unternehmen Differenzierung gegenüber den Wettbewerbern ermöglicht, indem es die spezifischen Kompetenzen des Unternehmens und die jeweiligen Herausforderungen des gesellschaftlichen Umfelds in der Unternehmensstrategie berücksichtigt (Gazdar/Habisch/Kirchhoff/Vaseghi 2006). Unternehmerisches Engagement ist nur dann nachhaltig, wenn sowohl Unternehmen als auch Gesellschaft davon profitieren.

Ausblick

Wohin entwickelt sich die Diskussion in Österreich? Hierbei gibt es sicherlich unterschiedliche Vorstellungen. Eine Vision, die oft vertreten wird, lautet: Österreich könnte sich, ähnlich wie in der schon skizzierten Biolandwirtschaftsdiskussion, noch weiter als CSR Musterland positionieren. Konkret heißt das, dass die Produkte aus Österreich ein Gütezeichen besitzen, welches besagt, dass das Produkt gemäß höchsten wirtschaftlichen, sozialen und Umweltstandards produziert wurde. Der Kunde kauft so einen Mehrwert ein, der auch einen höheren Preis rechtfertigt und am Markt erzielbar ist. Bis dahin ist noch ein weiter Weg zu gehen, aber der Grundstein dafür ist gelegt, die Erfahrungen sind aus anderen Diskussionen vorhanden und ein gewisser Wille bei den Entscheidungsträgern ist gegeben. Das würde Österreich wiederum ein Alleinstellungsmerkmal im Wettbewerb geben und zu einem sozial verantwortlichen Markenbewusstsein führen (Zadek/Raynard/Oliveira 2005).

Wenn sich CSR als ein Bestandteil der österreichischen Wirtschaft etablieren soll, müssen aber die relevanten Institutionen entlang den spezifisch österreichischen Bedürfnissen weiter entwickelt werden. Hierbei werden die expliziten Erfahrungen Österreichs im Bereich der Nachhaltigkeit, Sozialpartnerschaft und mit informellen Bürokratienetzwerken genauso einfließen, wie die Fokussierung auf den Mittelstand und die Verbindung gesellschaftlicher Interessen mit Unternehmensinteressen (Win-win).

Das derzeitig stark diskutierte Feld der Corporate Social Responsibility gewinnt in Österreich immer stärker an Bedeutung. Es rückt hierbei auch die strategische Dimension immer mehr in den Vordergrund. Es steigt das Bewusstsein, dass gesellschaftliches Engagement nicht losgelöst vom Kerngeschäft der Unternehmen gesehen werden kann. Vielmehr flankiert CSR das Kerngeschäft und liefert einen wichtigen Beitrag für den Unternehmenserfolg.

Auch in der österreichischen Politik wird erkannt, dass Corporate Social Responsibility das Modell der Öko-sozialen Marktwirtschaft nicht nur ergänzt, sondern ein wichtiger Beitrag zu dessen Weiterentwicklung darstellt. Die Diskussion um die Verantwortung von Unternehmen gewinnt neben dem klassischen Bereich des Umweltschutzes auch in anderen Politikfeldern (Soziales, Wirtschaft, Bildung, Finanzen etc.) an Bedeutung.

Exemplarisch hierfür sei die österreichische Familienpolitik erwähnt, die als einen ihrer Schwerpunkte auf die Vereinbarkeit von Familie und Beruf setzt. In der Familienpolitik wurden in den letzten Jahren wichtige Rahmenbedingungen geschaffen (Kinderbetreuungsgeld, Recht auf Elternteilzeit, Familienhospizkarenz etc.), als weiterer Schritt wird nun aktiv mit den Unternehmen zusammen gearbeitet um eine familienorientierte Arbeitswelt Realität werden zu lassen. Seitens des Familienministeriums wurde dazu eine nationale Koordinierungsstelle eingerichtet, die die Zusammenarbeit zwischen Wirtschaft, Politik und Bürgergesellschaft fördert und neue Initiativen im Bereich der Vereinbarkeit von Familie und Beruf setzt (http://www.familienallianz.at). Auch in anderen Politikfeldern ist eine ähnliche Zusammenarbeit mit der Wirtschaft zur Lösung drängender Herausforderungen zu erwarten.

Spätestens mit der Erwähnung von CSR im Regierungsprogramm ist klar, dass die gesellschaftliche Verantwortung der Unternehmen eine immer wichtigere Rolle bei der Stärkung des Wirtschafts- und Finanzstandortes Österreich spielt. Österreich befindet sich damit in Europa in guter Gesellschaft (vgl. dazu die Beiträge in Habisch/Jonker/Wegner/Schmidpeter 2005) und kann sich durch die Vielfalt der bereits gesetzten Aktivitäten zu einem Vorreiter in Sachen Corporate Social Responsibility entwickeln. Gemäß dem von der EU-Kommission vertretenen Konzept von CSR kann es dabei sowohl wirtschaftlich auch als gesellschaftlich profitieren (vgl. dazu weiterführend die Beiträge in Habisch/Neureiter/Schmidpeter 2007).

Literatur

Abele, Hanns/Nowotny, Ewald/Schleicher, Stefan/Winckler, Georg (Hrsg.): Handbuch der österreichischen Wirtschaftspolitik. 3. Auflage. Wien: Manz-Verlag, 1989

Backhaus-Maul, Holger/Brühl, Hasso (Hrsg.) Bürgergesellschaft und Wirtschaft – zur neuen Rolle von Bürgern, Verwaltungen und Unternehmen. Berlin: Verein für Kommunalwissenschaften, 2003

Bertelsmann Stiftung (Hrsg.): Partner Staat? CSR-Politik in Europa. Gütersloh: Verlag Bertelsmann Stiftung, 2006

Bundeskanzleramt Österreich: Regierungserklärung 2007-2010. Gemeinsam für Österreich. Der Mensch im Mittelpunkt. Wien: Eigenverlag, 2007

Center for Corporate Citizenship Austria: CSR-Ranking 2006. Broschüre. Wien: Eigenverlag, 2007

respACT austria (Hrsg.): Erfolgreich wirtschaften – verantwortungsvoll handeln. Leitbild. 2. Auflage. Wien: Eigenverlag, 2005

Dachs, Herbert u.a. (Hrsg.) Handbuch des politischen Systems Österreichs: ZweiteRepublik. 3. Auflage. Wien: Manz-Verlag, 1997

Friesl, Christian: Wie viel Ethik braucht die Wirtschaft? Die Debatte um die gesellschaftliche Verantwortung von Unternehmen. In: Tomaschek, M. (Hrsg.): Sinn und Werte in der globalen Wirtschaft. Bielefeld: J. Kamphausen Verlag, 2005

Gazdar, Kaevan/Habisch, André/Kirchhoff, Klaus Rainer/Vaseghi, Sam (Hrsg.): Erfolgsfaktor Verantwortung. Berlin, Heidelberg, New York: Springer-Verlag, 2006

Gerlich, Peter/Grande, Edgar/Müller, Wolfgang C. (Hrsg.): Sozialpartnerschaft in der Krise. Leistungen und Grenzen des Neokorporatismus in Österreich. Wien, Köln, Graz: Boehlau-Verlag, 1985

GPA – Gewerkschaft der Privatangestellten (Hrsg.): Gesellschaftliche Verantwortung von Unternehmen. Die soziale Dimension. Wien: Eigenverlag, 2005.

Habisch, André: Corporate Citizenship – Gesellschaftliches Engagement von Unternehmen in Deutschland. Berlin, Heidelberg, New York: Springer-Verlag, 2003

Habisch, André: Studie: CSR – Land Österreich. Leitparadigma einer Europäischen Diskussion. Wien. (in Bearbeitung) 2007

Habisch, André/Schmidpeter, René: Unternehmen in der aktiven Bürgergesellschaft: Die Fortschreibung der Sozialen Marktwirtschaft auf kommunaler Ebene. In: Söder, Markus/Stein, Peter (Hrsg.): Moral im Kontext unternehmerischen Denkens und Handelns. Argumente und Materialien zum Zeitgeschehen Nr. 39. München: Hanns-Seidl-Stfitung, 2003

Habisch, André/Jonker, Jan/Wegner, Martina/Schmidpeter, René (Hrsg.): Corporate Social Responsibility Across Europe. Berlin, Heidelberg, New York: Springer-Verlag, 2005

Habisch, André/Neureiter, Martin/Schmidpeter, René (Hrsg.): Handbuch Corporate Citizenship. Corporate Social Responsibility für Manager. Berlin, Heidelberg, New York: Springer-Verlag, 2007 (im Erscheinen)

Karlhofer, Ferdinand/Tálos, Emmerich (Hrsg.): Zukunft der Sozialpartnerschaft: Veränderungsdynamik und Reformbedarf. Wien: Signum Verlag, 1999

Karlhofer, Ferdinand/Tálos, Emmerich (Hrsg.) Sozialpartnerschaft. Österreichische und europäische Perspektiven. Münster, Wien: LIT-Verlag, 2005

Konrad, Astrid: Corporate Social Responsibility – Reportage. Wien: Bundesministerium für Land- und Forstwirtschaft, Umwelt und Wasserwirtschaft, www.nachhaltigkeit.at/reportagen.php3?id=2, 2007

Köppl, Peter/Neureiter, Martin (Hrsg.): Corporate Social Responsibility. Wien: Linde Verlag , 2004

Lunau, York/Wettstein, Florian: Die soziale Verantwortung der Wirtschaft. St. Gallener Beiträge zur Wirtschaftsethik. Band 35. Bern: Haupt, 2004

Mayr, Magdalena/Schnepf, Doris: Soziale Nachhaltigkeit – Reportage. Wien: Bundesministerium für Land- und Forstwirtschaft, Umwelt und Wasserwirtschaft, www.nachhaltig keit.at/reportagen.php3, 2007

Mesicek, Roman: Verantwortliches Handeln als Investition für Unternehmen – respACT austria und CSR in Österreich. In: Münderlein, J./Welzel, M. (Hrsg.): Corporate Social Responsibility (CSR) Erfolgsfaktor für den Mittelstand. Münchner Beiträge zur Nachhaltigen Entwicklung. Band 1. München: MünchnerInitiative CSR, 2006

Müller, Wolfgang C.: Österreich. Fest gefügte Koalitionen und stabile Regierungen. In: Müller, W. C./Strom, K. (Hrsg.): Koalitionsregierungen in Westeuropa – Bildung, Arbeitsweise und Beendigung. Wien: Signum Verlag, 1997

Neisser, Heinrich/Loibelsberger, Gerhard/Strobl, Helmut (Hrsg): Unsere Republik auf einen Blick. Das Nachschlagewerk über Österreich. Wien: Verlag Carl Ueberreuter, 2005

Österreichisches Normungsinstitut: Corporate Social Responsibility – Handlungsanleitung zur Umsetzung von gesellschaftlicher Verantwortung in Unternehmen. CSR-Leitfaden. Wien: Österreichisches Normungsinstitut, 2004

Riegler, Josef/Moser, Anton: Ökosoziale Marktwirtschaft. 2. Auflage. Graz: Ökosoziales Forum, 1996

Riess, Birgit (Hrsg.): Verantwortung für die Gesellschaft – verantwortlich für das Geschäft. Gütersloh: Verlag Bertelsmann Stiftung, 2006

Schaller, Michael: Corporate Social Responsiblity – Modewort oder Neues Miteinander von Wirtschaft und Gesellschaft? In: Poier, K. (Hrsg.): Aufgabe Soziale Gerechtigkeit. Schriftenreihe des Dr.-Karl-Kummer-Instituts, Band 3. Graz: Schnider Verlag, 2006

Schmidpeter, René: Bürgerschaftliches Engagement von Unternehmen. In: Rimscha, N. v. (Hrsg.): Bürgerschaftliches Engagement im Sozialstaat. Argumente und Materialien zum Zeitgeschehen. Band 52. München: Hanns-Seidl-Stiftung, 2007

Schwarz-Wölzl, Maria/Waidhofer, Sabine: Corporate Citizenship – Reportage. Wien. Bundesministerium für Land- und Forstwirtschaft, Umwelt und Wasserwirtschaft, www.nachhaltigkeit.at/reportagen.php3?id=28, 2004

Strigl, Alfred: Concerted Action Towards Sustainable Development. In Habisch, A./Jonker, J./Wegner, M./Schmidpeter, R. (Hrsg.): Corporate Social Responsibility Across Europe. Berlin, Heidelberg, New York: Springer Verlag, 2005

Zadek, Simon/Raynard, Peter/Oliveira, Christiano: Responsible Competitiveness: Reshaping Global Markets Through Responsible Business Practices. London: Accountability, 2005

Internet

www.respact.at
www.csrleitfaden.at
www.nachhaltigkeit.at
www.freiwilligenweb.at
www.bmsk.gv.at
www.lebensministerium.at

www.corporatecitizen.at
www.trigos.at
www.familienallianz.at
www.sozialpartner.at
www.bmwa.gv.at

Frank W. Heuberger

Transnationale Trendsetter
Kommunikative Rationalität und Ethik als Erfolgsfaktoren für Corporate Citizenship

1 Die stärkste Marktwirtschaft als Leitkultur

Von Ausnahmen abgesehen, wird die gegenwärtige deutsche Debatte um Corporate Citizenship von Programmen, Best-Practice-Präsentationen und Nachhaltigkeits- sowie CSR-Berichten der Großunternehmen und transnational agierenden Konzernen dominiert. Bei Talkrunden, Preisverleihungen und Stiftungstreffen beherrschen ihre Vertreter das Parkett. Auf die bis ins 19. Jahrhundert zurückreichende deutsche Tradition gesellschaftlichen Engagements von Unternehmen, in der sich auch der Mittelstand bleibende Verdienste erwarb, wird zwar noch vereinzelt hingewiesen, doch die alte sozialethische Motivation, eher im Verborgenen Gutes zu tun und in puritanischer Manier den medienstarken öffentlichen Auftritt zu scheuen, beginnt zu verblassen, und auch die Erfolgsgeschichte des deutschen Sozialstaats und der Sozialen Marktwirtschaft werden immer weniger zitiert.

Ein neues Selbstbewusstsein greift Platz; Corporate Citizenship bekommt ein öffentliches Gesicht. Zur Schau stellen, anerkennen lassen und davon profitieren heißt jetzt die Devise. So nimmt es nicht wunder, dass die CC- und CSR-Aktivitäten von Unternehmen wie DaimlerChrysler, IBM, BMW, Microsoft, BASF oder Nokia[1] im Fokus der öffentlichen Wahrnehmung stehen, Unternehmen, die ihr Geschäft international betreiben und nach internationalen Standards und Erwartungen agieren, nicht nur was das Kerngeschäft angeht, sondern auch in Bezug auf die gesellschaftlichen Erwartungen an sie als Corporate Citizens. Dass sich bei aller Unter-

---

[1] Vgl. z.B. Nominierte und Preisträger in der Kategorie „Große Unternehmen" der Initiative „Freiheit und Verantwortung" (www.freiheit-und-verantwortung.de), die Pressemitteilung von IBM, 27.11.2006, in der darauf hingewiesen wird, dass IBM zum zweiten Mal den „Overall Corporate Social Responsibility Award" gewonnen hat oder die Ausgabe 2/2007 des Manager-Magazins über „Good Company Ranking", bei dem BASF, Henkel und BMW unter den vier Erstplazierten anzutreffen sind.

schiedlichkeit der Gesellschaften und Kulturen an den über Kontinente hinweg verstreuten Standorten der Unternehmen auch in ihrer CC-Politik ein anglo-amerikanischer Duktus herauszubilden beginnt, ist nicht weiter verwunderlich, folgt dieser doch letztlich nur der erfolgverwöhnten Leitkultur der stärksten Marktwirtschaft. Und für diese ist das Bild der „guten Unternehmenspersönlichkeit" durch die strategische Implementierung von Corporate Citizenship in die Unternehmensführung gekennzeichnet. Allerdings wäre es falsch anzunehmen, dass die Mehrzahl der international tätigen Firmen oder der großen US-amerikanischen Unternehmen gesellschaftliche Verantwortung auf dem Niveau ausgeklügelter CC-Strategien zum Ausdruck brächten. Auch hier findet sich das ganze Spektrum von einer eher zufälligen Philanthropie bis hin zur integrierten Strategie von Corporate Citizenship und seiner Implementierung ins operative Geschäft mit dem Anspruch, die Gesellschaft als Ganzes „zum Guten wenden zu wollen" („to make the world a better place").

2 Vom „Social Marketing" zum „Welfare-Mix"

Zur freiwilligen Selbstverpflichtung im Interesse des Gemeinwohls stand bei amerikanischen Unternehmen das klare Verfolgen unternehmerischen Eigeninteresses im Sinne der Profitmaximierung noch nie im Widerspruch. In Deutschland bestand und besteht noch ein wichtiger Lernprozess genau darin, im Bewusstsein der Öffentlichkeit eine derartige Win-Win-Strategie zu legitimieren und als neuen Bestandteil einer zeitgemäßen Unternehmensethik zu etablieren. Auf dem Weg dorthin muss Corporate Citizenship aber erst einmal sichtbar gemacht und „verkauft" werden. Das erklärt zwar nicht hinreichend, warum viele CC-Programme in deutschen Unternehmen eher den PR- und Marketingabteilungen zugeordnet werden und nicht Top-Down von der Unternehmensleitung eingeführt und von dieser auch in ihrer Umsetzung gemäß den Unternehmensleitlinien kontrolliert werden. Es hilft aber plausibel zu machen, warum sich Kooperationen zwischen Unternehmen und Einrichtungen der Zivilgesellschaft bisher kaum zu echten Partnerschaften im Geiste gegenseitigen Nutzens entwickelten und die Akteure der „zwei Welten" sich nur selten auf Augenhöhe begegnen.[2] Anstelle einer systematischen Integration in die

---

[2] Im Jahr 2000 gründeten BDI, BDA, DIHK, ZDA und die WirtschaftsWoche die Initiative „Freiheit und Verantwortung", die durch öffentliche Veranstaltungen und eine jährliche Preisverleihung das gesellschaftliche Engagement von Unternehmen in Deutschland fördern will. Bezeichnend für die Preisverleihungen der ersten Jahre war, dass jeweils nur die Unter-

Geschäftsstrategie herrscht in Deutschland noch weitgehend das Nebeneinander von „Social Marketing" – das Öffentlichmachen von Leistungen einer unterstellten sozial-ethisch verantwortlichen Unternehmenskultur – und ausschließlich profitorientiertem Agieren des Managements vor (Heuberger/Oppen/Reimer 2004). Betriebswirtschaftliche Nutzenkalkulation, eingebunden in die Logik des Marktes, konfligiert noch zu grundsätzlich mit einer auf Verständigungsprozessen und der Aushandlung von legitimen Interessen und Ansprüchen (Stakeholder) basierenden Logik der Kommunikation. Die Befriedigung von Stakeholder-Interessen wird in dieser verengten betriebswirtschaftlichen Sicht als nur schädlich für die Verfolgung unternehmerischen Gewinnstrebens betrachtet und nicht zugleich auch als Quelle neuer Erfolgschancen begriffen. Dabei gibt es vor allem für große Unternehmen Hilfestellungen, die den Weg zum „Global Corporate Citizen" ebnen helfen und die in ihrer Bedeutung auch für den Wandel der deutschen Unternehmenskultur nicht unterschätzt werden sollten.[3] Gleichwohl taugen die Akzeptanz dieser internationalen Leitlinien und Standards und ihre Integration in die Unternehmenspolitik kaum zu öffentlicher Selbstdarstellung. Ihre Befolgung gehört schon zu sehr zum unternehmerischen Selbstverständnis, als dass hierüber noch PR wirksam kommuniziert werden könnte. Aber dies ist nicht das ganze Bild.

Es sind in den letzten Jahren auch echte Partnerschaften zwischen Unternehmen und Nonprofit-Einrichtungen entstanden, wie sich sehr eindrucksvoll am Vorreiter ethischer Unternehmensführung, dem mittelständischen Generikahersteller betapharm zeigen lässt. Dessen anfängliches Engagement in Kooperation mit einer gemeinnützigen Einrichtung geht inzwischen weit über den gegenseitigen Nutzen hinaus und zielt unter Einschluss eines ganzen Katalogs an Maßnahmen, Projekten, Stiftungs- und Institutsgründungen, Fort- und Weiterbildungsangeboten bereits auf die Schließung einer Versorgungslücke im deutschen Gesundheitswesen ab und ist damit ein Vorreiter im modernen „Welfare-Mix"-Denken. Nach eigenen Aussagen hat betapharm sowohl den Übergang „vom Sponsor zum Partner zum Bürger" (Kinzl 2007: 34) vollzogen als auch die Effizienz in Teilbereichen des deutschen Gesundheitssystems gesteigert. Auf Initiative von betapharm gelang es 2003,

---

nehmen gewürdigt und ausgezeichnet wurden, die Partnerorganisationen aber lediglich als Objekte guter Unternehmenstaten erwähnt und bei der Preisvergabe ignoriert wurden.

[3] Dazu zählen der UN Global Compact (1999), die Global Reporting Initiative der UNEP (2002), die OECD-Guidelines für multinationale Unternehmen sowie das Grünbuch der EU-Kommission „Europäische Rahmenbedingungen für die soziale Verantwortung von Unternehmen" (KOM/2002/347). Neuerdings arbeitet ein international zusammengesetztes Gremium an der ISO-Norm 26.000 zu Social Responsibility. Bis Ende 2008 soll eine Abstimmung für die Norm erreicht werden. Allein zum ersten Entwurf Anfang 2006 gingen 2200 Einzelkommentare ein (vgl. www.isotc.iso.org).

das Recht auf sozialmedizinische Nachsorge für Kinder unter zwölf Jahren als neue Leistung ins SGB V (Krankenversicherungsrecht) aufzunehmen. Mit ihrer CSR/CC-Politik trug betapharm zu einer Systemveränderung in der Patientenversorgung bei. Darin drückt sich die Akzeptanz eines wohlfahrtpluralistischen Ansatzes im Gesundheitsbereich aus, der eine neue Aufgaben- und Verantwortungsbalance zwischen Staat, Markt und Gemeinschaft als unumgänglich ansieht. Grundlage für diesen vorbildlichen Gesellschaftsbezug ist ein holistisches Menschenbild, das Maßstab für Unternehmenskultur und operatives Geschäft gleichermaßen geworden ist. Der angebliche Widerspruch zwischen „Social Marketing" und primären Geschäftsinteressen konnte mit einer von allen Mitarbeitern ernst genommenen Ausrichtung des Unternehmens am Leitsatz „Der Mensch steht im Mittelpunkt" positiv aufgehoben werden. Die Integration der Mitarbeiter in dieses Alleinstellungsmerkmal von betapharm auf dem Generikamarkt mittels Corporate Citizenship führte nicht nur zu nachhaltiger Leistungs- und Motivationssteigerung der Mitarbeiter, sondern auch zur Entstehung eines echten Wir-Gefühls und Stolzes auf sich und ihren Arbeitgeber. Mit dieser Gesamtstrategie ist betapharm eine Sonderstellung in der Partnerbeziehung zu gemeinnützigen Einrichtungen gelungen, die vor allem unter Mittelständlern in Deutschland vorbildlich ist.

3 Ein viel versprechendes Stufenmodell zur Potenzialeinschätzung von Corporate Citizenship

Mit der gegenwärtigen Flut an Veranstaltungen zu Corporate Citizenship, den Preisverleihungen, Best-Practice-Präsentationen, Interviews und Berichterstattungen in der Fachpresse, wird zugleich immer mehr deutlich, wie wenig noch die deutsche Debatte durch klare Linien und Definitionen zum Thema geprägt ist und wie unterschiedlich Qualität und Charakter von CC-Programmen der Firmen sind. Diskutieren führende Vertreter deutscher Unternehmen über ihre Rolle und Aufgabe in der heutigen Gesellschaft oder werden sie direkt auf einen möglichen Aufgabenkatalog für Unternehmen im Rahmen einer erweiterten Verantwortungsübernahme angesprochen, bleiben ihre Formulierungen meist äußerst vage. Eine gewisse Unübersichtlichkeit beginnt sich breit zu machen; die vielen guten Beispiele unternehmerischen gesellschaftlichen Engagements verfangen sich im Dickicht terminologischer Ungenauigkeiten und ihrer unklaren Einordnung und Bedeutung für die tatsächliche Unternehmenspraxis. Oft ist es nur schwer auszumachen, was Unternehmen mit ihrem Engagement tatsächlich bezwecken wollen und auf welchem Niveau und mit welcher Ernsthaftigkeit gesellschaftliche Verantwortung hier wahrgenommen wird. Dabei verläuft die Differenz in der Qualität des Engagements weniger entlang der Linien Branche, Unternehmensgröße, Budget oder Ressourceneinsatz, sondern wird vielmehr in der Durchdringungstiefe des Engagements im Unternehmen und dessen Rückbindung an gelebte Unternehmenswerte sichtbar. Auf eine einfache Formel gebracht: Je mehr Corporate Citizenship im Alltagsgeschäft des Unternehmens vorhanden ist und je mehr Mitarbeiter bei der Umsetzung der Programme beteiligt sind, desto glaubhafter ist die gesellschaftliche Verantwortung und damit auch strategisch wirksamer die Unternehmensperformance am Markt. Doch wie Unternehmen dazu kommen, diesen Weg zu beschreiten, ist bisher weitgehend unerforscht. Unternehmerische Entscheidungen auf diesem Feld erscheinen oft zufällig und wirken undurchsichtig. Es drängt sich die Frage auf, ob es einen theoretischen Ansatz oder konzeptionellen Rahmen gibt, um das gesellschaftliche Engagement von Unternehmen zu ordnen, nach Performance-Kriterien zu gliedern und in seinem Potenzial zu bewerten. Ein vom Center for Corporate Citizenship at Boston College erarbeitetes entwicklungstheoretisches Rahmenkonzept „Stages of Corporate Citizenship: A Developmental Framework" könnte hier auch für die deutsche Diskussion nützliche Hilfestellung leisten.

Das Bostoner Center arbeitet seit Jahren mit über 350 großen Unternehmen in den USA sowie auch in anderen Staaten zusammen und hat sich unter seinem Direktor Bradley K. Googins den Ruf erworben, einer der führenden Think Tanks in Sachen Corporate Citizenship zu sein. Auf Grundlage systematischer Datenerhebungen und Jahren von Beratungserfahrungen haben Mirvis und Googins ein Stufenmodell entwickelt, dass CC-Experten, Praktikern, Beratern und Trainern gleichermaßen eine Orientierungshilfe zur Einschätzung von CC-Maßnahmen eines Unternehmens bieten will. Dabei geht es ihnen nicht darum, eine starre Messlatte an das Engagement von Unternehmen anzulegen, sondern vielmehr um die Möglichkeit, im Vergleich zur Praxis anderer Firmen Klarheit darüber zu erhalten, wo man selbst mit seinen Programmen steht, in welcher Richtung man sich weiterentwickeln könnte, an welchen Zielen man sich orientieren sollte und welche Hindernisse oder auch unterstützende Faktoren auf diesem Weg mit einer gewissen Wahrscheinlichkeit anzutreffen sind (Mirvis/Googins 2006). Mirvis und Googins greifen für ihre Stufentheorie auf entwicklungspsychologische und organisationssoziologische Ansätze gleichermaßen zurück und versuchen so Niveau und Qualität von Corporate Citizenship entlang distinkter Stufen des Lernens von Organisationen plausibel zu machen (vgl. die Darstellung der „Stages of Corporate Citizenship" im Beitrag von Bradley Googins und Steven Rochlin in diesem Band).

Die Stufen 1 bis 5 (Elementary, Engaged, Innovative, Integrated, Transforming) ihres Modells werden entlang von sieben Dimensionen entwickelt, die als qualitätsstiftend für Corporate Citizenship in einem Unternehmen angesehen werden. Aus der Bewertung des internen Zusammenspiels dieser Dimensionen lassen sich dann sowohl die fünf normativ typisierten Stufen ableiten als auch die Übergänge von einer Stufe zur nächsten konstruieren. Um falschen Erwartungen oder Befürchtungen von vorneherein zu begegnen und Anwendungsfehler ihres Modells zu vermeiden, machen die Autoren darauf aufmerksam, dass es ein Missverständnis wäre zu erwarten, Unternehmen ließen sich eindeutig einzelnen Stufen zuordnen. Vielmehr legen bereits einfache Applikationsversuche des Modells nahe, dass die meisten Unternehmen sich nicht ausschließlich auf einer Stufe mit ihren Maßnahmen befinden, sondern differenziert bei einigen Aspekten etwa auf der integrierten Stufe 4 agieren – zum Beispiel in Bezug auf die gleichrangige Berücksichtigung ökonomischer, ökologischer und sozialer Kriterien im Geschäftsverhalten –, bei Heranziehung anderer Dimensionen der Matrix, sie der innovativen Stufe 3 oder noch ganz dem elementaren Anfangsstadium der Stufe 1 zugeordnet werden müssen. Ein Unternehmen kann stark in der CSR-Berichterstattung sein, aber sich in Fragen der Transparenz nach außen noch völlig verschließen (Mirvis/Googins 2006: 2).

Die sieben Dimensionen, aus deren Dynamik und Verflechtung sich die fünf Stufen einer Abfolge abgrenzbarer CC-Niveaus ergeben, das Kernstück des Modells, lassen sich kurz charakterisieren:

Dimension Citizenship Concept: Wie definiert ein Unternehmen Corporate Citizenship? Wie umfangreich und umfassend ist sein Engagement? In der ersten Dimension geht es aber nicht nur darum, wie ein Unternehmen seine einzelnen CC-Aktivitäten eingrenzt, sondern in einer Entwicklungsperspektive darum, wie ein Unternehmen seine Rolle und Aufgabe in der Gesellschaft versteht und wie diese sich über die Zeit wandelt.

Dimension Strategic Intent: Was für einen Zweck verfolgt das Unternehmen mit seinem Corporate Citizenship? Was will es damit erreichen? Welchen Stellenwert misst es ihm auf der Unternehmensagenda bei? Diese Dimension zielt perspektivisch auf die Einbettung von Citizenship in die Unternehmensstrategie, seine Produkte, Dienstleistungen und Unternehmenskultur ab und damit auf Dynamik, Art und Weise der Beeinflussung des gesamten Geschäftsverhaltens.

Dimension Leadership: Unterstützt die Unternehmensführung Corporate Citizenship? Ist die Führungsebene persönlich in die CC-Bemühungen involviert? Alle Untersuchungen zu dieser Dimension weisen die Beteiligung der Unternehmensführung als eine entscheidende Größe für die Entwicklung von Corporate Citizenship im Unternehmen aus. Bewertet wird hier, wie viel Führung die Leitungsebene in dem Thema zeigt, ob man den Worten auch Taten folgen lässt und Vorbildfunktion übernimmt.

Dimension Structure: Wie werden Verantwortlichkeiten für Citizenship im Unternehmen gemanaged und welche organisatorischen Potenziale liegen hier vor? Diese Dimension geht der Frage nach, welche strukturelle und personelle Entwicklung das Engagement im Unternehmen durchläuft. Oft ist es anfangs eine marginalisierte Gruppe oder eine „One-Man/Woman-Show", die sich erst langsam zu einem zuständigen abteilungsübergreifenden Komitee entwickelt, dessen Arbeit und Projekte Schritt für Schritt Eingang ins Zentrum der geschäftlichen Tätigkeiten finden.

Dimension Issues Management: Wie geht ein Unternehmen mit Themen und Problemen im Umfeld von Corporate Citizenship um? Wie defensiv oder proaktiv reagiert es bezüglich Programmen, ihrer Durchführung oder öffentlichen Wahrnehmung und der Einschätzung ihrer Chancen? Die Dimension bewertet den Managementstil und dessen unternehmensinterne Entwicklung.

Dimension Stakeholder Relationships: Diese Dimension zielt auf die Einbindung von Anspruchs- und Interessensgruppen wie etwa NGOs in die CC-Aktivitäten und letztlich die gesamte Geschäftspraxis des Unternehmens ab. Hier geht es um Kommunikation, Offenheit und letztlich die Herstellung eines wechselseitigen Vertrauensverhältnisses zum gegenseitigen und gesellschaftlichen Nutzen.

Dimension Transparency: Wie offen ist oder sollte ein Unternehmen über seine finanziellen, sozialen und ökologischen Beziehungen und Verbindlichkeiten sein? Entwicklungsperspektivisch lässt sich am Kriterium der Transparenz ablesen, zu welchem Zeitpunkt und in welchem Umfang ein Unternehmen seine Geschäftstätigkeit offen legt (Mirvis/Googins 2006: 4).

Der stufenweise Übergang, aus dem sich die „Stages" ableiten, sind für die Firmen durch interne und externe Herausforderungen determiniert, die in ihrer Fülle und individuellen Spezifik kaum zu konzeptualisieren sind. Dazu gehören gesetzliche Regelungen, Wettbewerbsdruck, Branchenspezifika, konjunkturelle Schwankungen und vieles mehr. Gleichwohl erkennen Mirvis und Googins bestimmte wiederkehrende Muster in der Abfolge der Stufen und auf diese legen sie ihr Augenmerk. Damit zielen sie auf organisationsinterne Grenzerfahrungen und Infragestellungen ab, die auf der jeweils erreichten Stufe von Corporate Citizenship im Unternehmen auftauchen und die vorhanden sein müssen, um als Anstoß zu wirken, in die nächste Stufe übergehen zu wollen. Diese entwicklungspsychologisch angeordneten

Auslöser für die Übergänge sind die Glaubwürdigkeit des Unternehmens als Corporate Citizen (Übergang Stufe 1 – 2), das Vermögen und die Bereitschaft des Unternehmens, internen und externen Erwartungen zu entsprechen (Übergang Stufe 2 – 3), die Kohärenz und Stimmigkeit aller CC-Bemühungen des Unternehmens (Übergang Stufe 3 – 4), und schließlich die Verpflichtung, Corporate Citizenship in der Unternehmensstrategie und Kultur zu verankern und zu institutionalisieren (Übergang Stufe 4 – 5) (Mirvis/Googins 2006: 3).

Unternehmen, die der Einbindung einer integrierten CC-Strategie in das gesamte Geschäftsgebaren entsprechen und somit der Stufe 4 zuzurechnen sind (lediglich die Stufen vier und fünf des Modells werden hier illustriert), zeichnen sich vor allem durch ihre interne Dynamik aus, die CC-Bemühungen auf verschiedene, wenn möglich alle Geschäftsbereiche des Unternehmens auszudehnen und dies auch kontrolliert zu tun. Dazu gehören klare programmatische Vorgaben, sowie das Festlegen und Überprüfen von Indikatoren, die eine Bewertung erlauben, zum Beispiel durch die Nutzung der „Balanced Scorecard" mit ihren vier Bereichen finanzwirtschaftliche Perspektive, Kundenperspektive, interne Prozessperspektive und Lern-/Entwicklungsperspektive, oder auch andere Mess- und Evaluationsverfahren. Mit einer sorgfältigen Überprüfung und Messung der Programme werden natürlich auch Schwachstellen in der Unternehmenspolitik offen gelegt, das heißt, es wird deutlich, wo und in welchem Umfang Fehler gemacht, Ziele nicht erreicht wurden oder kommunikative Prozesse und Einbindungen von Stakeholdern zu unerwünschten Ergebnissen führten. Charakteristisch für Unternehmen dieser Stufe, die an einer ernsthaften Durchdringung von Corporate Citizenship in den gesamten Geschäftsbetrieb arbeiten, ist nun aber nicht, dass sie Fehlentwicklungen vertuschen, sondern diese vielmehr als Teil eines internen Lernprozesses offen legen und in ihren Nachhaltigkeits- oder CSR-Berichten der Öffentlichkeit zugänglich machen. Ist dies der Fall, kann das bereits als ein Indikator für eine unternehmensinterne Verschiebung der Bedeutung von Corporate Citizenship als reinem „Business Case" hin zu einer Verschmelzung mit dem „Social Case" angesehen werden. Mirvis und Googins fanden heraus, dass bei vielen Unternehmen, die in die integrierte Stufe vordringen, das primäre Interesse an der profitorientierten Dimension von Corporate Citizenship zugunsten einer übergreifenden Wertebasierung unternehmerischen Handelns, „Value Proposition", in den Hintergrund zu treten beginnt. Arbeitet das Unternehmen aus einer Vision, aus Leitideen, Werten und ethischen Maximen heraus und wird Corporate Citizenship Teil einer Werthaltung, die erst im operativen Geschäft ihren adäquaten Ausdruck findet, relativiert sich auch die Evaluation von Corporate Citizenship nach rein wirtschaftlichen Indikatoren (Mirvis/Googins 2006: 11).

Den Übergang in die höchste Stufe „Transforming" sehen Mirvis/Googins durch die Tiefe der Durchdringung und den Grad der Verbindlichkeit gekennzeichnet, mit dem sich das Unternehmen Corporate Citizenship verpflichtet fühlt. Hier tauchen erstmals ethische Fragen auf nach den Möglichkeiten und Grenzen nachhaltigen gesellschaftlichen Handelns von Unternehmen angesichts globaler sozialer und ökologischer Probleme und des eigenen unternehmerischen Beitrags zu ihrer Lösung, sei es bei der Bekämpfung von Armut, der Einhaltung von Menschenrechten, dem Kampf gegen Kindersterblichkeit, Klimawandel oder Analphabetismus.

Eine ernsthafte Auseinandersetzung mit diesen weltumspannenden und sich jeder einfachen Lösung widersetzenden Problemen konfrontiert nicht nur den einzelnen Menschen mit der Frage nach der Sinnhaftigkeit des eigenen Tuns, sondern fordert auch Unternehmen dazu auf, nach neuen organisatorischen, kommunikativen und Management-Modellen zu suchen, mit deren Hilfe diese Problemdimensionen im unternehmerischen Handeln mit adressiert werden könnten. Unternehmensführer mit großen gesellschaftlichen Visionen, oft gepaart mit echtem Erfindergeist haben nicht nur in der Vergangenheit gesellschaftliche Entwicklungsschübe bewirkt, man denke in Deutschland an die Leistungen Robert Boschs oder in den USA an Bill Gates. Unternehmerische gesellschaftliche Verantwortung kann mit dem Wunsch verschmelzen, die Welt insgesamt ein Stück weit zum „Guten wenden zu wollen" und auf diesem Weg mit allen sich anbietenden Partnern zu kooperieren. Unausgesprochen steht hier das Modell einer Gesellschaft Pate, in der transparentes, visionäres unternehmerisches Handeln sich verständigungsorientiert mit allen relevanten Interessens- und Anspruchsgruppen im Geiste einer universellen Zivilität einigt. Nichts anderes ist mit Bürgergesellschaft gemeint. Diese ist ihrem Wesen nach weder national noch europäisch, sondern ist als Welt-Bürgergesellschaft konzipiert. Als regulative Idee kann sie durchaus praktische Wirkung entfalten (Rucht 2002). Freilich ist die Stufe 5 ein Desideratum, gleichwohl sehen sich eine ganze Reihe international tätiger CEOs in ihrer Unternehmenspolitik dieser Vision verpflichtet (Mirvis/Googins 2006:12).

4 Die Rolle des Staates für Corporate Citizenship in Deutschland

Was ist aus dem Mirvis/Googins-Modell für die deutsche Diskussion zu lernen? Die kurze Illustration der Stufen 4 und 5 wurde nicht deshalb gewählt, weil sie die gegenwärtige Unternehmensrealität adäquat abbildet, dies trifft weder für die deutsche noch für die internationale Situation zu, sondern weil sich an ihnen gut zeigen lässt, worum es letztlich bei Corporate Citizenship geht oder doch gehen könnte. Ist nämlich Corporate Citizenship im Unternehmen wertebasiert im Sinne einer Gründung in ethischen Maximen, wird die Künstlichkeit einer Trennung zwischen „Business Case" und „Social Case" sofort deutlich. Diese verliert für Unternehmensentscheidungen ihre Maßstab setzende Funktion (Porter/Kramer 2006). Zugleich werden Stakeholderbedürfnisse auf Basis kommunikativ-rationaler Interessensartikulation für unternehmerische Entscheidungen immer relevanter.

Im deutschen Kontext treten allerdings einige wichtige Modifikationen hinzu, die das Modell ergänzen müssen und damit erst seine Nützlichkeit verdeutlichen. Es ist nicht untypisch, dass in der Diskussion über Corporate Citizenship im US-amerikanischen Zusammenhang die Rolle staatlicher Rahmensetzungen und politischer Einflussnahmen meist unterbelichtet oder gänzlich unberücksichtigt bleibt. Vor allem große Unternehmen in den USA sind es seit jeher gewohnt, eine Reihe im deutschen Sinne sozialstaatlicher Leistungen zu erbringen – etwa im Bereich Kinderbetreuung – und Ansprüche und Erwartungen von Stakeholder-Gruppen im direkten Dialog ohne staatliche Vermittlung zu verhandeln. In Europa und vor allem in Deutschland sieht die Situation anders aus. Hier ist der Staat sowohl in seiner Funktion als Gesetzgeber wie auch als Moderator, Ermöglicher oder Vernetzer und damit als Partner für die CC/CSR-Politik der Unternehmen von nicht unerheblicher Bedeutung. Von ihm werden nicht nur eine unternehmensfreundliche Steuerpolitik erwartet, sondern etwa auch der Aufbau von Mittler- und Unterstützerstrukturen für Corporate Citizenship, die Finanzierung von Forschungen zum Thema oder die Etablierung einer öffentlichkeitswirksamen Anerkennungskultur für engagierte Unternehmen.

Bei wenigstens drei Dimensionen des Stufenmodells von Mirvis/Googins spielt der Staat in Deutschland eine die CC-Politik der Unternehmen mitprägende Rolle. Vom dualen Ausbildungssystem über Arbeitsrecht und Umweltschutz bis hin zum Recht der Arbeitnehmer auf betriebliche Mitbestimmung definiert er wesentliche Faktoren der „Dimension Citizenship Concept" mit. Hier werden bereits signifikante Unterschiede zu den amerikanischen Arbeitsbedingungen deutlich. Die Beziehung zu Anspruchsgruppen („Dimension Stakeholder Relationships") ist in Deutschland allein schon deshalb staatlich stark beeinflusst, weil die Akteure des Dritten Sektors und NGOs zu über 60 Prozent durch öffentliche Gelder finanziert werden. Wie sich das Verhältnis zwischen Unternehmen und Nonprofit-Sektor in Zukunft entwickeln wird, ist nicht nur eine Frage des wachsenden gegenseitigen Vertrauens und voneinander Lernens, sondern im Wesentlichen eine zukünftiger staatlicher Alimentierung. Auch darin zeigen sich deutliche Unterschiede zu den USA. Und was die „Dimension Transparency" angeht, so herrschen auch hier in

Deutschland wenn nicht strengere Regeln, so doch härtere Kontrollen und der Schaden für Unternehmen nach der Aufdeckung von Korruption ist immens. Zugleich nimmt der moralische Druck durch NGOs wie etwa Transparency International erheblich zu. Wenn also die Leitidee Bürgergesellschaft für Deutschland formuliert wird und darin auch der Frage nach dem Passungsverhältnis von Unternehmensorganisation, unternehmerischer Strategie und Gesellschaftsverständnis nachgegangen wird, dann müssen Dynamik und Einfluss staatlichen Handelns auf die Entwicklung von Corporate Citizenship zwingend mit berücksichtigt werden.

Eine Theorie der Bürgergesellschaft hätte staatliches Handeln und zivilgesellschaftlichen Einfluss gleichermaßen zu konzeptualisieren und eine Stufentheorie von Corporate Citizenship darin zu integrieren. Mit der „Leitidee Bürgergesellschaft" setzt etwa seit den 1990er Jahren des letzten Jahrhunderts zunächst in der sozialwissenschaftlichen Fachöffentlichkeit dann auch verstärkt in den Medien eine Diskussion über die Neuverteilung gesellschaftlicher Aufgaben und Verantwortlichkeiten zwischen staatlichen Einrichtungen, zivilgesellschaftlichen Akteuren und Unternehmen ein. Die Frage, die letztlich zur Beantwortung ansteht, ist die nach Art und Umfang einer Beteiligung aller an der Produktion gesellschaftlicher Wohlfahrt unter Bedingungen der Globalisierung. Mit der Preisgabe selbst hoheitsstaatlicher Zuständigkeiten (Bildungsbereich) verändert sich im Bezugsrahmen Bürgergesellschaft das Spektrum staatlicher Maßnahmen und Aufgaben erheblich. Das Schwinden einer Orientierung an sozialstaatlicher Verteilungsgerechtigkeit verschiebt mit einem gleichzeitigen Erstarken bürgerschaftlich angeleiteter Teilhabe auch die Erwartungen an staatliches Handeln. Und dies gilt auch und gerade mit Bezug auf die Rolle des Staates gegenüber gesellschaftlich verantwortlich agierenden Unternehmen. Auch hier ist eine Neujustierung staatlichen Einflusses gefragt. Denn mit dem Abschied von der Vorstellung eines allzuständigen Staates zu Gunsten stärkerer Autonomie, Gestaltungskompetenz und Eigenverantwortung der Bürgerinnen und Bürger muss auch den „Corporate Citizens" mehr Raum zu gesellschaftlicher Teilhabe eingeräumt werden. Diese Erwartungen leiten sich nicht allein aus der strukturellen Finanznot der öffentlichen Haushalte ab, sondern verdanken sich gleichermaßen der Erkenntnis, dass sich die Komplexität gesellschaftlicher Lebensprozesse immer stärker steuernden staatlichen Eingriffen entzieht. Mit dem trägen Instrument staatlicher Planungshoheit kann auf die fortschreitende Differenzierung und Individualisierung von Bedürfnis- und Interessenslagen der Bürger immer weniger adäquat geantwortet werden. Daraus ergibt sich die Suche nach einer neuen Aufgaben- und Verantwortungsverteilung, die grundsätzlich auch den Weg frei macht für Unternehmen in die Koproduzentenrolle sozialer, kultureller oder anderer gesellschaftlicher Leistungen jenseits des primären Geschäftsziels zu treten.

Somit muss das im wirtschaftsliberalen Kontext der USA entstandene Modell der „Stages" vor allem in den Dimensionen „Citizenship Concept" und „Stakeholder Relationships" deutlich modifiziert werden, um der deutschen Diskussion zur Neubestimmung des Verhältnisses von Staatsaufgaben und organisierter Zivilgesellschaft gerecht zu werden. Erst ein derart angereichertes Modell würde Unternehmen den konzeptionellen Freiraum eröffnen, den sie zur Erprobung ihres gesellschaftlichen Engagements benötigen und zugleich würde es Unternehmen in einen kommunikativen Kontext einbetten, in dem sie sich verständigungsorientiert über ihre Unternehmensentscheidungen mit gesellschaftlichen Anspruchsgruppen auseinandersetzen müssten.

5 Die kommunikativ-rationale und ethische Modifikation der Logik des Marktes

Neben der Notwendigkeit staatliches Handeln, Politik und eine erstarkende Zivilgesellschaft in eine deutsche Variante der „Stages" einzubeziehen, lässt das Modell weitere Schlussfolgerungen zu. Teilt man die theoretischen Annahmen des sozialwissenschaftlichen Paradigmas einer sich historisch entfaltenden kommunikativen Rationalität und sich im Medium rationaler Verständigung artikulierender legitimer Interessen gesellschaftlicher Anspruchsgruppen, dann zeigt sich über die Stufenfolge hinweg insbesondere

a. ein zunehmend expliziter und umfassender werdender Gesellschaftsbezug;
b. ein Zurückdrängen ausschließlich gewinnorientierter oder rein philanthropischer Handlungsmotive;
c. eine verstärkte Berücksichtigung von Werten und ethischen Maximen („Value Proposition") und
d. eine Verbreiterung der Entscheidungsbasis für unternehmerisches Handeln auf Grundlage kommunikativer Aushandlungsprozesse mit Stakeholdern.

Diese Charakteristika weisen darauf hin, dass die entwickeltsten Formen von Corporate Citizenship nicht allein der Rationalität des Marktes entspringen, sondern vielmehr durch kommunikative und ethische Einbettung modifiziert werden. Dadurch können ökonomische Vorteile ausbleiben oder sich gleichwohl einstellen, sie sind aber nicht vorherzusehen oder kalkulierbar. Man könnte dies als das ethische Paradox der strategischen Einbettung von Corporate Citizenship ins Unternehmen bezeichnen. Denn erfolgt die Einbeziehung von Stakeholdergruppen in Unternehmensentscheidungen nicht auf Basis ethischer Grundlagen, sondern nur aus strategischen Überlegungen zur Erlangung eines Wettbewerbsvorteils, werden sich wirkliches Vertrauen und echte Kooperation zwischen den „Partnern" kaum ergeben. Die Anspruchsgruppen werden sich benutzt fühlen und nur als Faktor in der Unternehmenskalkulation begreifen. Ein kurzfristiger Gewinnvorteil ist dabei zwar möglich, aber nur bis zum Zeitpunkt, an dem die Stakeholder sich als bloßes Mittel zum unternehmerischen Zweck unmittelbarer Gewinnmaximierung erkannt haben. Dann werden sie sich mit eventuellem Schaden für das Unternehmen wieder zurückziehen. Wenn dagegen das Unternehmen seine Kooperation mit den Stakeholdern ethisch basiert und die Prozesse verständigungsorientierter Entscheidungsfindung echter moralischer Verpflichtung und Offenheit entspringen, ist ein instrumenteller Nutzen am Markt zwar möglich – und wie neuere Untersuchungen zeigen, auch immer wahrscheinlicher – aber nicht berechenbar (Jones 1995 u. Barney/Hansen 1994). Rein strategische Stakeholderbeziehungen sind nicht moralisch und moralisch fundierte Stakeholderbeziehungen nicht a priori instrumentell nutzbar, sondern zukunftsoffen. Sie entspringen nicht der Logik des Marktes, sondern dem ehrlichen, vertrauensbasierten Interesse, gemeinsam nach besten Lösungen für Unternehmen und Gesellschaft zu suchen. Corporate Citizenship ist daher immer auch eine Investition in das Sozialkapital einer Gesellschaft, das heißt in Netzwerkstrukturen sozialer Beziehungen, die auf Vertrauen, Kooperation und gegenseitige Unterstützung beruhen. Damit ist Corporate Citizenship eine nicht zu unterschätzende Investition in die außerökonomischen Bedingungen der Möglichkeit wirtschaftlichen Erfolgs. Aber erst, wenn Unternehmen und Stakeholder sich über das langfristige Überleben des Unternehmens als öffentliche Institution, die auch soziale und politische Verantwortung trägt, diskursiv verständigen können, tritt der „Stakeholder Value" hervor. Setzt man mit Habermas Diskurs als ein Verfahren der argumentativ-dialogischen Prüfung von Behauptungen oder Forderungen an mit dem Ziel, einen für alle vernünftig Argumentierenden gültigen Konsens zu erreichen, hat das für Unternehmen, Anspruchsgruppen und Öffentlichkeit nicht unerhebliche Konsequenzen – wenn man sich den Regeln des Diskurses unterwirft.

Habermas unterscheidet bekanntlich kommunikatives Handeln und Diskurs als zwei Formen der Kommunikation. Wird im kommunikativen Handeln die Geltung von Äußerungen naiv vorausgesetzt, um Informationen auszutauschen, werden im Diskurs Geltungsansprüche problematisiert und zum Thema gemacht. Der Diskurs als formales Verfahren (das die strittigen Geltungsansprüche Wahrheit, Wahrhaftigkeit und Verständlichkeit von Aussagen prüfen soll), ist kein Selbstzweck, sondern dient der begründeten Wiederherstellung und Wiederermöglichung kommunikativen Handelns und damit der Akzeptanz von legitimen Ansprüchen (Habermas 1981). Diskurse sind an Voraussetzungen ihres Gelingens geknüpft, ähnlich denen, die auch die deliberative Demokratietheorie voraussetzt, um die aktive Mitwirkung aller Bürgerinnen und Bürger im Sinne umfassender Partizipation im Gemeinwesen zu ermöglichen. Dass niemand, der auch nur potenziell von den Ergebnissen des Diskurses betroffen ist, von den Beratungen ausgeschlossen werden darf, ist eine der wichtigsten Voraussetzungen. Jegliche Form des Zwangs ist auszuschließen, es gelten Verständlichkeit und Begründungspflicht der Argumente (Habermas 1996: 277-292). Auch wenn Beschlüsse in Unternehmen immer nur mit Teilöffentlichkeiten verhandelt werden können und das Prinzip des Gewinnstrebens eines Unternehmen immer im Zentrum seiner Geschäftstätigkeit stehen wird, so erweitern doch die Akzeptanz der Diskursregeln im Stakeholder-Dialog des Unternehmens seine Entscheidungsbasis grundlegend und sichern dem Unternehmen eine öffentlich legitimierte und unterstützte „License to operate" zu.

Nicht in der Befolgung der Marktmechanismen allein kann sich also ernsthaftes gesellschaftliches Engagement von Unternehmen zeigen, sondern vielmehr in einer Ausbalancierung der legitimen Ansprüche der Repräsentanten der drei Teilbereiche sozialer Ordnung, nämlich Markt, Staat und (Zivil-)Gesellschaft. Gegenwärtig scheint die Logik des Marktes eine Dominanz zu beanspruchen, die in alle gesellschaftlichen Sphären einzudringen droht. Würde sie ausschließlich, zerstörte der Markt seine eigenen Existenzbedingungen. Erfolgreiches Corporate Citizenship ist Ausdruck einer gelungenen Einbettung unternehmerischen Handelns in ökologische, kulturelle und soziale Verantwortlichkeiten unter Berücksichtigung politischer Regelungen und der Einbeziehung demokratischer Beratungs- und Entscheidungsprozesse mit Anspruchsgruppen der Zivilgesellschaft; ein Prozess, der die Geltung ökonomischer Logik im Geiste der Bürgergesellschaft relativiert (Meyer 2002: 11).

In den Sphären sozialer Ordnung Markt, Staat, (Zivil-)Gesellschaft und ihren Steuerungsmedien Geld, Macht und Solidarität gründen zugleich eigene legitime Handlungsrationalitäten, die nicht aufeinander reduziert werden können. Vielmehr setzt die eine das Funktionieren der anderen stets voraus. Ein Unternehmen mit Corporate Citizenship der Stufen 4 oder 5 agiert bereits mit einem Modell von Bürgergesellschaft im Rücken, in dem verständigungsorientiert über die Verteilung von Aufgaben und Pflichten im Rahmen eines neuen Wohlfahrtsmixes beraten wird, ohne das unternehmerische Interessen zu kurz kämen oder gar ausgeblendet würden. Dabei dominiert weder eine marktliberale noch eine etatistische oder selbstverwaltende zivilgesellschaftliche Position, sondern ein Prozess diskursiven Aushandelns legitimer Ansprüche.

Aus deutscher Perspektive helfen Mirvis/Googins' „Stages" trotz kulturspezifischer Verengung nicht nur Charakter und Niveau gesellschaftlichen Engagements von Unternehmen besser zu definieren und zu differenzieren. Sie erlauben zugleich, einen schärferen Blick auf das komplexe Gebilde Bürgergesellschaft zu werfen, in dem Unternehmen ihren Platz ebenso erst finden müssen, wie auch die Rollen von Staat und Politik sowie Zivilgesellschaft noch nicht ausreichend definiert sind. Will man die Stärkung der Bürgergesellschaft als empirische Realität, müssen Unternehmen sich öffnen und Eigenverantwortung, Freiwilligkeit und Engagementbereitschaft der Mitarbeiter unterstützen und sich als Unternehmen verständigungsorientierter Verantwortungsübernahme im Gemeinwesen zuwenden (Bürsch 2006). Eine Stärkung der Bürgergesellschaft als Leitbild für eine moderne Demokratie fordert von Unternehmen die Anerkennung, dass nicht nur der Staat oder die (Zivil-)Gesellschaft, sondern auch der Markt mit seiner ihm innewohnenden Rationalität nicht den Anspruch erheben darf, alle Sphären sozialer Ordnung unter seine Logik zu zwingen (Offe 2002: 71). Im wohlverstandenen Corporate Citizenship liegt ein Gesellschaftsmodell beschlossen, das die vereinseitigende Logik des Marktes mit guter Aussicht auf langfristigen Erfolg bereits hinter sich gelassen hat.

Literatur

Barney, J.B., Hansen, Mark H.: Trustworthiness as a Source of Competitive Advantage. In: Strategic Management Journal, 1994, Vol. 15, S. 175-190

Bürsch, Michael: Leitbild lebendige Bürgergesellschaft. Plädoyer für einen neuen Gesellschaftsvertrag zwischen Staat, Wirtschaft und Gesellschaft. betrifft: Bürgergesellschaft, Nr. 1, Koschützke, Albrecht (Hrsg.). Bonn: Friedrich-Ebert-Stiftung, 2006

Habermas, Jürgen: Theorie des kommunikativen Handelns. Band I u. II. Frankfurt am Main: Suhrkamp, 1981

Habermas, Jürgen: Die Einbeziehung des Anderen. Frankfurt am Main: Suhrkamp, 1996

Heuberger, Frank, Oppen, Maria u. Reimer, Sabine: Der deutsche Weg zum bürgerschaftlichen Engagement von Unternehmen. 10 Thesen zu Corporate Citizenship in Deutschland. betrifft: Bürgergesellschaft, Nr. 12, Koschützke, Albrecht (Hrsg.). Bonn: Friedrich-Ebert-Stiftung, 2004

Jones, Thomas M.: Instrumental Stakeholder Theory: A Synthesis of Ethics and Economics. In The Academy of Management Review, 1995, Vol. 20, Nr. 2, S. 404-437

Kinzl, Petra: Corporate Social Responsibility (CSR) in der Praxis am Beispiel der betapharm Arzneimittel GmbH. In: Von Rimscha, Nicolai (Hrsg.): Bürgerschaftliches Engagement im Sozialstaat. München: Hanns-Seidel-Stiftung e.V., 2007, S. 33-38

Mervis, Philip, Googins, Bradley K.: Stages of Corporate Citizenship: A Developmental Framework, Boston, A Center for Corporate Citizenship at Boston College Monograph, 2006

Meyer, Thomas: Einleitung: Zivilgesellschaft, Politische Kultur und Politische Bildung. In: Meyer, Thomas, Weil, Reinhard (Hrsg.): Die Bürgergesellschaft. Perspektiven für Bürgerbeteiligung und Bürgerkommunikation. Bonn, Dietz, 2002, S. 9-36

Offe, Claus: Staat, Markt und Gemeinschaft. Gestaltungsoptionen im Spannungsfeld dreier politischer Ordnungsprinzipien. In: Meyer, Thomas, Weil, Reinhard (Hrsg.): Die Bürgergesellschaft. Perspektiven für Bürgerbeteiligung und Bürgerkommunikation. Bonn: Dietz, 2002, S. 65-84

Porter, Michael E., Kramer Mark R.: Strategy and Society. The Link Between Competitve Advantage and Corporate Social Responsibiltiy. In: Harvard Business Review, Vol. 84, No. 12, December 2006, S. 78-92

Rucht, Dieter: Zivilgesellschaft als regulative Idee und Wirklichkeit - sechs Thesen. In: SPD-Bundestagsfraktion (Hrsg.), Auf dem Weg zur Europäischen Zivilgesellschaft - Was kann bürgerschaftliches Engagement bewirken? Berlin, 2002, S. 19-22

Warnfried Dettling

Wirtschaft als kulturelle Veranstaltung
Über die gesellschaftliche Verantwortung von Unternehmen

Seit einigen Jahren ist auch in Deutschland verstärkt die Rede von der Bürgergesellschaft und in diesem Zusammenhang von der gesellschaftlichen Verantwortung von Wirtschaft und Unternehmen (Corporate Social Responsibility, abgekürzt CSR) oder auch von Unternehmen als „Bürger" des Gemeinwesens (Corporate Citizenship). Es ist allenthalben vieles geschehen: Im weiten Feld der Bürgergesellschaft sind, angeregt und gefördert von staatlicher Seite, Landes- und Bundesnetzwerke für bürgerschaftliches Engagement entstanden. Die Wohlfahrtsverbände haben das Thema aufgegriffen, die Tradition des Ehrenamtes belebt, Freiwilligenagenturen gegründet und vieles mehr, sei es aus Überzeugung, sei es um nicht den Anschluss zu verpassen an neue Trends und Töpfe. Unternehmen, Banken und Verbände verstehen sich als Teil einer „aktiven Bürgerschaft" und sind Pioniere bei der Gründung von Bürgerstiftungen.

Neues Denken oder Weiter so?

Das ist die eine Seite: Die Idee der Bürgergesellschaft hat in gewisser Weise Karriere gemacht. Doch wahr ist auch: Ein Durchbruch im Sinne eines Paradigmenwechsels ist nicht gelungen. Weder die Idee der Bürgergesellschaft noch der Gedanke von Unternehmen als „Bürger des Gemeinwesens" sind über eine wenn auch beachtliche Minderheit hinaus in Politik und Gesellschaft vorgedrungen. Eine neue Sicht der öffentlichen Dinge haben sie (noch) nicht bewirkt. Vieles deutet darauf hin, dass Idee und Wirklichkeit der Bürgergesellschaft an einem Scheideweg angekommen sind. Entweder gelingt es, dieses Konzept als eine politikleitende Idee auch in die großen Themen und Einrichtungen hinein zu bringen oder sie wird langsam ihre Strahlkraft verlieren. Ein Dahindümpeln in seichten und ruhigen Nebengewässern des öffentlichen Lebens scheint wenig wahrscheinlich.

Es ist deshalb an der Zeit, ein paar Grundfragen neu aufzurollen. Was soll Bürgergesellschaft heißen? Ist damit ein An- und Ausbau am Status quo der Routinen und Strukturen in Staat, Wirtschaft und Gesellschaft gemeint, ein neues Geschoss in einem fertigen Haus? Oder verweist die Idee der Bürgergesellschaft auf eine andere soziale Architektur insgesamt - und wie sollen sich Unternehmen und ihre Verbände darin dann positionieren? Wird es genügen, weiter nur wie bisher Zeit und Geld zu spenden und Stiftungen zu gründen für gute Zwecke, oder umfasst die gesellschaftliche Verantwortung von Wirtschaft und Unternehmen womöglich auch und gerade ein Engagement, das darüber hinaus aktiv auch auf eine andere soziale und politische Kultur und auch andere Strukturen in Deutschland hinzuwirken sucht? Es wäre dies ein anderes, ein umfassendes Verständnis von gesellschaftlicher Verantwortung (CSR), grundsätzlicher und auch weiter reichend als die neoliberale Reformlitanei der jüngsten Vergangenheit einerseits, aber auch als die bisherigen Aktivitäten im Rahmen einer Corporate Citizenship andererseits, die beide bisher ziemlich unverbunden nebeneinander her laufen oder in einen nur oberflächlichen Zusammenhang gebracht werden: Das soziale Engagement wird vielfach als Imagepflege gebraucht und durchschaut oder zur Beschaffung von Legitimation für die eigene Interessenvertretung. Es ist die Frage – und dazu lädt eine an die Wurzeln gehende Reflexion über die Bürgergesellschaft ein – ob ein anderer Zugang nicht Erfolg versprechender und auch nahe liegender wäre. Diese andere Sicht der Dinge läuft im Grunde darauf hinaus, eine seit den 1990er Jahren in Wirtschaft und Unternehmen vertraute Überlegung aus dem ökonomischen Binnenraum der Wirtschaft auf Staat und Gesellschaft insgesamt zu übertragen. Es ist die Frage, ob Mentalitäten und Strukturen aus der Vergangenheit noch in die veränderte Welt passen? Es geht um das Thema „Restructuring", aber nicht nur für Betriebe und Unternehmen und auch nicht nur in den Kategorien der Betriebswirtschaftslehre durchbuchstabiert, sondern als Frage nach der „Verfassung" und Verfasstheit, nach der „guten Ordnung" von Staat, Wirtschaft und Gesellschaft.

„Am Anfang war der Staat"

Betrachtet man Bürgergesellschaft und Corporate Social Responsibility in diesem Horizont, dann rücken lange zurück liegende, aber prägende Traditionen in den Blick, insbesondere die deutsche Romantik und der deutschen Idealismus. In der Folge haben sich eine politische Kultur und ein politisches Denken herausgebildet (vgl. Lepenies 2006), die man auf die Formel bringen kann: Am Anfang war der Staat - als Sinnbild und Inbegriff der sittlichen Idee und der öffentlichen Vernunft. Die Gesellschaft konnte dagegen in jeder Hinsicht, faktisch wie normativ, nur abfallen: als Reich des Chaos, der Interessen und der Unordnung, der eigensüchtigen Interessen und der allenfalls begrenzten Rationalitäten wie überhaupt als Ort der

Entstehung aller möglichen sozialen Übel. Wirtschaft und Technik waren in Deutschland – erkennbar schon in der Begrifflichkeit für die entsprechenden Schulen und Hochschulen – lange Zeit abgewertet als Arena der Entfremdung und der Ablenkung vom „Eigentlichen" und „Wesentlichen", als notwendiges Übel allenfalls widerwillig akzeptiert, um wirtschaftlichen Wohlstand und Fortschritt zu befördern. Es hat lange gedauert, bis die Deutschen ihren Frieden mit der Marktwirtschaft („Kapitalismus") gemacht haben, nach Katastrophen erst, und in Abgrenzung zu abschreckenden Beispielen in der anderen Hälfte Deutschlands und Europas. Das Wirtschaftswunder erst hat die Deutschen der alten Bundesrepublik mit der Sozialen Marktwirtschaft wirklich versöhnt. Es ist wenig überraschend, dass die Risse in den brüchigen Grundlagen nach der Wende 1989 nicht nur, aber vor allem in den neuen Ländern schnell sichtbar wurden. Gegenwärtig zeigen alle Umfragen das prekäre Verhältnis der Deutschen zur Marktwirtschaft oder, wie viele es sehen, zum globalen Kapitalismus.

Angesichts dieser kulturellen Entwicklung und der gegenwärtigen sozioökonomischen Lage kann man die Idee der Bürgergesellschaft auf ganz unterschiedliche Art und Weise begreifen: Man kann sie im gegebenen Rahmen affirmativ interpretieren, sich einrichten im mentalen und politischen Status quo, darauf hoffen, dass der Staat oder Städte und Gemeinden größere Freiräume gewähren für die Bürger und ihre Assoziationen, Aufgaben übertragen und etwas von ihrer Macht abgeben, was sie in Zeiten knapper Kassen vermutlich sogar gerne tun werden. Warten auf den Staat und die Zuwendung des Staates (im doppelten Sinne: in der Form der Förderung oder der Anerkennung). Das wäre dann, pointiert gesagt, eine Bürgergesellschaft nicht mehr von Gottes, sondern von des Staates Gnaden: ein Fortschritt, der ein Rückschritt ist, erinnert man sich an die Aspirationen, die einmal mit den Begriffen Bürger und Demokratie verbunden waren.

„Am Anfang war der Bürger"

Dagegen steht eine andere politische Philosophie. Ihre Ursprünge gehen zurück auf Aristoteles und damit auf die Anfänge des freiheitlichen Denkens über Politik. Im Zentrum dieser Philosophie steht der Grundsatz: Am Anfang war der Bürger. Als mit Vernunft begabtes und auf Gemeinschaft hin angelegtes Lebewesen bilden Menschen immer schon und vor aller Staatlichkeit persönliche und soziale Beziehungen, Familien und Freundschaften, wirtschaftliche und soziale Zusammenhänge oder „Ordnungen". Die politische Ordnung wird als die umfassende, nicht aber als die dominierende Ordnung des menschlichen Zusammenlebens gedacht. Ihr Sinn und Zweck besteht vor allem in drei Dingen: in der Orientierung auf das „gute

Leben", auf das Wohlergehen der Menschen in einer „guten" und deshalb erfolgreichen Gesellschaft; in einer, wie wir heute sagen würden, komplexen Ordnungspolitik, die darauf hinarbeitet, dass die einzelnen Teilordnungen und Teilbereiche ihre jeweiligen Stärken und „Tugenden" optimal entfalten können, ohne dass freilich eine Teilrationalität das Ganze dominieren und überwuchern darf; und schließlich in der Sorge um jene Güter, derer sich die Menschen nur gemeinsam oder gar nicht werden erfreuen können. Die Frage nach der „guten Gesellschaft" ist für die Klassiker des Staatsdenkens nicht eine Unterfrage der Ökonomie, sondern der praktischen Philosophie. Die Ökonomie ist eingebettet in die praktische und Moralphilosophie, und das blieb dann auch so bis zu jenem schottischen Moralphilosophen Adam Smith, der mit seinem Buch über den „Reichtum der Nationen" die moderne klassische Wirtschaftslehre begründete, aber nie auf die Idee gekommen wäre, die Gesellschaft auf die Wirtschaft (oder gar auf die Betriebswirtschaft) zu verkürzen.

Es ist klar, dass eine solche Sicht der politischen Dinge, die ausgeht vom Bürger und nicht vom Staat, eine andere Konzeption der Bürgergesellschaft nach sich zieht, und dass diese andere Konzeption der Bürgergesellschaft dann auch andere, aber ganz handfeste Konsequenzen für die Politik der Gegenwart hat. Bürgerrechte, Teilhabe, Freiräume werden nicht nachträglich gewährt, sondern sie sind als Recht und Anspruch dem Menschen ursprünglich und mit seinem Status als Bürger logisch und ontologisch vorgegeben. Es sind der Bürger und die Zivilgesellschaft, aus denen die politische Ordnung hervorgeht – und nicht umgekehrt. Demokratie meint nicht nur eine bestimmte Verfassung des Staates, sondern auch, wo immer möglich, eine Selbstorganisation der Gesellschaft, eine Einmischung der Bürger in ihre eigenen Angelegenheiten. Erst auf dieser Grundlage wird es möglich, Parteien in die Schranken zu verweisen mitsamt ihrem kecken Anspruch, demzufolge sie und sie allein die politische Vermittlung der Bürgergesellschaft darstellen. Das Grundgesetz ist hier präziser: Die Parteien wirken an der Willensbildung des Volkes mit. Von einem Monopol ist keine Rede. Wer ist das Subjekt der Bürgergesellschaft: der Staat, die Parteien, die Bürger? Das ist alles andere als eine akademische Frage. Hier gehen die Weichen auseinander, nicht nur für die politische Philosophie, sondern auch für die politische Praxis. Es ist möglich und nötig, in der Tradition von Aristoteles bis hin zu dem Nobelpreisträger Amartya Sen (2006) eine moderne Ordnungs- und auch Reformpolitik aus *einem* Ideenkern heraus zu entwickeln, die den Bürger selbst *in der Vielfalt seiner schöpferischen Möglichkeiten, seiner „unternehmerischen" Qualitäten und seiner Assoziationen im Visier hat.*

CSR und die kulturelle Dimension von Wirtschaft und Gesellschaft

Wenn man die Idee der Bürgergesellschaft ernst nimmt, dann stellen sich Fragen, die über die „äußere" Organisation von Staat, Wirtschaft und Gesellschaft hinausgehen und auf deren kulturelle und sozialmoralische Grundlagen verweisen. Es ist die Frage, ob sich Wirtschaft und Unternehmen in diese Debatte um die Ideenpolitik und die kulturelle Innenausstattung von Staat und Gesellschaft einmischen oder ob sie glauben, diese Fragen arbeitsteilig vor den Toren der Politik und der Medien, der Religionen und der Wissenschaft deponieren, um sich dann auf ihr vermeintliches politisches Kerngeschäft zu konzentrieren: auf Fragen wie niedrigere Steuern, längere Arbeitszeiten, weniger Mitbestimmung, mehr Subventionen konzentrieren. Es ist die These dieses Beitrages, dass die gesellschaftliche Verantwortung von Wirtschaft und Unternehmen (CSR) damit beginnt, dass sie sich um die geistigen und kulturellen Grundlagen und Rahmenbedingungen einer erfolgreichen Wirtschaft in einer „guten" Gesellschaft selbst und verstärkt kümmern und diese Aufgabe nicht länger an andere delegieren (können), und das aus verschiedenen Gründen:

Die weltpolitische Lage hat nach 1945 einen ordnungspolitischen Dualismus begründet, der durch die beiden Pole Demokratie versus Diktatur, Westen gegen Osten, Marktwirtschaft gegen Planwirtschaft (Zentralverwaltungswirtschaft), „Freiheit statt Sozialismus" plausibel beschrieben werden konnte. Die marktwirtschaftliche Ordnung rechtfertigte sich wie von selbst durch den wirtschaftlichen und sozialen Erfolg im Innern und durch die Bedrohung von außen mit der Folge, dass sie sich scheinbar von selbst verstand. Die steigende Flut hob alle Boote. Der wirtschaftliche Erfolg hat sich direkt in einen gesellschaftlichen Erfolg übersetzt und, wichtiger noch, in ein „besseres" Leben für (fast) jeden. „Wohlstand für alle" war die kurze Formel Ludwig Erhards.

Über viele Jahrzehnte hinweg war deshalb die gesellschaftliche Verantwortung von Wirtschaft und Unternehmen ein Thema von eher untergeordneter Bedeutung in der öffentlichen Debatte. Zu offensichtlich war ihr Beitrag zur Entwicklung des Landes in der zweiten Hälfte des 20. Jahrhunderts. Unternehmen brachten Wohlstand und Wohlfahrt, schufen Arbeitsplätze und die Grundlage der sozialen Sicherheit und webten so den Stoff, aus dem alles in allem die Demokratie- und die Politikzufriedenheit gemacht waren. Die Königswege in eine bessere Zukunft waren die Wirtschaft und der (Sozial-)Staat, die beide immer mehr geben konnten. Hinzu kam, dass die traditionellen sozialen Ressourcen noch lange vorhielten: Vereine und Nachbarschaft, Religion und Tradition, Familie und Vollbeschäftigung als soziale Normalität. Integration und sozialer Zusammenhalt waren keine öffentlichen Themen. Die Bürgergesellschaft war teilweise vorhanden, vor allem aber wurde sie nicht vermisst. Der Höhepunkt dieser „öffentlichen Zufriedenheit" war wohl in den 1970er Jahren erreicht, und man konnte ihn leicht an vielen Indikatoren ablesen, nicht zuletzt an der Wahlbeteiligung und an der Konzentration der Wähler auf die beiden damals noch großen Volksparteien: In den beiden Bundestagswahlen 1972 und 1976 haben sich bei einer Wahlbeteiligung von jeweils über neunzig Prozent wiederum über neunzig Prozent der Wähler auf die Unionsparteien und die SPD verteilt.

Engagementpolitik (Politics of Commitment)

Heute hat das Vertrauen der Bürger in die Politik einen historischen Tiefstand erreicht. Die Beziehungen sind gestört. Es liegt nicht an den Personen. Die Verwerfungen gehen tiefer, und sie haben etwas zu tun mit der neuartigen Beziehung zwischen dem Erfolg von Wirtschaft und Unternehmen auf der einen und der dadurch ausgelösten Zufriedenheit (oder Unzufriedenheit) auf der anderen Seite. Es gibt keinen automatischen Spill-Over-Effekt mehr. Was gut ist für die Wirtschaft, ist nicht mehr automatisch gut für die Gesellschaft. Ein Unternehmen, das Erfolge feiert, löst nicht mehr automatisch Begeisterung aus, sondern unter Umständen die Frage nach möglichen Entlassungen als Voraussetzung für den wirtschaftlichen Erfolg. Aus der Sicht der Politik schlagen sich diese Zusammenhänge so nieder, dass der Legitimationstransfer von wirtschaftlichem Erfolg in politische Zustimmung unterbrochen ist. Für konservative und liberale Parteien bedeutet dies etwas, dass ihre vermutete Wirtschaftsnähe am Wahlsonntag nicht mehr unbedingt positiv zu Buche schlägt. Die nationalen Wahlen in Deutschland (2005) und Österreich (2006) liefern dafür lebendige Beispiele. Auf der anderen Seite zieht die vermutete Staatsnähe der SPD auch nicht mehr automatisch Zufriedenheit und Stimmen nach sich. Parteien wie Unternehmen, Staat wie Wirtschaft müssen sich neu legitimieren, weil die Zeit zu Ende geht, in der ihre Legitimation jeweils aus ihrem *Output* in einem vordergründigen Sinne erwuchs: dass sie immerfort liefern konnten, was sie versprachen. Der wirtschaftliche Erfolg war der Hintergrund für ein Politikmuster, das jetzt ganz deutlich an seine Grenzen stößt und das man aus der Sicht der Politik bündig so beschreiben kann: *Wir versprechen. Ihr wählt uns. Wir werden dann liefern:* Sicherheit und Arbeit, Wachstum und Wohlstand. Eine solche Politik braucht Stimmen und Steuern, keine Bürger.

Seit dreißig Jahren kann dieses Modell (*„Politics of Delivery"*) nicht mehr so recht halten, was es einmal versprochen hat, und seit gut zehn Jahren lässt sich dies nicht mehr verbergen. Als Folge davon hat das Vertrauensverhältnis zwischen Politik und Bürgern einen historischen Tiefststand erreicht. Das gilt für die Stimmung im Allgemeinen, und es gilt für die ehemals großen Volksparteien im Besonderen. Seit einiger Zeit vollzieht sich unter der Oberfläche der Aufgeregtheiten des in der Lebenswelt der Menschen Tages eine Entkoppelung von wirtschaftlichen Erfolgsbilanzen und den Alltagserfahrungen der Menschen. Das wirtschaftliche Wachstum schlägt sich nicht mehr automatisch in Sicherheit und Arbeit für alle nieder. Die *Politics of Delivery* hat ihre sozioökonomische Basis verloren.

Der Niedergang der traditionellen Politik bietet eine große Chance für die (Idee der) Bürgergesellschaft. Wenn Loyalität und Zufriedenheit in der Politik nicht länger erwachsen aus materiellen Versprechungen, dann müssen es Regierungen und Parteien auf andere Weise versuchen. Eine Möglichkeit könnte es sein, die Menschen nicht (allein) auf ihre materiellen Interessen anzusprechen, sondern verstärkt auf ihre Sorgen und Anliegen, auf ihre Werte und Ziele, auf das, was ihnen wichtig und wertvoll ist im Leben und in der Gesellschaft: Politik als Einladung, gemeinsam an einer Entwicklung zu arbeiten, die möglichst vielen Menschen möglichst gute Chancen bietet, sich zu entfalten und ihre Lebensentwürfe zu verwirklichen, für sich selbst und gemeinsam mit anderen etwas zu „unternehmen" in wirtschaftlicher und sozialer, in kultureller oder spiritueller Hinsicht, sich zu möglichst vielseitigen und starken Persönlichkeiten zu entwickeln, fähig zur Eigenverantwortung und zur Solidarität. Politisches und wirtschaftliches Handeln würde sich von Zielen und von Werten her legitimieren. Die gesellschaftliche Verantwortung beider Sphären würde aus der Fähigkeit erwachsen, in Zusammenhängen zu denken und zu handeln. Politik und Ökonomie bekämen etwas mit Verpflichtung und Selbstverpflichtung zu tun, verbunden durch einen Prozess der Verständigung darüber, wer von den Akteuren was zu einer guten Entwicklung der Gesellschaft beitragen könnte. Im Unterschied zu der oben skizzierten Politics of Delivery könnte man hier von einer *Politics of Commitment* sprechen, von einer Engagementpolitik, die nicht in Schweigen verfällt bei der Frage, was denn der Sinn des ganzen „Unternehmens" sei, das wir Politik oder Wirtschaft nennen. Erst in diesem Horizont eröffnet sich dann die Chance, aber auch die Notwendigkeit, die Bürger einer Stadt oder eines Staates ebenso wie die Mitarbeiterinnen und Mitarbeiter eines Unternehmens anders, nämlich ganzheitlich und vom Ganzen her „anzureden" und so ein inneres und äußeres „Wachstum" zu ermöglichen, das ganz und gar undenkbar bleibt, so lange sich alle nur darauf konzentrieren, ihre eigenen Interessen zu verteidigen und ein möglichst großes Stück auch noch von einem immer kleiner werdenden Kuchen zu erbeuten.

Ökonomie plus: Wider die kulturelle Engführung der Marktwirtschaft

Vor diesem Hintergrund wird klar, dass „Corporate Social Responsibility" mehr meint als Zeit spenden oder Geld spenden oder Stiftungen gründen, so wichtig das alles ganz gewiss auch ist. Auch eine marktwirtschaftliche Ordnung lebt von Grundlagen und Voraussetzungen, die sie selbst nicht „herstellen" kann, um die sie sich aber gleichwohl „kümmern" kann und muss. Es geht um die kulturellen Grundlagen und Widersprüche auch im globalisierten Kapitalismus. Das gilt ganz grundsätzlich, und das gilt ganz konkret auch bezogen auf den ökonomischen Erfolg eines Unternehmens, einer Stadt oder einer Region. Es sind die nicht-ökonomischen Faktoren, die im weltweiten Wettbewerb um die besten Köpfe und um die besten Standorte oft den Ausschlag geben. Richard Florida hat in seinem Buch „The Rise of the Creative Class" die kulturellen Voraussetzungen einer kreativen Ökonomie mit den drei T beschrieben: Talente, Technologie, Toleranz. Es kommt darauf an, die besten Talente anzuziehen, nicht nur ihr Wissen zu vermehren, sondern auch ein soziales und kulturelles Klima zu schaffen, in dem neue Ideen entstehen und danach neue Produkte und Technologien, und all das gedeiht am besten in toleranten Milieus, in denen ein kreativer Umgang mit Vielfalt und Verschiedenheit selbstverständlich ist. Es sind nicht-ökonomische Voraussetzungen, die auch über den ökonomischen Erfolg entscheiden. *Es ist die Kultur, Dummkopf,* so könnte man jenes berühmte Mott Bill Clintons (It's economy, stupid) umwandeln. Recht betrachtet enthüllt sich die gesellschaftliche Verantwortung von Wirtschaft und Unternehmen als eine Verantwortung für die Entwicklung der politischen und sozialen Kultur nicht nur im eigenen Lande.

Es ist offen, ob aus der Idee der Bürgergesellschaft mehr wird als eine kurzzeitige Hoffnung auf eine Erneuerung der Demokratie und des Sozialen von der im besten Sinne „bürgerlichen" Basis der Gesellschaft her. Es ist offen, ob aus der Idee der Corporate Social Responsibility mehr wird als Öffentlichkeitsarbeit und Imagepflege mit anderen Mitteln. Es ist schließlich und endlich offen, ob es den Deutschen und den Europäern gelingen wird, die globale Wissensgesellschaft ähnlich erfolgreich zu gestalten wie sie es in der Industriegesellschaft geschafft haben. Das einzige was sicher zu sein scheint ist, dass die Entwicklungen und Erfolge auf allen drei Gebieten eng miteinander verwoben sind. Eine lebendige Wirtschaft ist auf Dauer nicht zu haben ohne eine lebendige Gesellschaft. Demokratie und Marktwirtschaft brauchen einen anspruchsvollen Begriff des Bürgers und des Unternehmers: den Bürger als Unternehmer (im weiten Sinne) und den Unternehmer als Bürger.

Literatur

Lepenies, Wolf: Kultur und Politik. Deutsche Geschichten. München: Hanser, 2006
Sen, Amartya: Ökonomie für den Menschen. Wege zu Gerechtigkeit und Solidarität in der Marktwirtschaft. Frankfurt am Main und Wien: Büchergilde Gutenberg, 1999

Angaben zu den Beiträgen

I. Einleitung

Backhaus-Maul, Holger/Biedermann, Christiane/Nährlich, Stefan/Polterauer, Judith: **Corporate Citizenship in Deutschland. Die überraschende Konjunktur einer verspäteten Debatte**

Die Herausgeber/innen verorten die Diskussion über das gesellschaftliche Engagement von Unternehmen im traditionsreichen deutschen Kontext und stellen wichtige Bezüge zur internationalen Debatte her. Das gesellschaftliche Engagement lässt sich - so die Herausgeber/innen - in ein betriebsbezogenes (Corporate Social Responsibility) und ein darüber hinaus gehendes überbetriebliches Engagement (Corporate Citizenship) unterscheiden. Hierbei handelt es sich um zwei Seiten derselben Medaille, wobei - vor dem Hintergrund einer zivil- bzw. bürgergesellschaftlichen Perspektive - der Fokus des vorliegenden Bandes auf das überbetriebliche gesellschaftliche Engagement von Unternehmen gelegt wird.

II. Sozial- und wirtschaftswissenschaftliche Debattenstränge

Matten, Dirk/Crane, Andrew/Moon, Jeremy: **Citizenship als Bezugsrahmen für politische Macht und Verantwortung**
Corporate Citizenship wird in diesem Beitrag als Metapher diskutiert und vor dem Hintergrund der Beziehung zwischen Unternehmen und Gesellschaft verortet. Die Autoren schlagen drei verschiedene Interpretationen vor, die jeweils anhand der Dimensionen des Status, der Prozesse und der Ansprüche unterschiedlich diskutiert werden können. Sie gehen in ihrem Beitrag der mit dem Begriff implizierten Bedeutung von Verantwortung und Macht nach und stellen ihr Konzept als Rahmen für eine umfassendere Analyse von Corporate Citizenship vor.

Beschorner, Thomas: **Corporate Social Responsibility und Corporate Citizenship: Theoretische Perspektiven für eine aktive Rolle von Unternehmen**
Der Beitrag geht der Frage nach, wie sich unternehmensethische Problemkomplexe in sinnvoller Weise strukturieren lassen. Dabei argumentiert der Autor zugunsten einer Unternehmensethik als Bindeglied zwischen Mitarbeiterethik und Ordnungs-

ethik, der zwei Aufgaben zukommen: Die "Ethik der Organisation" betrachtet institutionelle Mechanismen innerhalb der Organisation, während die "Ethik des organisationalen Feldes" gesellschaftliche und ordnungspolitische Mitverantwortung untersucht.

Wieland, Josef: **Corporate Citizens sind kollektive Bürger**
Der Kurzbeitrag aus wirtschaftsethischer Sicht leistet eine Begriffsunterscheidung zwischen Corporate Social Responsibility und Corporate Citizenship. Corporate Social Responsibility wird als ein normengeleitetes Managementsystem verstanden, während Corporate Citizenship in der demokratietheoretischen Tradition verortet wird.

Ulrich, Peter: **Corporate Citizenship oder: Das politische Moment guter Unternehmensführung in der Bürgergesellschaft**
Corporate Citizenship wird in diesem wirtschaftsethischen Kurzbeitrag auf drei Ebenen diskutiert: Der Zusammenhang zwischen Geschäftsmodell des Unternehmens und gesellschaftlichem Verantwortungsbewusstsein steht dabei am Anfang der Überlegungen. Darauf folgt eine Diskussion über die Einbettung wirtschaftlichen Handelns in eine politische Rahmenordnung und gebunden an ein prinzipiengeleitetes Unternehmertum.

Beckmann, Markus: **Corporate Citizenship als Ordnungsverantwortung**
Während Unternehmen im wirtschaftsethischen Paradigma als reine Vollzieher staatlicher Regelsetzung gesehen werden, versteht der Autor in einer interaktionsökonomischen Perspektive Unternehmen als Mitgestalter und Corporate Citizenship als Beitrag zur Weiterentwicklung der Rahmenordnung.

Habisch, André: **Unternehmensgeist in der Bürgergesellschaft – Zur Innovationsfunktion von Corporate Citizenship**
Die gesellschaftlichen Koordinationsmechanismen Markt, Staat und Bürgergesellschaft weisen – so der Autor - keine substitutiven, sondern von ihrer Funktionsweise her eher komplementäre Funktionsweisen auf. Gesellschaftlich engagierte Unternehmen wollen und sollen als Teil der Bürgergesellschaft staatliches Handeln nicht ersetzen, sondern effektiv und professionell zur Weiterentwicklung gesellschaftlicher Institutionen beitragen.

Schwerk, Anja: **Strategisches gesellschaftliches Engagement und gute Corporate Governance**
Was unter gesellschaftlicher Verantwortung zu verstehen ist, welche Ziele damit verbunden werden und welche Strategien zur Verfügung stehen, wird in diesem Beitrag modellhaft dargestellt. Anschließend geht die Autorin der Frage nach, welche Auswirkungen die aktuelle Debatte über dass gesellschaftliche Engagement von Unternehmen auf die Forschung zu Leitungs-, Kontroll- und Anreizstrukturen im Unternehmen, die Corporate Governance, hat.

III. Empirische Forschungsarbeiten

Polterauer, Judith: **Unternehmensengagement als „Corporate Citizen". Ein langer Weg und ein weites Feld für die empirische Corporate Citizenship-Forschung in Deutschland**
In diesem Beitrag werden die Schwierigkeiten empirischer Corporate Citizenship-Forschung und der Stand der aktuellen Forschung diskutiert und zur Verfügung stehende Studien zu Ausmaß und Formen gesellschaftlichen Engagements von Unternehmen in Deutschland zusammengefasst. Diese werden hinsichtlich verschiedener Engagementformen und -instrumente, der unternehmensinternen Umsetzung und der Gegenstandsbereiche des Engagements vorgestellt. Abschließend formuliert die Autorin relevante Forschungsfragen insbesondere aus der Sicht der Sozialwissenschaften.

Nährlich, Stefan: **Tue Gutes und profitiere davon. Zum Nutzen von Corporate Citizenship-Aktivitäten**
Der Autor weist auf die breite Thematisierung und hohe Bedeutung des unternehmerischen Nutzens durch Corporate Citizenship in der öffentlichen Debatte hin und untersucht die hierzu vorliegenden wissenschaftlichen Studien. Dabei werden die zentralen Untersuchungsergebnisse zum Unternehmensnutzen in den Kategorien Öffentlichkeit, Mitarbeiter und Kunden vorgestellt und diskutiert.

Lamla, Jörn: **Varianten konsumzentrierter Kritik. Wie sollen Verbraucher an der Institutionalisierung einer ökologisch und sozial verantwortungsvollen Wirtschaft mitwirken?**
Verschiedene Formen und Möglichkeiten von Verbraucher- bzw. Konsumkritik werden in diesem Beitrag diskutiert. Der Autor fragt nach systematischen Möglichkeiten, Widersprüchen und Grenzen der Verbrauchermacht. Er führt die beiden Konzepte der Künstler- und Sozialkritik an, deren Kritikmechanismen sich deutlich

unterscheiden und sich in der Praxis nicht ohne weiteres verbinden lassen. Zivilgesellschaftliche Kritik – so das Fazit – ist voraussetzungsvoll.

Egbringhoff, Julia/Mutz, Gerd: **Corporate Social Responsibility und Corporate Citizenship. Die Rolle der Arbeitnehmervertretung und Auswirkungen auf die Beschäftigten**
Die Autoren präsentieren Ergebnisse einer Studie zur Rolle von Arbeitnehmervertretungen und Beschäftigten im Corporate Citizenship-Prozess. Neben den Haltungen und Einschätzungen von Gewerkschaften, Betriebsräten und Arbeitnehmern werden verschiedene Aktionsfelder und Interaktionsmuster von Betriebsräten herausgearbeitet, die in die konkrete betriebliche Umsetzung von Corporate Citizenship-/Corporate Social Responsibility-Aktivitäten involviert sind.

Schäfer, Henry: **Ratings im Dienste des Corporate Citizenship - eine Sichtweise basierend auf geld- und marktwirtschaftlichem Verhalten von Anspruchsgruppen**
In dem Beitrag wird die Bedeutung der Anspruchsgruppen (Stakeholder) von Unternehmen für Corporate Citizenship und Corporate Social Responsibility diskutiert. Aus vertragstheoretischer Perspektive geht der Autor auf Möglichkeiten und Bedingungen einer auch sozialen und ökologischen Verantwortung umfassenden Steuerung von Unternehmen durch Stakeholder ein und erläutert Funktionen und Bedeutungen von Rating-Agenturen.

Prinzhorn, Jens: **Mythos oder Realität: Win-win Situationen in Civil-Private-Partnerships mit Unternehmen aus der Perspektive von europäischen Nonprofit-Organisationen**
Dem Realitätsgehalt der vielfach postulierten "Win-win"- Situationen geht der Beitrag auf der Basis einer europaweiten Umfrage unter Führungskräften in Nonprofit-Organisationen nach. Der Autor stellt deren Bewertungen des gesellschaftlichen Engagements von Unternehmen in verschiedenen Bereichen vor. Vor dem Hintergrund zunehmender Kooperationen mit Unternehmen werden die befürchtete Delegitimierung von Nonprofit-Organisationen und Ansätze zu deren Vermeidung diskutiert.

IV. Strategien und Instrumente

Speth, Rudolph: **Corporate Citizenship als strategische Partnerschaften, Lobbying, Regierungsbeziehungen**
Anhand der Beispiele von Volkswagen AG, BMW AG und Altana AG geht der Autor der Frage nach, wie Lobbying und Corporate Citizenship zueinander stehen. Unter dem Begriff Public Affairs Management werden Lobbying und Corporate Citizenship als zwei unterschiedliche strategische Varianten diskutiert, die dasselbe Ziel verfolgen.

Biedermann, Christiane: **Corporate Citizenship als strategische Unternehmenskommunikation**
Der Beitrag konzentriert sich auf die Bedeutung von Corporate Citizenship für die Unternehmenskommunikation. Die Autorin geht den Fragen nach, wie Unternehmen ihr gesellschaftliches Engagement kommunizieren, welche Risiken und Probleme durch Öffentlichkeit entstehen können und welche Anforderungen und Perspektiven sich daraus für die Unternehmenskommunikation ergeben.

Mecking, Christoph: **Corporate Giving. Unternehmensspende, Sponsoring und insbesondere Unternehmensstiftung**
Der Beitrag stellt die finanziellen Instrumente des gesellschaftlichen Engagements von Unternehmen vor, d.h. Spenden, Sponsoring und insbesondere Unternehmensstiftungen. Besondere Aufmerksamkeit finden dabei juristische und steuerrechtliche Aspekte sowie die Notwendigkeit einer planvollen und am Erfolg orientierten Umsetzung dieser Instrumente.

Bartsch, Gabriele: **Corporate Volunteering - ein Blickwechsel mit Folgen**
Die Autorin setzt sich mit dem persönlichen Engagement von Unternehmensmitarbeitern auseinander, das von Unternehmen organisiert wird und zumindest teilweise während der Arbeitszeit stattfindet. Sie zeigt in ihrem Beitrag verschiedene Ansätze, Einsatzmöglichkeiten und Praxisbeispiele von Corporate Volunteering als Maßnahme der Personal- oder Führungskräfteentwicklung auf.

V. Engagierte Unternehmen und ihre medialen Beobachter/innen

Engagierte Unternehmen

Erhardt, Horst (beta Institut): **Win-Win-Win-Strategie: Gemeinsame Werte am Ende der Wertschöpfungskette**
Der in der Engagementdebatte viel beachtete Generika-Hersteller betapharm hat im Rahmen des eigens gegründeten „beta Institut" eigene Corporate Citizenship-Vorstellungen entwickelt. Der Corporate Citizenship-Ansatz von betapharm zielt darauf ab, jenseits der linearen Wertschöpfungskette, Gemeinsamkeiten zwischen Unternehmen, betapharm-Kunden und Patienten (Verbrauchern) herauszuarbeiten und weiter zu entwickeln.

Ramelow, Silke (BildungsCent): **Mit Engagement gewinnen?**
Nach überwundener Insolvenz begann für die Herlitz PBS AG - so die Autorin - eine Phase der grundlegenden Neuorientierung. Dazu gehörte auch das Ziel, den Wiederaufbau einer starken Marke durch nachhaltiges gesellschaftliches Engagement im Bildungsbereich und neue Formen der Kooperation zu begleiten. Dem BildungsCent e.V. kam dabei die Rolle zu, das gesellschaftliche Engagement der Herlitz PBS AG zu organisieren und im Unternehmen zu verankern.

Heuskel, Dieter (business@school): **Soziale Verantwortung und strategische Ziele**
Die Unternehmensberatung Boston Consulting Group (BCG) propagiert ein „strategisches" Engagement und betont zugleich, dass unternehmerisches Handeln ohne Akzeptanz und förderliche Rahmenbedingungen, von der Infrastruktur bis zur Bildung, nicht florieren kann. Als „Flaggschiff" des Engagements der BCG wird die Initiative business@school hervorgehoben.

Danzer, herwig (Die Möbelmacher): **Corporate Citizenship aus der Sicht der Möbelmacher**
„Die Möbelmacher" verstehen sich als ein ökologisch und regional ausgerichteter und an hohen Qualitätsstandards orientierter Handwerksbetrieb. Darüber hinaus zeigt sich das Unternehmen im Sinne einer nachhaltigen Gesellschaftsentwicklung bestrebt, mit eigenen Ressourcen Kunst und Lebenskultur in der Region zu fördern.

Zotter, Josef (Zotter): **Innovationsherd der Schokoladenwelt**
Der „Spitzenchocolatier" mit bäuerlichem Hintergrund, Protesterlebnissen und unternehmerischen Risikoerfahrungen hat in Österreich eine Schokoladenmanufak-

tur aufgebaut, die hohe ökologische, qualitative und Fair-Trade-Standards verfolgt und für die Kunst und Kultur Teil eines innovativen Produktionsprozesses sind.

Deimel, Paul Albert (Volksbank Helmstedt eG): **Das genossenschaftliche Unternehmen als Unternehmensbürger**
Auf Initiative der Volksbank Helmstedt wurde im Jahr 2003 die „Bürgerstiftung Ostfalen" gegründet. Die Bank sieht sich als Initiator, ohne aber die Stiftung weder in den Gremien noch bei Aktivitäten oder in der Verwaltung zu dominieren. Corporate Citizenship bedeutet - so der Autor - jenseits (legitimer) egoistischer Unternehmensinteressen das bürgerschaftliche Engagement anderer zu unterstützen; Bürgerstiftungen sind für ihn hierfür die ideale Form.

Dewitz, Antje von (VAUDE): **VAUDE übernimmt Verantwortung**
Das Bergsport- und Outdoorunternehmen VAUDE steht für eine Verknüpfung von gesellschaftlicher Verantwortung und betriebswirtschaftlichen Unternehmenszielen; dabei wird, so die Autorin, besonderer Wert auf einen fairen, verantwortungsbewussten Umgang mit Mitarbeitern, Partnern und Umwelt gelegt. Das konkrete Unternehmensengagement erstreckt sich dabei vom betriebseigenen Kinderhaus, über Sponsoring-Kooperationen bis hin zur Übernahme des kommunalen Freibads.

Wall, Hans (Wall AG): **Corporate Citizenship der Wall AG**
Corporate Citizenship erfordert nach Einschätzung der Firma Wall eine strategisch ausgerichtete Konzeption, denn Einzelaktionen, die nicht mit der Gesamtstrategie und dem Kerngeschäft in Einklang stehen, gefährden die Glaubwürdigkeit eines Unternehmens. Als ein derart konzeptionell gehaltvolles Engagementbeispiel werden die Aktivitäten der Firma Wall im Schulbereich angeführt.

Franke, Uwe (Deutsche BP AG): **Unternehmensverantwortung verbessert die Wirtschaftlichkeit**
Die Deutsche BP AG sieht sich - so der Autor - als integralen Bestandteil des gesellschaftlichen Umfeldes, wobei die primäre Aufgabe - so die Erwartung der Anteilseigner - darin besteht, wirtschaftlich erfolgreich zu sein. Gesellschaftliche Verantwortung bedeutet für die deutsche BP Rechtskonformität, universelle Standards für individuelles und kollektives Verhalten sowie Beiträge zur Lösung globaler Herausforderungen; das gesellschaftliche Engagement von BP in Deutschland wird mit Beispielen unterlegt.

Suppa, Sandra (Faber-Castell): **Engagement von Faber-Castell**
Das Unternehmen Faber-Castell verortet sich in einer wirtschaftsethisch fundierten Tradition sozial und ökologisch verantwortlichen Handelns, die ihren Niederschlag u.a. in einem Kinderfonds, nachhaltiger Forstwirtschaft, der Einführung der Wasserlacktechnologie sowie dem Kunst- und Kultursponsoring findet.

Mediale Beobachter/innen

Ramthun, Christian (WirtschaftsWoche): **Die Macht des Guten**
Der Autor schildert seine langjährigen Medienerfahrungen mit dem Thema Corporate Citizenship und zeigt sich davon überzeugt, dass Corporate Citizenship das Verhältnis von Gesellschaft und Wirtschaft dauerhaft verändern wird.

Schultheis, Jürgen (Frankfurter Rundschau): **Über ein schwieriges und unterschätztes Thema in den Medien**
Der Beitrag skizziert die historische und ideengeschichtliche Einbettung von gesellschaftlichem Unternehmensengagement. Anschließend wird die Rezeption von Corporate Citizenship und Corporate Social Responsibility in deutschen Medien anhand ausgewählter Beispiele diskutiert, wobei das Verhältnis von Handlungspraxis und Handlungsorientierung im Mittelpunkt steht.

Heuser, Uwe Jean (DIE ZEIT): **Corporate Citizenship: Was ist ein gutes Unternehmen?**
Der Autor plädiert für ein Verständnis von Corporate Citizenship als strategische Investition in die Gesellschaft und geht der Frage nach, inwiefern es sich um einen Modetrend handelt und welchen Nutzen es gegebenenfalls stiftet.

Bormann, Volker (Financial Times Deutschland): **Anständig Profit machen**
Die Frage nach der Substanz des gesellschaftlichen Engagements der Unternehmen stellt der Autor in den Mittelpunkt seines Beitrages. Dabei geht er sowohl auf die „Verantwortung vor der Gesellschaft" als auch das „Engagement für die Gesellschaft" ein.

Ramge, Thomas (brand eins): **Eine Frage der Glaubwürdigkeit. Beobachtungen eines Wirtschaftsjournalisten**
Die Glaubwürdigkeit des gesellschaftlichen Engagements von Unternehmen wird anhand verschiedener Kriterien diskutiert, die es Journalisten wiederum ermöglichen können (und sollen) nachzuprüfen, wo gehandelt und wo nur geredet wird.

Frey, Peter (ZDF): **Corporate Citizenship durch Fernsehen?**
Es wird diskutiert, welchen Beitrag das ZDF im Besonderen und das öffentlich-rechtliche Fernsehen im Allgemeinen für das Gemeinwohl leistet; darüber hinaus werden Unterscheidungsmerkmale zum privatgewerblichen Fernsehen aufgezeigt.

Küper, Martin (rbb): **Wozu „gut" gut ist**
Der Beitrag über Marketing und Moral geht der Frage nach, wann und in welchem Maße Konsumenten nicht nur den Preis, sondern auch Qualitätskriterien in ihre Kaufentscheidungen einfließen lassen.

Kuhrt, Susanne (MDR): **Gesellschaftliches Engagement von Unternehmen?**
Anhand von Alltagserfahrungen einer westdeutschen Redakteurin in Ostdeutschland wird die (Nicht-)Relevanz von Unternehmensengagement in der Berichterstattung der Nachwendejahre zwischen Arbeitsplatzabbau und Hartz IV geschildert.

Roth, Thomas (ARD): **Zeit für Wolkenschieber**
Unabhängig von sozial- und wirtschaftswissenschaftlichen Diskussionen reflektiert der Autor über Verantwortung, Heimat und Globalisierung.

VI. Gesellschaftspolitische Analysen und Perspektiven

Ankele, Kathrin/Gebauer, Jana: **Erfolgsvoraussetzungen für Corporate Citizenship in Deutschland**
Die Voraussetzung für erfolgreiches Corporate Citizenship aus Sicht der Umwelt- und Nachhaltigkeitsforschung wird in diesem Beitrag diskutiert. Die Autorinnen formulieren das Potenzial, aber auch konkrete Anhaltspunkte zur kritischen Diskussion von Corporate Citizenship. Als wegweisend für die unternehmensstrategische Ausrichtung sehen sie die Berücksichtigung des Kriteriums der Nachhaltigkeit an.

Riess, Birgit: **Unternehmensengagement - ein Beitrag zur gesellschaftlichen Selbststeuerung zwischen Markt und Staat**
Wo Marktversagen herrscht, so die klassische Theorie, schlägt die Stunde des Staates. Aber, so die Frage der Autorin, was ist zu tun bei Staatsversagen und in Kenntnis der Grenzen des Marktes? Das Engagement von Unternehmen verspricht hier einen Beitrag zur gesellschaftlichen Selbststeuerung zwischen Markt und Staat, dessen Akteure, ihre Sichtweisen und Potenziale skizziert und diskutiert werden.

Googins, Bradley K./Rochlin, Steven A.: **Corporate Citizenship in den USA**
Auf der Grundlage empirischer und professioneller Expertise werden Entwicklungsverläufe und -muster des Corporate Citizenship in den USA herausgearbeitet, die in Kenntnis - nationaler Variationen - von globaler Bedeutung sind. Für die weitere Entwicklung des Corporate Citizenship in den USA wird u.a der Werthaltigkeit, der Strategiefähigkeit, den Aktivitäten unternehmerischer Protagonisten sowie einer unternehmensnahen Corporate Citizenship-Infrastruktur ein hoher Stellenwert beigemessen.

Schmidpeter; René/Neureiter, Martin: **Corporate Citizenship in Österreich - Unternehmen als organisierte Bürger**
Am Beispiel Österreichs wird im Kontext von Globalisierung und sozialem Wandel sowie deren in der Öffentlichkeit kritisch diskutierten Folgen die traditionelle Wirtschaftstheorie des Marktes und des Unternehmens schrittweise um gehaltvolle und innovative Facetten einer gesellschaftlichen Perspektive ergänzt.

Heuberger, Frank W.: **Transnationale Trendsetter. Kommunikative Rationalität und Ethik als Erfolgsfaktoren für Corporate Citizenship**
In Auseinandersetzung mit Arbeiten vor allem von Bradley Googins werden Facetten des gesellschaftspolitischen Gehalts der deutschen Corporate Citizenship-Debatte hervorgehoben, wie ein expliziter und umfassender werdender Gesellschaftsbezug; das Zurückdrängen ausschließlich gewinnorientierter oder rein philanthropischer Handlungsmotive sowie die Bedeutungszunahme kommunikativer Aushandlungsprozesse mit Stakeholdern.

Dettling, Warnfried: **Wirtschaft als kulturelle Veranstaltung. Über die gesellschaftliche Verantwortung von Unternehmen**
Der Autor wirft in seinem Beitrag die zentrale Frage nach der Bedeutung der Bürgergesellschaft und der Rolle der Wirtschaft in der Bürgergesellschaft auf. Eingangs werden die prägenden kulturhistorischen Traditionen in Deutschland benannt, um - vor dem Hintergrund einer tiefen Vertrauenskrise zwischen Bürgern und Politik - die Notwendigkeit einer Revitalisierung gerade auch der kulturellen Grundlagen und Rahmenbedingungen einer marktwirtschaftlichen Ordnung herauszuarbeiten.

Autorinnen und Autoren

Ankele, Kathrin, geb. 1964, Dipl.-Biologin; Corporate Responsibility-Referentin bei Vodafone Deutschland (seit 2006); von 1993 bis 2006 wiss. Mitarbeiterin und von 2000-2006 Leiterin des Forschungsfeldes „ökologische Unternehmenspolitik" im Institut für ökologische Wirtschaftsforschung (IÖW); Arbeitsschwerpunkte: Umwelt- und Nachhaltigkeitsmanagementsysteme, ökologische Bewertung und Zielfindung, Evaluationsforschung, nachhaltige Unternehmensentwicklung, Nachhaltigkeitsberichterstattung und Corporate Social Responsibility.
Kathrin.Ankele@gmx.de

Backhaus-Maul, Holger, geb. 1960, Soziologe und Verwaltungswissenschaftler; wiss. Mitarbeiter und Leiter des Fachgebiets „Recht, Verwaltung und Organisation" an der Martin-Luther-Universität Halle-Wittenberg/Philosophische Fakultät III (seit 1995); 1989 bis 1994 wissenschaftlicher Mitarbeiter am Zentrum für Sozialpolitikforschung an der Universität Bremen; Vorstandsmitglied der Aktiven Bürgerschaft e.V. und Juror im USable-Programm der Körber-Stiftung; Arbeitsschwerpunkte: Sozialpolitikforschung, Organisationssoziologie, insbesondere Wohlfahrtsverbände und privatgewerbliche Unternehmen, sowie bürgerschaftliches Engagement.
holger.backhaus-maul@paedagogik.uni-halle.de

Bartsch, Gabriele, geb. 1958, M.A., Ausbildung und mehrjährige Tätigkeit als Verwaltungsbeamtin, Studium der Soziologie und empirischen Kulturwissenschaften; Geschäftsführerin der Agentur mehrwert gGmbH (Stuttgart) (seit 2000); zuvor zehn Jahre in der professionellen Frauenförderung tätig, Frauenbeauftragte der Evangelischen Landeskirche Württemberg; Weiterbildung in Systemischer Organisationsentwicklung und Coaching; Arbeitsschwerpunkte: Verknüpfung von Zivilgesellschaft und Persönlichkeitsbildung sowie Führungskräfteentwicklung durch Cross Culture-Projekte. bartsch@agentur-mehrwert.de

Beckmann, Markus, geb. 1977, Dipl.-Kulturwirt; Doktorand am Lehrstuhl für Wirtschaftsethik an der Martin-Luther-Universität Halle-Wittenberg; Arbeitsschwerpunkte: Wirtschaftsethik, Corporate Citizenship, ökonomische Theorie von Zivilgesellschaft und Governance. markus.beckmann@wiwi.uni-halle.de

Beschorner, Thomas, geb. 1970, Dr., Leiter der wissenschaftlichen Nachwuchsgruppe „Gesellschaftliches Lernen und Nachhaltigkeit" an der Universität Oldenburg und Visiting Fellow am Institut für ökologische Wirtschaftsforschung (IÖW), Berlin. Arbeitsschwerpunkte: Wirtschafts- und Unternehmensethik.
thomas.beschorner@uni-oldenburg.de

Biedermann, Christiane, geb. 1968, Dipl.-Sozialpädagogin, PR-Managerin (DAPR); Referentin für Presse, Kommunikation und Corporate Citizenship bei der Aktiven Bürgerschaft - Kompetenzzentrum für Bürgerengagement der Volksbanken und Raiffeisenbanken. Referentin an der Deutschen Presseakademie (depak); zuvor SACHS Automotive, São Paulo, Brasilien; Arbeitsschwerpunkte: Corporate Volunteering, Corporate Citizenship/Corporate Social Responsibility in der Unternehmenskommunikation, Kooperationen zwischen Unternehmen und Nonprofit-Organisationen. christiane.biedermann@aktive-buergerschaft.de

Bormann, Volker, geb. 1961, Beilagenchef der Financial Times Deutschland, damit auch zuständig für die Sonderbeilagen über Corporate Responsibility; Journalist (Henri-Nannen-Schule Hamburg), Mikrobiologe (Universität Bayreuth).
Bormann.Volker@ftd.de

Crane, Andrew, geb. 1968, Professor of Policy und Inhaber des Lehrstuhls für Business Ethics an der Schulich School of Business/York University (Toronto); BSc an der Warwick University und PhD in Business Studies an der Nottingham University; zuvor Professor für Business Ethics and Director of the MBA in CSR an der Nottingham University Business School (Großbritannien); Arbeitsschwerpunkte: business ethics, the contribution of evolutionary narratives to environmental management; the implementation of fair trade policies and the contribution of Foucauldian thought to business ethics. acrane@schulich.yorku.ca

Danzer, herwig (Schreibweise des „h" auf Wunsch des Autors), geb. 1962, zusammen mit Gunther Münzenberg gründete herwig Danzer nach dem Germanistik-, Politik- und Soziologiestudium 1988 die ökologisch orientierte Massivholzschreinerei "die-moebelmacher.de," die im Laufe der Zeit zum Kompletteinrichter wurde.
herwig.danzer@die-moebelmacher.de

Deimel, Paul Albert, geb. 1961, Dr. jur., Rechtsanwalt, Vorstandsvorsitzender der Volksbank Helmstedt eG; Bankkaufmann, Dipl. Bankbetriebswirt (ADG), Studium der Rechtswissenschaften in Göttingen und Freiburg; Arbeitsschwerpunkte: Banksteuerung, Personal, Öffentlichkeitsarbeit.
Paul.Albert.Deimel@volksbankhelmstedt.de

Dettling, Warnfried, geb. 1943, Dr. phil., freier Publizist und Autor, geschäftsführender Gesellschafter der Dr. Dettling Politikberatung GmbH; Studium der Politikwissenschaft und Soziologie, Klassischen Philologie und Philosophie in Würzburg, Freiburg im Breisgau und an der London School of Economics and Political Sciences; 1973 bis 1983 Leiter der Planungsgruppe und Hauptabteilung Politik in der CDU-Bundesgeschäftsstelle; bis 1991 Ministerialdirektor im Bundesministerium für Jugend, Familie, Frauen und Gesundheit.
w.dettling@dettling-politikberatung.de

Dewitz, Antje von, geb. 1972, Dr. oec., Dipl.-Kulturwirtin (Universität Passau), Marketingleiterin beim Bergsport- und Outdoorunternehmen VAUDE, ab 2009: Übernahme der Geschäftsleitung von VAUDE; Dissertation über leistungsstarke Arbeitsverhältnisse in Klein- und Mittelunternehmen (Universität Hohenheim).
antje.v.dewitz@vaude.com

Egbringhoff, Julia, geb. 1970, Dr., Dipl.-Pädagogin; Organisationsberaterin in einem Beratungsunternehmen; Studium der Pädagogik in Trier und Köln, Schwerpunkt Weiterbildung/Erwachsenenbildung; 2006 promoviert an der Technischen Universität. julia.egbringhoff@t-online.de

Erhardt, Horst, geb. 1956, Sonderpädagoge und Familientherapeut; Geschäftsführer und Gründer der Nachsorgeeinrichtung „Bunter Kreis" und des gemeinnützigen „beta Instituts"; Arbeitsschwerpunkte: Entwicklung erfolgreicher Sozialmarketing-Strategien und Kooperationsprojekte. horst.erhardt@beta-institut.de

Franke, Uwe, geb. 1949, Dr., Vorsitzender des Vorstands, Deutsche BP AG (seit 2004). Vorstandsvorsitzender der Aral AG von 2001-2004; promovierter Chemiker; seit 1979 bei BP in den verschiedensten Tätigkeiten in Hamburg, London und Lissabon, von 1994 bis 1996 Vorstandsvorsitzender von BP Portugal. info@de.bp.com

Frey, Peter, geb. 1957, Dr., leitet seit September 2001 das ZDF-Hauptstadtstudio und moderiert "Berlin direkt". Zuletzt (2007) hat er im Herder-Verlag das Buch "77 Wertsachen. Was gilt heute?" herausgegeben.

Gebauer, Jana, geb. 1971, Dipl.-Kauffrau und Dozentin; wiss. Mitarbeiterin am Institut für ökologische Wirtschaftsforschung (IÖW) im Forschungsfeld „ökologische Unternehmenspolitik" (seit 2005); Arbeitsschwerpunkte: Corporate Social Responsibility, Umwelt- und Nachhaltigkeitsmanagement sowie -Kommunikation. jana.gebauer@ioew.de

Googins, Bradley K., PhD, Executive Director of the Boston College Center for Corporate Citizenship, USA, und Professor im Department of Organizational Studies an der Boston College's Wallace E. Carroll School of Management. googinsb@bc.edu

Habisch, André, geb. 1963, Dr., Professor für Sozialethik und Gesellschaftspolitik an der Katholischen Universität Eichstätt-Ingolstadt. Dipl. Volkswirt und Theologe, Gründer und Direktor des Center for Corporate Citizenship - Kompetenzzentrum für Corporate Responsibility und Corporate Citizenship in Deutschland; Arbeitsschwerpunkte: Forschung und Lehre sowie internationale Zusammenarbeit in den Bereichen Corporate Responsibility und Corporate Citizenship. habisch@corporatecitizen.de

Heuberger, Frank W., geb. 1950, Dr., Studium der Soziologie, Politische Wissenschaft, Germanistik und Philosophie in Berlin, Frankfurt und Trenton (USA); Leiter der "Leitstelle Bürgergesellschaft und Ehrenamt" in der Staatskanzlei Rheinland-Pfalz; Mitglied im Sprecherrat des Bundesnetzwerks Bürgerschaftliches Engagement (BBE) und Vorstandsmitglied des Centrums für Corporate Citizenship Deutschland e.V. (CCCD); Arbeitsschwerpunkte: sozialer Wandel, politische Partizipation auf kommunaler Ebene, gesellschaftliches Engagement von Unternehmen und Bürgergesellschaft in Europa. frank.heuberger@stk.rlp.de

Heuser, Uwe Jean, geb. 1963, Dr., Studium der Ökonomie in Bonn und Berkeley, Masterstudium in Harvard, Dissertation in Köln, Praktika und Arbeitsaufenthalte bei der Frankfurter Allgemeinen Zeitung, dem ZDF und McKinsey & Co; seit 1992 bei der ZEIT, erst als Wirtschaftsredakteur, dann als Mitgründer der Reformwerkstatt, bis heute als Ressortleiter Wirtschaft; Gastdozent an der New York University und der Universität St. Gallen; Harvard Club Bücher: Tausend Welten, Berlin 1996; Berlin Verlag: Das Unbehagen im Kapitalismus, Berlin 2000; Schöpfer und Zerstörer, Reinbek 2004.

Heuskel, Dieter, geb. 1950, Dr., Studium der Volkswirtschaftslehre mit Schwerpunkt Entwicklungspolitik in Bonn; seit 1980 Unternehmensberater (Wachstums-

und Portfoliostrategien), Senior Vice President und Chairman der Boston Consulting Group Deutschland. heuskel.dieter@bcg.com

Küper, Martin, geb. 1962, Dipl.-Journalist, Studium der Journalistik in München; Fernsehredakteur seit 1989 und seit 2003 Redaktionsleiter Wirtschaft und Verbraucher beim rbb-Fernsehen. martin.kueper@rbb-online.de

Kuhrt, Susanne, geb.1961, Magisterabschluss in den Fächern Soziologie, Publizistik und Jura; freie Autorin für den MDR und das ZDF; fünf Jahre Flugbegleiterin bei der Lufthansa.

Lamla, Jörn, geb. 1969, Dr., wiss. Assistent am Institut für Soziologie und mit einem DFG-Projekt am Zentrum für Medien und Interaktivität der Universität Gießen beschäftigt; Arbeitsschwerpunkte: Theorie, Kultur-, Konsum- und Mediensoziologie, Politische Soziologie. joern.lamla@sowi.uni-giessen.de

Matten, Dirk, geb. 1965, Prof. Dr., Studium an der Universität-Gesamthochschule Essen (Dipl.-Kfm.), Promotion und Habilitation an der Heinrich-Heine-Universität Düsseldorf; Professor of Policy, Hewlett-Packard Chair in Corporate Social Responsibility; Inhaber eines Lehrstuhls in Corporate Social Responsibility an der Schulich School of Business, York University (Toronto); Arbeitsschwerpunkte: internationale Aspekte von Corporate Social Responsibility und Unternehmensethik. dmatten@schulich.yorku.ca

Mecking, Christoph, geb. 1961, Dr., M.A., Rechtsanwalt, Geschäftsführender Gesellschafter des Instituts für Stiftungsberatung und Chefredakteur des Fachmagazins Stiftung&Sponsoring (seit 2005); seit 1994 Syndikus im Stiftungszentrum des Stifterverbandes für die Deutsche Wissenschaft (Essen) und seit 1997 Geschäftsführer des Bundesverbandes Deutscher Stiftungen. c.mecking@stiftungsberatung.de

Moon, Jeremy, geb. 1955, Professor für Corporate Social Responsibility und Direktor des International Centre for Corporate Social Responsibility (ICCSR) an der Nottingham University Business School; vorher u.a. Lehrstuhlinhaber für Politikwissenschaften an der University of Western Australia; Forschungsaufenthalte u.a. an den Universitäten Princeton, McGill und Cambridge; Jean Monnet Research Fellow am European University Institute in Florenz; BA und PhD in Politikwissenschaften an der Exeter University; Arbeitsschwerpunkte: Government and Corporate Social Responsibility, Corporate Social Responsibility and Globalisation, Conceptualising and Theorising Corporate Social Responsibility. jeremy.moon@nottingham.ac.uk

Mutz, Gerd, geb. 1952, Prof. Dr. rer. pol., Dipl.-Volkswirt, Studium der Volkswirtschaftslehre und Soziologie an der Universität Regensburg und an der University of Wisconsin, Madison, USA; Habilitation an der Universität Konstanz; Professor für Volkswirtschaftslehre und Sozialpolitik an der Hochschule für Angewandte Wissenschaften, München; Leiter des Münchner Instituts für Sozialforschung (miss). gerd.mutz@fhm.edu

Nährlich, Stefan, geb. 1963, Dr. rer. pol., Studium der Wirtschaftswissenschaften an der Universität Kassel, Promotion über betriebswirtschaftliche Reformen in gemeinnützigen Organisationen; Geschäftsführer der Aktiven Bürgerschaft, dem Kompetenzzentrum für Bürgerengagement der Volksbanken und Raiffeisenbanken (seit 1999); Dozent im Studiengang "Master of Nonprofit-Management and Governance" an der Universität Münster, Beirat der GLOCALIST Medien für Wirtschaftsethik. E-Mail: stefan.naehrlich@aktive-buergerschaft.de

Neureiter, Martin, geb. 1961, Jurastudium an der Universität Salzburg, danach zehn Jahre in verschiedenen politischen Funktionen (Parlament, Außenministerium, OSZE) tätig; anschließend selbstständiger Unternehmensberater mit dem Schwerpunkt Corporate Social Responsibility; u. a. Task Group Leiter in der ISO (International Standards Organisation) zur Entwicklung eines weltweiten Standards für Social Responsibility (ISO 26 000). martin.neureiter@chello.at

Polterauer, Judith, geb. 1976, Dipl.-Soziologin, Studium der Soziologie, Kommunikationswissenschaft und Betriebswirtschaftslehre in Bamberg und Chicago, laufende Promotion über Corporate Citizenship von Klein- und Mittelunternehmen in Deutschland und freiberufliche Dozentin; Forschungsstipendiatin der Aktiven Bürgerschaft. corporatecitizenship@gmx.de

Prinzhorn, Jens, geb. 1977, BA/MA, MA, Europäische Studien (Politik/VWL) und Kommunikationswissenschaften (Corporate Communication), Researcher am IMD International, Dissertation über Erfolgsfaktoren in Kooperationen zwischen NGOs und Wirtschaft. Gastwissenschaftler am Johns Hopkins Center for Civil Society Studies in Baltimore, Maryland, USA und am Max Planck Institut für Gesellschaftsforschung in Köln. jens.prinzhorn@imd.ch

Ramelow, Silke, geb. 1963, M.A., Studium der Kunstwissenschaft und Anglistik; Vorstandsvorsitzende BildungsCent e.V.; Assistenz der Geschäftsführung bei Bloom Telekom GmbH, Qualifikation: „Weiblicher Führungsnachwuchs für den

Mittelstand", Marketing Manager bei Herlitz PBS AG, Lehrbeauftragte an der TFH Berlin für Marketing/Management. ramelow@bildungscent.de

Ramge, Thomas, geb. 1971, fester Autor beim Wirtschaftsmagazin „brand eins, schreibt für die ZEIT; 2007 ausgezeichnet mit dem Herbert Quandt Medien-Preis; Arbeitsschwerpunkte u.a.: Corporate Citizenship und Corporate Social Responsibility; im Pendo-Verlag erschien sein Buch „Nach der Ego-Gesellschaft. Wer gibt gewinnt - Die neue Kultur der Großzügigkeit". mail@thomasramge.de

Ramthun, Christian, geb. 1961, Dr., Promotion über nichttarifäre Handelshemmnisse in der EU an der Universität Bonn; seit 1984 Tätigkeiten im Journalismus, zunächst als Redakteur beim Presse- und Informationsdienst „Agra-Europe", danach von 1992 bis 1997 stellvertretender Ressortleiter Wirtschaft beim „Rheinischen Merkur". Seit 1997 Journalist bei der WirtschaftsWoche als Parlamentskorrespondent und Autor. Mitbegründer der Initiative Freiheit und Verantwortung (2000), Mitglied in Jurys; Ludwig-Erhard-Förderpreis für Wirtschaftspublizistik (1995) und Hauptpreis der Friedrich und Isabel Vogel-Stiftung (2001). Christian.Ramthun@wiwo.de

Riess, Birgit, geb. 1959, Dipl.-Ökonomin; Projektleiterin Gesellschaftliche Verantwortung von Unternehmen bei der Bertelsmann Stiftung (seit 2004); seit 1996 bei der Bertelsmann Stiftung als Projektmanagerin in den Themengebieten Unternehmenskultur, Mitbestimmung und Tarifpolitik; Arbeitsschwerpunkte: Gesellschaftliche Verantwortung von Unternehmen/Corporate Social Responsibility, bürgerschaftliches Engagement und neue soziale Partnerschaften.
birgit.riess@bertelsmann.de

Rochlin, Steven A., war Forschungsdirektor am Center for Corporate Citizenship at Boston College (USA).

Roth, Thomas, geb. 1951, Journalist; Studium der Anglistik und Germanistik in Heidelberg; Leiter des ARD-Studios Moskau (seit Mai 2007); 2002 bis 2007 Leiter des ARD-Hauptstadtstudios.

Schäfer, Henry, geb. 1956, Prof. Dr., Inhaber des Lehrstuhls „Allgemeine Betriebswirtschaftslehre und Finanzwirtschaft", Abteilung III des Betriebswirtschaftlichen Instituts der Universität Stuttgart, zuvor in leitenden Funktionen als Senior Financial Consultant in einer internationalen Beratungsgesellschaft für Unternehmensfusionen und in deutschen Großbanken; Arbeitsschwerpunkte: Bewertung von Vermögensobjekten, ökonomische Analyse von Netzwerken, Finanzierung von Start Up- und mittelständischen Unternehmen, Marktmikrostrukturtheorie, Sustainability and Finance. h.schaefer@bwi.uni-stuttgart.de

Schmidpeter, René, geb. 1974, M.A., Dipl.-Betriebswirt (BA), Leiter des Center for Corporate Citizenship Austria (Wien); von 2004 bis 2006 Fachreferent im österreichischen Sozialministerium und Vorstandsmitglied des CSR-Unternehmensnetzwerk respACT Austria; davor Geschäftsführer des Center for Corporate Citizenship (Eichstätt-Ingolstadt); Arbeitsschwerpunkte: Gesellschafts- und Familienpolitik, strategisches Corporate Citizenship und Corporate Social Responsibility. rene.schmidpeter@ccc-austria.at

Schultheis, Jürgen, geb. 1959, M.A., Studium der Politologie, Geschichte und Philosophie in Erlangen und Frankfurt; seit 1992 Redakteur der Frankfurter Rundschau; hat u.a. FR-Plus Politik mit aufgebaut und berichtet regelmäßig über die Themenschwerpunkte Bürgergesellschaft, Corporate Social Responsibility und Corporate Citizenship. J.Schultheis@fr-online.de

Schwerk, Anja, geb. 1966, , Dr., Studium der BWL an der FU Berlin; wiss. Mitarbeiterin am Lehrstuhl für klein– und mittelständische Betriebe an der Freien Universität Berlin und im Institut für Management an der Humboldt-Universität zu Berlin; Organisation der Ersten und Zweiten „International CSR-Conference" in Berlin; Arbeitsschwerpunkte: Business and Society und internationales Management. schwerk@web.de

Speth, Rudolf, geb. 1957, Dr., Politikwissenschaftler, Privatdozent am Fachbereich Politik- und Sozialwissenschaften der Freien Universität Berlin; Arbeitsschwerpunkte: Lobbying und Interessenpolitik, bürgerschaftliches Engagement, politische Kommunikation. rudolf.speth@web.de

Suppa, Sandra, geb. 1967, Director Corporate Communications bei der Faber-Castell AG in Stein bei Nürnberg (seit 1999); zu ihren Aufgaben gehören die Koordination der Kommunikationsaktivitäten weltweit wie auch die Themen Corporate Social Responsibility und Ökologie; zuvor arbeitete sie als Journalistin für den Condé Nast Verlag und als Leiterin Öffentlichkeitsarbeit der Bulgari GmbH Deutschland. Sandra.Suppa@faber-castell.de

Ulrich, Peter, geb. 1948, Prof. Dr. rer. pol., Studium der Wirtschafts- und Sozialwissenschaften in Fribourg, wiss. Assistententätigkeit und Promotion in Basel; nach

Tätigkeit als Unternehmensberater und der Habilitation von 1984 bis 1987 Professor (C4) für Betriebswirtschaftslehre in Wuppertal; seit 1987 Ordinarius für Wirtschaftsethik an der Universität St. Gallen, Direktor des Instituts für Wirtschaftsethik und derzeit Abteilungsvorstand (Dekan). peter.ulrich@unisg.ch

Wall, Hans, geb. 1942, Aufsichtsratsvorsitzender der Wall AG; studierte Maschinenbautechnik und leitete das Unternehmen über 30 Jahre lang als Vorstandsvorsitzender, im Januar 2007 wechselte er in den Aufsichtsrat und übergab den Vorstandsvorsitz an seinen Sohn Daniel Wall. haedrich@wall.de

Wieland, Josef, geb.1951, Prof. Dr. habil., Studium der Ökonomie und Philosophie; Promotion zum Dr. rer. oec. (1988); Habilitation im Fach Volkswirtschaftslehre (1995). Professor für Allgemeine BWL mit Schwerpunkt Wirtschafts- und Unternehmensethik an der HTWG Konstanz (seit 1995); wissenschaftlicher Direktor des Konstanz Institut für WerteManagement (KIeM) und Direktor des Zentrums für Wirtschaftsethik gGmbH(ZfW); Träger des Max-Weber-Preises für Wirtschaftsethik 1998 und des Landesforschungspreises Baden-Württemberg 2004. wieland@htwg-konstanz.de

Zotter, Josef, geb. 1961, Lehre als Koch, Kellner und Konditor, eigene Schokoladenfabrik (seit 2007); seit 1999 Produzent von handgeschöpften Schokoladen mit eigener Manufaktur in Bergl, Österreich; zuvor von 1987 bis 1999 selbständiger Konditor; Arbeitsschwerpunkte: Geschmack, Kreativität, Nachhaltigkeit und Ursprünglichkeit. schokolade@zotter.at

Neu im Programm Politikwissenschaft

Wilfried von Bredow
Militär und Demokratie in Deutschland
Eine Einführung
2007. 310 S. (Studienbücher Außenpolitik und Internationale Beziehungen)
Br. EUR 19,90
ISBN 978-3-531-15712-2

Dieses Studienbuch führt umfassen und systematisch in das Thema Militär und Demokratie in Deutschland ein. Es erzählt die Geschichte des Neuaufbaus der Bundeswehr nach 1945 und ihrer Integration in die bundesdeutsche Demokratie und analysiert die Rolle der deutschen Verteidigungspolitik in den vertraglichen Bündnisstrukturen. Vor allem aber bietet es ein umfassendes Bild vom Wandel der Bundeswehr und der Verteidigungs- und Sicherheitspolitik nach dem Epochenwechsel von 1989.

Thomas Jäger / Alexander Höse / Kai Oppermann (Hrsg.)
Deutsche Außenpolitik
2007. 638 S. Br. EUR 34,90
ISBN 978-3-531-14982-0

Dieser als Textbook konzipierte Band bietet eine umfassende Bestandsaufnahme der wichtigsten Handlungsfelder der deutschen Außenpolitik. Die Systematik folgt der in der Politikwissenschaft etablierten Dreiteilung der Politik in die Sachbereiche Sicherheit, Wohlfahrt und Herrschaft (hier konzipiert als Legitimation und Normen) und erlaubt dadurch einen methodisch klaren und didaktisch aufbereiteten Zugang zum Thema. Der Band eignet sich als alleinige Textgrundlage für Kurse und Seminare, in denen jeweils zwei Texte à 15 Seiten pro wöchentlicher Lehreinheit behandelt werden. Somit unterscheidet er sich von anderen Büchern zur deutschen Außenpolitik, die entweder rein historisch oder institutionenkundlich orientiert sind oder als Nachschlagewerke dienen.

Siegmar Schmidt / Gunther Hellmann / Reinhard Wolf (Hrsg.)
Handbuch zur deutschen Außenpolitik
2007. 970 S. Geb. EUR 59,90
ISBN 978-3-531-13652-3

Mit dem Zusammenbruch des Kommunismus hat sich die weltpolitische Lage grundlegend verändert und ist auch für die Außenpolitik der Bundesrepublik Deutschland eine vollkommen veränderte Situation entstanden. In diesem Handbuch wird erstmals wieder eine Gesamtschau der deutschen Außenpolitik vorgelegt. Dabei werden die Kontinuitäten und Brüche seit 1989 sowohl für den Wissenschaftler als auch den politisch interessierten Leser umfassend dargestellt.

Erhältlich im Buchhandel oder beim Verlag.
Änderungen vorbehalten. Stand: Januar 2008.

www.vs-verlag.de

VS VERLAG FÜR SOZIALWISSENSCHAFTEN

Abraham-Lincoln-Straße 46
65189 Wiesbaden
Tel. 0611.7878-722
Fax 0611.7878-400

Neu im Programm Politikwissenschaft

Frans Becker / Karl Duffek / Tobias Mörschel (Hrsg.)
Sozialdemokratische Reformpolitik und Öffentlichkeit
2007. 215 S. Br. EUR 26,90
ISBN 978-3-531-15508-1

Joachim K. Blatter / Frank Janning / Claudius Wagemann
Qualitative Politikanalyse
Eine Einführung in Forschungsansätze und Methoden
2007. 252 S. (Grundwissen Politik 44)
Br. EUR 24,90
ISBN 978-3-531-15594-4

Hubertus Buchstein / Gerhard Göhler (Hrsg.)
Politische Theorie und Politikwissenschaft
2007. 194 S. Br. EUR 24,90
ISBN 978-3-531-15108-3

Christoph Egle / Reimut Zohlnhöfer (Hrsg.)
Ende des rot-grünen Projekts
Eine Bilanz der Regierung Schröder 2002 - 2005
2007. 540 S. Br. EUR 34,90
ISBN 978-3-531-14875-5

Gert-Joachim Glaeßner
Politik in Deutschland
2., akt. Aufl. 2006. 571 S. Br. EUR 24,90
ISBN 978-3-531-15213-4

Joachim Raschke / Tils, Ralf
Politische Strategie
Eine Grundlegung
2007. 581 S. Br. EUR 39,90
ISBN 978-3-531-14956-1

Tim Spier / Felix Butzlaff / Matthias Micus / Franz Walter (Hrsg.)
Die Linkspartei
Zeitgemäße Idee oder Bündnis ohne Zukunft?
2007. 345 S. Br. EUR 26,90
ISBN 978-3-531-14941-7

Michael Wolffsohn
Israel
Geschichte, Politik, Gesellschaft, Wirtschaft
7. Aufl. 2007. 523 S. Br. EUR 24,90
ISBN 978-3-531-15654-5

Udo Zolleis
Die CDU
Das politische Leitbild im Wandel der Zeit
2008. 313 S. Br. EUR 34,90
ISBN 978-3-531-15548-7

Erhältlich im Buchhandel oder beim Verlag.
Änderungen vorbehalten. Stand: Januar 2008.

www.vs-verlag.de

VS VERLAG FÜR SOZIALWISSENSCHAFTEN

Abraham-Lincoln-Straße 46
65189 Wiesbaden
Tel. 0611.7878 - 722
Fax 0611.7878 - 400